E R S H I S H I J I Z H I Z H O N G G U O

《二十世纪之中国——乡村与城市社会的历史变迁》丛书

2012年列入"十二五"国家重点图书出版规划增补项目

2013年入选新闻出版总署国家出版基金资助项目

2013年入选新闻出版总署新闻出版改革发展项目

2012年列入山西出版传媒集团重大出版工程项目

本书为2013年河北省社会科学基金项目（HB13LS007）

丛书主编　王先明

国家出版基金项目
NATIONAL PUBLICATION FOUNDATION

二十世纪之中国——乡村与城市社会的历史变迁

# 蜕变与重生：民国华北牙商的历史演进

■ 张彦台　著

山西出版传媒集团
山西人民出版社　山西经济出版社

图书在版编目（ＣＩＰ）数据

蜕变与重生：民国华北牙商的历史演进／张彦台著．—太原：
山西人民出版社，2013.11
（二十世纪之中国——乡村与城市社会的历史变迁／王先明主编）
ISBN 978－7－203－08392－4

Ⅰ.①蜕… Ⅱ.①张… Ⅲ.①商业史－研究－华北地区－民国
Ⅳ.①F 729

中国版本图书馆 CIP 数据核字（2013）第 295696 号

**蜕变与重生：民国华北牙商的历史演进**

著　　者：张彦台
责任编辑：贾　娟
装帧设计：柏学玲

出 版 者：山西出版传媒集团·山西人民出版社 山西经济出版社
地　　址：太原市建设南路 21 号
邮　　编：030012
发行营销：0351－4922220　4955996　4956039
　　　　　0351－4922127（传真）　　4956038（邮购）
E - mail：sxskcb@163.com　发行部
　　　　　sxskcb@126.com　总编室
网　　址：www.sxskcb.com

经 销 者：山西出版传媒集团·山西人民出版社 山西经济出版社
承 印 者：山西出版传媒集团·山西新华印业有限公司

开　　本：787mm×1092mm　　1/16
印　　张：33
字　　数：480 千字
印　　数：1－3 000 册
版　　次：2013 年 11 月第 1 版
印　　次：2013 年 11 月第 1 次印刷
书　　号：ISBN 978－7－203－08392－4
定　　价：78.00 元

# 总 序 GENERAL PREFACE

ERSHI SHIJI ZHI ZHONGGUO

　　20世纪的中国，经历着史无前例的社会变迁。这一变动的时代性特征之一，一定程度上体现为传统时代的城乡一体化发展进程逆转为城乡背离化发展态势。伴随着中国与西方交锋以来军事、政治与经济的挫败，以及由此而来的知识分子的传统文化认同危机，现代化（或西方化）与城市化成为显而易见的社会潮流，传统城乡"无差别的统一"为日益扩大的城乡差异所代替，近代农民群体也从"士农工商"的中层政治身份一变而为"乡下人"这一饱含歧视色彩的社会底层，由此形成的城乡社会——经济与文化断裂不仅是20世纪社会结构畸形化与不平衡性的显著现象，也是至今仍横亘在中国现代化进程中的重大社会问题之一。

　　即使在当代社会发展进程中，巨大的城乡分离化也不容忽视，明显的城乡对比已经成为社会认同危机的主要表现之一。当新农村建设如火如荼却面临种种困惑时，当乡村人才的空心化现象日益突出时，当城市化的进程突飞猛进时，当城市景观和生活方式与国际接轨时，城市人与乡下人成为国人赫然的身份标识，现代日益扩大的城乡失衡与传统中国城乡之间的无差别的统一体形成鲜明对比时，深入研究城乡关系的历史变迁就成为一个理解当下中国政治、经济与文化发展的必要途径。此外，对于近代中国社会的认识，无论是政治家、社会学家还是经济学家，都不约而同地将之解析为城市与乡村两大基本单位，中国近代社会之不平衡性、半封建性、半殖民性等特点均可从城市和乡村社会结构的析分中被实证；而城乡之间的关系与特征，亦成为深度理解和把握近代中国历史的不可回避的焦点问题。

有时我们不得不惊叹"历史惊人地相似"！从20世纪二三十年代的"农业破产"、"农村衰败"、"农民贫困"成为举国至重的话题，到新世纪以来被广泛关注的"农民真苦、农村真穷、农业真危险"的当代"三农"话语；从1926年王骏声提出的"新农村建设"问题，到新世纪以来持续推进的"社会主义新农村建设"。尽管不同时代条件下，它所聚焦的时代主题内容会有所不同，但如此一致的话语或命题的背后却应该深伏着共趋性或同质性的深层致因。这至少给我们一个基本的提示，即农业、农村与农民问题，是百年来中国社会发展或乡村变迁中始终存在的一个重大课题。它是伴随着工业化、城市化与现代化进程而导致的传统城乡一体化发展模式破解后，乡村社会走向边缘化、贫困化、荒漠化和失序化的一个历史过程。"三农"的困境生成于工业化、城市化与现代化进程之中，这是近代以来城乡背离化发展态势下生成的一个"发展问题"。"三农"从来就不是一个孤立存在的问题，如果没有工业化、城市化、现代化进程的发生，"三农"不会凸现为时代性问题。当然，这并不意味着传统时代没有社会问题，但是问题的呈现和表达不会如此集中在"三农"方面。一个多世纪以来的历史演进的客观事实的确显示了"三化"（工业化、城市化与现代化）与"三农"二者的相关性。问题在于，会是怎样的相关？如何揭示二者互相影响和相互制约的内在关系，并寻求最佳的或最有效的协调方略？

传统农业始终是一个低产出的行业，大部分农民的收入不可能迅速提高，得到高收入的人都是进城从事其他行业的人。社会分工、社会分化始终伴随着城乡背离式发展趋向前行，从而整体上的贫富差距在城乡之间成为一种显性的社会不平等。人口逐渐从农村迁向城市，城乡之间的收入差别就是这种活动的推动力。但在先进国家里，这个工业化过程是在200多年里完成的。在此过程中总体的经济年增长率也不过2%~3%。这部分增长不是靠农业，而是靠在城市中发展起来的工业和服务业。农业生产的收入总是低的。为了平衡城乡之间的收入差距，政府都采取对农业补贴的办法，几百年来已经成为传统。反观我国的情况，在新中国成立后的30年工业化的过程中非但没有补贴农民，反而是剥削农民；再加上对农民的身份歧视，事实上农民成为低人一等的群体，造成严重的城乡二元化结构，城乡收入差别变得极其突出。改革开放后我国经济增长率达到10%左右，这部分增长几乎都是在城市中发生的，所以农业产出占GDP的比重从33%(1983年)降低到2005年的12%。在此过程中幸亏有几亿农民进城打工，沾上了工业化的光，否则城乡收入差距还会更大。我国农村金融的衰败，将大量农民储蓄调动到城市里搞非农项目，进一步使得农民收入增长困难。这一人类社会发展的共同规律，说明了总体上收入差距发生的过程是相伴着工业化过程而发生的。这也是库兹涅茨研究收入分配的倒"U"形曲线的原因。

"三农"问题形成的历史成因和时代特征，如果仅仅局限于现实的考量，或将既无法捕捉到问题的实质，恐也难以探寻到真正的求解之道。事实上，百年来关于中国乡村发展论争的各种主张和方案，以及由此展开的各种区域实验与社会实践，其丰富与多样、繁难与简约，已经有着足够的样本意义和理论认知价值。在百年中国的历史进程中审视"三农"问题的历史演变，或许会有更深刻的思想领悟！历史的选择和运行有着它既有的逻辑进程，因此有关中国乡村道路选择的理论思考和种种分歧，却依然为我们的历史反思和长时段观察提供了理性辨析的基础。

近年来，对于近代城乡关系的研究存在诸多薄弱之处。学界研究的主要态势要么关注城市化历史，要么偏重于乡村史研究，城乡关系仅仅作为这些研究的副产品而出现；城市与乡村是一个预设的、对立的地域单元。

但是事实上，无论是城市化进程还是现代化进程，从根本上来说其实就是一个乡村社会变迁的过程：从农业社会转变为工业社会，从农耕文明转变为城市文明，从传统生活方式向现代生活方式的演变过程。如何广阔而全面地呈现20世纪中国社会历史的变迁，并深入揭示一个世纪以来的历史演进轨迹与规律，从而为当代中国发展的路向选择和理论思维提供丰厚的历史经验与启示，当是这一丛书设计的基本诉求或宗旨。

王先明

2013年1月7日于津城阳光100国际新城西园

# 目　录 CONTENTS

ERSHI SHIJI ZHI ZHONGGUO

# 前 言 FOREWORD

ERSHI SHIJI ZHI ZHONGGUO

## 一、问题的提出：被"误解"的群体和被忽略的领域

由于对市场历史条件、社会分工需要和牙商功能的不了解，提及近代中国的牙商，常常会有人误认为牙商是"阻碍商品经济发展"、"不必要存在的中间环节"、"无罪也该杀"①的社会群体。实际上，近代牙商在国内贸易和对外贸易两个市场起着桥梁、纽带甚至枢纽的作用，他们对于中国近代市场经济和资本主义的发展具有积极的影响，是近代中国经济增长不可或缺的重要组成部分。

具体而言，牙商有着沟通市场、促进商品流通的功能。民国时期，牙商普遍存在于华北各地的专业市场、口岸市场、内地市场和城乡市场中，并在各级市场中发挥着沟通商品流通的中介和桥梁的作用。相比而言，无论是纯粹传统的牙人、牙纪，还是近代贸易的商业组织（公司、商行等），其社会职能、整体实力以及

① "车船店脚牙，无罪也该杀"，这句耳熟能详的俗语，从宋代一直流传至今。谚语中的第五种行业"牙"便是牙商。

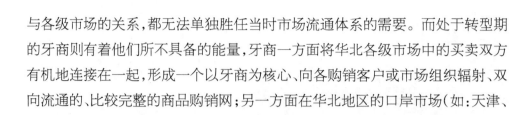

与各级市场的关系，都无法单独胜任当时市场流通体系的需要。而处于转型期的牙商则有着他们所不具备的能量，牙商一方面将华北各级市场中的买卖双方有机地连接在一起，形成一个以牙商为核心、向各购销客户或市场组织辐射、双向流通的、比较完整的商品购销网；另一方面在华北地区的口岸市场（如：天津、青岛、烟台等）成为中外贸易新的、而且是最主要的纽带和桥梁，牙商的中介活动将外商洋行的购销与华商经营联系在一起，促成了土洋产品的双向流通。

牙商还对区域经济发展、专业市场的繁盛、资本的演进、商业文化的复兴起了战略性的重要作用。牙商是商品生产和商品交换发展的必然产物，华北牙商的商业经营促进了民国时期华北地区的经济运行和专业市场的发育或拓展。如张库大道的跨国贸易、天津进出口贸易、石家庄市货栈经济、郑州交通枢纽贸易、辛集皮市贸易、许昌烟草市场、胥各庄猪鬃贸易、安国药市、张北马桥牲畜交易市场等都凝结着华北牙商的功绩。利润的积累，势必导致资本的扩张和转移。部分华北牙商，在积累了可观资本后冲破了中介代理的经营范围，将资本向流通领域、生产领域和金融信贷领域扩张和转移。牙商资本的这种动态的演进过程既体现了资本的周转和增殖，又体现了中国近代商业的进步。

牙商的研究现状与其在近代市场经济中的重要性形成强烈反差。

首先，牙商的群体形象是被层累"丑化"的。

牙商群体原本是传统社会中的一个下层群体，进入近代以后，由于经济转型的迟滞性与市场化进程的复杂性，牙商群体在市场经济中所占的重要地位不仅没有式微反而愈加凸显。目前为止，已有的史学论文从制度层面对于民国时期牙商的职能和作用进行了社会调查或时政评议，但大多是从"重农抑商"的视角予以探究，重点侧重于牙商的消极作用和其在商品交换中的无赖行为，对其的评论多以"欺行霸市"、"敲诈勒索"、"欺压商贩乡农"和"阻碍商品经济流通"等为主。特别是既往的文献史料（尤其是20世纪二三十年代的社会调查）和后人的著述，都不乏对牙商的指责和诟病。长期以来，牙商层累的社会形象卑微可怜。他们既是社会地位最轻贱的群体，更是文人笔下最为鄙视的商业组织，就连旧时所谓"下九流"行业中也无他们的座次。官方认为其从业者多为无业游民、流氓地痞，"常有勒索敲诈顾客的行为，故言该杀"的"封建经济的产物"；①贩卖商人认为其从业者多为利欲熏心、少忠厚、多油滑的"白赖"、"街霸"等"剥削阶级"；乡民们认为其从业者多为"雁过拔毛"、刁钻油滑、口沫横飞、能把稻草说成金条的"寄生阶层"……意识形态话语中的劣势、书籍报刊中的各种负面宣传，使牙商的群体形象被"丑化"，成为众矢之的，更使牙商被公认为是"阻碍经济社会发展的怪胎"，就连牙商的后人，提到先辈的职业，大多闪烁其词，有着一种莫名的自卑和屈辱。

其次，民国时期华北牙商，是一个被学界久为忽略的研究领域。

过去学术界对近代牙商的研究较少。20世纪90年代前，近代市场经济中商人群体研究多侧重于绅商和城市商人，研究内容大部分是探讨商人在国内政治动荡中的政治取向、在政治斗争中的角色和活动等。对于近代商人，并未将他们作为市场主体来认识，而仅仅从其绅商身份的角度，关心他们在政治、思想、文化等方面的作为，严格意义上讲，并不是市场交易者的历史。20世纪90年代后，地域商帮研究的兴起，有关研究多集中于商帮的发展历程及影响；同时期兴起的近代市场经济研究多侧重于探讨口岸市场的贸易与腹地经济关系。在组织结构上，多是从市场空间与新兴商业的视角去考察近代商业贸易的变化；在研究范畴上，多局限在对百货、西药、五金等近代新兴商业的探讨；在制度分析上，主要是从新式商业经营方式的变化与近代资本主义企业制度的关系等方面加以说明。这些市场经济研究的成果则很少从商业贸易主体的层面深入研究中间商人，更很少从传统商业群体经营与社会职能的转变、旧制度嬗变的角度去研究中间商人及商业资本演变的动态历程及意义。

专门以牙商为研究对象的，除了为数不多的期刊论文②进行了一些探讨外，已出版的学术著作中涉及其内容的数量有限，系统探讨牙商的学术著作更是付

---

① 白维国：《现代汉语句典》（上），中国大百科全书出版社2001年版，第162页。

② 相关论文多是从牙税角度，论述牙税制度之沿革、变迁及评价，见曲直生：《河北省牙税问题》（《财政研究》，1937年第1卷第6期）；冯华德：《河北省牙税性质之演变》（《中国经济研究》下，商务印书馆1938年第2期）；冯小红、张清芙：《1928—1937年河北省县级税收征管中的经纪制改革述论——兼与杜赞奇先生商榷》（《中国社会经济史研究》，2008年第1期）等。

之阙如，即使是有关中国近现代史的教材，绝大多数也很少提到牙商。中国传统的商业群体——牙商在近代市场环境中扮演了什么样的角色和地位，其职能、商业资本发生了怎样的变迁，从未被认真地探讨。近代市场流通领域的研究不仅忽视了人数众多、在市场流通中占重要地位的牙商群体，也忽视了与牙商群体密切相关的市场交易制度，更忽视了牙商本身和牙商资本在民国时期所发生的一系列演变及演变过程中所引发的社会经济变迁。近年来虽有一些研究成果问世，但也未引起更多人的重视，加上研究成果仍比较缺乏，导致学界对牙商的了解和认识仍然不够全面，而牙商和牙商资本在整个近代市场经济变迁中是如何转变的，也未得到足够的关注。

民国时期华北牙商的发展、演进和嬗变是一个动态的历史范畴。一方面，由于其植根于传统社会经济（该群体的源流甚至可以追溯至春秋战国时代），与传统经济有着千丝万缕的联系，在许多构成要素、社会职能上承续了传统牙人、牙纪的特点；另一方面，随着商业制度、经济环境、贸易对象和社会观念的变迁，牙商自身的人员结构、经营方式、社会关系、承担的税负、经营纠纷、商业地位、资本的扩张和转移等发生了一系列的嬗变，牙商逐渐演进为适应近代对外贸易和国内贸易需要，同时适应国内现代化进程需求的商业群体。

华北牙商的嬗变和牙商资本的演变历程是一片久被学界所忽略的领域。学术研究中有关牙商的部分空白与历史进程的纷杂形成强烈反差，市场经济史几乎成为残缺不全的拼图。只有穿越这片荒芜的认知领域，才有可能获得对中国近代贸易的完整认识，才能真正弄清近代商业群体、商业资本演变在整个市场经济中的影响与意义，才能全面理解中国社会转型期中传统因素的复杂作用，也才有可能消除"层累"于牙商群体"无罪也该杀"的定论，还原牙商的真实面貌。

本书正基于此认知，以学界长期所忽略的民国时期华北牙商为研究对象，试图在纵向的历史脉络中，把握问题本身的历史关联和逻辑关系，对华北牙商的历史演变、群体结构、资本构成、社会流动、经营交易、管理制度以及与市场、政府的相互关系与互动共生诸多方面，做深入的探讨，勾勒出一幅华北牙商和牙商资本在民国转型期发展与演进的动态鸟瞰图，并借此剖析市场贸易中传统与近代的关系，进而总结近代商业群体变迁的某种基本趋势，观察社会变迁中的变与不变、断裂与传承。

# 二、概念的界定

## （一）牙商

本书的研究对象为牙商。辞海中给出的定义为："中国旧时为买卖双方说合交易并抽收佣金的居间商。唐牙商有牙郎、牙侩、牙人、牙子等名称。明官牙由政府指定。"[①]"牙商需领牙帖，按期缴纳牙税，并负责代官府征税的责任。"民国时期牙商也称为"牙客"、"经纪"[②]等。民国档案记载牙商指的是："凡从中说合构成交易、代客买卖或为买卖双方执掌度量衡器而从中收取佣金为营业者"[③]。本书所指牙商以民国档案为准。

与牙商密切相关的还有牙行、牙帖、牙税、官牙、私牙等概念。牙行是指"中国旧时为买卖双方说合交易并抽收佣金的居间商行。明清规定设牙行须经官府批准，所领凭证为牙帖，领帖缴帖费，每年缴税银，称牙税。通商港口经营对外贸易的商行也是牙行；宋有'牙侩'，元有'舶牙'，清有'外洋行'"[④]。民国时期牙行又有行栈、货栈[⑤]等名称。牙行也可指"牙商的行会组织，唐宋以后牙商众多，出现了行会性质的牙店或牙行组织。负有代官府监督商人纳税的责任"[⑥]。明清时期，领有户部所发牙帖者称为"官牙"，领有司帖、厅帖、县谕或仅有县给腰牌的

---

① 夏征农：《辞海》（第4卷），上海辞书出版社2009年版，第2618页。

② 夏征农：《辞海》（第1卷），上海辞书出版社2009年版，第1144页。

③ 河北省训练团秘书室印：《牙行管理规则释义》，未刊，河北省档案馆藏。

④ 夏征农：《辞海》（第4卷），上海辞书出版社2009年版，第2618页。

⑤ 因区域和商业文化的差异，牙行在中国各地的称谓繁杂不一。华北地区的斗店、行栈、货栈、行店、行家、外庄家，东北地区的大屋子、店行，西北地区的歇家，华南地区的九八行、南北行、平码行，四川的过载行等等，是牙行在各地的不同称谓。牙商在民国时期所开设的牙行种类遍及商品贸易的绝大部分行业，包括粮行、（棉）花行、皮毛行、牲畜行等主要土特产品扩展到牲畜行、猪鬃行、斗行、秤行、皮毛行、药材行、土布行、草帽辫行、牛羊行、炼行、车船行、山货行、铁器行、木材行、柳条行、棉行、棉籽行、猪羊小肠行、磁行、菜行、菜子行、鱼行、油行、杂货行、作衣行、人金行（粪便行）等。

⑥ 夏征农：《辞海》（第4卷），上海辞书出版社2009年版，第2618页。

牙商则称为"私牙"。民国时期，牙帖由各省财政厅统一颁发，凡领有牙帖者则称为"官牙"，未领有牙帖私自"跑合"者称为"私牙"。

### （二）民国时期

本书在时间断限上，侧重于民国时期（1912—1949年）这一时间段，根据需要适当前溯后延。主要原因如下：

从制度变迁来看。民国时期社会、经济、文化以及政体制度均发生了历史性变动，牙商这个传统社会中特定的社会群体，及其附着的社会——经济体制、法律规范、文化惯制等等，随之也发生了深刻的时代性变动。特别是民国时期，中国统治者由执行传统的重农抑商政策到高唱提倡实业、鼓励商战的口号，是近代历史上的一大转变，政府改变了压抑商业、歧视商贾的态度，对商业的封建束缚随之放松。在此背景下，政府对牙行控制的松懈使牙商走向了自由竞争，得到了空前发展。如何揭示这种历史演变的轨迹与特征，无疑是史学界多年来着力探讨的重要内容。故本书从特定地域与特定社会群体切入，通过探讨民国时期华北牙商演进的历史轨迹及时代特征，揭示近代商业群体变迁的基本趋势。

这一时间段跨越了南京临时政府时期、北洋政府时期、南京国民政府时期等，对于中国社会而言是巨变和多事之秋，也是华北牙商最为活跃的时期，牙商作用发挥得最为明显。抗日战争时期，在"贸易统制"政策下，华北各地牙商脱离了常态发展的轨道，进入了"受制于外人"的畸形发展阶段。

新中国成立后，我国全面实行计划经济，各种生产资料、生活资料全由国家统一生产，统一销售，买卖双方只要执行国家的命令即可，根本无须牙商在其中起作用，牙商一度消失。直到20世纪80年代以降，经济体制改革的大潮冲开了市场的大门，牙商才重新进入市场。因此，新中国成立以后的牙商不在本书研究范畴内。

### （三）华北地区

本书的研究区域华北地区大概包括当今的河北省、河南省、山西省、山东省和北京市、天津市。

关于民国时期"华北地区"的区域范围，学术著作中大概有六种说法：1.河北、河南、山西、山东四省及北京、天津两市。持此观点的有孙敬之等（《华北经济地理》,科学出版社1957年版,第1页)。2.河北、山西、内蒙古三省和北京、天津两市。持此观点的有苑书义等(《艰难的转轨历程——近代华北经济与社会发展研究》,人民出版社1997年版,第1页)。3.河北(直隶)、河南、山东、山西四省和内蒙古南部的一些地区。持此观点的有罗澍伟等(《谈谈近代的"华北区域"》,《近代华北区域社会史研究》名家笔谈,天津古籍出版社2005年版,第5页)。4.京津、河北、山东、山西的两市三省,以及内蒙古自治区包括呼和浩特、包头两市的中西部地区。持此观点的有张利民等(《华北城市经济近代化研究》,天津社会科学院出版社2004年版,第18页)。5.直隶、山西、山东、河南、陕西五省和京兆区。持此观点的有陈凌等(《1920年华北五省旱灾与赈务研究》,山东师范大学2006年硕士学位论文,第4页)。6.河北省、山西省、内蒙古和北京、天津两市(《辞海》)。1949年设置,辖河北、山西、绥远、察哈尔和平原等省(绥远省1954年撤销,察哈尔和平原两省1952年撤销)和北京、天津两市。行政委员会驻北京市,1954年撤销。

本书根据区域社会经济发展的整体性原则,确定所要研究的华北地区包括今天的晋、冀、鲁、豫四省和京、津两市,即采取观点1的说法。

民国时期华北地区各省市辖区多有变动。

民国初年,河北省沿袭清制,称直隶省。1914年,直隶省以原口北道的张北、独石、多伦3县划属察哈尔特别区域,以滦平等14个县划属热河特别区域。1928年直隶省改称河北省。察哈尔、热河两个特别区改建为察哈尔省和热河省。察哈尔省省会设在张家口,热河省公署设在承德。抗日战争时期,河北省境内既有抗日根据地,又有沦陷区。在今河北省行政区的北部和中部主要属晋察冀边区,首府设在阜平县。南部主要属晋冀鲁豫边区,首府设在涉县。另外,山东省渤海一专区所辖沧县等5县属今河北省。解放战争时期,河北省辖境分为解放区和国民政府管辖区两部分。1948年9月,华北人民政府在石家庄市成立。到1949年3月,华北行政区辖察哈尔省、冀东、冀鲁豫、冀南、冀中、太行6个行政区和北平、石家庄、太原、天津4个直辖市。1945年国民政府河北省政府成立,在河北设若干行政督察区。1949年1月,国民政府河北省政府宣告结束。

民国以前,山西省有大同、汾州、潞安、宁武、平阳、蒲州、朔平、太原、泽州九府,保德、代、霍、绛、解、辽、平定、沁、隰、忻十州,归化城、和林格尔、宁远、清水河、萨拉齐、托克托六厅,以归绥道、河东道、冀宁道、雁平道兼察之。1912年,原归绥道所属地区脱离山西省,改建绥远省,即今内蒙古自治区。1930年废道。抗日战争时期,中国共产党建立了晋冀鲁豫、晋察冀、晋绥根据地。1949年9月1日山西省人民政府正式建立。

1912年,中华民国成立后,河南省有开封道、河洛道、汝阳道、河北道。北洋军阀时期,1920年,洛阳曾是直系军阀吴佩孚的基地,设有两湖巡阅使公署和陆军第三师司令部。1923年,河南省长公署迁至洛阳,洛阳成为河南省会。1928年—1932年期间,中国共产党张国焘、徐向前等人在大别山区开辟武装割据的鄂豫皖革命根据地,新集(今新县)是鄂豫皖根据地的首府。抗日战争中,1937年11月,河南省安阳失守,不几日整个豫北沦陷。1938年,商丘、开封和豫东大片国土也先后沦陷。1938年6月,日军攻占开封后,中国军队挖开郑州花园口黄河大堤以阻止日军进攻,但也造成河南、安徽、江苏三省40余县成为黄泛区。抗日战争中,在中国共产党的领导下,河南和邻省军民先后创建了晋冀鲁豫、鄂豫皖边、豫皖苏、豫西等抗日根据地。1949年5月,中国共产党设立河南省人民政府。

1913年2月,山东省设岱北、岱南、济西、胶东4道。1928年,山东省撤道,直辖107县。1929年4月,青岛被列为特别市。1936年1月,山东省划分为12个行政督察区,济南市、烟台特区隶属山东省民政厅管辖。七七事变后,国民党山东省政府迁离济南,流亡在外。抗日战争中,中国共产党在山东省建立起沂蒙山、胶东等解放区。抗日战争结束后,国民政府山东省政府成立。1946年,国民党政府将济南、烟台划为省辖市。1947年设立鲁东、鲁西两个行署,9月成立龙口市。在解放战争的战略进攻阶段,国民政府山东省政府实际控制区域很少。1948年9月,济南解放,国民政府山东省政府宣告结束。

1912年1月1日中华民国南京临时政府成立。4月,南京临时政府由南京迁至北京,并定北京为中华民国首都。1914年10月,顺天府改为京兆地区,辖20县。1928年6月,南京国民政府将北京改为北平(特别)市,原京兆地方的一小部分划归北平市。抗日战争时期,日伪政权改北平市为北京(特别)市,但中国共产党和国民政府均不予以承认。1949年9月,中国人民政治协商会议决定,将北平市改称为北京市,定为中华人民共和国的首都。

民国初年的天津地方政府,延续了清朝的建置,仍设天津府、县,是年7月,天津撤销天津县的建置,保留天津府,1913年4月,又撤天津府,恢复天津县的建置。1928年6月,天津特别市成立。1930年6月,天津特别市改为天津市。11月,因河北省省会由北平迁至天津,天津市改为省辖。1935年6月,河北省省会由天津迁往保定,天津恢复为国民政府行政院直辖的院辖市。1937年7月31日,日本侵略者在天津建立伪"天津市地方治安维持会"。1937年12月,日本宣告成立天津特别市公署。1943年11月,改称为天津特别市政府。1945年日本投降后,国民政府建立大津市政府,1949年1月天津市解放。

在华北地区的革命根据地,包括晋察冀边区、晋冀鲁豫边区、晋绥边区以及山东根据地。至1945年9月抗战结束时,华北地区革命根据地"辖有16个行署、67个专区、565个县(市)"①。1945年,山东根据地成立了山东省政府;1948年6月,晋察冀边区政府和晋冀鲁豫边区政府成立联合行政委员会,9月成立了华北人民政府;1949年2月,晋绥边区划归陕甘宁边区政府管辖。

# 三、研究意义

研究牙商既可以显示民国时期的经济运行实态、商品生产和流通规模、国家和地方税收、政府的商业政策,也可反映市场结构变迁、商业资本的运转和增殖、区域文化等内容。因此对民国时期华北牙商进行研究,无论是理论上还是现实上都具有重要的意义。

## (一)理论价值

曾经风靡一时的"现代化理论"、欧美学者所乐于采用的"商业革命"概念、日本学者及部分国内学者所强调的"旧秩序崩坏"说,"由于忽视了传统市场因素的生命力,因而都不足以说明传统商业组织和制度在近代市场经济中的变迁"。②三种认识要么忽略了传统商业因素在近代市场变迁中的地位和作用,要么将传统因素视为日趋崩坏制度的残余,因而在其理论体系内只是分析的"冗

---

① 许思奇:《中日消费者保护制度比较研究》,辽宁大学出版社1992年版,第43页。

② 庄维民:《中间商与中国近代交易制度的变迁:近代行栈与行栈制度研究》,中华书局2012年版,第15页。

余"而已。

新制度与旧制度、旧体系存在一定的渊源关系，在新的市场环境下，旧制度会以变异的形态长期存在于市场体系之中，它能否顺应新的市场需要，并与新制度产生积极的互动，关键在于自身能否吸取新的因素，向新的方向和形态演进转型。就牙商及其牙商资本而言，通过牙商的嬗变，传统的交易制度获得了进入近代的途径，故民国时期华北牙商也是传统商业制度向现代制度过渡的一条纽带，这一点与牙商的功能及其自身对于市场变迁的适应有关。

从资本积累、经营方式、资本扩张与转型等层面上看，牙商及其牙商资本的演变又是中国资本主义和经济现代化的一种发展路径，与传统经济自身发生的嬗变相比，与牙商所引发的商业变化相比，或许某些论著津津乐道的所谓"商业革命"根本算不上什么，因为就经济制度影响的广度、深度而言，牙商在交易制度上引发的变革要深刻得多。因此，牙商的意义必须从更广的视野去认识，这将引导我们从更深的层面去理解传统制度的近代转型，对相关变迁给予本土视角的关注，并做出真正"本土化"的解释，而非"他者化"的言说。

将民国时期华北牙商及其牙商资本作为理解中国近代商人贸易与商业制度变迁的钥匙，有助于加深对近代企业制度和市场交易制度的认识。从学理上它既可以说明不同地区商业资本与市场交易的联系机制，也可以解释制度变迁与流通结构演变的脉络和线索，拓宽对近代商业贸易和交易制度的认识视野，深化一系列相关市场问题和经济关系的研究。

更重要的是，牙商和牙商资本的嬗变和演进，是市场由传统向近代转型的缩影，借助本书提供的实证资源，经济学、社会学、法制学研究同样会在经济史、社会史中获得启迪，给市场经济理论、社会分层及流动、民国法律法规等提供厚实的学术和理论资源，从而为市场经济、社会群体、商业制度的研究提供理论的创新。

### （二）现实意义

当下中国市场经济的发展已进入到制度改革创新的关键时期。第一，传统商业组织承继演进，仍会在市场中发挥其作用，传递着传统的商业文化。本书的研究可以通过总结历史，为改革创新提供历史的借鉴和启迪。第二，如今，居间商人被称为经纪人。从20世纪90年代以来，中国已悄然形成了一支经纪人大军，活跃在经济活动中,对经济的发展起到了重要作用,经纪人一行也被誉为"黄金职业",从事这种职业的人被称为"金领"。这是牙商的继续和发展,但迄今为止,人们对市场居间商人的认识和理解却存在着巨大的偏差,阻碍了其在规范化、法制化轨道上的运行和发展,也极大地影响了社会中介组织作用的发挥,甚至将其经营活动和买空卖空、"投机倒把"①混为一谈。2008年,"投机倒把"罪名已经取消,因此,我们有必要为居间商人正名,去重新认识居间商人已经成为现代社会中不可或缺的重要组成部分。本书的研究将消除不利于牙商的偏颇认识,也为现阶段经纪人发展中如何正确处理国家、社会以及市场的关系提供一定的理论依据,并为建设新型经纪人制度,促进社会主义市场经济建设,提供可供参考的历史经验,因此具有一定的现实意义。

另外,商品、市场和商人三者是不可分割的。商品的开发、运销,市场的经营、推展都离不开商人。商业的实质,即是"一个商人同另一个商人、一个地区的商人同另一个地区的商人、一个民族的商人同另一个民族的商人在开发、制作、销售、广告乃至各种促销活动中的相互竞争和相互协同"②。然而,在这样一个满目是商品、满耳是商情的时代,汗牛充栋的商业书籍大多是"目中无人"。从已有的研究成果来看,学者们对商品和市场的研究较多,而对某个商人群体的研究存在"见物不见人"的偏向。只有把抽象的商业变成以活生生的经营者与活生生的顾客和消费者打交道的商业,方能更好地了解商业、研究商业、发展商业并在商业格局中取得进展和效益。故而,笔者选择对居间商人做一综合述评,以裨益于商业史的多学科综合研究。

## 四、资料与方法

由于牙商活动涉及的时空范围广,牙商和牙商资本演变情况复杂,单凭业

---

① 投机倒把:是计划经济时代的产物,主要指一些人囤积居奇、翻手倒卖,经过环环转手,层层加码,最后以较高价格卖给最终使用者或者消费者。2008年1月15日,国务院公布了取消《投机倒把行政处罚暂行条例》,这意味着"投机倒把"在法律上正式谢幕退场。

② 石忆邵:《商人迁徙与城市化发展》,同济大学出版社2003年版,第4页。

已出版的文献资料难以完整复原牙商的原貌,因此拓宽文献资料来源,广泛发掘利用第一手的档案资料和中外调查资料,便显得尤为重要。

本书是以大量第一手资料为主要依据的。包括原始档案、已刊档案、报纸、杂志、调查资料、政府公报、方志和文史资料以及散存于民间的文献资料等。首先,本书对大量的档案资料进行了归类分析。有关该文的牙商史料主要见于河北省档案馆、天津市档案馆、北京市档案馆、山东省档案馆、青岛市档案馆等馆藏的近两千卷未刊档案,笔者对之进行了认真的审阅、归类、分析,以期再现民国时期华北牙商的真实面貌。

其次,本书对中国社会科学院经济所保存的与牙商相关的社会调查资料进行了仔细梳理。在新中国成立后中国社会科学院经济所继承了中央研究院社会科学研究所一批未刊的内部调查资料,其中包括20世纪三四十年代,由童蒙正[1]主持调查的地方财政调查研究成果,比如《河南省地方财政调查报告》、《河北省地方财政调查报告》、《山西省地方财政调查报告》和《山东省地方财政调查报告》等,在这些调查报告中包含了很多数据翔实、与牙商相关的重要史料。该调查报告资料庞杂、整理困难,并且系手抄性质,因此迄今学界还未曾见到利用,本书对资料中的几千份统计表进行了仔细的梳理,从中整理出华北牙商的相关数据,并进行分类,试图揭示民国时期华北牙商的整体特征。

再次,本书对民国时期四大报刊之一《益世报》中有关牙商的报导进行了全面的整理、归类、分析,力图窥探牙商的发展轨迹以及牙商与经济社会发展的关系。

最后,本书对政府公报、方志、文史资料等这一时期的法律、法规及民间乡约进行了考察,从中提炼出关于华北牙商的相关规定,并进行明细的比对,分析

---

① 童蒙正(1903—1989),毕业于北京中国大学商科,留学日本明治大学,专攻财政金融学科。先后任北京《京报》经济版编辑,兼中国大学出版部主任、北京银行公会创办的《银行月刊》编辑、国民政府立法院统计处《统计月报》编辑、国民政府主计处岁计局地方预算审核,任国防设计委员会专员,主持地方财政调查研究工作等。抗战期间,任财政部钱币司技正帮办、外汇管理委员会处长,交通银行总管理处储蓄部副经理、经理,浙江省银行常务董事兼总经理。新中国成立前还兼任南京中央政治学校、中央大学和文化学院等院校教授。童蒙正的著作有《财政学》、《关税概论》、《关税论》、《瓦格涅财政之提要》、《中国陆路关税史》、《中国营业税之研究》、《中国战时外汇管理》、《中国之汇兑》等。

其不同之处和变化的原因,以期获取对华北牙商的深度认知。

除上述资料外,本书还对《定县社会概况调查》、《民事习惯调查报告》以及"日本满洲铁道株式会社"的例行调查队与东亚研究所在华北农村进行的调查记录——《中国农村惯行调查》等有关华北牙商的资料,进行了筛选、整理和利用。

本书利用以上新的史料有助于还原华北牙商的商业活动,通过实证辨析,从诸多局部联系还原历史发展脉络,来重构完整的市场交易者的真实图景。

民国时期,华北牙商与牙商资本所发生的嬗变及其意义,在近代经济变迁中占有重要的地位,但是其中的特征很难完全用过去的理论框架来把握,这就需要结合新的史料和新的分析工具,构建一种新的分析框架,以此把握历史演变的脉络。而以牙商为视角,无异于从核心处观察、认识所研究的对象。

为避免模式单一,需采取多元的方法。本书在学术方法层面,充分运用了历史学重史料、重实证的办法,坚持从第一手资料出发,试图做到论从史出、史论结合。但是要做到真正意义上的实证研究并非易事,它要求以"穷尽"的精神拓展资料来源,搜集新的史料,更要求对史料运用持审慎的态度,将实证研究置于理论方法的指导之下。

在理论方法层面,首先,本书借鉴了经济学的"信息不对称理论"、"委托—代理理论"和"交易成本"理论。这些理论给牙商、市场和商业资本的研究提供了新的视角,增添了新的分析工具。牙商在近代的存在与嬗变,要么是信息不对称的原因,要么是市场分工的产物,要么是交易成本影响的结果。本书以"信息不对称理论"来探讨牙商与市场效率间的关系,用"委托—代理理论"来分析牙商与购销客户以及市场分工的关系,以"交易成本"的理论来考察牙商经营的成本支出和利润。

牙商的经营活动对于解决"信息不对称"问题起到重要的作用。从特定意义上讲,牙商的经营活动和牙商本身是由于市场主体对信息的需求而产生的。交易双方通常并不知道对方的存在,也不可能完全掌握市场上所有的供求信息。而牙商由于掌握了一定的信息并具备针对问题快速有效地搜集信息的技能,所以能尽快找到匹配的交易双方,使交易尽早完成。这样,牙商便通过所掌握的大量信息将闲置资源加以利用,来降低市场效率低下。

牙商与客户间的关系是"委托—代理"关系。其中客户就是委托人,代理人便是牙商。牙商与客户间的委托代理关系对经济发展有重要的作用。首先,可以为牙商和客户带来预期的净收益,并达到双赢的目标。其次,有利于优化资源配置。在牙商的委托代理制下,所有者可将自己的资本分散投入不同领域,分散投资风险,增大资产的安全系数。产权主体的不断转换,调整了投资结构,促进了资本流动,推动了产业结构的调整和资源的合理配置,从而促进整个社会经济资源的优化配置。再次,有利于激励牙商阶层提高技能和素质。随着专业化的发展,对牙商阶层的知识和技能提出了更高的要求,牙商群体用来培育自己的投入势必越来越多,其资产专用性①也就越高,改变牙商的成本就越大。为了降低改变职业的风险,牙商必然会努力提高自己的专业水平和技能。同时,牙商为谋求更多的利润,相互之间会形成竞争,从而为委托人挑选合适的牙商提供了巨大的供给市场,这有利于牙商阶层的素质不断优化。

其次,本书借鉴了社会学中的社会流动和冲突理论。在一个社会中,大多数人流动的方向及其流动频率既可以反映社会结构的性质,也能够呈现出社会变迁的方向。就此意义而言,社会流动在一定程度上被人们视为社会变迁的指示器,正如郑杭生所言,"社会流动研究就是从动态的历时性角度研究社会地位结构"②。以往商人群体的社会流动研究很少有典型的个案研究。本书首次从微观和个案研究的新视角探讨了华北牙商"上下流动"、"职业流动"和"区位流动"的不同特例。社会学中的冲突理论强调纠纷是社会结构中不可分割的成分,社会变迁的动力来自于纠纷,反过来社会变迁又可以消除因纠纷带来的负面影响。本书首次通过档案中华北牙商纠纷的案例作为窗口透视当时社会的变迁。

再次,由于牙商社会角色和地位的变化与政府政策密不可分,对民国时期华北牙商的研究势必要涉及政府的牙商法规,故本书从法学的角度、法规政策的变迁理论,探讨了牙商法规政策的演变、营业执照的传承与继替、税负制度的变迁等。

---

① 资产专用性,是指资产被派作某种特定用途后,无法再改变原有性质或被取消,知识和技能将会随之全部或部分丧失使用价值。

② 郑杭生:《社会学概论新修》(精编版),中国人民大学出版社2009年版,第218页。

14

牙商研究,本书只是一个简陋驿站。由于精力、视野和心智的局限,有许多问题没有涉及,或只是蜻蜓点水,如在民国时期政治动荡中华北牙商的政治取向,华北牙商与华中、华南、华东地区牙商的宏观比较等。故还需投入精力,继续跋涉,才能达到引人入胜的境界。若书中内容能吸引读者的些许兴趣,有他们继续发掘的相关问题,使得近代地方社会变迁的动感和细节更加明朗,更能凸显历史真谛,便可聊以自慰了。

# 第一章 CHAPTER ONE

## 华北牙商的行业发展

民国以前，"牙帖定额制"的禁锢和州、县开辟财源的需求，官给私帖蔚然成风。部分牙商凭借同官方微妙的关系，将牙帖把持在手，世代相传，难再流动，这种垄断对于牙商的发展造成很大的桎梏。故民国以前，华北牙商有了一定的发展，但大多是单个的、零散的，经商活动各自为战。民国以降，政府改变了压抑商业、歧视商贾的态度，对商业的封建束缚随之放松。"牙帖定额制"的取消，使华北牙商群体迅速发展壮大，更重要的是，民国时期牙商各行业的同业公会普遍建立。同业公会的成立，不仅在牙商的自治与自律、整合与管理过程中起着重要作用，而且在维护牙商的同业利益，抵制外国商品的倾销，促进牙商发展乃至整个社会经济生活的运转进程中发挥了令人瞩目的影响。

# 第一节　华北牙商的行业继承

ERSHI SHIJI ZHI ZHONGGUO

　　牙商是随着商品交换的出现和发展而产生的。牙商通过为有交易需要的当事人提供中介服务,从中收取佣金,客观上促成了商品的流通。

　　根据文献资料的记载,牙商的出现,应该不迟于春秋战国时期。从战国到魏晋南北朝时期,作为"驵"、"驵侩"存在的牙商更多地主持牲畜市场交易的中介,并逐渐兼营其他行业,并且有了大小之别。但由于商品贸易的相对落后,牙商虽已经出现,但是他们的数量和活动还比较有限,尚未成为一个有影响的社会群体,其职能仅限于促成交易的经济职能。随着唐宋时期商品的贸易繁盛,牙商的数量大量增加,并出现了专业性的牙商。如,马牛等牲畜交易的中介称为"马牙"①,买卖奴婢的中介,唐代称为"女侩"②,宋代则称其为"牙嫂"③,粮食交易中的中介称为"米牙"④,房屋买卖的中介称为"庄宅牙人"⑤,以及"引领牙人"⑥、"保舶牙人"和"保识牙

---

　　① 《太平广记》,卷三二八《阎庚》。

　　② 《太平广记》,卷二六一《柳氏婢》。

　　③ 《梦粱录》,卷十九《雇觅人力》。

　　④ 《梦粱录》,卷十六《米铺》。

　　⑤ 《五代会要》,卷二十六《市》。

　　⑥ 指在宋代海外贸易中,专门替海外客商寻找主顾的牙商。

人"①等等。宋代,随着商业交往日趋频繁,牙商不仅在边贸互市、坊场交易、城乡交流、工商贸易等活动中发挥作用,而且"依托官府势力,不断拓展活动领域和职能范围,使他们的影响波及社会经济生活的各个方面"②。在牙商自身的发展带动下,在这一时期,出现了"牙行",但与牙行发展繁盛的明清时期对比,从文献记载上看,宋元及其以前时代,牙行在贸易中的中介活动显然还不够广泛,还存在着进一步发展的巨大空间。

民国以前,华北牙商的数量、活动空间都得到很大的发展。许多城镇、市集中的牙行也越来越多。牙商和牙行的发展引起了政府的广泛重视,明官府颁布了相关的法律法规,"官牙制"建立起来并得到了推广。清代,将牙帖定额化,又规定每年按等级标准征收相应的牙税。此制度流弊很多,对于牙商的自由竞争造成了很大的桎梏。

在明朝建立不久,"官牙制"就正式成为全国通行的制度,其形成标志是明嘉靖二年(1523年)定市易法,"官给牙帖"③并"每年需纳税银若干"④,此即牙帖、牙税之始。

明代牙帖数量没有准确的数字统计,但是杨嗣昌的奏疏里曾提到全年牙税额"共计六十七万五千两",这也就相当于当时"岁入的六分之一"⑤,由此可以推断牙行数量必十分庞大。从牙帖数目的规定来看,清代河南省是清代牙帖数目最多的,直隶省(河北省)排名第三,山西省排名第六,山东省排名第

---

① 指兼负有为客商提供信用担保的牙商。

② 相关研究见:宋达三:《宋代牙人的变异》,《中国经济史研究》,1991年第4期;李伟国:《宋代经济生活中的市侩》,《历史研究》,1992年第2期;任仲书、于海生:《宋代"牙人"的经济活动及影响》,《史学集刊》,2003年第3期等。

③ 学界认为唐朝可能是最早颁发牙帖的朝代,其根据是《崇明县志·赋税》注中提到"唐建中时,市牙给印纸,为牙帖之始"的说法。本书认为这种说法于史不足证,而且以一县的县志而言,其这种记载本可信度不高,"官给印纸"顶多也只能是牙帖的滥觞,却不足以成为制度化起源的证据。不过可以肯定的是,至今尚没有发现明以前的牙帖。

④ 何盛明:《财经大辞典》(上卷),中国财政经济出版社1990年版,第2029页。

⑤ 杨嗣昌:《杨文弱先生集》,卷12《恭承召问疏》,转引自刘巧莉:《明清时期牙人牙行的积极影响》,吉林大学2006年硕士学位论文,第7页。

九,京师(北京)排名第十五。①总体上,华北各省的牙帖数目在全国是比较靠前的。以全国各省为考察对象可以看出,从清初的乾隆朝到清末的光绪朝,各省牙帖数目变化很小。除了山西省增加30枚(10 919枚变成10 949枚),江苏江宁藩司增加30枚(12 317变成12 347)外,其他各省都没有变化。这与国家实行的"牙帖定额制"②有关。

定额牙帖,每五年发给新帖一次,依牙商之资本、买卖成绩等,令纳150两至1000两的牙帖费,又规定每年按等级标准征收相应的牙税。文献资料给出了清代康熙二十四年(1685年)、雍正二年(1724年)、乾隆十八年(1753年)、嘉庆十七年(1812年)各省牙税额及牙税征收标准。根据牙税额统计数据的特点,兼顾区域的完整、论述的方便,我们把京城、直隶、奉天合在一起按照直隶来分析,把江苏苏州藩司和江宁藩司合在一起按照江苏来分析,能够更直观地了解华北各省牙税数目在清代各个时间段的概况。从1685年全国各省牙税来看,直隶、河南、山东、山西分别在第二、第四、第五和第六(湖北第一,江苏第三)的位置;1724年,直隶、山西、河南、山东的排名是第二、第四、第十和第十一(广东第一、江苏第三);1753年,直隶、山西、山东、河南的排名分别是第二、第四、第六和第十一(广东第一、江苏第三);1813年,河南、山东、直隶、山西的排名分别是第一、第二、第四、第六(广东第三、江苏第五)。纵观整个清一代,华北各省的牙税数目在全国所占比重较大,反映了牙商的兴盛状况。

① 吴兆莘:《中国税制史》(下),上海书店出版社1984年,第113~114页。

② 清初,牙帖与户部无关系,各省设定额数,由藩司颁予牙行,地方布政司、府、州、县等各级官府都有权审批,征收其税,使得牙商很容易获得从牙的资格,故州县衙门,应其必要,而额数无限制发给之。雍正十一年(1733年),官府禁止州县自由发给牙帖,令各省督抚酌定牙帖额数,报告于户部。然增发之弊,依然不能免。故其后又规定牙帖由户部颁给,参酌各省情形,规定牙帖数,由各省应其颁给定数,将牙税收入送部,将牙帖定额化,而且,对于新开集场牙帖的申领也有限制。于是牙帖数各省一定,而营牙行者为一定数所限制,政府立国,朝令不能夕改,遂出现了有清一代牙帖数目变化不大的现象。

## 清朝各省牙税及征税等级标准统计表　　　　（单位：两）①

| 省份 | 牙行各等级征税标准 | 1685 年 | 1724 年 | 1753 年 | 1813 年 |
|---|---|---|---|---|---|
| 京城 | 上则 2、中则 1.5、下则 1 | 10 961.408② | 直隶 13 390 | 直隶 17 548.8 | 16 199.02③ |
| 奉天 | 1—2 | | | | |
| 直隶 | 1—30 | | | | |
| 山东 | 1—百余 | 6941.819④ | 1716.37 | 6492.723 | 18 422.15 |
| 山西 | 上则 1.2—1.4、中则 0.9、下则 0.6 | 7014.9⑤ | 6240 | 9087.7 | 9110.58 |
| 河南 | 1—30 | 7488.055 | 2179.56 | 2178.8 | 60 413.11 |
| 江苏（苏州属） | 上则 1、中则 0.4、下则 0.2 | 9316.44 | 6755 | 11 130.24 | 11 558.63 |
| 江苏（江宁属） | 上则 2—4、中则 1—1.6、下则 0.2—1 | | | | |
| 安徽 | 上则 2、中则 1.5、下则 1 | 5394 | 3460.45 | 8030.01 | 8444.1 |
| 江西 | 上则 3、中则 2、下则 1 | 2610.5 | 3082 | 5043 | 5206 |
| 浙江 | 上则 0.8,中则 0.6、下则 0.4 | 4327.3 | 2790.77 | 4528 | 4517.9 |

---

　　①　图表资料根据下面内容整理：1.吴兆莘：《中国税制史》（下），上海书店出版社 1984 年版，第 113~114 页。2.康熙《大清会典》卷 35《户部·课程·杂赋》，台北，文海出版社 1992 年版。3.雍正《大清会典》卷 53《户部·课程·杂赋》，该表数据备注说明："直省历年增减不一,兹据雍正二年奏销册数目开载,其有康熙六十一年奏销册者,有在二年以后添出者,具注明各条下",所以这些数据有些是康熙末年的,有些是雍正初年的,最晚不过 1734 年。台北,文海出版社 1995 年版。4.乾隆《钦定大清会典则例》卷 50《户部·杂赋·牙行商行当铺税》,商务印书馆 1983 年版。5.嘉庆《大清会典事例》卷 195《户部·杂赋·牙行商行当铺税》,台北,文海出版社 1988 年版,第 9031~9034 页。

　　②　其中包括：直隶牙帖税银 10 728.658 两、盛京经纪税银 232.75 两，二者之和为 10 961.408 两，以上解交盛京户部。

　　③　其中包括：京城牙帖税银 1531 两、直隶 12 348 两、奉天牙帖税银 1928 两，盛京斗秤帖张税银 392.02 两，几者之和为 16 199.02 两，以上解交盛京户部。

　　④　其中包括：牙行杂税银 6406.819 两、盐行经纪银 535 两，两者之和为 6941.819 两。

　　⑤　其中包括：牙帖税银 6860.3 两,拨饷；杀虎堡马牙税银 154.6,两者之和为 7014.9。两起运解户部。

续 表

| 省份 | 牙行各等级征税标准 | 1685 年 | 1724 年 | 1753 年 | 1813 年 |
|---|---|---|---|---|---|
| 湖北 | 上则2,中则1,下则0.5 | 11 421① | 999.14 | 2775.634 | 5936.8 |
| 湖南 | 1—12 | 738.14 | 742.64 | 1035.216 | 1044.89 |
| 陕西 | | 3492.11② | 2229.785③ | 1665.25 | 1764.79 |
| 甘肃 | 1—2 | — | — | 759.66 | 752.05 |
| 四川 | 5 以下 | 199.9 | 357.2 | 1170.2④ | 1485.8⑤ |
| 云南 | 1—3 | — | — | — | 385.5 |
| 贵州 | 上则5,中则4,下则3 | 151 | 159 | 514.05 | 571.05 |
| 福建 | 1—3 | — | 2683.15 | 2720.55 | 2720.55 |
| 广东 | | 2152 | 48 960.99 | 17 846.71 | 17 846.77 |
| 广西 | | 101 | — | — | 50 |

普通的农村市集中也有不少牙商参与其中。获鹿县清代档案资料证明,乾隆二十年(1755年)直隶正定府获鹿县的市集上活跃着大量的牙商,该县领有牙帖的牙商共有111名。计:城集(47名):估衣行(6名)、斗行(9名)、花行(16名)、牛行(3名)、地行(5名)、布行(2名)、铁行(3名)、油行(1名)、车行(2名);李村集(20名):斗行(6名)、花行(3名)、驴行(4名)、牛行(1名)、地行(2名)、猪行(4名);振头集(21名):斗行(5名)、地行(3名)、花行(7名)、牛行(1名)、驴行(1名)、布行(4名);同冶集(13名):斗行(6名)、花行(3名)、布行(4名);于地集(4名):斗行(2名)、驴行(2名);山下尹村集(8名):花行(4名)、斗行(4名)。

另一份光绪年间档案则说明了1893年获鹿县领有牙帖的牙商共有112名,其中有城集(47名):斗行(5名)、铁行(7名)、骡脚行(3名)、油行(1)名、花行

---

① 其中包括:驿盐道项下盐牙税银4077两、牙税银7344两,拨充兵饷,两者之和为11 421两。

② 其中包括:西安等处牙税银2304.5两,除支给铸钱铜价外,俱充饷;巩昌等处牙税银1187.61两,充饷。两者之和为3492.11。

③ 其中包括:西安等处1720.865两、巩昌等处508.92两,两者之和为2229.785两。

④ 各行牙帖、当帖共1170.2两。

⑤ 各行牙帖、当帖共1485.8两。

（14名）、布行（3名）、牛行（3名）、地行（3名）、估衣行（6名）、车行（2名）；李村集（12名）：斗行（6名）、花行（2名）、驴行（1名）、地行（1名）、猪行（1名）、牛行（1名）；于地集（3名）：斗行（2名）、花行（1名）；振头集（22名）：斗行（5名）、地行（5名）、驴行（1名）、花行（7名）、布行（4名）；同冶集（14名）：斗行（5名）、牛行（1名）、花行（4名）、布行（4名）；赵陵铺集（5名）：斗行（3名）、花行（1名）、驴行（1名）；山下尹村集（9名）：花行（4名）、斗行（5名）。

这两份档案说明了获鹿县市集贸易的种类及各行业的繁盛状况。总体而言，两份档案虽相差138年，但牙行种类、每个种类的牙行数量、牙行总数量相差很小。具体来看，棉花牙行数量最多，其次是粮食牙行数量和布牙行数量，最少的牙行数量则是车行和猪行。档案还反映出牙商牙行经营的商品范围已经十分广泛，举凡花、布、粮食、猪、牛、驴、油、估衣……一切参与市场贸易的商品都是牙商经营的对象。可以说，牙商几乎参与了一切的商品交易。这两份档案还反映了官府在发给牙商牙帖时，以一定数量的实物谷子进行征收的牙帖税，已经成为地方相当稳定的一种税收。

地方志的记载可以与上述档案记载得到相互印证。《直隶正定府志》记载了1754年该府所属14州县额定牙行、牙税额。其中获鹿县额定牙行112名，每年折合税银31.32两。牙行的总数与档案记载基本一致。《直隶正定府志》还记载了正定府总计"牙行1255名，税额为326.4595两"[①]。

牙帖一般5年编审一次，照例更换选任新人承充。牙商的顶补招募、更换牙帖等事，在一般州、县是由地方官负责。山东孔府牙行经纪的编审、承充、顶补等各项制度严格依照部例执行。但是由于各州县执行状况的时好时坏，很多时候往往是牙商一旦得到牙帖，便可把持在手，世代相传，很难流动。如1815年（嘉庆二十年）10月，《山东藩司咨为遵旨清查更换各属集市经纪造册移送事》一文指出：山东省的东平州42位牙商的帖主中，100余岁的共有18位，90~99岁的共有4位，80~89岁的共有5位，70~79岁的共有10位，60~69岁的共有3位，50~59岁的有1位，40~49岁的有1位。这42位帖主的平均年龄为58岁。100余岁的

① 乾隆《正定府志》卷十，杂税，见《中国地方志集成·河北府县志辑（1）》，上海书店出版社2006年版，第278页。

牙商存在的可能性不大，当然也不会是在继续经营牙行业，不难理解牙帖其实被牙商或牙商的家人把持在手，世代相传。

档案同样记载了清代的天津县除非牙商自愿缴帖或违律被官府没收牙帖等特殊情况，牙帖一般由"官府发给帖牌，世代相传"①。

明清时期，华北地区"私牙"不断涌现，尤其是雍正帝以后，私牙在整个牙商中占的比重越来越大，泛滥成灾。究其缘由，是"官给私帖"。

雍正税赋改革以后，鉴于政府财政亏空严重，除了要求三年内完补清楚外，并由山东、直隶、河南、山西等省开始推行"耗羡归公制度"②。所谓耗羡，也叫火耗，是州、县政府征收钱粮时，在正额钱粮之外所加征，以弥补销铸银两的损耗部分。由于清代地方财政困乏，额定存留数不足以支付州、县政府的办公费用，私征的耗羡成为地方财政的主要来源。雍正将私征的耗羡归公，除了作为官员的养廉银两以弥补亏空外，也将部分拨作地方公用。

火耗由暗化明，由私转公后，州、县地方官失去了一份自主财源，除了锱铢必交外，州、县官自然要寻求替代资源。牙帖税的税额虽微不足道，但牙商佣金的收入相当可观。因此，增加牙行数目的考虑自然应运而生。这就是州、县官会不顾禁令，私给牙帖的原因。

第一次鸦片战争后，由于外商的进入，我国产生了一种新型的中介——买办。第二次鸦片战争以后，外商为达到交易目的，需要利用一些诚信可靠的特殊中间人。这样，一大批特殊中间人即经纪人在通商口岸得以迅速涌现。

总之，民国以前，华北牙商的数量、活动空间都得到很大发展。许多城镇、市集中的牙行也越来越多。牙商和牙行的发展引起了政府的广泛重视，明官府颁布了相关的法律法规，"官牙制"建立起来并得到了推广。清代，将牙帖定额化，又规定每年按等级标准征收相应的牙税。此制度流弊很多，经过清初的经济恢复，乾嘉时期，全国商品经济已经获得了很大的发展，然而，又遭遇了

---

① 天津市档案馆、天津社会科学院历史研究所、天津市工商业联合会：《天津商会档案汇编（1912—1928）》（第2分册），天津人民出版社1992年版，第1799页。

② 关于各省及州对此政策的反应，可参考Madeleine Zelin, The Magistrate's Tael.*Rationalizing Fiscal Reformin Eighteenth—Century Ch'ing China*, University of Califonia Press, 1984.

清中叶的社会动荡和外国入侵,部分市镇趋于萧条,同光时期又有恢复。基于这种历史的现实,清代并没有对牙帖的数量加以调整,因此出现了私牙和官牙并存的现象。官府针对牙行朋充、巧立名目,京城一切无帖铺户、地方土棍人等私开船载牙行,各衙门胥役更名捏姓兼充牙行的"私牙"现象,发布了相关律条及例文。但是随着商业和商品交换的发展,在牙商获利甚厚的利诱、牙帖定额制的禁锢和州、县开辟财源的需求下,官给私帖蔚然成风。另外,部分牙商凭借同官方微妙的关系,将牙帖把持在手,世代相传,难再流动,这种封建垄断对于牙商的自由竞争造成了很大的桎梏。

# 第二节　华北牙商的兴起与发展

ERSHI SHIJI ZHI ZHONGGUO

民国时期，华北牙商的发展可以划分为三个时期：1912—1928年，华北牙商的快速发展时期；1928—1937年，华北牙商的繁盛时期；1937—1949年，华北牙商的曲折发展时期。

## 一、华北牙商的快速发展

1912—1928年为华北牙商的快速发展时期。早在清末，已有牙商在天津、烟台、青岛等口岸城市开设牙行，代替客商买卖各种商品，但并未形成规模，商品种类的分工也不明显。另外，受"牙帖定额制"的桎梏，清末货栈或行栈虽然已经零星出现，但是官府并不颁发"牙帖"，被称为"私充行户"，因此很多职能受到限制，未有发展壮大的空间和土壤。北洋政府时期，政府由执行传统的重农抑商到提倡实业、鼓励商战，这是近现代历史上的一大转变。在此期间，政府在改变压抑商业、歧视商贾的同时，在经济上制定了一系列有利于牙商发展的政策、法令。在这种制度变迁①中，华北牙商群体得到了快速发展。下面对1912—1920年和1920—1928年两个时期中华北牙商发展的特点分别展开讨论。

北京政府从1912年到1920年是袁世凯和皖系军阀统治时期②。辛亥革命结束了两千多年的封建专制制度，有利于社会生产力的解放和发展。随着中华民国的建立，大家认为发展工商业、强国富民的时机到来，兴办商业之风在社会上掀起。政府颁布了一系列有利于牙商发展的政策、措施，鼓舞了很多牙商乘此机会，大展宏图。同时，牙商的巨大利润也吸引着不少投资者，这不仅使晚清中歇业的很多牙商开始恢复经营活动，而且很多地主、豪绅、资本家、无业游民、商贾、学徒、知识分子等纷纷加入到牙商行列，使华北牙商得到了快速发展。尤其是1914—1918年，第一次世界大战期间，西方资本主义国家因忙于彼此间的战争，暂时放松了对中国的经济侵略，使中国民族工业得到了发展的良机，也使华北牙商迎来了发展的"黄金时期"。

1912—1920年，华北地区牙商快速发展的特点有三个方面：在口岸城市得到快速发展，在大城市的商品市场开始渐露头角，在华北各县粮食、棉花等主要土特产品中发展迅猛。

民国初年，华北牙商首先在口岸城市天津、烟台、青岛等地获得快速发展，

---

① 档案显示民国时期开设货栈或行栈之牙商由"私"转"公"，由官府颁给"牙帖"，系堂而皇之的"牙行"。如南京国民政府颁布的《整顿牙税办法七项》第一条便规定："限定牙行行所：牙行领证营业不论短期、长期，应于县市、镇集交易地点设有固定行栈。"北京市颁布的《北平市牙行营业章程》第二条也规定："牙行应就某种货物荟萃交易之区设立固定行栈，其游行牙纪一律禁止"；而第十二条则规定牙行不设行栈"应追缴牙帖，并按照该行常年税额处以一倍至十倍之罚金或没收其保证金"。天津市颁布的《天津市财政局牙行领帖章程》第二条规定：凡"经营行店、货栈"等业务者，准其申请登记开设牙行；天津市特三区皮毛、棉花总牙行的王燕庭领取牙帖后，即开设了"普康货栈"。

② 袁世凯统治时期指的是从1912—1916年，皖系军阀统治时期指的是从1916—1920年。1912年3月10日，袁世凯就任中华民国大总统，将南京临时政府迁往北京，这标志着袁世凯统治的开始。1916年3月22日，袁世凯被迫取消帝制，恢复中华民国，不久，袁病死，袁世凯统治时期结束。自此至1920年直皖战争爆发，为皖系军阀统治时期，期间基本上为段祺瑞所把持。1920年7月，直皖战争中皖系军阀战败，直系军阀入主北京政府，皖系军阀统治时期结束。

在天津，牙商的行栈暴增；在烟台，牙商成为当地最有势力的商人；在青岛，牙商是洋行购销货物主要依靠的对象。

1912—1920年间，天津的贸易量迅速增长，华北各地的粮食、棉花、山货、皮毛、草帽辫、棉花、蛋产品、麻类、药材、煤炭、干鲜果、山货等相继运津。牙商创设的各行栈、货栈或行店如雨后春笋般诞生。此时，天津牙商在华北地区的数量、种类、规模及影响都很突出，《益世报》称当时"华北方面，以天津牙商为最多"①。天津牙商开设的较大行栈骤然增至30余家②，且已经形成了专业经营的分工，主要集中在粮食、棉花、皮毛、山货和鲜货业等行业，尤其是从事粮食、棉花和山货业居多。据日本东亚同文会的调查显示，1918年天津的棉花牙行（俗称花行）有大通栈（日租界）、万德义（陈家沟子）、同聚栈（北关）、集昌（针市街）、济兴栈（三条石）、德裕商行（肉市口）、义隆栈（三条石）、美丰栈（北马路）、永义栈（三条石）、三晋泉（英租界）、崇丰栈（三条石）、信和公（英租界）。③粮食牙行（俗称斗店）有恒利（东集）、怡和公（西集）、庆长顺（西集）、聚通生（西集）、华丰（西集）、文泰永（北集）、万丰（北集）、通顺永（北集）、华长生。④羊行有德和、万德、长发、美丰、兴隆西栈、兴隆东栈等等。⑤

牙商在山东烟台开设的牙行被通称"外庄家"、"行店"或"大店"。民初，烟台资本实力最雄厚的牙商多投资在豆油、茧绸、粮食、棉纱、木材、砂糖、水产、杂货等行业。其中资本额5万银两以上的行栈就有26家，资本总额达600余万银两。⑥

青岛牙商的兴起略晚于烟台，但随着进出口贸易的扩大，其发展速度与规模却超过烟台。由于当时政府规定了"外人不得轻入内地"等限制政策，故洋货由通商口岸——内地，土货由内地——通商口岸，必经华商之手。同时，青岛

---

① 文彬：《违法病民的牙税，帮助日货畅销》，《益世报》，1934年7月4日，第8版。

② 李杰三：根据《天津早期的货栈业——六十年（1896—1956）兴衰史》，见《天津工商史料丛刊》（第4辑），未刊1986年版，第74页。

③ [日]东亚同文会：《中国省别全志·第18卷·直隶省》，1920年版，第972~973页。

④ [日]东亚同文会：《中国省别全志·第18卷·直隶省》，1920年版，第977页。

⑤ [日]东亚同文会：《中国省别全志·第18卷·直隶省》，1920年版，第978页。

⑥ 庄维民：《山东商品经济的变迁》，中华书局2000年版，第247页。

的买办商人有限,且根基缺乏,因此洋行购销货物所依靠的华商以牙商为主。

民初,牙商在大城市的商品市场也开始崭露头角。在这些商品市场中,除小店铺、摊贩和零售业以外,凡是大宗商品交易大都要经牙商之手来进行。开封是河南省的省会,政治、经济和文化中心,也是河南省最大的商品市场。当时开封有粮行、棉花行各12家,皮行10余家,丝行、土布行、花生行、牲畜行各数家。①1918年,开封市较大的花生行有通记花生公司、裕生祥花生行、福隆祥花生行、德元花生行。②

周家口,是河南省内最大的牲畜商品市场,从蒙古经张家口来的马、牛和省内的羊都集中在这里出卖。牙商在周家口镇内开设有皮行9家,牙行(各种都经营)8家,粮行3家,茶行6家,杂货行2家。1918年,郑州较大的花行有宝源恒、万顺长、玉庆长、信美成、义隆丰、西益和等十余家。③较大的粮行有庆泰恒、新和恒、玉顺东、王义聚、同义昌、信美成、振兴合、义合、天兴恒、复兴成、宝盛隆等。④较大的皮行有中盛魁、德盛魁、豫昌、义合、豫通祥等。⑤

许昌是河南著名的烟草商品市场。自从烟草在引进美种烤烟后,种植规模迅速扩大,牙商们纷纷来许昌经销烤烟,名目繁多的烟行像雨后春笋般涌现出来。从民国初年到1917年,牙商在许昌开设的烟行有18家。这些烟行体现了资本雄厚、规模大的特点,其雇员人数多则100人,少则四五十人,最少也八九个人。

直隶省的省会保定城粮食贸易活跃。当时,大宗粮油贸易多以牙商开设的粮栈业(即斗业)为主。当时,保定城区日均上市粮食约30万斤,除来自保定周围各县一部分外,以汉口、郑州的大米、小麦,张家口的玉米、谷子、高粱为多。上市粮食除市内日需约15万斤外,其余大部转销北京、天津。粮食的大量中转,促进了保定市粮栈业的发展。牙商在保定市开设的粮栈业有23户,规模都

---

① 张文彬:《简明河南史》,中州古籍出版社1996年版,第352页。

② [日]东亚同文会:《中国省别全志·第8卷·河南省》,1918年版,第745页。

③ 张炎卿:《郑州花行旧闻》,《河南文史资料》(第44辑),未刊1992年版,第17页。

④ [日]东亚同文会:《中国省别全志·第8卷·河南省》,1918年版,第756页。

⑤ [日]东亚同文会:《中国省别全志·第8卷·河南省》,1918年版,第756页。

很大,每户约30余人,日成交量200—400石不等。①张家口是沟通直隶与西北、外蒙商业贸易往来的重要中转市场,也是华北地区最大的皮毛业的中转市场。民国初年,牙商在张家口开设皮革、毛绒贸易行栈30多家,其从蒙古等地购进大量的皮革、毛绒,经过加工后再转运内地及出口。

随着京汉铁路、正太铁路的通车,从1912—1920年间,石家庄商贾云集,牙商也在这里普设行栈,石家庄遂变成繁盛之商品市场。据日本东亚同文会调查,1918年石家庄的牙行包括油行、花行、炭行、粮行等,其中较大的粮行有丰通和、义全成、德裕隆、德裕书、万福同、庆义成、万义泰、义合、福泉、长元泰、长丰,②油行有义聚公司,花行有义重栈、义合栈、公益栈,炭行有大成栈、义盛通、聚成国、刘万顺等。③

在新兴的农副产品专业市场,牙商的经营与影响也随处可见。他们的交易状况左右着农副产品专业市场行情的涨落与土货集散流通量。1916年,山东省沧口有牙商开设的果行13家,沙子口有牙商开设的果行12家,两市场果品的年交易量达800万斤。在果农、果行、消费者及果店之间,形成以专业市场果行为中心的商业贸易流通模式。再如在山东省大汶口花生市场,牙商开设的较大的花生行栈就有40家,此外还有替天津、青岛、上海等城市商人代买花生的行栈十几家。在大汶口花生专业市场,大宗花生交易离不开牙商,外地商人一年花生收运量的多少,关键要看委托牙商经营的好坏。

在民国以前,华北各县的牙人多在乡村集市中游行兜揽生意。民国以来,华北各县的牙商在粮食、棉花、皮毛、牲畜等主要土特产品中得到发展。其突出的表现便是由游行介绍生意改为普遍开设以代客买卖货物为主的粮行、花行、皮行、牲畜行。

据日本东亚同文会调查,在此阶段,河南省开设的牙行如下所述。舞阳县粮行有同发兴、同泰丰、鸿发泰、天泰昌、德顺魁、义盛和、铸泰恒、义广和、万

① 河北省保定市地方志编纂委员会:《保定市志·商业卷》,方志出版社1999年版,第123页。
② [日]东亚同文会:《中国省别全志·第18卷·直隶省》,1920年版,第991页。
③ [日]东亚同文会:《中国省别全志·第18卷·直隶省》,1920年版,第991页。

早恒、聚生、和兴、两仪昌、万聚和。①豫州粮行有祥盛、德懋、广丰、德祥、陨盛。②赊旗镇粮行有全盛、通顺、大兴、兴盛、恒兴、玉丰、富饶、同新、德胜。③唐县代客买粮的粮行包括泰和行、元丰行、聚源行、德新行、德泰行、同兴行、全福行、同盛行、源泰行、兴隆行、广源行、喻义行、朝盛行、同茂行、双兴行、四盛行、天兴行、豫平行、恒兴行、四合行、金聚行、义泰行、德新行。④代客卖粮的粮行有聚以店、长乐店、德泰店、太顺永、恒大源、同盛永、广泰店、福泰店、庆聚店、丰盛店、德丰昌、万盛店、长发元、广盛店、德兴盛、万兴德、泰利亨。⑤陈留牙行中粮行最多,约有20余家,较大的有裕泰公、德茂昌、椿茂林、德大恒、永和坊、奎隆昌、恒典坊、德大昌,⑥另外还有酒行、花行、牛马行、木行、油行。⑦杞县一带盛产水果,较大的果行包括义盛果行、聚泰隆行、聚盛果行、兴隆果行。⑧兰封县(今兰考县)的牙行有公兴恒(斗行)、李长新(干果行)、张同兴(杂货行)、德仁昌(干果行)。⑨仪封镇的牙行有武长庚(粮行兼烟草、杂货小卖)、张义盛(粮行兼杂货小卖)、永茂永(粮行兼杂货小卖)、同心坊(粮行兼杂货小卖)。⑩漯河镇的粮行有20多家,其中较大的有泰丰公、祥泰昌、祥茂恒、公和裕、恒茂、泰丰、协丰、福泰、公义顺、全泰裕、裕昌隆、同泰昌、三兴、公盛、公兴祥。⑪漯河镇的杂货牙行有30多家,其中较大的有盛德长、德盛和、同盛昌、中兴成、德兴元。⑫周家口的牙行包括同顺德、同合、义盛德、广盛昌、义和、润

---

① [日]东亚同文会:《中国省别全志·第8卷·河南省》,1918年版,第644页。

② [日]东亚同文会:《中国省别全志·第8卷·河南省》,1918年版,第646页。

③ [日]东亚同文会:《中国省别全志·第8卷·河南省》,1918年版,第647页。

④ [日]东亚同文会:《中国省别全志·第8卷·河南省》,1918年版,第738页。

⑤ [日]东亚同文会:《中国省别全志·第8卷·河南省》,1918年版,第738页。

⑥ [日]东亚同文会:《中国省别全志·第8卷·河南省》,1918年版,第753页。

⑦ [日]东亚同文会:《中国省别全志·第8卷·河南省》,1918年版,第752页。

⑧ [日]东亚同文会:《中国省别全志·第8卷·河南省》,1918年版,第754页。

⑨ [日]东亚同文会:《中国省别全志·第8卷·河南省》,1918年版,第754页。

⑩ [日]东亚同文会:《中国省别全志·第8卷·河南省》,1918年版,第755页。

⑪ [日]东亚同文会:《中国省别全志·第8卷·河南省》,1918年版,第757页。

⑫ [日]东亚同文会:《中国省别全志·第8卷·河南省》,1918年版,第760页。

兴、万顺、裕泰、人和（粮行）、万来（粮行）、长兴（粮行）等。①归德府（今商丘市）的皮行有苏福聚、丁复盛、何义顺、恒聚祥、三义行、仁义行、天聚昶、益顺行、全义行。②酒行有隆源涌（兼杂货）、万源昌（兼业）、悦来行（兼业）、双盛行（兼业）、双盛涌（油酒行）。③粮行有复盛行、四义、交盛、福兴、福聚、德盛、涌聚盛、益聚、荣泰公、同盛、德泰、局庆、公盛、三义、新义、协丰、鼎盛。④永城县的牙行包括杂货行4家、药行2家、粮食行2家、酒行2家、烟行1家。⑤延津的牙行包括福德昌油行、全盛永杂货铺、天盛恒油行、天泰祥红花行、豫茂长油、皮毛羊行。⑥道口镇的牙纪有茶经纪孙老明、油经纪刘兴、杂货经纪（也称合记杂货经纪）、牲口经纪。⑦怀庆皮行有买文盛、顺和成、丁合盛、振泰长、公养和、豫生源。⑧清化镇铁行有三顺店、同心栈、复兴西店、太和老店、协和永、怀复店、同泰号、协和北店、大益同、怀复店，粮行有泰盛店、吉兴栈、泰兴隆、双兴义、长源洋、玉芳集、顺兴成、同盛永、福盛。⑨洛阳的皮行有20家，较大的有同心合、同茂恒、陈月盛、丁元盛、全兴合、同瑞、义盛合、通顺、义顺长、崇兴合、信义诚、元发长。⑩另外洛阳还有粮行、牲口行、花行。确山的粮行有12家，较大的有复兴、复昌、同泰、和昌、润和、豫兴、天泰、豫泰、永兴、正春、正昌、豫丰。⑪信阳的粮行有公兴和、郭和兴、同庆、同大、同德、永成美、瑞丰、庆隆、公盛恒、豫昌和等等。⑫

① ［日］东亚同文会：《中国省别全志·第8卷·河南省》，1918年版，第761页。

② ［日］东亚同文会：《中国省别全志·第8卷·河南省》，1918年版，第762页。

③ ［日］东亚同文会：《中国省别全志·第8卷·河南省》，1918年版，第762页。

④ ［日］东亚同文会：《中国省别全志·第8卷·河南省》，1918年版，第763页。

⑤ ［日］东亚同文会：《中国省别全志·第8卷·河南省》，1918年版，第764页。

⑥ ［日］东亚同文会：《中国省别全志·第8卷·河南省》，1918年版，第765页。

⑦ ［日］东亚同文会：《中国省别全志·第8卷·河南省》，1918年版，第766页。

⑧ ［日］东亚同文会：《中国省别全志·第8卷·河南省》，1918年版，第768页。

⑨ ［日］东亚同文会：《中国省别全志·第8卷·河南省》，1918年版，第769页。

⑩ ［日］东亚同文会：《中国省别全志·第8卷·河南省》，1918 年版，第769页。

⑪ ［日］东亚同文会：《中国省别全志·第8卷·河南省》，1918年版，第782页。

⑫ ［日］东亚同文会：《中国省别全志·第8卷·河南省》，1918年版，第783页。

1920—1928年是直系和奉系军阀统治时期①。在此以前,牙商在通商口岸与大城市的发展,对内地市场及新兴乡镇的商人资本及其发展方向产生了深远影响。为适应沿海市场与内地市场商品中转集散的需要,内地商人选择与大宗贸易相关的行业,陆续开设了众多代客买卖的行栈。在这一时期,牙商继续快速发展,其突出的特点是,牙商在地域分布上已经由大城市及主要口岸市场向一般中间市场以及乡镇拓展并成为外商的直接代理。

1920—1928年,牙商在地域分布上已经由大城市及主要口岸市场向一般中间市场以及乡镇拓展。在1928年前,山东济宁牙商得到较大的发展。牙商开设各种牙行的户数均比数年前有大幅度增加,已经发展到"行栈林立"的程度。牙商的经营活动遍及药材、皮毛、粮食、杂货等主要土洋货贸易行业,并牢牢控制着这些行业的大宗商品流通。如:1928年前,济宁的皮毛栈有30多家,药材行栈有44家:中和药栈、信大义记药材行、居仁堂药材栈、聚丰药材栈、义泰兴药材栈、德康药材行、协成药材行、裕记药材行等。②

1928年前,济南20个行业中能够确认的牙商户数约在300家左右,其中发展最快的有粮行、炭行、火柴行、木材行、海产行、洋杂货行和砂糖行。山东省台儿庄地区各集市中的牙商设有大小不同的粮行、斗行,其中粮食交易为3家大粮行、10家斗行、13家运粮业户统辖,粮食商号10余家。粮行、斗行每号少则三五人,多则10余人,经营粮食品种多达10余种。

1920—1928年,牙商在新兴城镇得到迅速发展。在京汉铁路未通前,直隶石家庄仅为获鹿县属之一农村,概营农业,石家庄并无商民之足迹。随着京汉铁路、正太铁路通车,石家庄商贾云集,成为发展迅猛的新兴城镇。随着石家庄市场的繁盛,牙商在这里普设行栈。1924—1925年间,牙商在石家庄开设的

① 直系军阀统治时期指的是从1920—1924年,奉系军阀统治时期指的是从1924—1928年。1920年直皖战争中,皖系失败,直系曹锟、吴佩孚成了北京政府的新主人,从此直系军阀统治时期开始。1924年10月,冯玉祥发动北京政变,囚禁曹锟,吴佩孚失败南下,直系军阀统治时期结束,奉系军阀统治时期开始。1928年6月8日,国民党军队进入北京,北洋政府在中国的统治最后结束,12月29日,张学良宣布"东北易帜",全国实现了形式上的统一。

② 张继武、汪宗潮、张伟:《济宁药材古市的经营》,见《山东文史集萃》(工商经济卷),山东人民出版社1993年版,第402~403页。

牙行已有33家之多，规模较大者有义合永、万丰、丰阜、德顺永、公盛、盛恒记、义聚公司、义胜合、永成公、晋昌、恒裕和、阜达、德记、信义公司、广顺通、天顺、人和、亨通、鸿义合、义合公、义盛通、复聚、吉泰、刘万顺、新泰裕、达成恭等。[①]档案显示，1925年，石家庄仅鲜果牙行便有复发号、刘记、长盛永、双合成、东兴来、今雨轩、振兴号、德盛永、万顺成、德本号、复兴斋、三合果局、英恒兴13家之多。[②]直隶省丰润县（现在唐山市丰南区）胥各庄村随着运煤河通航和唐胥铁路通车而日趋繁荣，牙商便在此开设货栈。其中，赵月波开设的华兴同有人员50人，董静中开设的中和栈人员有45人，李子舟开设的复生庆有人员20人。[③]这3家牙商均以代理粮油、猪鬃为主。

河南省的牙商也在一些新兴城镇开设牙行。河南省的螺湾河原是郾城县的一个渡口，京汉铁路从此穿过后，这里变成商贾聚集的都会，改称漯河镇。牙商在此开设有粮行20余家，杂货行30余家。[④]洛阳由于铁路通车，经济有所恢复，牙商便在城内开设粮行20余家，东关外开设花行13家、丝茧行11家，南关开设皮行、羊毛行20余家，牙行、牲畜行数家。河南省信阳火车站附近有牙商开设粮行12家，南门外有牙商开设的古顺兴皮行。

1920—1928年，牙商成为外商的直接代理。20世纪20年代后，各国洋行又相继来到天津、烟台、青岛等港口城市，大量倾销其本国的工业产品和抢购我国的农副产品以及各种工业原料，除大宗煤、盐外，诸如羊绒、羊毛、皮张、猪鬃、马尾、棉花、山货、蛋白、蛋黄和各种手工艺品等都是抢购出口的对象。国外工业品的大量进口，国内各种农副产品的出口，使港口城市货物的进出业务极为繁忙，这就对各个类型牙商的发展起了促进作用。尤其是天津进出口的物资极为兴盛，这些货物的交易和进出，都要经过牙商开设的行栈，都要付给行栈一笔佣金和手续费，有的还要付给膳宿费，而其中最大的一笔开销是付给行

① 佚名：《石家庄之经济状况》，《中外经济周刊》（第181期），商务印书馆1926年版，第23页。

② 获鹿县民国档案汇集：《石家庄商会函据发号等称以干鲜果行抽收税用有扰请饬牙纪，勿再抽佣》，河北省档案馆藏，档案号：656-2-743。

③ 朱继经：《兴旺发达的胥各庄货栈业》，《唐山文史资料》（第6辑），第42~43页。

④ 张文彬：《简明河南史》，中州古籍出版社1996年版，第353页。

栈业的利息。这些行栈每年所得利润较多，如天津同和兴每年可得纯利十几万元。[1]在1925年以后，天津棉花栈新开业的有聚信货栈、德和货栈、义昌货栈、福昌恒货栈。皮毛行栈新开业的有复生庆行栈、志诚货栈、隆丰货栈。这些货栈以经营皮毛代客为主，也兼营棉业。

## 二、华北牙商的繁盛

1928—1936年为华北牙商的繁盛阶段。期间，由于南京国民政府初步完成了全国的统一，中国社会进入到一个相对稳定的时期，中国经济进一步卷入了世界经济潮流，经济发展呈螺旋式上升状态，到1936年，中国近代经济发展达到了民国时期的高峰。虽然1929至1933年，世界性经济危机对华北牙商的发展带来了一定的障碍，但是这时期华北牙商的数量、从业种类、牙商的利润和资本额等都大幅度地增加，牙纪跑合者的出现、牙商的税负达到历史最高点、牙商职能扩张、牙商同业公会功能健全等等都充分说明了华北牙商发展进入了繁盛阶段。

在抗日战争前，牙商的繁盛还体现在很多跑合牙人和牙伙的出现。跑合牙人指的是未申领政府颁发的营业执照（即牙贴），并且未按照政府规定开设固定牙行的牙商。在20世纪二三十年代，北方一些地区的商业贸易中有些跑合牙人在市场贸易中说合交易、代客买卖，起桥梁媒介的作用。跑合牙人往往依附于几个牙商，在牙商与买卖双方之间说合生意。跑合牙人，在天津、河北、山东等地也被称为牙伙。由于跑合牙人和牙伙具有流动性、隐蔽性和不确定性等因素，其数量及在市场交易者中所占的份额并无准确的数字统计。1929年4月，天津市财政局专门派王朝钧、吴连生二位调查其数量和具体人员，然调查数日，各商行多不肯明白答复。王、吴二人只得转托各行熟识者，始得查询出一些市面上活跃较多的跑合牙人和牙伙，但也只是冰山一角。

调查显示，20世纪30年代，在天津市面上存在着一些跑合牙人和牙伙，其

---

[1] 李杰三：《天津同和兴货栈五十年》，见中国民主建国会天津市委员会、天津市工商业联合会文史资料委员会：《天津工商史料丛刊》（第4辑），未刊1986年版，第138页。

业务涉及鲜货行、颜料行、杂货行、干货行、油行、猪肉行、牛羊肉行、牲畜行、布行、棉花行、文具行和织布行等多家行业。跑合牙人和牙伙往往与一些买家相交甚密，而操此业者的收入，是从成交额中抽取的一定比例的佣金。从佣金抽取比例看，鲜货行、猪肉行、牛羊肉行、牲畜行为3%，这和牙商开设牙行所抽取的比例相同。而油行为2.5%，颜料行、布行和织布行为1.5%，棉花行、文具行、杂货行和干货行为1.5%的抽取比例。

1928—1936年间，牙商的年营业额也日渐增高。如牙商在山东开设的（棉）花行集中于济南、张店、青岛等棉花集散市场。1909年，牙商在济南开设了第一家花行（阜成信花行），此后花行接踵成立。1913年，济南已有9家花行，1915年增至13家。各家（棉）花行分别代理着临清、高唐、夏津以及河北南宫、成兴、吴桥、赵州等地（棉）花店的卖（棉）花业务。凡运往济南的棉花，必须"经花行之手，始贩卖于内外商人"。第一次世界大战前后，济南市场经花行之手集散的棉花约在20万—30万担之间。而到了20世纪30年代，（棉）花行在棉花流通贸易中的作用益加重要，棉花牙商的营业额也出现了高增长。"1933年，夏津13家花行的收运额为982万元，清平21家花行的收运额为390万元，恩县11家花行的收运额为107万元，高唐7家花行的收运额为68.4万元。1934年济南共有华商花行18家，张店有华商花行30家，每年由各地到济南的花客约500余户。当时济南市场花行的年交易量已达120万担，交易额达4512万元，张店市场花行的年交易量也达20余万担。"①到1933年，烟台牙商开设的行栈已经高达473家，年营业额3878万元；青岛39家兼有堆栈的土产杂货牙商开设的行栈，资本总额达1527万元，当地17家杂粮行的年营业额为240万元，33家油行牙商的营业额为439万元；济南23家棉花牙商的营业额达4512万元；潍县有布行牙商287家，年营业额447万元。这一时期，山东牙商的贸易经营集中在农产品、手工业品和部分日用工业品领域，且营业额在业内仍占很大比重。如山东1933年全省棉花牙商的营业额为6385万元，粮食牙商的年营业额为4544万元，布行牙商的年营业额为1578万元，杂货行牙商的年营业额为1451万元。②

---

① 庄维民：《近代山东行栈资本的发展及其影响》，《近代史研究》，2000年第5期，第48~49页。

② 庄维民：《近代山东行栈资本的发展及其影响》，《近代史研究》，2000年第5期，第48~49页。

华北牙商在专业市场中发展迅猛。河南许昌是著名的烟草专业市场。民国初年,牙商在许昌县、襄城县、郏县、临颍县开设有烟行十多家。1925年,仅襄城县城烟行就激增到了50多家。1928年,英美公司许昌烟叶收购站撤离期间,全区的烟行飞速增加到了将近130家,其中许昌县50家、襄城县51家、郏县14家、禹县6家、临颍县5家。①到1932年,"许昌地区的烟行数量达到80多家,尤其以上海'申记胜'、许昌'润记'两家烟行最为著名。每家烟行每年收购的烟叶都有两三万包(每包250斤)"②。1937年前,许昌城区大小烟行达到百余家,许昌已有"烟都"之称。其中较大的烟行有华兴公、杨记、大兴昌、德盛公、合盛公、宝大、利风、豫盛、太长、四明、大富庆、和咸、久大、泰兴、益厚、裕记、正泰、聚丰、信丰、九记、欲襄、玉庆、同丰、广风、永大、信义、同丰、裕元、协大、鸿昌、乾丰永、双庆、公义、和丰、奎元、和丰等。③1937年前,郏县的崔子春(同丰烟行)、高孟久(九记烟行)、高友臣(利丰烟行)、何尚志(广丰烟行)、孔安乐(裕元烟行)、李汝阳(豫盛烟行)、刘荣太(玉庆烟行)、秦纪昌(双庆烟行)、秦乾一(乾丰永烟行)、秦戊戌(和丰烟行)、王长林(永大烟行)、王恒修(协太烟行)、王奎元(奎元烟行)、王民斋(同丰烟行)、赵克斋(鸿昌烟行)、朱乾复(公义烟行)、庄效忠(豫盛烟行)等开设了17家烟行。④

河南省粮油作为商品进入市场之后,牙商便在郑州、洛阳、开封和南阳等粮油贸易中心开设粮行或油行。郑州市的白米业自民国初年开始建立,到1921年增加米店七八家,1936年牙商开设的行栈增至12家,牙商开设米店增至18家。开封市1919年有粮行4家,规模较大者为魁兴,最好时每日可交易七八百石(计15万斤)。1935年,粮行增到17家。1937年前,"开封市粮行激增至70家,成为汴市粮行的兴盛时期,旺季每日进入粮食7000石,较大的魁兴粮行每日交易量

<del>---</del>

① 《许昌烟草志》编委会编:《许昌烟草志》,河南科学技术出版社1993年版,第88页。

② 朱兰兰:《20世纪初至30年代英美烟公司与河南烟草业》,郑州大学2004年硕士学位论文,第25~26页

③ 《许昌烟草志》编委会编:《许昌烟草志》,河南科学技术出版社1993年版,第90~91页。

④ 郏县地方史志编纂委员会:《郏县县志》,中州古籍出版社1996年版,第300页。

在500—1000石，一般的粮行也在300石上下"①。牙商的内部组织也比较大，如义泰粮行就有57人。开封市的花生行创建于1902年，次年发展到3家，清末发展到7家。1923年前，为花生输出最好时期，发展到84家。漯河为豫中重镇，商业日渐发达，1934年牙商在该镇开设的粮行共80家。20世纪30年代，安阳有大小粮行70余家。南阳县民初1929年粮行增加到5家，从业人员76人，年经营量达560万公斤。1936年，河南省浚县有粮行185户。其中县城四街四关有粮行24户，门店81间，从业人员156人。

河南省的禹州中药材市场，是民国时期中药材四大集散地之一。而药行是中药材流通的枢纽，它对繁盛禹州经济起着重要作用。民国初年，禹州市场复振，到1937年前，从事代客商买卖药材的药行有81家②，从业人员有2800余人③，其中规模较大的药行包括成纪、德胜、德源昌、广顺合、和泰昌、恒大、宏昌、会元长、茂豫源、乾新合、全胜德、瑞丰、瑞胜昌、寿康、卫钧恒、协太昌、新太、信昌、义聚合、义兴永、永昌、永丰、永茂、永兴、豫德昌、豫圣源、豫兴、豫兴隆、振昌、正兴等40余家。"资本最多的有予（豫）兴隆4万元，人员最多的有瑞胜昌47人，其中资本在1万元以上的4家，人员在20人以上的有29家，共计金额达202 300元"④。

抗日战争爆发前，牙行数量和从业人员激增。1936年山西省牙商数量颇多，不仅有经营植物及其他产品者，如粮食行、棉花行、木料行、药材行、茶叶行、烟行等；而且有经营动物及其产品者，如皮毛行、牲畜行、毛货行、蛋行等；还有经营矿物及其产品者，如煤炭行、盐行、铁器行等；还有经营手工艺产品业者，如土布行、油行、纸张行、酒行等。此外，经营杂货行者甚多。据中华民国实业部国际贸易局的调查，1936年山西省全省牙行共4719家⑤，除杂货行不计

---

① 周双喜：《建国前河南的重点粮油市场》，《河南史志资料》，内刊1984年版，第83页。

② 政协许昌市委员会文史资料委员会：《许昌文史》（第1辑），未刊1989年版，第46页。

③ 禹县医药工业公司：《禹县医药概况》，《禹县文史资料》（第2辑），未刊1986年版，第7页。

④ 禹县医药工业公司：《禹县医药概况》，《禹县文史资料》（第2辑），未刊1986年版，第9页。

⑤ 实业部国际贸易局：《中国实业志·全国实业调查报告之五》（山西省），商务印书馆1937年版，第1页。

以外,其中土布行、粮食行及药材行最多,各有500家以上;其次是棉花行,有240家以上;而酒行、煤行、油行、铁器行、皮毛行等牙行,则均在50—100家之间。

1936年,河北省张北县城牙商开设的粮店由清末民初的四五家,增达45家之多。包括:长义店、崇亿店、春盛公、得顺成、得兴店、德成店、德隆店、德盛店、福兴公、复瑞生、复义和、广成店、和顺永、恒北店、积成店、魁巨公、隆太店、庆昌店、庆丰店、瑞德店、瑞生店、瑞兴公、世德店、双和德、双和公、四盛店、通新隆、通义公、万成店、万德店、万福永、万庆店、万新店、兴隆店、兴茂店、义长店、义和店、义兴店、永德铭、永兴店、玉诚勇、玉德店、玉兴隆、裕成公、源盛店。[①]

进入20世纪20年代中后期,天津牙商逐步走向繁盛。到1928年10月,天津特别市政府成立之际,牙商在津设的较大牙行种类已由5项增加到了牛羊肉行、猪肉行、席行、木炭行、粮食行、鲜货行、油蜡行、鸡鸭卵、棉花、皮毛等10项。[②]天津建市后,牙行业继续发展,牙商群体继续发展壮大。到抗日战争前,牙行业达到全盛时代。在此阶段,天津牙商开设较大的牙行已增至近90户,从业人员达3200多人。[③]其中经营规模较大的以粮食为主的有同和兴货栈、怡和斗店、启泰栈、万春斗店等,山干货为主的有交通栈、文记栈等,鲜货为主的有锦记栈、锦泰栈等,皮毛为主的有美丰厚行栈、晋丰货栈、鲁麟东栈等,油料作物为主的有公庆成、大庆成等,药材为主的有公记货栈、通利公启记等。[④]

清末民初,天津经营山干货和鲜货的牙行只有锦泰栈一两家而已。档案记载,1935—1936年,天津牙商经营山干货和鲜货牙行数量激增。1936年底,天津

① 佚名:《旧中国时期的张北粮行》,《张北文史资料》(第3辑),1994年版,第96~97页。

② 天津市政府统计委员会:《天津市税捐概况》,未刊1935年版,第52页。

③ 刘续亨:《天津货栈业发展沿革概述》,见政协天津市委员会文史资料研究委员会:《天津文史资料选辑》(第20辑),天津人民出版社1982年版,第174页。

④ 刘续亨:《天津货栈业发展沿革概述》,见政协天津市委员会文史资料研究委员会:《天津文史资料选辑》(第20辑),天津人民出版社1982年版,第172页。

特别市山干货行栈领有牙帖的共有39家：大顺兴、天义公、记行等。①1936年底，天津特别市鲜货牙商领有牙帖的共有15家：锦记栈、锦茂栈、锦泰栈、庆丰栈等。②其中锦记栈、锦茂栈、锦泰栈、庆丰栈、永泰栈、永丰栈、仁和栈和大顺兴8家牙行，既领有山干货的牙帖，也领有鲜货行的牙帖，兼营代理两种货物的买卖。而据其他史料③记载，领有山干货牙帖的同和兴货栈，则主要是以代理粮业为主，领有粮业牙帖，这说明当时天津牙商开设的行栈可以经营两个或两个以上的种类。

抗日战争前，河北省各县的牙商已经由最初的粮食、棉花、皮毛、牲畜等主要土特产品扩展到牲畜行、猪鬃行、斗行、秤行、皮毛行、药材行、土布行、草帽辫行、牛羊行、炼行、车船行、山货行、铁器行、木材行、柳条行、棉行、棉籽行、猪羊小肠行、磁行、菜行、菜子行、鱼行、油行、杂货行、作衣行、人金行（粪便行）等。

山东省牙商的数量也大幅度增加。20世纪20年代后期，外商洋行涉足济宁皮毛业后，在短时期内，使发达的皮毛业有了更大的发展。1926年，天津德、美外商的兴盛皮庄、北茂洋行来济宁坐庄大量收购皮毛，后来，津、沪各地外商和国内行商相继来济收购，规模空前，最多时外商达17家。

1936年，山东省济宁牙商开设的皮毛行栈进入鼎盛时期。据统计，当时从业人员约3000余人，皮毛行栈有近百家。其中：皮行共53家，皮栈共30家（其中洋庄皮栈20家），牙商开设的皮行和皮栈④包括：万盛皮行、源成皮行（马兴盛、马祥春）、永兴皮行、万兴皮行（马宝芝）、三合龙（朱子奇）、九通皮行（马通）、

---

① 天津市政府：《天津特别市山干货行栈商呈缴1937年度山干货牙帖清册》，天津档案馆藏，档案号：2-3-2-650。

② 天津市政府：《天津特别市鲜货行栈商呈缴1937年度鲜货牙帖清册》，天津档案馆藏，档案号：2-3-2-650。

③ 刘续亨：《天津货栈业发展沿革概述》，见政协天津市委员会文史资料研究委员会：《天津文史资料选辑》（第20辑），天津人民出版社1982年版，第172页。

④ 皮行是卖方与货物的集中地，行主为卖方提供食宿与货物存放场所；皮栈是买方的集中场所，栈东为买方提供食宿，并帮其购货。买方不能直接进皮行买货，另牙行、牙栈各有"跑行的"流动着把货由卖方买来，再卖给买方，这样皮行和皮栈之间形成双层交易。

义祥皮栈（王协明）、沙玉龙皮栈（沙玉庆）、沙玉龙皮栈（李景凤）等。[①]

　　1936年底，北京车站附近领有牙帖的粮栈也高达30家："西直门车站旁积成、合顺、天亨、正昌、四通、恒达、元顺成、中记、利通、钰成等10家。西便门车站旁志成、广生、裕成厚、德远成、大同等5家。广安门车站旁合顺、裕正、福生祥、同庆广、鸿城等5家。永定门车站旁镒源、同庆、荣庆、庆丰等4家。正阳门车站旁春元、新昌盛、兴隆、长发等4家。崇文门外临城通记、元成顺等2家。"[②]

　　抗日战争前，在天津、烟台、太谷、青岛、济南、潍县、石家庄、济南等城市都出现了资本数十万乃至上百万的牙商。同当年盐商、典商富甲一方的情形相似，许多牙商成为商界的巨商首富。如天津牙商朱德禄、高鋆堂、王云贵、高万书、郭德俊、郑运年、李霈源、郭道贞、解承湖、马安良、张祝三、杜瑞昆、刘俊林、杨德山、张玉山、李迈先、薛云屏和赵福权等人的佣金额都在400万元以上。烟台油商双盛泰与和顺恒、棉纱商万盛和、水产商大成栈，资本都在100万两以上。山东掖县沙河镇杜家开设的牙行资本总额达200万元。寿光巨商孙元高开设的牙行资本总额达100余万元。

　　牙商发展繁盛的另一个表现为牙商资本额的巨大。1935年11月，牙商开设山干货行栈达44家之多，行栈资本额最高者达10万元。这44家山干货牙商投入的资本总额为450 900元，平均每家资本额为约10 248元。1936年11月，牙商开设棉花行栈达45家之多。除了同和兴、中国宝业栈属国民政府棉花部无具体数字外，其他行栈资本额动辄就两三万，最高者为张秀峰开设的大通栈，达5万。43家棉花牙商投入的资本总额为435 300元，平均每家资本额为10 123余元。

　　民国以来，华北各地的牙商税负总体而言是逐年增加的，到抗日战争前，政府从牙商处得到的税负达到了历史最高点。下面以河南省为例，加以说明。

　　① 黄扬濂：《建国前的济宁皮毛行业》，见《山东工商经济史料集萃》（第1辑），山东人民出版社1989年版，第138~142页。

　　② 张铁铮：《北平粮市概况》，《社会科学杂志》，第8卷第1期，抽印本1937年版，第129页。

民国时期部分年度河南省牙税额统计表　　（单位：万元）

| 年度 | 金额 | 年度 | 金额 | 年度 | 金额 |
|---|---|---|---|---|---|
| 1913 | 11.15 | 1927 | 20.00 | 1934 | 82.12 |
| 1914 | 11.15 | 1928 | 35.43 | 1935 | 85.52 |
| 1916 | 11.15 | 1929 | 18.25 | 1936 | 89.31 |
| 1917 | 34.30 | 1930 | 23.50 | 1938 | 56.90 |
| 1918 | 46.44 | 1931 | 45.09 | 1939 | 68.16 |
| 1919 | 40.00 | 1932 | 69.74 | | |
| 1925 | 30.00 | 1933 | 80.30 | | |

（资料来源：河南省税务局、河南省地方史志编纂委员会：《河南省税务志1840—1990》，中州古籍出社1995年版，第119页；曹仲植：《河南省地方财政》，文威印刷所1941年版，第22页。）

从上表可以看出，从1913—1936年间，河南省牙税额基本上是逐年增加的。1913年，河南省的牙税金额为11.15万元，1936年则高达89.31万元。如果排除通货膨胀的因素，总体而言，河南省牙税收入增加显著，达到8倍之强。但是抗日战争后的1938年，牙税款锐减为56.9万元，比1936年减少了36%。

# 三、华北牙商的曲折发展

1937—1949年为华北牙商的曲折发展时期。商业的发展需要良好的政治制度、统一的经济政策，更需要稳定的社会环境。在1937—1949年间，中国饱经战争的摧残，华北牙商也进入曲折发展的阶段。

### 1. 抗日战争时期的华北牙商

在抗日战争时期，一方面，华北牙商整体处于消沉衰落状况；另一方面，天津牙商有了一定程度的发展，但属于非正常环境下的畸形发展。

卢沟桥事变后，华北大部分地区先后沦于日本侵略者之手。日伪政权建立后，推行贸易统制政策，华北各地牙商开设的牙行商号纷纷倒闭。

1938—1944年，山东粮食市场被日伪"合作社联合会交易所"垄断，牙商开设的粮行全部倒闭。抗战胜利后,内战又起,从事粮食商业的粮行、斗行仍无法正常经营,时开时停。[1]

抗日战争前,山东省张店牙商开设的花行有40多家,花行家数、交易数额仅次于济南,名列全省第二位。[2]张店沦陷后,日本侵略军宣布棉花为军用物资,不准华商经营,牙商仓库所存之棉花,日本人以低于市价30%的价格强行收购。牙商损失惨重。从此,牙商开设的花行只能全部倒闭,张店的棉花市场也逐渐冷落。

山西省芮城的德本隆是当地有名的老字号牙行,其经营牙行历史将近50年。战乱期间,日军从德本隆粮行抢粮200多石,其药房价值6000余大洋的中药材也被日军烧毁,商号门面被强占为日军的马圈。花店有10 000余斤皮棉,小掌柜李培才同店员运棉花过河时,还未来得及上船,便被日本追兵一把火烧毁于黄河滩,芮城粮行史上曾兴隆一时的德本隆商号被迫解散。[3]

河南省商城县赵复兴粮行是由牙商赵明轩独资经营,是商城县早期较大粮行之一,1938年日军轰炸商城后被迫终业。

河北省胥各庄的牙商在沦陷前开设行栈50多家,日伪时期纷纷倒闭或转行,数量下降至30家。1937年冬,日军侵占山东济宁城后,44家药材行栈、店铺陆续倒闭停业,有的妻离子散,家破人亡。

从行业来看,华北地区受战事影响较大的是棉花牙商及皮毛牙商。华北沦陷以后,日军规定棉花、皮毛等为统制商品,一律由日军控制,不准中国棉商到产地收购,天津当时牙商开设的几十家棉花牙行,先后倒闭或转业。山东济南的棉花市场也迅速瓦解,29家牙商开设的棉花行业也相继歇业,1942年所剩的济西花行也结束了营业。商人从外地运到天津的一切皮毛货物被日军以"统制"名义据为己有,天津皮毛商号以力不能抗之剥夺,只能交售给"组合",尽先供应日本军用,不准中国商人自由买卖,经营皮张的牙商无利可图,纷纷

---

① 山东省枣庄市台儿庄区地方史志编纂委员会:《台儿庄区志》,山东人民出版社1993年版,第280页。

② 李兆森、耿莲峰:《张店棉花市场的兴衰》,见《淄博经济史料》,中国文史出版社1990年版,第218~219页。

③ 李超、薛茂斋、张兴元:《芮城股份制粮行德本隆》,见《晋商史料全览》(字号卷),山西人民出版社2007年版,第112页。

转营其他。"天津市1936年有皮毛商号240余家,沦陷时仅余30—40号。"①资本雄厚的天津美丰厚行栈在1939年,因战争关系东路羊毛和西宁羊毛不能来货,不得已结束其营业。河北省辛集、邢台皮毛牙商在抗日战争前很发达,日军占领后,规定皮毛必须经过大仓洋行、满蒙洋行和蒙疆洋行交易,从而邢台和辛集的皮毛牙商彻底消失。枣强大营也曾是华北地区著名的皮毛市场,日军占领后也陷入了同样的命运。

在日伪统治时期,天津特别市牙商出现了畸形发展的状况。抗日战争造成了农村经济的破产,城镇工商业萧条,而银钱业的资金无处运用,大量的游资便流入天津。这些游资为了免受伪币贬值的影响,便纷纷用来购置房产、黄金、股票及布匹、面粉等实物,一般不敢投放于工商业,因而天津当时工商业处于消沉状态。唯有牙行业,因大量游资要购存货物,洋行继续收购出口物资,生意反而繁忙起来。牙商为了招揽业务,扩大货源,各货栈利用银行、银号的富余资金,以预借或垫付的形式,大量放款,支持各地客商去产地收购货物,他们从中获得高额的利息。

1939年8月,天津发生特大水灾后,生活必需品面粉等开始暴涨,接着造成物价的全面上涨,伪币贬值,面粉、黄金、股票等均成为投机倒把者热衷追求的目标,牙商开设的货栈也就因此成了投机倒把活动的中心。当时许多外地客商在货栈内纷纷成立"内局"。内局专做投机生意,买卖成交十分频繁。牙商的栈租、佣金、利息等收入也成倍地增加。所不同的是,栈内的存货已经成为投机商人买进卖出的筹码,货物虽然几易其主,却仍旧堆放原处未动。对货栈来说,货物每易手一次,便可得一次佣金。如天津的达孚货栈以经营山干货为主,在抗日战争后期,盈利颇丰,最多时每年盈利达20余万元。②

1944年7月,天津特别市山干鲜货牙行领取牙帖的商号为105家。这105家牙行均来自于天津或河北省各地,其中资本额最高的为同和兴及其分栈,分别为1 200 000元,最少的则为永兴厚、天兴栈、天昌栈、天宝栈、福记栈,这5家货

① 天津市档案馆等:《天津商会档案汇编(1945—1950)》,天津人民出版社1998年版,第992页。

② 刘续亨:《天津货栈业发展沿革概述》,见政协天津市委员会文史资料研究委员会:《天津文史资料选辑》(第20辑),天津人民出版社1982年版,第183页。

栈的资本额均为500元。经计算所有山干鲜货牙行的资本总额为11 221 300元，平均资本额为106 870元。各牙行经理的平均年龄为50岁，其中年龄最大的为交通栈的经理高鸿图和杜利源的经理杜从洲,74岁,年龄最小的为宏泰栈经理孙汉卿和同兴隆经理吴文元,31岁。

1944年,涿鹿县城共有20名牙商,开设有20家斗局,营业区域为涿鹿县城内。"20名牙商共拥有官斗数100个,雇用牙伙97名。所有牙商的资本金都不高。从100—800日元不等"①。1944年,涿鹿县乡下共有30名牙商,开设有30家斗局,营业区域为涿鹿县内各自然村。"30名牙商共拥有官斗数27个,雇用牙伙79名。所有牙商的资本金也都不高,从60—500日元不等"②。与县城的牙商相比,乡下的牙商数量较多,但是县城牙商拥有的官斗数多,牙伙也比较多。

### 2.解放战争时期的华北牙商

抗日战争结束后不久,1946年,全面内战开始,华北各省市对外交通几乎断绝。国民党一方面对解放区实行经济封锁政策,解放区所需的物资一概不准出境。对于牙商各地往来的货物,严加盘查,凡认为可疑者,一律查封,并追究牙商的责任。另一方面,为使经济发展,令各牙商迅速复业。但由于此阶段大部分牙商处于货源断绝的窘境中,故牙商的发展陷入绝境。

据统计,1947年8月,石门(石家庄)开业的行栈只有19家:"未成公(车站南边货坊内)、大华公司(南道岔)、义记(道岔街,经理李克服)、保晋公司(道岔街)、义盛和(道岔街)、复聚(道岔街)、建昌(道岔街)、口(原档案辨认不清)有学(道岔街7号)、永兴栈(中山路中间路南)、鸿记(中山路中间路南)、公记梨栈(桥东)、公兴鲜果栈(永安街东头路南胡同内)、鸿昌(杨树胡同内)、万丰货栈(道口街路西)、宏茂(同义街内)、大昌(永安街东头路南)、阜聚长(同智胡同内)、鸿诚(得助街路南)、义聚通(民生街西头路北)"③。

---

① [日]山口俊田:『察南涿鹿縣に於ける鬥牙行事情』,満鉄調査月報,張家口経済調査所,昭和十九年(1944)一、二月号。

② [日]山口俊田:『察南涿鹿縣に於ける鬥牙行事情』,満鉄調査月報,張家口経済調査所,昭和十九年(1944)一、二月号。

③ 中共冀晋区四地委城工部:《蒋管石门调查》,河北省档案馆藏,档案号:117-1-42-10。

北京解放后，在工商联登记的145个行业中，北京有19个行业是经营牙行店栈的。其中以经营居间业务为主的计有："菜业，干鲜果业，渔业，猪店业，牛羊店业，骡马业，猪鬃皮毛货栈业，木业，委托拍卖业，粮栈业，国药业，转运业，广告社业及贸易业等14个，兼营居间业务的计有旅店业，煤栈业，老羊皮业，细毛皮业及茶庄业等5行业"①。从事牙行店栈和从事牙商业的人数有："菜业：39家，823人；干鲜果71家，780人；渔业23家，123人；粮栈业：153家，1221人；猪店业：45家，245人；牛羊店：18家，149人；骡马店：52家，128人；猪鬃皮毛货栈业：22家，156人；老羊皮业：1家，8人；细毛皮业：4家，29人；木业：12家，46人；委托拍卖：46家，122人；转运业：126家，482人；广告社业：32家，25人；贸易业：21家，193人；国药业：5家，29人；旅店业：18家，151人；茶叶业：2家，16人；煤栈业：6家，29人。总计696家，4735人"②。

日本投降后，天津物价暴跌。天津货栈中囤积的货物出现货不抵债的惨景，牙商生意停滞。国民党接收天津后，由后方带来大量法币投入市场，抢购各种物资，物价全面上涨，客户存在牙商货栈中的货物不敢出手，故牙商业务继续陷于停滞状态，牙商只能靠栈租收入维持开支。1946年，全国内战爆发后，天津成为孤岛，天津牙商更是处于货源断绝的绝境中。

---

① 北京市工商管理局：《关于北京市牙行店栈调查报告》，北京市档案馆藏，档案号：39-17-1822。

② 北京市工商管理局：《关于北京市牙行店栈调查报告》，北京市档案馆藏，档案号：39-17-1822。

# 第三节　华北牙商同业公会的发展与作用

ERSHI SHIJI ZHI ZHONGGUO

　　清代,牙商便有自己的行会组织。如1789年(乾隆五十四年),京师便有"车行行会"[①]。同时,牙商同业组织为了防止同行竞争,也规定了一些行规。牙商的这种行会组织是维护牙行利益的组织机构,当为牙商同业公会之滥觞。民国时期,华北各地牙商的同业公会普遍成立。牙商的同业公会是由牙商共同组织起来的经济联合体,是一种牙商的自律性机构,也是牙商的新式工商行业组织,它的产生称得上是中国工商行业组织从传统的行会向近代行业组织发展变化的一个标志。

## 一、牙商同业公会的发展

　　民国时期,大量新兴行业在我国产生并快速扩大规模,工商各业的行业意识得到前所未有的增强,传统行会组织受到激烈挑战,新的行业组织——同业公会开始逐渐产生发展。在民国时期,牙商发展进入了全面拓展的快速发展阶段,在商号数量以及商号资本实力上获得了较大发展。同时,华北牙商也开始面临更加复杂的市场形势和更加激烈的市场竞争,牙商间的合作关系急需增强,因而迫切需要建立起共同的组织机构办理行内事务,并沟通牙商与其他行

---

　　① 李华:《明清以来北京工商会馆碑刻选编》,文物出版社1980年版,第206页。

业间的交往以及代表本行业与政府部门等组织进行交涉，牙商行业组织——同业公会的建立已成为迫切的现实需要。

"1912年前后，烟台12家粉行商人发起成立粉干公所，会员商共46户，1914年，烟台花生行商人成立花生公所，会员有花生行栈90户，其中大行栈16户。"①1918年北京政府农商部颁行《工商同业公会规则》和《工商同业公会规则施行办法》之后，牙商同业公会更是纷纷正式成立。

根据1919年前后的调查，当时烟台牙商约在300家以上，占同期商号总数的1/10左右。1914年北平5家鱼店合设和兴鱼专行②，1921年更名为公立渔业专行。"1915年，北平老羊皮货业同业公会改设皮货行业商会"③。

天津牙商为了在商业竞争中维护本行业的共同利益，大约在1926年前后，成立了天津货栈业同业公会。在此以前，各货栈以其从事的主要业务为依据，分别加入性质相近的公会。如同和兴货栈加入运输同业公会，交通货栈加入山干货同业公会，锦记栈加入鲜货同业公会。货栈业同业公会经社会局批准立案后，公推兴隆粮栈经理岳福臣为董事长，会址即设在兴隆粮栈内。当时加入同业公会的货栈有20余家。1936年12月22日，天津牙商加入同业公会的共有21家："胜义栈、永益栈、大生栈、庆森栈、盛兴栈、瑞生和、荣裕栈、同义隆、通和公、太立栈、春元公、大昌栈、长发行、平和公、兴隆栈、同和兴、通和公、兴隆栈、新昌盛、长发行（长发行共两个，经理分别为曲子明和邹敬堂）和新昌盛。"④随着牙商同业公会的发展，到1937年5月25日加入同业公会的达37家。分别是："晋义栈、三友栈、公益栈、裕昌栈、康德栈、同茂栈、晋隆和栈、共和兴栈、华成公栈、永庆栈、集义栈、集兴栈、聚发栈、复合公栈、同义栈、宝荣栈、恒合栈、义昌栈、玉丰栈、东成栈、兴茂栈、源泰栈、同华栈、裕德栈、万隆栈、同和

---

① 庄维民：《近代山东行栈资本的发展及其影响》，《近代史研究》，2000年第5期，第38页。

② [日]仁井田陞：『北京工商ギルド資料集』，东京大学东洋文化研究所1997年版，转引自：魏文享《中间组织：近代工商同业公会研究（1918—1949）》，华中师范大学出版社2007年版，第86页。

③ [日]仁井田陞：『北京工商ギルド資料集』，东京大学东洋文化研究所1997年版，转引自：魏文享《中间组织：近代工商同业公会研究（1918—1949）》，华中师范大学出版社2007年版，第86页。

④ 天津市档案馆等：《天津商会档案汇编（1928—1937）》（上册），天津人民出版社1996年版，第317~318页。

公栈、公议栈、永祥栈、晋丰栈、聚源公栈、保阳栈、保聚栈、济长栈、新丰栈、福全公栈、玉泰栈、宝兴栈"[1]。档案还记载了1942年天津猪栈同业公会的会长姓名、会员数目、营业性质和公会所在地:猪栈公会"会长申万钟,会员数30个,代客买卖活猪,侯家后肉市"[2]。

天津特别市药材牙行,为了维护本行业的经济利益,加强了本行业内部商号间的合作关系,于1945年5月20日,成立了联合办事处。该办事处是一种特殊的采用股份制的药业同业公会。加入天津特别市药材牙行联合办事处的商号共有174家,其中属于药材牙行的包括:"公记药行、天诚药行、恒昌药行、利兴药行、同生药行、振丰药行、永合药行、庆隆药行、正大药行、福记药行、宝隆药行、玉泰药行、宏昌药行、天昌药行、永记药行、恒益货栈、万通货栈、远大货栈、恒兴货栈、天兴栈、忠信栈、庆益货栈、育仁栈、同义栈、交通栈、同兴栈、裕和栈、德兴栈、瑞祥栈、永聚栈"[3]等。一些并非代客买卖药材的"药号"和"药庄"也加入了药材牙行联合办事处,这说明了药材牙行联合办事处的号召力和在商界的地位。

北京的牙商各业同业公会发展迅猛。如:1914年北平5家鱼店合设和兴鱼专行,1921年更名为公立渔业专行。"1915年,北平老羊皮货业同业公会改设皮货行业商会"[4]。1931年,北平的菜行牙商76人组成菜业公会。[5]随之,猪牙行成立了猪店公会[6],1935年,在公会的猪店共有48家,包括在东四一带42家,西四

---

① 天津市档案馆等:《天津商会档案汇编（1928—1937）》,天津人民出版社1996年版,第258～259页。

② 天津市档案馆等:《天津商会档案汇编（1937—1945）》,天津人民出版社1997年版,第154页。

③ 天津市各行业同业公会——药业:《天津特别市药材牙行联合办事处股东名册》,天津市档案馆藏,档案号:29-2-2-844。

④ [日]仁井田陞:『北京工商ギルド資料集』,东京大学东洋文化研究所1997年版,转引自:魏文享《中间组织:近代工商同业公会研究（1918—1949）》,华中师范大学出版社2007年版,第86页。

⑤ 张铁铮:《北平农产品贩卖方式和市场组织的研究》,见千家驹:《中国农村经济论文集》,上海书店出版社1990年版,第302页。

⑥ 张铁铮:《北平农产品贩卖方式和市场组织的研究》,见千家驹:《中国农村经济论文集》,上海书店出版社1990年版,第285页。

一带者6家。民国时期,北京各行牙商成立的同业公会还包括:煤栈业公会,"主持人石谨之,地址西单东京畿道,会员家数157家,从业员数1067人"①;粮栈业公会,"主持人田润亭,地址前外云居寺十三号,会员家数215家,从业员数1527人"②;杂粮经纪公会,"主持人刘福堂,地址前外云居寺十三号,会员家数20家,从业员数269人"③。骡马店公会,"主持人刘万武,地址德社关厢大街,会员家数47家,从业员数118人"④。猪鬃皮货栈公会,"主持人丁润昌,地址板草胡同甲10号,会员家数26家,从业员数225人"⑤。油店业公会,"主持人孙华南,地址崇外高家营南巷二号,会员家数29家,从业员数125人"⑥。

除天津、北京以外,华北各地的牙商也纷纷成立同业公会。如:北洋军阀统治时期,山东济南建立了粮业、棉业同业公会。1931年,山西太原粮食行会与牙行,合并成立了米粟业同业公会。1918年,山东济南和羊角沟市场的粮行商人"穆伯仁、苗杏村、张采丞、王冠东等15人在济南发起成立粮业公会"⑦。到1921年初,加入粮行公所的会员已达100余家。1922年时,河北省涿鹿县72名斗牙商,组成了涿鹿县的斗业公会。⑧

牙商同业公会组织是一种正式的行业组织,其组织结构有繁有简。最简单的组织结构由会长、董事和监事组成。如:北洋军阀统治时期,山东济南建立了粮业、棉业同业公会。这两个同业公会受会长领导,由董事、监事负责各公会的业务工作。

还有的牙商同业公会组织较复杂,包括会长、总管、事务员、稽查员、办事人员等。如:1931年,太原粮食行会与牙行,合并成立了米粟业同业公会,地址

---

① 孙树宏:《北平工商业概况》(4),《北京档案史料》1987年第3期,第40页。

② 孙树宏:《北平工商业概况》(4),《北京档案史料》1987年第3期,第40页。

③ 孙树宏:《北平工商业概况》(4),《北京档案史料》1987年第3期,第41页。

④ 孙树宏:《北平工商业概况》(4),《北京档案史料》1987年第3期,第41页。

⑤ 孙树宏:《北平工商业概况》(4),《北京档案史料》1987年第3期,第42页。

⑥ 孙树宏:《北平工商业概况》(4),《北京档案史料》1987年第3期,第39页。

⑦ 《粮食公会立案呈》(1921年),济南市档案馆藏,档案号:临77-4-1。

⑧ [日]山口俊木:張家口经济调查所、满铁调查局『關于察南涿鹿縣鬥牙行事情』,未刊1944年第24卷,第55~56页。

在南岳庙,第一任米粟业同业公会主席是方有绪。不久,米粟业公会迁到西米市五十七号。米粟业同业公会的办事机构:公会设主席1人,主持日常一切会务工作,不赚工资,却有一定"车马费"的报酬金。下设办事人员若干人,书记(即文书)1人,专管文书收发及承上启下事宜;庶务兼会计1人,专管杂务及收支款项;稽查员4个,专巡回大街小巷,一经发现不交斗捐税等,就予没收罚款。1945年,北京门头沟的煤栈组织成立了门头沟煤栈业同业公会,由"乔恒之任会长、刘厚斋任常务理事,办事机构下设总管、事务员、会计等"[1]。

1940年,天津以介绍买卖米面杂粮为业的23位会员成立了斗店同业公会。这23位天津市斗店同业公会职员来自7个斗店的经理和店员的代表,这7个斗店分别是:同孚新、万春店、同顺永、华丰裕、怡和店、瑞隆祥和义成号。该公会有会长1名、常董4名、董事4名和会员14名组成。[2]

牙商同业公会组织是一种正式的行业组织,其组织结构有繁有简。华北各地牙商同业公会的管理机构由会员大会、理事会、监事会组成,各机构内部的管理人员则通过严格程序选举产生。牙商同业公会日益成为严密的组织机构,各地同业公会相互协作,利用逐渐建构起来的庞大的行业组织网络,运行于牙商经营活动中。

## 二、牙商同业公会的作用

1918年北京政府农商部颁布的《工商同业公会规则》第一条明确指出,工商同业公会"以维持同业公共利益,矫正营业上之弊害为宗旨"。牙商同业公会同样成为本行业利益的主要维护者,并为牙商履行职能和义务提供重要的组织保障。牙商同业公会在不断加强内外部联系,维护行业利益的过程中,发挥了如下作用。

---

① 刘天军:《门头沟"煤栈业同业公会"押运队》,载政协北京市门头沟区委员会:《门头沟文史》(第12辑),未刊2003年版,第199页。

② 天津市档案馆等:《天津商会档案汇编(1937—1945)》,天津人民出版社1997年版,第746~747页。

第一，各业牙商在行业竞争中相互协调，对牙行的经营加以规范，维持市场秩序。比如在经营地点的选择上，同业的牙行逐渐汇集到交通便利的同一区域，以便经营。天津的斗店集中在西集、北集两处。西集在御河附近，北集在京奉铁路旁边。"西集斗店有怡和馨、庆长顺、同丰泰、华丰裕四家；北集斗店有万春新、同顺永、同丰泰三家。"①再如，北平的粮栈为了转运粮食便利的缘故，"均设在西直、西便、永定、正阳各门、各铁路车站的附近"②。

如果说，经营地点的集中还只是一种自发性的行业协调，以约定俗成的方式来形成规模效应增加利润的话，那么牙商为维持市场的稳固而采取的公约则是牙商对自身进行管理的有力工具。

民国年间，天津斗店除了有代客买卖现粮的业务外，为满足客户的要求，也代理客户经营期粮业务。为此，1925年10月，天津斗店公会对"期粮的时限、收取客户佣金、利息的方式和比例、期粮的交易手续"③等相关内容进行了统一规定，这对稳固期粮市场秩序起到了重要的作用。

第二，制定各项行业规定，维护行业秩序，使牙商群体的自律性不断得到提高，行业经营活动得以顺畅进行。行规要求牙商共同遵守，对牙商的约束力具有普适性。这种普适性既对所有牙商带有一定的强制性和约束性，同时又对同业公会行规范围内的交易形成一种保护。如1925年11月1日直隶涿鹿县米粟牙行同业公会的行规中包含的内容有："牙行在集市、米铺以及向商号抽取佣金的比例、方法、范围、币制；为防止私牙、牙伙偷漏捐用而由村长佐社首管理联单监督交易并适当给予村长补助的方法；牙伙的轮班制度、使用斗只制度、登账制度、向牙行汇报制度；本县牙伙或外县牙伙违反相关规定的处罚制度；罚金的分配制度；牙行禁约"④等等。

① 中国第二历史档案馆：《中华民国史档案资料汇编·北洋工商》，江苏古籍出版社1991年版，第248页。

② 张铁铮：《北平农产品贩卖方式和市场组织的研究》，见千家驹：《中国农村经济论文集》，上海书店出版社1990年版，第270页。

③ 天津市档案馆、天津社会科学院历史研究所、天津市工商业联合会：《天津商会档案汇编（1912—1928）》（第2分册），天津人民出版社1992年版，第1865页。

④ [日]山口俊木：张家口经济调查所、满铁调查局『關于察南涿鹿縣鬥牙行事情』。1944年第24卷，第24页，河北省档案馆藏。

"同行是冤家"，这句话由来已久。各牙商为了自身的利益，就要向同行的商号进行竞争。为了在竞争中取得胜利，各同行往往不择手段，搞不好会两败俱伤。牙商的同业公会为防止牙商间出现相互倾轧情况，便制定行规。如：1931年，天津干鲜果行同业公会定有"买梨规则"，规定了牙行各户代收、代售梨的规则14条，防止干鲜果牙行间相互倾轧。

制定行规是同业公会的重要职责之一，也是保障牙行业运行的必然要求。不可否认，这些行规对于维护牙商会员的合法权益和经营利益，防止同业之间互相倾轧，避免行情紊乱，维护市场和各业营业起到了一定的作用。另外，牙商同业公会的行规包括共同防止伪劣商品混入市场、公平物价、统一度量衡、赔偿客商损失、共同抵御私牙的竞争等等。这些行规不仅对同业牙行经营有利，而且也确保了同业牙行的信誉。但是，这些规定中也有违背营业自由和平等竞争的市场经济发展原则（如直隶涿鹿县米粟牙行同业公会的行规第13条规定：禁止外县牙伙擅入本境兜揽买卖等内容），也不利于一些牙商在开拓市场等方面的进取革新。

第三，反对官方名目繁多的苛捐杂税和各种社会摊派。官方具有管理经济活动的职能，其所制定的政策法规对各行业具有权威性，其中税收政策直接影响着政府与商业行业双方之间的经济利益。因为商税是政府财政收入的重要来源，而商税又是企业商业利润中的一个组成部分，因而，商税的征收在政府与商人之间往往存在尖锐的矛盾。为此，争取同业经营的优惠税赋、纠正税收弊端就成了牙商同业公会的一项重要任务。

1916年11月，中华全国商会联合会呈请政府事："牙税稽征局及牙税专行、牙货公司之类，皆属前清所无，其所定税则，亦较前清极为加重。违法病商，至于此极。应呈请政府将牙纪专行、稽征牙税局等种种名目，一律撤销，实行商业注册，以符法理。"[①]至1934年全国财政会议议决颁发整理牙税办法，最终确定牙行实施营业税章程。

档案记载，1944年6月，天津特别市财政局令干鲜果牙行缴纳了牙行营业

---

① 江苏省商业厅、中国第二历史档案馆：《中华民国商业档案资料汇编》，中国商业出版社1991年版，第750页。

税后再缴纳1943年度的普通营业税，这种重征营业税不合理的税收影响了干鲜果牙行的利益。为此，干鲜果品业同业公会便代表105家干鲜果牙行向天津特别市政府财政局呈请免征普通营业税："商等在本市经营山干鲜货牙行，纯系代客买卖，业经请领牙帖，并遵章缴纳牙行营业税各在案。不意昨奉通知，饬令缴纳1943年度普通营业税，商以此项通知与稽征牙行营业税章程第11条所载：（已缴纳牙行营业税之牙行得免征普通营业税）之规定不符，实难接受……且牙行营业税税率高于普通营业税数倍，该商等既已根据纳税标准缴纳牙行营业税，所请免征普通营业税一节，尚无不合，兹据前情，理合备文呈请鉴核，俯赐查案，对于已纳山干鲜货牙行营业税之牙行，饬属免征普通营业税，以符定章，而维商业，实为公便。"[1]天津特别市政府财政局接到干鲜果品业同业公会的呈文后，照案逐户核对干鲜果品业同业公会会员所有册列商号户名及牙帖号数均相符，且并无自营或兼营其他业务情事，故准予令山干鲜货业公会会员"免征营业税政课"。[2]这次干鲜果业同业公会使当局恢复了合理的税收，免征普通营业税。

所以说，面对民国年间我国工商业的繁重税务，依靠某个商号的力量是无力与拥有无上权威的政府进行讨价还价的，而通过同业公会组织，则达成了与政府的沟通与协调，达到维护牙商利益的目的。

第四，贯彻执行官方的任务。牙商工商业同业公会既有反对政府苛捐杂税的一面，又有同历届政府妥协、合作的一面。为维持其社会地位，许多牙商同业公会都与官方建立各种关系，定期报告本行业的生产经营情况。在不损害工商业者重大利益的情况下，同业公会组织会员贯彻政府意图，承办官方交办的事项。如：1933年4月22日，天津市商会训令天津市牙行业同业公会"填制商号歇业、迁移及商业状况的调查表"[3]。

正因为同业公会的这种为官方服务的职能，所以，1942年官方颁布的《非常时期管理牙业行纪办法》第五条便规定："牙行应于领照后一个月内，由商

---

① 天津特别市财政局：《关于商号已纳牙行税请免营业税》，天津市档案馆藏，档案号：55-2-2060。

② 天津特别市财政局：《关于商号已纳牙行税请免营业税》，天津市档案馆藏，档案号：55-2-2060。

③ 天津市档案馆等：《天津商会档案汇编（1928—1937）》（上），天津人民出版社1996年版，第1194页。

业登记,并加入本业同业公会,牙纪应于领照一个月内向本业同业公会登记其姓名、住址、开业日期及所领执照号码。"①1947年,天津市社会局颁布的《管理牙业行纪规则》第五条也规定:"凡经本局核转发给营业执照之牙行,须于领照后1个月内为商业登记,其为公司设立者,须遵照《公司法》,于1个月内为公司登记,并须加入该业同业公会为会员。"②1931年太原米粟业同业公会《管理条例》规定了同业公会承办官方交办的事项包括:"公会应将其所属会员工资、资金数日,开设年月日,信用状况,运销能力,及经营者之品行状况,详细填明,报告粮食管委会";"公会应将其各地生产情况,消费情况,存货数量,市面情形与米业有关信息,每周列表报告呈送粮食管理委员会";"公会负责人有传达粮食管理委员会所公布的政策、方针于所属会员及监督并密报所属会员有无违背粮食管理条例情事之责任;""公会对粮食运销事宜,须直接向粮管会作任何合理化建议";"公会需按受粮管会指示,联合会员向指定地区收费"。③

协助官方纳税是牙商同业公会的日常工作之一,也是同业公会执行官方主要任务之一。民国年间,牙商纳税的程序大致如此:首先由官府的财政部门下训令给商会,商会接到训令后再向各个同业公会发函,华北牙商的同业公会组织接函后再分别向各牙商发函,然后各牙商直接到官府财政税务部门交税。但有时候同业公会也负责督促并代收各牙商的税款,然后再汇缴商会,转解税务部门。如:1943年天津市商会令同业公会代收各商号牙行营业税,汇交天津市商会,然后转解营业税征收处。

第五,矫正牙商营业中的各种弊端。华北牙商同业公会在运营过程中提倡商业道德,监督商品质量,对违犯行业规定的会员进行处罚,起到了行业自律的作用。如:天津粮店同业公会为维持牙商的营业性质,在行规中规定,

① 《非常时期管理牙业行纪办法》,《经济部公报》,1942年第5卷第3~4期,第64页。

② 天津市社会局:《天津市社会局管理牙业行纪规则》,天津市档案馆藏,档案号:252-2-1-355。

③ 任步奎:《太原粮食行业史》,载政协山西省太原市委员会文史资料研究委员会:《太原文史资料》(第7辑),未刊1986年版,第132页。

凡领取牙帖开设斗店，必须以代客买卖为其营业性质，不允许批发、零售粮食；粮食的市场价格由同业公会统一规定，不允许擅自变更粮食价格。1927年，天津北集同顺永斗店违反了同业公会的规定，为了谋取利润，自行批发粮食并且在销售粮食时候，价格浮动并未按照公会的统一标准。天津粮店公会得知此事后，随即召开了同业公会会员大会。经会议讨论后，同业公会会董们皆认定"同顺永斗店有违向章，理应受罚"①。故公会为重信用，彻底解决起见，对同顺永斗店进行了罚款，并通报所有粮店公会会员和呈商会备案。再如：1935年间，天津市粮栈和斗店出现了哄抬粮价的情况，一时间天津粮食价格猛涨。为了维护天津居民的利益，货栈业同业公会"于1935年5月10日召开董事会，制定出了一个较为合理的销售价格，从而控制了粮价上涨的趋势"②，杜绝了牙商哄抬物价的弊端。再如：民国年间，天津市义隆货栈违背了同业公会的行规，私下里搞不法交易，同业公会便协同官府相关部门吊销了他的营业执照。

第六，帮助会员处理与其他行业间的纠纷。牙商同业公会在协调会员的经营业务时，当本会会员遭到外人刁难时，出面代表本会会员出面交涉。如：牙商开设牙行，不可避免要同脚行打交道。民国期间，脚行无理刁难牙行的事件屡有发生，而每当此类事情发生时，同业公会便出面为牙商解决问题。1936年天津义庆成货栈被穆成福脚行的员工阻拦卸运货物，强行勒索，妨碍了货栈的正常营业，为此恳请天津市货栈业同业公会给予援助。同业公会随之呈文天津市政公署，时隔1个月，"市政公署派人出面制止了穆成福等人强行勒索货栈的行为"③。

第七，抵制外国商品的倾销和外国客商的剥削。民国时期，外国资本主义

---

① 天津市档案馆、天津社会科学院历史研究所、天津市工商业联合会：《天津商会档案汇编（1912—1928）》（第2分册），天津人民出版社1992年版，第1786页。

② 中国民主建国会天津市委员会、天津市工商业联合会文史资料委员会：《天津工商史料丛刊》（第7辑），未刊1987年版，第209页。

③ 中国民主建国会天津市委员会、天津市工商业联合会文史资料委员会：《天津工商史料丛刊》（第7辑），未刊1987年版，第211页。

侵略者的触角已经深入到华北市场。对抗帝国主义的经济掠夺，抵制外国商品的倾销，这也是牙商类同业公会成立的目的之一。如：1915年北京成立的芝麻油行公会便是因为"欧风东渐，百二十行，非团结团体，不足言商战"。只有成立同业公会，工商业资产阶级才能精诚团结，"因而有成立同业组织之必要"[①]。再如：1930年以前，曾有一些外商剥削山东济宁皮行的利益。山东济宁各皮行便召集全体皮行协商此事，最后协商的意见是："外商一律不准直接插入皮行买皮"[②]，从那时起，这作为济宁皮业的一条不成文的规定，一直坚持下来。

# 小　结

早在清末，已有牙商在天津、烟台、青岛等口岸城市开设牙行，代替客商买卖各种商品，但并未形成规模，商品种类的分工也不明显。另外，受"牙帖定额制"的桎梏，清末货栈或行栈虽然已经零星出现，但是官府并不颁发"牙帖"，被称为"私充行户"，因此很多职能受到限制，未有发展壮大的空间和土壤。从1912—1928年，华北牙商进入到快速发展阶段。其中1912—1920年，华北牙商首先在口岸城市天津、烟台、青岛等地获得快速发展。在天津，牙商的行栈暴增；在烟台，牙商成为当地最有势力的商人；在青岛，牙商是洋行购销货物主要依靠的对象。牙商还在大城市的商品市场开始崭露头角。在这些商品市场中，除小店铺、摊贩和零售业以外，大宗商品交易大都要经牙商之手来进行。同时，华北各县的牙商在粮食、棉花、皮毛、牲畜等主要土特产品行业得到发展。从1920—1928年，牙商继续快速发展，其突出的特点是，牙商在地域分布上已经由大城市及主要口岸市场向一般中间市场以及乡镇拓展并成为外商的直接代理。

1928—1936年的华北牙商进入繁盛阶段。由于南京国民政府初步完成了

---

①　孙健：《北京经济史资料·近代北京商业部分》，北京燕山出版社1990年版，第479页。

②　武晋保：《源成皮行琐记》，见《山东工商经济史料集萃》（第1辑），山东人民出版社1989年版，第148页。

全国的统一，中国社会进入到一个相对稳定的时期，中国经济进一步卷入了世界经济潮流，经济发展呈螺旋式上升态势。虽然1929—1933年，世界性经济危机对华北牙商的发展带来了一定的障碍，但是这时期华北牙商继续发展。牙商的年营业额高增长，华北牙商在专业市场中发展迅猛，牙行数量和从业人员激增，利润、资本额较高，牙商的税负达到历史最高点等等，这都说明华北牙商进入到发展的全盛时期。

1937—1949年间，中国饱经战争的摧残，华北牙商也进入曲折发展的阶段。在抗日战争时期，一方面，华北牙商整体处于消沉衰落状况；另一方面，天津牙商有了一定程度的发展，但属于非正常环境下的畸形发展。在解放战争时期，华北各省市对外交通几乎断绝。国民党对解放区实行经济封锁政策，解放区所需的物资一概不准出境。对于牙商各地往来的货物，严加盘查，凡认为可疑者，一律查封，并追究牙商的责任，因此大部分牙商处于货源断绝的窘境中。

随着商业制度、经济环境、贸易对象和社会观念的变迁，民国时期，华北牙商的经营活动具有普遍性。从民国成立直到抗日战争前夕，牙商的发展演变一直没有停滞，不论是在口岸市场、城市的商品市场、内地市场、专业市场，都普遍存在着牙商这一中间组织。

华北牙商群体的发展更体现在同业公会的成立与发展。华北牙商的同业公会是由牙商共同组织起来的经济联合体，是一种牙商的自律性机构，也是牙商的新式工商行业组织，它的产生称得上是中国工商行业组织从传统的行会向近代行业组织发展变化的一个标志。同业公会成立之后，不仅在牙商的自治与自律、整合与管理过程中起着不可或缺的重要作用，而且在维护牙商的同业利益，抵制外国商品的倾销，促进牙商发展乃至整个社会经济生活的运转进程中也发挥了令人瞩目的影响，同时在很大程度上又是新的历史条件下政府进行经济调控与管理的重要市场中介组织。以更为宏观的历史眼光看，牙商同业公会既是新式行业经济组织，也是近代中国林林总总的众多社团中的一类独特团体，其活动内容与影响常常突破经济范围而渗透到社会生活中的诸多领域，从而在近代中国社会变迁的过程中也不无作用和影响。

# 第二章 CHAPTER TWO

## 华北牙商的经营活动

　　民国时期，华北牙商的经营活动与牙商经营产品、牙行的内部结构、牙商的经营职能、牙商的经营谋略、牙商的营业收入和牙商的支出有关。

# 第一节 牙商经营的产品

ERSHI SHIJI ZHI ZHONGGUO

民国时期,华北牙商经营产品的种类已涵盖了流通领域的绝大部分商品。

1934年的时候,至少有"48行"①的商品经营中有北京牙商的身影。包括:茶叶行、干鲜果行、黑炭行、丝麻行、白炭行、鸭蛋行、南鲜行、南苑斗行、南苑大牙行、药材行、木植行、东北路小车行、槐子蜜行、干羊皮行、南路小车行、麻绳行、二三套轿车行、东坝斗行、东坝大牙行、红果行、东南城柴把行、西北城柴把行、羊毛行、鲜姜行、鸡鹅行、清河桥南斗行、永货行、香末行、榆面行、虾米海蜇行、皮硝行、竹货行、骡马皮行、广渠门外斗行、麝香行、荣麻行、西直门外斗行、杂粮斗行。②每牙商领取牙帖的行店多少不一。如1934年干鲜果牙行店有30余家。③1935年,北平干鲜果行(牙行店可以领有某种干鲜果行牙帖一张或数

---

① 文彬:《北平的干鲜果业(各业访问之17):违法病民的牙税,帮助日货畅销》,《益世报》,1934年7月4日,第8版。

② 北平市财政局:《北平市领帖各牙行一览表》,载《财政部关于整理牙税办法七项咨文》,北京市档案馆藏,档案号:J001-005-00110。

③ 文彬:《北平的干鲜果业(各业访问之17):违法病民的牙税,帮助日货畅销》,《益世报》,1934年7月4日,第8版。

张不同种类的干鲜果行牙帖)领有牙帖55张。[1]1935年,猪业行店(猪店)共有48家。[2]

1936年,山西省牙商业经营产品种类颇多。有经营植物及其他产品者,如:粮食行、棉花行、木料行、药材行、茶叶行、烟行等;有经营动物及其产品者,如:皮毛行、牲畜行、毛货行、蛋行等;还有经营矿物及其产品者,如:煤炭行、盐行、铁器行等;有经营工艺产品业者,如:土布行、油行、纸张行、酒行等。此外,尚有经营杂货行者甚多。据中华民国实业部国际贸易局的调查,1936年山西省全省牙行共4719家。[3]除杂货行不计以外,其中土布行、粮食行及药材行最多,各有500家以上;其次是棉花行,有240家以上;而酒行、煤行、油行、铁器行、皮毛行等牙行则均在50—100家之间。

在牙商所经营之产品内,以华北农副产品为主。华北地区地域辽阔,农副产品生产甚多,种类亦繁。倘若一一分述,则非短言可论及,下面就重点言之。

食粮在牙商经营的大宗农副产品中占重要地位。除大米、面粉来自国外及上海外,其余俱系华北及"满蒙"一带所产。华北食粮按陆路而言,分为京奉、京汉、京绥及津浦等路。按水路而论,则分为西、御两河流域为最多,东北河亦有不少。凡产于华北及"满蒙"一带者,多属于杂粮,如小麦、玉米、小米、大麦、红粮、绿豆、黄豆、大豆、豌豆、芝麻等。

鲜果为牙商经营大宗货物之一。经营品种按其产区而言,有南鲜、北鲜和国外鲜果之分。南鲜即产自华中、华南的货物,如香蕉、橙子、橘子、柚子等;北鲜则系华北各地产品,如鸭梨、葡萄、苹果、鲜枣、栗子、桃、李、杏、榛子等;国外鲜果如椰子、柠檬等;另外由日本经台湾运华北的鲜果如西瓜、苹果、香蕉等。

干果种类约可分为核桃、核桃仁、苦杏、甜杏、花生、花生米、红枣、黑枣、

---

① 文彬:《北平的干鲜果业(各业访问之17):违法病民的牙税,帮助日货畅销》,《益世报》,1934年7月4日,第8版。

② 张铁铮:《北平粮市概况》,《社会科学杂志》,第8卷第1期,抽印本1937年版,第285页。

③ 实业部国际贸易局:《中国实业志·全国实业调查报告之五》(山西省),商务印书馆1937年1月版,第1页。

花菜、花椒、瓜子、葵花子、杏干等多种。核桃则有昌平、完县、平谷、石门、铁厂等地生产之别。平谷货物又有原货与手拣之分。其中以石门所产者为最佳，完县者最次。核桃仁则有西山、北山、斋堂、杨邑、水冶、彰德、潼关、辽州、汾州及济南等地之分。品质以汾州、西山、北山、斋堂等地者为最佳。潼关、济南者最次。但济南上市最早，宜于上海、满洲等地之销售。苦杏则有普通苦杏及大扁之别。甜杏种类颇繁，其生产区域以西北山一带为最众。品质有北山大扁、白玉扁、中杏、龙王帽、韦旬扁、矿杏、套扁及九道眉等多种。内中以白玉扁及北山大扁为最佳，中杏最次。花生，就普通者而言，有东路、北路等之分，花生米则以产区为标准，计有东路、北路、山东及徐州等地生产之别。其中以东北路者为最佳。金针菜产于大同、顺德、徐州、陈留等地，以陈留、大同者为佳品。花椒则有涉县、顺德、平山等地之分，以涉县为佳良。

棉花为华北主要产品，冀、鲁、晋等省俱有大宗生产。尤以冀省最为丰富。按其品质分析，有粗绒与细绒之别。粗绒即本土品种，细绒即美种。粗绒则称西河花，细绒则有西河美种、御河美种、东北河长绒、山西花等之别。西河美种较御河美种为佳。

皮毛种类比较复杂，姑以猪鬃言之。此种产品须用人工加以整理，将同等尺寸之猪鬃束成一小捆，以二寸二五为起码。每加二五为一级。在五寸五以下者称为杂尺，五寸五以上为花尺。其余又有所谓套货。最普通之套货，计有五十五箱、六十六箱及二百六十箱等多种。每一套货各有长短尺码之货若干箱。每箱约重83.5磅。所谓五十五箱者，即长短尺码之货物各若干箱集成五十五箱。其他套货情形也如是。

其余皮毛，种类殊多。皮张中最重要者，有牛皮、马皮、驴皮、山羊皮等。此数种皮张，不仅作普通皮革用品，在军用上亦占有重要之地位，其他小皮张则可分为生皮与熟皮。例如羔叉皮、猾子皮、狗皮、狼皮、兔皮、獾皮、狐皮、扫雪皮、羔皮褥等俱是。各种皮张之优劣，固以品质而论，且须视生产区域为转移。羊绒，若按畜类而言，有羊毛、驼毛等之别。羊毛有山羊毛和绵羊毛。山羊毛中又有白山羊毛及黑山羊毛之分。绵羊毛则按照产区分为西宁毛、肃州毛（肃字毛）、归化毛（城子毛）、锦州毛、榆次毛、庙字毛等。山羊毛中之裹毛称为山羊绒。山羊绒则有白山羊绒与紫山羊绒等。

华北农副产品运来某地后,牙商即派人前往车站、码头等领取,一面报纳捐税,一面雇用脚行将货物运牙行。若系棉花,则交付于棉花牙商;若系干果,则交付干果牙商;若同一客商运来货物内有棉花亦有干果,棉花牙商和干果牙商均可交付。因大多数牙商虽然以经营食粮或棉花为主,但也兼营干果、皮毛等副业。仅有少量资金单薄之牙商仅经营一业,但其营业受限制。各牙商均有以某业为主业,其他则为副业之分。

# 第二节　牙行的内部结构

ERSHI SHIJI ZHI ZHONGGUO

64

下面从资本组织形式、人员结构和各自分工、人员素质、财务管理四个方面对牙行的内部结构加以说明。

## 一、牙行的资本组织形式

民国时期，牙行的资本组织形式包括独资、集资与股份制三种类型。利用家族或乡谊关系筹集资金开设牙行，多为独资或集资牙行。传统牙行的经营方式一般属独资或集资。

直隶省丰润县胥各庄的猪鬃、粮油牙行多以独资为主，也有少数集资牙行。独资的主要包括：成记栈、存顺达、大和陆、大有恒、东成栈、东聚永、东兴合、福记栈、复生庆、公成货栈、公义栈、合义栈、恒丰栈、华兴同、汇记栈、荣华顺、同丰栈、万聚栈、万盛栈、万顺兴、万兴栈、兴茂栈、永顺兴和中和栈等；集资的主要包括：德丰栈、恒顺中、汇丰货栈、局业栈、求和隆、通丰货栈、新久货栈、永生玉等等。①河南省中部的禹州，是我国著名的中药材集散地之一。民国

---

① 朱继经：《兴旺发达的胥各庄货栈业》，载政协河北省唐山市委员会教科文工作委员会：《唐山文史资料》（第6辑），第42~43页。

时期禹县较大的药行独资的很少,大部分采用集资的方式开设。集资资本"有经理们自筹的,有往来关系好信得过支持的,有引进外资的(外省外县),也有地方富户集资,也有拉拢地方士绅集资,也有个别官僚投资的等等"①。山东济宁的皮行一般"由商业资本家独资经营,也有少数合资经营的"。资金多少不定,股实行家,资金雄厚,多至上万元。小的皮行,几百元资金就可开设。②

　　股份制牙行是资本主义近代牙行区别于传统牙行的重要特点之一。民国时期华北各地股份制牙行很多。如:山西省芮城德本隆是清末民国时期芮城资本最大的粮行,属股份制企业。底银10 000大洋,共有6个股东:"南关的尚德涛、高寸村的尉天赐、窟垛村的赵永德、西关村的赵铝宾等,该粮行的控股股东为西关村的李正德"③。天津采用股份制经营的牙行包括:孙东园和赵宪章创办的同和兴货栈股份有限公司等等。抗日战争爆发前,山西帮在涿鹿开设的十大钱粮行,不仅把持着该县城钱粮行情,还为县城金融界之支柱。其中有7家属于集资企业:保丰成、遇顺源、信义隆、广泰长、公益成、义兴号、严裕公;④3家属于股份制企业:日升厚、瑞庆长、永全恒。⑤河南灵宝虢镇同泰和粮行是股份制企业,东家占1股,大掌柜占1股,二掌柜占1股,三掌柜占8厘,先生占5厘,共分4.3股。民国初年,山西省蒲县创办的"公益集粮店"是股份制的粮食牙行,股东包括:"蒲县城关的孔继张、段绪发,梁家庄的芦其昌,上刘村的窦铭章。起初每股200两银子,后来每股800元银元"⑥。

---

①　郭宗贤:《旧药行的组织情况》,载政协新野县委员会文史资料研究委员会:《禹县文史资料》(第2辑),未刊1986年版,第90页。

②　黄扬濂:《建国前的济宁的皮毛行业》,见山东省政协文史资料委员会:《山东工商经济史料集萃》(第1辑),山东人民出版社1989年版,第131页。

③　李超、薛茂斋、张兴元:《芮城股份制粮行德本隆》,见山西省政协《晋商史料全览》编辑委员会:《晋商史料全览》(字号卷),山西人民出版社2007年版,第112页。

④　王维本:《芦(卢)沟桥事变前涿鹿城工商业概况》,载政协河北省涿鹿县委员会文史资料征集委员会:《涿鹿文史资料》(第3辑),未刊1990年版,第1页。

⑤　王维本:《芦(卢)沟桥事变前涿鹿城工商业概况》,载政协河北省涿鹿县委员会文史资料征集委员会:《涿鹿文史资料》(第3辑),未刊1990年版,第1页。

⑥　段惠:《蒲县公益暨粮店》,见山西省政协《晋商史料全览》编辑委员会:《晋商史料全览》(字号卷),山西人民出版社2007年版,第115页。

部分牙行随着商业的发展由独资、集资组织形式发展为股份制经营。如：山西曲沃德盛泉粮行，创办于清朝嘉庆道光之交，民国期间，该粮行由独资发展成为股份制粮食牙行。"全行顶股20份，其中东家田耕力顶股5份；股东兼(代)大柜万荣县小怀坡村董存义入股4份；股东兼二柜万荣县城关南张户村阎麸和入股3份；股东兼三柜万荣县小怀坡村董继泰入股2份；股东兼四柜万荣县七张村张怀礼和范先生二人各入股两份；股东兼五柜万荣县南牛池村贾实登入股两份。该粮行两年结算分红一次，按股均分"①。再如：天津华丰裕斗店原系集资企业性质，1923年，改组为华丰裕斗店股份有限公司，该公司"额定资本大洋十万元，作为一百股，每股大洋一千元"②。另外，改组为股份制的牙行还包括：天津同孚新斗店股份有限公司、怡和斗店股份有限公司、万春斗店协记股份有限公司等。

牙行改组为股份有限公司，顺应了民国时期市场竞争变化的形势，属于近代化层面的变迁。这种变迁涉及资本构成、员工管理、收益分配等诸多层面，但这种由传统向近代化的变化并非普遍趋势，其实际内容也存在很大的局限，其更多的仅仅体现在形式上。因此可以说，华北牙商股份制的演变是在旧有商业组织框架内发生，演变的内容和路径大多主要为传统形式下的调整，而在管理上并未采用公司层面的深层次变革。

## 二、牙行的人员构成和各自分工

由于行业经营活动的差异性，各种牙行的人员构成和各自分工也各有差异，下文按照行业的种类分析牙行的人员结构。

粮行是以经营粮食为主的牙行，其一般包括经理、会计、斗首、看摊子人员、看门的、杂工、相公、行爷等各种人员。下面选择具体实例说明粮行的人员

---

① 佚名：《曲沃德盛泉粮行》，见山西省政协《晋商史料全览》编辑委员会：《晋商史料全览》（字号卷），山西人民出版社2007年版，第105页。

② 天津市档案馆、天津社会科学院历史研究所、天津市工商业联合会：《天津商会档案汇编（1912—1928）》（第2分册），天津人民出版社1992年版，第1795页。

构成及各自分工。

民国时期,济宁的人和粮行是山东省牙商中"历史最长、规模最大、仓房最多的一家粮行"[①]。人和粮行的全体从业人员数目不等,忙时可达一二百人,闲时亦数十人。其人员构成可分为"行里"和"行外"两部分。所谓"行里",是在粮行中的固定人员,工资由行内的收益分配,主要包括:"经理、斗首、看门的、看摊子的、外柜、杂工、外账、内账、钱舁子的管账先生和收钱、敛钱的服务人员"[②]。"行外"人员是粮行的非固定人员,待遇按照生意的好坏,临时分配,其中包括:箕斗手、脚班、代买者和扫粮食者等等。经理负责掌握整个粮行的全面工作。外柜,是全行业务的主要负责人,主持各项粮行交易,处理日常事务,接待客商,向经理报告行情等事。斗首,是粮行各个囤粮区内的业务负责人,负责各粮摊出进粮食,接待籴粜顾客,办理交易手续,指挥箕斗手量斗过数,收款报账等。看摊子者,看管本摊粮食,插签标明粮客姓名并帮助斗首进行交易。管账先生分内账和外账:内账者,负责成交后开写打票(买粮的发单),收外账交来的粮款,每日汇总当天的营业额,结算各项账目;外账者负责经收卖粮价款,对粮客结算账目。"钱舁子",负责粮行中在各粮摊上随时收敛粮款,并送交外账桌核算入账。箕斗手,人数不定,专管倒箕、端斗、过粮、记数,根据各摊需要,流动作业,他们操作技术娴熟。脚班,"专管代客装卸、运输、出仓、进仓、上垛等项,随唤随到,流动作业"[③]。代买者,"居中介绍,到处游说,不设定点"[④]。扫粮食者,多为童工,各粮摊巡回,清扫囤底之余粮。

除了以上人员外,有的粮行还包括"行爷"、"相公"、"接车人"、"卖样人"等人员。所谓"行爷",类似于现在的法律顾问,当粮行利益受到侵犯或发生

① 王仲荣:《济宁人和粮行始末》,见山东省政协文史资料委员会:《山东工商经济史料集萃》(第1辑),山东人民出版社1989年版,第286页。

② 王仲荣:《济宁人和粮行始末》,见山东省政协文史资料委员会:《山东工商经济史料集萃》(第1辑),山东人民出版社1989年版,第287页。

③ 王仲荣:《济宁人和粮行始末》,见山东省政协文史资料委员会:《山东工商经济史料集萃》(第1辑),山东人民出版社1989年版,第287页。

④ 王仲荣:《济宁人和粮行始末》,见山东省政协文史资料委员会:《山东工商经济史料集萃》(第1辑),山东人民出版社1989年版,第288页。

纠纷时,出面交涉处理。"行爷""在粮行内很受人崇敬,如山东济宁人和粮行的'行爷'王子青,德和粮行的'行爷'孙蕴卿等"①。所谓"相公",是粮行斗把式学徒的别称。"相公"规矩很多,但没有明确的条文,只靠口传心授。"相公"的工作包括担水、做饭、洒水扫地、擦油灯、涮水烟袋、铺床、看孩子、倒尿盆、打洗脚水、轮流看守店面等。晚上掌柜睡后,"相公"才能学习打算盘、写字等。把式一般对自己的绝活秘而不宣,要学技术只有"相公"多留意看他们平时的操作,自己私下练习。交易过粮时,都是把式亲自提斗,把式不在,"相公"就有机会锻炼和显示自己的本领。同时,"相公"要学会交际的本领,"在为客户服务中逐步建立起自己的交际圈,为以后当把式打好基础"②。粮行发达的关键还靠"接车人",部分粮行的竞争也可谓"接车人"的竞争。民国时期,张北粮行的"接车人"大部分是熟悉农村、与粮户有着密切来往的人,他们具有说话干脆、办事利落、公道和蔼、热情待人的品格。接车的地点一般在4个城门外,北门外的占多数,这叫"蹲门"。有的走得很远去接"大把车"(有钱大户的车队)。如:张北粮行中有个三义美粮店,其雇用的接车人卢二秃便是一个能人。他对农村非常熟悉,经常骑着小毛驴下去,"十天八天不回来,就凭着他的本事,为三义美粮店接来了更多的粮车,使三义美粮店门庭若市,发财发户"③。"卖样人"指的是:取粮户粮食的样子(即样品)在市场上推销者。粮户的粮车进粮行后,粮户先向粮行上报出粮食的名称和数量,然后取样子。盘斗人用"探子"(一根带尖筒的铁棍,专用工具)插入各个口袋的中部或底部取粮食,每种粮食取一小簸箕的"样子"。"卖样人"为携带方便,用土小布子卷起样子,一个土小布子一般为"一尺宽,三十六尺长"④,先把土小布子铺在

① 石贡九:《解放前的济宁粮行》,见山东省政协文史资料委员会:《山东工商经济史料集萃》(第1辑),山东人民出版社1989年版,第281页。

② 焦廷斌:《芮城商人在河南灵宝虢镇经营的粮行》,见山西省政协《晋商史料全览》编辑委员会:《晋商史料全览》(字号卷),山西人民出版社2007年版,第121页。

③ 佚名:《旧中国时期的张北粮行》,载政协张北县委员会文史资料委员会:《张北文史资料》(第3辑),1994年版,第92页。

④ 佚名:《旧中国时期的张北粮行》,载政协张北县委员会文史资料委员会:《张北文史资料》(第3辑),1994年版,第88页。

院内,取好样子依次倒在上面,并在小布子上记清卖主姓名和数量,然后轻轻卷起来。第二天清早,粮店的"卖样人"拎着夹满粮食的土小布子上市推销,找到买主后,先看样子后议价,照样子开价,这叫"指样安钱"。①两厢言妥价格后,卖主再到粮店把口袋里的粮倒出来验,如与样品相符,立即盘粮,照收不误。如若与样品不符,买主还可下价。

花行是代客买卖棉花的牙行。花行的内部人员主要包括股东、经理、秤手、接货人、外账、内账、后场师傅等多人。股东是花行的出资者,一般不负责化行的具体工作,主要安排经理去管理花行的全面工作。经理负责掌握整个花行的全面工作。秤手在花行最受重用,因为他们负有过秤、看货、定价的责任,能决定全花行业务的胜负。秤手要具备一定的过秤技术,还要有鉴别棉花潮湿、掺杂成分的能力,能观察市场价格的变动。因此,秤手在过秤、看货、定价方面,要灵活运用。接货人对棉花产区的农户一般较为熟悉,还与几个靠得牢的棉花贩子交往密切。各家花行业务的多寡,全靠接货人员的实力,因此各家花行都把接货的人员看成是捞钱手。后场师傅在花行中也是主要人员。每家花行后场师傅都有三四个甚至十几个,一般这些后场师傅由一个老师傅带领,老师傅要负责掺水、拌花、打包成夹的责任,花行里另有管理外账、内账等会计人员若干个。

药行的内部人员主要包括经理、主办会计、老账会计、小把式、学徒等人员。下面选择河南禹县药行说明其牙商的人员构成及各自分工。药行经理负责资金支配、人事任免、整个药行主要事情的决策,并接待主要客户洽谈大宗业务等。会计人员包括主办会计、老账会计、会计过账者、会计学徒等。主办会计负责"指挥财务用途及银钱的收放,管理财务人员的全面工作,往来户的汇总调款,接待钱行客人(即钱铺,如现在信用社),有时也帮助搞大宗业务"②。老账会计办理底账、货物账和银行账的汇总,兼负责往来信函及伙计们支付

---

① 佚名:《旧中国时期的张北粮行》,载政协张北县委员会文史资料委员会:《张北文史资料》(第3辑),1994年版,第88页。

② 郭宗贤:《旧药行的组织情况》,载政协新野县委员会文史资料研究委员会:《禹县文史资料》(第2辑),未刊1986年版,第90页。

薪金等。财务学徒在会计室，白天学写买卖货条子，记草账，一些零星开支伙食费及全体人员支钱借钱等琐碎事情，并负责替客人冲茶、拿烟袋，当好服务员；晚上替主办会计铺被褥、提便壶，早上起床先给主办会计倒便壶，叠被子，擦柜台、桌子、椅子，扫地等零星杂事，还负责贵重药品的保管，有时还要到外边抬货。会计过账者，负责对买卖客户看信息账，并负责管理流水账以及伙食账和伙计们零星支付钱，兼管柜上药材样品等和外地往来的业务信件。药行的小把式负责搞业务，通过一两年或三四年过程，经理们研究可以提升他为小掌柜。新来第一年的学徒，一般接受一切杂活为主，先负责抬药包；早上、下午到药庄内字号起货；下午四点以后洗刷水烟袋、擦灯笼等杂活，以备晚上照明和经理伙友上街联系业务照明之用；"晚上看大门守卫保护药品，防盗，夜里睡厂棚货包上或药包空隙之间"①。第二年的学徒，以起货为主，终日抬药起货，垛货，按照种类数十件码在一起往上垛，有时负责整理仓库等，有时还与一般经理办点私事，或到药棚、药庄纠正些问题，如短秤去挟秤等。如果两年左右的学徒，经理看他有些能力，便叫他跟着某个经理学做生意，"也就是拜某个经理为师，边抬货边做生意，晚上照顾老师打着灯笼去药庄或药棚字号家"②，按一般坐商或外来药商在栈房住的，按当天业务情况洽谈业务。一般两年三年的学徒（二八盘学徒），在药行业务上有进步，街上往来也能信得过，经理可提升他为小把式，即能丢掉抬货扛子，成了业务员，就能利用新来的学徒。

渔行的内部人员一般包括股东、经理、副经理、副手、会计、讨账工人、店员、厨房炊事、纺绳工、保管员等多人。如：山东烟台全兴义鱼行设经理一人，副经理一人，三级经理四人，四级经理三人。经理：负责掌管全店的事务，事无巨细都得通过他。副经理：主要"分管全店的业务，买进卖出或发往外埠销售，

① 郭宗贤：《旧药行的组织情况》，载政协新野县委员会文史资料研究委员会：《禹县文史资料》（第2辑），未刊1986年版，第90页。

② 药庄：俗称"内字号"，有雄厚的资本，一般在全国主要城市都设有分号或庄客，主要依靠药行及各地分号等，来调运大宗药材。药棚是从药行、药庄批量购进，对药材进行加工，然后直接销售给各地的中药铺，或将加工的中药运销全国各地。

或囤积居奇等,皆由他主持,权力仅次于经理"①。三级经理:一位经理管账房,即前柜,设"书写信札、印刷行情表一人,会计两人,市面讨账一人,另有去海关办理装运货物进出港手续的两人,去海关船舶局办理渔轮、帆船进出港手续的三人,厨房炊事三人,还有纺绳工五人"②;一位经理负责管理海市,随带副手两人具体负责沿海水产交易市场的鱼货买卖,并将成交的行情及时汇报给副经理;一位经理随带两名副手跑交易市场,买卖金银、棉布、粮油、杂货等,并将市场行情汇报给副经理。四级经理中,一位经理坐镇大屋子,接待来往客商,代客买卖货物、办理客事;一位经理管仓库,库内设保管员一人,其兼管出入库账,指挥十二三人在库内干活;一位经理管理公利市场零售部,该部有五六人专门零售鲜咸鱼货;一位经理常年外出购销。海市繁忙的时候,"三、四级经理和上市报关等店员,除少数必须留下坚持自己的业务外,余者皆投入生产"③。

皮行和皮栈是代客买卖皮毛业的牙行。皮行是卖方与货物的集中地,牙商为卖方提供食宿与货物存放场所;皮栈是买方的集中场所,栈东为买方提供食宿,并帮其购货。买方不能直接进皮行买货。下面讨论皮行和皮栈的人员构成和各自分工。经理:统管全行业务,多是牙商自己担任,也有另聘业务能手担任的。盘子手(即业务员):负责洽谈生意,与买卖双方联系,看货验质,开盘定价,促成交易。账房先生:专管各种账簿和会计核算、结算。另外有店伙一至数十人不等,负责进出货物、扛抬、晾晒、点数、打捆以及运输杂务等。"跑行的"每天到各牙行走串,"看有无所需货物,认为合适,即行看货验质,开盘给价。几经要价还价,等双方认为有利可图,就拍板成交"④。

① 刘心同:《烟台全兴义鱼行》,见山东省政协文史资料委员会:《山东工商经济史料集萃》(第2辑),山东人民出版社1989年版,第328页。

② 刘心同:《烟台全兴义鱼行》,见山东省政协文史资料委员会:《山东工商经济史料集萃》(第2辑),山东人民出版社1989年版,第328页。

③ 刘心同:《烟台全兴义鱼行》,见山东省政协文史资料委员会:《山东工商经济史料集萃》(第2辑),山东人民出版社1989年版,第328页。

④ 黄扬濂:《建国前的济宁的皮毛行业》,见山东省政协文史资料委员会:《山东工商经济史料集萃》(第1辑),山东人民出版社1989年版,第132页。

猪鬃行的人员包括:经理、会计、帮账学徒、外柜、掌盘儿的、伙计等。其中经理有由东家聘请的,也有由东家自己兼任的,经理总揽人事、财务和经营大权。下设二掌柜或三掌柜襄助。账房设监理账桌、会计(称先生)、帮账学徒。"库房或货场由二掌柜或三掌柜负责,有的兼任外柜和掌盘儿的,以下人员为伙计"①。厨房设师傅,以下是厨子;茶房设头子,以下是"管栈的"。"门市上通常也由一位掌柜负责,下有学徒,也叫年青的。伙计中还有打更的,赶车的"②等人员。

## 三、牙行的人员素质

牙行员工的业务素质并没有一种绝对的标准,由牙行所从事的业务而决定。然而,牙商在挑选员工时,总是要考虑某些特殊才干的。这些才干包括:对货物有鉴别能力、善于沟通的能力、善于交际的能力等。

牙行在代客销售货物时,如果员工对货物有鉴别能力,便能促进交易的顺利进行,所以牙行生意兴旺的关键之一就是有具有鉴别能力的员工。这是由牙行经营产品的性质所决定的。

工业品的优劣有一定之标准,一经鉴定,视其商标即知其品质。无须逐一检验,故经营工业品的商人,识其商标即可知其品质。而牙商经营的货物大多是土、副产品,虽同一区域之产品,尚有若干轩轾,即使是同一客户之产品,此件货物与彼件亦有若干之差异。若非对货物有鉴别能力,不易将产品之优劣分析清楚。针对市场上的伪劣商品,有鉴别能力的牙行员工对于某地区所产之某种货物,其掺伪之多寡、净货之数量,俱能检定。例如:羊毛、羊绒、驼毛等品之掺加泥土等,若有经验之羊毛牙商,一经检视,便知其掺加泥土等成分;干果中之甜杏掺入苦杏,有经验之干果牙行人员,看杏之外表便可分析出来;

---

① 朱继经:《我所了解的胥各庄货栈业》,见河北省政协文史资料委员会:《河北文史集萃》(经济卷),河北人民出版社1992年版,第311页。

② 朱继经:《我所了解的胥各庄货栈业》,见河北省政协文史资料委员会:《河北文史集萃》(经济卷),河北人民出版社1992年版,第311页。

棉花之掺水加籽,有鉴别能力的棉牙商,当可估计其掺伪量数。至于货物生产区域,一般人员根据客户籍贯或运来之区域来判断,而对货物有鉴别能力的牙行员工,仅仅从货物本身便能分析出货物实际产区及其特征与优劣之所在。故牙行有对货物有鉴别能力的员工,便能促进交易的顺利进行。如某客户有核桃仁多件售于某出口商,此一批核桃仁中有头等净货若干、次等净货若干。客户与出口商立场不同,对货物的品质分析自然存在差异:在客户则谓有头等净货八成,次等净货二成;而山口商则谓头等净货和此等净货各占五成。此时,对货物有鉴别力的牙商,自能分析客户与出口商二者何者为是,或二者皆有出入。鉴别能力超群的牙商对货物的品质分析既能令客户与出口商心悦诚服,又能体现鉴别货物的权威,二者皆感到公平,故交易便易达成。再如羊毛、羊绒等品,一般农民为图货物数量之增多,将其中加入泥土等物质,其所增加之泥土等,则互有不同,如甲农民增为30%,乙农民增为50%,客户将甲乙两农民之货物一同收买运到牙商处,其货物虽系一客户之所有,而掺伪则系两农民,故品质自有不同之处。此时,便需要牙行员工具有专业鉴别能力,对货物之掺伪情况分级。

山东牙商苗氏开设的恒聚成粮行专门训练了一批鉴别生米质量的能手,收验货品。因质量好,有保证,当时凡是麻袋上盖有恒聚成水印的生米,"无论发至何处,每百斤都比市价高出两角钱"[1]。活跃在河北蔚县市场上的经纪,"在实践中练出娴熟而奇特的本领,煤牙纪善于使秤,秤在手里运用自如;酒牙纪擅长提酒,酒在罐里满而不溢;米粮牙纪能把一石小米量成九斗;白麻牙纪在漆黑的夜里,只要用手一攥麻就知道麻的柔性质量和产地等"[2]。蔚县的米粮牙纪经常活动于粮店,他们是鉴别粮食质量的里手,对粮食的水分、成色、新陈、产地等了如指掌,这些人不仅撮合成交,还担负着过斗的任务,几十石粮食双方成交后,"均须由牙纪过斗,边量粮边喊数,记数准确。动作迅速,

---

① 苗兰亭:《苗氏工商业兴衰五十年》,见山东省政协文史资料委员会:《山东文史集萃》(工商经济卷),山东人民出版社1993年版,第25页。

② 周清溪:《浅谈蔚县的经纪业》,载政协张家口市委员会文史资料委员会:《张家口文史资料》(第22辑),1992年版,第206页。

大有技术表演的姿态"①。

对货物的鉴别能力往往需要若干年的从业经验才能掌握，这一点在牲畜牙行中表现得尤为突出。如侯家营的调查："像牙纪那样有时候需要很长期的经验才能做这个工作。"②"问：牙纪做得比较长的大约有多少年了？答：有20多年吧。"③泥井村的田景荣从"20岁开始当猪牙纪，到被调查时69岁，还在继续这个工作"④。特别是牲畜市牙商绝对是根据经验来为牲畜评定价格的，这也决定了牙商在牲畜市评定价格的绝对权威。无论做哪种牲畜的牙商，都需要一整套的技术和能力。这些知识是在长期牲畜交易中积累的，堪称民间科学。牙行员工在给牲畜"看相"时有很多诀窍，非经验丰富者不能辨认。如：牙行员工对马、牛、羊几种最简单牲畜的鉴别方法。马：好马皮毛细致、光华柔软。好马走起路来"前腿不扒，后腿不交叉"，"四个蹄口端，前后蹄一条线"，"前头一斗，后头一手"。⑤"黄病看耳梢，风病看毛皮根下，耳梢直摇头，八成得了黄疸症"⑥。骡马：有眼病的一般看不出来，但马牙家有谚语："人瞎了探杆子，马瞎了耍纤子(耳朵)"。看岁数靠数牙口：三十个月满牙口；五岁奶牙全换完；五岁以上看槽口，即看牙磨损的程度。牛：眼大有力，嘴方肯吃；前腿之间的距离越宽，后腿之间的距离越窄，则牛越有力量；牛的腰若凹陷，则没有劲。"头紫二狸三花，赶不动的老沙"⑦，这是从毛色看牛的耐力和劲道。羊：身高、体长、毛色光滑为优品，山羊角直立，绵羊角盘旋为上品。还可以通过掂、摸等方式确定羊的肉劲。

寺北柴村的调查使我们有理由相信，牙行员工对货物的鉴别能力的经验

---

① 周清溪：《浅谈蔚县的经纪业》，载政协张家口市委员会文史资料委员会：《张家口文史资料》（第22辑），1992年版，第206页。

② [日]中国農村調査刊行會：『中国農村慣行調査』（第5卷），岩波書店1981年版，第337页。

③ [日]中国農村調査刊行會：『中国農村慣行調査』（第5卷），岩波書店1981年版，第385页。

④ [日]中国農村調査刊行會：『中国農村慣行調査』（第5卷），岩波書店1981年版，第342页。

⑤ 丁娥：《牙人故事——乡村集市回族经纪人的民族学观察》，中央民族大学2005年硕士学位论文。

⑥ 丁娥：《牙人故事——乡村集市回族经纪人的民族学观察》，中央民族大学2005年硕士学位论文。

⑦ 丁娥：《牙人故事——乡村集市回族经纪人的民族学观察》，中央民族大学2005年硕士学位论文。

不仅是多年练就的,甚至是辈辈相传的。寺北柴村的赵树德(赵黑子)截止到1941年就已从事粮食牙商30年了,而父亲以前也是做了30年的牙商。[1]察南县的事实是:"如果斗牙商死亡,他的孩子作为继承人申请获得许可的,几乎是大多数。"[2]"问:牙纪(商)是怎样决定的呢?答:根据申请,之后依据调查后的经历和年龄来定。"[3]侯家营的调查:"问:怎么成为牙行呢?答:一般是世袭的。基本上都是这个样子。"[4]

牙商的职责之一便是牵线搭桥,即沟通买卖双方,促成交易。"牵线搭桥"几个字看似简单,其实是牙行员工沟通能力的体现。沟通是牙商与客户相互传达思想、意见或交换信息、情报的过程,是牙纪明确客户意图、争取客户配合的重要步骤。善于沟通的能力包括反应敏捷,口齿伶俐,举止大方得体,善于应酬,迅速、自然地与客户建立良好关系,对不友好或充满敌意的场合能够控制自我,冷静、诚恳、耐心而不软弱;面对复杂的局面,能够随机应变,体面地处理。牙行员工与买卖双方交往要诚恳、宽容,热情而不失立场、谦恭有礼而又自尊自信的沟通方式,既能赢得客户的好感,还能使客户愉快地接受牙行员工的建议。如果与客户沟通不良,就会影响牙行活动的开展,从而影响牙行的生意。

善于沟通的牙行员工也善于观察客户的性格、喜好、需求,还善于揣摩客户的心理。如遇老成练达、见过世面的客户,牙行员工便耳鬓厮磨,悄声细语,甘言如醴,表示殷勤亲近,温顺如猫,怂恿客户相信,千方百计促使交易成交。如遇到少见寡闻、木讷迟钝、不经常赶集上市的客户,牙行员工便发号施令,包办代替,经常大喊说:"当买不买(当卖不卖),过这村没这个店了,再不成交,

第二章 华北牙商的经营活动

75

---

① [日]中国農村調查刊行會:『中国農村慣行調查』(第3卷),岩波書店1981年版,第339和499頁。

② [日]山口俊木:張家口経済調查所、満鉄調查局『關于察南涿鹿縣門牙行事情』,1944年第24卷,第21頁,河北省档案馆藏。

③ [日]中国農村調查刊行會:『中国農村慣行調查』(第3卷),岩波書店1981年版,第339和489頁。

④ [日]中国農村調查刊行會:『中国農村慣行調查』(第5卷),岩波書店1981年版,第570頁。

等待何时？"①或者半嗔怪半亲近地说"我向着你，你偏向外挣"②这一类的话，迫使交易成交。

善于沟通的牙行员工头脑灵活、巧言令色。如牲畜行牙商遇到客户购买牲畜时，首先问清买主用途，是骑乘还是使役，是宰杀还是孳生下驹，然后再介绍合适的牲畜的特点。同样一头牲畜，如客户说买来骑乘，牙商就说"卖方的马身材如何好，蹄腿如何利落，毛色如何光溜，性情如何温顺，口齿如何年轻，跑得如何快，走得如何稳"；如买主说是用做拉车滚磨的，牙商就说"卖主的马体如何强壮，性情如何老实沓疲，老婆孩子都能使唤，进门就能当家"；如果买主说买来宰杀的，牙商就说"卖方的马体如何大，肉如何厚，膘如何肥"；如买主说需要孳生下驹的牲畜，牙商就说"卖主的牲畜如何高大，如何容易怀驹，下的驹又如何俊"等。③牙商总是凭三寸不烂之舌和超强的沟通能力，说得买主心服口服，达成交易。

社交是牙商必备的一门艺术和应具备的能力。由于牙商还要经常出现于各种社交场合，要与各种各样的人物打交道，这要求牙行员工必须是善于交际的能手。

天津同和兴货栈客户遍及全国，营业范围之广、赚钱之多，占天津货栈之首，其生意兴隆的主要原因便是该牙行有善于交际的孙东园和吴怀章。二人的分工不同。吴怀章负责与一般的客户应酬。吴怀章在天津多年，对天津的地理风俗、人情世故和工商业的经营状况以及各行业的市场行情都比较了解，因此外地客户询问的相关问题，无论哪种情况他都能应对自如。吴怀章还每日在客户所住的客房串走，联络感情。孙东园负责货栈对外各种交际，如"铁

---

① 齐一萍：《三十年代农村集市之经纪人》，载政协莱西市文史资料委员会：《莱西文史资料》（第7辑），未刊1992年版，第39页。

② 齐一萍：《三十年代农村集市之经纪人》，载政协莱西市文史资料委员会：《莱西文史资料》（第7辑），未刊1992年版，第39页。

③ 牛金元：《张北马桥》，载政协张家口市委员会文史资料委员会：《张家口文史资料》（第13卷）1988年版，第210~211页。

路、税局、海关、商品检验局、地方大小官吏、脚行头子等"①,他都经常联系、打通关系。在孙东园广泛的社交影响下,同和兴货栈对官方可说是手眼通天。比如:单在铁路方面,该牙行不仅在天津铁路上吃得开,而且在京奉铁路全线的大小车辆都畅行无阻。各车站的站长和他都有联系。该牙行所代客运往东北的货物,沿途各站都有照顾。由于同和兴货栈有铁路局给车皮的方便条件,所以客户都愿意叫该牙行代购、代销并转运货物。尤其是在各地发生灾害、缺粮、物价上涨时,车皮紧张,孙东园就趁机向铁路要车皮装该牙行经营的货物运往灾区,卖大价,赚大钱。例如1932年安徽、苏北发生水灾,粮食奇缺,天津粮行争要车皮装粮南运,"但津浦西站过来的三分之二空车皮都给了同和兴货栈。孙东园还和津浦铁路分局秘商商定:同和兴货栈的粮食暗中用大车运到杨柳青车站,津浦铁路南来的空车皮到杨柳青车站就被扣下,完全拨给同和兴货栈装粮食运往蚌埠"②。这样,孙东园在天津装出的粮食共六七十车,仅仅1个多月便赚了20 000多元。

## 四、牙行的财务管理

牙行业务繁多,手续纷乱,财务管理是重要的一环。牙行的财务会计制度好比是一个庞大的神经中枢,所有货物的存放,钱款的收入和支出,佣金的收取,税务的代收,牙行的日清月结等诸多事务都必须反映在账簿上,通过会计予以核对结算。

牙行的记账方法完全用毛笔,竖写,采取一事一记,即一笔交易一行。收现金写在收方,付现金写在支方。有格的账,上格的账,上格为收,下格为付。没有格的账,收入顶天写,支出时低两个字写。每一行必须把格撑满,即避免添字涂改,又整齐好看。正式数字的书写,完全用大写正体:壹、贰、叁、肆、伍、

① 杰三:《天津同和兴货栈五十年》,见中国民主建国会天津市委员会、天津市工商业联合会文史资料委员会:《天津工商史料丛刊》(第4辑),未刊1986年版,第138页。

② 杰三:《天津同和兴货栈五十年》,见中国民主建国会天津市委员会、天津市工商业联合会文史资料委员会:《天津工商史料丛刊》(第4辑),未刊1986年版,第139页。

陆、柒、捌、玖、拾。如数字写完最后写一个"整"字,以示完了。如果以银元为本位, 还要写入银元或出银元字样。在每行数字旁再用小批简要注明款项的用途,经手人等。非正式的数字,多用于核计数,一般采用小写横码的苏州码子〡、〢、〣、乄、〥、⊥、亠、三、文、十。如下图所示:

(牙行账单①)

此账单的意思为:(今)收到甲商号大洋3000元,本牙行代甲商号购买了1582斗青皮豆,每斗1元6角2分,花去2562元8角0分,另外代甲商号交纳斗税51元2角6分,共计甲商号花去大洋2614元1角。本牙行为甲商号代买青皮豆1582斗的佣金,按照2%计算,共计52.28元。(今)入佣金大洋52.28元。

牙行的会计制度包括多种账簿类型,其中牙行常见的账簿形式有七种,即:方账、流水账、毛八账、三裁账、水牌子、条账、折子。下面介绍牙行主要的几种账目的使用方法。

方账,也叫底账或分类账,多使用毛边纸制作的方形账簿,根据经济活动的性质,按户记载,用以反映经济活动的状况和决算盈亏。方账于月末进行

---

① 资料来源:蔡金星、周显章、王心溥:《解放前的山海关货栈业》,见政协河北省秦皇岛市委员会文史资料研究委员会:《秦皇岛文史资料选辑》(第4辑),未刊1990年版,第88页。

清结,总计客户当月的存或欠,在计算单子上分别上下详记,再将月末库存现金计算在下方,如上下两方相平,则总账无差错,否则要重新核对。方账于年末进行决算,将往来户中的应收应付款项尽量收进付清。所有商品也要进行清点,库存现金进行核对,结出本年盈利,按照议定的办法对股东、掌柜、职工进行分配,由本年盈余户头支出,余者结算下年。对往来户中结不清部分亦结转下年。次年伊始重立新账。方账采用"四柱清单"记载,即:将所有户头按照"旧管、新收、开除、实在"四种经济性质进行分类。"旧管:包括原投资金,前划结余各种债务等。新收:包括本期各项收入。开除:包括本期各项开支。实在:包括库存现金、库存商品、固定资产、流动资产、各项债权等。"①

流水账:为原始的日记账,多用毛头纸折叠成长条形账。按业务发生的前后顺序,凡动用现金立即记载,每日营业完毕后,在晚间进行结算。经核对如库存现金与账目相符就封账结转次日,如现金与账目不符,必须逐笔查找清楚。流水账不仅反映现金收支的变化,也反映着企业逐日的营业活动,是作为原始记录的一种主要账目。

现金账:牙行的现金来源包括五项:售货所得、存项、银行钱号透支、同业透支、佣金收入。银行的现金支出包括借给商户钱款、薪金、邮电、伙食、车资、捐款、杂费、印刷等。牙行的现金收支,均以银元为单位币记在现金账簿内。对当时流通的小洋、铜钱等货币,按每月变化进行折算。牙行每晚必须清现金账,结出"原"、"入"、"出"、"存"。即将前一日的结存为原有,加当日所入,减当日所出,余额为当日结存,与库存现金核对相符后,则在流水账上用正楷按顺序写清原有数,上格写当日收入总数,下格写当日支出总数,最后写当日现金余额,再盖上"方图"(印章)以示郑重,名之为"封账"。封账之数字不得随意变动,待来日营业之用。

货账:专门记载货物的增减变化,多使用三裁账或条账。记账方法与计算方法与现金账大体相同,也分设流水账与总账。总账按货物名称立户头,货物数量用大写,价格钱数则用小批横写。

---

① 蔡金星、周显章、王心溥:《解放前的山海关货栈业》,见政协河北省秦皇岛市委员会文史资料研究委员会:《秦皇岛文史资料选辑》(第4辑),末刊1990年版,第89页。

专项账:也称作补助账册。由于牙行往来户多,业务繁杂,为了减轻总账的压力,可根据专项业务性质,另外增设专项账簿。一般包括货源账、行庄轧数表、卸货账、期货买卖账、来票留底账、客户信用额及来货存欠参考账等等。货源账:作为牙行向商户来货清单的蓝本,一般记载商户托售之货物到火车站或埠头后,牙行代付的各种款项,如:"水脚、保险费、栈租、报关费、转栈费、应收之佣金额等"[①]。行庄轧数表:每月制编一次,主要记载各银行、钱号每月底之存额或欠额。卸货账:记载牙行进货和售货的单位数及重量。期货买卖账:记载期货买卖时,关于售货者或买货者的商号、货物品名、价格期头等内容。来票留底账:记载牙行所收支票据,记明出票人、承兑人、背书人、票面金额、期限、转让时之受让人内容。客户信用额及来货存欠参考账:作为牙行对各个客户之信用提供详密的参考,一般记载"客户之信用情况、来货之货名包额、每包斤重、每包价、估计货价、实存额以及所借之款等"[②]。

牙行的会计科目是牙行按照经济业务的内容和经济管理的要求,对会计要素的具体内容进行分类核算的科目。一般牙行的会计科目主要包括:资产科目(备用金、存货、呆账准备、代客费用、定期存款、生财、同业往来、投资、现金、银钱往来、应收客账、应收未收利息、折旧准备、职员借款)、负债科目(存项、代扣所得税、客清[③]、应付未付利息、应付账款)、损益科目(批款、利息收入、客佣、厂佣、分庄、进货、各项开支、所得税支出、呆账、票贴[④])等。

图章,是牙行记账的辅助部分。牙行之图章,犹如官府之印信。一些重要的往来凭证与账目都必须盖有图章,以资凭信。牙行的主要图章有三颗。其中座图章一颗,其规格一般为长方形,长50毫米,宽25毫米;方图章一颗,为边长25毫米的正方形;柳叶章一颗,其形状上宽下窄,呈柳叶形,以角朝上刻制,平均宽17毫米,长32毫米,图章中间刻出牙行的名称,名称周围刻花纹,也有的将

①　陈允钟:《牙行之会计制度》,《商学研究》,1941年第3期,第284页。

②　陈允钟:《牙行之会计制度》,《商学研究》,1941年第3期,第285页。

③　客清:即客户往来,表示牙行代客买卖货物时所欠或所存客户之款。

④　票贴:指牙行动用行庄及同业的钱款时,向行庄要求出庄票时所须扣付的票费。普通每千元自二角至五角为度。

牙行字号藏在花纹中,以防假冒,花纹有琴棋书画、暗八仙、龟背节等,都是中国绘画图案。除牙行的主要印章外,还有牙行各业务部门自备的便章,以及个人的名章。

牙行的重要图章多由总账房的财务负责人掌管,有严格的使用规定。牙行所开票据均用毛笔竖写,座图章盖于单据之右下角,兼作牙行名称;盖方图章于"票面金额之上,在单据之正中斜角向上,一般盖四印或两印,均取双数"[1];柳叶章盖于右上方,斜印在客户名字之上。若有正副页时,于骑缝外加盖两颗方图。对于一些便记,如通知、收讫、付讫等事,既需盖章但又不太郑重时,一般只盖一颗柳叶章即可。柳叶章可以单独使用,但座图章、方图章不能轻易动用。

牙行内部如账簿核对等,则只盖方图章。牙行在每日结账簿的"前日结存"项上,写在前一格,盖方图章四颗;在"共收"、"共支"上下两格,盖方图章八颗;在"今日库存"项上,写在最后一格,再盖方图章四颗。这样账簿所用方图章中行八颗,前行四颗,后行四颗,共十六颗。封账时要用方图章将金额盖严,以防更改。

---

① 蔡金星、周显章、王心溥:《解放前的山海关货栈业》,见政协河北省秦皇岛市委员会文史资料研究委员会:《秦皇岛文史资料选辑》(第4辑),未刊1990年版,第92页。

# 第三节　牙商的经营职能

ERSHI SHIJI ZHI ZHONGGUO

民国以来,商品集中于牙商开设的牙行已成为普遍现象。牙商能够在近代商品经济条件下立足发展,在开埠城市、集散市场和主要贸易流通领域占据主导地位,与其经营方式和自身所具备的各项经营功能有着密切的关系。

传统牙行、牙纪的职能仅为居中撮合,后来也兼营少量代客买卖。营业地点基本限于乡镇市集,营业种类以粮食、牲畜为主,并涉及柴炭、棉花、土货等交易。凡货主在集市出售货物,须经牙纪、牙行之手,由其评定价格,居中撮合,买卖始能成交,牙纪、牙行介入交易带有一定的强制性。

民国以来的牙商除居中撮合贸易、代客买卖的中介代理职能外,还兼有为商户提供垫款或信用贷款的金融职能、公证贸易的合法、保障货款交付的职能、提供各种信息的服务职能、栈房职能、对市场进行管理的职能和批发职能等。牙商开设牙行集中于通商口岸、内地开埠城市和新兴集散、中转、专业市场,在产地市场虽然也有牙行经营,但多数是派人设栈收买,其本身并不参与集市中介撮合交易,集市中介撮合交易由游行牙纪充任。牙商与商户间的关系是一种"任客投主,买卖自由"的关系,这种关系使商户有更多选择的余地,因此,牙商的各项职能有利于近代自由贸易的发展。

# 一、中介代理职能

牙行的主要中介职能是代客买卖。外地商户贩运农副土特产到牙行落脚，由牙行代为推销；回程要贩运一些商品，也由牙行代为采购。各牙行内的牙商接洽买主、领看货样、协商价格以及买卖成交。如天津的锦记栈常驻栈的牙商多达150余人，这对锦记栈能及时把水果销出去而不积压，起到很大的作用。在旺季时节，锦记栈一天能运来柑橘六七车皮，约200多吨，都是当天销出去，栈内从不积存，以免腐烂造成损失。另外，牙商还可以协助货栈把积压的背货或残次品，想办法推销出去。外地商户来津采购货物，也多靠牙商协助进行。再如：北京广安门合顺公司、同庆广、裕正三家曾于1932年11月间共同制订一个代客买卖粮食章程，内载："代客买卖，定期钱粮对交，'粮石'临时须以交换单手续，并由客方按照十分之三交纳保证金。"[①]又有："代客买卖，自出卖之日起，迟5日付款。"[②]此即是说：粮栈代客买卖粮食，于交易成立时，须为买卖两方订立交换单，同时买方须先付货价十分之三为保证金，5日后货款对交。

各牙行还负责商品的计量和价格的仲裁。度量衡是交易过程中的必需品。20世纪以来，中国政府曾拟定公度、公量和公秤，但未真正实行，各地漫无标准。"同一尺，有海关尺、营造尺、裁衣尺、鲁班尺及京放、海放之别；同一秤，有公秤、私秤、米秤、油秤之别；同是一斤的重量，有10两的、14两的、16两的和18两的不同。"[③]不仅省际差异巨大，一省内县际之间，差异也很大。"小麦一斗，在山东博山县为6公斤，在蒙阴县为90公斤，中间仅一县之隔，相差15倍。"[④]度量衡甚至在同一集镇之间都有很大的差异。在杨庆堃所调查的11个市场中，存在10种不同规格的斗，"而用于量土布尺子和量笨重产品的大秤在

---

① 张铁铮：《北平粮市概况》，《社会科学杂志》，第8卷第1期，抽印本1937年版，第131页。

② 张铁铮：《北平粮市概况》，《社会科学杂志》，第8卷第1期，抽印本1937年版，第131页。

③ 朱玉湘：《中国近代农民问题与农村社会》，山东大学出版社1997年版，第204页。

④ 千家驹：《中国农村经济论文集》，北京，中华书局1935年版，第359~360页。

不同市场间也有很大的变化"①。"在山东省潍县,用来计量耕地面积单位'弓',在村庄之间的差异高达40%"②。在这样的历史文化背景下,牙商在市场交易中作为有别于买卖双方的独立、公平的第三人而发挥计量职能。牙商的这个职能是被所有人所认可的。这取决于牙商熟知各不同市场体系惯用的度量衡换算,而且在复杂多样的交易中,能够自由加减。每当商品到牙行后,买方、卖方及牙行三方根据产地进价、运费、货源、利润、税款、包装、损耗、销售行情、历史价格和时价等多方面的因素,由三方评出接近价格,最后由牙行仲裁,拍板成交。如:鲜货到天津的锦记栈后,由几十户关键的水果商贩和较大的鲜货庄等集合在锦记栈营业厅内,三方商议价格,最后由锦记栈仲裁,拍板成交。③

商品的计量和价格的仲裁也是华北各集市上牙商最主要的职能。如:威县张王村,向有一个小集市,随着棉花生意的发达,集市贸易也渐渐兴旺。但因无人充任牙商,在集市贸易中"时有口角争执情事",故经威县知事招募了棉花牙商一名,在集市专司棉花交易的"公平说价"。④为确保交易中计量的公正性,在集市上的牙商,使用的是官府发给的计量工具。他们有时为了便于计算,随身携带着各不同市场体系惯用的度量衡的换算表。如:沙井村的调查:"问:怎么感觉你是一个牙伙(牙商)呢?答:因为我旁边放着一个斗。"⑤"问:斗是谁的呢?答:这是官斗,有承包人(包商)来接受。……问:(斗)在什么地方制作,知道吗?答:衙门拿来的,和秤一块拿来的。"⑥1942年涿鹿县共有官斗100

---

① [美]施坚雅著,史建云、徐秀丽译:《中国农村的市场和社会结构》,中国社会科学出版社1998年版,第51页。

② [美]马若孟著,史建云译:《中国农民经济——河北和山东的农民发展,1890—1949》,江苏人民出版社1999年版,第5页。

③ 肖丁:《天津卫著名的锦记栈》,见政协天津市委员会文史资料研究委员会:《津门老字号》,百花文艺出版社1992年版,第110页。

④ 顺直新闻:《威县张王村添设棉牙》,《益世报》,1923年7月15日,第10版。

⑤ [日]中国農村調査刊行會:『中国農村慣行調査』(第2卷),岩波書店1981年版,第412页。

⑥ [日]中国農村調査刊行會:『中国農村慣行調査』(第2卷),岩波書店1981年版,第409页。

支,全部由牙商管理使用。按规定,"凡是以交易为目的之粟粮,均须以官斗度量之,如果不经牙商,擅以私斗交易者,一经发觉,则按交易额2%处罚之。"①1917年,随着商品经济的发展,直隶省迁安县城交易日繁,为了计量的公正,官府在六个区各设"秤牙"②,专司货物的计量。

## 二、信息和服务职能

向商户提供信息是牙商的重要职能之一。牙商对商户提供的信息包括市场中的一切动态。如金融之松紧、国际政局及经济之变幻、同业间之进退、行市之涨落及其原因、买主所需商品状况、各地来货情形等一切相关事务,俱一一向商户提供忠实可靠的信息。其中最重要的信息是与商户所营商品的有关事务及行市的涨落。牙商向商户提供信息必须及时快捷,以备商户作业务之参考。如有不明了的地方,牙行多方探询,否则,有碍业务之进展,且不唯商户所信用。故牙行每日将市场动态及演变情形报告商户,如果商户远在外地,亦须随时去函通知。如:山海关的货栈注意"搜集了解每种货物的市场行情,将每日的开盘、收盘、最高价、最低价、成交数量、供求情况、客户动态、市场展望等情况,汇总后编制'行单'连日誊写油印,翌晨发给各关系户"③。又如:天津交通货栈"在每年秋季向商户发'号信',报告天津的市场行情及需求量;同和兴货栈在秋季印发'行单',每半月一次,让商户们及时掌握市场变化"④。再如河北省胥各庄中和栈,设有专人管理业务往来的函件,行话叫"书启"。每天约处理这类函电200多份。"业务信息传递遍及东北、华北、华中等地区,甚至

① [日]山口俊木:张家口经济调查所、满铁调查局『關于察南涿鹿縣鬥牙行事情』,1944年第24卷,第24頁,河北省档案馆藏。

② 顺直新闻:《迁安县取消花生秤牙》,《益世报》,1923年7月5日,第10版。

③ 王心溥、周显章、蔡金星:《山海关的货栈业》,载政协河北省委员会文史资料委员会:《河北文史资料》(第26辑),未刊1988年版,第155~156页。

④ 刘续亨:《天津货栈业发展沿革概述》,见政协天津市委员会文史资料研究委员会:《天津文史资料选辑》(第20辑),天津人民出版社1982年版,第79页。

可以越出国界"①。

在口岸城市，牙商可以提供商品的国际行情。牙商可以通过进出口贸易渠道，搜集国际市场上的各种商品行情。如英、美、加拿大、澳洲、马来西亚、大阪和香港等地的商品行情等。牙商就把这些商品行情向客户提供，并给熟悉的老客户当参谋，使老客户感到牙商服务周到、安全可信，逐渐建立了长期关系。有些牙行为了帮助外地商户及时了解市场需求情况，做好生意，便经常为商户提供市场行情，特别是把各国洋行的动态，及时通知商户，以便按照外商需要备货。

牙商向商户报告市场动态及行市演变之各种信息，表面而言，殊无甚大关系。但若按其利害而言，颇为重大。一纸报告，常常足以左右商户业务之兴替。故牙行对商户之一切信息报告，责任重大。信息内容例如：近来，粮食销路不振、"行市下落"，各牙行存货甚丰，粮食业无利可获，犹有"赔累之虞"②，这样商户意欲购运粮食之动机即行消解。信息内容再如："某地商户现有游资甚多，在本地购买大量棉花，已经运至天津或青岛销售"，这样需要大宗棉花的商户便可来津或青岛棉花栈购买。信息内容再如："某货物前途可期顺利，将有无限之进展"，商户接到此信息报告，便会组织货源运到牙行。

商户按照牙商提供之市价涨落及行情动态，销售或购运大宗货品谋利或蒙受损失，虽然皆由商户承担，但与牙商的业务息息相关，故牙商提供的市场动态信息绝大多数是真实可靠的。这对于商品供求、商品流通皆有裨益。

牙商还向商户提供运输货物的各种信息或代客转运。牙商负责向商户提供运输货物的各种信息。如：火车几时到达、几时出发，某列火车、货车尚有多少空吨位，可以装货；某号轮船几时启碇出口，开往什么地方，在什么地方到港口，几时结关等。还有的商户委托牙行代买或代卖商品结束后，常常由该牙行代办转运手续。如商户从天津运商品到北平，北平的牙行雇脚力卸下，并通知货主收取，惟不收卸车费，亦不为货主代雇脚力送。如货物到牙行后，一时

---

① 朱继经：《兴旺发达的胥各庄货栈业》，载政协河北省唐山市委员会教科文工作委员会：《唐山文史资料》（第6辑），未刊，第37页。

② 薛不器：《天津货栈业》，时代印刷所1941年版，第65页。

不能售出；或代客买卖货物后，一时不能起运；甚或货物到牙行，将货物抵押于银行，而在牙行内堆存。牙行内客方货物之囤存时期，甚少有超过半年之久者，普通不会超过两三个月。而山西省阳曲的元盛、广泰裕、兴顺利，榆次的吉泰隆、大丰祥、义胜合、同和公、聚义成、义盛通、万盛厚，太谷的万盛厚、晋太兴、义胜合、吉泰隆，长治的恒发永、晋泰德、永盛元，永济的同新合、庆春店、天来店、万兴成等37家牙行均代客转运。如《中国实业志》记载：这37家牙行概系领有牙帖之"转运业与堆栈业，实一而一者也"①。

代客报验、报关、纳税、保险等是各牙行的服务职能。各种商品出口须进行商品检验和纳海关税，手续甚繁。由于牙商熟悉检验的手续和过程，便由牙商派人代客户办理各种手续。如九一八事变后，"山海关设有中国海关、满洲税关等机构，订有繁杂的章程条例，过往货物必须办理过关检验等项手续。为此，牙行都相应的设立了税务部，专门承办以上业务。当时中国海关要求报关手续一律使用英文，所以税务部人员既要熟悉各种税收、海关条例，又要谙熟英文"②。再如：天津启泰粮栈根据商户的要求，牙商一般还负责代客办理货物保险、纳税等各项繁琐的手续，并在结关以前，代客办理报关纳税各项手续，既能促进商品流通，还便于牙商收取代办费用。

代客包装货物也是牙商服务职能中重要的一项工作。货物包装得好坏直接关系到货物的质量和运输的成败，尤其是水果、蔬菜、鱼类等鲜活货物的包装更为重要。山海关的各货栈大多雇用有丰富打包经验的工人，"能根据不同季节，运途远近和货物性质采取不同的包装方法，保证所运货物到达目的地后不冻损、不霉烂、不变质，如有霉损变质要给予赔偿"③。牙商代客包装货物一般有五种方法：第一，干包包装法。多在春秋气候温和季节防止蔬菜、水果

---

① 实业部国际贸易局：《中国实业志·全国实业调查报告之五》（山西省），商务印书馆1937年版，第44页。

② 王心溥、周显章、蔡金星：《山海关的货栈业》，载政协河北省委员会文史资料委员会：《河北文史资料》（第26辑），未刊1988年版，第155页。

③ 王心溥、周显章、蔡金星：《山海关的货栈业》，载政协河北省委员会文史资料委员会：《河北文史资料》（第26辑），未刊1988年版，第155页。

的挤压。包装一般采用硬条编成的长、方筐,将蔬菜、水果码严踧实,防止晃动碰撞。蔬菜、水果装包前要严加挑选,尖锐易划破的水果柄要剪掉,以防扎伤腐烂。第二,湿包包装法。根据气候和路途的远近,在花筐内衬一层用冰水浸湿的大蒲包即可,如计算准确,既可有效保鲜,又比较经济。第三,暖包加冰法。货物外面包使用紫穗槐荆条编成的花筐,筐高60—67厘米,上口径47厘米,下口径40厘米。每筐用毛头纸50张,将纸错开打成纸花,筐底铺10张毛头纸,筐顶盖10张毛头纸,筐帮围30张毛头纸,以防外界寒气侵入。围好以后衬入用水浸湿的大蒲包内,再将经过冰水降温处理的货物沿筐围码好,中间留出空当放入小冰包。冰用小蒲包,每包装碎冰6公斤左右。冰要用粉碎机打碎,冰块亦要均匀。然后将蔬菜、水果围冰包码严,封上纸,盖好筐盖,用袋线缝好,再用麻绳将筐扎结实,以防走形。第四,暖包包装法。在严寒季节发运细菜,如运途较近,时间较短,就不用加冰了,使菜既能防寒又不致伤热即可。暖包的包装方法同前所述。第五,冰包包装法。多用于暮春季节,外界气温已经回升,不致发生外冻了,唯恐路途运输时间长,包内发热,即采用前面介绍的冰包法或冰水浸湿法,亦可二者兼用。

# 三、栈房职能

保管货物在牙行业务中占有重要的位置。牙商开设牙行一般都有宽敞的仓库和客房。大中城市的牙行一般有几十间到几百间不等的仓库和客房。如:1935年,天津的锦记栈(以代理干鲜商品为主)有"300多间房屋,建筑结构为三层大楼,其中包括办公室、住客楼、仓库和营业厅等"[①],这还不包括后来新增添的南栈、西栈两处栈房作为专门堆存商户的货物仓库。天津另外一家由孙东园、赵斌创办的同和兴货栈由于同时代理粮食、棉花、山货和皮毛,故领有四张牙帖。其货栈内前后共有客房100多间,同时可容纳300多位来客。同和兴

---

① 肖丁:《天津卫著名的锦记栈》,见政协天津市委员会文史资料研究委员会:《津门老字号》,百花文艺出版社1992年版,第109页。

的仓库设在天津火车站附近5亩地的货场中,如果生意兴隆还在启泰栈、大陆栈、平和东栈等代存货物。为了便利商户货物的运输,同和兴货栈还在码头和天津东站附近租设临时存放代运货物的货场。

　　一般城市的牙行也有数十间客栈和仓库不等。如山东济宁的源成皮行有两个院落,大约有40余间房屋和敞棚。分为"皮毛成交场所、管账先生办公场所、存放卖主牛羊皮及杂皮场所、外地皮贩住宿处、皮行的盘子手(跑业务)或者伙计住宿处"①。"北平各猪店均有广大的院落,支有草棚,专为客方饲放猪用,饲料也由猪店代买,取费标准则猪入店后三天内每头猪为3角,以后每日每头猪饲料费为2角。住店的业务为代客交易性质,供给商户住室、伙食均不取费。"②山东济宁的复元油行,有店房25间,占地两亩多,后开设的石一元油行在复元油行东边约100米处,有店房26间,占地3亩有余。店门外墙写着斗大的黑字是:"本号代客买卖香豆杂油老行","店里除经营需用的家具外,有油瓮300多口,可以储存油10万斤"。③山东济宁的人和粮行内有"店堂、柜房、住室、仓库共80余间,有五进院落,附设马棚20余间,石槽数十个"④。河南禹州曹新贵开设的同慎德药行有房舍100余间,可以堆放大批的中草药。1917年,王冠五在河南省许昌开办公兴存烟行,场房占地2500多平方米,有库房50间,500多平方米,敞棚1000多平方米,还有三层办公楼一栋。⑤

　　牙行代客保管货物,一般与商户事先谈妥贮存期限。在贮存期限内牙行必须保证货物的安全、质量、数量等,如遇到漏雨、火灾、短斤少两等情况,概由

　　① 武晋保:《源成皮行琐记》,见山东省政协文史资料委员会:《山东工商经济史料集萃》(第1辑),山东人民出版社1989年版,第143~144页。

　　② 张铁铮:《北平农产品贩卖方式和市场组织的研究》,见千家驹:《中国农村经济论文集》,上海书店出版社1990年版,第286页。

　　③ 石贡九:《复元油行与济宁的食油业》,载政协山东省济宁市委员会文史资料研究委员会:《济宁文史资料》(第4辑),内刊1987年版,第293页。

　　④ 王仲荣:《济宁人和粮行始末》,见山东省政协文史资料委员会:《山东工商经济史料集萃》(第1辑),山东人民出版社1989年版,第286页。

　　⑤ 政协许昌市委员会文史资料委员会:《许昌文史》(第1辑),未刊1989年版,第50页。

牙行负责。牙行设有"货栈点"，专门记载货物进入、运出及保管情况。管理人员还有"手账"，要记清货物的品名、数量、垛位、来货时间、销售时间等各种情况。如山海关的各货栈是以保管货物而见长的，他们积累了一套较为丰富的保管经验和保管技术，从而受到货主的信任和好评。[①]

牙行负责商户的食宿，而费用收取较低。商户长途跋涉、风餐露宿地来到一个陌生的地方，饮食习惯、居住环境以及商情商贸都很陌生，在适应新环境方面，牙商都提供方便；另一方面，由于当时的医疗卫生条件比较落后，变换环境后水土不服或生病等问题，牙商皆为商户提供便利的服务。天津的各牙行对外地客人到津住栈，栈里供给客人的伙食，每天一般只收食宿费几角钱，并定期设宴款待来客。北京的各粮食牙行"供给粮客食宿，为卸落粮货堆存栈内"[②]。在照顾他们起居饮食的同时，牙商也常常陪商户游玩名胜古迹，愉悦身心。山东复元油行待客人进店后，"店里供给茶水，住宿，行家负责保护客人的财物。客人如受到诈骗、损害时，行家出面代为交涉，维护其利益"[③]。

一般情况下，牙商开设的牙行就是一个交易场所。牙商的主要顾客是商户，而且居住在牙行的绝大多数是商户。这些商人或者带来货物来牙行进行销售，或者来牙行收购货物，牙行把商品、商人、牙商集中在一起，就会给交易活动带来很多便利。因为大多时候无论收购货物还是销售货物都是零散进行的，每天可能有数次交易，如果交易场所和存放货物的地方不在一起，往来取放货物就会很麻烦。而且还要派人专门看管货物，又增加了成本。同时商人还要不时地跟牙商洽谈价钱，也不能离开交易场所。

除了提供交易场所，牙行还负责为商户保管货物，这主要是缘于有些商户把货物运进牙行内后，并不着急很快脱手，而是"囤积货物"，等价待售。如山西省芮城的德本隆粮行自1913年创始起，生意便日益兴隆，年交易量可达

① 王心溥、周显章、蔡金星：《山海关的货栈业》，载政协河北省委员会文史资料委员会：《河北文史资料》（第26辑），未刊1988年版，第158页。

② 张铁铮：《北平粮市概况》，《社会科学杂志》，第8卷第1期，抽印本1937年版，第130页。

③ 石贡九：《复元油行与济宁的食油业》，载山东省政协文史资料委员会：《济宁文史资料》（第4辑），内刊1987年版，第294页。

30 000至50 000石。其生意不仅占领了整个芮城市场，还远涉河南省灵宝一带。由于德本隆的生意越做越大，外地的粮商也来芮城与德本隆做交易。尤其是垣曲、平陆一带的粮贩，直接就在德本隆的商号里做"就地买卖"。即在德本隆购得粮食后并不直接拉走，而是"就地囤货，待到来年粮价上涨后才出手"①。再如：民国时期，河南省尉氏县蔡庄镇的绅商朱学斌在尉氏县城、蔡庄镇、南席镇各开设一座粮行。全升和粮行还从事粮食的仓储业。拟出售的粮食可以先期存入粮行，免费贮藏，负责为之保管。贮藏又分为清囤和公囤两种。所谓清囤，就是粮户把自己的粮食单独存放于粮行仓库内。粮行"提供芡子及盖席，自然损耗由粮户负担；所谓公囤，就是粮食的质量属于中等水平以上者，可以量斗后存入公囤，不分粮户，根据存放时间按规定计算损耗，卖出时减去损耗数量，从公囤内取粮，按买卖双方同意的粮价售出。无论清囤和公囤，粮行均向卖方收取佣金"②。在天津牙商开设的货栈内，在行市变动较大时，竟有商户"每由晨间将存货售出，午后又复如数购进"，"有一笔货经五六次之进出而不运离货栈仓库者"。③

集客栈、仓库、交易场所于一体的牙行是商户最好的选择，而牙商开设牙行与商人经营的仓库业性质颇有不同。仓库业系专代为商户贮存货物为业，凡属货物，倘若不违背国家法律及商业道德，仓库业均可代为贮存，惟不代为销售货物。牙商开设之牙行系以代客买卖之货物，负责保管货物并须寄宿商户。对于代商户保管之货物、买卖之货物，俱应有一定之限制。例如，经营粮栈之牙商，仅留宿粮商，保管和代卖粮商的货物；经营干果牙行之牙商，仅留宿干果商，保管和代卖干果商的货物，其他商户或商户之货物则不经营。至于干果栈而兼营粮栈，或粮栈而兼营皮毛者，"其营业则以干果或粮食为主"④，其

———————

① 李超、薛茂斋、张兴元：《芮城股份制粮行德本隆》，见山西省政协《晋商史料全览》编辑委员会：《晋商史料全览》（字号卷），山西人民出版社2007年版，第112页。

② 郝育森：《双洎河畔的全升和粮行》，载政协河南省委员会文史资料委员会：《河南文史资料》（第4辑），未刊1994年版，第145~146页。

③ 薛不器：《天津货栈业》，时代印刷所1941年版，第5页。

④ 薛不器：《天津货栈业》，时代印刷所1941年版，第91页。

他则视为副业,所营之副业不如主业之重视,此即与仓库业最大之不同。

# 四、金融职能

牙商的融资职能体现在垫款、存款、放款等业务。客户将商品存入牙行,在未成交以前如需现款,可由牙行垫付,按日计算利息,"垫付幅度大体不超过货价的50%"[①],等于抵押放款,其利率高于银行利息,牙行从中受益。对于信用较好的客户,牙行也准许他们使用超出存货数目的价款,等于放款生意。对于这种先期使用贷款的客户,牙行一般按"1分2厘计息(日息)"[②]。牙行有时候为了招揽生意,借钱给客户,并不要利息。如:烟台全兴义鱼行不但代渔轮卖鱼,而且也代渔民卖鱼。渔民流传着这样三句话:"春天富,秋天还凑合,到了冬天瘪了肚。"[③]说的是渔民打了鱼卖了钱,在鱼汛海市时还好过,但到了冬天不能出海打鱼,渔民就得到鱼行恳求借钱。鱼行经理利用这种时机,借给渔民钱,还不要利息,使渔民感激他们的恩惠,到来年渔民便会将打的鱼虾都卖给鱼行。这也使辽宁省沿海和山东省沿海渔民捕获的鱼虾,不是去大连销售,而是来烟台全兴义来销售。

天津隆顺榕药行是中华有名的老字号,在民国期间,它可以通过安国庙会的药材牙商不用现款即可大量赊进药材,"转运天津再以时价赊销出去,按约清算药款"[④]。北平干鲜果行店,代替商户销货,而货款尚未收回时,可由行店垫款或借款,仅按货价的十分之六借款,以后待货款收回,即在内扣除。[⑤]如行

① 刘勋、孙新源:《著名的启泰粮栈》,见政协天津市委员会文史资料研究委员会:《津门老字号》,百花文艺出版社1992年版,第89页。

② 王作勋:《天津最早的粮栈——怡和斗店》,见政协天津市委员会文史资料研究委员会:《津门老字号》,百花文艺出版社1992年版,第86页。

③ 刘心同:《烟台全兴义鱼行》,见山东省政协文史资料委员会:《山东工商经济史料集萃》(第2辑),山东人民出版社1989年版,第329页。

④ 刘华圃、卞学钺:《国药老店——隆顺榕》,见政协天津市委员会文史资料研究委员:《津门老字号》,百花文艺出版社1992年版,第68页。

⑤ 张铁铮:《北平农产品贩卖方式和市场组织的研究》,见千家驹:《中国农村经济论文集》,上海书店出版社1990年版,第278页。

店资本不够周转,牙行又赖由银行贷借。北平粮栈代客卖出粮食,货款每由粮栈负责;在粮食卖出三五日或八九日后,买者尚未将款付清,粮栈即代为垫付,买方对于此种垫款不出利息;而粮栈垫款期限,无严格之规定,大致可以达两三个月之久。①北平西便门各粮栈对于代买粮食,不仅可以代粮客垫付货款,且代卖时,在粮食运入粮栈之后,尚可代粮客垫付票款(火车运费等)。而北平西直门各粮栈对于垫付票款,规定在10日或20日内不取利息,超过期限后,按月利息一分或八九厘起息。②

　　档案记载,凡津埠大小米面铺1000余家,皆由各斗店赊期购粮。"米面铺1000余家,概属小本营业,所有接济全埠及附近一带民食,惟恃向斗店购粮不用现款,赊期20天,迨20天后将粮盘出,再为归还斗店。斗店对粮客则必将款先行垫出,玉米铺磨坊到期归还斗店与否,粮客向不过问,均由斗店担负全责。"③贩粮之外客,运粮至津售卖与否,亦皆由各斗店将款借去又贩粮来津,因此,"粮食多聚而粮价不至提高,民食多益,以及银行钱号赖此,地面活动皆凭斗店之枢纽也"④。

　　民国时期,河南省尉氏县蔡庄镇开设的全升和粮行开设了存、贷款业务。该粮行的业务主要是为了方便卖粮户。粮行规定:大量现金一律在柜台上由柜先办理,当面点清。卖方暂时不需现金者,可以立折或不立折暂存,随时可取,不计利息。粮户急需现金,如购买房地产、骡马、大车等,一时来不及卖粮,又系经常往来户者,也可借款。同样不计利息,待卖粮后扣还。当时社会动荡,盗贼出没,农村很不安宁,家里都不敢存钱,购物又必须到集镇上,而那时集镇上又无银行和钱庄,卖粮之后把钱存入粮行,量出而取,随用随取,非常方

　　① 张铁铮:《北平粮市概况》,《社会科学杂志》,第8卷第1期,抽印本1937年版,第131页。

　　② 张铁铮:《北平粮市概况》,《社会科学杂志》,第8卷第1期,抽印本1937年版,第131页。

　　③ 天津市档案馆、天津社会科学院历史研究所、天津市工商业联合会:《天津商会档案汇编(1912—1928)》(第2分册),天津人民出版社1992年版,第1861页。

　　④ 天津市档案馆、天津社会科学院历史研究所、天津市工商业联合会:《天津商会档案汇编(1912—1928)》(第2分册),天津人民出版社1992年版,第1859页。

便。"粮行还以烟茶招待,粮户无不称便。所以粮行又成为无息银行"①。

有些牙商也开设放款业务。如张北县一座小县城里竟然开设了45家粮店,各牙商为了竞争,施展本领去壮大自己的势力。广辟粮源的办法就是给粮户一定的实惠,如:放钱定购。每年春、夏、秋季或青黄不接之时,粮店掌柜以一个企业家的胆略和气度,倾其钱囊向粮户放钱(类似今日的预购定金),放以"种地钱"、"锄地钱"、"割地钱",放钱不吃利,秋天打下粮食还,这叫"打相遇"。②再如:山西省曲沃县德盛泉粮行对粮户的放款,俗称"放青盘子"③。每年春节前或新麦上场前,有些产粮户粮食接济不上,需要借粮,由借粮户具保向粮行承贷,麦收后按原定合同本利归还。当时,有放一斗还斗半及二斗的,最多三斗。山西省曲沃县的德盛泉粮行"除粮食转手买卖获利以外,同时也向社会投放一定数量的便期款子,其款子利率无定规,按使用期限双方议,每年获利也不在少数"④。北平菜市的牙商对于种菜的菜农家,可以"垫借生产上各项必需费用,如灌溉费等。菜牙商预备住室,招待生意,并为销售",卖出以后,如"买主欠付货款,全归牙商担保追索,且牙商有时亦为买主垫付货款"。⑤山东济宁的规模大、资金雄厚的皮毛牙行有"代客储存款项、垫付货款的,也有兼营汇兑"⑥等业务。民国年间张家口一些有积蓄的斗牙行在青黄不接之际,大胆借粮给一些相互比较信赖的农户,以此帮助这些农户摆脱暂时困境,

① 郝育森:《双洎河畔的全升和粮行》,载政协河南省委员会文史资料委员会:《河南文史资料》(第4辑),未刊1994年版,第145页。

② 佚名:《旧中国时期的张北粮行》,载政协张北县委员会文史资料委员会:《张北文史资料》(第3辑),未刊1994年版,第92页。

③ 靳耀亮:《德盛泉粮行》,载政协曲沃县委员会文史研究馆:《曲沃文史》(第1辑),未刊1985年版,第36页。

④ 靳耀亮:《德盛泉粮行》,载政协曲沃县委员会文史研究馆:《曲沃文史》(第1辑),未刊1985年版,第36页。

⑤ 张铁铮:《北平农产品贩卖方式和市场组织的研究》,见千家驹:《中国农村经济论文集》,上海书店出版社1990年版,第302页。

⑥ 黄扬濂:《建国前的济宁的皮毛行业》,见山东省政协文史资料委员会:《山东工商经济史料集萃》(第1辑),山东人民出版社1989年版,第132页。

秋季卖粮时再结算。这种实际上是变换方式的定购粮食,不仅赢得了粮户的信任和好感,而且还拓宽了粮源渠道,为保证各牙行的生意兴旺打下了坚实的基础。

河北涿鹿钱粮行为了贷款便利,自己发行纸币。所谓钱粮行,是指既代客买卖粮谷,也办汇兑储贷业务。1937年前,在涿鹿城著名的山西帮十大钱粮行有:保丰成、日升厚、遇顺源、永全恒、信义隆、广泰长、公益成、义兴号、严裕公、瑞庆长。①这些钱粮行发行的纸币有拾枚钱一张的,有叁拾枚钱一张的。穷苦的农民在每年青黄不接的季节没有了粮食,生活过不下去,到市场买粮手中没有钱,只好到开设的钱粮行借债。借钱时,最低的利息是月利三分,春荒缺粮,借一石小米,秋收还一石三斗。②

天津达孚货栈向客户发放高利贷。"每年夏季银号的资金富裕放不出去,利率降到8厘、6厘,最低为4厘。达孚货栈在这时便从银号借款,待客户需要时以1分5的高利放出,从中牟利"③。

天津交通货栈本身还是一个银号。它同天津市内50多家银号有往来。由于交通货栈实力强,守信用,银号也乐于同它交往,互相利用。有时市面银根紧,银号也找交通货栈周转资金,交通货栈则普遍使用银行贷款,最高时用银行贷款达30万元。交通货栈用银号的贷款给客户提供大量垫款,本身成了一个小银号。"它不仅贷给外地客商,就连天津当时包括永利这样的大企业,也经常用交通货栈的钱"④。

牙商金融职能的体现还在于其吸收商户之货款与社会之游资。牙商吸收游资,多在闲散季节,商户以资金无所需要,暂时存放牙商处,需要时可随时

---

① 王维本:《芦(卢)沟桥事变前涿鹿城工商业概况》,载政协河北省涿鹿县委员会文史资料征集委员会:《涿鹿文史资料》(第3辑),未刊1990年版,第1页。

② 冀建中:《涿鹿钱粮行》,载《涿鹿文史资料》(第3辑),未刊1990年版,第15页。

③ 李凤章:《达孚货栈经营之道》,见《天津文史资料选辑》(第52辑),天津人民出版社1990年版,第148~149页。

④ 政协天津市委员会文史资料研究委员会:《天津文史资料选辑》(第52辑),天津人民出版社1990年版,第134页。

提出。凡吸收商户之游资，牙商大多不付利息。少数牙商为奖励商户储款计，亦有计算利息者。商户提款，多在业务繁盛时。而业务繁盛时，商户不仅无款可存，且须向牙商透支，故牙商吸收商户之货款，除在闲散季节经营副业外，殊无大用途，故大多不付利息。牙商吸收之社会游资俱系与牙商雇员、牙行股东或牙商亲戚等有相当关系者，其他人士虽有游资，大多素日不清楚牙商经营内幕，自不欲直接前往储存。牙商吸收社会游资，俗称"堂名存款"，这种存款利息普通约在"一分左右"。[①]堂名存款利息较银号低且可长期使用，不至于有朝存暮提之虞，这对牙商的活动资金很有利，而社会对储存牙商处的资金，因有乡谊、亲缘、友谊等关系，较为信用，不致发生意外，故也乐意储存。

## 五、公证和收付货款职能

交易成交后，牙商有公证贸易合法的职能。这种职能的体现往往是通过牙商开写"市帖"，作为交易的凭证。这种凭证至少有三个层面的含义：一是大宗商品交易时，商户无法当场将货物取走，可凭"市帖"到买方处提货；二是如果双方因交货发生纠纷，此"市帖"就是最好的证明；三是官府可以根据牙商开写的"市帖"征收牙税。牙税的征收一般是按照牙商营业额的比例征收，而营业额的数字可以从"市帖"中得到体现。各省市的牙商所用收据、运货凭单、税单等样式由各地方政府统一拟定，一般为四联单据，买方、卖方、牙商各掣一联，还有一联按月或按季度交政府备案。

牙商代客销售货物时，代商户支付其一切款项。牙商所支付的钱款如"运费、脚力、捐税、栈租、火险费、佣金、利息、膳费及各种垫款"[②]等，俱应与售货款项同时列单，一一开明，呈交商户。牙商将清单开列后，即将所垫付各种款项扣抵清楚，再将剩余之货款交付商户。商户所得之货款，若不需用时，仍可存于牙商处，牙商并不付给利息。商户所得之货款，除个别外，大部分不欲储存在牙商内，既避免发生意外损失，又可将货款购买其他货品运回产地销售，

---

① 薛不器：《天津货栈业》，时代印刷所1941年版，第36页。

② 薛不器：《天津货栈业》，时代印刷所1941年版，第90页。

从中犹可获得相当利润。有时,牙商将货物销售但尚未将货款收回,商户急于用款,牙商亦须先行支付。牙商代理商户销售货品,系牙商与买主直接办理,商户与买主并无直接关系。商户收回货款系与牙商为对象。买主之交付货款亦系直接交付牙商,不与商户有关。商户应得之货款,应由牙商支付。倘若买方将货物买进后,还未付款,不幸而发生意外事故,牙商须负全部责任。若市价计算出错或货物数量短少,牙商亦应负责。若此商户之货款或货物被彼商户藉词提去,牙商亦不能辞其责。其余如因意外事故而商户货物或钱款受到损失,系经牙商之手而未经商户之手,牙商俱应负责。如史料记载:河北省安国县每届庙会,经手(牙商的当地俗称)除了替药商兜揽生意,介绍客户外,最主要的就是收付货款职能。如果在庙期结束前,"买方不能缴清货款时,经手人要负责任"[1]。在这样的情况下,经手人的产业有时被变卖也要偿付卖方的损失。

　　牙商的收付货款职能在牲畜交易中也很重要。牲畜交易的时候,牙商对牲畜的保障期限一般为"1—10天"[2]。在保障期间,价款交给牙商来保留,如果牲畜生病、死亡,价款就还给买方,这样交易就解除了。另外,牲畜交易的牙商还要负责该牲畜是买方所有,并不是通过偷盗或其他不法行为得到的。如河南省牲畜牙行中有"试吃草"和"试拉套"的规矩,这两种规矩是牙商公证和收付货款职能的体现。"试吃草"就是买方买回牲口后试喂三天,看牲口吃草的情况如何,如果买方在三天内发现牲畜有毛病,可将牲口经牙商退给卖方。"试拉套"的期限也是三天,主要看牲畜干活好不好,如果"到期买方不退,须按原定方式由牙商付款"。[3]

　　下面这份档案证实了官方、商会对牙商承担"收付货款"职能这一商事习惯的认同。这个案子的焦点是在买方无力交付货款时,牙商开写的"批条"是否能作为赔偿卖方货款的证据。其批条内容如下:

---

　　① 刘华圃、许子素:《祁州药材市场》,见河北省政协文史资料委员会:《河北文史集萃》(经济卷),河北人民出版社1992年版,第288页。

　　② [日]中国農村調査刊行會:『中国農村慣行調査』(第2卷),岩波書店1981年版,第200頁。

　　③ 王鸿魁:《漫话旧商行》,《河南文史资料》(第1辑),未刊1994年版,第221页。

---

**同聚兴**

合义　　批到囤下河下过斗毕佩文市斗红麦六十石上下整,言明每石价钱二十六千文,目下一言为定,早晚市价不同,比照宝银洋元二二平足银　　两银。

　　　　　　　　　　　　甲寅年四月十七日王口同聚兴立

　　　　　　　　　　　　定于言明七月初一日交付洋元

---

(材料来源:天津市档案馆等:《天津商会档案汇编(1912—1928)》(第2分册),天津人民出版社1992年版,第1780页。)

　　上面的批条是直隶省大城县王口镇同聚兴斗店(粮食牙行的别称)所开写。批条的内容是:1914年4月17日,商户毕佩文有红麦60石,经王口镇同聚兴斗店介绍卖于合义号店铺,价格为每石价钱二十六千文(26吊),并定于七月初一日由合义号如数交付洋元给毕佩文。

　　七月初一日毕佩文前往合义号讨要货款,买方仅付100元,下欠500元屡讨不付。不久合义号倒闭,其店主因别案在身,被关押在文安县,无力偿付剩下的500元。商户毕佩文一纸呈文将同聚兴斗店告到大城县官府。文安县判定同聚兴牙行偿付毕佩文货款。

　　同聚兴斗店不服大城县判决,控诉至天津地方法院。天津法院地方审判厅接到控诉后,庭讯。开设同聚兴斗店的牙商张万常供称:“民在大城县王口镇开设同聚兴斗店,1914年4月17日毕佩文卖与合义号郝景德红麦60石,是民作中属实。唯当时伊等直接议价约定付价之期,经郝景德与毕佩文找有胜芳镇宝丰源铺保开有存条,民以同聚兴斗店名义开有批帖作为见证。查斗店虽从中双方得用,实无担保债务之习惯,亦请调查等语。”[1]

　　从张万常的供词中可知,同聚兴斗店确实为双方交易的媒介,同聚兴斗店恐买方不能如期交付货款,令胜芳镇宝丰源作为买方的铺保,故同聚兴斗店

---

①　天津市档案馆等:《天津商会档案汇编(1912—1928)》(第2分册),天津人民出版社1992年版,第1781~1782页。

98

否认承担交易后货款债务责任。天津法院地方审判厅于是致函天津商会调查斗店有无担保之商事习惯。天津商会复函天津地方审判厅原文如下：

"致地方审判厅

敬复者：接奉贵厅公函，以毕佩文与张万常麦价纠葛一案，嘱即查明粮行斗店开有批帖有无担保之习惯，见复核判等因。查津埠斗店向章，凡粮客到津投店售粮，由斗店关说议价出脱。有一种现钱交易，有一种迟期交易。迟期交易者到期买客付价与否，斗店负担保责任。如斗店视买主不甚靠实令其找保，亦系斗店一面关系，不与卖主相干。兹奉函询，相应查复即希贵厅查照核判为荷。此致天津地方审判厅。

总理天津商务总会：叶

协理天津商务总会：卞"①

从天津商会的复函中可知，民国时期，牙商开设的斗店等牙行对于卖方有收付货款的责任。如果牙行对买主不信任，令买主找铺保作为保证，也只是牙行一面关系，与卖方无关，故牙行必须承担交易后的货款的责任。

上面所举的牙商的五个职能，因资本之厚薄、开设牙行之规模大小、各地贸易商品的差异、所处市场的地位等不同，所提供的职能也有繁有简，大体上是有些差异的。并且同一牙商，上面的功能也不全部有，有的也是几种，或者保留了一部分。牙商群体掌握着市场上主要商品的交易，他们的经营活动通常发生在商品流通的最顶端，而具有近代资本主义商业特征的信托代理、合同购销、信贷、期货、票据承兑等，恰恰正是从这一群体的活动中衍生出来的。

# 六、对市场进行管理的职能

牙商有代替官方对市场进行管理的职能。其职责之一是执掌度量衡，负责秤量。河北省涿鹿县市场上负责秤量的是斗牙纪，"斗牙纪设立时，须备具官

---

① 天津市档案馆等：《天津商会档案汇编（1912—1928）》（第2分册），天津人民出版社1992年版，第1781～1782页。

斗使用申请书暨保证书,受县公署之许可,发给官斗许可证。"[1]下面的史料是"涿鹿县公署官斗许可证"的样式和"涿鹿县官斗使用管理规则"的相关内容。

"《涿鹿县公署官斗许可证》"

兹据兴盛斗牙行经理张宝泰呈请在本县辛兴堡开设斗牙行营业,应予照准,合行发给官斗如左记,特给此证为据。

记

一、 斗数壹支

二、 字番天字第九号

三、 许可期限 自成纪737年至738年[2]

右记 兴盛斗牙行经理张宝泰收执

成纪737年3月30日[3]涿财理征字第拾贰号。"

"《涿鹿县官斗使用管理规则》"

第一条,县官斗(以下简称官斗)之使用管理,悉依本规则处理之。

第二条,本县官斗暂设100支,计分天、地、人、日、月、星、元、亨、利、贞十字,每字一号至十号各十支,由县公署委托涿鹿县米粟斗行同业公会代管之。

右斗数视实际之需要,随时增加之。

第三条,官斗使用者,限于设立斗牙行之牙纪。

第四条,官斗使用时,须遵照斗牙纪营业规定第四条之规定,呈请县公署许可发给之。

第五条,官斗使用者,须负斗支保护之责,如有损毁遗失,或故致官斗下落不明时,除赔偿外,并酌予处罚。

第六条,官斗使用者,每年每支蒙币10元,以命令行之使用,未满一年者,以一年计。

第七条,凡商民以交易为目的之粟粮,均须以官斗度量之,如不经牙纪擅

---

① [日]山口俊木:張家口経済調査所、満鉄調査局『関于察南涿鹿県門牙行事情』,1944年第24卷,第24頁,河北省档案馆藏。

② 1943—1944年。

③ 1943年3月30日。

以私斗交易者,一经发觉,则按交易额2%处罚之。

第八条,官斗使用者,对本规则如有违反,或发生牙纪营业规定第十条之事故时,禁止或变更其使用。

第九条,官斗用修理或补充必要时,由斗行业同业公会呈请县公署行之。

第十条,本规则自成纪737年1月1日[①]施行。"[②]

从上面的资料可知,只有斗牙纪才有资格执掌官斗,并负责在交易中秤量。如果有商民木经斗牙纪秤量,而用私斗交易者,官府要给予处罚。每个斗牙纪掌管的官斗是有严格编号和使用期限。如果斗牙纪因营业关系或其他事故歇业,或被命令停业时,要将官斗及官斗许可证,交官府注销。

其职责之二是代理官方征税。民国年间,官方依靠牙商来实现其对农村市场交易的税收统制,成为华北农村市场的一个时代特征。虽然在这一点上,一直以来是官方极力淡化的内容。在区域经济多样性和复杂性并存下,牙商代表官方征收市场交易税的方法也表现出差异性。一般而言,牙商代理官方征税职能分为直接征收和包商征收两种模式。

直接征收是指由牙商代表官方在市场直接征收牙税。1936年察哈尔省征收牙税的种类计有18种[③],而中国实业部的一份公报则公布了1934年河北和北平的牙商征税的业务种类包括59个品种:"油饼、花籽、干鲜果、牲畜、鸡卵、鱼、猪羊肠、土布、斗牙(负责用斗计量的牙商)、杂秤(负责用秤计量的牙商)、木料、炭、牛羊油、棉花秤、杂粮、药、芝麻、油、糖、粮食、木炭、纸、蛋、晒纸、土果、白菜、猪、牛、鱼、干鱼、春肥、烟叶、香末、生姜、甘蔗、木、船、驴马、牛、零木、鲜盐菜蔬、竹树、土酒、柴草、灰粪、八鲜、山芋、稍行、花生、鸡鸭、煤炭、芦席、圬菜、糠、草圭串、砖瓦、过口(原档案缺失)、斛行、生丝"[④]。在直接征收的方式中,牙商代替官府在农村市场分不同的种类、不同的市场(每个牙商负责

---

① 1943年1月1日。

② [日]山口俊木:張家口経済調査所、満鉄調査局『關于察南涿鹿縣鬥牙行事情』,1944年第24卷,第24頁,河北省档案馆藏。

③ 察哈尔省税捐监理委员会编辑:《察哈尔省捐税监理委员会会刊》,未刊1936年版,第88页。

④ 实业部中国经济年鉴编纂委员会:《中国经济年鉴(1934)》,商务印书馆1934年版,第43页。

征收的地方是固定的)从事令人厌烦且地位低下的征税职能,在扩大财政收入的同时,把浮收(超过官府规定征收税率以上)部分攫为己有。

采用公开投标的方式募集商人承包某一品种在某一县或某一区牙税的方式即为包商征收。官府通过这种方式,获得最大限度的税收。华北大部分县的多数牙行,在20世纪二三十年代采用了包商征收制度。

无论是直接征收还是包商征收,都是官方在统治力量薄弱时,利用牙商在市场进行代理征税功能,使国家财政收入增加。而在市场中由牙商来包揽(除零星买卖外)几乎所有交易,则成了一种大家都认可的征税方式。比如在寺北柴村的调查:"问:如果没有中介的中人(牙商),可不可以买卖?答:不行。"[1] "问:牙行有多少种?答:棉花、牲口、菜、布、煤、木货、粮食、粪等各种不同的牙行吧。每个种类都有。"[2]"问:买卖的时候经纪(牙商)怎么收钱?答:卖主那里,一元钱当中要三分钱的佣钱,买主不出钱。问:之外是不是还得交牙税?答:牙税也交给经纪人,卖主三分,经纪人要取一分,其他的二分都是牙税,是这么规定的。"[3]

其职责之三是对交易情况进行登记。官府为了掌握市场状况和财政需要,令牙商负责登记交易情况。如:粮食牙商对粮食交易情况登记,可以帮助各级官府掌握粮食流向、流量、价格等信息,有利于官方对粮食交易进行宏观控制和管理。牙商登记簿由各县财政部门制作、编号、加盖印章后发给各牙商,其式样各地并不相同。如1936年,北平市牙行账簿记载下列各事项内容:"一、代客买入货物数;二、代客卖出货物数;三、佣金收入数;四、钱货收付逐日流水细数;五、月结总数;六、年结总数。"[4]账簿由北平财政局派员检查,倘若发现牙商假造簿据,官方不仅追缴牙帖,并对牙商处以常年税额的"一倍至十倍之罚金或没收其保证金"[5]。

① [日]中国農村調查刊行會:『中国農村慣行調查』(第3卷),岩波書店1981年版,第325頁。

② [日]中国農村調查刊行會:『中国農村慣行調查』(第3卷),岩波書店1981年版,第372頁。

③ [日]中国農村調查刊行會:『中国農村慣行調查』(第3卷),岩波書店1981年版,第329頁。

④ 《修正北平市牙行营业章程施行细则》,北平市市政公报,1936年第342期,第5页。

⑤ 北平市政府:《北平市牙行营业章程》,北京市档案馆藏,档案号:J001-005-00125。

# 七、批发职能

牙商开设的牙行，其主要的业务虽为代客买卖，但随着资金的积累、交通的便利及时代的发展，以批发为主的自营买卖，则是牙商经营的另一重要方式。民国以来，近代城市人口的汇聚，工业、手工业及服务业人口的增长，为大批城市店铺及商贩经营提供了条件，这些店铺、商贩需要有一个货源稳定且有一定批零价差的商品批发渠道，但是当时华北地区专业批发市场和批发商尚未从流通领域发育成熟，于是牙商在担当中介代理商的同时，还担当起了近代意义上批发商的角色。

民国年间，小本经营的店铺、商贩通常按门市需要从牙商批入货物，而很少同所销商品的生产者或运输商发生直接关系。例如山东省济南绸布业，绸布生产者只将产品卖给牙商——绸布行，"或委托绸布行代售，绸布行再将货物批售给零售商，按当时惯例，批发以一匹为起点"①。山东济南煤炭牙商的情形也如此，"炭行从博山、淄川等煤矿购进煤后，再批售给城区内的小煤店或工业用户，炭行一般只做批发业务"②。

实际上，牙商的批发职能和中介代理职能有时候是不可分割的。棉纱流通贸易的情形即是如此。如：20世纪20年代末30年代初，是潍县铁轮机织布业最繁盛的时期，当地每年由青岛输入棉纱大约在5万—7万件，棉纱运销依靠青岛牙商与潍县线庄间的交易来完成。当时青岛三家"潍县帮"的牙行代理着潍县二十几家线庄的全部购纱业务，其中"义德栈约占经销总量的六七成，源兴德约占二三成，德升裕约占一成"③。牙商在早期主要代理经销洋行进口的棉纱，后来代理经销对象转向青岛的中外纱厂。线庄自行批购进棉纱后（通常由

---

① ［日］中村正三：『済南に於ける粮桟』，満鉄調査部1943年印行版，第21~23頁，转引自庄维民：《近代山东行栈资本的发展及其影响》，《近代史研究》，2000年第5期，第55页。

② ［日］中村正三：『済南に於ける粮桟』，満鉄調査部1943年印行版，第21~23頁，转引自庄维民：《近代山东行栈资本的发展及其影响》，《近代史研究》，2000年第5期，第55页。

③ 庄维民：《近代山东行栈资本的发展及其影响》，《近代史研究》，2000年第5期，第55页。

牙商给予一定资金支持），或转手批发给当地大棉线贩、布庄及染织工厂，或派人到集市批销给小棉线贩。线庄通常以件为单位批发，线贩则拆包按"把"零销给织户，布庄则以放纱收布的形式将棉纱贷放给无资金的织户。在潍县这种商品购销链中，牙商相当于市场的一级批发，线庄相当于向下延伸的二级批发。棉纱由纱厂、进口商经牙商、线庄再到织户，形成了一个中介与批发上下衔接的统一整体。

牙商具有何种经营职能，取决于商业习惯、市场分工、经营业务、资本规模、市场需要等多种因素。在不同行业、不同地域由于商贸发展程度的不同，牙商的经营功能会有很多差异，有些行业的牙商只具有最基本的几项职能，而另外一些行业的牙商职能则较为全面。牙商职能的全面与否取决于市场的发育程度和牙商的经营水平。一般而言，同等条件下综合职能的多少是牙商经营能力强弱的反映。总之，随着牙商交易职能的日臻完善，牙商对于市场交易运行的作用和其交易地位日益凸显，奠定了其在市场交易中的核心地位。

# 第四节　牙商的经营谋略

ERSHI SHIJI ZHI ZHONGGUO

　　经营谋略和经营理念即企业存在的方式、价值追求、经营之道以及行为规范等。华北牙商在民国时期工商界占据重要的地位，其之所以能够迅速地发展，并执商界之牛耳，与独特的经营谋略有密切的关系，也是其区别于传统牙人、牙纪的关键所在。

## 一、诚信第一，公平交易

　　俗话说："无商不奸"，意思是说商人都是以盈利赚钱为目的，这句话似乎没错。但是"小商以奸取胜，大商以诚获利"，也许更有道理。所谓君子爱财，取之有道，民国时期，牙商把诚信放在经营谋略中最重要的位置。这是因为：代理行业以信用为本，牙商一旦失去了良好的信用，其业务必将枯竭；只有做到信誉卓著，诚实不欺，口碑宣扬，才能广招四方来客。牙商中有句俗语："人叫人千声不语，信用招人棒打不回"，说明了信用对牙商业务的重要性。牙行业务的特点决定了经纪人的信誉对经纪业务的影响至为重要。经纪人一旦失去了良好的信誉，其业务必将枯竭。因此，可以说"诚信为本"的经营理念是民国时期牙商文化的精髓。从牙商商号名称上，就可以看得出来。牙行字号多离不开昌、诚、德、公、和、廉、茂、仁、瑞、盛、祥、协、信、兴、义、益等字的排列组合。像德盛公、日升和等等，这些字号一方面有祈望生意兴盛的意思，另一方面也是有崇奉伦理商德的意思，也就是把信义和取利结合在一起。所以说，牙商在民国时期纵横商界，不仅仅积聚财富千万，也对商业文化做了进一步的继承与弘扬，以及对商人价值观进行了升华。现在看来，牙商以"诚信为本"的企业文化，对当今的经纪人、中介及中介组织仍有很大的影响和教育意义。

1923年，天津成立的华丰裕斗店股份有限公司，属于代客买卖粮食的牙行，该公司在公司简章第二条中明确规定：本店"一切营业事务，均要以信义为宗旨"①。

天津"同和兴货栈与客商银钱往来最讲信用，客商往往把钱存放到本栈，用时再零星支取，非常方便"②。同和兴将此款转存于银号，其利息成为牙行收入之一。这样，同和兴虽然只有资本10万元，但是凭借良好的信用，其从客商存款得到的牙行周转金经常有三五十万元之多。

民国时期，河南省尉氏县南席镇的粮行从诚信出发，统一斗的规格。他们根据使用地点的不同，将南席镇的斗分为三种：集斗、乡斗、河斗三种。斗的学问很大，它是交易时常用的计量器械之一。不守信用的粮行，往往从斗的使用上对客户进行欺骗，使客户受损。不同的地方，斗的规格不同，即使相同的一个斗，不同的粮行，也可以将100斤重的货物轻而易举地称为90斤或110斤。集斗用于集市之上，体积最小；乡斗用于在粮户家量粮食，比集斗约大0.5%，其本意是考虑到粮食在运输中要损耗，起补偿作用；河斗用于在船上量粮食，比集斗约大1%，其本意是考虑到船上粮食经长途水运，含水量较高，必然湿胀，用大一些的斗可以起补偿作用。南席镇的全升和粮行为取得买卖双方的信任，把上述三种不同用场的斗分别油漆成"深红、棕红、黄三种颜色，并在其四壁楷书全升和粮行，宣布如发现用错斗者，负责加十倍赔偿损失，并惩罚经手

---

① 天津市档案馆、天津社会科学院历史研究所、天津市工商业联合会：《天津商会档案汇编（1912—1928）》（第2分册），天津人民出版社1992年版，第1795页。

② 李双：《经营有方的同和兴货栈》，见《津门老字号》，百花文艺出版社1992年版，第113页。

的斗把"①。

河北省安国县享有"药州"、"药都"之称,在我国药业历史上具有重要地位。安国药材庙会的兴旺发展,与牙商(俗称"经手")的信誉有直接关系。该地"经手",都有连环铺保。"把自己的家产事业房屋土地用文契抵押在商会,而后领取牌证"②,替药商居间介绍买卖。凡通过"经手"成交的买卖都记"经手"的账,由"经手"承担货款,到庙期结束后结算拨清,各守信用。当买卖发生特殊事故,到期不能拨款时,由"经手"垫付,"经手""业不抵债时,由商会筹垫"。河南省禹州曹新贵经营的同慎德药行讲究信誉和商业道德,代客买卖、包装、托运药材从不捣鬼、吃秤,其则从中收取3%的佣金。曹新贵支付客商银两时,严格标明毛银、元银、足银的折扣规定,并不从中得到任何非法收入。这样,曹的生意越做越火,最高时年交易额达30万两。③

山海关的牙商都非常注重信誉,他们对客户委托承办的事项认真负责。无论业务大小,事情难易,都认真对待,满足客户的要求,赢得客户的信任。特别是对待来函来电委托,更是认真对待,努力完成,并及时回复,交代清楚,使客户感到不去人也能放心,做到了由此及彼,因此牙商直接的、间接的业务源源增加。往往有各地同行一家代管着受委托的多家业务,使生意繁多而兴隆。牙商认为:能以函、电委托的客户,说明对牙行已是相当信任,因此,对待更要认真,尤其是在价格一日多变的情况下,一旦牙商代理买卖成交,随即便发电通知。有时候可能一项委托买卖,出现了几个不同的价钱,牙行均如实地附信说明,以免发生误会。他们还"对于所有往来函电都要按前后顺序编号登记,作为原始凭证加以保管。这些严密的手续既可取信于委托户,又可昭示于其他

---

① 郝育森:《双泊河畔的全升和粮行》,载政协河南省委员会文史资料委员会:《河南文史资料》(第4辑),未刊1994年版,第145页。

② 赵德修:《"药业"经手》,载政协安国县文史资料委员会:《安国县文史资料》(第1辑),未刊1988年版,第79页。

③ 政协新野县委员会文史资料研究委员会:《禹县文史资料》(第2辑),未刊1986年版,第115页。

客户"①。这些良好的营业作风是牙商生意兴隆的保障。

牙商对待买卖双方一视同仁，将公平交易当作生意兴旺的根本。俗语所说"行家一手托两家"，指的是牙行居间为市场交易双方提供服务，这样，只有公平交易才能赢得双方客户的信任，赢得客户的信任就赢得了业务。相反，失去了客户的信任也就失去了业务。

民国年间，张家口西沙河的斗牙行，俗称北路牙行。主要字号有：长盛公、春盛公、万福公、合义公、四合公、涌圣公、双盛公、长义公、和合公、福和公、双义公、深义公、昌盛公、德润公、玉和公、四顺公、玉成公、永和公、复兴公、大德公、通义公、福义公等，这些牙行对于买卖双方以公平对待，取得了买卖双方的信任，就连他们的字号无一不带"公"字的。

民国时期，山东济宁的源成皮行是当地经营规模大、成交额多、开设历史长且声誉卓著的一家皮行。其事业成功的经验之一便是：买卖公平。源成皮行不论是对于外地皮贩，还是当地的"跑行人"；不论是对于新来客，还是对于常客；不论是客户成交额大小，也不论客户是现金交易，还是赊账交易。只要进了皮行，都一视同仁，从不厚此薄彼。尤其是对待当地"跑行人"，非亲即友，天天在打交道，"但是皮行待他们更是正直无私，一视同仁，没有亲疏之分"②。所以，各地外来客户对源成皮行公平交易的作风都很赞许，源成皮行的经营业务也逐年增加，经济收入可观。

粮行新收的学徒一般从学习"练斗"开始。练斗的意思，"一是提高斗艺，量得快，量得准；二是在量斗中会耍手法，少能量多，多能量少"③。河南清化镇（今河南博野）的李记粮行收徒弟不这样，只练"量快、量准"。粮行的先生对学徒说："干粮行的最重要的是公道，手儿端平，既不能亏买主，也不能亏卖主，更不能'双亏'（把粮食撒在地上，收归粮店）。"④一次，乡间有个农民推了一车

① 蔡金星、周显章、王心溥：《解放前的山海关货栈业》，见政协河北省秦皇岛市委员会文史资料研究委员会：《秦皇岛文史资料选辑》（第4辑），未刊1990年版，第80页。

② 武晋保：《源成皮行琐记》，载政协山东省济宁市委员会文史资料研究委员会：《济宁文史资料》（第4辑），未刊1987年版，第129页。

③ 程峰、宋宝塘：《怀商文化》，河南人民出版社2007年版，第121页。

④ 程峰、宋宝塘：《怀商文化》，河南人民出版社2007年版，第121页。

粮食来李记粮行销售，这车粮食一共两石，经过量斗后只剩下一石八，农民说粮数不对，叫重新计量，李记粮行的伙计不同意，说粮食撒在地上了怎能再量呢？粮行经理看见了，叫农民把落在地上的粮食带走。并对店内伙计说："以后再过斗不要把粮食撒在地上了，人家辛苦一年，打点粮食不容易呀！以后咱们店里不再分落地粮，大家吃粮到东家库中领取，每人每月补助二斗。"[①]从此，李记粮行的伙计们量斗时格外小心，把撒在地上的粮食原封退回粮户。自此以后，李记粮店扬名了，远近的客户都来这里籴粮，生意愈加兴隆。

天津中裕行栈是经营干鲜果行业的牙行。以信誉为本，是中裕的办栈宗旨，也是中裕兴旺发达的关键所在。在经营活动中，中裕行栈从不把劣品掺杂在货物中，更无以次充好等欺骗行为。例如，经营鸭梨时，经理张志琦总是派可靠的行家亲自到产地采购，购进优质品种后，再找选梨能手精选细挑，改装后运销沪、粤、港、澳等地销售。因中裕重视质量，商业信誉良好，"其经营的鸭梨就被南方的代理行店或采购者所重视，在同一行市下竞相争购"[②]。即使在滞销时，中裕的鸭梨也能优先售出。不仅鸭梨如此，以后扩大经营的红枣、核桃、栗子等山干货，无一不是采购优质品、精细加工改装后，再运销国内外。在此过程中，中裕行栈从无贩假营私等欺骗行为。凡与中裕行栈有业务往来的行店和国内外采购者，都称赞中裕是信得过的牙行，故中裕行栈生意很好。

## 二、掌握信息，紧跟市场

牙商行业中有句俗语："买卖赔与赚，行情占一半"。其中的"行情"是指：在一定时间和条件下，同商品交换以及与之相联系的生产与服务部门有关的各种信息、资源和知识的总和。由于牙行的经营方式是通过掌握信息和购销渠道，为供需双方牵线搭桥、提供交易机会、促成双方成交，从中收取佣金的。可靠的信息、信息的多寡、获取信息的快慢以及信息质量的高低已成为

---

① 程峰、宋宝塘：《怀商文化》，河南人民出版社2007年版，第121页。

② 政协天津市委员会文史资料研究委员会：《天津文史资料选辑》（第52辑），天津人民出版社1990年版，第152页。

牙商生意能否成功的关键，因此，牙商把向客户提供忠实可靠、及时准确的商品信息、市场行情作为经营谋略的重要方面之一。民国时期，客户往来牙行频繁的原因之一便是：牙行掌握了当时最全面、最权威的各种市场信息和货物信息。

山海关的中和栈特别注重向客户及时提供行情。该栈从"纷繁的市场信息中捕捉成交的价格，分高、低、中三种，按品种以'出示牌'的形式通知客户，名为'今日市场牌价'，每天按上下午各出示一次。出示牌是一黑板，用白粉笔书写，悬于穿堂或客厅，方便客户观看，以便作出买或卖的决策"①。后来牙行进一步将"出示牌"改为油印快报，名为"行单"。这样做的目的，就是不使客户因物价波动而蒙受损失。对于临时外出的客户，牙行则备有"留言记事簿"，将买进卖出的价格幅度留底，以免因本人不在而贻误时机。有的客户只来货、不来人，就用函电通知市场行情。

天津同和兴货栈是以经营粮食、棉花、土货等为主的综合性牙行，其非常重视通过各种渠道了解市场行情、各地物资余缺及其他影响客户生意的因素。该货栈客户往来增多，故能及时得到大量外地各种商情信息，同时又约定互相通报各地行情。同和兴货栈"每日将天津市所成交的各种粮食、棉花、山货、皮毛等价格和数量，都印成'行情表'，寄往外地客户家，每日发出的这种行情表在四五百份左右；同时该栈每日也收到各地寄来的各种行情表也有三四百份。每年旧历六七月间各行业淡季时，同和兴货栈就抽出大量职工，去外地与各地客户联系，调查各地粮食、棉花、山货等生长情况，以备秋后营业买卖的测算"②。

山东济南的恒聚成和同聚长粮栈，在胶济、津浦、陇海铁路沿线及重要的粮食集散地，各设有分庄30余处。"在夏收及秋收之前，便派人四处调查，预测丰歉。新粮登场后，各地报告行情的电函，日夜交驰"。牙行经理对于各地函

---

① 朱继经：《我所了解的胥各庄货栈业》，见河北省政协文史资料委员会：《河北文史集萃》（经济卷），河北人民出版社1992年版，第309页。

② 中国民主建国会天津市委员会、天津市工商业联合会文史资料委员会：《天津工商史料丛刊》（第4辑），未刊1986年版，第141页。

電,细心批阅,认真分析。"当时同聚长粮栈在邮电局专设信箱,电话局有定时长途电话,在粮关上设有自用专线电话,情况一变,几分钟就能通知各地"。①正因为恒聚成和同聚长粮栈注重信息,紧跟市场,才利用时机捞得了很多利润。

水果行情瞬息万变,故俗称:经营水果生意是"浆里来、水里去"的动荡行业,稍微跟不上市场行情,惨遭失败者比比皆是。天津中裕行栈在激烈的行栈竞争中,始终保持清醒的头脑,随时掌握市场信息,就稀避繁,从而立于不败之地。在有利可图、销售呈上升趋势时,中裕行栈即下大力采购,快速运销各地。一旦被多数牙行所重视,纷纷抢购时,中裕行栈已获利甚多,停止收购并开始收缩了。"而那些尾随其后抢购者,往往错过好的时机而亏损"②。

牙商还注意利用预测市场行情,谋取暴利。民国时期,山西屈指可数的大商业资本家兼大地主的太谷县北洸村的曹家开设的粮行,预测社会经济动态,见风使舵的敛财嗅觉是出名的高人一等。每年春夏之交的青黄之际,曹家粮行的"当家的"、"掌柜子"们,总是费尽心机根据当年的雨水、天气、庄稼的虫害预测每年收成情况和市场行情。如:一次,曹家驻沈阳富生峻粮行的掌柜回家探亲,"中途在高粱地大便,见高粱长势很好,但随手折断几根一看,发现杆内皆有害虫,遂立即打消回家念头,转返沈阳柜上,连夜大买高粱"③。果然,秋后高粱因虫害大减产,曹家却因先囤积的高粱大发了横财。

## 三、注重管理,用人有道

在牙行的经营管理中,牙商运用了近代先进企业制度的独特管理方式,即

① 苗兰亭:《苗氏工商业兴衰五十年》,见山东省政协文史资料委员会:《山东文史集萃》(工商经济卷),山东人民出版社1993年版,第28页。

② 政协天津市委员会文史资料研究委员会:《天津文史资料选辑》(第52辑),天津人民出版社1990年版,第153页。

③ 郭齐文、贺中富:《太谷北洸曹家商业概况》,见山西省地方志编纂委员会办公室:《方志资料汇编》(第1辑),未刊1987年版,第111页。

所有权和经营权分离的"经理负责制"。

　　档案显示,天津以代客买卖粮食为主的华丰裕斗店股份有限公司的经营管理模式便属于"经理负责制"。关于这一点,可以从《华丰裕斗店股份有限公司简章》(下称《简章》)中得到印证。《简章》第九条规定:"本店股东公推董事长一人、董事四人、监察二人。本店内遇有紧要事件随时开临时会议,公决施行。"①从这一条可以看出,在"经理负责制"中,股东大会是牙行的最高权力机构,牙行的经营管理大权归董事会。《简章》第十条规定:"本店设总经理一人,经理一人,副经理一人,办理一切营业事项。至任用同人,均由总经理经理副经理互相酌商,择贤录用,以昭慎重而一事权。"②从这一条可以看出,牙行的具体事务由经理负责,董事会不得干涉。《简章》第十九条规定:"本店各股东均有考查利弊之责,如各股东在外有所闻知,均可向董事声明质问总经副理,惟不得无故到本店干预公事,以免事权不一。"③从这一条可以看出:总经理、经理和副经理受到董事会和股东们的监督和制约。

　　河南许昌的公兴存烟行是以代购烟叶为主的牙行。其实行的也是"董事会管理、经理负责制"的经营管理模式。其经理王冠五通过"烟行设两套人马,一套主管收烟业务,一套主管转运业务,建立两本账,统一核算"④等多种方式,为股东们赚取了巨大的利润。河南省南席镇的全升和粮行开业后,实行的也是"经理负责制"。⑤

　　牙商还通过健全组织、制定规章制度加强对牙行的经营管理。天津同和兴货栈经理孙东园健全货栈的账房部、营业部、交际部等组织,并实行各负其责

　　① 天津市档案馆、天津社会科学院历史研究所、天津市工商业联合会:《天津商会档案汇编(1912—1928)》(第2分册),天津人民出版社1992年版,第1796页。

　　② 天津市档案馆、天津社会科学院历史研究所、天津市工商业联合会:《天津商会档案汇编(1912—1928)》(第2分册),天津人民出版社1992年版,第1796页。

　　③ 天津市档案馆、天津社会科学院历史研究所、天津市工商业联合会:《天津商会档案汇编(1912—1928)》(第2分册),天津人民出版社1992年版,第1797页。

　　④ 高晋照:《记解放前公兴存烟行》,《许昌文史资料》(第7辑),未刊1990年版,第165页。

　　⑤ 郝育森:《双泊河畔的全升和粮行》,载政协河南省委员会文史资料委员会:《河南文史资料》(第4辑),未刊1994年版,第147~148页。

的各部负责制。账房部的总账负责人总管货栈的银钱出入、金融周转和各营业部的支出和各项业务情况。营业部为了招揽客户,在天津火车站日夜派人等候,专门迎送上下火车的客户。交际部负责交际应酬工作,他们对牙行内的客户则谦虚和蔼,热情招待,安排洗澡、看戏、吃饭,向客户讲解天津的地理风俗、人情世故、工商业的经营状况、各行各业的行情等,临走时还要设宴欢送。同和兴货栈还制定了一套规章制度管理牙行内部员工。该栈要求:"第一,除去经理其余都不准带家眷;第二,所有职工都吃住在本柜上,尤论白天夜间不许随便外出;第三,有事外出必须请假,整日工作,没有星期放假之日;第四,每年只有三次例假,每次不超过二十天;第五,青年职工不许穿奇装异服,同事之间不许拌嘴吵架;第六,不许吸烟喝酒,不许私自外出,更不许嫖赌,一经发现,立即开除;第七,对客人必须谦虚尊敬,对各营业部负责人必须服从,等等"①。因为同和兴货栈内的青年职工很多,货栈还要求他们除白天工作外,晚上组织学习,每晚7点至10点是学习时间,主要是学习写算和会计,以及各类业务的学习,以提高职工的业务能力。因为该栈业务逐年增多,用人也就多了。该栈向来不另外聘请职工,而是从青年职工中选拔。该栈每年都由来往家的客户推荐学生意的十几个人。这些人一面干活,一面学习,便逐渐成为了该栈中层职工的后备力量。于是有人称同和兴货栈的职工是牙行"科班的子弟兵"②。

天津交通货栈内规章制度严格,主要为:"不从事投机倒把,现货交易,不许聚赌、酗酒、嫖娼、吸大烟(毒)。"③河南省南席镇的全升和粮行制定了严格的规章制度,主要是:"严禁职员嫖赌及吸食毒品;公正、诚实、不偏袒买卖任

---

① 杰三:《天津同和兴货栈五十年》,见中国民主建国会天津市委员会、天津市工商业联合会文史资料委员会:《天津工商史料丛刊》(第4辑),未刊1986年版,第140页。

② 杰三:《天津同和兴货栈五十年》,见中国民主建国会天津市委员会、天津市工商业联合会文史资料委员会:《天津工商史料丛刊》(第4辑),未刊1986年版,第140页。

③ 石云山口述、宋万善整理:《记天津交通货栈》,见《天津河北文史》(第4辑)1990年版,第126页。

何一方,真正起到中介商人的作用"①。胥各庄的中和栈制定了《同人守则》,其主要内容是"三稳":"手稳,不偷不摸,不取非分之财,不受非礼之物,廉洁奉公;脚稳,不到处乱跑,不寻花问柳,不去赌钱看戏,守身如玉;嘴稳,不随便喜怒,不谈论国事,不拨弄是非,守口如瓶。"②

正如牙行流行的俗语所言:"得人则兴、失人则衰",优秀的员工是牙商生意兴旺的关键所在,故牙商非常注重用人之道。

山东济宁的源成皮行经理马兴余很会用人。他对所聘用的员工,"大胆放手使用,发挥他们各自的一技之长,既使用又信任,工资待遇比较优厚,并对家庭生活给予适当照顾,因此,各项工作都能协调一致"③。源成皮行生意的兴旺发达,主要还在于经理马兴余选用了优秀的"盘子手"和"领贩手",并充分发挥他们的技术和才干。所谓"盘子手",也被称为"掌盘的"或"拿盘的",指的是在买卖成交时,负责皮张的质量检验、划分等级、评议价格者。源成皮行所雇用的"盘子手"是马兆合,其精通皮行业务,熟练掌握验皮技术,并善于掌握市场行情和处理人事关系。他掌盘的特点是:验质、划级、定价既快又准,做到买卖双方都不吃亏,且成交效率高。故买卖双方对皮行既满意又佩服。源成皮行往来皮贩多,上皮量比较大。马兆合还能针对各路不同等级的皮张,采取适当搭配处理,一般情况下要在2000张皮以上,便于搭配。数量越多,越好搭配。这种皮张搭配的办法,买卖双方都满意。所以,经营大宗皮张的客户,都愿投奔源成皮行进行交易。雇用比较理想的"领贩手",这是皮行扩大经营、在行际之间开展竞争的需要。马兴余雇用的张老冠和沙老冠两个"领贩手",与数量可观的皮贩保持密切联系,能积极引领皮贩投奔源成皮行。④

---

① 郝育森:《双洎河畔的全升和粮行》,载政协河南省委员会文史资料委员会:《河南文史资料》(第4辑),未刊1994年版,第148页。

② 朱继经:《我所了解的胥各庄货栈业》,见河北省政协文史资料委员会:《河北文史集萃》(经济卷),河北人民出版社1992年版,第311页。

③ 武晋保:《源成皮行琐记》,见山东省政协文史资料委员会:《山东工商经济史料集萃》(第1辑),山东人民出版社1989年版,第145页。

④ 武晋保:《源成皮行琐记》,见山东省政协文史资料委员会:《山东工商经济史料集萃》(第1辑),山东人民出版社1989年版,第147页。

河南省南席镇的全升和粮行注重用人之道。它通过待遇优厚的条件,吸收了该地及附近粮行业的优秀人员,组成一个员工业务素质过硬的粮行。为了拉拢这些优秀的职员,全升和粮行对职员生活福利很是重视,不仅免费供应饭食,每次进餐时,经理总是末座相陪;其余座位,不考虑职务,按年龄排列,以示敬老之意。高工资,高福利,高待遇,"使全升和粮行稳定了骨干人员,自开业至关闭,从未离行者占一半以上"①。

天津中裕行栈经理张志琦在用人方面,毫无论资排辈的腐儒思想,颇有"能者上,庸者下"的领导风度。他知人善任,充分利用人才,使中裕行栈在经营管理各个方面,做得有声有色。例如:在1938年冬季一个寒夜,滦县某转运货栈经理王跃山派人来到中裕行栈,叫经理张志琦速派人去滦县。原因是在滦县车站存放的栗子4000多包已被日本人扣压了,日本人扬言要充公,其中有中裕行栈的700多包,另外还有唐山润记号的400包,其余是山里客户的,每户各三五十包不等,因此叫中裕行栈派人速去办理此事。派谁去办理此事呢?张志琦把在中裕行栈中论资排辈只占第七八位,但沟通能力较好的职工某甲叫醒,并很信任地说:"料理此事非你不可。"某甲连夜赴滦县。某甲到后,即深入了解,缘于前几天日军官跟唐山润记号经理因拟购这批栗子的价格问题而闹翻,唐山润记号要的价格比市场价还高,日军恼火,便扣货,称"统统充公"。时日军侵华不久,为掩盖其掠夺本质,假意拟价收购。某甲即抓住这一有利因素,通过转运栈经理与日军约定时间谈判。在谈判前,某甲召集该栈所有的客户,约20多位,多系山里的果农,约定在与日军谈判时,大家都集中到一起,等叫他们时就一齐出来。谈判时,日军官说:"慰问前线日军,你们也有义务。"②某甲言:"我们大家都是小本生意,没钱。"日军官又说:"你们是天津大商埠的买卖,怎么能说没钱呢?"某甲说:"我们虽是商号,但银钱都是从银号借来的,卖出去还要还钱,更何况这些栗子多是山里穷苦人家自产的,都是小量贩运

---

① 郝育森:《双洎河畔的全升和粮行》,载政协河南省委员会文史资料委员会:《河南文史资料》(第4辑),未刊1994年版,第147页。

② 孙汉卿:《天津中裕贸易货栈的兴衰》,见政协天津市委员会文史资料研究委员会:《天津文史资料选辑》(第52辑),天津人民出版社1990年版,第153页。

的买卖,如果充公,其家人岂不冻饿而死啊!"①日军官不信,某甲便把门帘撩起,20多位衣衫褴褛、面黄肌瘦的山里人走了出来。日军官见状,便提出愿以产地收购价加上运费收购。某甲回中裕行栈结账计算时发现,这批栗子比运回天津销售还多卖了钱。张志琦利用某甲善于沟通的特点,智斗日军,避免了中裕行栈的损失。中裕行栈还有一位职工某乙,担任报关和装卸进出口货业务,业务熟练。"经他办理的报关起运,又快又好,从不积压货物。但是此人行为不检点,沾染了恶习"②。职员有向经理张志琦建议开除某乙者,但经理张志琦称,个人品质与牙行营业无关,只要货到码头,能快出快进,多获利就行。

河南省禹州曹新贵在开设同慎德药行时,四处走访,聘邀12名能手,组成一个精悍的药行班子。他把药行的"购、销、调、存"③等重大事宜,让12个掌柜分管,充分发挥他们的专长,使生意越做越兴旺。

## 四、灵活经营,竞争之道

按照商业经营的规律,优胜劣败,市场越是活跃,彼此竞争就越激烈。牙商为了多获取利润,采取了灵活经营的方式,以赢得客户。

在牙行激烈的竞争中,牙商不断改变经营方式。主要体现为:由单一经营向多种经营扩展;由等待货源向深入产区、拓展货源发展;以对内为主转变为对内、对外两兼顾;改善服务态度,完善服务项目;提高货物质量,垄断市场等等。

民国初期的牙商一般只经营单一品种,所以很自然地便形成了各牙行的分工。随着牙商行业的逐步兴旺,逐渐打破了这种界限。

---

① 孙汉卿:《天津中裕贸易货栈的兴衰》,见政协天津市委员会文史资料研究委员会:《天津文史资料选辑》(第52辑),天津人民出版社1990年版,第153页。

② 孙汉卿:《天津中裕贸易货栈的兴衰》,见政协天津市委员会文史资料研究委员会:《天津文史资料选辑》(第52辑),天津人民出版社1990年版,第154页。

③ 董国璞:《同慎德药行》,载政协新野县委员会文史资料研究委员会:《禹县文史资料》(第2辑),未刊1986年版,第115页。

天津的同和兴货栈最初以代理山干货为主,随着商业竞争的激烈,1920年又增加了代理粮食生意,并成立粮食柜。几年后,同和兴货栈便成为天津经营粮食的大户,能够左右天津的粮食市场。第一次世界大战结束后,天津的纺织工业有了很大发展,对棉花的需求量骤增,同和兴货栈又成立了棉花柜,将业务向棉花生意拓展。其"除了招揽一般纱厂所需的细绒棉外,还招揽邯郸地区产的粗绒棉"[1]。后来,同和兴货栈又成立皮张柜,经营皮张业务。随着经营范围的扩展,同和兴货栈在民国时期除了不经营鲜货水果外,其他货物几乎都有经营。

天津的锦记栈在创办之初,以经营泊镇鸭梨为主。以后,随着市场的逐渐发展,便开始经营北方所产的其他水果,如李子、苹果、葡萄、水蜜桃、杏、樱桃等;后来又逐步扩大为经营南方的各种水果,如香蕉、橘子、甘蔗等。民国时期,南方所产水果在天津的市场,几乎被锦记栈所独占,特别是广东的荔枝、甘蔗,海南岛的菠萝,台湾的菠萝、甘蔗、桂圆、香蕉等,皆为锦记栈所囊括。除水果以外,锦记栈还逐步开始经营蔬菜、手工艺品、草帽辫、人发、畜尾毛等等。另外,锦记栈还经营山干货,并且是唯一向日本出口栗子的货栈。

类似于锦记栈发展轨迹的还有天津中裕行栈。初期天津中裕行栈也以经营泊镇鸭梨为主,随着竞争的加剧,其营业种类扩大至经营南北水果和山干鲜杂货出口港澳等贸易业务。其经营的鲜货包括:白梨、菠梨、棉梨、鸭梨等品种;经营的山干货包括:豆类、发菜、核桃、黑白瓜子、红枣、栗子、蜜枣、桃脯、桃仁、乌枣、杏脯、杏仁等品种。另外还代客采购杂粮,如绿豆、红小豆等;代客销售南方水果,如汕头的蜜柑和招柑,上海等地的橘子,广东的香蕉、橙子、柚子、甘蔗等。随着经营业务种类的扩展,中裕行栈在天津牙行中"经营范围之广,数量之多,已堪称贸易大户"[2]。王冠五除给内地客商代购、转运烟草外,还替英美烟草公司代购、转运烟叶,也给南阳兄弟烟草公司转运,并与其他口岸

---

① 刘续亨:《天津货栈业发展沿革概述》,见政协天津市委员会文史资料研究委员会:《天津文史资料选辑》(第20辑),天津人民出版社1982年版,第176页。

② 孙汉卿:《天津中裕货栈的兴衰》,见政协天津市委员会文史资料研究委员会:《天津文史资料选辑》(第52辑),天津人民出版社1990年版,第151页。

城市的客商、厂商有业务关系。在转运烟叶淡季，有时也转运茶叶等其他货物。

牙商业务的兴衰，取决于货源的多寡，所以随着业务的发展和牙行竞争的加剧，各牙行为了垄断货源，都在深入产地、开拓货源方面下功夫。如：天津美丰厚行栈是天津皮毛牙行中的大户，其创办初期业务以代理朝阳、赤峰、甘肃、开鲁、林西、宁夏、青海、通辽、围场等客户的皮毛为主。20世纪30年代初，美丰厚货栈开始自营皮毛，经常派人深入产地开拓货源。其以赤峰、围场为中心，依靠当地的毛栈，深入到通辽、开鲁、朝阳、林西一带的各旗王爷庙、甚至居民点中、蒙古人的敖包内收购羊毛、羊绒和狗皮。再如：天津的同和兴货栈对其经营的几项主要货物如京东一带的核桃仁、河南涉县的花椒、太行山区的苦杏仁等，每逢收获季节，同和兴货栈都派人到产地去揽货。为了垄断货源，该货栈还为产地货物提供包装、资金、运输等便利条件。又如：民国战乱，河南省禹州药材市场出现外省名牌药材短缺现象。曹新贵开设的同慎德药行当即采取措施，四路派员采购紧缺药材。据董国璞回忆，当时董被曹新贵常年派往上海，"住在上海南市施相公弄'广丰药行'"①专门购进广州、浙江名产白术、玄参等，通过转运公司包运回禹州。仅此一项，曹新贵每年赚回的纯利大得惊人。一时间，禹州其他各大药行也纷纷选派自己的得力职员派往全国各地，将外地紧缺药材收购包装后汇集禹州，打上自己的标记再散发到各地出售。

由对内为主变为对内、对外两旺是牙行经营方式的另一个转变。牙行在创办初期，采取的是以代理内地客户的土副产品为主的经营策略。第一次世界大战结束后，各国洋行恢复并扩大原有业务，大量收购中国的农副土特产品，刺激了牙商发展出口业务的积极性，各牙行想尽办法按照外商所需要的品种、规格、数量，通过各种渠道，从产地大量招揽货源，向外国出口。例如：天津美丰厚行栈的羊毛主要供给聚立洋行、隆茂洋行、美丰洋行、新泰兴洋行等等，山羊板皮、骆驼毛则主要供给古宝财等洋行。又如：天津锦记栈通过美国客商代理人鲍洛向美国直接出口花生米、核桃、核桃仁，为在天津的德国隆懋

---

① 政协许昌市委员会文史资料委员会：《许昌文史》（第1辑），未刊1989年版，第50页。

洋行、美利时洋行、美最时洋行等代购苦杏仁、甜杏仁等等；向日本北泽、永记、神港等洋行直接出口栗子等等。再如：天津同和兴货栈的棉花、皮张卖给日本三井洋行、三菱洋行，苦杏仁、核桃仁、花生米则大部分卖给兴隆洋行、隆懋洋行等等。

各牙行的竞争还体现在改善服务态度、完善服务项目等方面。首先，各牙行对客户大打"感情牌"。各牙行对客户奉若财神，待如上宾，热情招待，处处为客户着想。牙行不仅全天24小时为客户服务，没有上下班时间的限制，也没有节假日，客户随到随接待；还提供食宿便利，服务周到，收费低廉，临走时还设宴送行，令客户有"宾至如家"的感觉。其次，牙行完善各项服务项目。如：外地客户运货到牙行，从提货、搬运到销售、纳税等所有手续，全由牙行包办，不用客户操心，客商用款全凭信用，手续简便等等。更主要的是牙行为了帮助外地客户及时了解市场需求情况，做好生意，便经常为客户提供精准的市场行情，以供参考。牙行由于采取这种种热诚待客的措施，所以牙商与客户能长期保持良好的生意关系。如：20世纪三四十年代，天津各牙行除代客户购销货物外，还向客户提供"一包到底"的八项服务项目，包括："第一，把货物运进牙行仓库，分垛存放。第二，负责替客户办理手续、提货，联系安排运输。第三，代客户办理货物保险。第四，向客户介绍市场行情和货物销路。第五，代外地客户申报并垫付应交纳的各项税款。第六，货物卖出后代为发货，负责过磅，代垫运输费用等。第七，代客户采买所需货物并代办运输。第八，客户的货物尚未售出，又需要钱用时，牙行可预付一部分货款。"①

在激烈的竞争中，牙商还通过提高货物质量或垄断市场获取利润。如：天津达孚行栈资金雄厚，且能直接深入产地，因而垄断了一些独门货。一些客户若想买到一些地道的、高质量的山干货，非得找达孚行栈不可。南方人很喜欢食用发菜，包头的发菜质量最好，而天津代售包头发菜的只有达孚行栈一家。南方客户欲购包头发菜就得找达孚行栈。而外商洋行要花生，一定要山东产的四粒花生不可。这种花生只有达孚行栈有这种货，一些洋行每年都从达孚行栈

① 政协天津市委员会文史资料研究委员会：《天津文史资料选辑》（第52辑），天津人民出版社1990年版，第146页。

购买平谷核桃。达孚行栈每年春节前在天津都大量收购黑白瓜子，几乎把存货都买光了。"待到春节时，瓜子是春节的时令商品，需求量激增，达孚行栈是天津市场主要的供应者，所以能左右市场，控制行情，高价出售，牟取暴利"①。

牙商间为了竞争，往往利用各种手段尔虞我诈，互相争夺市场。如：山西省盂县西烟镇的德余庆粮行跑外的职员甲在寿阳听到粮价上涨的信息，便从寿阳星夜赶回西烟。各家粮行向德余庆粮行打听粮食行情，德余庆粮行便以假话骗人说，"粮价将有跌的趋势，要很快出售库存粮食"。而德余庆粮行却暗暗派人四处收粮。几天后粮价突然上涨，德余庆粮行便趁机获得了一笔巨利。等到其他粮行着急买粮时已经迟了。②

## 五、地区协作，联号经营

民国时期华北地区较有实力的牙行商号通过地区协作的形式，将贸易网络层层铺开。山东济宁东隆昌杂货栈先后和青岛之洪祥益、源顺德，天津之和信、荣兴等货栈建立往来，进行地区协作。地区协作之经营，"主要靠信息、行情，所以每日除有挂号信外，并经常以电报联系。订货、行情，都用电报，这样可以及时掌握商品动向"③，即使不去亲自购买商品，也可通过电报定购货物。天津启泰栈选择了与粮业东帮协作的道路，使经营活动扩展到唐山，辐射到昌(黎)、滦(县)、乐(亭)、丰(润)、玉(田)、遵(化)各县。天津启泰栈还与唐山瑞信栈搞地区协作，无论粮食调拨调剂盈虚或信用融通周转，两地如同一家，行情涨落，两栈集中使用信息，因而启泰栈的实力更加雄厚。

尽管从牙商发展的整体来看，地区协作并不占主体地位，而且协作地点并

---

① 政协天津市委员会文史资料研究委员会：《天津文史资料选辑》(第52辑)，天津人民出版社1990年版，第148页。

② 刘振汉：《西烟镇粮行斗店的内幕》，载政协山西省盂县委员会文史资料研究委员会：《盂县文史资料》(第1辑)，1986年版，第86~87页。

③ 韩海岑：《记我家经营的东隆昌杂货栈》，见山东省政协文史资料委员会：《山东工商经济史料集萃》(第3辑)，山东人民出版社1989年版，第333页。

未扩展至整个全国的主要市场,但是我们不应该忽视,在近代华北地区,部分牙行商号的地区协作, 对牙行整个行业经营网络的建构和扩展起到积极作用。

竞争是商品经济发展的客观规律,也是经营者聚拢财富的手段。随着民国牙行业向纵深发展,牙商整个行业在华北各地市场发生扩展,与此同时,部分实力较强的牙行行号则以联号方式扩大商业经营网络, 在华北主要市场设立牙行联号、庄口以及常驻人员办事处等网络经营点。北平的合顺、天亨和止昌等牙行,在各地均有联号。如合顺公司在平绥线各站有联号多至20余家,天亨在归绥、大同、沙城、宣化有联号4家,正昌在张家口、宣化、沙岭子有联号3家。此种牙行不需派人到原产地收买粮食, 当地联号可为代买,联号兼营转运业务,买妥后,即可运至北平。此外,永定门镒源栈在郭磊庄设有联号一处,荣庆栈在天津意租界有联号一处,均为在该地收买产品而设。此外,还有牙行在外既无联号之组织, 也不派牙商到外地收买商品, 而采取委托当地牙行代办的方法。如北平的志成粮栈常常“委托山西太谷、榆次粮栈代为收买粮食”,利通粮栈也常常委托“宣化、怀来粮栈代为收买粮食”。[①]廊坊的“万”字联号的各牙行,实力雄厚,是民国期间当地屈指可数的大商户,“万”家商号联作的各牙行包括:固安镇的万顺昌、万益昌钱粮行,牛驼镇的万长发钱粮行等“万”字号与“涞水、易县、涿州、房山、宛平、大兴等地区的一些店铺联号经营,成为当时京南的一大垄断资本”[②]。很显然,联号的设立,增加了牙商的经营网点,推动了牙商经营网络的拓展,也使牙商的商业实力明显增强。

牙商的经营谋略和经营理念源于牙商的商业实践, 又对牙商的商业实践具有现实的指导性,具有推动牙商发展的功能。首先,具有管理功能。牙商的经营谋略和经营理念是一种软管理,这种软管理具有导向、规范的作用。这种导向作用主要表现为形成牙商群体共识的价值观念(诚信第一、公平交易,掌握信息、紧跟市场等)和理想目标(灵活经营、竞争之道,地区协作、联号经营

---

① 张铁铮:《北平粮市概况》,《社会科学杂志》,第8卷第1期,抽印本1937年版,第135页。

② 郭惠光:《固安二十世纪初叶商号略考》,载廊坊市政协学习文史工作委员会:《廊坊文史资料》(第8辑),未刊1988年版,第12页。

等）。规范作用则指的是牙商不是靠法律和行政手段的强制，而是凭借牙商群体共同的商业理想、价值观念，并借助于社会舆论手段达到商业道德和商业行为的自我约束。其次，具有增值功能。牙商的经营谋略对于牙行内部挖掘员工的潜力，增大经济效益起了一定的作用；对于买卖双方而言，具有使商品、服务升值的作用，而且牙商在经营中讲诚信、讲公平同样可以给牙商和买卖双方带来巨大的经济效益。当然，牙商经营谋略所带来的经济价值有外显和内隐的层次性，与商品和服务结合在一起的潜在性，以及在计量上间接性等特点。最后，也是最关键的是，提高了牙商群体的竞争力。华北牙商的经营谋略反映了牙商特有的基本信念、价值标准和行为准则，是对传统牙人、牙纪的观念意识、传统习惯、行为方式中的积极因素进行总结、提炼、吸收，对不良行径进行摒弃的结果。这种独特的经营谋略已经初步体现出近代企业管理的理念和运行机制，在注重购销双方的供求关系基础上，按照市场经济的运作方式，提高了牙商整个群体的素质和竞争能力。

# 第五节　牙商的营业收入

ERSHI SHIJI ZHI ZHONGGUO

牙商能在较短的时间内积聚起巨额资产,由此,民国时期的牙商变成了近代中国的暴发户。牙商的一个显著特点是,他们凭借各种不同的本领,以种种方法来敛财。华北牙商的总收入,即毛收入,包括正常收入、非正常收入和作为独立商人时的收入,其具体各项收入的数字是难以知晓的,但是可以肯定的是,他们赚钱的办法是多种多样的。在这种情况下,对他们的收入的估计可能会偏高,但是,毋庸置疑,他们可以从一项交易中得到数笔收入,如薪水、佣金、额外索取,以及为自己的生意增加机会。

## 一、牙商的总收入

牙商的收入是可观的,很多牙商在短期内便成为赫赫有名的百万甚至千万富翁,列入本地最富有的商人之列,不少材料可以证明这一点。

天津市档案馆的一份档案记载了1938年以代客买卖食粮、杂粮为主的粮食牙商的一年所得佣金的总收入。

二十世纪之中国——乡村与城市社会的历史变迁

124

### 1938年粮食牙商成交额或佣金额收入表

| 执照号数 | 牙商姓名 | 代客买卖货物种类 | 成交额或佣金额 |
|---|---|---|---|
| 1 | 李霈源 | 米面杂粮 | 2 亿元(成交额) |
| 2 | 郭道贞 | 面粉杂粮 | 2 亿元(成交额) |
| 3 | 朱德禄 | 米面食粮 | 6 亿元(成交额) |
| 4 | 张祝三 | 米面粮 | 1 亿元(成交额) |
| 5 | 郭德俊 | 稻米 | 3 亿元(成交额) |
| 6 | 郑运年 | 稻米杂粮 | 3 亿元(成交额) |
| 7 | 高鋆堂 | 稻米杂粮 | 5 亿元(成交额) |
| 8 | 王云贵 | 杂粮 | 4 亿 5 千万元(成交额) |
| 9 | 马安良 | 杂粮 | 1600 万元(佣金额) |
| 10 | 解承湖 | 玉米小麦 | 1700 万元(佣金额) |
| 11 | 李迈先 | 杂粮 | 1000 万元(佣金额) |
| 12 | 张玉山 | 食粮 | 1100 万元(佣金额) |
| 13 | 薛云屏 | 杂粮 | 1000 万元(佣金额) |
| 14 | 高万书 | 食粮 | 4 亿 2 千万元(成交额) |
| 15 | 杜瑞昆 | 米粮 | 1 亿元(成交额) |
| 16 | 刘俊林 | 米粮 | 1 亿元(成交额) |
| 17 | 杨德山 | 米粮 | 1 亿元(成交额) |
| 18 | 赵福权 | 杂粮 | 400 万元(佣金额) |

(材料来源:天津特别市政府:《牙行纪登记》,天津档案馆藏,档案号:2-3-2-650。)

在上表中,有些牙商并未给出佣金额,只给出了营业的成交额,但是我们可以按照当时粮食和杂粮抽取佣金的比例换算成佣金额。另一份档案记载了1938年食粮、杂粮抽取佣金的比例为货物价值的1.5%。[①]这样,我们将牙商的成交额分别乘以1.5%,便可得到所有粮食牙商的佣金收入。

如下表所示:

① 天津特别市政府:《天津特别市公署财政局稽征牙行营业税暂行办法》,天津市档案馆藏,档案号:1-3-2-1122。

## 1938年粮食牙商佣金额收入表　　　　（单位：万元）

| 执照号数 | 牙商姓名 | 佣金额 |
|---|---|---|
| 10 | 解承湖 | 1700 |
| 9 | 马安良 | 1600 |
| 12 | 张玉山 | 1100 |
| 11 | 李迈先 | 1000 |
| 13 | 薛云屏 | 1000 |
| 3 | 朱德禄 | 900 |
| 7 | 高鋆堂 | 750 |
| 8 | 王云贵 | 675 |
| 14 | 高万书 | 630 |
| 5 | 郭德俊 | 450 |
| 6 | 郑运年 | 450 |
| 18 | 赵福权 | 400 |
| 1 | 李霈源 | 300 |
| 2 | 郭道贞 | 300 |
| 4 | 张祝三 | 150 |
| 15 | 杜瑞昆 | 150 |
| 16 | 刘俊林 | 150 |
| 17 | 杨德山 | 150 |
| 合计 | | 11 855 |
| 平均 | | 658.6 |

从上表可以看出，粮食牙商得到的佣金额的收入达到了惊人、甚至令人难以相信的程度。其中最高收入者解承湖，一年所得高达1700万元，而最少者杨德山等也能得到150万元。18位粮食牙商的佣金收入总额为11 855万元，平均每位牙商可得658.6万元。

牙商获得暴利的例子在天津不胜枚举。如：天津同和兴货栈在1932年的利润总计约在十六七万元左右。[①]天津的中裕货栈从1934年底至1939年，累计盈

---

① 中国民主建国会天津市委员会、天津市工商业联合会文史资料委员会：《天津工商史料丛刊》（第4辑），未刊1986年4月，第141页。

第二章

华北牙商的经营活动

利约百余倍之多，如扣除通货膨胀的因素，按当时的货币比价，也约计实盈百倍之利。①天津达孚货栈成立于1931年，初成立时，该货栈只有25万元的资本。由于获利颇丰，到1940年前后，达孚货栈在原地花费50余万元盖了一幢大楼，并建了一批库房。"达孚先后建了8个仓库，每个库能容纳200吨货，此外还兴建了不少招待客户的房屋。"②天津怡和斗店年获利可高达10万块大洋。③

1939年，北京煤行牙商的收入皆为投入的3倍以上。各煤行具体的收入如下："成兴顺：35 000元；泰昌：22 000元；天利：15 000元；德丰恒：10 000元；东复兴：10 000元；德丰栈：10 000元；大成公：8000元；同义栈：6000元。"④

山东牙商所得收入也多得惊人。穆伯仁在山东济南开设有多家粮食牙行，如：同和泰粮栈、济南同聚和粮栈、济南德兴和粮栈、济南德兴昌粮油店等。在经营粮食牙行中，他很快便由一个贩煤做短工的穷汉，一跃而成为赫赫有名的百万富翁。再如：山东省平度县沙梁村(现属南村镇)的綦官晟在青岛经营的杂货牙行同丰益号，只在1932年到1934年的3年间，就获纯利100余万元(银币)，成为青岛巨商。山东济南泺口镇恒聚成粮栈，1913年便获纯利10万元(折合银元4万余元)。⑤

山西的牙商收入也很丰厚，如曲沃德盛泉粮行平均年获利2万元。⑥

农村集市上的牙纪以经营粮食、煤炭、牲口、蔬菜为主。那么，这些牙纪年收入情况如何呢？我们可以从中共在1949年4月的一项调查中了解到大概情况。

① 政协天津市委员会文史资料研究委员会：《天津文史资料选辑》(第52辑)，天津人民出版社1990年版，第151~152页。

② 李凤章：《达孚货栈经营之道》，见《天津文史资料选辑》(第52辑)，天津人民出版社1990年版，第143页。

③ 政协天津市委员会文史资料研究委员会：《津门老字号》，百花文艺出版社1992年版，第98页。

④ 《银行周报》，1940年3月4日，转引自《北京经济史资料·近代北京商业部分》，北京燕山出版社1990年版，第467页。

⑤ 苗兰亭：《苗氏工商业兴衰五十年》，见山东省政协文史资料委员会：《山东文史集萃》(工商经济卷)，山东人民出版社1993年版，第24页。

⑥ 佚名：《曲沃德盛泉粮行》，见山西省政协《晋商史料全览》编辑委员会：《晋商史料全览》(字号卷)，山西人民出版社2007年版，第105页。

## 1949年宣化县农村牙纪的收入表

| 牙纪种类 | 旺季收入 | 淡季收入 | 年度总收入 |
|---|---|---|---|
| 粮食牙纪 | 30 石小米 | 10.5 石小米 | 40.5 石小米 |
| 落地粮食牙纪 | 18 石小米 | 10.8 石小米 | 28.8 石小米 |
| 煤炭牙纪 | 15 石小米 | 8.4 石小米 | 23.4 石小米 |
| 牲口牙纪 | 18 石小米 | 9 石小米 | 27 石小米 |
| 蔬菜牙纪 | 6 石小米 | 2.4 石小米 | 8.4 石小米 |

(材料来源:冯冠扬:《宣化旧市场上的"牙纪"》,载《宣化文史资料》(第6辑)1991年版,第82—83页。)

从以上这些牙纪收入的情况来看,除蔬菜牙纪收入较低之外,其他牙纪的收入都是很可观的,"超过了一般群众和公务人员的收入"[1]。

民国时期,河南安阳县辛店集开设的20多家花粮行店,收入都很可观,基本上年年获利,店内职员人人发财。辛店集西街隆茂昌花店职员共有18人,连续20多年,年年每人都可得到数百元。辛店北街申长岭回忆其在棉花牙行的收入时,称"我在'隆茂昌'当过学徒,当过会计,当过跑外人员,共计10多年,每年的工资,'小花'、'回钩花'等收入,价值没有少过数百元,我家四口人的生活就是靠此过日的"[2]。辛店南街庆成粮行,职员10多人,每人每年除工资收入外,还可得到小筐粮、囤底粮等10石左右。每个店员生活都较富裕。

赵县棉花行店的大部分司秤员(俗语秤官),也是牙纪,他们在行店里常年吃住,按数付酬(2%手续费),年终结算。在赵县棉花牙纪是一个收入大的发家职业(子继父职的传统事业)。像东晏头陈家、西河宋家、西门翟家、西卜庄任家,都置有百亩良田。[3]

---

① 冯冠扬:《宣化旧市场上的"牙纪"》,载政协张家口市宣化区委员会文史资料委员会:《宣化文史资料》(第6辑),1991年版,第83页。

② 王秉钧:《解放前辛店集的花粮行店》,载政协河南省安阳县委员会文史资料委员会:《安阳县文史资料》(第2辑),内刊1989年,第145页。

③ 王庆珠:《解放前的赵县棉花市场交易》,载政协赵县委员会:《赵县文史资料》,未刊1987年版,第158页。

## 二、牙商的正常收入项目

牙商的正常收入包括佣金、栈租、小账、利息、包装费、脚力费、火险费、过节费、房饭费、鼠耗等项目。牙行各业均以代客买卖货物为主要业务，各行业间的佣金、栈租、火险费等之计算，互有轩轾，各业不一。而同业间则系一致，无参差之处。唯有利息一项，各牙行间稍有伸缩，须视客户与牙商之间的友谊如何为转移，但相差数量亦甚为有限。下面分而述之。

### 1.佣金

牙商抽取的佣金，一般称为牙佣，在华北个别地方亦有称为辛力费的，如北京等地。牙商收取佣金的方法可以简单分为两种：第一，按货物的价值抽取，例如：佣金为3%计算，则一件货值100元，则抽取佣金3元；若一件货值80元，则抽佣金为2.4元。第二，按货物的数量抽取，一般在粮食类牙行间使用。民国时期，华北各地"粮食交易的单位一般为石"[1]，如粗粮每石抽收1分，则1000石粗粮抽佣金10元；杂粮每石抽收2分，则1000石杂粮抽佣金20元。

佣金之多寡，华北不同地区、不同种类的牙行不一，但同一地区同业间均有一定之规定。1935年，天津特别市财政局规定牙商抽取佣金的比例和负担方如下："棉花：1.5%，卖方负担；皮毛1.5%，卖方负担；鸡鸭卵：3%，买方负担；油蜡：1.7%，卖方负担；木炭2%，卖方负担；苇席：2%，买方负担；牲畜：3%，买方负担；鲜货：3%，买方负担；山干货：2%，买方负担；粮食：粗粮每石1分5厘、细粮每石3分，买方负担。"[2]

类似的规定在中央政府和华北各地方官府颁布的牙商法规中皆可发现（参见本书第五章）。法规的共同点为规定抽佣的比例不超过3%，但是在商事

---

① 每石麦子重60公斤，每石高粱重约70公斤，每石玉米重75公斤，每石小米重86公斤，每石大麦重75公斤，每石荞麦重67.5公斤，每石糜子重75公斤，每石黍子重75公斤，每石白米重80公斤。根据千家驹：《中国农村经济论文集》，上海书店出版社1990年版，第274页整理而成。

② 天津特别市财政局：《天津市牙行营业税税率及抽收佣金额详明表》，载《本市各项牙税改征牙行营业税》，天津市档案馆藏，档案号：401206800-J0054-1-001745。

习惯中却并不完全遵守这项规定。如：北京菜行牙商所得的佣金较高，一般按10%收取。[1]虽然菜行牙商实际所得者，大约在7%—8%之间[2]，但依然超过官方规定的3%很多。

在同一区域、同一行业间，几种抽佣标准同时存在的情况亦有之。如：北京粮业牙商收取佣金的标准，各个市场间并不统一。1932年11月间，西直门麦堆栈公会、西便门粮麦杂货栈公会、永定门运输货栈公会联合合顺粮栈及裕正粮栈共同订　收费办法。大体上，广安门及西直门各粮食牙商收费办法，系按值抽佣，代卖2%抽佣，代买1%抽佣。西便门办法，则代卖按值抽佣，每元2分；代买按量抽佣，每石5分。永定门各粮栈及正阳门春元栈均按量抽佣，每石5分至8分。以上限于杂粮，至于面粉，则只有永定门规定之代卖佣金为每袋3分。各粮栈公会所订收费办法多不一致，同时公会所订者，有时候不为公会会员们所遵守。另外，也有牙商不取佣金，只取栈租、利息等其他费用的，如西直门恒达栈、正阳门春元栈等。

在华北农村集上的牙商抽取佣金的比例，虽然各行业不尽一致，但在习惯上通常是5%，即所谓"成三破二"（买方出佣金3%，卖方出2%）。

### 2.栈租和火险费

栈租，即牙行对于客户的货物暂时存放于牙行内，代为看管所取之费用。火险费是牙行保管客户的货物免受火灾、水灾等自然灾害所收取的费用。

牙行收取栈租与火险费大多按件计算。计算期各牙行又各不相同。有以一星期为一期者，有以一个月为一期者，有以一季度为一期者，有以半年为一期者。例如以一个月为一期者，从货物进牙行那日起开始计算，满30日为一期。若逾30日则为两期，以此类推。倘若货物朝入牙行而暮出牙行，仍按一期的栈租和火险费收取。

牙行收取栈租和火险费也存在按量计算的方式。如：北京同庆广粮栈规

---

① 张铁铮：《北平农产品贩卖方式和市场组织的研究》，见千家驹：《中国农村经济论文集》，上海书店出版社1990年版，第302页。

② 10%中有2%须归还种菜农家为浇水之用，称为"二成水"，在立夏后至秋收前，则增为三成水，故牙商所得大约在7%—8%之间。

定货物每10吨收取6元的栈租和火险费。①北京永定门各牙行俱按每10顿杂粮4元，每10吨面粉5元的标准收取栈租。北京西便门规定，杂粮与面粉按每10吨货物收取5元的栈租和火险费。北京西直门各粮栈规定，货物每10吨收费5元。②但也不是都遵守此规定，中记栈货物每10吨货物仅收4元。北京正阳门春元栈则规定每10吨收费3元。北京永定门规定有"自买落栈，大车起运时，每百石收栈佣3元"③。

部分牙行将佣金、栈租和火险费合并收取。在这种情况下，一般"以三个月为一季的，每季每石收费三分；其囤存过久，欲行倒囤者，每石收费三分"④。但也并不都是如此，如：北京西直门的积成公司按每10吨10元收费。⑤

如果客户觉得交纳火险费无关紧要，牙行便要将栈租和火险费分开对待。虽然这种情况很少有之，但牙行也有具体的收取单项火险费的标准。如：北京永定门各粮行规定10吨货物的火险费为1元。⑥

### 3.小账

买方在交易时，深虑受牙商之愚弄，故必须索取货样。牙商亦必先取少许贮存于旁。每一客户之每一批货物，俱取出少许贮存于旁。日积月累，为数甚多。贮存相当之数量时即随销售货物时销售之，此项货样售出后所得之货款，大多归于小账一类。小账最多时期，就普通情形而言，当为秋后至春节前之间。因土、副货物交易以秋冬两季为最畅销。小账之来源不仅仅限于货样的价款，其他如客户包装货物所剩余之麻袋、木箱、柳条筐，客户赏给之赏金等多种。⑦由此可见，小账名目繁多，数额之众。

---

① 张铁铮：《北平粮市概况》，《社会科学杂志》，第8卷第1期，抽印本1937年版，第132页。

② 张铁铮：《北平粮市概况》，《社会科学杂志》，第8卷第1期，抽印本1937年版，第132页。

③ 张铁铮：《北平粮市概况》，《社会科学杂志》，第8卷第1期，抽印本1937年版，第132页。

④ 孙健：《北京经济史资料·近代北京商业部分》，北京燕山出版社1990年版，第265页。

⑤ 张铁铮：《北平粮市概况》，《社会科学杂志》，第8卷第1期，抽印本1937年版，第132页。

⑥ 张铁铮：《北平农产品贩卖方式和市场组织的研究》，见千家驹：《中国农村经济论文集》，上海书店出版社1990年版，第133页。

⑦ 薛不器：《天津货栈业》，时代印刷所1941年版，第39页。

小账存至旧历春节、中秋等节日始行分配于职工。小账之分配，并不一定，各牙行又不一致，同业者其分配方法，亦颇有不同之处。有按职工薪金之多寡为比例者，有由经理自由酌量分配者。小账数额最多之季节，牙商也会提出抽出若干，如30%—40%作为牙行正项收益，其余60%—70%则归职工所有，其中经理所得最多。有时候，牙商与客户应酬之款也从中支付。

### 4.其他项目

牙商的收入来源还包括：包装费、过节费、脚力费、房饭费、鼠耗等。包装费：指牙行代客户包装货物而收取的费用。过节费：指逢年过节，牙行的老客户往往向牙行付给一定的"过节费"[①]，以便牙行更好地照顾生意。如果牙行提供了搬运，牙行向客户收取脚力费。房饭费：指牙行向客户收取住宿、饮食的费用，收费办法各牙行不甚一致，但通常每日收房饭费(两餐)五角(用一餐者三角)。鼠耗：是客户的粮食存入牙行超过一定期限，要交纳的一项特殊的附加费用。如：山西省曲沃县牙行规定：客户将货物存入牙行，存粮日期一般不得超过每年农历六月初一，由于价格等原因，超过农历六月初一存放者，"每存放一石粮食收鼠耗二升"[②]。

# 三、作为独立商人的收入

牙商不仅可以从代客买卖货物中直接得到颇丰的收入，还能凭借其独特的身份，作为独立商人来经商致富。实际上，牙商代理中介的角色同他们作为独立商人的角色是根本无法分开的，所以其作为独立商人的收入也和其作为代理中介的收入混合在一起，无法单独计算。但是可以肯定的是，牙商所获巨利的很大部分来源于自营买卖。这是因为牙商自营买卖货物，不仅可以节省栈租、佣金、火险费等，还可节省利息。

"贱买贵卖"的方式是牙商通过自行买卖而获得高收入的一种最常见的方

---

① 张铁铮：《北平农产品贩卖方式和市场组织的研究》，见千家驹：《中国农村经济论文集》，上海书店出版社1990年版，第273页。

② 靳耀亮：《德盛泉粮行》，《曲沃文史》(第1辑)，未刊1985年版，第36页。

式。"贱买贵卖"主要是指牙行利用时间价差、地区价差获取利润。其具体操作有两种方式。(1)充分运用雄厚的资金,趁农副产品大量上市、价格较低,或货物滞销、价格暴跌之时大量购进,待时机成熟时高价售出。(2)利用牙行信息灵通的便利条件,到货物价格低处的地区购进,运到货物价格高处的地区售出。如:"民国时期,河南省尉氏县粮行盈利的一个大宗,便是利用时间价差、地区价差"①,自行买卖货物所得。天津同和兴货栈除去代客买卖业务以外,该栈大量进行自营买卖,主要是粮食、山货、棉花等。"每年秋后都派出大量职工去外地采购,运津销售。由于该栈在铁路运输上的便利,周转期短,货物运津及时,所以赚钱很多。"②20世纪30年代初,天津美丰厚行栈除了代客买卖货物外,开始自营皮毛,经常派人深入产地,收购货物,获利甚丰。1936年,美丰厚行栈从西宁直接购入的羊毛一项,便获利20 000余元。③20世纪40年代,北京粮食牙商自行买卖时也是靠"贱买贵卖"的方法发财。"他们在农村粮食登市旺季来到的时候,用抛售存粮的办法压低粮价,以便低价收购,经常造成'谷贱伤农'的局面,在粮食上市旺季过去以后或灾荒年月,就用囤积居奇的手段高抬粮食销售价"④,获取高额的收入。

一般自行买卖之牙商,往往暗中进行。其原因在于:牙商系代客户买卖之性质,对于买卖双方之客户俱应公平待遇;而牙商若自行买卖货物,对于其他买卖双方不免稍有差异之待遇。虽欲持之以公允,亦有无从公允之势。故牙商之自行买卖,为客户所怨恶。牙商之自行买卖货物,其不利于客户之处有5点:(1)客户优质之好货,遇不规矩之牙行,则以其次货揽入之。(2)行市变动剧烈时期,牙行为图自身利益计,对于销售客户之货物不免有因循之处,或将时机错过,致客户蒙受相当之损失。(3)以较低之市价收买客户之货物。(4)将贷借

---

① 郝育森:《双洎河畔的全升和粮行》,《河南文史资料》(第52辑),未刊1994年,第146页。

② 中国民主建国会天津市委员会、天津市工商业联合会文史资料委员会:《天津工商史料丛刊》(第4辑),未刊1986年版,第133页。

③ 刘续亨:《天津货栈业发展沿革概述》,见政协天津市委员会文史资料研究委员会:《天津文史资料选辑》(第20辑),天津人民出版社1982年版,第178页。

④ 孙健:《北京经济史资料·近代北京商业部分》,北京燕山出版社1990年版,第280页。

客户之款移作自行买卖之资金,无力向客户提供充足的钱款。(5)自行买卖货物,一旦失败,客户必受其池鱼之殃及。

# 四、获得非正常收入的手段

牙商的主要收入来源除了佣金、栈租等正常收入外,还通过一些盘剥手段,从客户身上榨取很多额外的收入。从某种意义上说,部分牙商通过盘剥手段获得的利益是其正常收入的数倍。

牙商获得非正常收入的手段大约可以分为以下几个方面:"吃盘"、"吃秤"、量具捣鬼、杀级压价、高利贷盘剥、掺假捣鬼、哄抬物价等方式。牙商的盘剥手段偶有被客户发觉,就将其所"吃"之数额假借其他事项而归还客户。虽然牙商将所"吃"之钱款退还客户,但业务上之名誉无形受到打击矣。故规矩之牙商,对于获得非正常收入俱小心翼翼,深虑有损名誉。而那些不顾商德之牙商,则以此为"正式"之收益,往往获得丰厚的利益。至于牙商非正常收入所得钱款之多寡, 无法统计, 这要视其业务之荣枯、经验及卑劣程度而具体对待。

### 1."吃盘"

凡系信用优良、基础巩固之牙商,其所得之利益,都属于正大光明,决无其他鬼祟之处。不规矩之牙商,无一处不欲获取非法利益。所谓非法利益,最为显著者,则为"吃盘"。

所谓"吃盘"者,俗称为"吃行市"。"吃盘"者,即系将所代理售出货物之市价报低,或将所代购货物之市价报高。例如,某客户之货物,市价售出为50元,牙商对代理销售客户仅报49元,而如果是代购客户则报51元。这个价格指数举例,在实际销售运作中,互有多寡,并不一定。牙商往往视当时市场行市及客户之动态如何以为转移。牙商之"吃盘",不仅专为获得非法利益,亦有为吃此客户之行市而弥补彼客户之损失情形。如某买主欲购进某货一批,内中计甲商50件,乙商30件,丙商20件。甲商之货物最佳,每件索价100元。乙商之货物微次,索价80元。丙商之货物最次,索价60元。甲乙丙三客户之货物,若按平均市价售出,应售每件86元。但甲商所索之市价决不稍有让步,而买主对于此一批货物，若无甲商之货物即不购买，且其所给予之市价又不能达到甲商所索之市价。倘若如此纠结，此笔交易便搁浅，对买卖双方和牙商均不利。牙商为使买主与客户满意起见，无论用何种手腕，俱须将此笔交易促成。而牙商所应得之利益仍须如数获得，决不能无利或受损。其方法，唯有吃乙丙二客户之行市以资津贴甲商。具体是对甲商所索要价值100元的价格如数支付，不减低丝毫，而乙客户之货系按80元售出，对乙客户则报告为74元，丙客户之货按60元售出，对丙商则报告为55元。以吃乙丙二客户之所得而津贴甲商。甲商之目的达到，交易则达成。而对牙商而言，除去支付甲乙丙客户之货款，就可吃去乙客户货款 $30 \times (80 - 74) = 180$ 元，丙客户货款 $20 \times (60 - 55) = 100$ 元，乙丙二客户共280元。高明之牙商对于"吃盘"的情形，令客户毫无疑心，尤其是客户委托牙商在产区全权处理购入货物时，更加容易。牙商所"吃盘"往往与"当日市场所开盘之行市相接近"[1]。

**2."吃秤"**

牙商非法利益中，还有"吃秤"一途。"吃秤"的方法是利用货物的实际重量与报给客户的重量差额得到的利益。例如，某客户之货物重量约为200公斤，牙商则谓其198公斤。剩余之2公斤之数，则为牙商所得。有时候，客户不满牙商所给予之行市时，牙商便以"吃秤"的方法进行弥补行市，借以满足客户之希望。凡有经验之客户，对于货物数量之减少，即明了系牙商"吃秤"之损失。

赵县棉花市场交易中的计量工具是木杆秤。这种木杆秤是极度混乱和复杂的。"棉花售棉(籽花)用的是加三七五秤(22两)，花贩卖皮棉到花店用的是平秤(16两)，油坊买花贩的棉籽用的是截半秤(24两)"[2]。尤其严重的是各牙行店秤官使用的"捋子秤"。这杆秤，名曰"平秤(16两)，实则是由秤官操作向外捋(即拉主顾惯用手段)。比如秤砣绳打(压)在100斤的戥上后，向外一捋，然后唱号。这一捋，绳到哪个戥算哪个数，多为二斤至四斤，偶尔还有五斤的。

① 薛不器：《天津货栈业》，时代印刷所1941年版，第70页。

② 王庆珠：《解放前的赵县棉花市场交易》，载政协赵县文史资料委员会：《赵县文史资料》，未刊1987年版，第158页。

(但不向少处捋),究竟此秤的准斤量是多少"①,只凭牙行的秤官来衡量,故牙商能得到额外的利益。这种"吃秤"的做法是山西人在赵县经营的吉逢厚、晋通等棉花牙行所惯用的。

山东烟台全兴义鱼行便经常通过使用"小秤杆、大秤砣过秤"②的方法趁机盘剥渔民、鱼贩、鱼行,每百斤一般能多秤出或少秤出20斤。

山东济宁东昌隆杂货牙行的秤分为"漕零三"和"漕发秤"③两种,对买庄牙行用"漕零三",每百市斤作82.5斤;而卖客用"漕发秤",每百市斤作86斤。这样无论是买主,还是卖客,牙行都能从"吃秤"中每百斤获得14—17.5斤的额外收入。

北京市菜行的牙商大半是用秤计量蔬菜。北京市秤的种类甚多,有十四两的,有十八两的,甚而有由十二两至二十两的,重量大小,相差甚巨。菜行往往"出货的喜用小秤,收货的喜用大秤"④,获取利润。

在药行牙商中以大的度量衡购入,以小的售出,几乎成为商人间公开的秘密。如:河北省安国县的药市中,"用秤的方法,各药不同,如黄岐(芪),依规矩是明三暗五——即明减三斤,暗减五斤之意,如称得100斤,报秤者只报97斤,而登账者又只登92斤。甚至称时并不待秤平,即算完毕,其实若待秤平,仍可涨出数斤,或数十斤,名此种称法曰'朝天秤',因其秤杆彼端高与天相向也。种种手法,莫可名举。同一种秤其大小也不一致……;且一家内,常预备大小不同的两杆秤,入货用大秤,出货用小秤。"⑤

另外,牙商在过磅时以敏捷的手法使秤杆在一刹那间取得平衡,借以虚报

---

① 王庆珠:《解放前的赵县棉花市场交易》,载政协赵县文史资料委员会:《赵县文史资料》,未刊1987年版,第159页。

② 刘心同:《烟台全兴义鱼行》,见山东省政协文史资料委员会:《山东工商经济史料集萃》(第2辑),山东人民出版社1989年版,第329页。

③ 韩海岑:《记我家经营的东隆昌杂货栈》,见山东省政协文史资料委员会:《山东工商经济史料集萃》(第3辑),山东人民出版社1989年版,第334页。

④ 《北京的菜市》,《民众报》,1940年12月29日,第6版。

⑤ 郑合成:《安国县的药市调查》,载北平社会调查所:《社会科学杂志》,第3卷第2期,1931年6月。

重量、增加货款的做法也比比皆是。水果行在进货时即使对篓装货物也要克扣斤两,进货时少写,销售时多写。在冰鲜业中,牙商惯用的手法是故意漏报进货,以取得每天的漏账收入。

### 3.量具捣鬼

牙商利用量具捣鬼,获得额外收入,并不是什么新鲜事,和牙商"吃秤"一样,几乎是大家共知的秘密。斗是粮食的量具,在我国历代相沿已久,并一直沿用至新中国成立初期,直到现在还有些边远偏僻之乡的村民借贷粮食时仍用它。斗的形状、容量各地都不一样。例如:"长辛店每斗27管(管子是标准计量器),形状是方型,口大底小,中间有提梁,良乡是23管半,房山是23管等等,两地斗型与长辛店相反,底大口小"①。考察斗容量的是"管子",用竹子做成的长圆筒,当时全国斗的大小虽不一致,但是"管子"是统一的。开粮行的必须知道一些主要城镇集市的斗是多少管,这是一门主课,到外地采购或销售必须携带"管子",用以核算成本。

使用同一个斗,量取一斗粮食,牙行可以在注斗、趟斗等过程中,量成一斗多,或不足一斗。"过斗时,一般都是两个人,一人管提口袋注斗,一人管用斗趟子趟斗。假如注斗的人哗地往斗内一砸,趟斗的将趟子在斗面上横竖一趟就可趟出斗沿平、中心高的一斗来,这样用标准斗去量就会一斗有余;假如注斗人把粮食在斗上轻轻一撒,趟斗的狠狠一趟,结果,斗沿带着粮食粒,但斗心是凹的,这样,就会不足一斗。"②牙商便是通过这一过斗技术,占客户很大便宜。因此,常卖粮的客户,在上市卖粮时,都要另外多带一些粮食,准备挨牙行的"刨斗",对那些跟牙行全不熟悉的买卖双方,在过斗前,牙行职员都要先问一声:"卖多少粮食呀?假如是超过1石的卖粮大户,注斗的就要注意轻注狠趟,这样,就可剩下大量粮食,作为量斗剩下的粮食拿走;同时,还要跟卖粮的客户额外要些小费。假如卖粮的不足1石,就狠注轻趟,故意造成'刨斗'。'刨斗'也很厉害,本来缺半升,硬说缺一升。卖主眼看自己吃亏,但又不

---

① 刘秉德:《长辛店的粮食集市》,见《丰台文史资料选编》(第1辑),未刊1987年版,第19页。

② 田惠:《旧社会遵化县的斗秤牙行》,见河北省政协文史资料委员会:《河北文史集萃》(工商卷),河北人民出版社1992年版,第294页。

敢争辩"①。如：山西盂县西烟镇斗行"每家粮店籴籴粮食都是大斗入，小斗出。各家都备有大、小斗七支，一个比一个大，用最大的和最小的相比较，差额为五大合(半升)。他们在买粮时用大斗，卖粮时用小斗。在抹斗时也很有讲究，买粮时偏过刮板按下去，卖粮时立起刮板挖下去，一挖一按，又差二大合之多"②。

### 4.杀级压价

旧社会商品没有统一的标准，牙行在议价时则尽量挑剔货物的成色，压低价格。此种压价方式所得利润，有时便宜买主，大部分的情况下被牙行所攫取。

山东烟台全兴义鱼行常常通过明明是一级鱼虾却给作了二级的价的方式对客户进行毒辣的剥削。③河南民生粮行的经理吴清甫回忆其压价方法为："某面粉厂与我粮行订一大宗购粮合同，正值市场货源不足，我们就提高价格收购，这就吸引了许多粮贩来这里卖粮，但粮食多了我就压价拒收。这样每天上粮二三百石，我们不收，几天之后，粮贩感到货到地头死，只得降价出卖。这时再大量收购，大量赚钱。"④

在遇到买主和卖主不直接接触，由牙商从中说合的时候，也可以通过压价获利。如张北马桥的牙商通过压价获利的方法为："牙纪问明卖方要价，再把价钱告诉买主，买主还价后，再告诉卖主。牙纪向买主多说，向卖主少说，成交后的差价，就装进了自己的腰包。"⑤

---

① 田惠：《旧社会遵化县的斗秤牙行》，见河北省政协文史资料委员会：《河北文史集萃》(工商卷)，河北人民出版社1992年版，第294页。

② 刘振汉：《西烟镇粮行斗店的内幕》，载政协山西省盂县委员会文史资料研究委员会：《盂县文史资料》(第1辑)，1986年版，第86~87页。

③ 刘心同：《烟台全兴义鱼行》，见山东省政协文史资料委员会：《山东工商经济史料集萃》(第2辑)，1989年版，第329页。

④ 吴清甫：《民生粮行的兴衰》，载政协河南省卫辉市委员会学习文史委员会：《卫辉文史资料》(第3辑)，未刊1991年，第75~76页。

⑤ 牛金元：《张北马桥》，载政协张家口市委员会文史资料委员会，《张家口文史资料》(第13辑)，1988年版，第210~211页。

对不同等次的货物,牙商还采用"扯价"的办法把总价格压低是其主要的手段。降低或抬高货物等级,实际上就是压低和抬高货物的价格,也是牙商获得大利的手法之一。

### 5.高利贷盘剥

因为牙商对客户有垫款、放款等业务,故收取利息也是牙行的一项较大的收入。客户将货物放在牙行代售,在货物未成交前如需现款,可由牙行垫付。对于这种先期贷款的客户,牙行一般按"1分2厘计息(日息)"[①]的高利贷的方式收取高额利息。有的牙行的利息更高,天津达孚行栈在客户需要钱款时,按照"1分5的高利放出,从中牟利"[②]。

牙商还通过一种高利贷的实物形式,获得高额利润。这种方式叫作"放青"。"放青"是指牙行在农副产品刚收获后,便贱价把货物收囤起来,到来年农村青黄不接的时候,再以借贷的方式借给农民。"放青"的获利颇丰。有的吃一斗还二斗,也有的吃一斗还三斗,最高的达到五斗。如:山西省曲沃县德盛泉粮行便通过"放青"的方式获取暴利。德盛泉粮行每年在旧历年关或新麦上场前,有些产粮户粮食接济不上时,向粮行承贷,麦收后按原定合同本利归还。"德盛泉粮行每年大约能贷与粮食1000石左右,收回利粮大约在150石上下。每石粮食按平均价7元计算,仅此一项年收入在1050元以上。"[③]再如:山西太谷每年青黄不接之际,是曹家粮行榨取农民血汗的大好时机。"每当此时,曹家总要通过粮行借粮给农民。开春放粮,秋后收粮,借一斗、二升利,再加上粮行'出九入十一'的借贷规矩,盘剥相当厉害。"[④]又如:曲沃的德盛泉粮行除

① 王作勋:《天津最早的粮栈——怡和斗店》,见政协天津市委员会文史资料研究委员会:《津门老字号》,百花文艺出版社1992年版,第86页。

② 李凤章:《达孚货栈经营之道》,见政协天津市委员会文史资料研究委员会:《天津文史资料选辑》(第52辑),天津人民出版社1990年版,第148~149页。

③ 靳耀亮:《德盛泉粮行》,载政协曲沃县委员会文史研究馆:《曲沃文史》(第1辑),未刊1985年版,第36页。

④ 郭齐文、贺中富:《太谷北洸曹家商业概况》,见山西省地方志编纂委员会办公室:《方志资料汇编》(第1辑),未刊,第111页。

代客买卖粮食获利以外，"同时也向社会投放一定数量的便期款子，其款子利率无定规，按使用期限双方面议，每年获利也不在少数"①。

粮食、山货牙商还通过利用银行、银号的富余资金，以预借或垫付的形式，大量放款给各地客商，获得较高利息。如天津"牙商从银行号借款利息一般不超过一分，而牙商向客商放款，统按一分五厘计息"②。七七事变以后，天津交通货栈每年从利息上赚钱，就有两万多元。

### 6.掺杂弄假

掺杂弄假也是牙行敛财的一种手段。鸡鸭牙商盛行塞嗉囊以达到增加家禽重量；羊毛、羊绒、驼毛等产品之掺加泥土；干果中之甜杏掺入苦杏；棉花牙商则在皮棉中喷水掺沙，带籽搅石膏；麦子中掺入土糁子等。如：1925年到1926年间，山西临汾的曹文甫在购买棉花过程中，便遭遇到了此般情形。其"在东兑（花行）收购了约5万斤棉花。承办人褚某（棉花行店）贪污舞弊，每百斤掺10斤花籽，上潮（水）5斤，然后扎包"③。再如：河南辉县有一种土糁子，很像小麦，牙商往往在小麦中掺入土糁子捣鬼。一般而言，"可以掺入30％的土糁子"④，价格稍低一点，就可以卖出，这样便可赚取相当高的利润。牙商为取得佣金，尽力谋取交易量的增加，有不易成交的交易，则务为双方遮隐，以求其成。

牙商在买卖中处居间地位，本应为双方共同信任的中间人，但实际上却往往利用弄虚作假的方法"牺牲双方的利益，或迁就一方而牺牲另一方的利益"。如牲畜牙商在替卖者销售牲畜时，遇到老驴病马，气息奄奄，难于出手，牙商有办法提起它的精神，卖个好价。只见他突然从卖者手中夺过毛驴，顺手一鞭打下，毛驴被打，又换生人，显得惊恐万状，格外"精神"，他便握住笼头，

---

①　靳耀亮：《德盛泉粮行》，载中国人民政治协商会议曲沃县委员会文史研究馆：《曲沃文史》（第1辑），未刊1985年版，第37页。

②　刘续亨：《天津货栈业发展沿革概述》，见政协天津市委员会文史资料研究委员会：《天津文史资料选辑》（第20辑），天津人民出版社1982年版，第181页。

③　杨天才：《二十年代前后临汾棉行简况》，载政协山西省临汾市委员会文史资料研究委员会：《临汾文史资料》（第8辑），1994年版，第10页。

④　吴清甫：《民生粮行的兴衰》，载政协河南省卫辉市委员会学习文史委员会：《卫辉文史资料》（第3辑），未刊1991年，第78页。

二十世纪之中国——乡村与城市社会的历史变迁

140

用手上擎驴头,以壮"驴威",拉着毛驴,在集市上小跑招呼,自喊价格行话(30元或40元),引诱买主。有了买主,他从中切磋价格,成交已妥,他便从中支取佣钱。有的农民不识牲畜年龄、口齿老嫩,即会被牙商骗着。20世纪30年代,山东省牛溪埠村王某到毛家埠集买驴。王为人忠厚老实,他见牙商牵着一驴,问:"多大牙口?"答:"齐口"。王说:"齐口我不买,我要买4个牙的。"约过了半小时,牙商牵驴回来说:"这毛驴就是4个牙的。"加上巧言令色,王将驴买到手,回家以后,求内行一看,仍是"齐口"。①

### 7.哄抬物价

少数牙商利用其雄厚的资金、充足的货源、信息灵通的便利条件,通过哄抬物价的方式,获得暴利。

抗日战争中,一些牙商通过哄抬物价,获得暴利,华北地区中以天津为最。如下面的报纸记载了1940年天津牙商的不法行为:"津市市场,近数日来,风险益烈,各业内外行家,一致纷起活动,致将各种物价激起甚多……传物价发生奇烈之涨风,爰市场惯例,物价狂升益烈,则市况益盛,否则,市场无从开展。故若辈经纪人,欲播弄市场之不安及各业之活跃,须先刺激物价之轩昂,始能得心应手。此辈经纪人,在英法租界封锁后,即先后迁移市区内……兹闻一般投机之各业与经纪人……以经营食粮、布匹、糖品、纸张、颜料、西药及各种进口杂货为最大,每日各经纪人所获之佣金,最多可达一二百元,今以物价之狂升,又复从中自行活动。据闻近半月来,有数经纪人业已获得暴利巨万,其中直接专业投机者,为数当必更巨。"②

牙商通过哄抬物价获得暴利的情况还发生在1948年国民党发行金圆券之后。在物价急剧上涨的情况下,牙商便将粮食等货物囤积了起来,乘机抬价,一日三涨。如:当时北京虽有十几个粮食市场,但每天却不见粮食上市。老百姓要深更半夜挤到粮行门口等待天亮开市买粮,有时候等了大半夜仍旧买不到粮食。粮行一开门,便挂出一块木牌,上面写着:"粮已卖完,明天请早"。当

---

① 齐一萍:《三十年代农村集市之经纪人》,见山东省政协文史资料委员会:《山东文史集萃》(工商经济卷),山东人民出版社1993年版,第438~439页。

② 青岛新民报社:《经纪人从中播弄津市物价狂升,英法租界内投机风炽烈》,《青岛新民报》,1940年1月23日。

时"兵船牌面粉在1948年8月底的市价是金圆券10多元钱一袋,到12月份竟涨到金圆券401元,仅仅几个月的时间,粮价又涨了40倍"[①],粮食牙商则获得了暴利。

1939年天津爆发了水灾后,先是生活必需品面粉等开始暴涨,接着造成物价的全面上涨。粮食、山货牙商的货栈成为投机倒把者热衷追求的目标,牙行也就因此成了投机倒把活动的中心。因大量游资要购存货物,洋行继续收购出口物资,当时许多外地客商在牙商的货栈内纷纷成立"内局"。一时间,牙商各牙行内,客商经常住得满满的,买卖成交十分频繁,因而牙行的栈租、佣金、利息等收入也成倍地增加。值得注意的是,牙行的存货已经成为投机商人买进卖出的筹码,货物虽然几易其主,却仍旧堆放原处未动。但是对于牙商来说,货物每易手一次,便可得一次佣金。所以因战争关系,外地来津的粮食、山货等虽比过去大大减少,但粮食、山货牙行的收入,在哄抬物价过程中反而有所增加。

1945年9、10月以后,国民党由后方带来大量法币投入市场,抢购各种物资,物价又随之上涨。此后,物价全面上涨,牙商各货栈中存货的行市也随之上涨。以前,在物价暴跌时,使一些客商破产;现在物价暴涨,又使那些在物价暴跌时保住或趁机购进货物的商人获得暴利。牙商货栈放出的垫款,也陆续收回。由于国民党接收人员的接收和抢购,天津市物价狂涨,法币不断贬值。在这种情况下,客商在牙商货栈的存货不敢出手,因为往往在交易过程中,物价就有可能上涨几倍,从而使牙商获得暴利。

牙商获得非正常收入的种种盘剥手段和经营陋规恶习,为市场所诟病,亦为商家所不满,自然招来各种指责和排拒,同时也使牙商的信誉丧失,导致牙商群体的竞争力下降。所以,当市场进一步发展,贩运商的贸易能力可以达到脱开中间商之时,便疏远、绕过、脱离旧有的交易模式,以直接交易代替间接交易。故华北各地牙商的兴衰演变,既是商品市场发展的反映,更从侧面暴露出牙商自身经营上的种种问题。当市场分工出现新的需要,流通贸易出现新格局之时,牙商的中介业务如不能适时变化,便会逐渐失去其赖以生存的基础,牙商在若干行业的衰变则证实了这一点。

---

① 孙健:《北京经济史资料·近代北京商业部分》,北京燕山出版社1990年版,第281页。

# 第六节　牙商的成本支出

ERSHI SHIJI ZHI ZHONGGUO

在人们的观念中，牙行作为居间服务行业，一般不需要太多的资金，是"无本万利"的生意。但实际上，民国年间随着牙行业务范围的拓展，牙商经营运作中不仅需要一定的支出，而且往往要以大量的资金投入经营过程。

142

## 一、牙商的支出项目

牙商开设牙行需要多方面的支出。其中主要的支出包括代客预付费用、牙税、雇工的薪金、教育经费、军费、政费以及其他费用等。

### 1.代客预付费用

由于牙商系代客买卖性质，很多熟悉的客户并不亲自将货物送给牙商销售，而是将货物交火车或轮船托运后，由牙商在火车站或码头接货。货到牙行所在地后，运费、捐税、起卸费、存栈费、保险费以及杂费等均由牙商垫付，至货物销售后，再从货款中扣除。牙商事先替客户垫付的各种费用开销，这是一笔不小的开支。下面是1938年9月7日—20日，天津市各斗店对客户所来杂货垫付的各种费用的概况。

## 天津市斗店垫付杂粮来货费用表 （单位：石）

| | 种类 | 玉米 | 小米 | 红粮 | 白麦 | 红麦 | 合计 |
|---|---|---|---|---|---|---|---|
| | 数量 | 1918 | 4248 | 364 | 121 | 63 | 6714 |
| 来货 | 来源地 | 御河、北京、济南、济宁、关外锦州、平绥路府河、上海 | | | | | |
| | 交货点 | 四方客货虽一色粮，地点常有十多处 | | | | | |
| | 卸货点 | 天津市各斗店 | | | | | |
| | 日期 | 1938年9月7日—20日 | | | | | |
| 代客垫款 | 运费 | 河运每石0.2—0.3元 | | | | | |
| | 捐税 | 每石0.03元 | | | | | |
| | 存栈费 | 散备御地每石0.027元，包子御地每石0.03元 | | | | | |
| | 保险费 | 每石0.012元，由一个月至一年 | | | | | |
| | 起卸费 | 由河下起每石0.03—0.04元，由车站起每石0.22—0.24元 | | | | | |
| | 杂费 | 由河运杂费随时发生，每石约0.1—0.3元 | | | | | |

（资料来源：根据天津市档案馆等：《天津商会档案汇编（1937—1945）》，天津人民出版社1997年版，第659—660页整理而成。）

从上表可知，从1938年9月7日—20日，天津市斗店共接收客户来货6714石。在这些货物未销售前，斗店要替客户垫付运费、捐税、存栈费、保险费、起卸费和杂费。如果按照这几项费用最低价计算，每石杂粮斗店需代客垫付的费用为：0.2+0.03+0.027+0.012+0.03+0.1=0.399元/石；如果按照这几项费用最高价计算，每石杂粮斗店需代客垫付的费用为：0.3+0.03+0.03+0.012+0.24+0.3=0.912元/石。那么，斗店要替客户垫付的费用额总数最低值为：0.399元/石×6714石≈2679元；斗店要替客户垫付的费用额总数最高值为：0.912元/石×6714石≈6123元。

### 2. 牙税

牙税支出也应计算在成本内，其中包括开业时向官方所纳的帖照费和按年度向官方缴纳的牙税。关于民国时期华北地区的牙税，在第六章还有专门的论述，这里仅作一简单论述。

帖照费，即牙行领取牙帖或换领牙帖时一次性缴纳的费用。清末时牙行的营业执照叫牙帖，也称作龙帖。龙帖即部帖，由户部所发。帖费为60元（银元）。

民国期间，华北各地官府设立牙帖局，后逐渐改为税捐稽征处。牙帖各地的有效期不同，帖费也有差异。如1915年京兆财政厅规定牙商需要交纳的帖照费，按照牙行规模不等，从80—2000元不等。1915年，直隶省清苑县（今保定市）牙商需要交纳的帖照费分为六等："300元、250元、200元、150元、120元、80元，均于领帖或换帖时一次缴足"①。

牙商在营业期间，每年按照领取牙帖的等级交纳牙税。还是举北京牙商的案例来说明。如1915年京兆财政厅规定，牙商每年需要向财政厅交纳的牙税，按照牙行规模不等，从40—2000元不等。1915年，直隶省清苑县牙商每年需要交纳的牙税分别为"160元、130元、100元、70元、40元、20元，分两次缴纳"②。

### 3.雇工的薪金

牙商经营至一定规模，便会雇用一些职员。职员的工资也是牙行的一项较大的支出成本。牙行的职员通常是分等级的，但是不同行业、不同牙行职员的待遇是有差异的。现在举几个例子以概其余。

山西曲沃德盛泉粮行每年获利2万银元。民国时期，该粮行雇用账房、站柜、内外跑街、出苦力等人员60余名，"每年30块大洋，学相公的每三年10块大洋"③。粮行员工的薪水应该每年不低于1800银元。对于牙商来说，这确实是一笔很大的支出。

1932年，天津同和兴货栈是以代客买卖粮食、棉花、山干货为主的牙行，该栈共有职工150多人。该牙行职工的工资是以年计算，每至年终根据每个职工一年的工作好坏，由各营业部主任介绍情况，最后由经理和各营业部主任共同决定。职工的工资由三部分组成：工资、酬金、小柜（客户的酬谢费）。一般而言，该牙行职工工资分为四等。经理：每年约有三四千元；主任：收入在1000元以上；中级职工：收入在400—700元；学徒：收入在100元以上。④该牙行职员

---

①　河北省保定市地方志编纂委员会：《保定市志》（第3册），方志出版社1999年版，第448页。

②　河北省保定市地方志编纂委员会：《保定市志》（第3册），方志出版社1999年版，第448页。

③　佚名：《曲沃德盛泉粮行》，见山西省政协《晋商史料全览》编辑委员会：《晋商史料全览》（字号卷），山西人民出版社2007年版，第105页。

④　中国民主建国会天津市委员会、天津市工商业联合会文史资料委员会：《天津工商史料丛刊》（第4辑），未刊1986年版，第139~140页。

全年的工资、应酬等开支约在八九万元左右。

1929—1949年,北京的干鲜果牙行,多半是由山西文水县的商人经营的。该行的职工也是分等级的。学徒(一般为三年)期间,一年8元钱,自己还得贴衣服。学徒期满为伙计(一般也为三年),薪水在10—20元之间。掌柜的一年的薪水在24元—60元。①

### 4.教育经费

牙商捐款兴办学校是牙行的一项支出。清末学制改革后,新式学校如雨后春笋纷纷涌现,而经费是兴办教育的第一要素。民国以后全国财政紧张,仅靠中央政府拨款兴办教育是杯水车薪,而强制性地令牙商捐款办校便是地方官府自筹教育经费的一种途径。

档案记载,1929年11月15日,天津县教育局长刘宸章在向天津县政府的呈文中称,"该县各牙行于正税外,另出附捐以充学款,此类捐款即为学校固定收入",故该县"乡村各小学经费来源,多以当地牙行捐款为经常收入"。②1929年天津县鲜货牙行、大牙行③、鱼行、猪肉行、棉花行、杂秤牙行、斗行等行业的牙商捐款兴建的部分学校包括天津县公立第一小学校、第二小学校等30所。

档案记载,直隶省正定府的牙商从1912—1929年也有捐款兴办学校的成本支出。正定府向牙商摊派教育经费的标准为:每年每家交纳制钱500文。如:1914年1月15日,正定府收到获鹿县解到的牙行教育经费182元58角1分(银元)。这些经费来自于获鹿县全部的509名牙纪,其中"每名交1914年春、秋季制钱500文,共应交足百制钱254千500文,按九八扣底钱5090文,共钱259千590文,以1420文易洋1元,易洋182元58角1分"④。

① 岳寿椿:《文水人经营的北京干鲜果行》,见政协山西省委员会文史资料研究委员会:《山西文史资料全编》(第4卷,第38辑~第49辑),未刊1999年版,第1200页。

② 天津县政府:《训令教育局调查各学校所收牙行附捐情形》,天津市档案馆藏,档案号:238-51-291。

③ 华北地区的大牙行是牲畜牙行的一种,一般而言,牛、马牙行为大牙行,猪、羊牙行为小牙行。

④ 获鹿县民国档案汇集:《正定府照催各牙行加交学校经费钱文》,河北省档案馆藏,档案号:656-1-121。

抗日战争前，据清苑县调查，该县每年的普通教育款，主要来源于牲畜牙行、四乡斗行等29种税捐，年收款12 580元。[1]

### 5. 政费

牙商的支出中还包括各种政费和军费等。抗日战争前，获鹿县"各集牲畜牙纪每年交政费等项钱200千文，每季交钱50千文"。1927年4月—1928年6月，获鹿县城牲畜牙商萧茂向官方交纳政费的情况如下所示：

"1927年4月7日，牲畜牙纪萧茂等交本年春季分政费千50千文（收讫）。

1927年6月11日，牲畜牙纪萧茂等交本年夏季分政费千50千文（收讫）。

1927年9月2日，牲畜牙纪萧茂等交本年秋季分政费千50千文（收讫）。

1928年1月9日，牲畜牙纪萧茂等交本年（1927年）冬季分政费千16 666文（收讫）。

1928年5月21日，牲畜牙纪萧茂等交本年（1928年）春季分政费千50千文（收讫）。

1928年5月25日，牲畜牙纪萧茂等交1927年冬季分政费千33吊330文（收讫）。

1928年7月5日，牲畜牙纪萧茂等交1928年夏季分政费千50千文（收讫）。

1929年2月3日，牲畜牙纪萧茂等交1928年秋、冬季分政费千100千文（收讫）。

1929年4月23日，牲畜牙纪萧茂等交1929年春季分政费千50千文（收讫）。

1929年6月8日，牲畜牙纪萧茂等交夏季分政费千50千文（收讫）。"[2]

### 6. 其他费用

牙商的支出还包括牙行为修建保管客户货物的仓库或客房所需的资金，此费用受区位因素、房地价格涨落和地方性政策等因素的影响较大。由于牙商有向客户放款的业务，故牙商要有一定的成本支付客户所需借款。由于牙商有向客户提供市场行情等信息功能，故牙商还需支付电话、电报、信函等所

---

[1] 保定市政协文史委员会：《保定近代教育史略》，河北大学出版社1992年版，第117页。

[2] 获鹿县民国档案汇集：《牲畜牙纪交政费等项钱文簿》，河北省档案馆藏，档案号：656-2-1037。

需费用。有时候牙商还需支付临时性的劳力搬运费用。有时候牙商还需交纳罚没款,官方对牙商不按规定的经营范围、经营方式,对涂改、出租、出借、转让、出卖牙帖或不在指定区域经营等违章行为,均可没收其非法所得,并处以规定限度内的罚款。牲畜牙商的成本中还有一项是每年向官方缴纳一定数量的牲畜作为"圣庙牺牲祭品"。[①]

## 二、牙行的资金额

由于牙行的规模、经营方式、雇用职员多少各不相同,所以牙行的资金额有多有少。

1943年天津牙商开设的121家牙行中,资金额最高的是北门外缸店街1号的义兴公货栈,该牙行资金额为200万元。其次是特二区大安街9号的同和兴货栈、义界大马路的公庆成和法租界十九号路57号的庆增福栈,3家牙行的资金额皆为30万元。资金额最少的为义界六马路30号的仁和栈新记、特二区兴隆街26号的隆兴成货栈、义界大马路13号的生公货栈合记和针市街隆顺里内的同义公,几家牙行的资金额仅为50元或33元。从各家牙行的使用人数来看,最多的高达130人(同和兴货栈),最少的则只有5人(庆利行栈新记、欲和货栈)。

为什么牙商开设的牙行资金额相差这么悬殊呢?这是由牙商的经营性质所决定的。牙商的经营活动系代客买卖性质,较小的牙行自设货栈,自家经营中介业务,所需成本仅为购买几个斗或几杆秤便可营业,故几十元也能正常运转,当然这是最基本的经营方式。而较大的牙行在经营中介业务的同时,不仅放款于客户,还自营买卖,他们从卖方那里收购商品,零购趸售,转售给商贾铺户,故所需成本较大,甚至会高达几百万元。

---

① 获鹿县民国档案汇集:《寺家庄王宗耀请牲畜牙贴卷》,河北省档案馆藏,档案号:656-2-457。

# 小　结

民国时期,牙行的资本组织形式包括独资、集资与股份制三种类型。股份制牙行是资本主义近代牙行区别于传统牙行的重要特点之一。牙行改组为股份制有限公司,顺应了民国时期市场竞争变化的形势,属于近代化层面的变化。牙商股份制的演变是在旧有商业组织框架内发生,故演变的内容和路径大多为传统形式下的调整,而在管理上并未采用公司层面的深层次变革。

由于行业经营活动的差异性,各种牙行的人员构成和各自分工也各有差异。至于员工的业务素质并没有一种绝对的标准,牙商在挑选员工时,总是要考虑某些特殊才干。这些才干包括:对货物的鉴别能力、善于沟通的能力等。

民国以来华北牙商经营职能经扩展而趋于完善,交易手段更加现代化,服务更加全面,经营业态和方式也随之演变,许多行业的牙商在传统的框架内萌生出若干新的职能,经营上具备了传统与近代的双重性。当时牙商除居中撮合贸易、代客买卖的中介代理职能外,还兼有为商户提供垫款或信用贷款的金融职能、公证贸易的合法的职能、保障货款交付的职能、提供各种信息的服务职能、栈房职能、对市场进行管理的职能和批发职能等。

牙商在民国时期的工商界占据重要地位,其之所以能够迅速崛起、发展,并执商界之牛耳,与独特的经营谋略和经营理念、经营文化有密切的关系。牙商在短得惊人的时期内,积聚起巨额资产,由此,民国时期的牙商变成了近代中国的暴发户。牙商的一个显著特点是,他们能凭借各种不同的本领,以种种方法来敛财。华北牙商的总收入,其具体各项收入的数字是难以知晓的,但是可以肯定,他们赚钱的办法是多种多样的。

在人们的观念中,牙行作为居间服务行业,一般不需要太多的资金,是无本万利的生意。但实际上,民国年间随着牙行业务范围的拓展,牙商经营运作中不仅需要一定的支出,而且往往要以大量的资金投入经营过程。

# 第三章 CHAPTER THREE

## 华北牙商的构成、社会关系、
## 行话与暗语

　　民国时期,华北牙商群体的人员构成改变了传统牙商的人员结构。一个成功的牙商背后,往往是一个巨大的社会关系网络。交易场中,牙商们在进行交易时,不仅在袖筒里用手交流,而且几乎所有行业的牙商都有一套神秘的行话和暗语。下面将从华北牙商的人员结构、社会关系、行话、暗语与衣着三个方面来分析牙商的社会特征。

150

# 第一节　牙商的人员结构

ERSHI SHIJI ZHI ZHONGGUO

民国以前，充当牙人的多是"地主恶霸，或流氓无赖之徒"，"衙门胥役，多有更名捏姓，兼充牙行者"或一些由"地方棍徒"充当的"私牙"。[1]民国时期牙商群体的构成广泛，改变了牙商的人员结构。这其中既有弃政经商的官僚，也有靠盘剥百姓积累财富的地主和豪绅；既有资金雄厚的资本家，也有无任何资本的贫农和无业游民；既有从旧式商业中走出来的商贾、学徒，也有新式教育下成长起来的知识分子；既有亦官亦商的代表，也有半农半商的典范。

## 一、官僚、资本家出身的牙商

在传统社会，"农本商末"支配着人们的就业观念，各种抑商、鄙商、贱商的风气更是抑制着经济的发展，而与此形成鲜明对照的是近代社会的重商意识。民国以来"重农抑商"、"学而优则仕"等传统观念越来越淡薄，弃政经商者比比皆是，从而保证了经商人才的不断涌现。

牙商中一部分来源于官僚资本家。如：直隶（现河北）丰润县胥各庄的恒丰

---

① 李华：《明清以来北京工商会馆碑刻选编》（前言），文物出版社1980年版，第35页。

货栈的开办者张锦荣曾任丰润县的副县长。①天津同顺永斗店是以代客买卖粮食为主的粮食牙行,其资东刘壬三是典型的官僚资本家,其"曾任吉林省财政厅厅长,吉林省官银号总经理"②,还是宁河县巨绅。刘还在关外和宁河家乡广有田产,并在芦台开设一家粮食牙行——会发粮栈。再如:抗战前夕,山西晋城商业发展到了顶峰,南寨街鲁豫通货栈则是晋城商业流通中的纽带。该货栈是牙商尚广霖1930年开设。尚是山西省晋城市泽州县南坪村人,清末进士,官派第三批赴日留学生,"归国后任山西武备学堂总教官,后回故里,齐政经商"③,开设牙行,属于牙商中典型的官僚资本家的代表。再有:1927年,曾在"张北县衙当差"④的牲畜牙商孙老六,组织60多名牙子在张北县城西北角成立了马桥,其也属于官僚资本的代表。

牙商来源中有亦官亦商的资本家。山东济南的同聚长是1920年由苗世德(星垣)开设。苗在五四运动时,便是商界的代表,后来被选为济南各界评议会的理事。他还参加过"基督教青年会的活动,并且发起创办《大民主报》"⑤。1920年,黄河以北大旱歉收,当时"济南官商合组赈务会"⑥,苗星垣便是赈务会人员之一,并担任车运处处长的职务。苗杏村是苗世德的堂叔兄弟,其在济南开设有恒聚成粮栈,其捐资在督办公署得到了咨议的官位。

牙商来源中还有一部分村长、里长等。如下面的一个农村调查:"1920年以前,河北濮阳某村的村政完全握于旧式知识分子、家族长及一小部分地主的

---

① 政协河北省唐山市委员会教科文工作委员会:《唐山文史资料》(第6辑),未刊1989年版,第37页。

② 政协天津市河东区委员会文史资料征集工作委员会:《天津市河东区文史资料》(第2辑),未刊1989年版,第86页。

③ 晋城市政协:《晋商史料全览·晋城卷》,山西人民出版社2006年版,第288页。

④ 牛金元:《张北马桥》:载政协张家口市委员会文史资料委员会:《张家口文史资料》(第13辑),1988年版,第207页。

⑤ 苗兰亭:《苗氏工商业兴衰五十年》,见山东省政协文史资料委员会:《山东文史集萃》(工商经济卷),山东人民出版社1993年版,第27页。

⑥ 苗兰亭:《苗氏工商业兴衰五十年》,见山东省政协文史资料委员会:《山东文史集萃》(工商经济卷),山东人民出版社1993年版,第27页。

手中。那时候的商人，都是贫民，且总计不过10人。没什么社会地位。后因商品经济发展，所有地主、富农及知识分子，都变成了花生及小盐业的经营者(其不营商业者，都因贫困化丧失了固有的权威)，故现在(1935年)的村长、里长，80%以上都是花生行、枣行、盐行的东家、小股东及经纪人。他们一方面是村政管理者，同时又是花生、枣、盐的收买者、放款人与粮食出卖者。故该村近来的政治中心，已由秀才、举人及家族长的宅第，转移到地主、商人及高利贷者所组织的三位一体的商店之中。"①这个农村调查说明，随着牙商的兴起，在利益驱动下，一些村长、里长开设花生、枣、盐等牙行。

牙商来源中绝大多数是资本家，尤其在口岸城市和中间市场中设有规模较大的牙行者，这些资本家有金融资本家、官僚资本家和商业资本家等多种类型。

山西省一些成功牙商的代表是明清时期靠经营当铺、钱庄的金融资本家转型而来。如：山西省太谷县北洸村曹家，靠经营钱庄和当铺起家，从明清之际就在山西商业资本中是颇著声誉的一家，从明代洪武年间创业至20世纪30年代衰败，历时700余年，经营行业达十数种，经营地区波及大半个中国，甚至扩展到日本、蒙古和俄国的部分地区，堪称山西屈指可数的大商业资本家兼大地主。②民国期间，曹家在山西省开设的牙行包括：太谷锦生蔚(杂货行)、祁县东关的济元昌(粮食店)、山西榆次的广聚花店(棉花店)等。这些牙行的特点均属集钱庄、当铺、粮店、烧锅或杂货各业于一体。河北省涿鹿县，卢沟桥事变前著名的山西帮十大钱粮行(庄)包括："保丰成(集资，掌柜王昌玉)、日升厚(股东胡振卿，掌柜李佩绅)、遇顺源(集资，掌柜范乾元)、永全恒(股东全二宅，掌柜阎子祥)、信义隆(集资，掌柜王子明)、广泰长(集资，掌柜李正旺)，公益成(集资，掌柜乔本德)、义兴号(集资，掌柜林某)、严裕公(集资，掌柜刘某)、瑞庆长(股东蔚县人，掌柜李世恩)"③。这些钱粮行皆在中心街开设行庄，收购大宗粮

①　果鸿孝：《中华近世通鉴》(经济专卷)，中国广播电视出版社2000年版，第470~471页。

②　郭齐文、贺中富：《太谷北洸曹家商业概况》，见山西省地方志编纂委员会办公室：《方志资料汇编》(第1辑)，未刊1987年版，第110页。

③　王维本：《芦(卢)沟桥事变前涿鹿城工商业概况》，载政协河北省涿鹿县委员会文史资料征集委员会：《涿鹿文史资料》(第3辑)，未刊1990年版，第1~2页。

谷,贩运京津,并承办汇兑储贷业务,信息灵通,颇能把握钱粮行情。他们均属涿鹿县城金融资本家开设。再如:1931年,天津达孚货栈的5位股东中,便有3位金融资本家:王绍贤(北京盐业银行副经理)、王元书和朱亦奇(在天津大中银行工作)。①

牙商来源中更大的比例是来自商业资本家。如1918年,山东济宁开设的东昌隆杂货栈,是资本家韩明轩以6000银元的资本开设。山西省曲沃县德盛泉是商业资本家以80 000元资金开设。河北辛集商业资本家开设的皮店(皮毛牙行)有:"同茂皮店、聚源皮店、华太皮店、同州皮店、万生皮店、德全皮店、天裕皮店、恒通皮店、泰记皮店、水昌皮店、大通皮店、荣昌皮店、同德成皮店、贾记皮店、开吉皮店、开泰皮店、太昌皮店、志诚皮店、同昌皮店、万和皮店、义生祥皮店"②,其中同德成贾记店,开设资本是10万元大洋。邢台皮店可分为大、中、小三类,皆属商业资本家开设的范畴,其中"大皮店一般拥有资金15万元以上,从业人员20人左右,发放皮贩50余人;中等皮店有资金四五万元,10余人从业,发放皮贩30余人;小皮店有资金一二万元,从业人员五六人,发放皮贩20余人。中等皮店较多,约占70%,大小皮店各占10%多一点"③。商业资本家开设这些皮店资金雄厚者不胜枚举,如河北省邢台县崔路村的刘学道在邢台独资开设了七八个皮毛牙行(皮店),各个皮店投入总资金合计在100万元以上。天津代理杂粮的牙行启泰粮栈的两个股东中,李树棠系"中法合办仪兴轮船公司副经理";张玉庆开设有"煤厂,大车店,并有玉庆里、玉庆东里等大片房地产"。④河北省丰润县的企业家翟东选在胥各庄开办了恒丰货栈和东成货

① 政协天津市委员会文史资料研究委员会:《天津文史资料选辑》(第52辑),天津人民出版社1990年版,第143页。

② 王登普:《辛集皮毛志》,中国书籍出版社1996年版,第51页。

③ 张树林、杨洪超、刘延思:《邢台皮毛业的兴衰》,见河北省政协文史资料委员会:《河北文史集萃》(经济卷),河北人民出版社1992年版,128页。

④ 政协天津市河东区委员会文史资料征集工作委员会:《天津市河东区文史资料》(第2辑),未刊1989年版,第83页。

栈。①

# 二、地主、富农、绅士出身的牙商

在华北各县城或乡村集市的牙商大部分来源于地主、富农和绅士，这是因为地主、富农他们掌握了大量的土地和粮食，有足够的资本进行商业投资，而一般人做生意必须找个有钱有势的东家做靠山，或聘一个有权势的绅士当交际、撑门面，否则，生意就做不稳。另外，还有一部分绅士自己经营或合资经营牙行业。

河南商城县的牙商粮行经纪人，"多为当时的保长、地主和富绅，政治上或多或少、或大或小都有一定背景和靠山"②。河南浚县1949年前，城乡粮行大部分为有钱有势的地主、豪绅开办："县城北街'德和粮行'是周口姓王的大财主，王与大土匪扈全录有亲戚关系；屯子集'德合'粮坊由镇长开办；钜桥'协和'粮行主人同扈全录是换帖朋友；小河集大地主马，有土地10余顷，又开办粮行。他们自有财力，又有后台，垄断了城乡粮食市场。"③赵县棉花牙行店中的东晏头陈家、西河宋家、西门翟家、西卜庄任家，都是置有百亩良田的地主和富农。河北省安国县开设药材牙行的卜家是当地有名的大地主，当时来安国的"十三帮"、"五大会"的药商多选择卜家为其代购代销药材。民国时期河南省卫辉县粮行的经营者大都是一些有钱有势的绅士。民国时期，河南省尉氏县蔡庄镇的绅士朱学斌在"尉氏县城、蔡庄镇、南席镇各开设一座粮行"④。河北省丰润县的豪绅王赤峰在胥各庄开办了代客买卖猪鬃的同业栈。⑤

---

① 政协河北省唐山市委员会教科文工作委员会：《唐山文史资料》（第6辑），未刊1989年版，第37~38页。

② 河南省商城县粮食局：《商城县粮食志》，未刊1987年版，第71~72页。

③ 浚县粮食局：《浚县粮食志》，中州古籍出版社1995年版，第119~120页。

④ 郝育森：《双泊河畔的全升和粮行》，载政协河南省委员会文史资料委员会：《河南文史资料》（第4辑），未刊1994年版，第144页。

⑤ 政协河北省唐山市委员会教科文工作委员会：《唐山文史资料》（第6辑），未刊1989年版，第38页。

## 三、知识分子出身的牙商

随着牙商的崛起及发展，一些知识分子也从"士、农、工、商"的束缚中脱离开来，加入牙商的队伍，这在民国以前，是几乎不可能的事情。

天津启泰栈代理杂粮买卖的牙商屈秀章毕业于天津新学书院[①]；另一名牙行股东傅淳熙，本名傅同乐，系河北省立水产专科学校教务主任。[②]

档案记载了1940年7月的关于《天津粮食牙行（斗店）业同业公会职员名册》的23位会员的学历状况。其中大学教育程度的有1名，同孚新斗店店员刘耘青；中学教育程度的有5名："万春斗店经理王子承、同孚新斗店店员孙渔舫、同顺永斗店总经理宋子香、同孚新斗店经理王玉衡、瑞隆祥斗店店员刘子玉；小学教育程度的有5名：万春斗店店员崔建勋、万春斗店店员崔嵩泉、同顺永斗店店员徐子贞、同顺永斗店店员杨福田、华丰裕斗店店员金孝先；民塾教育程度的有12位：同顺永斗店经理赵锡三、华丰裕斗店经理孔瑞卿、怡和斗店店员王泽民、怡和斗店店员宋锡卿、万春斗店店员宁墨林、同孚新斗店店员周进唐、华丰裕斗店店员张灿如、华丰裕斗店店员刘绍田、怡和斗店经理张瀛洲、怡和斗店总经理于显连、瑞隆祥斗店经理孙恩泰、义成号斗店经理王凤鸣"[③]。这23位会员中难得的是还有一个大学生刘耘青。这反映了知识分子对牙行业的热衷。

从事牙商者，还有从海外归来的留学生。如：河南韩哲武，毕业于日本东京帝国大学商科，归国后，与同学叶剑星于1913年合资开设了天津交通货栈。[④]

---

① 政协天津市河东区委员会文史资料征集工作委员会：《天津市河东区文史资料》（第2辑），未刊1989年版，第82页。

② 政协天津市河东区委员会文史资料征集工作委员会：《天津市河东区文史资料》（第2辑），未刊1989年版，第83页。

③ 天津市档案馆等：《天津商会档案汇编（1937—1945）》，天津人民出版社1997年版，第746～747页。

④ 石云山口述、宋万善整理：《记天津交通货栈》，载政协天津市河北区委员会文史书画委员会：《天津河北文史》（第4辑）1990年版，第124页。

# 四、农民出身的牙商

牙商中存在着因贫困不济，被迫从商，通过勤奋经营而获得巨大财富的贫农阶层，在山东烟台开设全兴义鱼行的孙宝泉便是当时的代表之一。

山东烟台地处山东半岛，濒临渤海，每年春季，各类鱼虾成群结队洄游到烟台外海，因此各地鱼商云集烟台。渔业在烟台是不可缺少的主要行业，民国时期有大大小小的鱼行100多家，其中五大鱼行之一、全兴义渔行的创办者孙宝泉（字蚨亭）是山东乳山县崖子村人，"因家贫，来烟台谋生，起初肩挑鱼筐，走街串巷，以贩鱼为生"①。后和孙彤臣（和孙同村来烟台谋生，无住处），伙同另一无业游民辛德盛，求亲告贷，凑积了几百吊钱，开设了全兴义鱼行。

另外，山东平度县沙梁村的綦官晟是另外一个典型。

20世纪30年代，山东青岛资产总额在200万元（银元）、职员和雇员共400余人的山东土产牙行店同丰益号的经理綦官晟，原不过是山东平度县沙梁村的一自耕农，世代务农。当时全家仅有"5亩老土地"②（折合现在为12.5市亩），处于捐税如毛、天灾连汛、土豪劣绅横行的农村，毫无前途，才痛下决心来青岛弃农从商，以土产品代办店起家。

在牙商来源中，尤其是专业市场或乡村集市中的牙纪大多是半农半商。如河北省安国县的药材市场中的牙纪（经手）大多为半农半商，平时种田，庙会期间做牙纪。③而集市中的牙纪，在集期充任牙纪，不是集期的日子则以种田为生。

---

① 刘心同：《烟台全兴义鱼行》，见山东省政协文史资料委员会：《山东工商经济史料集萃》（第2辑），山东人民出版社1989年版，第324页。

② 綦瑞麟、綦松声：《同丰益号的兴衰》，见山东省政协文史资料委员会：《山东工商经济史料集萃》（第3辑），山东人民出版社1989年版，第27页。

③ 谢海洲：《北京中药业解放前后的情况》，见政协北京市委员会文史资料委员会：《文史资料选编》（第2辑），北京出版社1979年版，第167页。

# 五、无业游民和无赖混混出身的牙商

由于牙商开设牙行的规模有大小之分，从事牙行业所需的资金也可多可少，因此牙商中有些来自于无业游民。在乡村集市中一般摆摊子做牙商的，多无资本，仅有一些经营上必要的用具，如斗、秤、蒲篮等，后来虽然领帖开了牙行，但采用代客买卖方式，并不自买自销，所以一般资本仍是不多。还有一些游行牙纪，更是不需太大资本。比如牲畜牙纪只要一根长绳子即可，而粮食牙纪也不过一只斗、一块刮板而已，其他行游行牙纪就几乎全凭一张嘴挣钱，故一些无业游民参加到牙商队伍中来的很多，但都在各县城或乡村集市中充任，在口岸城市和集散地市场中则很鲜见。如：张北马桥的"牙纪就是以看牲畜口齿、说合买卖双方成交的人，分马牙子、牛牙子、驴牙子等。张北的牙纪大部分是马牙子，同时也兼做其他牲畜的交易。这些人大都是城内无正当职业的居民，因找不到工作，领上个营业执照，经保人作保，在桥上拴条绳子，就当起了牲畜牙纪……这些牙纪中，有的从小就'团弄'过牲畜，有的当过马贩子，有的经常上桥观看学得两手，干起这一行，久而久之，他们不仅能识别牲畜的口齿、毛色、产地，而且能说出每头(匹)牲畜的性情、力气、出肉多少"[1]。

牙商中还有些来自于街头市井的无赖混混。这些人江湖习气浓厚，流里流气的痞子味让人反感。虽然他们也注重信誉，但为了成交，有时也哄骗欺诈，吹捧拉拢，侵吞黑钱。其中更不乏一些坑蒙拐骗、欺行霸市的行径。这些人虽然比例很少，但影响甚坏，他们给世人造成牙行是骗子行当，是靠哄骗买卖双方从中挣取佣金的不光彩职业的根源所在。如直隶正定、迁安商会在一份《标包牙帖有害商民，请规复元年旧制案》文件中写道："各县谋充牙纪者，率皆无业地痞，绝无奉公守法之辈。"[2]又如，天津商会档案显示，1919年10月间，直隶

---

① 牛金元：《张北马桥》，载政协张家口市委员会文史资料委员会：《张家口文史资料》(第13辑)，1988年版，第209页。

② 江苏省商业厅、中国第二历史档案馆：《中华民国商业档案资料汇编》，中国商业出版社1991年版，第754页。

南皮县"地痞董祥亭，勾串县署书差，饰词捏呈南皮县署转呈直隶财政厅领取泊镇一等鸡鸭卵牙帖一张"[②]，在泊镇设立牙局，把持市面。

牙商是一个特殊的群体，它是由多个社会群体沿着不同的方向交融互渗而成。作为中介社会群体的存在，他们身上都留下了社会变迁的历史印记。牙商成为许多群体竞相争流的主要动因不外乎三方面：（1）牙商是收入最高的阶层之一，成为许多人愿意选择的主要流动方向；（2）牙商是一个集多维社会属性于一体的社会群体，作为独立中介的牙商和作为中介兼独立商人的牙商很难区分，一些人在从事代客买卖的同时又自营买卖；（3）近代以来，社会各行业间的分工开始趋向专门化，社会职业结构开始发生变动，牙商也由此开始广泛接纳来自于其他的社会群体，制约着社会流动的主要方向。

---

① 天津市档案馆、天津社会科学院历史研究所、天津市工商业联合会：《天津商会档案汇编（1912—1928）》（第4分册），天津人民出版社1992年版，第3836页。

# 第二节　牙商的社会关系

ERSHI SHIJI ZHI ZHONGGUO

　　一个成功的牙商背后,往往是一个巨大的社会关系网络。可以说,牙商成功的客观条件就是这个社会关系网络的有效性。在这张关系网中，牙商与政府、帮会、购销客户、出口商、金融、保险业、脚行、转运业等保持着密切的关系。

## 一、牙商与政府、帮会的关系

　　德国著名学者威廉·罗雪尔认为:"如果一个国民仅仅当作彼此没有联系的个人而与中央集权相对立,则这个国民可以说不过是一粒微尘,它的生活是落后的,一旦遭受暴风骤雨的袭击,就会立即崩溃。"[1]一个行业的发展也是如此，为了保证经济上的优势地位，必须构建起与政府之间的社会关系网络。"倘不依靠官府,任何一个商人或企业家都负担不起炫耀自己吉星高照、家财万贯的后果,官府那一套敲诈勒索制度在执行过程中似乎永远都是言之成理

---

　　① ［德］威廉·罗雪尔著,朱绍文译:《历史方法的国民经济学讲义大纲》,商务印书馆1986年版,第49页。

的、气壮如牛的。"①因而，牙商在与客户关系不断拓展的同时，也逐渐建立起了与政府及地方势力之间的社会关系网络。

天津同和兴货栈背后坚实的靠山便是政府人员。经理孙东园和天津站的站长顾叔臣是磕头兄弟，与张廷锷②关系密切。通过一个朋友，他和曹锟的人拉上了关系。日本统治时期，孙东园又和商会会长刘静山搞在一起。靠着与政府的关系，同和兴货栈生意兴隆达50年之久。1918—1931年间，山西临汾有几个粮行也发行票子，有的是东家和政府勾结，"利用发票子搞投机、发横财"③。

牙商与政府关系密切的程度，甚至可以令政府调用巡警为牙商的经营活动服务。档案显示，1921年，山东德县柘镇李凤舞与吴绍先二人，伙领蛋行牙帖，在车站华通栈内开设营业。李、吴二人在柘镇"各街路口有巡警指挥，所有肩挑各贩蛋商，均指令投行设卖。凡从前收买鸡蛋之家，亦派有巡警看守，不得私自买卖"④。巡警本为公家保安之用，而牙商竟能调用，供其指挥，其与政府关系可知甚密。

牙商与政府的密切关系还体现在贿赂政府人员进行偷税漏税。这是民国时期牙商的一个公开的秘密。政府令牙商纳税时是按营业额的比例收取，牙商可以通过贿赂政府人员，少报营业额而偷税漏税。如河南卫辉府民生粮行，只向政府报营业额的30%⑤，如果政府要求查账，也不会对牙商造成威胁，因为牙行往往会有两本账，不知内情的人是查不出来的。即使政府查出营业额

---

① 彭泽益：《中国工商行会史料集》（下册），中华书局1995年版，第673页。

② 张廷锷，字直卿。河北省丰润县人，1890年生。早年赴日留学，后入北洋高等工业学堂。曾任天津内河轮船局局长，直隶省议会议员，北京电报局局长及直鲁电政监督。1923年5月任高凌蔚内阁秘书长，于1924年1月去职。1924年1月至10月任山西省河东盐运使。以后从事于盐商活动。1934年出任国民党天津市市长，于1935年去职。抗战胜利后又任天津市市长。1947年去职。

③ 佚名：《二十年代前后临汾粮行简况》，载政协山西省临汾市委员会文史资料研究委员会：《临汾文史资料》（第8辑），1994年版，第11页。

④ 天津市档案馆、天津社会科学院历史研究所、天津市工商业联合会：《天津商会档案汇编（1912—1928）》（第4分册），天津人民出版社1992年版，第3853页。

⑤ 吴清甫：《民生粮行的兴衰》，载政协河南省卫辉市委员会学习文史委员会：《卫辉文史资料》（第3辑），未刊1991年版，第77页。

的出入，牙商也会通过烟茶酒肉招待的方式降低税额。民生粮行的吴清甫回忆卫辉府的税务局长向牙商索贿时常用的言语为："现在谋事不易，不花钱谋不到事。谋到了事，没有钱敬奉上司也干不长。逢年过节，都得给省局送礼，到局长公馆，见了少爷小姐，要拿见面礼，厨师、奶妈也要给个赏钱，同事们吃馆子，看捧场戏，都得花钱……"说到这里，实际是局长张口向牙商要钱了。这时候，局长和牙商便有一番双方讨价还价，确定税额。"比如按局长查出的账数应纳税500元，却以300元了结，而税票只开100元，局长自己下腰包200元，粮行少纳税200元。"[①]就这样，政府和牙商沆瀣一气，偷税漏税，以肥私囊。

牙商还同帮会势力有密切关系。像山东烟台的鱼行往往与渔霸联合，对渔民、鱼贩的货物既压级，又压价，还压秤，剥削手段十分毒辣。天津渔业牙行也常常为恶霸流氓所把持，俗称"鱼锅队"(是天津的土话，就是流氓聚众成伙同锅吃饭之意，是流氓组织的同义词)。有的牙商还请流氓头子做老板，从恶势力方面取得支援。如1938年任天津同和兴货栈的经理刘静山拜青帮头子白云生门下，利用青帮关系，结交官商各界人士，包办牙行业和干鲜果品业牙税，从中渔利。河南浚县的德和粮行，是周口姓王的大财主，王与大土匪扈全录有亲戚关系；钜桥协和粮行主人同扈全录是换帖朋友。

## 二、牙商与购销客户的关系

牙商系以代客买卖货物为业，对于客户便有最直接的关系。将货物委托牙商代为销售，或委托牙商代为购买货物者，一律视其为客户。牙商交往之客户，约可简单划分为内行、外行或农民三种。善于经营的牙商与各种类型的客户均要保持密切的联系。

所谓内行客户，系长期经营某种货物者。其中又有字号内行与个人内行之别。所谓有字号者，在产区有一定之资金、地址及商号名称者也。所谓个人者，虽系内行，但无相当之资金。届交易时再行集资，临时规定字号名称，且其字

---

① 吴清甫：《民生粮行的兴衰》，载政协河南省卫辉市委员会学习文史委员会：《卫辉文史资料》（第3辑），未刊1991年版，第77页。

号名称,今日称为甲号,明日又改称乙记。彼辈所居住之地,即系其字号所在地,并随时与人合伙营业,又可随时与合伙人分散营业。

所谓外行客户,系临时鉴于某种货物之有利,意欲乘机买卖,希图获得意外利润者。外行客户中可分为"商人外行与非商人外行"①两种。商人外行,多系各行业商人,预想某种货物价格可能上涨,临时买进卖出货物以图获得利润。凡非商人外行,大多系普通市民,受内行之指导而经营者,其经营情形,以囤积货物为主。

所谓农民式之客户,系以其自身所生产之土产运牙行销售,在有利润时,尚可筹集资金在自产区购进相当数量,随自身所产之数量一并运牙行销售。待其所生产及增购牙行之货物销售后,即不继续营业。凡将所产之土产直接运牙行销售之农民,俱系具有相当商业知识或生产数量较多者,不愿受到集市牙纪或内地客户之中间取利,因而直接运送牙行销售。此类客户若与其他客户有相当关系,即委托其他客户运进牙行,借以降低费用。农民式之客户,其欲直接销售者,大多有人与其介绍牙行,否则,绝不敢贸然运货来牙行。

对牙商而言,以上三种客户,以内行客户中之个人内行者为最不易与之接近,业务上且易受其威胁。有时,彼辈是营业受损失,便不归还牙商贷款,或将款贷去后,遂逃匿不见。因此,牙商接待客户很谨慎,对客户之个性认识较了解者,才允其以大额贷款。另外,牙行的特殊客户还有两类。一类是"帮客",即某一地域内彼此联系密切的成批客户,如"天津帮"、"关外帮"、"遵化帮"、"上海帮"等。一类是"庄客",其中分"长庄"和"散庄"两种。长庄即长期住在货栈中的商号代表,散庄即临时做一笔生意就离开的客户。对于"帮客"的头面人物和"长庄"代表,牙商倍加照顾,称他们是"财神爷"。有"一损俱损,一荣俱荣"的重要性。因"得罪他们一人,就会带走一帮客户"②,故牙商尽可能和他们密切关系。

牙商与客户的关系本质在于货物的代理买入卖出。客户运货进牙行后,牙

---

① 薛不器:《天津货栈业》,时代印刷所1941年版,第68页。

② 朱继经:《兴旺发达的胥各庄货栈业》,载政协河北省唐山市委员会教科文工作委员会:《唐山文史资料》(第6辑),第38页。

行除给其货物提供仓库,负责保管货物外,牙行为增进友谊,对于客户之正常饮食、住宿、休息等提供便利。如需用款,牙商在可能范围内亦须随时支付,待货物销售后再行扣抵。

由于客户来牙行,无论资力大小、来货多寡、业务盈亏、年岁长幼,盖有一二消遣。其间固有一定之限度,但放浪不拘之客户,亦大有人在。因此,便有很多客户向牙行提出应酬娱乐之事。据当时的社会调查显示:对于客户所提出的特殊应酬娱乐,不同的牙行会采取不同的措施,一般而言,大概可以分为两个层次。

第一,所营牙行规模较小、规格较低的牙商,为拉拢客户,尽力满足客户的一些要求,提供娱乐方面的要求。但凡客户嗜赌者,牙商即"派人与之赌博",喜嫖者,牙商则"随之捧场"。[1]如:胥各庄的中和栈为了吸引客户成为本牙行的主顾,牙商不惜在服务客户上花钱,设专人负责客户的接送和食宿,每日由厨房伺候内餐,每餐八菜一汤。货栈对于"商帮"的头面人物和长期住栈代表倍加照顾,称他们是"财神爷"。因得罪他们一人,就会带走一帮客户,故尽可能满足他们的嗜好:"喜欢打牌的专门由掌柜的陪着,故意让他赢钱,会吸鸦片的也要千方百计满足要求"[2]。

第二,在市场上地位较高、信誉较好的牙商,对于客户之合理应酬,视其平日之友谊关系,会加以照顾,并不引导客户浪费,至于娱乐方面更是有一定之限度。客户来牙行,其目的固系销售其带来之货物。然有不少客户希望借此机会,观光来地、了解来地的市场行情。对于此类客户,牙行内有专门交际人员负责向客户介绍本地的风土人情、各行业的市场概况等,甚至安排专门人员,陪同客户一起观光、了解市场行情。对于客户提出赌博、嫖娼、吸食鸦片等特殊要求者,牙商一概不予以提供。这是由于:应酬客户之娱乐,并非牙商业务,而客户来牙行目的在于货物的售出与购买,消遣也并非客户使命所在,牙商

---

① 薛不器:《天津货栈业》,时代印刷所1941年版,第70页。

② 朱继经:《我所了解的胥各庄货栈业》,见河北省政协文史资料委员会:《河北文史集萃》(经济卷),河北人民出版社1992年版,第308页。

对客户稍有点缀,即已尽地主之谊,殊无特殊应酬之必要。而牙商更恐所雇之职员借故挥霍,勾结客户欺诈牙商,滋生营私舞弊的行为。所以,正当的牙行对客户提出的娱乐要求,一般有严格限制。比如:天津同和兴货栈对交易的客户约法三章:"不许在该栈吸食鸦片、不许在该栈赌博、不许夜不归宿在外宿娼"①。如发现有以上三种情况,该栈有关负责人亲加规劝和禁止,如屡劝不听,就给客户单位去信。同和兴货栈对客户所制定的规章制度深受各地正当商号的欢迎。不少客户派人代买或代卖货物的时候,都指定在同和兴货栈交易,以防派来的员工学坏,因此该栈的客户越来越多。

牙商系代客买卖货物,居于中间人之地位。对于买卖双方客户之待遇,并不应该有所轩轾。若重视卖方而轻视买方,则买方便去往他处;反之,若重视买方而轻视卖方,卖方受损失后,必将另投其他牙商处。故牙商对客户,无论是买方还是卖方,均持平衡态度,长此以往,牙商与客户之关系较为亲密。倘若牙商仰赖应酬客户的特殊服务而不能代客户销售或购买货物及周转资金,虽有再好的应酬关系,于客户之长期招徕,牙商业务前途及客户之利益尤其不利。如上面提到的天津同和兴货栈十分注意和各地客户的关系。该牙行招揽客户的做法有六条:派人到产地,主动与各地客户联系,招揽货源;和外地城镇、集市的客店、转运栈搞好关系,并让客店或转运栈推荐客户;为各地客户提供经济情报、印发"行市单",邮寄给各地客户;千方百计提高给客户的服务质量;向客户提供货物的包装物品,使客户的货物只能发到同和兴货栈;"密切与铁路的关系,它利用铁路为自己提供的特权,既赚了钱又联系了客人。"②

华北牙商与购销客户的关系还体现在专业市场、产地市场、中间市场、终点市场。牙商将口岸市场与内地不同类型的购销客户连接在一起,形成一个以牙商为核心的商品购销网。

---

① 杰三:《天津同和兴货栈五十年》,见中国民主建国会天津市委员会、天津市工商业联合会文史资料委员会:《天津工商史料丛刊》(第4辑),未刊1986年版,第140页。

② 李省三:《天津同和兴货栈》,见中国民主建国会天津市委员会、天津市工商业联合会文史资料委员会《天津文史资料选辑》(第52辑),天津人民出版社1990年版,第130页。

牙商在专业市场中与购销客户的关系处于桥梁地位，下面以民国时期北平粮食交易的专业市场为例说明。北平粮食专业市场有两个：南市（珠市口与教子胡同）、西市（西直门外）。两个市场各有集期。南市的珠市口是农历每月的二、五、七、九开市，教子胡同是农历每月的一、三、六、八开市；西市的西直门外开市是农历每月的二、四、六、八、十。南市与西市交易地点在院落内，系样本交易，交易数额颇大。据统计："西市每集交易杂粮约2400公石，面粉约600袋，南市教子胡同则每集交易大米及杂粮约1200公石，面粉约2000袋，珠市口每集交易大米及杂粮约2400公石，面粉约2000袋。"[1]来两个市上从事交易者多为本地零售店、面粉厂和外地贩运商。而外地贩运商为便利起见，一般委托粮栈代为买卖。

在这种专业市场上的牙商对购销客户发挥的职能，通常有三种：第一，介绍交易。牙商把来自粮栈、米庄及粮食店、面粉厂销售处的粮食介绍给粮栈、酒坊、糖坊、面粉厂及消费者。第二，评定价格（也有买卖双方直接定价格的时候）。卖方用布包裹着粮食样本或面粉样本，陈列在桌案上，买客看过样本后，即直接与牙商或卖方讨论价格。第三，买卖的公证。价格评定后，牙商开写"市帖"[2]，作为成交的凭证。牙商在北平粮市交易中发挥的作用如下图所示。

**牙商在北平粮食市场作用简图**

从图可知，牙商在北平粮食专业市场中，将来自粮栈、米庄或粮食店及面粉厂销售处的粮食介绍给粮栈、酒坊、糖坊、面粉厂或零售店等。牙商在购销

---

① 张铁铮：《北平粮市概况》，《社会科学杂志》，第8卷第1期，抽印本1937年版，第126页。

② 张铁铮：《北平粮市概况》，《社会科学杂志》，第8卷第1期，抽印本1937年版，第129页。

客户中扮演着重要的角色，处于桥梁地位。

牙商在产地市场的购销客户中处于桥梁地位。产地市场也即商品的初级市场。受自然地理和人文环境的影响，大多交通不便，商品流通主要依靠车（手推车）运舟载或肩扛畜拉，华北地区广大的农村属于初级市场。初级市场的牙纪，一般在集市上为贩运商、农民、零售店铺或洋庄的代理人等居间撮合、评价执斗或执秤。

牙商在中间市场的购销客户中起承上启下的作用。中间市场，也称集散中心市场，交通便利，是区域性的经济中心，包括石家庄、郑州、太原、济南、榆次等。为了方便商品的仓储、运输及转运，中间市场的牙商一般在贸易繁盛的市镇、火车站、码头等开设大大小小的行店或行栈，有实力的行店或行栈会在中间市场以外设立外庄，深入产地市场采购，同时收购各初级市场或同业行栈流通来的商品。其中经营较好的行店或行栈一般与产地市场的商人或市镇行店有长期密切的业务往来。中间市场一方面为产地市场提供洋货及百货商品，另一方面将来自产地市场的粮食、棉花、皮毛、烟草、土布、山干货、鲜货、药材、煤炭、油等可供出口的商品提供给终点市场。

牙商在终点市场的购销客户中处于桥梁地位。终点市场，也称口岸市场。终点市场的牙商一方面通过将粮食、棉花、皮毛、土布、山干货、鲜货、药材、煤炭、油、烟草等土货产品从中间市场向终点市场汇聚，另一方面提供给中间市场所需要的各种进口洋货，主要是各上海帮和日、德等洋行等提供的大宗进口棉纱、布匹、火柴、煤油等洋货，形成土洋货的双向流通。终点市场的牙商一般都具有较强的信息意识，且联系面广，了解商品信息，掌握市场行情，与洋行、出口商有着密切的联系，并在水、陆冲要地点开设规模较大的牙行。如天津启泰粮栈在海河东岸大王庄开办，所处位置原是海河东河坝英商太古洋行码头，可容3000吨级的轮船自由进出。这样，从水路来的粮食可直接到达太古码头的粮栈。由于大王庄距老龙头车站下九股货场很近，启泰粮栈便自修了从下九股到粮栈的火车支线。凡是从东北经京奉铁路来的粮麦，车皮经岔道可以直接进入粮栈，这就节省了很多搬运费。再如天津的粮麦除了粮栈居间以外，还有斗店居间。天津的斗店集中在西集、北集两处。西集在御河附近，北集在京奉铁路旁边。"西集斗店有怡和馨、庆长顺、同丰泰、华丰裕四家，北集斗店有万春新、同顺永、同丰泰三家"[1]。再如：北平的粮栈为了转运粮食便利的缘故，"均设在西直、西便、永定、正阳各门、各铁路车站的附近"[2]。

在实际的商品流通中，并不是完全按照产地市场、中间市场、终点市场逐层逐级流通商品的。终点市场的牙商有时也深入产地市场直接购销商品，产地市场的商贩有时也直接与终点市场的牙商进行贸易。如在生意兴旺时，天津有40余家牙商开设的棉花栈都派人到津浦、京汉沿线收购棉花。在棉花的主要中间市场，石家庄有仁记、和平、隆茂、兴华4家牙商开设的棉花栈，专收棉花运往天津。"每年旧历八月至十二月交易最盛，天津中外棉商临时派人来买，或指定货色价格，委托各货栈代为收买"[3]。另外，不仅口岸市场的牙商通过若干商人贸易环节将进口洋货向内地分流，中间市场甚至产地市场的一些牙商开设的行店也代理农商各户货物的代购，进一步完善贸易购销网络的双向循环。如1932年张北县的45家粮店与城内的百货和食品副食店有着长期的业务往来。[4]粮户粜粮有了钱，由粮店的伙计（俗语抱牛头人）代购百货。

为了更清晰地分析牙商在商品流通各市场购销客户中发挥的作用，本书以棉花为例，分析以牙商为桥梁的贸易购销网络的构建，阐释牙商在购销客户中不可或缺的作用。

华北地区棉花的产地市场是以河北、河南、山西、陕西四省为主，其中河北占很大比例。1929—1930年间，我国华北棉区（以下简称华棉）棉产占全国棉区的31.5%。[5]其中山东棉产占全国的17%，河北棉产占全国的11.4%，而河南、山西、陕西三省所占不过2.8%。产地市场普遍设于乡间之集市，牙商在产地市场组织中的作用如下：

---

① 中国第二历史档案馆：《中华民国史档案资料汇编·三·北洋工商》，江苏古籍出版社1991年版，第248页。

② 张铁铮：《北平农产品贩卖方式和市场组织的研究》，见千家驹：《中国农村经济论文集》，上海书店出版社1990年版，第270页。

③ 佚名：《石家庄之经济状况》，《中外经济周刊》（第181期），商务印书馆1926年版，第22页。

④ 佚名：《旧中国时期的张北粮行》，载政协张北县委员会文史资料委员会：《张北文史资料》（第3辑），1994年版，第93页。

⑤ 方显廷：《中国棉花之生产及贸易》，《经济统计季刊》，1933年第2卷第1期，第79页。

★

第三章

167

华北牙商的构成、社会关系、行话与暗语

### 棉花产地市场之组织

| 棉农 → 小贩 → 轧棉花店 → | 牙纪 | → 小栈 <br> → 轧棉花店 <br> → 棉花店或棉花栈 <br> → 洋行分庄代理员 |
|---|---|---|

从图可知，产地市场中的牙纪是买卖双方之中间人，其主要负责评价、过秤、包装、办理运输，有时候还负责为雇主筹款或垫付等。棉农、牙商、小贩、轧棉花店及来自中间市场或终点市场之代理员，均会集于此商议买价，棉花便在此脱售。在棉花产地市场之购销双方中，牙商始终处于桥梁位置。

牙商在华北地区中间市场上设有棉花店或棉花栈。棉花店一方面为棉农到中间市场脱售棉花之驻足地，同时也为终点市场及其他各处之棉花贩运商、洋行分庄与纱厂特派员之驻足地。棉花中间市场之组织图如下：

### 棉花中间市场之组织

| 棉农 → 小贩 → 轧棉花店 → 棉花店 → | 棉花店 | → 棉花栈 <br> → 棉花贩运商 <br> → 平津棉业店 <br> → 洋行分庄 <br> → 纱厂特派员 |
|---|---|---|

从图可知，在中间市场的棉花组织中，棉花店将来自于产地市场的棉农、小贩和其他棉花店的产品卖与终点市场的棉花栈；或由棉花贩运商购买后自行卖至终点市场的棉花栈。另外从棉花店购买棉花的还有平津的棉业店、各洋行的分庄及内地纱厂的特派员等。在中间市场的棉花组织中，牙商开设的棉花店处于中心位置。

民国时期，华北棉花市场的终点市场是天津和青岛。华北推广植棉始于明代，但清末以前棉花主要用作衣被的填充物和纺织土布的原料，所以华北的棉花大多是在产地县城和乡村集市上交易。20世纪后，国内外纺织业迅速发展，棉花受到出口商青睐，几年间就一跃成为天津的主要出口商品，居全国棉花出口量首位，并是天津地区纱厂的原料。原来天津没有专营棉花的商店或货栈，棉花大量出口后，牙商开设的棉花货栈才应运而生。1907年前，天津并无专营棉花之货栈，1912年有6家棉花货栈，到1919年发展到有大、中型的20家，1936年则激增至84家。①此外，山东青岛也是华北地区棉花的终点市场。该市场仅限于山东省部分棉区的棉花流通系统，规模较小，且基本被日商所控制，有较多的殖民性，与以天津为终点市场的棉花流通系统有很大的不同，故不列入本书研究之范畴。

在华北地区以天津为终点市场的棉花流通体系中，牙商开设的棉花栈处于体系的中心地位。在天津，各种棉贩及各中间市场之棉花店或棉花栈的代理人把中间市场的棉花运赴脱售。交易往往在棉花栈中成交。棉花栈与中间市场的棉花店性质相同，都由牙商领取牙帖开设，不过营业规模较大。当棉花运到栈时，棉花栈办理报关手续，并取得报关执照，然后将棉花运至栈内。到栈时，由栈内的秤手过秤并鉴定货物品质。每一行栈一般有牙纪(天津也称跑合人)专门负责提供市场行情及买卖信息。棉花在天津市场的流通如下所示：

### 终点市场的棉花组织图

| | | |
|---|---|---|
| 棉花贩运商————→ | | ————→出口行 |
| 棉花店————→ | 棉花栈 | ————→纱厂 |
| 棉花栈————→ | | ————→棉花零售店 |
| | | ————→棉花栈 |

从图可知，在终点市场的棉花组织中，牙商开设的棉花栈沟通了买方和卖方，是市场的重要组织者和桥梁。棉花栈将来自中间市场的棉花店、棉花栈及其他棉花贩运商的棉花，卖与各出口洋行、内地纱厂、棉花零售店或其他棉花栈，形成了一个以棉花栈为中心的终点市场棉花组织贸易网络。此网络一方面使天津一跃成为与上海、汉口并列的三大棉花交易中心，另一方面，也使天

---

① 张利民：《试论近代华北棉花流通系统》，《中国社会经济史研究》，1990年第1期，第79页。

津在华北地区的棉花集散量迅速增加。

不仅在棉花流通体系中,而且在大多数商品流通体系的购销客户中,牙商处于桥梁地位,其将各级市场中的买卖双方有机地连接起来,形成了比较完整的流通体系,构建了一张以牙商为桥梁,向各商人或市场组织辐射,双向流通的贸易购销网。

# 三、牙商与出口商的关系

民国年间,在华北地区的口岸市场,牙商成为中西贸易新的、而且是主要的中介和桥梁。

20世纪前,无论在通商口岸还是在内地,普通华商直接与洋商打交道的事较为罕见,绝大多数的交易都须由买办居间介绍,牵线代理。美籍华裔学者郝延平形象地将买办比作是19世纪"东西间桥梁"[①]。但是,这并不代表外国商人不想直接同中国的代理商打交道。如:1867年,英国领事在报告中提出应对买办的榨取或勒索的办法,可以学习中国语言。他说:"就外国商业雇员而言,最有希望的持久的补救办法是增加(中国)语言知识,这对于时势的需要和职位升迁都是关键。"[②]事实证明,这是一个很正确的方法。在两次世界大战之间,有些西方行号鼓励他们的工作人员参加汉语班学习,对通过考试的人发给奖金,然后派他们去内地直接同中国代理商人打交道。

在扫除了语言障碍后,民国年间,在华北地区的口岸市场,牙商逐渐摆脱或超越了买办,与外商的交易变得越来越直接,以至在许多领域取代了买办,后来者居上,成为中西贸易新的、而且是主要的中介和桥梁。如:日占青岛期间,日本商人和商行因为比较熟悉中国的商业贸易制度及语言文字,一

① [美]郝延平著,李荣昌等译:《十九世纪的中国买办——东西间桥梁》,上海社会科学院出版社1988年版。

② [美]G.G.艾伦、A.G.唐尼索恩:《远东经济发展中的西方企业》,纽约,1954年版,第47页,转引自[美]郝延平著,李荣昌等译《十九世纪的中国买办——东西间桥梁》,上海社会科学院出版社1988年版,第73页。

般很少使用买办作贸易中介，大多是直接与牙商进行贸易；而欧美商人在条件许可的情况下，也乐得放弃买办制度那种迂回、开销不菲的贸易形式，更直接地与牙商打交道。如：1914年前，在青岛从事草辫输出的外商共14家，但是外商与草辫货源地并无直接联系，输出完全依靠牙商开设的辫行提供货源。

虽然在牙商最活跃的贸易流通体系中，牙商的贸易购销网逐步取代了早期的买办购销网，成为沟通东西方贸易新的桥梁。但是，牙商与买办的商业经营活动有着显著的区别。首先，买办身为在华外国行号的华人经理或代办人，受雇于洋行，其收入来自洋行的薪金；牙商则在交易中以独立商人或商业企业的身份与洋行打交道，具有独立性，它在业务中赚取的并不是薪金，而是中介代理的佣金。其次，在贸易经营中，牙商一方面在外商与华商之间充当中介，服务于洋行的购销活动，但其同时又自营买卖，具有商业上的独立性，购销活动始终以自身的商业利润为前提，并在经营中与外商有一定的竞争。再次，买办没有属于自己的货源，它只是起联系货源的中介作用；而牙商则不仅拥有自己的牙行，而且依靠本牙行的分牙行、联号以及派往外地的坐庄、站庄，同华北各地的号庄、收买商、商贩等有着贸易联系，拥有稳定的货源和商品分销网。而且更重要的是，牙商将外商洋行的购销与华商经营联系在一起，促成了土洋商品的双向流通，成为双方达成圆满交易的"桥梁"和"中介"。牙商在购销双方中扮演着不可或缺的角色，在商品流通中始终处于桥梁地位。

## 四、牙商与金融、保险业的关系

民国时期华北各地的牙行由于业务发展迅速、交易量增多以及向客户提供放款职能的需要，同银行、钱庄等金融业的关系比民国以前的牙行更加密切。牙商开设牙行之资金，从几千元到十几万甚至几十万元不等。虽有一定的资金，但每年在业务繁忙季节，周转资金"普通者俱在三五十万元，最多时则达一二百万以上，最低之数，当亦在一二十万左右"①。若以积货100万元而言，放款额按货价五成计算，即须50万之周转资金。除去资本10万外，剩余之款数唯有仰赖银钱业为之活动，其中与银号之关系较为密切。银行对于牙商虽亦有相当关系，但由于借贷所需条件众多，手续庞杂，但究不如银号、钱庄商（以下统称银号商）之密切。故牙商经营业务，必有数家银号商为之接济款项。如：民国时期，由于胥各庄、河头尚无专门金融机构，胥各庄货栈的资金周转全靠以银号、钱庄为依附，借以周转资金。银号是由"放款户口头公布放款码子（金额）和利息比例，与贷款户协商议价，达成协议后由银市（银号）立契，视为成交"②。私人钱庄"也开展这种贷款放款的业务"③，私人钱庄与银号相比，放利一般低于银号市，存利略高于银号。再如：天津达孚货栈在资金周转方面能量很大，其经常与五六十家银号有来往。④

银号商接济牙商之款项，分信用放款和抵押放款两种。信用放款之多寡，须视双方之友谊及牙商之殷实程度而定。但牙商与银号之间的钱款往还，仅能作为临时周转，若视其为唯一之接济者，则殊危险。在市场闲散之际，银号吸收之游资甚多，无处贷放时，则逐日派遣营业员请求用款；倘若一时周转不灵之际，则又派人前往牙商处追回放款，有时候竟出现"朝放出而暮收回"的情况。逢银根吃紧时，牙商需要银号接济，银号既不能接济，且复追索已放之款，借以周转本身业务。而牙商一时拨付不及，再稍有不能应付之事故发生，则谣言四起，原可不致发生问题之牙行，因银号之追索放款急切，以致无法正常运转。故牙商用银号的信用放款仅可赖之为临时周转，若恃之以发展营业，则殊非不易。牙商与银号之业务往来，虽感有相当困难，但也不能摒弃之。盖以与银号往来较银行要方便很多。银行限制颇多，通融困难。而殷实之牙商，

① 薛不器：《天津货栈业》，时代印刷所1941年版，第85页。

② 朱继经：《我所了解的胥各庄货栈业》，见河北省政协文史资料委员会：《河北文史集萃》（经济卷），河北人民出版社1992年版，第312页。

③ 朱继经：《我所了解的胥各庄货栈业》，见河北省政协文史资料委员会：《河北文史集萃》（经济卷），河北人民出版社1992年版，第312页。

④ 李凤章：《达孚货栈经营之道》，见《天津文史资料选辑》（第52辑），天津人民出版社1990年版，第149页。

若与银号有相当友谊,一旦稍有紧急之处,犹可略为通融,时间可长可短,用完后可立刻归还,于牙行业务上不无相当便利之处。此也为牙商以银号而不是以银行为主周转资金的原因。银号放款于牙商,一般以三五千元为最低数额,最多时视银号资金雄厚可高达五六万、十几万、几十万元不等。银号放款于牙商,系按拆息计息,而牙商存银号钱款则无利息。牙商用银号钱款,一般在农历年关前要将欠款及利息如数付清,并须有若干富裕之款存放于银号内,借以表示双方之友谊及牙商业务之成绩良好;若牙商在旧历年终,仅能归还欠款和利息,无剩余款项储存银号时,则也需向同业或友谊较深之商家借款存入银号以资敷衍,此为牙商与信用贷款之银号之特殊关系。

银号商向牙商信用放款之外,若有富余资金,又与牙商友谊较深,在必要时,牙商尚可请求抵押借款。牙商用货物向银号抵押借款,于牙商本身业务前途和名誉有相当之影响。故牙商之用货物抵押借款,殊非不得已之举动。若牙商无力周转之顷,陷于进退维谷境地,业务活动维艰,支持自不容易,唯有与友谊较深之银号相商,请求大量接济款项,由银号委托一可靠之职员至牙商处,随时监视牙商一切业务及金融之进出,举凡货物之进出牙行,以及银钱之支付,俱须经银号商派来之监视人所支配,不过,牙商业务上所得之权利与义务,俱由牙商享受与负担,于银号商无关。银号商所得惟利息而已,但银号商派来之监视人,牙商应给予相当薪金,且其薪金数额较所雇职员要优厚,此系牙商为维护双方感情密切和周转金融之便利方法之一。银号商与牙商有此合作方法,须双方平日友谊良好,且须牙商营业可期发展,银号商始肯与牙商有此合作。因货物实际并不属于牙商所有,而牙商只不过是代客户销售而已,故牙商向银号商抵押借款,每多秘密,并不向外宣布。因虑客户及同业家知晓,有影响于业务之进展,尤其顾虑客户之知晓。客户一旦知晓后,凡所有关系之客户,以后运货来牙行,概不敢再将货物请求代为销售,乃畏惧货物未销售前将其抵押;且当时存有货物之客户,又必纷纷前往提存其他牙商处,以免发生意外事故而蒙受重大损失。

银号商之放款于牙商,较放款于其他普通之业务来往者更有把握,因银号商一般专门接济一户牙商而减少与其他牙商之往来,虽业务上不免受影响,但牙商与银号商往往有长期合作关系,双方均可获得相当便利。

牙商在业务繁盛季节，其由客户所运来之货物，异常众多。客户将货物交付牙商后，牙商不仅须代其销售，而且还要代其保管货物。牙商虽倍加谨慎，但犹不免受各种灾害之风险。故牙商将客户之货物收进后，无论能否销售，亦无论货物之多寡、贮存时间之久暂，谨慎之牙商俱为货物购买保险。故牙商与保险业有相当关系。因民国时期，时局变幻莫测，牙商不敢将货物投保一家，而往往与数家保险商有业务往来。如薛不器的调查言：牙商之投保险而不"专投一保险商而必须投保数家者，盖为预防不测之顷"①。保险商赔偿损失时，负担稍轻，不致发生纠纷。资金雄厚之牙商存货最多时可达一二百万元以上，资金薄弱之牙商亦有万元以上，保险商即使有赔偿能力，牙商亦不会将全部货物委托一保险商保险。牙商投保，有自行投保者，亦有由保险商所用之经纪人介绍投保者。无论何种投保，牙商俱须付一定之保金，时称"扣佣"。扣佣的多寡根据保险商在市场上之地位不同稍有区别。因牙商较普通商家进出货物频繁、数量巨大，故往往得到优待，并可随时增加或减少保险额。牙商一般所投保之保额，"大多超越其存货数额"②，很少在存货数额以下。牙商虽对货物加以投保，然守护亦很谨慎，因一旦发生意外，便无从营业，客户所有损失俱由牙商负责，与保险商无直接关系。而牙商所受损失，在保险商未支付保额前无从补偿，放给客户之款项亦无从向客户收取，故牙商对于货物之必然投保而不敢稍有犹豫。如：天津美丰厚行栈在客户将货物卸入行栈后，"分门别类码放好后，按客货所值，保足火险"③。

## 五、牙商与脚行、转运业的关系

客户运货物进牙行，无论是由火车、民船或汽车运送，运至车站或河沿、码头，牙商并不能直接派遣职员搬运至牙行内，必须委托各地脚行为之装卸。因

---

① 薛不器：《天津货栈业》，时代印刷所1941年版，第100页。

② 薛不器：《天津货栈业》，时代印刷所1941年版，第100页。

③ 政协天津市委员会文史资料研究委员会：《天津文史资料选辑》（第52辑），天津人民出版社1990年版，第137页。

民国时期各地脚行俱有坚固之组织，且重义气，并非凡有载重车辆或具有力量之辈，即可代理牙行装卸货物，牙商亦不得自由雇用扛袋者将货物装卸目的地。牙商装卸货物必须雇用本区域内脚行。例如天津市特别三区之货物不能雇用法租界内之脚行装卸，也不能雇用特别二区之脚行装卸，只能雇用特别三区之脚行为之装卸。即使牙商欲雇用非特别三区之脚行为其装卸，非特别三区之脚行也不会受其雇用。因市场之脚行互有一定营业区域，彼此不能侵越，否则，即使演变成流血惨剧，也在所不惜。故牙商与脚行之关系，必须严格遵照脚行之行规雇用。牙商雇用脚行不能按照其他行业普通之苦工相待遇，因脚行之代牙商装卸货物，有相当之信用。牙商雇用脚行时，将货物点交后，脚行一定会如数运进牙行，决不会有数量短缺。倘若有任何短缺，脚行必定会如数赔偿，但因脚行信用良好，这种事情鲜有发生。牙商与脚行之间关系虽密切，但一般会提前将运费议定，以免发生不必要之争执。客户——牙商——客户之间货物往来之装卸，均由脚行代为，故牙商生意之繁盛与脚行有直接关系。

　　档案显示，牙商所开设粮店与脚行常常通过签订协议的方式约定给付脚行的价格及方式。1918年，天津众粮店、脚行及转运公司因津浦路天津西站脚行卸运粮石，向来杂乱无章，运粮并不按次序先来后到，有时私加脚力，每因加脚价而争先运输，时起纷争，为此众粮店及各转运公司①，并约同天津西站站长在1918年6月9日共同议定，立有议单，并拟章程五条，约定各粮行与脚行等的运输方式。其章程为："第一，粮石到天津西站，有该处站长指导该处脚夫按次序卸运，不得争执，脚价已有定章，按原价另加铜子1枚，预防雨后亦不另外加钱，如不遵定章，格外需索，有站长担负责任。第二，不论粮店、公司，不准私自加脚价……一经查出，情甘认罚。站台挂红外，罚'八八席'两桌。第三，此

---

　　① 包括：大红桥王广泰、河北大街史顺有、华丰裕万春斗店、津浦西站五村脚行、梁家嘴华凤林、天津华长鲑斗店有限公司、天津利兴公司、天津庆长顺同记斗店有限公司、天津同顺永斗店有限公司、天津西站汇通运输公司、天津怡和公斗店有限公司、天津元泰公司、天津元成公司、天津悦来有限公司、天津中华提运公司、同茂庆生记、同泰公转运公司、同义庄杨云升、万顺斗店有限公司、赵家场李恩铭等等。

章程众转运公司、众粮店各存一份,以作凭据。第四,此章程呈请总商会立案及西站存案,众供确凿,以杜狡展。第五,暨经在议单各号均以认可,每家盖章,作为信守,以秉大公。"①

民国时期,华北牙商由于有代客转运的职能,牙商需要将客户的货物委托转运商运送,所以牙商与转运商的关系很密切。如1918年,与天津牙商关系密切的转运公司包括:"日本人经营的通运公司(位于天津车站前)、中国人经营的悦来通运公司、中华捷运公司、汇转运公司、同昌公司、大昌兴、恒庆永转运公司等"②。

民国时期,为了便利客户货物的运送,一些华北牙商也兼作转运商。如:山西省阳曲的元盛、广泰裕、兴顺利,榆次的吉泰隆、大丰祥、义胜合、同和公、聚义成、义盛通、万盛厚,太谷的万盛厚、晋太兴、义胜合、吉泰隆,长治的恒发永、晋泰德、永盛元,永济的同新合、庆春店、天来店、万兴成等37家牙行均代客转运。这37家牙行概系领有牙帖之牙商,但实际上还兼作转运商,如《中国实业志》称它们为牙商兼转运商"实二而一者也"③。再如:天津同和兴货栈有铁路局给车皮的方便条件,所以客户都愿意叫该栈代购、代销并转运货物。河南许昌的公兴存烟行设有两套人马,一套主管收烟业务,一套主管转运业务,建立两本账,统一核算。④又如:北平的合顺、天亨和正昌等行栈,在各地均有联号,并且各联号牙行皆营转运业务,买妥后,即可运至北平。又如:1918年石家庄牙行兼转运行的有万丰栈、公益栈、义合栈、天丰裕、义聚公司、公兴等等。⑤

① 天津市档案馆、天津社会科学院历史研究所、天津市工商业联合会:《天津商会档案汇编(1912—1928)》(第2分册),天津人民出版社1992年版,第1783页。

② [日]东亚同文会:《中国省别全志·第18卷·直隶省》,1920年版,第981页。

③ 实业部国际贸易局:《中国实业志·全国实业调查报告之五》(山西省),商务印书馆1937年版,第44页。

④ 高晋照:《记解放前公兴存烟行》,《许昌文史资料》(第7辑),未刊1990年版,第165页。

⑤ [日]东亚同文会:《中国省别全志·第18卷·直隶省》,1920年版,第991页。

# 第三节 牙商的行话、暗语与衣着

ERSHI SHIJI ZHI ZHONGGUO

交易场中,牙商们恪守着行规戒律,决不搅"黄"了同行们的生意。为了保证相互间信息交流的高度机密,他们在进行交易时,不仅在袖筒里用手交流,而且几乎所有行业的牙商都有一套神秘的行话和暗语。牙商的技能是神秘的、无形的,非一般阅历者所能掌握。所以,有些牙商也有"世袭相传的习惯"①。有时候,少数不良牙商利用行话和暗语欺骗客户。由于不同地方和不同行业的牙商,他们的行话和暗语差别较大,所以不可能搜集全部,只能按照行业的不同作一论述。

## 一、粮食、油业行的行话与暗语

民国年间,北京市宛平县长辛店集市的粮食牙商的行话有两种,一种叫"明盘"。即把价格向双方唱明,如有异议,成盘的再从中协调,行话叫"打圆盘",直到双方满意为止。价格谈好后,便将粮食的口袋掩好,行话叫"盖了"(别人不得再看了),买主开个"飞子"(白条),注明品种袋数,作为临时凭证。

---

① 刘振瑛:《张家口兴盛的古商道》,党建读物出版社2006年版,第97页。

然后由"脚行"（扛肩的）倒在笸箩里，"量斗的"给过数，买主把准数填在"飞子"上，由卖方送到粮店对数验收后才能算账。卖一次粮经六七道手续。第二种叫"暗盘"，也称"拉手"。成盘的牙伙把手伸到对方袖口里用手指说话，"一至五个手指表示个数，五个手指弯曲是六，三个手指一捏是七，母食指叉开是八，食指勾回是九，十叫整数，百叫大根，用口说称挠、捏、卡、勾代表六、七、八、九。这些暗语在大宗交易或价格波动的情况使用，零星买卖用不着"①。

河北省张北县粮食牙商行话也有两种：一种是"袖筒说话"，就是袖筒里摸手指头，五个指头分别代表九个数，在搞价时回避在场的其他人听到价码。另一种是"黑谷语"，系暗语，一至九的数字分别是："口忽隆钱、节子钱、川子钱、回子钱、刮子钱、大子儿钱、底子钱、封顶子钱、点子钱"②。

河南省商城县粮食牙伙1至10的暗语，民国初期为："软、太、神、丰、保、余、定、百、日、归"；后来演变成："许、欠、川、收、土、高、照、毛、求、许"。③

河北省遵化县的斗局牙行，为了从中取利方便，有自己的一套行话和手语，行话是用10个汉字从前至后，按顺序分别代表1至10的10个数字："由、中、人、工、大、王、主、井、羊、非"④。手语中，因"由"字笔划出一个头儿，代表一；"中"字笔划出两个头儿，代表二；"人"字笔划出三个头儿，代表三，以此类推。

河北省张垣县（今张家口）的斗牙行多为袖筒中用指头递价交易。他们从1元至9元钱的行话分别是："丁盖子钱，工心子钱，川子钱，回子钱，丑子钱，大子钱，皂底子钱，分子钱，丸点子钱等"⑤。秤局牙商的行话，从数字1至10为：杏、事、春、岁、无、齐、毛、共、晚、景。

① 刘秉德：《长辛店的粮食集市》，见政协北京市丰台区委员会文史资料委员会：《丰台文史资料选编》（第1辑），未刊1987年版，第19页。

② 佚名：《旧中国时期的张北粮行》，载政协张北县委员会文史资料委员会：《张北文史资料》（第3辑），1994年版，第89页。

③ 河南省商城县粮食局：《商城县粮食志》，未刊1987年版，第71页。

④ 田惠：《旧社会遵化县的斗秤牙行》，见河北省政协文史资料委员会：《河北文史集萃》（工商卷），河北人民出版社1992年版，第296页。

⑤ 龚旭晨、倪昌有、施九湖：《张垣古城的斗牙行业》，载政协河北省万全县委员会文史资料征集委员会：《万全文史资料》（第2辑），1988年版，第38页。

河南省油业货物名称和数目字有暗语。如花生油称"'大个子'、豆油称'滚子水'、香油称'老尖'、棉油称'老黑'、麻籽油称'老粘'"①等等。数目的暗语用10个汉字代表1至10：尖、哑、言、凹、土、涝、现、翘、湾、尖。如价格为76元，便可说成："现涝"。②

## 二、蔬菜、干鲜果行的行话与暗语

河南的蔬菜行在交易中只喊代号（暗语），不喊明码，分别以"直、旦、羊、利、摸、陇、踢、乓、霍"来表示数字1至9。交易时，牙商"秤倌"（掌握秤杆的人）有验质论价、硬性做主喊价成交的权力。他过完秤后要高喊："柜先儿（会计）写住：××菜××斤，每斤直撇一旦（一元二角或一角二分）。××瓜××斤，每斤乓撇一摸（八角五分或八分五厘）。"③如果是整数，就只喊"羊撇"（三角或三元）或"陇撇"（六十元或六百元）等。

北京菜市行话极多，该市对外乡客人称之为"老客"，上市觅买的进户叫作"行发儿"，牙商叫作"牙子"，卖菜场所叫作"菜趟子"，掌秤的伙计叫作"卖头儿"。菜市记账多以简体字代表，如韭菜写作"九禾"，如马二写作"子二"，以"木"字代替李字，以"长"字代替张字，以"刘"字代替刘字，此外如遇有不会写的字，则以O字代表，例如"王瞎子写作王O子，王聋子亦写作王O子，王麻子，则在O中微加线点，即可代表。菜名亦多用符号代表，内行人一见而知，外行则莫名其所以然矣"④。

蘑菇行的买主和牙商在袖筒里用手指议价钱，牙商同行们商量价钱时也

① 石贡九：《复元油行与济宁的食油业》，载政协山东省济宁市委员会文史资料研究委员会：《济宁文史资料》（第4辑），内刊1987年版，第293页。

② 王鸿魁：《漫话旧商行》，载政协河南省委员会文史资料委员会：《河南文史资料》（第1辑），未刊1994年版，第219页。

③ 王鸿魁：《漫话旧商行》，载政协河南省委员会文史资料委员会：《河南文史资料》（第1辑），未刊1994年版，第219页。

④ 《北京的菜市》，《民众报》，1940年12月29日，第6版。

在袖筒里进行。用拇指和食指捏住对方大拇指表示1元,捏两个手指表示2元,直到捏5指表示5元,6元是用4个手指头勾住对方4个手指头,拇、食、中指捏一起表示7元,拇指和食指一叉是8元,食指一勾是9元,10元还是捏大拇指。"1.5元是捏拇指再往手心按一点,1.1元是捏拇指往手心转一下等"①。

干鲜果行业不论是在市场买货,还是在货栈成交,因为沿用牙行说合的习俗,故盛行暗盘成交。一是用手指代替口议,在袖筒里一摸便知。二是采用行话。各业的行话不同,即使是同一行业在不同的地区,行话亦不相同。如济南干鲜果业行话,与天津市卖估衣的相同。而天津市干鲜果品业用"摇、柳、搜、骚、崴、料、壳、笨、角、勺"②代替从1至10的数字。对于其他交易上需要的词汇亦采用行话,如"不好"则说"薄意","好"则说成"减少","少给"说成"洗门","别买"说成"薄闷","门拉"的意思是"大点价格","爬园"的意思是"去残"等等。③

# 三、皮毛行、土布行的行话与暗语

山东济宁皮行成交时,牙商协议价格,一律用行话,1至10的行话分别为:旦底子、抽工子、扁川、老×(满盒或胃毁子)、老盘或缺丑、断大、毛根、入开、未丸、老夜。如75元,皮行的行话就是"毛根缺"。④除此以外,皮行牙业还使用一些其他的行话。如:"以不"代表询问买卖"好不好","使多少嘎"、"捏多少米"和"弄多少海蝶"代表相互询问"挣钱多少","法依台"代表"生意不错"、

① 王鸿魁:《漫话旧商行》,载政协河南省委员会文史资料委员会:《河南文史资料》(第1辑),未刊1994年版,第219页。

② 中国民主建国会天津市委员会、天津市工商业联合会文史资料委员会:《天津工商史料丛刊》(第8辑),1988年版,第10页。

③ 中国民主建国会天津市委员会、天津市工商业联合会文史资料委员会:《天津工商史料丛刊》(第8辑),1988年版,第10页。

④ 武晋保:《源成皮行琐记》,见山东省政协文史资料委员会:《山东工商经济史料集萃》(第1辑),山东人民出版社1989年版,第144页。

"挣钱","苦二鼻"代表"不好","海蝶肥"代表"挣钱多"。①

河南省每家白土布行的门口,都挂着一块记事用的"水牌"②,在水牌上面牙商用暗码记载交易的价格和数量。他们以由、中、人、工、大、王、主、井、羊、非等暗码表示数字1至10。③

## 四、牲畜行的行话与暗语

牲畜行牙商的暗语很多。他们一般都身穿长袖大袄,与买卖双方讨价还价都不直接说出价格,要用手语在袖筒里摸手捏指。天津牲畜市场讲价钱时先用暗语讲好整数,再在袖里过手讲尾零数。他们的暗语是用9个字来代表1到9,袖里过手也是用手比划这9个字,两手一晃为重复放,这9个字是:门、可、眯、吊、拐、晃、摄、哈、钩。④如成交一头骡子,先讲好"眯"字钱的大数,在袖筒捏手时,一方出"拐",一方出"可",相持不下,最后出"可"的以两指晃晃,对方也重复了一遍该动作,表示双方达成一致,便以3220元讲成。

河北省张北县马桥的牲畜牙商用暗语表示数目1至9,分别是:可子嘎、门子嘎、米子嘎、周子嘎、拐子嘎、余子嘎、里子嘎、年子嘎、老王嘎。⑤

河南省的牲畜牙商用暗语表示数目1至9,分别是:海子嘎、弹子嘎、品子嘎、吊子嘎、拐子嘎、挠子嘎、柴子嘎、叉子嘎、钩子嘎等。⑥他们也用手指头与

① 武晋保:《源成皮行琐记》,见山东省政协文史资料委员会:《山东工商经济史料集萃》(第1辑),山东人民出版社1989年版,第145页。

② 当时没有粉笔和黑板,都是用毛笔在刷着白油漆的木板上写字,每次用后以清水刷洗干净,所以叫水牌。

③ 王鸿魁:《漫话旧商行》,载政协河南省委员会文史资料委员会:《河南文史资料》(第1辑),未刊1994年版,第219页。

④ 王受朋:《天津的牲畜集市交易一瞥》,见政协天津市委员会文史资料研究委员会:《天津文史资料选辑》(第50辑),天津人民出版社1990年版,第137~138页。

⑤ 牛金元:《张北马桥》,载政协张家口市委员会文史资料委员会:《张家口文史资料》(第13辑),1988年版,第210页。

⑥ 王鸿魁:《漫话旧商行》,载王鸿魁:《河南文史资料》(第1辑),未刊1994年版,第220页。

买卖双方在衣襟里以摸暗码的特殊方式进行讨价还价。摸暗码的方法是：伸大拇指，其余四指屈曲代表一；伸食指、中指，其余三指屈曲代表二；大、小拇指屈曲，其余三指伸出代表三；大拇指屈曲，其余四指伸出代表四；五指全伸代表五；大拇指与食指一捏一分代表六（又叫"沾沾六"）；大拇指与食指、中指相捏并不停地捻动代表七（又叫"捻捻七"）；大拇指和食指伸出叉开代表八（又叫"叉八"）；食指弯曲成钩形，其余四指屈曲代表九（又叫"钩九"）；以大拇指和食指比作"O"形，其余三指屈曲代表十。①

蔚县牲畜行牙商的行话为：科子嘎（表示一）、坍子嘎（表示二）、眉子嘎（表示三）、吊子嘎（表示四）、施首不错（指牲畜的本质较好）、使假了（指牲畜有劲不使，不实在）。②

山东省牲畜行牙商的行话中分大小数区别，其中也有不固定，而又随大小数变换。大数1至10为：流、罩、品、吊、拐、恼、才、别、弯、卡。小数为：丁、持、彦、虎、满、宿、才、卧、贝。如：11元，行话称"流丁"；③43元，行话是"吊彦"。④山东省牲畜牙商行话中还有一些具体讲究和变换，有一定的规则，不能随意改变。山东省牲畜行牙商袖口摸指全用手指弯捏翘撸与对方手指相碰表示数字。其中数字1至10的表示方法是：甲方撸住乙方，撸一指为一，两指为二，直至撸到五；甲方撸住乙方中间三指，使其大拇指与小指翘起为六；将乙方大拇指、食指、中指捏在一起为七；撸住乙方中指以下三指，使乙方大拇指、食指张开翘起为八；将乙方食指弯曲为九；将乙方五指弯曲一起，握成拳头为十。袖口摸指，多为辅助行话中之不足而用。如350元为"晶满嘎"，对方不卖（买）时，需要增减数时，"以指加减代口说成交。也有直接用袖口成交者，数字必须在两数

---

① 王鸿魁：《漫话旧商行》，载王鸿魁：《河南文史资料》（第1辑），未刊1994年版，第220页。

② 周清溪：《浅谈蔚县的经纪业》，载政协张家口市委员会文史资料委员会：《张家口文史资料》（第22辑），1992年版，第206页。

③ 齐一萍：《三十年代农村集市之经纪人》，见山东省政协文史资料委员会：《山东文史集萃》（工商经济卷），山东人民出版社1993年版，第440页。

④ 齐一萍：《三十年代农村集市之经纪人》，见山东省政协文史资料委员会：《山东文史集萃》（工商经济卷），山东人民出版社1993年版，第440页。

以内,如25元,先撸两指,再撸五指。如255元还得加撸五指一次,显得重迭"①。牲畜场上将此类牙商称为"袖口经纪",用行话喊价的牙商称为"张口经纪",实际上,凡真正牙商出身,张口、袖口必须全熟,才能在山东省牲畜市场上站住脚。

## 五、药行的行话与暗语

河南沁阳的药材牙商在药材交易中形成了一些行话,包括发货或转货、放秤、放盘、放期、跟盘、遑盘、叫价、借水行舟、贴佣、退货、望交、围盘、围皮、议价等。

"发货或转货"的意思是:货存甲牙行,不能脱售,可听客家转于乙牙行,费用由客方负担。"放秤"的意思是:议价或喊盘之后,若买主嫌价高或货湿,牙商请买方每担或每件酌情"放秤"若干斤。"放盘"的意思是:某一品种喊价之后,三天之内同行不得另作价。"放期"的意思是:"客户对于货款的交割,原定月底、半月总结,由于月有旺淡,药有滞俏,遇到淡月而又是滞货,卖客不愿让价,就只有放长兑现的月期。"②"跟盘"的意思是:同一规格之货,甲客或乙行给出的价格,乙客或乙行愿意随行。"遑盘"的意思是:买卖双方都不愿接受牙商喊出的价格,三天之后,无法谈拢。"叫价"的意思是:遇到大宗或贵重药材交易的时候,牙商将买卖双方邀同至牙行中,当众折中叫价。"借水行舟"的意思是:"用货主之款延期不付,推托货未出售,有时货主还得打听学徒并给以小费"③才能知道真相。"贴佣"的意思是:牙商在买卖双方议价无法谈拢的时候,为争夺以后的生意往来,迁就成交,将佣金贴进去。"退货"的意思是:一般从成交之

① 齐一萍:《三十年代农村集市之经纪人》,见山东省政协文史资料委员会:《山东文史集萃》(工商经济卷),山东人民出版社1993年版,第441页。

② 沁阳市医药局:《旧药材行栈贸易行话种种》,载政协沁阳市委员会文史资料研究委员会:《沁阳文史资料》(第4辑),内刊1991年版,第49页。

③ 沁阳市医药局:《旧药材行栈贸易行话种种》,载政协沁阳市委员会文史资料研究委员会:《沁阳文史资料》(第4辑),内刊1991年版,第50页。

日或发货之日起,先开计码小票,三天之内如发现货物不符,可以退回。"望交"的意思是:客户货物一部分到了牙行,做了价格,另一部分还在运输途中,而买客贪进,卖客可以预售定下交单。"围盘"的意思是:买方给出药材的价格后,卖客嫌价低,不愿成交或不愿如数交割,三天之后,买客如愿加价,由牙商从中谈拢,令买卖双方满意。"围皮"的意思是:因成交时件数过多,不能一一去包装过秤,经牙商由买卖双方指定一件包装,其余照此标准推算。"议价"的意思是:牙商征询买卖双方的意见后,看货样然后定价成交的过程。

山东济宁的药材牙行在经营过程中,都用暗语交易。其中天、地、光、时、阴、绿、真、宝、子、成,10个汉字代表数字1至10。①当时流行的药材行话有"三鬼",就是"鬼语"、"鬼名"、"鬼价"。例如:本名麝香,行语臭子,物改其名即鬼名。价改其用,麝香行情200元一斤,用"鬼"名讲"地字头",啥臭子,用语讲物即鬼物。具体情况如下表所示:

山东济宁药材牙行的暗语一览表

| 药材名 | 鬼语 | 鬼价(价格举例) |
|---|---|---|
| 甘草 | 甜头 | 小地子(20元) |
| 蜂蜜 | 摸头 | 天子头(100元) |
| 五味子 | 旦子 | 天阴亡(150元) |
| 莲须 | 帽缨 | 绿子头(6元) |
| 黄连 | 苦条 | 光子钱(390元) |
| 白矾 | 涩头 | 地宝(280元) |
| 芡食米 | 肚里急 | 大天子头(100元) |

(资料来源:根据张继武、汪宗潮、张伟:《济宁药材古市的经营》,《山东文史集萃》(工商经济卷),山东人民出版社1993年版,第400页,整理而成。)

总之,行话与暗语既是民间秘密语言的一种特殊的语言现象,又是一种民俗语言文化。牙商的行话与暗语,一方面是牙商群体内部交际的工具,主要用

① 张继武、汪宗潮、张伟:《济宁药材古市的经营》,见山东省政协文史资料委员会:《山东文史集萃》(工商经济卷),山东人民出版社1993年版,第400页。

来保守牙商内部秘密、维护牙商利益；另一方面在很大程度上也是牙商阻断买卖双方知情的手段,便利于牙商对生意的把持。

## 六、农村集市上牙商的特殊衣着

除了语言以外,民国时期,活跃在华北地区集市上的牙商有与常人不同的地方,令人冷眼一看,便知是经营中介业务的。这样,即使牙商没有固定的牙行,也很便于买卖双方更迅速地找到他们。其与常人差异之处,即在特殊的衣着穿戴上。一般而言,按照年龄的不同,可以分为三类。

第一类,30—40岁之间的牙商。其衣着春单冬棉,皆着对襟短袄、肥裤,裤口扎白带,腰系褡布,行则骑走驴,驴脖子系辔铃(俗称吵吵),手持鞭子,人未到市,铃声吵响,显得格外精神。这类牙商,背后有税务所撑腰,有些盛气凌人,专门在为买卖双方合议谈价格。成与未成之间的时候,便在牲畜身上打一鞭子,成交后,他分佣钱。俗语说:"打一鞭子即分钱",即指之谓也。这类牙商,在华北地区农村集市上为数不多,一般在3—4人,外号"二混子",惹人厌烦。

第二类,40—50岁之间的牙商。此类牙商穿戴与第一类相差不多,也骑走驴,手持3尺左右的竹竿。他们伶牙俐齿,眼亮路宽,周围各集同行多,认识人多,有眼力,识口齿,对粮食、棉花、土布、牲畜等商品的价钱,说出来,相差不大,无论从外省哪路来的商贩,他都能搭话接语,串联贯通,一见如故。他们的眼力、口才、估价都很专业。他们张口行话,袖口哑语交易。这叫内行牙商,大多老成持重,比较讲求信用。在农村集市上,为数较多。

第三类,50—60岁之间的牙商。他们春季和冬季穿长袍,腰系褡带,极讲仪容礼貌,左前襟掖在右肋,手持长烟袋,铜烟锅,从不吸烟(有的手持木棍竹竿),也在双方成交之际,插手打牲畜一下,说上三言两语,从中分点佣钱。"这类牙商,多为本集的当地人,倚老卖老,逢集日弄点汤饭钱而已,一般不到外集市上去。"①

---

① 齐一萍:《三十年代农村集市之经纪人》,见山东省政协文史资料委员会:《山东文史集萃》(工商经济卷),山东人民出版社1993年版,第440页。

# 小　结

民国以前，充当牙人的多是"地主恶霸或流氓无赖之徒"，"衙门胥役，多有更名捏姓，兼充牙行者"或一些由"地方棍徒"充当的"私牙"。①民国时期牙商群体的社会来源广泛，改变了牙商的人员结构。这其中既有弃政经商的官僚，也有靠盘剥百姓积累财富的地主和豪绅；既有资金雄厚的资本家，也有无任何资本的贫农和无业游民；既有从旧式商业中走出来的商贾、学徒，也有新式教育下成长起来的知识分子；既有亦官亦商的代表，也有半农半商的典范。

牙商是一个特殊的群体，它是由多个社会群体沿着不同的方向交融互渗而成。作为中介社会群体的存在，他们身上都留下了社会变迁的历史印记。牙商成为许多群体竞相争流的主要动因不外乎三方面：（1）牙商是收入最高的阶层之一，成为许多人愿意选择的主要流动方向；（2）牙商是一个集多维社会属性于一体的社会群体，作为独立中介的牙商和作为中介兼独立商人的牙商很难区分，一些人在从事代客买卖的同时又自营买卖；（3）近代以来，社会各行业间的分工开始趋向专门化，社会职业结构开始发生变动，牙商也由此开始广泛接纳来自于其他阶层的社会群体，制约着社会流动的主要方向。

一个成功的牙商背后，往往是一个巨大的社会关系网络。在这张关系网中，牙商与客户、政府、银号商、出口商、保险商、脚行、转运商和帮会等保持着密切的关系。

交易场中，牙商们恪守着行规戒律，决不搅"黄"了同行们的生意。为了保证相互间信息交流的高度机密，他们在进行交易时，不仅在袖筒里用手交流，而且几乎所有行业的牙商都有一套神秘的行话和暗语。牙商的行话与暗语，一方面是牙商群体内部交际的工具，主要用来保守牙商内部秘密、维护牙商的利益；另一方面在很大程度上也是牙商阻断买卖双方知情的手段，便利于牙商对生意的把持。除了语言以外，民国时期，华北地区集市上牙商的衣着也很特殊。

---

① 李华：《明清以来北京工商会馆碑刻选编》（前言），文物出版社1980年版，第35页。

# 第四章 CHAPTER FOUR

## 华北牙商的社会流动

　　"社会的存续和发展都是一个动态的历史演变过程。这一历史过程不仅仅表现为转折时代社会形态的剧烈更替,而且还表现为更为常见的社会现象——社会流动。"①社会流动不同于一般的人口流动,如人口地理位置的迁移、各种原因引起的移民和人口在一定时间和空间范围内数量的增减等。一般的人口流动往往只构成社会流动的基础。由于社会关系的空间结构与地理空间、产业结构和职业结构具有密切的联系,只要一个人在地理空间、产业结构或职业结构中的变化引起了人们社会地位的变动,便属于社会流动层次的范畴。社会流动指的是一个社会成员或社会群体从一个社会阶级或阶层转到另一个社会阶级或阶层,从一

---

① 王先明:《中国近代社会文化史论》,人民出版社2000年版,第51~52页。

种社会地位向另一种社会地位,从一种职业向另一种职业,从一个地理位置向另一个地理位置的变动过程。在民国新旧蜕变嬗替的社会变迁中,社会流动的形式与内容昭示出从传统社会走向近代社会的历史趋向。剖析牙商的社会流动,可以从一个侧面反映时代行进的这一历史特征。牙商的社会流动方式可以简单地分为上下流动、职业流动、区位流动等等。

# 第一节 牙商的上下流动

ERSHI SHIJI ZHI ZHONGGUO

社会流动有着不同的类型。按照社会流动的方向,社会流动可以分为向上流动(ascending)和向下流动(descending),或者称为社会上升(social climbing)或社会下沉(social sinking)。[1]

## 一、牙商的向上流动

一般而言,向上流动的基本形式包括两种:(1)"个体从一个较低的社会阶层渗透进入一个原有的较高阶层";(2)"由这些个体创造一个新的社会群体,并且这个群体进入一个较高的社会阶层,取代这个阶层的原有群体或者成为与这个阶层的原有群体相平行的群体"。[2]

### 1.牙商个体的向上流动

牙商所体现的向上流动表现为从一贫如洗的农民、学徒或小商人发财后成为大资本家或大富豪。华北地区各省中不乏这样的案例。在天津、烟台、太

---

[1]　[美]Pitirim.A.Sorokin:《社会流动和文化流动》,见《社会分层》,华夏出版社2005年版,第264页。

[2]　[美]格伦斯基:《社会分层》,华夏出版社2005年版,第264页。

谷、青岛、济南、潍县、石家庄、济南等城市都出现了资本数十万乃至上百万的牙商。同当年盐商、典商富甲一方的情形相似，许多牙商成为商界的巨商首富。如天津牙商朱德禄、高銮堂、王云贵、高万书、郭德俊、郑运年、李霈源、郭道贞、解承湖、马安良、张祝三、杜瑞昆、刘俊林、杨德山、张玉山、李迈先、薛云屏和赵福权等人的佣金额都在400万元以上。烟台油商双盛泰与和顺恒、棉纱商万盛和、水产商大成栈，资本都在100万两以上。山东掖县沙河镇杜家开设的牙行资本总额达200万元。寿光巨商孙元高开设的牙行资本总额达100余万元。那么，牙商是如何"一夜暴富"，资本与日俱增的呢？借助于典型个案的实例分析，有助于更直观地了解牙商向上流动的过程和速度。

高必明是山西省牙商群体中从一贫如洗到富甲一方向上流动的代表。

高必明是山西省祁县谷恋村人，由于家境贫寒，十几岁时便到太谷县恒锡庆油面店当小伙计。其智力和胆识均有过人之处，不安于寄人篱下，便在1918—1919年间，怂恿榆次县北田村人侯家书出资5000元，在太谷县东门外开设德义生粮店，高必明任掌柜，并雇用店员十四五人。这个中等粮食牙行的开张，使高必明的从商能力和才干得到了施展。

高必明掌握了粮店经营的经验后，在1934—1935年间，购地建房，独自出资金开设了聚利川粮店，不久，便又开设了义利川粮店。由于高必明善于经营，很快这两家粮店便成了左右太谷粮市的中心。

高必明经营粮店服务态度好。无论是三斗、五斗的生意，还是几百车皮的大宗交易，他都笑脸相迎，乐于成交，买卖做得又大又活。其除了代客经营本地杂粮外，还与晋南、石家庄、邯郸等地的多个客商有密切往来。

高必明的发家之路源于经营"粮盘子"交易。民国时期太谷县各牙商开设的粮行和华北其他地方很多粮行一样，除了做粮食的现货交易，也做粮食的期货交易。粮食的期货贸易在当地被称为"粮盘子"交易，这种粮食交易，只限于粮行内部进行，各粮店须预交3000元押金，一次"粮盘子"规定以半月为期，到了期限，交易双方交粮交钱。在这半月中，因市场之粮价涨落不定，故有赚有赔，就像押宝赌博一般，风险与利润并存。若有外行想做盘子，须请粮行承办，名曰"打佣"，承办的粮行则从中赚取佣金，规定一石小麦抽取5厘，一次盘子往往1000石之数，惟佣金一项，也是一笔可观的数目。据《山西省大观》1934

年的记载，各家粮行代客做盘，单佣金一项，全年就达79 830元。①

"粮盘子"交易中高必明的生意最为火爆。当时，太谷县城内有一家天盛庆面店，掌柜戴全斌经常委托粮行做"粮盘子"交易。一次，请高必明出面"打佣"，买定几百车小麦，结果在盘期内，价格暴跌，天盛庆连佣金都付不起，托人向高必明说情，才得以减免一部分佣金。"粮盘子"交易之风险虽大，但获利也很高，故不仅吸引了太谷本县商界参与，各行各业争相上市，而且，也吸引了不少外地的游商，如石家庄、北京、天津等城市之商界，也派精明强干者，专程来太谷粮行做此生意。高必明财大胆大，做一次盘子，别人最多不过一二百车，他却总在六七百车以上，一车皮250石，如果按照当时每石(小麦)时价8元计算，700车是175 000石，价值约140万元。这种大得惊人的赌博交易，没有雄厚的实力是万万不敢下这样大的赌注的。

高必明在"粮盘子"交易中大显身手，很快就暴富起来，短短几年间，他在太谷县城东门外盖起了7座院落300间房子的仓库，5万石粮食库存，并在祁县东观、太原开分店数家。世人便送上他一顶"太谷粮王"的桂冠。

粮食牙商高必明，经过十几年的经营，便从一贫如洗一跃成为逐鹿商界的富贾，反映了从事牙商的暴利。

第二个要介绍的孙东园是河北省牙商中由一个学徒向大富豪流动的典型案例。

孙东园(1877—1939)，名占先，直隶(今河北省)丰润县人。因家贫，1895年来天津谋生，在大同兴货栈学徒，后升为管账。1906年他与赵斌创办同和兴货栈，任经理。货栈初创时以代销唐山一带的白条猪肉和代客办理转运为主要业务。1912年以后，改进经营管理办法，开拓代客销售山干货、棉花、粮食、皮张等多项业务，招揽外地客商，逐渐使同和兴成为天津牙商中最负盛名的大户。孙东园首创的代客存货，招待外地客商食宿，代客采购百货、代客转运和包运等项业务的经营办法，为同业所效仿。孙东园所经营的同和兴股份有限公司到1930年以后，已发展成为各业俱全的综合性大牙行，客户遍及全国，营

---

① [日]陆军山冈部队本部：『山西省大观』，生活社1940年版，转引自《晋省粮食市场之中心——太谷粮行概况》，《方志资料汇编》(第1辑)，未刊，第127页。

业范围之广、赚钱之多,居天津牙行之首。现将孙东园的个案史做一简述。

1906年,孙东园、赵斌等集资30 000元合伙开设了同和兴货栈,地址设在天津河东陈家沟子,股东以孙东园、赵斌、张俊峰为主,三人皆是直隶唐山一带的人,另外"还有直隶丰润县、昌黎县等3家不在职的股东。其中由孙东园担任经理,赵斌担任副经理,张俊峰担任总账房,当时有职工30余人"①。

孙的货栈开业后,转变了牙商一贯以代客买卖货物一种或最多两种的运营手段,而采取代客买卖各种货物,免去同一客商因有若干种货物需往来不同货栈的繁琐。经孙的货栈向华北腹地输出的货物有大米、纺织品、棉布、棉纱、面粉、五金、颜料、杂货、纸张、中西药材等,而由孙的货栈从华北腹地输入天津的货物有各种粮食、棉花、皮毛、山干鲜货、油料、油脂、猪鬃等农副产品和出口的各种工艺品等。

孙还向客商提供代客托运业务。除了代客托运铁路业务外,孙加添了水路托运业务,在河北区西窑洼河沿设立了同和兴分牙行,即北栈,代客雇船装卸各种货物。该牙行对客商的货物除进行联系兜揽生意,也对托运的各种货物认真负责,得到客户的一致好评。

牙行业初兴起时的商业习惯是:牙行业对托运客商的货物装车后,由客商派人押运,一旦在铁路运行中发生事故,由客户自己负责。民国时期,正值军阀混战、兵匪横行、盗窃成风的年代,客户托运各种货物时常发生被抢、被盗和火灾等事故,因此总是提心吊胆。孙东园看到客商这一心理,便在天津牙行业中首次承揽了对客货包运的办法。凡是沿铁路线的火车各站点,同和兴货栈均可包运。客商将货物交给同和兴货栈以后,双方签订包运货物合同,合同规定,运行途中如发生事故受损,由孙按价赔偿。孙的包运收费虽略高于客商自己押运所需的费用,但客商为了货物安全起见,纷纷将货物交孙包运。孙则与各保险公司周旋,确保因货物出现状况而免受损失。孙东园代客办理托运和包运货物利润丰厚。原因是当时包运的客商货物数量很零散,不够装一个整车的,而同和兴货栈收包运费却照铁路规定的零担运费办法收费。铁路零

---

① 中国民主建国会天津市委员会、天津市工商业联合会文史资料委员会:《天津工商史料丛刊》(第4辑),未刊1986年版,第133页。

担货物运费比整车运费要高一倍多。孙将客商们所托运的零散货物集中起来装一个整车,这样就省了50%的运费,所节省的运费就归孙所有了。同和兴货栈自开业以来,业务逐步发展,到了1913年,开业仅7年,就赚了20多万元。①

在赚取了充足的资本后,孙将货栈由传统的组织形式向近代资本主义的组织形式转型。1913年春节后,孙召开了股东会议,决定将同和兴货栈改为同和兴股份有限公司。股东所分红利全部增资,资本由30 000元增到100 000元,并拿出部分资金在旧意大利和奥地利租界交界处的二马路建起有100多间房子的二层楼房。同和兴股份有限公司除了代客买卖货物外,还向各地客商提供价格低廉、待遇较好的食宿。

民国以前,客商将货物运津后,都是找单个的牙纪负责兜售货物。在孙创办同和兴货栈,并初创集代客买卖货物,提供仓库、食宿交易场所等一体的新型股份公司后,天津各牙行业纷纷效仿孙的经营模式。随着客商的增多,客商为了安全起见,将随身携带的货款暂存货栈内,等货物购齐备时,由货栈代其付款。孙便拓展经营业务,代理客商的存、放款业务。孙的公司规定客商存款无息,垫款则收利息,仅这一项,公司每年所得利息就很可观。1916年后,由于各地客商增多,客商收付汇兑款项也逐渐增多,孙便继续拓展业务,承揽代客商办理外地客商汇票收付业务, 收取手续费。民国时期, 各大城市有私营银号,而中、小城镇则没有。各地客商来津买货时多不便随身携带大量现款,都是由外地客商汇票,但天津必须有代付代收的商号。由于同和兴股份有限公司的业务多,交往面广,信誉颇佳,因此,由该公司负责汇兑的业务也就日渐增多。这样,孙不仅能得到汇兑业务的手续费,而且还可得到不付息钱的短期存款。因为客户都是先将款汇孙的公司后才开汇票,寄出汇票后,客商一般是见票迟期二三日, 甚至有见票迟期六七天才照付的。这样客商的款总是提前汇到孙的账户,而客商所开天津照付的汇票总得晚付几日,这笔短期存款就归孙无息使用。如果客商钱款迟几天汇到,孙则提供先行垫付,但客商必须按天付息。这样,孙的公司每年这种存款无利、垫款出息的办法,所得便又是一

① 政协天津市委员会文史资料研究委员会:《津门老字号》,百花文艺出版社1992年版,第113页。

笔不小的收入。

随着业务的发展,到1930年以后,孙开设的同和兴股份有限公司已发展成为拥有职工150多人,代客买卖各种商品的综合性的大牙行。公司客商遍及全国,营业范围之广、赚钱之多,占天津牙行业之首。其粮业部,专门代客买卖各种粮食,以后还大量自运自销。为了招揽东南郊产稻区的农民加工和代销的业务,孙还建立了"一个机米厂,专门加工稻谷,收取加工费,然后代为销售及收取佣金"①。其棉业部专门负责代客买卖华北腹地运来的棉花,收取佣金、栈租费。其山货部,专门代客买卖各种山货,如瓜子、核桃、黑红枣、花生、核桃仁、杏仁等,并修建了一所大仓库,专门代客存储各种山货。其皮张部,专门代客买卖各种皮张,收取佣金栈租和租费。此时同和兴股份有限公司利润所得已"高达100万元之巨,除去建房和每年股东分红以外,资本总额增加到30万元"②。此外,还有连年盈余积累十几万元。同和兴股份有限公司由于客商增多,资本额的增加,除去代客买卖和托运业务以外,开始大量进行自营自销业务。每年秋后,同和兴股份有限公司都派出大量职工去外地采购粮食、棉花和山货等,运津销售。由于公司在铁路运输上的便利,周转期短,所以赚钱很多。以1932年为例,同和兴股份有限公司的利润总计约在十六七万元左右。

1920年,孙等与莫荫轩等合资,在天津估衣街开设了中华老字号同升和帽庄。以后逐步发展,并在北京开设了分店。孙还在河北省胥各庄车站开设华兴同货栈,该牙行占地40多亩,并有自用的铁路道岔,在胥各庄是首屈一指的大货栈。华兴同货栈效仿天津的同和兴股份有限公司的经营模式,代客买卖、代客托运和包运各种货物,如粮食、棉花、木材、猪鬃等。华兴同货栈还负责代销开滦煤矿的煤和英商德士古的煤油,并设有麯房,自己生产麯子,售给各地烧锅。

1937年初,孙东园病故,由其儿子孙冠儒担任公司经理,并聘请当时的天

① 中国民主建国会天津市委员会、天津市工商业联合会文史资料委员会:《天津工商史料丛刊》(第4辑),未刊1986年版,第137页。

② 中国民主建国会天津市委员会、天津市工商业联合会文史资料委员会:《天津工商史料丛刊》(第4辑),未刊1986年版,第141页。

津市商会会长刘静山为名誉经理,负责对外联系。1941年12月太平洋战争爆发后,所有一切重要物资都由日本各大洋行垄断和统制,同和兴股份有限公司代客买卖和托运的营业大为减少,取消了棉业部,裁减了一部分职工,将所有流动资金都买了白布、黄金、粮食、面粉、山货等实物囤积起来,另外公司还代客作买空卖空的投机生意,所得佣金还是不少。

在孙东园的案例中我们可以发现,从1906年孙东园等三人用3万元开始从事牙商业,到1930年牙行业所得利润已高达100万元之巨。在20多年内,孙东园等又创造了一个富豪成长的奇迹。

第三个从一贫如洗的贫农一跃成为百万大富豪的牙商案例是来自山东省平度县沙梁村(现属南村镇)的綦官晟。他在青岛经营的杂货牙行同丰益号,生意兴隆,盛极一时,只在1932年到1934年的3年间,就获纯利100余万元(银币),一跃成为青岛巨商。仅仅从这一点便可反映出牙商向上流动的速度之快。20世纪30年代,在綦官晟的牙行内"共有职员60余人,长年雇用工人340余名,资产总额约在200万元(银币)上下"[1]。青岛的生米、生油、棉纱、棉花等市场价格,为綦官晟所左右,港口停泊运输农副产品的外轮,多为綦官晟所经办,各银行也纷纷争相向綦官晟提供贷款,西镇有200余人的人力拖车队,长年包拉綦官晟的货物,綦官晟仓库里的机动备用麻袋,总要保持10万条之多。綦官晟还在青岛下设油坊3处、占地15亩大仓库一处,在原籍沙梁村还有3处分号。下面让我们关注一下綦官晟是如何迅速从贫农到大富豪转型的。

綦官晟,1876年生,世代务农。全家仅有12.5亩的土地,在当地属于中等偏下的自耕农家庭。他自幼天资聪颖,有胆识,因家贫读了5年书便辍学帮父亲种地。他亲身感受到靠种地致富毫无前途,于是便弃农经商。

綦官晟善于经商,很快便脱颖而出。一天他赶沙梁大集,看到岔河村的乔吉丰大清早就骑马赶来,而且那马浑身有汗。他心生疑念,岔河村离沙梁充其量也不过3里路,乔马何以汗水津津呢?于是他就注意观察乔的行踪,他见乔一直在银子市上周旋,便联想到乔在胶州城某银号做事,乔快马加鞭地跑来

---

① 山东省政协文史资料委员会:《山东文史集萃》(工商经济卷),山东人民出版社1993年版,第256页。

在沙梁集采买银子,很可能是银子要涨价了。他便也抢购了些银子。果然,几天后银两价格大涨,此番运作使他从中赚了大笔钱。还有一次,正当小麦盛长的春季,夜里发生了一场严重的霜冻,他便预测到小麦减产,价格必定上涨,于是便囤积粮食。不久,粮价大涨,使他又做了一笔赚钱的生意。

綦官晟有了这两笔资金后,1916年,他便离开沙梁村去青岛经营商业。他刚到青岛时,由于资金受限,仅在东镇开办了一家小店铺,经营估衣和杂货,盈利仅能勉强维持两三个人的生活。1922年,他在青岛的繁华地段北京路45号合资开设了同丰益号,将生意转为代客商采办农副产品的牙行业,各股东公推綦为总经理。从经营牙行业开始,他便向百万巨商迈进。他主持的同丰益号,开业伊始"资产总额仅在1万元左右"①,这在当时的青岛市农副产品代办行业中,也是不挂号的。但是善于经营的他在20世纪30年代很快成为青岛的百万巨商。

綦官晟的发家之路缘于其重视技术,博得外商的信任。当时,农副产品中的生油,每到农历六七月份,天气炎热,生油处于酸败期,按照与外商预定合同的代购生油的规格,质量很难达标。代购的生油合格率能在50%以上就算不错了。②为了解决这一难题,他便聘请了德国专家,进口了先进的仪器,严把收购关。这样,同丰益号便成质量高的金字招牌,并能与日商三菱、三井、东和等财团进行竞争。外商一次就可向他签订7500吨的生油合同。③故在当时,只要他与外商一旦签订生油合同,市面上的生油价格就涨;否则,市价就疲软。他凭借着与外商的生意,每年可净赚白银几十万两。

他的发家之路还源于其除了替客商代办货物以赚取佣金的现货交易外,还经营期货交易。1932年,他得悉世界各地花生长势比往年要好,认为花生价

① 山东省政协文史资料委员会:《山东工商经济史料集萃》(第3辑),山东人民出版社1989年版,第29页。

② 山东省政协文史资料委员会:《山东工商经济史料集萃》(第3辑),山东人民出版社1989年版,第30页。

③ 山东省政协文史资料委员会:《山东文史集萃》(工商经济卷),山东人民出版社1993年版,第259页。

格必将下跌,因此,他便经营花生的期货交易。

在农历八月份,他一次就售出花生米6000吨,合同期为农历十二月底。这笔买卖的买方是广商景昌隆号的黄汉池。其曾赴美留过学,善经营,且资金雄厚。黄见在青岛綦的生意与自己有矛盾,便存心要把綦挤垮。当与綦签订了这笔期货合同后,黄便联合青岛市经营土产品代办的其他商号,办起一个名叫普利公司的大型经济联合体,商定一律不准出售给綦花生米。[①]与此同时,黄又怂恿各大银行家不向綦提供贷款。黄估计綦资本有限,货源狭滞,到期无法交足订货,定能将綦挤垮。因凡签订了期货合同,如到期交不足货,买方不仅可以全部订货都不要,而且还要按合同罚款。而綦不但不为之畏缩,却偏偏又去抛售了期货生米2000吨,买方仍然是黄。綦另有一番心计,他毫无声响地从大陆银行贷款80万元,分三条线,派出得力人员,经办收购生油、生米业务。到农历十二月初,正当黄梦想准备接管同丰益的时候,綦在外地收购的生米,由陆路、水路一齐运入,市场大受影响。綦的这笔买卖纯利60多万元,而普利公司立刻土崩瓦解,黄则深受损失。

綦官晟靠经营期货发家的例子不胜枚举。再如一次,当他从报上看到安徽某产棉区棉花遭到严重病害的消息后,就立即搜集全国棉情,得知那一年全国棉花生产的形势总的来说不算好,于是,他就做棉纱、棉布的期货交易,购买了大量的棉纱和棉布。后来,棉制品果然大涨价,他就大获其利。

从高必明、孙东园、綦官晟身上,我们可以发现牙商个体向上流动的历史轨迹。他们白手起家,励志进取,由贫贱而富贵。

**2.牙商群体社会地位的向上流动**

以上是牙商个体向上流动的典型。其实在民国时期,牙商整个群体从主导商品流通,到跃居社会上层、执商界之牛耳,体现了其社会地位不断向上流动的历史进程,而这一进程无疑是近代商人结构嬗变的一项重要内容。

社会地位的高低总是要按资本实力的大小进行排序。经过新旧嬗替,在商人资本中形成了一个新的金字塔式结构。结构下层变化不大,仍旧是乡村市

---

① 山东省政协文史资料委员会:《山东工商经济史料集萃》(第3辑),山东人民出版社1989年版,第30页。

镇与城市市场种类繁多的牙纪、下层商人或普通商贩,中间是各集散市场、中转市场及专业市场的小牙商、号庄、中转商和店铺,商界顶层的位置以前由盐、典、钱旧式商人资本占据,民国时期则是有实力的牙商以及大批发庄、银号等称雄。因此,牙商群体社会地位的向上流动体现在其在商界占据的领导地位。

我们需要关注一下牙商在山东济南商务分会担任会长或副会长的情况。如图所示:

### 牙商在济南商务分会担任会长或副会长一览表

| 牙商姓名 | 开设字号及职务 | 职务 | 籍贯 | 届次 |
| --- | --- | --- | --- | --- |
| 朱璧斋 | 福德栈经理 | 会长 | 山西堂邑 | 第二届 |
| 王协三 | 福信成花行经理 | 副会长 | 山西堂邑 | 第二届 |
| 王协三 | 福信成花行经理 | 会长 | 山西堂邑 | 第三届 |
| 穆伯仁 | 德兴和粮栈经理 | 副会长 | 山西桓台 | 第三届 |
| 穆伯仁 | 德兴和粮栈经理 | 会长 | 山西桓台 | 第四届 |
| 孙郭五 | 阜成信花行经理 | 副会长 | 山西堂邑 | 第六届 |

(资料来源:《济南商埠商会档案全宗》,济南市档案馆藏,档案号:临77-D79。)

从上表可知,在济南商务分会中,朱璧斋、王协三、穆伯仁和孙郭五四位牙商不仅以商人的身份加入商会,并且当选为济南商务分会会长或副会长,这恰恰体现了牙商在商界的领导地位。

商会会董为商界的头面人物,牙商在商界举足轻重的地位还体现在其担任商会会董的职务。在1920年山东济南商埠商务分会27位当选的会董中,便有15位由牙商担任(其中一位牙商还担任了特别会董)。如图所示:

| 牙商姓名 | 开设字号及职务 | 职务 | 年龄 |
|---|---|---|---|
| 王允智 | 阜成信花行 | 特别会董 | 65 |
| 范守法 | 祥远恒布行 | 会董 | 33 |
| 乐汝成 | 泰康集货行 | 会董 | 30 |
| 李伯卿 | 元升泰木行 | 会董 | 45 |
| 李镜轩 | 恒聚泰线行 | 会董 | 35 |
| 刘晋甫 | 公益栈炭行 | 会董 | 39 |
| 刘统亮 | 具成号油行 | 会董 | 52 |
| 刘锡侯 | 三合恒粮行 | 会董 | 59 |
| 孙秀东 | 鸿升泰粮行 | 会董 | 45 |
| 王卿 | 恒仁堂药行 | 会董 | 39 |
| 王子和 | 聚典昶土产行栈经理 | 会董 | 43 |
| 魏子原 | 大丰粮行 | 会董 | 34 |
| 徐云亭 | 裕顺泰布行 | 会董 | 43 |
| 杨万田 | 金王栈炭行 | 会董 | 39 |
| 印珠泉 | 惠丰粮栈 | 会董 | 36 |

（资料来源:《济南商埠商会会长、副会长、会董、特别会董姓名册》,《济南商埠商会档案全宗》,济南市档案馆藏,档案号:临77-3-1,文件8。）

一般而言,充任会董必须具备以下资格:其一为才品,即首创商业,卓有成效者;二为地位,必须是行号股东或经理人,每年贸易往来为一方之巨擘;三是资格,须于该地设肆经商历五年以上,年届三旬者;四是名望,即为各商推重,居多数者。从这个名单可以看出,在牙商当选1920年商埠商会会董及特别会董人员中,从事粮行的有4人,布行的有2人,炭行的有2人,其余花行、杂货行、木行、线行、油行、药行、土产行等均为1人。这些充任牙商的会董全都是在商界从事商业多年,经验丰富,经营有方,享有一定的社会名望,得到广大商民的拥护者。

1912年10月和1916年3月天津商务总会会董名单中没有一位牙商当选,这说明民国初期牙商的实力薄弱,在商界的地位低下。1918年天津商会改选,发放选票统计表中,选票总数1570张,牙商总共分得32张,占2%。说明此时牙商已经开始参与商会事务,地位逐渐上升。经过几年的发展,牙商实力不断壮大,对于天津经济的重要性增加,开始参与天津商会的管理事务,牙商开始进入总商会的决策机构。1920年6月30日,总商会公布了新一任的会长、会董名单,共60人,其中"展文炘46岁,晋义栈,住针市街",是牙商第一次成为商会会董,也说明牙商业已经进入天津商界的高层。之后,牙行业继续发展,实力进一步增强。1924年5月13日和1927年10月17日,天津总商会两次公布新的会长、会董名单,每次公布60人,在两个名单中,牙商就占了3个名额。"边峋68岁,籍贯直隶滦县,住址稻地镇,大昌兴货栈"、"陈广泰47岁,籍贯天津县,住址独流镇,瑞丰梨栈"、"展文炘46岁,籍贯天津县,住址针市街,晋义栈",牙商担任会董的人数增多,进一步增加了牙商对天津商界的影响。1929年,天津干鲜果品业同业公会成立,会员共126家,其中牙商孙东园作为同和兴货栈的经理当选为同业公会的会长。这表明牙商在干鲜果品业已经占据了领导地位。1931年2月26日,天津市商会公布的32位当选职员名单中,牙商占了3个名额,将近占10%。"刘禹三55岁,籍贯安新县,北同丰泰斗店经理,通讯处河北邵家园子"、"边筱峰44岁,籍贯滦县,大昌兴货栈经理,通讯处特别二区"、"展桂山52岁,籍贯天津市,晋义商栈经理,通讯处针市街"。[1]牙商在天津市商会中当选比例的增长,进一步体现了牙商社会地位的上升。1934年1月,17位牙商组成了天津市货栈业同业公会,此时的牙商群体已经成为一支独立的社会力量出现了。1940年10月1日,天津商会公布了新一任的会长暨董监事的32位人员名单中,牙商占了4个名额,占12.5%。"会长刘静山,47岁,通县人,代表干鲜果品业公会,商号同和兴(货栈),店址特别二区"、"常务董事屈秀章,40岁,天津人,代表杂粮公会,商号启泰栈,店址特三区大王庄"、"董事刘耕青,59岁,天津人,代表斗店公会,商店同孚新,店址北阁外"、"候补董事常钧,别号亨斋,54岁,

---

① 天津市档案馆等:《天津商会档案汇编(1928—1937)》(上),天津人民出版社1996年版,第45~46页。

天津人,代表货栈公会,商号永益货栈,店址特三区"。①牙商担任商会会长一职表示其在天津商界占据了领导地位。1943年1月,天津商会公布了新一任的会长暨董监事的32位人员名单中,牙商仍占了4个名额,占12.5%。"会长屈秀章,43岁,天津人,代表杂粮业同业公会,商号启泰粮栈,店址特三区大王庄"、"董事岳福臣,49岁,山东福山人,代表货栈业同业公会,商号兴隆栈仁记,店址义租界东马路"、"董事王玉衡,56岁,天津人,代表斗店业同业公会,商店同孚新斗店,店址北阁外"、"监事王静圃,54岁,天津市人,代表木业同业公会,商号寰记厚木行,大口河沿108号"。②

从以上牙商群体在商界中的地位低下到担任商会会长职务,体现了牙商群体的整体向上流动的动态过程。

# 二、牙商的向下流动

向下流动也有两种基本形式:一是个体从较高的社会位置下降到原有的较低位置,但他们所属的较高群体并没有下降或解体;第二种情况体现为一个社会集团整体性的地位下降,比如作为一个社会单位与其他群体相比它的位置的降低或者解体。

牙商所体现的向下流动表现为从百万巨商衰败为小商人或一贫如洗。让我们先关注一下上文提到的高必明和綦官晟两位牙商向下流动的过程。

高必明在太谷县粮行独霸一方,名声远播,引起了官方的注意。"四大家族"之一的孔祥熙和山西土皇帝阎锡山十分眼红,先后插足粮行,和高必明竞争。

孔祥熙系山西省太谷县人,其在太谷开设有祥记粮店。孔家粮店常在粮市上挟其势力以兴风作浪,致使当地一些小粮食牙商纷纷投靠,借以庇荫。高必

---

① 天津市档案馆等:《天津商会档案汇编(1937—1945)》,天津人民出版社1997年版,第113~114页。

② 天津市档案馆等:《天津商会档案汇编(1937—1945)》,天津人民出版社1997年版,第115~116页。

明虽号称"太谷粮王"，但在与祥记粮店势力的抗衡上也难免败北。

《太谷县商业历史情况调查》记载了高必明与孔祥熙交手的过程。一次，高必明做"粮盘子"，对手是祥记粮店，粮店一下子购进高等粮商的400车皮小麦，议定三日内钱、粮如数交割。高必明以为祥记粮店一时拿不出如多巨款。岂料祥记粮店立即去电南京，请求孔祥熙3天内拨回巨款支援。祥记粮店怕款回误期，旋又求援于阎锡山，祥记粮店则从阎锡山处取回400万元晋钞，恰好3日期满，遂通知高必明立刻来祥记粮店取款付粮，高必明一时付不出这么多的粮食，只好请太谷商联会说情调解，结果以每石小麦高于原价一元六角购进而告终。

这次损失虽大，但高必明与阎锡山及其官僚资本的交手损失则更为惨重。1932年至1937年，阎锡山挟山西军政之要势，在山西省晋阳县各地，大搞官僚买卖，仅粮食一项，于集散较大的太原县、榆次县、原平县和太谷县设立四大粮店，并在太谷县另设"实物准备分库"，从事粮食、棉花交易。在一次"粮盘子"交易中，"实物准备库"驻太谷县的经理李成斋作为买方，买进高必明和李尔禄的小麦。高必明和李尔禄卖多少粮食，"实物准备库"就买多少粮食，造成粮食行情一直是暴涨，到了期口，一石麦子竟涨至11.06元，李成斋立逼高必明和李尔禄了结生意，而高必明和李尔禄拿不出如数小麦，粮行从中调解，李成斋始答应减成10.06元一石索赔。结果，李尔禄赔损15万元，高必明则除赔损现款外，还把东门外的粮店给太谷县商联会做了抵押，这才由粮行垫款交付。阎锡山借故将高必明下狱，霸占其聚利川粮店并更名为"太谷粮店"。后来，高必明花巨资活动放出后，再难有曾经的辉煌，"粮王"便从太谷商界泯灭了。

粮行牙商高必明一挫于孔家，再败于阎氏，终至万劫不复。高必明的衰败史说明了牙商向下流动的原因之一是在与官僚夺利的过程中，牙商是占据劣势的。而下面綦官晟的向下流动则反映了另外一种情况。

在青岛经营杂货牙行的綦官晟是拥有雄厚资本的巨商。正当綦生意兴隆之际，抗日战争爆发，綦遭横祸，瞬息破产。1938年1月，日军侵占了青岛后，便霸占了綦的大仓库，作为海军军用仓库，使同丰益号失去存货之地。1939年春，日伪青岛政权找借口将綦姓的主要办事人员全部逮捕入狱，并向綦勒索巨资。很快，綦的主要资本便耗费殆尽，这一场横祸给了綦以致命打击。1940年初,同丰益号彻底破产,綦卧床不起,生活十分拮据,熬到1949年青岛解放,便合家迁回平度县南村镇沙梁村。不久,綦便在穷困潦倒中去世。

綦官晟,如此一位声名显赫、典型的民族资本家式的牙商,随着日本帝国主义的入侵,于1939年一场横祸,瞬息破产倒闭,令人扼腕叹息。

接下来是关于爱国牙商尚广霖主动将生意兴隆的牙行关闭的案例。

尚广霖,于1930年创办了鲁豫通货栈。抗战前夕,他所设的货栈发展到了的顶峰,该货栈代客买卖货物的数量和种类较多,诸如把晋城的铁货、剪刀、琉璃、蚕丝、红果和瓜子等土货通过鲁豫通货栈的驼队、担脚源源不断地销往河南省、河北省、山东省、北京市、天津市等地,又运回来大批的洋货或京货诸如土布、洋油、火柴、红枣和大米等,成为轰动一时的泽州古道上的靓丽景观。尚除了从商,在家乡坚持向青年灌输爱国主义思想,并付诸于实践。尚曾任晋城县文献委员会主任委员,并在晋城医学馆任教,为晋城县培养了一批医务专门人才。尚遇灾放粮,资助上元巷医学馆、晋城县文献委员会等公益慈善事业。

山西省沦陷后,1938年6月,伪中华民国临时政府正式委任苏体仁为伪山西省省长。苏体仁企图借尚广霖的名望与尚精通日语的条件,强化日本对山西的统治,亲自来晋城请尚广霖出山,主管山西省日伪教育。尚广霖不畏权贵,将生死置之度外。其不仅不答应苏体仁的要求,而且当面痛斥苏认贼作父的卑劣行径,指出苏体仁当汉奸绝不会有好下场。

日军侵犯晋城,对鲁豫通货栈影响颇大。1940年,日军强迫鲁豫通货栈为其运送铁板。日军把晋城的生铁铸成板块,转运回日本制造炮弹。尚广霖气愤难耐,毅然将生意兴隆的鲁豫通货栈停业,发誓不为日本运货。鲁豫通货栈倒闭,使尚广霖陷入生活的困境。在物质贫困下,他并不屈服,还常常教育子孙后代永远不能当汉奸。1943年,尚广霖怀着忧国忧民的遗憾,离开了人世。①

战争的因素导致牙商瞬间向下流动的情况,不仅仅体现在綦官晟、尚广霖两位牙商个体身上。实际上,民国时期是中国战火连天的时代,军阀混战、国

---

① 张广德:《爱国人士尚广霖》,载殷凤仙:《晋城城区文史资料》(第4辑),未刊2001年版,第143页。

共内战、抗日战争和解放战争都会使牙商迅速向下流动。如："从民国14年至16年(1925—1927年)，国内军阀混战，皮行被肆意掠夺和敲诈勒索。邢台皮行元气大伤，一蹶不振"①。

除了官僚的夺利、战争破坏外，还有以下几方面的主要原因促使牙商的衰落：第一，自然灾害的破坏。水灾、旱灾、意外的火灾等都可能使牙商的生意萧条。1920年，华北直、鲁、豫、晋等省旱灾严重，不少地区颗粒无收，霍乱病流行，死人很多，皮毛生意萧条，华北地区大部分牙行关门停业。1939年8月，冀省全境和豫北、鲁西发生了较大的水灾，灾害时牙行受到很大损失。据1939年9月天津商会水灾损失调查，仅天津5家斗店损失概数为173 000元。②1949年，"一场大火烧毁了同和兴全部栈房，同和兴在当时仅存的最大产业成了废墟"③。

第二，牙商遇到"荒账"。牙商之"荒账"范围不同于一般商户。一般商户之"荒账"，只是欠费后所生之倒账。牙商之"荒账"，则除欠费后所生倒账外，还有代客买卖也有倒账之危险。因为牙商受客户委托买进或售出某项货物后，因各种原因商户并未能当场支付酬金，而是承诺以后偿还的事情时有发生。在这种情况下，一旦商户不守信用，便有欠款成为"荒账"的风险。

1941年12月太平洋战争爆发后，香港被日军占领，信息中断，香港各行家有资力者，纷纷逃往南洋一带。天津中裕行栈的老客户香港万顺成贸易行，全部人马也逃往新加坡，"该行所欠中裕行栈的21万元港币遂成泡影，中裕行栈驻港人员也不知其去向"④。受此突如其来的打击，偌大一笔资金的损失，遂使中裕行栈陷于瘫痪状态。

天津锦记栈曾遭受两次"荒账"的沉重打击。第一次是：1925年，锦记栈的

① 张树林、杨洪超、刘延思：《邢台皮毛业的兴衰》，见河北省政协文史资料委员会：《河北文史集萃》(经济卷)，河北人民出版社1992年，第126~127页。

② 天津市档案馆等：《天津商会档案汇编(1937—1945)》，天津人民出版社1997年版，第1518页。

③ 李省三：《天津同和兴货栈》，见政协天津市委员会文史资料研究委员会：《天津文史资料选辑》(第52辑)，天津人民出版社1990年版，第124页。

④ 孙汉卿：《天津中裕货栈的兴衰》，见政协天津市委员会文史资料研究委员会：《天津文史资料选辑》(第52辑)，天津人民出版社1990年版，第151页。

日本经营山干货的商户，"多因东京大地震之灾而欠下巨额栗子货款，始终未能偿还，成为'荒账'"①。这次"荒账"几乎拖垮了锦记栈，多亏股东倾囊支撑，渡过难关。此款在日军侵华后，不了了之。第二次是：20世纪40年代，锦记栈又有一笔出口美国、加拿大的桃仁，不幸又摊上了"荒账"，蚀本甚巨，因之内部发生裂痕，出口部被挤掉。

档案记载，1938年12月，天津县牲畜牛羊行包商陈荣秋向天津县长禀控称47家牛羊行商户共欠他953.22元，导致其损失严重，希望官府帮其催要欠款。其呈文称："其承包该县1938年的牲畜牛羊行的牙税，现在包期马上届满，而因部分商户经他贩售的牛羊采取了临时记账的方法，并未当时结算，致使他赔累不堪，损失巨大，故希望县长拘催各商户的欠款。"②

陈荣秋的欠款能收回来吗？什么时候能收回来？这些疑问不得而知。至于官府并没有按照陈荣秋的请求拘传各商户，县长在12月31日给他的批示是："状悉，此项欠款，既由该包商予以记账，应由该包商自行清理，本署未便逐予拘传，此批。"③

第三，牙商期货贸易失败。期货交易是牙商所经营的一种特殊的赌博性质的生意。为了解期货贸易给牙商所带来的风险，就需要知晓牙商经营期货贸易的概况。华北地区牙商以经营农副产品为主，而农副产品的交易往往受到季节的限制。农副产品多以秋后为成熟期，故秋后牙商的生意最畅旺，如食粮、棉花、干果、皮张等，无不以秋后为旺月。其最盛时期，"约在农历九、十两月左右"④。从农历九月一直到春节前，货物源源不断地集中到牙商的牙行中。而每年自暮春至仲夏，农副产品的市场形同停顿，其原因为新货尚未上市，产地无货源。牙商在此期间，便通过预测，提前与客户约定农副产品的价格，降

---

① 肖丁：《天津卫著名的锦记栈》，见政协天津市委员会文史资料研究委员会：《津门老字号》，百花文艺出版社1992年版，第111页。

② 天津县公署：《据牲畜牛羊牙行包商陈荣秋呈请追缴欠款》，天津市档案馆藏，档案号：52-85。

③ 天津县公署：《据牲畜牛羊牙行包商陈荣秋呈请追缴欠款》，天津市档案馆藏，档案号：52-85。

④ 薛不器：《天津货栈业》，时代印刷所1941年版，第54页。

及新农副产品上市之际，双方互相交付产品和付款。牙商经营期货贸易风险很大，很多牙商因此而破产。如天津干鲜果牙商刘长平，在做期货贸易时，3个月的时间便将10万元完全赔光，还亏欠3000元。[①]再如：山西省盂县西烟镇斗行的期货贸易俗称为"买空卖空，打虎发财"。所谓"打虎"，指的是口头上互讲信誉，相互了解家底，然后双方订立约据，言定买粮数或卖粮数及交付货的限期，并押下抵押，到期按约提款或付款，赔赚按当时粮价折合，限期多为一年。实际上只是纸上谈兵，买空卖空，打赌看输赢。这种期货贸易风险很大，赢的就是暴发户，输的便是连根拔，倾家荡产。如西烟镇德亨通粮店就是这样倒闭破产的。[②]

第四，牙商放款无法收回。牙商向客户的放款业务主要分为两种：一种为信用放款，一种为抵押放款。民国初期，牙商信用放款于客户，皆极其谨慎。如与牙商无交谊之客户，将货运至牙行后，零星款项，自可与牙行通融，大宗数目殊非易事，这与牙商初期资力有限亦有关系。但随着牙行业的发展，牙商同业间竞争激烈，对于客户不大量放款，便有来货短绌之虞。到牙行业发展的繁荣时期，即20年代后期，牙商同业间之竞争愈演愈烈，无论何人，但凡有一二客户介绍，即可向牙商解款，同时，各牙商还在产区放款。放出之款，至秋收新货上市后，如客户竟无来货，不数月之间，小规模之牙行即先后倒闭数户。[③]此为牙商信用放款于客户之一大风险。即使牙商对此信用放款存在相当之戒心，对客户信用良好者才贷给大宗钱款，但仍难保万无一失。原因有三：首先，行市大涨大落之时，客户亏损巨大，所借牙商之钱款，实无力偿还。其次，有少数客户平日信用虽然良好，但凡业务获得巨大利润，所贷借牙商之款，挪作别用，或另购货物，亦不欲归还。再次，牙商所雇高级职员勾结客户，其目的为假藉客户名义解款捞得利益，客户则与牙商所雇职员勾结为其大量借款提供便利，职员与客户内外勾结，使牙商蒙受损失。抵押放款是牙商金融职能中的另

---

① 中国民主建国会天津市委员会、天津市工商业联合会文史资料委员会：《天津工商史料丛刊》(第8辑)，1988年版，第9~10页。

② 刘振汉：《西烟镇粮行斗店的内幕》，载政协山西省盂县委员会文史资料研究委员会：《盂县文史资料》(第1辑)，1986年版，第88页。

③ 薛不器：《天津货栈业》，时代印刷所1941年版，第41页。

一体现方式。抵押放款看似无风险,但实际操作起来,也有较大风险。客户将货物运进牙行,按其货物所值可向牙商借出货价的四五成至七八成的钱款。如某客户有资金2万元,便可以从各牙商那里借出3万—4万元的钱款。其操作方法很简单,将价值2万元之货物向甲客户抵押,假定借出七成之货款1.4万;然后去购进1.4万元货物,遂向乙牙商借款,乙牙商亦按七成予以放款,客户便可得到近1万元左右之钱款;遂再购进货物向丙商抵押借款,丙商亦假定按七成放款,客户便可得到7000元钱款。如是辗转抵押,则价值2万元之货物便可得到3万—4万元之款项,此系谨慎之客户。若遇冒险之客户,其活动力更大,从牙商那里得到的抵押放款额更巨。若行市顺利时,牙商在货物售出后,便可将客户抵押借款额扣抵清楚,再将剩余款项支付客户。但若不幸遭遇行市大落,客户所损失者超过其借款额,势必无力偿还借款。若信用卓著之客户,必会徐徐偿还牙商的借款,但若损失过大,又不愿意将其贮存牙行之货物马上销售,任其价格低落,牙商欲代销售,又不敢代为售出,则所有放款与此客户之牙商均受损失。1945年8月,日本投降后,天津物价暴跌。客户囤积在牙商处的货物因物价暴跌而货不抵债,客商向牙商所借款项根本无法偿还,虽然客商忍痛低价销售货物,但于大局无济,牙商破产者大有人在。

第五,经济危机的影响。1929—1933年资本主义世界爆发了经济危机,1931年,经济危机波及中国,外汇跌价,货物滞销,牙行产品大量积压,牙商在经营上遭遇了很大的困难,不少牙行因亏损过大而先后倒闭。1932年,仅河北省邢台县便有70户牙行皮店停业。[①]山东省的蛋行、牛栈、药栈等牙行业日趋凋敝,各行业的牙商不得不缩小经营。正如庄维民的研究表明:在农产品贸易领域中,在专业贸易公司竞争和厂家自销的影响下,市场流通领域的产、供、销关系发生了变化:一方面,一些过去多半靠牙商提供货源的厂家和商家,逐步摆脱对牙商的依赖,"自主进货营销";另一方面,"由于外商大肆从事沿海商品走私,并不断扩大在内地的直接购销范围"[②],相关行业的牙商经营规模也被迫缩减。

---

①　张树林、杨洪超、刘延思:《邢台皮毛业的兴衰》,见河北省政协文史资料委员会:《河北文史集萃》(经济卷),河北人民出版社1992年版,第126~127页。

②　庄维民:《近代山东行栈资本的发展及其影响》,《近代史研究》,2000年第5期。

# 第二节　牙商的职业流动

ERSHI SHIJI ZHI ZHONGGUO

　　与静态的、具有很大凝固性的传统社会不同,中国近代是一个动态的、新陈代谢迅速的社会。民国以来,中国社会内部结构发生了一系列的变动,社会阶层之间的职业流动加剧。职业流动指个体或家族由一个职业转移到另一个职业。牙商的职业流动包括牙商向工业企业家、银行家、批发商、实体商或牙商兼实体商等职业流动。

## 一、牙商向企业家流动

　　牙商对近代市场经济下的流通、生产与消费产生了广泛的影响,尤其重要的是,牙商资本向工业领域扩展,成为近代工业化进程中的重要资本来源。下面要介绍的牙商或牙商家族便是由牙商向企业家流动的杰出代表。

### 1.穆伯仁

　　穆伯仁靠经营牙行业起家,自清末至抗日战争前,其开设较大的牙行包括:山东博山县的同和泰粮栈、济南同聚和粮栈、济南德兴和粮栈、济南德兴昌粮油店等。穆经营有方,管理精到,很快便由一个贩煤做短工的穷汉,一跃而成为赫赫有名的百万富翁。在积累了充足的资本后,穆向工业领域扩展,由他创办的工业企业不下十几个，大都分布在山东省和山西省，较著名的有济南惠丰面粉厂、太原晋丰面粉厂以及济南仁丰纱厂等。他还于1916年在济南创办通惠银行，自任董事长。出身寒微的穆伯仁，先后在济南、桓台、太原、博山等地创办工商企业10余家，总资本达200余万元，成为当时济南和山东全省的巨富之一，被誉为"商贾师表"①，并先后当选为济南商埠商会副会长和会长。1919年，山东督军田中玉因慕其为人，遂聘穆伯仁为山东咨议，各行政官署遇事咨询，多以顾问相延聘，于是他誉满泉城，名著山东。

穆伯仁发迹后，热衷于慈善公益事业。如：1918年利津黄河决口，他组织赈灾会，发动同业捐款赈灾，自己首捐3000元。1921年，穆伯仁捐款在原籍雅和庄建立德兴小学一所，事既上闻，"受大总统曹锟褒奖"。②1935年，其病逝前嘱咐后人："我等出身贫寒，幸至现在，不患冻饿，但致富要莫忘济贫，我久想捐田30亩，一半给族人，一半给乡里，以作救贫扶困之需，汝等切记，莫负我嘱"③。穆于1935年12月在济南病逝。

### 2.苗氏家族

民国初期，在济南商界中，苗氏家族和穆伯仁是并驾齐驱的牙商富贾。而在20世纪30年代后，嗣因穆家后继乏人，苗家跃居其上。苗家先后在济南创办的牙行业包括4个粮栈、1个炭栈，并以济南为中心，在津浦、胶济两条铁路沿线设立分庄30余处，为全国各地客商代购代销各种粮食，当时苗家牙行内经常汇聚各地客商200余家。靠着牙行业的资本积累，苗氏家族累至千金，富甲济南。其后，由商转工，向工业领域进军，先后创办大型企业数十个，并伸展到西安、南京等地。苗家开设各牙行既做代客买卖，又做自运自销，概括其经营策略可分为以下几点：

第一，迅速掌握市场行情和各种信息。做粮食生意，行市瞬息万变。要想吞吐及时，必须有便捷、畅通的通讯系统。苗家做生意注重消息灵通，购进售出

---

① 伊允宪、潘精良、邢玉亭：《穆伯仁工商生涯五十年》，见桓台县政协文史资料委员会：《桓台工商经济专辑》，未刊1990年版，第63页。

② 李障天、阎象吉：《淄博经济史料》，中国文史出版社1990年版，第216页。

③ 李障天、阎象吉：《淄博经济史料》，中国文史出版社1990年版，第217页。

粮食及时、精准。苗家充分利用其在胶济、津浦、陇海铁路沿线及重要的粮食集散地的30余处分庄,在粮食的夏收及秋收之前,便派职员四处调查,预测丰歉。新粮上市后,各地报告行情的电函,日夜交驰。当时苗家在济南邮电局专设信箱,电话局有定时长途电话,在粮食交易场所设有自用专线电话。苗杏村、苗星垣等对于各地函电都亲自处理,从不假手他人。行情一变,几分钟就能通知全国各地的苗氏牙行。这样,苗家在市场上处处抢先,利用时机捞得很多利益。

第二,垄断交易。苗家开设各粮食牙行凭借其雄厚的资本和有多家分行、服务态度好等优势,结交了很多全国各地进行大宗交易的客商。这样苗家在市场上大搞垄断,能够在一定限度内随意调节价格,并掌控部分区域内的生意控制权。

苗家能够垄断交易,还在于其技术超群。苗家的各粮栈内专门训练了一批鉴别粮食质量的能手,收验货物。因此,当时凡是麻袋上盖有苗家水印的货物,无论发至全国何处,每百斤都比市价高出两角钱。

苗家做生意讲究信誉。1915年,广帮客商订购了一批花生米期货,但在收货时,价格大涨,有些地区的粮栈,采用以次顶好、掺杂使假的办法来弥补损失。广帮客商发现后,派人前来问询苗家。苗杏村看到这批货如果用优质货物换掉劣货,必有巨大的亏损,但丢掉这个顾主,对苗家发展损失更大,遂慨然应允:"保证按合同规格如期交货,一切损失由恒聚成负担。"事后结算,苗家亏损10多万元,但取得了广帮客人的更大信任。

苗家除了垄断广帮生米生意外,还垄断了当时中国有名的"面粉大王"荣宗敬、荣德生兄弟开设的无锡茂新面粉厂在济南代购小麦的专权。

第三,跻身社交官场。在民国初期军阀混战割据的情况下,正常的商运根本办不到,而粮食的地区差价又瞬息万变,如果不买通大小官吏,取得运输上的便利,是难有较大作为的。苗家之所以能够生意兴隆,长盛不衰,与苗家跻身官场,利用各种社会关系进行谋利有密切关系。

苗星垣于1920年创办了同聚长粮栈,且精明能干,擅长于社会活动,小有名望,在五四运动时,是济南商界的代表,后来被选为济南各界评议会的理事，并参加过基督教青年会的活动。①苗星垣在济南还发起创办了《大民主报》。苗家借助于苗星垣的社交活动，进入了上层社会。然后通过社会关系，为商业发展铺平道路。

苗家通过经营牙行业，有了雄厚的资本后，开始向工业领域扩展，其先后开设的企业包括：1920年，苗杏村创办的成记面粉厂；1921年，苗杏村与苗星垣创办的济南成丰面粉厂；1925年，苗杏村创办的同顺泰面粉厂、恒顺泰面袋厂；1932年，苗杏村、苗星垣创办的成通纱厂；1935年，苗星垣创办的成丰面粉厂西安分厂；1937年，苗杏村创办的成大纱厂等10多家企业。②

### 3.向工业企业家流动的其他牙商

除了穆伯仁和苗氏家族以外，还有很多牙商在具备了充足的资本后，向工业企业扩展。天津首家轧钢厂——天兴制铁所（现在的天津市轧钢四厂）的资本，主要来源于牙商。20世纪二三十年代，天津轧钢工业无人涉足，同发祥铁行职员孙布雷看到日本轧钢工业发展迅速，遂联合天津同发祥铁行经理刘荩臣、天津兴记铁行经理宋玉琳、天津玉兴栈铁厂经理秦凤翔等人，凑集4万元资本，在1936年创办了天兴制铁所。③20世纪20年代，山东济南兴顺福粮栈经理张采丞创办了济南最早的机器榨油厂和面粉厂。另外，当时济南9家华商机器面粉厂中有4家(惠丰、华庆、成丰、正利厚)系由牙商所开。由宋斐卿创办于1932年的天津东亚毛纺厂的资金也来源于牙商的资本，厂址在天津意大利租界五马路，是一家以生产"抵羊"牌绒线而著名的毛纺厂。宋斐卿是山东益都县人，父亲宋传典先后在济南、天津开设德昌洋行和德昌贸易公司，以经营进出口业务为主。④由齐竺山、齐如山、齐寿山三兄弟创办的河南大和恒面粉厂(现在的安阳市面粉厂)是以生产"狮子"牌面粉而著名的面粉老厂，其资本就是来源于牙商积累的资金。1915年，齐家从北平大同号粮行、北平和益局粮行

① 苗兰亭：《苗氏工商业兴衰五十年》，见山东省政协文史资料委员会：《山东文史集萃》(工商经济卷)，山东人民出版社1993年版，第26页。

② 苗兰亭：《苗氏工商业兴衰五十年》，见山东省政协文史资料委员会：《山东文史集萃》(工商经济卷)，山东人民出版社1993年版，第36页。

③ 孔令仁、李德征：《中国老字号·2·工业卷》(上)，高等教育出版社1998年版，第18页。

④ 孔令仁、李德征：《中国老字号·2·工业卷》(上)，高等教育出版社1998年版，第565页。

和河北省束鹿县恒聚隆粮行中"抽资2万元,并各取字号头一个字,命名为大和恒面粉厂"①。北洋商办第一纱厂也叫北洋纱厂(现在的天津市第六棉纺织厂),由吉士珍、范竹斋、张向泉、张东荪、鲍子周、黄献臣、翟静波、王筱洲于1918年创办,是天津早期规模较大的纱厂之一。8位创办人分别是瑞兴益、庆丰益、敦庆隆、隆顺、隆聚、同兴益、万德成各布庄和永利银号的店主。他们"各筹资金25万元,共投资200万元"②创办了北洋商办第一纱厂,厂址设在天津市郊小刘庄挂甲寺附近。山东烟台最早的机器卷烟厂之一——中安烟厂,山东最早的机器染厂双盛潍染厂、周村最早的机器缫丝厂——裕厚堂丝厂以及后来的恒兴德机器缫丝厂,都是由牙商资本创办的。1919年,天津庆长顺同记斗店股东张良谟、天津万春斗店股东张星樵、天津长顺同记斗店股东张兰舫、天津华丰裕斗店股东于华庭、天津同顺永斗店股东刘壬三,5位牙商联合河北宁河的刘鹤龄等集资30万元成立了天津福星面粉公司,该公司于1929年增加至80万元。③详见下表:

### 牙商参与兴办的部分工业企业表

| 牙商 | 牙行 | 兴办工业企业 |
| --- | --- | --- |
| 鲍子周 | 隆聚布庄 | 北洋商办第一纱厂 |
| 董希尧 | 烟台双盛泰行栈 | 青岛双盛潍机器染厂 |
| 范竹斋 | 庆丰益布庄 | 北洋商办第一纱厂 |
| 高文仲 | 天津东兴铁厂 | 天津天兴制铁所 |
| 耿曰桐 | 杂货、药栈 | 庆和东机坊 |
| 黄献臣 | 同兴益布庄 | 北洋商办第一纱厂 |
| 吉士珍 | 瑞兴益布庄 | 北洋商办第一纱厂 |
| 贾仁斋 | 青岛恒祥茂杂货栈 | 济南裕兴染料厂 |
| 李敬义 | 青州裕厚堂丝栈 | 周村裕厚堂丝厂 |
| 李君友 | 牙商 | 玉盛永地毯厂 |
| 李连溪 | 青岛洪泰号行栈 | 青岛洪泰火柴厂 |

① 孔令仁,李德征:《中国老字号·3·工业卷》(中),高等教育出版社1998年版,第13页。

② 孔令仁,李德征:《中国老字号·2·工业卷》(上),高等教育出版社1998年版,第579页。

③ 陈真、姚洛编:《中国近代工业史资料》(第1辑),生活·读书·新知三联书店1957年版,第480页。

| 牙商 | 牙行 | 兴办工业企业 |
|------|------|------------|
| 刘荩臣 | 天津同发祥铁行 | 天津天兴制铁所 |
| 刘壬三 | 天津同顺永斗店 | 天津福星面粉公司 |
| 刘子山 | 泰安福和永草编杂货行、青岛福和永行栈 | 青岛福和永机器炼瓦厂、泰安福和永窑厂 |
| 苗星垣 | 济南同聚长粮栈 | 济南成丰面粉厂、成通纱厂 |
| 苗杏村 | 济南公聚合粮栈、恒聚成粮栈 | 济南成丰面粉厂、成记面粉厂、同顺泰面粉厂、恒顺泰面袋厂、成大纱厂、成丰铁厂、成通纱厂、太原晋丰面粉厂、济南惠丰面粉厂 |
| 牟君山 | 烟台义昌信铁行 | 烟台昌兴火柴厂、永康造钟厂 |
| 穆伯仁 | 济南同聚和粮栈、德兴和粮栈 | 济南惠丰面粉厂、太原晋丰面粉厂 |
| 穆伯仁 | 聚和粮栈 | 山东仁丰纱厂 |
| 齐竺山 | 北平大同号粮行、北平和益局粮行、束鹿县恒聚隆粮行 | 河南大和恒面粉厂 |
| 秦凤翔 | 天津玉兴栈铁厂 | 天津天兴制铁所 |
| 宋斐卿 | 德昌洋行 | 天津东亚毛纺厂 |
| 孙子山 | 烟台恒兴德丝行 | 周村恒兴德丝厂 |
| 唐世鸿 | 烟台同泰和杂货栈 | 烟台中安烟草公司 |
| 王冠东 | 济南泰华粮栈、同聚长粮栈 | 济南成丰面粉厂、成通纱厂 |
| 于华庭 | 天津华丰裕斗店 | 天津福星面粉公司 |
| 王星垣 | 青岛义昌仁铁行 | 青岛义昌仁铁工厂 |
| 于选甫 | 青岛天成号行栈 | 胶东增益火柴厂 |
| 翟静波 | 万德成布庄 | 北洋商办第一纱厂 |
| 张采丞 | 济南兴顺福粮栈 | 济南兴顺福榨油厂、华庆面粉厂 |
| 张华苏 | 隆顺布庄 | 北洋商办第一纱厂 |
| 张俊卿 | 青岛义德栈 | 青岛双蚨面粉厂、华鲁火柴厂、敬业火柴厂 |
| 张兰舫 | 天津长顺同记斗店 | 天津福星面粉公司 |
| 张良谟 | 天津庆长顺同记斗店 | 天津福星面粉公司 |
| 张启垣 | 东元盛染房 | 东元盛染坊 |
| 张向泉 | 敦庆隆布庄 | 北洋商办第一纱厂 |

续 表

| 牙商 | 牙行 | 兴办工业企业 |
|------|------|--------------|
| 张星樵 | 天津万春斗店 | 天津福星面粉公司 |
| 郑福明 | 牙商 | 玉盛永地毯厂 |
| 邹升三 | 青岛裕东泰杂货行 | 济南裕兴染料厂 |
| 朱绍清 | 和记棉花行 | 隆记轧花厂 |

（资料来源:孔令仁、李德征:《中国老字号·2·工业卷》(上),高等教育出版社1998年版;孔令仁,李德征:《中国老字号·3·工业卷》(中),高等教育出版社1998年版;陈真、姚洛编:《中国近代工业史资料》第1辑,生活·读书·新知三联书店1957年版;庄维民:《近代山东行栈资本》,《近代史研究》,2000年第5期。苗兰亭:《苗氏工商业兴衰五十年》,《山东文史集萃》(工商经济卷),山东人民出版社1993年版,第24~41页;河南省安阳市地方史志编纂委员会:《安阳市志》(第4卷),中州古籍出版社1998年版,第2280~2281页等。)

从上表可以看出,牙商对投资近代工矿业表现出了极高的热情,出现了相当数量由牙商兴办的工矿企业。种种迹象表明,牙商资本从商业领域为近代工业提供所需的资金,成为近代工业化进程中重要的资本来源之一。

## 二、牙商向银行家流动

牙商除了向企业家流动外,还有个别的牙商向银行家流动。如:刘子山,一个曾经多年蝉联青岛首富的掖县籍(今莱州)商人,从商早期他以代客买卖草帽辫为业,在有了充足资本后,其由一贫寒农民转变成了一位大银行家。1918年起发起创办了青岛东莱银行,随即在济南、天津、大连等地设立了分行,在上海设立了汇兑所。

刘子山,1877年生,山东省掖县湾头村人,世代务农。因家中人口众多,生活困难,他自幼失学。他21岁来青岛谋生,在一德国人家当仆役。他聪明好学,几年间便学会了德语。1908年,他凭借为德国建筑师充当翻译的便利条件,很快又熟悉了建筑业务,开始从事经营牙行业。最初他代办建筑材料,获利颇丰,有了一定的资金积累。1910年,他领取牙帖,在山东青岛泰安路肥城路转角开设了代客买卖草辫为主的福和永杂货行,经营草帽辫,并代销德国洋货。[①]生意兴隆,很快便获得了暴利。

有了牙商资本做后盾后,1918年,他向金融业扩展。他在青岛创办了东莱银行。当时德、日等外资银行控制青岛早期的金融业,东莱银行的成立打破了外国银行的垄断局面。1919年,他在天津、济南两地设立分行。1923年,他将东莱银行资本增至300万元,并在上海设立分行,以重金借用中国银行的钞票版面,发行钞票。1926年,他将东莱银行天津分行改为总行,青岛行改为分行。1928年,将总行由津迁到上海,并在大连等地也设立了分行。

## 三、牙商向批发商、实体商或牙商兼实体商转变

早期牙商的主要职能是介绍买卖,保持着代客买卖的中间商性质。但不少在城市营业的牙商很快就突破了这种经营范围,有的直接经手办货,自营大宗买卖,开始转化为批发商、实体商或牙商兼实体商。

牙商在城市中向批发商、实体商或牙商兼实体商的流动与牙商所处的环境变迁、经营方式的改变和功能的演变有关。

首先,近代华北各省的牙行一般多产生在有较长历史传统的流通领域,或产生在随市镇人口增加而需求急速发展的农产品和手工产品等生活资料流通领域。而在一些经销进口洋货或国内新式工业机制产品的流通领域中,例如五金、西药等商业流通领域中,从其一开始就出现了批零分工,一些实力较强、资金雄厚的商号往往经营批发业务,并不存在牙商这一居间环节。

其次,民国牙商处在一个近代历史的重要转折期,这一时期近代牙行在同政府的关系上产生了脱离控制的倾向,力图向着自由经营的方向发展。这首先表现在牙行是否领取牙帖上。如天津租界的牙商可以不领牙帖,在此影响下,逐渐天津的一些牙商不仅在领帖问题上效法租界里的牙行,显示出摆脱政府控制的倾向,而且在经营上也有很大的变化。早期牙行保持着代客买卖

---

① 青岛市北区文史资料研究委员会:《青岛市北区文史资料》(第1辑),未刊1989年版,第78页。

的中间商性质，但不少牙行很快就突破了这种经营范围，逐步由代客买卖转变到低价"吃进"，加码"卖出"，采取了"既赚佣金又获利润的双重做法"。

牙商向批发商、实体商或牙商兼实体商转变的原因大致有以下几个方面：首先，客户贩运货物数量较大，牙商代售不能一下子销完，多耽时日对客户不合算，他们宁愿一次性降价将货物趸售给牙商。其次，商号和客户向牙商家购买货物，一张货单上往往品种多达数种，如果数量少，必定不适应购货者的要求，牙商不得不对各种货物都备有一定的存货。再次，代客买卖的佣金收入毕竟有限，牙商趸批吃进，再分批卖出，既可对销售客户杀价，又可在批售时加码，进销差额可以扩大，利润自然随着提高。最后，牙商的批发业务还由于牙商有直接出口到国际市场的销路有关。由于货物要出口，牙商不得不先进后销。

由此可见，牙商向批发商、实体商或牙商兼实体商流动的这种变化完全是与业务的发展相适应的，可以看成是一种历史的进步。下面我们以北京各业的转变为例，说明牙商向批发商、实体商或牙商兼实体商转变的过程。

北平棉花贩卖在1916年前归棉花牙商专卖，后因牙商的转型，由京兆财政厅命令取消牙行，并依照《商会法》，有棉商组织"京师棉业商会"①（以后改为棉业同业公会），代替牙行为官厅征收棉花牙税。而到1935年，北平经营棉业牙行已经逐渐退出了历史的舞台。该市原来的棉花牙行已经大部分改为批发庄。北平崇门外的鸡市原来是以牙行店为交易中心，但随着牙行的逐渐转型，到1930年时，全市仅剩万胜、任和、同德三家牙行店，到1935年，仅剩下同德一家。②但是需要注意的一点是，虽然北平大部分牙行店转为了批发商或零售商，但这并不排除一些并未得到法律允许的非牙行店继续着代卖棉花的业务。比如1934年7月26日《益世报》的访问调查中发现：缴纳棉花牙税的棉花业同业公会的各行铺多以棉花批发为主，还有一些零售给各门市，并不再代客

---

① 张铁铮：《北平农产品贩卖方式和市场组织的研究》，见千家驹：《中国农村经济论文集》，上海书店出版社1990年版，第283页。

② 张铁铮：《北平农产品贩卖方式和市场组织的研究》，见千家驹：《中国农村经济论文集》，上海书店出版社1990年版，第296页。

买卖;反而有一些并不纳牙税的布铺、广货铺、丝线铺等诸多代卖棉花。[①]北平的干鲜果行的牙商原系中间介绍人,实为招待远商,介绍买卖,行之已久。到1934年,牙商受时代潮流影响,已趋于被时代淘汰,由于社会文化进步,人们智识日高,趋向自由营业,故"今之牙商制度已破,一切规矩无形取消"[②]。20世纪30年代中期,北平的粮食牙行,其主要的业务虽然为代客买卖,但随着资金的积累、交通的便利及时代的发展,其实际业务范围实不止此。粮栈除代客买卖外,尚经营代客堆存粮货和代客转运,有时亦自营买卖。[③]由于行栈或行店对于市场信息掌握灵通,在商情有利时,派牙商到各地收买粮货,然后运回行栈或转运他处销售。行栈或行店派往各地收买商品的牙商,称为"外柜"。外柜一般为牙行资格较老,并对商品有经验者。外柜在外,不仅收买商品,且为本牙行招揽客商,以便为客商提供代客买卖。行栈在各地收买产品,称为"坐庄",采买以后,运至其他地方销售,则称为"倒庄",或称为"行庄"。各行栈大多于收买商品后,即运回行栈销售,或自外地直接运往他处销售者。如北平的志成粮栈常常在山西太谷、榆次收买小米、黑豆运销石家庄;广生栈常在河南鄢城一带收买黄豆运销溪口;西直门天亨、正昌、四通、元顺成等各粮栈常在平绥线收买杂粮,运销至北宁线的天津、唐山、开平等地,及平汉线的涿州、坨里、徐水、望都等地。至于批发囤积粮食后,再在市场上批售者,如北平的春元栈等等。[④]

除了北京牙商向批发商、实体商或牙商兼实体商转变外,华北各地还有很多牙商向批发商、实体商或牙商兼实体商转变的例子。山西省曲沃县德盛泉年囤积粮食不下万余石,以批发粮食赚取暴利。[⑤]1918年,山东济宁开设的东昌隆杂货栈牙行,虽然领有牙帖,但从营业开始,就是以批发为主,代客买卖

① 文彬:《目前的痛苦是牙税过重》,《益世报》,1934年7月26日,第8版。

② 文彬:《违法病民的牙税帮助日货畅销》,《益世报》,1934年7月4日,第8版。

③ 张铁铮:《北平农产品贩卖方式和市场组织的研究》,见千家驹:《中国农村经济论文集》,上海书店出版社1990年版,第270页。

④ 张铁铮:《北平粮市概况》,《社会科学杂志》,第8卷第1期,抽印本1937年版,第136页。

⑤ 靳耀亮:《德盛泉粮行》,载政协曲沃委员会文史研究馆:《曲沃文史》(第1辑),未刊1985年版,第36页。

为辅。因主要是批发，其中分卖庄、卖客两类：卖庄，是通过牙商(跑合的)卖给本市零售商、翻片商、果品店以及复制糖果的糖果店。卖客是直接卖给外县客户和农村商贩。由于倒买倒卖，为卖庄跑合之牙商即达60多人，而且"他们大都是本业的离职和失业人员，业务熟悉，起到互通信息，加强推销作用"①。

天津达孚货栈于1940年开业，在铁路沿线各物资集散地设有外庄多处，联系客商招揽货源，业务发展迅速，后来居上，每年盈利最多时达20余万元。

河北无极县郭庄村的土布集市在民国期间很繁荣。起初集市上有许多土布店为西北口(张家口以远地区)代买无极县和附近的藁城县、新乐县和定州县等地的土布。但随着商品经济的发展，到20世纪20年代以后，山西、察哈尔、绥远等省的财东，也有河北省藁城、正定、深泽、冀州等县的富民，还有无极县内的古庄、马村、东侯坊、北牛诸村的坐商在郭庄经营的布店德茂隆、聚和、新泰、复元、德和、同益、广升、公聚祥、同义永、全盛、广盛泰、德聚成等都是以批发或零售土布为业，不再代买土布。②

20世纪20年代以后，牙商自营批发业务在山东省所占比重呈上升之势，这一趋势在粮栈、杂货等行业表现得尤为突出。如1936年，"济南著名粮栈恒聚成自营买卖粮食的比重已占整个经营总量的81%，而委托代理业只占19%；同期裕丰成粮栈自营买卖粮食28万余包，代理买卖粮食4万余包"③。事实上，山东牙商自营批发业务的拓展，已使牙行业集中介代理与批发经营业务于一身。一方面，对山东当地的中小商户而言，牙商便是批发商，起着分疏商品的作用；而另一方面，对于异地商人或外国商行而言，牙商便是中介代理商，他们为大宗商品的远程贸易提供中介代理服务。

从代客买卖向自行购销发展并成为批发商、实体商或牙商兼实体商，这是近代华北牙商发展的总趋势。华北牙商的社会流动，一方面是契合市场变化

① 韩海岑：《记我家经营的东隆昌杂货栈》，见山东省政协文史资料委员会：《山东工商经济史料集萃》(第3辑)，山东人民出版社1989年版，第334页。

② 刘宗诚：《扬名西北的郭庄布店》，见《河北文史集萃》(经济卷)，河北人民出版社1992年版，第51页。

③ [日]中村正三：『濟南に於ける糧棧』，滿鉄調查部1943年印行版，第21~23页，转引自庄维民：《近代山东行栈资本的发展及其影响》，《近代史研究》，2000年第5期，第55页。

的时代性，并与近代市场贸易的变迁相适应的；另一方面给商品市场的交易活动带来了一系列的变化，这些变化包括交易主体、交易关系和交易制度的变化，更体现了牙商社会流动的新旧并存、多元化趋向特点。

牙商自购自销固然利润较高,但困难也不少。一则人地生疏,容易受欺。二则产地包装、运输、劳务方面的条件都不齐备,自行采购相当困难。以致一般业主都认为不如以逸待劳,等客上门更加有利。另外,近代交通有了很大的发展,牙商的客货源源而来,牙行财源不断,也不必冒险向外自行采购。也有一些行业由于本小利微,使其长期只能从事代客买卖,很少有实力自购自销。如鸡鸭行,必须经常跟农民、摊贩打交道,社会地位低,为上层商人所不屑投资。民国期间,北平的菜市均以76家牙行店为交易中心进行贸易。各种菜农家将菜运至北平,经由牙商销售。牙商可全权代表卖方与买主从事交易,此种贩卖制度,自明迄清,以至民国结束,都相沿未改。再如,天津历史悠久的斗店,从明清的"斗局"到民国后的"斗店"及演变为各"斗店股份有限公司",虽然规模扩大很多,但营业性质一直纯为"居间介绍代客买卖"[1],保持着传统牙人、牙纪的营业性质。故总还有一些牙商跳不出代客买卖这一经营方式的窠臼。这主要是因为一方面华北各地市场及牙商资本发展的水平不一，地区市场的商品交易规模不够大；另一方面也与牙商经营的保守性相关。牙行由旧趋新的转变,对资金、经营实力和抵御风险能力会有更高的要求,在资金实力不足的情况下,众多牙商做出了维持现状的选择。

---

① 天津市档案馆等:《天津商会档案汇编(1945—1950)》(第5辑),天津人民出版社1998年版,第779页。

# 第三节　牙商的区位流动

ERSHI SHIJI ZHI ZHONGGUO

　　"区位流动是整个社会流动过程中的一个组成部分"，许多商人"如果没有在地域上流动，他们在事业上就不可能会有如此远大的发展"。①牙商是一个特殊的群体，也是一个不畏艰难的群体。他们除了在本地代客买卖，促进商品流通外，还穿越省界，在人地生疏的陌生地域落地生根，将生意慢慢做大，成为在异域富甲一方的商业群体。牙商的区位流动既有利于牙商本身的发展，也促进了区域经济和商品流通，更有利于促使统一大市场（包括国内市场和国际市场）的形成。

　　河北省唐山市乐亭县汀流河的刘家有"京东第一家"的称号。民国时期，刘家在关外开设的益发合商号，掌控着整个东北黑、吉、辽三省的代客买卖和运销粮食的业务。另外，刘家还在整个东北境内有益发合分支机构100余处。

　　河北省祁州（今安国县）僻处内地，交通不便，而药材经手（牙纪），"信用之佳，在国内药材界堪称第一"②。山东省济南市从1917年开始，先后来济南经营中药的牙行，绝大部分是来自祁州的。即便有一两户并非祁州人，但在经营

---

　　①　周荣德：《中国社会的阶层与流动：一个社区中士绅身份的研究》，学林出版社2000年版，第269页。

　　②　本省新闻：《安国牙纪捐局，经手人反对》，《益世报》，1929年10月18日，第7版。

方式上,也都是属于祁州人的方式。因而,"在济南的中药业中,逐步形成了祁州帮"①。

新中国成立前,在甘肃经商的山西商帮令人瞩目。而在兰州开设的代客买卖的各大行店,晋商称胜。在兰州经商的山西人主要分为上府帮、路南帮和绛太帮三大帮。其中,上府帮主要指榆次、太谷、平遥、介休等县的晋商,路南帮主要指临津、稷山等县的晋商,绛太帮则是指运城地区的新绛县和临汾地区的襄汾县的晋商。在这三大帮中以绛太帮为最。新中国成立前,绛太人在兰州最多时达到一万余人。兰州的牙行业基本上全部为绛太人所把持。

河南省周口县在民国时期由于水陆交通便利,市场繁荣,代客买卖杂货的杂货牙行相当兴旺。开业较早的泰兴盛杂货行的经理是山西人。此后,在乡谊和地缘、血缘关系的影响下,山西晋南人又在周口开设了天奎杂货行,晋城人开设了立昌杂货行等。民国时期周口县开设的十几家杂货行,经理95%以上是山西人,店内伙友90%是山西人,其中周口杂货行同业公会会长也是山西人。②

民国时,河南省宝虢镇的粮行有8家,全是山西省芮城人经营的,大掌柜、二掌柜、先生、店员全是芮城人。每家粮行都是十几个人,粮行主要集中在小南巷内(同泰和在正街)。8家粮行每年交易量在2000万斤左右。③每天从南山、洛宁等地驮运来的粮食销往河南省、山西省和陕西省等地。

抗日战争爆发以前,北京代客买卖鲜果的100多家干鲜果牙行,有相当长的一段时间,是由山西文水县的商人经营的。文水县干鲜果牙商还曾组织过干鲜果行同业公会,著名的负责人就包括文水岳村的刘俊卿、李玉珍,孝义镇的柳子润,北张家庄的陈忠甫等。所以,当时曾有这样一句话:"没有文水人,

---

① 政协山东省济南市委员会文史资料研究委员会:《济南文史资料选辑》(第4辑),未刊1984年版,第139页。

② 政协河南省周口市委员会文史资料委员会:《周口文史资料》(第11辑),未刊1997年版,第3页。

③ 焦廷斌:《芮城商人在河南省灵宝虢镇经营的粮行》,见山西省政协《晋商史料全览》编辑委员会:《晋商史料全览》(字号卷),山西人民出版社2007年版,第121页。

就不算个干鲜果店。"①文水县有人在经营干鲜果上站住了脚,便拉扯自己的亲戚朋友帮忙,扩大业务,这样,文水人便在北京干鲜果行占有近乎垄断的地位。

文水人在北京经营干鲜果品,多是从业人员,并不是东家。东家多是祁县、太谷的资本家。但是,晋省商号有个规矩,从业人员到一定年限时,多数可以"顶身股",有1厘2厘的,3厘5厘的,最高也有一股的。文水县在北京经营干鲜果品的,以北张家庄、武家寨、孝义镇、岳村的人为最多。以岳村为例:新中国成立前该村约有600多口人,在北京经营干鲜果品的就高达120多人。如果按照当时干鲜果行的规矩,"三年一开账,大掌柜工资加红利曾分过1900两白银,合银洋2700元。二掌柜、三掌柜可分800到1000元"②。其他"顶身股"的人员,多则分三五百元的,也有分一二百元的。学徒工工资加东家的馈送,也可分到五六十元。"文水全县2000多人中,分红标准按一般水平来说,以3年为一账期,大掌柜以100人计,可赚20万元,二掌柜、三掌柜以200人计,可赚16万元,1000个顶生意的可赚16万元,700个徒工可赚3.6万元。"③即文水县从事干鲜果行的人员3年可从北京寄回将近60万元,平均每年将近20万元。这对活跃文水县经济曾起过积极的作用。

民国时期,河南省禹州药材行销全国各地,出口药材则由台、港、澳地区销往东南亚、韩国、日本。仅以怀药贸易为例,有一支由药商组成的"怀帮"商队奔波于各地。当时,在全国许多重要的药材集散地,如江西樟树、湖北汉口、安徽亳州、直隶祁州、北京、天津、四川松州和茂州等,都留下了怀药商人的足迹。为了便于交易,怀药牙商在全国主要药材集散地都设有药行,如上海设有杜盛兴、三成申、同兴隆、协盛全、育生德等,天津设有杜盛兴、同德药行、协盛

---

① 岳寿椿:《文水人经营的北京干鲜果行》,见政协山西省委员会文史资料研究委员会:《山西文史资料全编》(第4卷),未刊1999年版,第1199页。

② 岳寿椿:《文水人经营的北京干鲜果行》,见政协山西省委员会文史资料研究委员会:《山西文史资料全编》(第4卷),未刊1999年版,第1200页。

③ 岳寿椿:《文水人经营的北京干鲜果行》,见政协山西省委员会文史资料研究委员会:《山西文史资料全编》(第4卷),未刊1999年版,第1201页。

全、新复兴等,四川松潘、茂州设有本立生、杜盛兴、丰盛合、聚盛源、协盛全、义合全、裕园祥等。在众多的药行商号中,杜盛兴排在药行第一位。

杜盛兴,开始时是个人名,后来变成了一家怀药连锁店的商号。杜家六代从事药材行业。民国时期,杜兴信、杜兴谟创名为"盛兴"的商号,因东家姓"杜",又叫"杜盛兴"。在全国10多个城市中,都设立有杜盛兴药行。其药材主要销到北京、天津、上海、辽宁营口、浙江杭州、山东济南、湖北武汉、广东广州,以及香港、东南亚等地。①杜盛兴商号是以家族整体意识为基础,以儒家忠诚、谦恭礼让和诚信为规范,来确定商号的管理机制。

"杜盛兴"这一药材牙行,之所以能走出豫省,成为全国知名品牌,主要靠独具特色的经营管理权、人事安排权、董事监理制的三权分立管理制度。在经营管理权方面,杜盛兴设总栈(店)、分栈(店)两级结构。总栈(店)设总经理一人,司账二三人,学徒一二十人不等,学徒年限不定。分店(栈)实行掌柜负责制。各分店设掌柜1—3人,学徒工人数多少不等。总栈(店)统辖分栈(店)大小分店连锁。在人事制度方面:杜盛兴设客店一处,主要培训分栈(店)掌柜及学徒工。学徒通过业务技术、职业道德培训和考察,根据德才表现,量优使用,过程严厉苛刻,以培养店员对东家的忠诚度,对客户谦恭礼让的精神。在董事监理制度方面,"杜盛兴商号的东家,一般不直接参与经营,而是由总店派往各分店,对各分店的经营状况进行监督。董事监理在各分店只有监督的权力,没有经营的权力。如发现问题,只有向总店汇报和建议的权利,由总店考察核实后,给出裁决"②。

华北牙商的区位流动是一个渐进的历程。在这一进程中,无数牙商打破了狭隘的时空限制,参与到浩荡的外流大军中。这使得当地商风盛烈,职业呈现多样化的鲜明特点,有助于形成自由竞争、优胜劣汰的开放型经济。

---

① 李刚、李雨雯:《大话豫商》,陕西人民出版社2008年版,第120页。

② 程峰、宋宝塘:《怀商文化》,河南人民出版社2007年版,第94页。

# 第四节 牙商社会流动的意义

ERSHI SHIJI ZHI ZHONGGUO

民国以降,中国社会内部结构发生了一系列的变动,士农工商的金字塔状的社会等级结构被逐渐打破,社会阶层之间的流动加剧。在这样的历史背景下,牙商群体形成了新的社会流动现象,尽管在当时,这种社会流动现象极为有限。从本质上讲,牙商的社会流动是牙商群体社会作用日益凸显的必然结果,并在某种程度上预示着牙商阶层在近代发展演化的历史趋势。

华北牙商的社会流动对于个人和社会都有积极的意义。

其一,牙商的社会流动可以激发牙商个人积极进取、努力开拓。在社会结构中,如果社会成员的流动机会非常少,社会成员即使付出了努力也难以改变自身的社会地位,那么,社会成员便形成了安于现状、不思进取的性格,整个社会也便会变成一潭不流动的死水。从牙商个人来讲,社会流动加强了个人才能和成就与社会地位直接的联系,使华北牙商可以通过自己的经营活动改变自身的命运和社会地位。牙商的社会流动还有利于在全社会形成奋发向上的精神,有利于激发牙商的积极性,充分发挥牙商的聪明才智。

其二,牙商的社会流动有利于社会从"身份社会"向"契约社会"的变革。特别是牙商的上下流动和职业流动促进了身份社会向契约社会的转变。在传统社会中,身份等级是社会对个人既有地位和财富合法性的认证,强调先赋性和社会习惯。而近代出现的契约社会则是指按照利益关系和理性原则订立的规范个人和社会行为的协议。在社会发展中，用契约社会取代身份等级的实质是人性的解放，用自由流动取代身份限制，用后天的努力取代先赋资格的存在。

其三，牙商的社会流动有利于社会协调发展。像生物体的新陈代谢一样，如果社会不能正常地新陈代谢，社会的发展便会停滞甚至后退。社会新陈代谢的途径之一便是社会流动。牙商的社会流动可以在社会上形成合理竞争的机制，优胜劣汰，促使社会更快、更健康、更协调地向前发展。

其四，牙商的社会流动有助于社会结构的变迁。社会流动首先具体表现为社会成员的个体流动，然而分散的个体流动并不能反映社会流动的整体状况，只有当个体流动扩大为个体所依属的社会阶层的流动、以阶层流动的形式代表社会整体流动状况时，才能深刻地反映社会结构变迁的规律性，以及相应政治、经济、文化等方面变化的情况。民国时期，华北牙商个体的社会流动带动牙商整个群体跃居社会上层、执商界之牛耳的历史进程，亦是近代商人结构嬗变的一项重要内容。

其五，牙商的社会流动有利于缓解社会差异所造成的社会矛盾，有利于社会的稳定。由于一些先赋因素(如家庭背景)的差异等，加之后天许多人为或非人为因素的制约，各社会群体成员之间总是有差异的，甚至是不平等的，这就或多或少地造成了人们在心理上的失衡。当人们的抱怨日积月累而又没有适当的发泄渠道和调整措施时，就会产生社会矛盾，甚至上升为社会冲突。华北牙商通过主观努力，并通过一定的社会渠道，从而通过社会流动寻求到一种相对的平等。因而，可以说牙商的社会流动机制是缓解社会矛盾的安全阀之一。

# 小　结

在民国新旧蜕变嬗替的社会变迁中，社会流动的形式与内容，昭示出从传统社会走向近代社会的历史趋向。民国时期，华北牙商个体的向上流动表现为从一贫如洗，发展到成为大资本家或大富豪；牙商整个群体向上流动表现为从主导商品流通，到跃居社会上层、执商界之牛耳，体现了其社会地位不断显著地向上流动的历史进程;牙商所体现的向下流动表现为从百万巨商衰败为小商人或一贫如洗。

牙商对近代市场经济下的流通、生产与消费产生了广泛的影响,尤其重要的是,牙商资本向工业领域扩展,成为近代工业化进程中的重要资本来源。牙商除了向企业家流动外,还有个别的牙商向银行家流动。早期牙商的主要职能是介绍买卖,保持着代客买卖的中间商性质。但不少在城市营业的牙商很快就突破了这种经营范围,有的直接经手办货,自营大宗买卖,开始转化为批发商、实体商或牙商兼实体商。

从代客买卖向自行购销发展并成为批发商、实体商或牙商兼实体商,这是近代华北牙商发展的总趋势。但是不同地区和行业,牙商发展演进的进程存在很大差异,受市场发育水平的制约,仍有相当部分牙商仍脱不出传统旧方式的窠臼。这一方面缘于各地市场及商人资本发展的水平不一,地区市场的商品交易规模不够大;另一方面也与牙商经营的保守性相关。牙行由旧趋新的转变,对资金、经营实力和抵御风险能力会有更高的要求,在资金实力不足的情况下,众多牙商做出了维持现状的选择。而在某些方面的停滞保守、因循旧习,又使其经营带有若干落后消极的成分与色彩。

牙商是一个特殊的群体,也是一个不畏艰难的群体。他们除了在本地代客买卖,促进商品流通外,还穿越省界,在人地生疏的陌生地域落地生根,将生意慢慢做大,成为在异域富甲一方的商业群体。牙商的区位流动既有利于牙商本身的发展,也促进了区域经济和商品流通,更有利于促使统一大市场(包括国内市场和国际市场)的形成。

牙商的社会流动是牙商群体社会作用日益凸显的必然结果,并在某种程度上预示着牙商阶层在近代发展演化的历史趋势。华北牙商的社会流动对于个人和社会都有积极的意义。

# 第五章 CHAPTER FIVE

## 混乱中的秩序：
## 华北牙商法规政策的流变

　　华北牙商的发展、演变和社会流动不仅对市场经济下的流通、生产和消费产生广泛的影响，更使市场交易的内涵和交易机制的原理也发生根本性的改变，而这一切，又都是以牙商法律、法规制度的相应变革为前提的。正如马克思所说，"commerce方式"的不适应导致人们"不得不改变他们继承下来的一切社会形式"①。自中华民国成立以来，政局动荡，在短短三十多年的时间中，历经南京临时政府、北洋政府、广州武汉国民政府、南京国民政府等多个政权，真可谓是你方唱罢我登场。抗日战争时期，华北地区更是并存三种政权：沦陷区政权、国民党政权和解放区政权。尽管如此，在牙商法规方面，政府还是做出了一定的努力，力图在混乱中整顿出秩序，使华北牙商法规的制度化进程有了一定

---

　　① 《马克思恩格斯选集》(第4卷)，人民出版社1995年版，第533页。

的发展。在此期间，牙商的中介活动受到了法律的保护，相关规则已较完整。另外，政府对牙商有着一套较严格的管理制度，在牙商身份、品行、营业种类、营业区域、牙佣的抽收范围及佣率、牙商添设范围、牙商的更替、牙商营业场所等各方面加强了对牙商的整顿与规范，并对牙商的违章舞弊、私牙或浮收佣率者、牙帖的张挂、逾限领取牙帖等方面制定了细密的法规制度和惩罚措施。

# 第一节　南京临时政府的牙商立法准备

ERSHI SHIJI ZHI ZHONGGUO

　　民国的牙商法规建设肇始于孙中山领导下的南京临时政府时期。1912年1月1日，南京临时政府正式宣告成立，孙中山就任临时大总统。南京临时政府成立后，一方面百废待兴，另一方面正在南北议和，谋求妥协的"统一"事业，无暇组织力量制定法律、法规，因此，南京临时政府选择了暂时援用清末的法律。

　　与此同时，南京临时政府也在积极为新法的制定做好政治、经济和舆论的准备。1912年1月2日，南京临时政府公布《修正中华民国临时政府组织大纲》，设立实业部等九部。其中实业部内设秘书处、农政司、商政司和矿政司。实业部管理农、工、商、矿、渔、林、牧、猪及度量衡事务，并负责监督所辖各官署。

　　南京临时政府一成立，孙中山就指出：民族、民权之目的已达，"惟有民生主义尚未着手，今后吾人所当致力的即在此事"[1]，并号召全国各族人民均应"和衷共济，丕兴实业"[2]。南京临时政府实业部也通告各省政府说："窃念实业为民国将来生存命脉，今虽兵战未息，不能不切实经营，已成者当竭力保护，

　　① 虞和平：《张謇——中国早期现代化的前驱》，吉林文史出版社2004年版，第365页。

　　② 虞和平：《张謇——中国早期现代化的前驱》，吉林文史出版社2004年版，第365页。

未成者宜先事筹划。"①南京临时政府实业部还要求各省迅速成立实业司。这一切使民国初年出现了一股波及全国的振兴实业、发展商业的潮流，也激发了各界研究制定包括牙商在内的商法的热情。

1912年3月，刚刚宣告成立的上海总商会就向南京临时政府即将上任的实业部总长张謇呈文，表明关于振兴商业的意见。文中谈到要改变前清的积弱积贫，必须从根本问题上着手，而根本问题就是非振兴工商不可。因此，眼下"商界要求提倡，要求保护，公家亦力任提倡，力任保护"②，这是全国上下共同努力的前提。而振兴商务具体可从三个方面着手。其中第一个方面就是订定工商法规，继续完成商务总会的未竟使命。呈文认为，工商法规对于工商业发展的重要性，"犹如衣之领袖，车之挽轨，衣无领袖，何以彰身，车无挽轨，何以载行，此商律所以极宜规定"③的重要原因。作为当时全国最为重要的商会组织之一的上海总商会有如此之高的热情，并且已经付诸行动，可见当时社会舆论对牙商立法的呼吁。

总之，南京临时政府的成立，标志着两千多年的封建君主专制制度的结束。虽然该政府仅存在3个月，但它振兴实业、发展资本主义、实行社会改革的精神激发了制定牙商法规的商法情绪，其发展工商业、制定工商法规的舆论为牙商法规的制定创造了较好的政策环境。

---

① 虞和平：《张謇——中国早期现代化的前驱》，吉林文史出版社2004年版，第365页。

② 上海市工商业联合会：《上海工商社团志》，上海社会科学院出版社2001年版，第272页。

③ 上海市工商业联合会：《上海工商社团志》，上海社会科学院出版社2001年版，第272页。

# 第二节　北京政府牙商法规的
## 转型与变革

ERSHI SHIJI ZHI ZHONGGUO

　　北京政府控制中央政权虽然只有十几年，但却是中国半殖民地半封建社会中政治、经济、军事最复杂的历史时期。从1912—1928年，北京政府政潮迭起，像走马灯一样更换了12任总统和46届内阁。但北京政府时期，牙行业却得到了较大的发展，这与政府所制定的牙商法规有直接的原因。

　　北京政府时期是牙商法规的转型与变革期，政府颁布的牙商法规与清代牙商法规的性质发生了根本的变化。

　　1912年3月10日，袁世凯在北京就职，这标志着中华民国史上北京政府统治的开始。北京政府成立后，1912年4月1日设立工商部。1913年，工商部与农林部合并为农商部。1913年12月22日公布的《修正农商部官制》规定，工商司掌管"工商业保护、监督、奖励及改良事项"①。为加强对牙商的保护和管理，北京政府先后制定了一系列法规政策。

　　1914年1月，北京政府公布了《商人通例》。该条例第一章第一条规定："本条例所称商人，谓为商业之主体之人，凡左列各种营业，谓之商业：1.买卖业；2.赁贷业；3.制造业或加工业；4.供给电气、煤气或自来水业；5.出版业；6.印刷

---

　　①　中国第二历史档案馆：《中华民国史档案资料汇编》（第3辑），江苏古籍出版社1991年版，第2页。

业;7.银行业、兑换金钱业或贷金业;8.担承信托业;9.作业或劳务之承揽业;10.设场屋以集客之业;11.堆栈业;12.保险业;13.运送业;14.承揽运送业;15.牙行业;16.居间业;代理业。"①该条例将承担牙行业、居间业、代理业等都作为商业列入《商人通例》,并进行登记管理。

除此以外,北京政府于1915年9月颁布了《整顿牙税大纲》,该法规是近代中国具有开创意义的牙商法规。法规共8条。内容如下:"1.无帖私开及前清旧帖未换新帖者,均勒令照章领帖。2.各牙纪前清旧帖已换新帖未缴帖捐者,应于五年分(指民国五年,即1916年)一律按等则补缴帖捐。3.各牙纪常年税则,应比较直隶现行税率切实增加。4.牙帖营业年限至多不得过10年,凡从前逾期之旧帖,概行取消,另行缴费领帖。5.帖捐税率亦以直隶为适中数,其各省定章有超过者,悉仍其旧,不及者应比较加增。6.领帖换帖,应按帖费2%征收手数料(即手续费)。7.各县田地、房产之牙纪,应改名为官中②。8.各项帖捐年税,应专款存储,解济中央。"③

北京政府与清代牙商法规相比较,有三点不同之处。

第一,牙商的法律地位得到确立。"车船店脚牙,无罪也该杀",这句耳熟能详的谚语,从宋代一直流传至民国时期。谚语中的第五种行业"牙"便是牙人。

民国以前,牙人的社会地位微卑可怜。其既是社会各业中最轻贱的职业,又是文人笔下最为鄙视的职业,就连旧时所谓"下九流"行业中也无其位次。官方认为从业者多为无业游民、流氓地痞,"常有勒索敲诈顾客的行为,故言该杀"④的"封建经济的产物"⑤;贩卖商人认为其从业者多为利欲熏心、少忠

① 江苏省商业厅、中国第二历史档案馆:《中华民国商业档案资料汇编》,中国商业出版社1991年版,第168页。

② 官中:1916年官府新设的职位,也称作"田房官中",其职能是在田地、房产交易中负责清查白契、核发官方契纸、为乡地草拟的契约签章和征收契税等。

③ 江苏省商业厅、中国第二历史档案馆:《中华民国商业档案资料汇编》,中国商业出版社1991年版,第705页。

④ 白维国:《现代汉语句典》(上),中国大百科全书出版社2001年版,第162页。

⑤ 白维国:《现代汉语句典》(上),中国大百科全书出版社2001年版,第162页。

厚、多油滑的"白赖"、"街霸"等"剥削阶级",乡民们认为其从业者多为"雁过拔毛"、刁钻油滑、口沫横飞、能把稻草说成金条的"寄生阶层"……长期以来,意识形态话语中的劣势、书籍报刊中各种负面宣传使牙商成为众矢之的,被认为是中国封建社会"阻碍经济社会发展的怪胎",就连牙人的后人,提到先辈的职业,大多闪烁其词,有着一种莫名的自卑和屈辱。这一点从世人对他们的鄙称"驵侩、市侩、商侩、大驵、马侩、侩保、牙子、掮客、牙家"中便可看出。

无论个人还是公司,都必须拥有法律地位,其从业活动才能受到法律保护。而在北京政府以前的历代政府并未将从事牙行业者单独列出,归入到商人行列。包括1904年1月21日,清末商部公布的《商人通例》中,也是如此。而北京政府公布的《商人通例》不仅将从事牙行业的商人列入商人群体,而且在此后公布的《商人通例细则》、《商人注册规则》中,要求开办牙行业的商人到主管官厅呈报注册,由主管官厅进行登记管理。因此,可以说,在北京政府的法规中,牙商"商人"的法律地位首次得到确立,并受国家保护。

第二,牙商从封建桎梏向自由发展。清代户部对各省牙帖的数量采取"定额化"。虽然清代商品经济有了较大的发展,但清朝初期和清朝末期,牙帖数目变化不大。"牙帖定额化"制度不仅严重阻碍了牙商的正常发展,在贸易需求中,不少无业游民、地痞土棍等充当"私牙",扰乱市场。

1915年9月,北京政府财政部颁布的《整顿牙税大纲》中规定:"无帖私开及前清旧帖未换新帖者,均勒令照章领帖。"①从本条例来看,"无帖私开"即指的是"私牙",本条例允许"私牙"照章领帖,即指政府给予以前"私牙"合法地位,颁给牙帖。这样,一方面,使"私牙"、"官牙"都得到政府的认可;另一方面,能保证所有的牙商从业活动都受到相应的管理。《整顿牙税大纲》的颁布,标志着清代"牙帖定额化"制度的彻底瓦解,而相应的自由发展制度得以建立。

"牙帖定额化"制度瓦解后,各地可以根据市场的发展、各行业的需求和牙商的表现等,自由添设或取消牙商的数目和种类。添设牙商的如《益世报》记载:1920年,交河县泊镇添设鸡卵牙行;②1922年6月25日,万全县添设斗局牙

---

① 北京市档案馆:《民国时期北平市工商税收》,中国档案出版社1998年版,第882页。

② 顺直新闻:《商人请撤鸡卵牙行》,《益世报》,1920年1月8日,第11版。

纪；①1917年3月，安国县城集添设裁行牙纪；②1922年，吴桥县在县署承领五等粪行牙帖等。③

政府添设牙商主要有6个方面的原因。1.便民交易。如"望都县土产秦椒为出口之大宗，此项物品，销户甚广，种户日多。该县秦椒日益发达，迥非昔比，在此前以秤约货，尚无何等困难，现在出产倍于从前，秤少货多，动形窒碍，自应酌添秤牙，以便商民交易"④。2.振兴市面。如"昌黎县蛤泊堡，近年播种花生之处，较昔增多，商民交易，因无官秤，时起争执，该县知事汪鸿孙，为裕图便商起见，招募民人杨纯一，承充花生牙纪，专司评价过秤事宜，以期振兴市面"⑤。3.避免纠葛。如"赵县砖瓦一行，向无牙纪，每遇买卖之际，或有人私行说合，抽收用费，或买卖双方发生纠葛情事，现有西朱庄诚信永，为兴利除弊起见，在县呈准承充该行经纪"。4.说合评价。如"威县张王村，向有小集，近来买卖棉花者，异常发达，惟经纪无人，时有口角争执情事，经县知事周辉远，招募民人张乐全，承充花牙一名，在集公平说价。"⑥5.从事牙商有利可获。如"故城县人金昌裕，因该县郑家口地方，每年买卖煤炸豆饼，麻酱等项，甚为发达，若请准牙帖充当此项经纪，定有大利可获"⑦。6.专司评价执秤。如"威县添设棉牙纪，专司评价执秤"⑧。

取消牙商的如：1922年7月，吴桥县取消"粪行牙帖"牙商资格；⑨1922年，临榆县海阳镇布告取消苏存"灰牙"牙商资格；⑩1923年7月，迁安县取消张温、王

---

① 顺直新闻：《万全县添设斗局牙纪》，《益世报》，1922年6月26日，第10版。

② 顺直新闻：《安国县牙纪亏款潜逃》，《益世报》，1922年6月12日，第10版。

③ 顺直新闻：《吴桥县取消粪行牙帖》，《益世报》，1922年7月16日，第10版。

④ 顺直新闻：《望都县请添秦椒牙纪》，《益世报》，1922年11月15日，第10版。

⑤ 顺直新闻：《昌黎添设花生牙纪》，《益世报》，1923年2月9日，第10版。

⑥ 顺直新闻：《威县张王村添设棉牙》，《益世报》，1923年7月15日，第10版。

⑦ 顺直新闻：《金昌裕呈请充当牙纪》，《益世报》，1923年9月5日，第11版。

⑧ 顺直新闻：《威县南街添设棉牙纪》，《益世报》，1925年3月19日，第10版。

⑨ 顺直新闻：《吴桥县取消粪行牙帖》，《益世报》，1922年7月10日，第10版。

⑩ 顺直新闻：《临榆县添设灰牙之争执》，《益世报》，1924年5月30日，第10版。

才旺所领花生"秤帖";①1925年12月,交河县取消线菜牙行。②

被政府取缔牙商、牙行主要有以下7个方面的问题:1.商民控告。如吴桥县王蕴章营业以来,商民纷纷呈诉,详细调查,恐于农业、学校,均有妨碍,遂计将该粪牙宣布取消。③2.敲诈勒索。如清河县民张印堂,"藉有牙帖,百端索诈……扰害商民,纷纷在县呈揭,该县知事雷谕,调查属实,昨将张印堂传案,取消其油行牙纪,追缴原领帖张"④。3.垄断贸易。如天津县棉花牙商刘润轩"乃领帖到手,居然设机关,发广告,私创章程规则,妄图垄断全津棉货"⑤,县公署将其斥革。4.越界抽佣。如"临榆县海阳镇牙纪苏存,越界抽佣,经窑户王汝松等告发,由县布告取消"⑥。5.与其他税种冲突。如怀来县城,设有盐秤牙商5名,"凡商贩运销盐斤,向由牙商过秤收用,现有福源、利昌两公司,以盐税无重征之理"⑦,经由长芦盐运使行文该县知事,对5名牙商一律取消。6.直接贸易,无须牙商说合。如涿鹿县向不产棉,亦不出布,乡民日用花布,由商铺贩卖而来,在商铺直接销售,并无花市和花店之类的牙行,而该县空领"花布牙帖二张",故涿鹿县取消了花布牙行。⑧7.筹办困难。如直隶交河县线、菜、炭、鸡子牙行等项筹办困难,直隶财政厅训令交河县知事"应即暂行停办"⑨。

第三,田房牙纪正式退出牙商队伍。1902年前,按照习俗,乡间田地、房产(以下简称田房)产权的转移,不论其性质是属于所有权或占用权的转移,其方式为买卖或者典卖,必须经中人说合,并在"草契"上签押证明,方才有效。倘若发生地权纠纷,中人须负责仲裁和调解;如经涉讼,中人有证明之责任。最初,中人多为当事人的亲友,交易成功后,当事人常常付给中人"佣钱"。在

---

① 顺直新闻:《迁安县取消花生秤牙》,《益世报》,1923年7月5日,第10版。

② 顺直新闻:《交河县取消线菜牙行》,《益世报》,1925年12月16日,第10版。

③ 顺直新闻:《吴桥县取消粪行牙帖》,《益世报》,1922年7月10日,第10版。

④ 顺直新闻:《清河县取消新添油牙》,《益世报》,1924年1月25日,第10版。

⑤ 本埠新闻:《县公署斥革棉花牙纪》,《益世报》,1923年9月19日,第11版。

⑥ 顺直新闻:《临榆县添设灰牙之争执》,《益世报》,1924年5月30日,第10版。

⑦ 顺直新闻:《怀来县取消盐秤牙纪》,《益世报》,1924年7月9日,第10版。

⑧ 顺直新闻:《涿鹿县取消花布牙行》,《益世报》,1925年12月14日,第10版。

⑨ 顺直新闻:《交河县取消线菜牙行》,《益世报》,1925年12月16日,第10版。

乡间田房交易较多的地方,中人得到的佣钱可观。因利之所在,常常产生竞争说合、互揽交易的弊端,这影响了业户产权的保障。为此,政府专设"官中"一职,专理田房交易的鉴证事宜。因为"乡地"①熟悉本乡情形,所以,最初"官中"多限于各村乡地充当。他的职责包括:"散发官纸、丈量经界、签证契据、稽查隐漏"②等。

凡事有利有弊,"乡地"充当"官中",缘于其熟悉本地乡情,但"乡地"与田房交易当事人在同一闾里居住,种种弊端丛生,不仅瞻徇情面之事在所难免,而且大多数"乡地"不切实履行"官中"职务,任由当事人隐漏,不加查察。为此,1902年起,政府对田房交易进行改革。最主要的内容是设置"田房牙纪"。田房牙纪与以往牙商不同的地方为:除了说合田房交易外,还需为官府负责稽核契税。官府发给每个田房牙纪稽查税契簿一本,凡是由其经手之田房交易,须填入该簿内,定期呈送各州衙备案。严格说来,此时的田房牙纪已经具有"半公务员"性质。当时,充当田房牙纪者,在身份方面,并无限制。只需向官府领取牙帖,购置"官尺",缴纳帖捐后,便可承充。由于田房牙纪人员良莠不齐,虽然在章程上有惩罚规定,但依然避免不了需索舞弊的事情发生。

1910年,官府再次对田房交易进行改革。改革后的田房牙纪只负责丈量。而另有各村绅董、村正、村副公举一两个"公正人"作为该村的"说中人"。这样就把丈量与说合交易截然分开,各司其职。改革的结果是,田房交易,由两种人负责鉴证:村中公举专司说合交易者,称为"说中人";向州衙纳捐领牙帖专任丈量之责者,称为"官牙"或"官尺"。民国成立后,由于政权更迭,"说中人"和"官牙"无形取消。田房交易,仍按旧习,由私中负责。私中仅负责说合,并不负责"契税"等事。

为整顿田房交易,1915年9月,北京政府颁布《整顿牙税大纲》。实行后,各县田地、房产之牙纪,改名为"官中"。"官中"虽然和其他牙纪一样缴纳帖税,但实际职责发生了根本的变化。"官中"职责主要包括:调查、报告该管区域内田房价值之事;报告该管区域内买卖田房之事;办理该管区域内成立田房契约

---

① 乡地:指清中期以后各地的主体性乡村职役组织,一般包括乡长、乡保、乡约、地方等人员。

② 冯华德、李陵:《河北省定县之田房契税》,《政治经济学报》,1936年第4期,第754页。

及说合丈量之事；举发该管区域内田房匿值漏税及不用草契之事；领发草契，收缴手数料及尽用戳记之事；其他关于该管区域内田房作证之事等。从官府授权给其职务来看，"官中"已经是名副其实的国家"公务人员"之一，已经完全退出了牙商的行列。

总之，民国建立后，随着市场和商品经济的发展，商品交换逐步活跃，流通领域的中介商需求提升，牙商群体步入了其发展历程中的一个"黄金时段"。北京政府为社会经济发展计，更为其财政税收增加计，颁布了相关法规，给"地下"牙人以公开身份合法注册、经营的机会，并保护了牙商的正当商业活动。《整顿牙税大纲》是近代牙商法规之初创，其颁布实施标志着牙商政策的转型，改变了中国传统意义上的牙商的发展轨迹。但也应看到民国初年酝酿着田地、房产国家垄断的一些端倪。

从各省具体情况而言，民国初年，由于新的法规政策并未建立，华北牙商仍依照前清旧例说合成交。1914年3月31日，北京政府财政部通电各省按照当地情形，在商业繁盛地区，化散为整，令牙商组织大货牙行，妥拟章程，对牙商旧制度改良。1915年9月，北京政府颁布《整顿牙税大纲》后，按照财政部的要求，华北各省制定地方性牙商法规。其中河南省的牙商法规公布实施的数量较多，相对而言，山西省则较少。从能搜集到的史料来看，河南省牙商法规有3个，位列第一；其次是直隶省、山东省和北京市，各2个；山西省则最少，仅一个。具体情况如下表所示：

## 北京政府华北各省市地方性牙商法规表

| 省市 | 实施日期 | 法规名称 |
|---|---|---|
| 直隶省 | 1915 年 2 月 | 《整顿牙税章程》 |
| | 1925 年 5 月 | 《直隶牙税改订新章》 |
| 山东省 | 1915 年 12 月 | 《整顿牙税暂行章程》 |
| | 1915 年 12 月 | 《牙纪投标法》 |
| 河南省 | 1914 年 3 月 | 《河南省重订更换牙行执照施行细则》 |
| | 1916 年 1 月 1 日 | 《河南牙税章程》 |
| | 1916 年 1 月 1 日 | 《河南牙税章程施行细则》 |

续表

| 省市 | 实施日期 | 法规名称 |
|---|---|---|
| 山西省 | 1921 年 | 《修正领换牙帖及纳税章程》 |
| 北京市 | 1915 年 4 月 26 日 | 《整顿京师内外城牙税章程》 |
| | 1915 年 4 月 26 日 | 《京师内外城牙税施行细则》 |

（资料来源:《山东财政法规汇编》,未刊,第125—128页;《直隶财政厅饬发整顿牙税章程并告示牙税卷》,河北省档案馆藏,档案号:656-1-420;《直隶牙税已改订新章》,《益世报》,1925年4月29日、1925年4月30日,第10版;《财厅整顿牙税之通令》,《益世报》,1925年5月13日,第10版;《中华民国商业档案资料汇编》,中国商业出版社1991年版,第705—710页;《北京财政志》,未刊1998年版,第863页。)

分析上表可知,从法规颁布实施的日期来看,1915—1916年为最多的年份。这是由于1915年北京政府颁布《整顿牙税大纲》前后,在立法环境的影响下,华北各省市为了适应牙商经济活动发展较快的需要,制定了一系列的地方性牙商法规。从法规性质来看,华北各省市均以税收为目的制定牙商法规,其包括"章程"和"施行细则"两类。

华北各省的牙商法规均从牙帖等级制、牙商投标法和规范牙商从业行为三个方面制定牙商条例。

北京政府时期,华北各省牙商领帖均采用细密的牙帖等级制。其中山东省、直隶省分为一、二、三、四、五、六6个等级,山东省还规定另立上上、下下两等,均不限定数目,由局、县会同随时酌定。河南省牙商领帖分为三等:上等帖、中等帖、下等帖。1921年,山西省颁布《修正领换牙帖及纳税章程》。章程规定,各色牙商分为上则、中则、下则三等;后来则分为上上则、上则、中则、下则四等。北京则分为九等:上等上则、上等中则、上等下则、中等上则、中等中则、中等下则、下等上则、下等中则和下等下则。牙商所领牙帖,直隶省、河南省、山东省和山西省有效期均是5年,惟北京分为两种:领取长期牙帖的牙商,其有效期为20年,而短期则为5年。

分等的标准一般是按照牙商收佣额和原来所认缴的"盈余"额比较,哪一项标准符合,就以该项为定例。如直隶省规定:"原认盈余满100两或作年计牙用收入在350元以上者应领一等帖;原认盈余满80两或作年计牙用收入在300元以上者应领二等帖;原认盈余满60两或作年计牙用收入在250元以上者应领三等帖;原认盈余满40两或作年计牙用收入在200元以上者应领四等帖;原认盈余满20两或作年计牙用收入在150元以上者应领五等帖;原认盈余满20两以下或作年计牙用收入在150元以下者应领六等帖。"[1]而对于城镇各集市小牙商,"每年向纳盈余制钱400文,年计牙用收入每名约在二三十元上下,仅能糊口,如以每名按六等领帖、力有不逮者,则参酌情形变通办法,各小牙商等化十归一,换领六等新帖。"[2]各省这样立法的原意,是在设法避免牙商虚报牙佣收数的弊端。1915年11月10日,直隶省获鹿县按照"牙帖等级制"更换牙帖的牙商包括:一等无、二等无、三等无、四等5名、五等22名、六等93名,共120名。获鹿县新添牙商9名。其中一等无、二等无、三等无、四等无、五等一名(牛羊杂皮行)、六等8名(套花行1名、谦靛行1名、麻行1名、萝萄菜行2名、果木行1名、菜籽油行1名、烟叶行1名)。[3]

由于商业的发展、市场的繁荣,华北各地经常遇到同一区域、同一种类的牙商争充事宜,而查牙商资格及费课各数相同,在这种情况下,华北各省通常采用牙商投标法决定牙商的资格。

山东省要求"投标人不论何区域,商民如有愿承充集纪,应赴所在征收官署,报明住址、姓名、年岁、职业,领取投标格纸,以便届期投标";"得标人承充经纪,以5年为期,所认帖费于发帖时,如数交清所认,每年课程照章、按季完纳"。[4]北京在牙商争充的情况下,也采取以投标法决定牙商的资格,投标人

---

① 《直隶财政厅饬发整顿牙税章程并告示牙税卷》,河北省档案馆藏,民国获鹿县档案汇集,档案号:656-1-420。

② 《直隶财政厅饬发整顿牙税章程并告示牙税卷》,河北省档案馆藏,民国获鹿县档案汇集,档案号:656-1-420。

③ 《直隶财政厅饬发整顿牙税章程并告示牙税卷》,河北省档案馆藏,民国获鹿县档案汇集,档案号:656-1-420。

④ 山东省政府财政厅:《牙纪投标法》,见《山东财政法规汇编》,未刊,第129页。

须为"20岁以上之男子，并无疾病者、有确定住所者、有相当之资产者"；有下列情形之一者，不得投标："曾受破产之宣告者、曾受徒刑以上之宣告者、曾充牙纪因欠缴税款经撤销牙帖者"。①直隶财政厅规定："各牙行投标之最低额，由该县知事酌拟，呈候财政厅核定，方能作准，以超过最低额之最多数为得标。"②

为了净化市场环境，华北各省在牙商身份、品行等方面加强了对牙商从业行为的规范，并针对牙商的违章舞弊等劣行进行处罚。

山东省规定，添设牙商必须是根据市场发展的需要，而对于"零星使用之物一概不准添设牙商，以免扰累"；牙商的承充者"应由各该庄长首事公举殷实可靠之人，禀请局、县验明年貌、住址，酌定费课、取结，饬充"；牙商营业区域和营业种类必须"按领取牙帖的营业种类在指定区域从业，不得一帖兼办数种牙行；牙商"领帖，除局、县指定种类，特别详准，开设总行外，余应指定区域，认明行业，分别收用，不得一帖兼办数行"；牙佣的佣率"按2分（2%）抽收，不准格外多取"；抽收牙佣的范围必须是"买卖成交以后，方准抽收，未卖之先不得先抽行用"；各牙商"如有违章舞弊或因案斥革，须将案由实据，详细叙明，由地方官详情更换，不得含混，致起争端"。③

北京规定，牙商"应将牙帖誊写副本，揭于营业所。违者处以5元以上、20元以下之罚金"，京兆财政厅"检查牙纪营业之牙帖，应及时陈验。违者处以5元以上、20元以下之罚金"；④开设牙行的牙商必须是本人，"不准冒名顶替"；⑤逾

240

① 《投标须知》，载：江苏省商业厅、中国第二历史档案馆：《中华民国商业档案资料汇编》，中国商业出版社1991年版，第712页。

② 《本埠新闻：直隶牙税已改订新章》，《益世报》，1925年4月29日，第10版。

③ 山东省政府财政厅：《山东财政厅整顿牙税暂行章程》，见《山东财政法规汇编》，未刊，第127页。

④ 《京师内外城牙税施行细则》，见江苏省商业厅、中国第二历史档案馆：《中华民国商业档案资料汇编》，中国商业出版社1991年版，第710页。

⑤ 《京师内外城牙税章程》，见江苏省商业厅、中国第二历史档案馆：《中华民国商业档案资料汇编》，中国商业出版社1991年版，第709页。

限领取牙帖者"即宣布无效",并"应没收其所缴之保证金";①牙商"在营业期限未满请求歇业者,除没收其保证金外",并要等新牙商更替手续办理完竣后才"予以批准"。②

直隶省规定,牙商如有操纵市面、垄断市场、浮收牙佣等劣行,"一经官厅察觉,或有人出头告发,除取消其包案外,并送法庭究办";如牙商投标舞弊或得标后不登录者,"没收其保证金";"买卖商人漏交牙用,经本行查出,除付缴牙用外,须由牙行送请县署讯明判罚,牙行不得私自罚办,违则撤销包案"。③

山西省规定,牙商只有设立行栈才允许从业,不准游行营业,牙商的佣率不准超过货价3%,买卖双方直接交易的不准抽佣,"无帖而私自抽佣、不遵守换帖事项、乱收牙佣者,取消其经营权,并处以100元以下50元以上的罚款"④。

① 《投标须知》,见江苏省商业厅、中国第二历史档案馆:《中华民国商业档案资料汇编》,中国商业出版社1991年版,第713页。

② 《投标须知》,见江苏省商业厅、中国第二历史档案馆:《中华民国商业档案资料汇编》,中国商业出版社1991年版,第713页。

③ 《本埠新闻:直隶牙税已改订新章》,《益世报》,1925年4月29日、1925年4月30日,第10版。

④ 山西省史志研究院:《山西通志》(第29卷),中华书局1997年版,第102页。

# 第三节 南京国民政府牙商法规的完善与创新

ERSHI SHIJI ZHI ZHONGGUO

从国民政府定都南京,建立五院政府到抗日战争爆发,数年间,南京国民政府"渐以完成训政,促进宪政,厉行法治,实为中华民国立法最盛之时期"①。在南京国民政府建立后的几年中,大规模的立法活动全面展开,迅速形成中国第一个现代法律体系——六法体系。在此阶段,南京国民政府公布实施了《整顿牙税办法七项》。抗日战争时期及抗战胜利后,南京国民政府的立法活动继续发展,在此阶段,南京国民政府颁布实施了《非常时期管理牙业行纪办法》,这标志着牙商法规制度的完善和创新。

## 一、牙商法规的完善

南京国民政府时期是牙商发展迅速和转型时期。从民国初年政府推行保护政策和自由发展制度以来，牙商得到了较大的发展，但是也出现了很多问题。从理论上来讲,牙商领帖设行,必须居间说合,代客买卖,于抽收佣金中向官厅完纳税款,方合牙商原则。但事实上各地、各牙行情形,除极少数能按照此项原则办理外,大都藉公家一纸行帖之名,行其把持垄断之实。虽各省均制

---

① 谢振民:《中华民国立法史》(下),"中国政府大学"出版社2000年版,第214页。

定了细密的牙税章程,初本限制甚严,但一些牙商向以执法营私为能事,强拉客货,勒令投行买卖,甚至买卖双方已接洽停妥,仍须向牙商缴佣,始可成交,不啻变相的税收机关,早已失去真正牙商的性质。为此,南京国民政府制定和完善了牙商相关的法规。

据档案记载,为统一规范牙商、牙行从业活动,1934年6月,南京国民政府经全国财政会议议决通过了《整理牙税办法七项》。6月12日,国民政府行政院财政部咨各省市政府,转饬各省财政局,所有牙商、牙行一体遵照《整理牙税办法七项》进行从业活动。该法规要求牙商、牙行从业活动要做到以下四点。

第一,设置固定行栈。由于各省市,尤其是各地乡村集市中存在露天游行之牙商、牙伙,他们虽然亦领取牙帖,抽取牙佣,但是并无固定行栈。游行牙商的从业活动存在着流动性和隐蔽性,其浮收牙佣、违法滋扰的劣行不易被发现,给管理带来困难。故该法规令逐步废除游行牙商,并规定凡领取牙帖的牙商必须设置固定行栈。"游行牙纪应废除:各省市牙行性质不一,亦有露天游行之牙纪、牙伙,虽亦领帖抽佣,并无固定行栈、浮收牙佣、违法滋扰、流弊百出,亟应逐步废除,该设固定行栈,以符定制。其废除之步骤,由各省市酌定之,但须经财政部核准";"限定牙行行所:牙行领证营业不论短期、长期,应于县市、镇集交易地点设有固定行栈"。①

第二,规定注册登记程序。由于各省牙行交易之方法不一,流弊滋多,为此开设牙行必须按照相关规定注册登记,各地要加强对牙商资格的审查。牙行开设时必须先照章缴纳登录税、牙帖捐等费用,最关键的是牙行开设时必须备具保证。如牙商有拖欠税款问题,"具保"应有给予承担其后果的能力。"牙行营业章程应行规定,设立牙行时必须备具保证。各省牙行交易之方法不一,流弊滋多,为澈(彻)底起见,应令各省市参酌当地情形,由省规定章则呈部核定。牙行负地方交易责任,取缔应严,尤宜化零为整,方免繁细。设立之时必须备具保证,既设之后果,系依法办理。官厅应给予保障,应通由各省、市参酌当

---

① 国民政府行政院财政部:《财政部关于整理牙税办法七项咨文》,北京市档案馆藏,档案号:J001-005-00110。

地情形,妥为规定,呈部核定","牙行开设时应先照章缴费、领帖"。①

第三,纠正牙商从业恶习。由于各省市牙商在从业中存在设卡征收、无帖私开、一帖两用、强拉客货、几近垄断等恶习,法规要求各省市确定牙行责任,纠正牙商违章滥收恶习。"纠正违章滥收恶习:各省市牙税固多违章办理,间有违章之处,或于交易市集设卡征收,或由商人投标承包,不无苛扰,应即迅筹改革,以期税收商情兼筹并顾,其包征习惯,应于契约限满,一律酌情形逐步废除"。"确定牙行责任:牙行为货物交易媒介之枢纽,不得无帖私开、亦不得一帖两用,并不得强拉客货,迹(几)近垄断。"②

第四,确定佣率和税率标准。由于各省市牙商佣率抽收标准不一,有的地方在交易时,对农商抽佣存在过高情况,同时,各省对于牙行应纳课税标准也不同,存在畸轻畸重之弊。为此,法规统一规定,牙商抽佣率最高不得超过3%;而税率如依照佣金额为标准者,税率不得超过20%;依照买卖额为标准者,税率最高不得超过3%。"限制牙佣:牙行抽佣佣金各省市颇不一致,约自1%至5%,际兹农商交困,物资低落,似应予以限制,拟规定以3%为度,由各省市自行体察当地交易情形,酌定限制之"。"牙行营业税,应依买卖额或佣金额为标准,牙行课税之标准,各省不同,未免有畸轻畸重之弊,牙行开设时应先照章缴费、领帖,其常年牙行营业税,或依买卖额为标准,或依佣金额为标准,由各省财政厅依据旧制,参酌近情,拟定办法,呈财政部核准。依买卖额收者,其税率不得过3%,其依佣金为标准者,其税率至多不得过20%。"③

# 二、初创单项牙商法规

由于各地牙商在商业上具有特殊性质,亟应施行较周密之管理,南京国民

① 国民政府行政院财政部:《财政部关于整理牙税办法七项咨文》,北京市档案馆藏,档案号:J001-005-00110。

② 国民政府行政院财政部:《财政部关于整理牙税办法七项咨文》,北京市档案馆藏,档案号:J001-005-00110。

③ 国民政府行政院财政部:《财政部关于整理牙税办法七项咨文》,北京市档案馆藏,档案号:J001-005-00110。

政府财政部、经济部联合制定了《非常时期管理牙业行纪办法》，并呈奉国民政府行政院第45次经济会议修正通过，于1942年1月23日颁布实施。由国民政府财政部、经济部公布的《非常时期管理牙业行纪办法》，是有史以来政府首次颁布的单项牙商法规。

法规内容包括：第一，牙商从业范围、种类。"包括一切代客买卖、居间抽收佣金之牙行、牙纪及各业经纪行户"；"各商业同业公会所设牙行部。牙行及牙纪的从业种类必须是所营货品以一种为限"。[①]第二，牙商从业条件及开业程序。"有固定营业场所。而对于无营业场所、游行兜揽或露天营业的牙商一律取缔"；"营业场所迁移时，必须呈请主管官署批注执照，如因迁移而变更行政管辖时，应到主管官署重新申请执照"；"牙商从业或开设牙行，领取执照，首先要本人填具申请书并取具保证，呈请主管官署核准，并转请省政府（或直属市之市政府，后同）发给执照。牙行领取执照后一个月内，要加入本业同业公会"。[②]第三，牙商佣金及纳税。"牙行、牙纪及各商业同业公会设立之牙行部应照章纳税"；"牙业行纪所取佣金最高额不得超过买卖额3%，于交易成立后向卖方抽收之"；"经完成登记程序之各商业同业公会所设立的牙行部，佣金应较当地习惯减少二分之一，并应将所得佣金专款存储，充作兴办事业基金"。[③]第四，牙商违纪处罚。"牙商因违背法令或舞弊被罚停业者，其营业人不得再经营牙业业务"[④]。各商业同业公会所设牙行部如有违反法令逾越权限或妨害公益事项者，"停止其任务之一部或全部；……解散"[⑤]。如牙商有类似交易所

---

① 国民政府经济部：《非常时期管理牙业行纪办法》，《经济部公报》，1942年第5卷第3~4期，第64页。

② 国民政府经济部：《非常时期管理牙业行纪办法》，《经济部公报》，1942年第5卷第3~4期，第64页。

③ 国民政府经济部：《非常时期管理牙业行纪办法》，《经济部公报》，1942年第5卷第3~4期，第65页。

④ 国民政府经济部：《非常时期管理牙业行纪办法》，《经济部公报》，1942年第5卷第3~4期，第65页。

⑤ 国民政府主计处统计局：《非常时期农矿工商管理条例》，见《经济法规汇编》（第2集），未刊，第21页。

之业务者或投机、垄断或其他操纵行为者，"处五年以下有期徒刑，并科（处）所得利益一倍至三倍之罚金"①。

## 三、华北各省地方性牙商法规的制度化

法规是国家意志的体现。南京国民政府对牙商法规的制定和完善，促进了华北各省牙商法规的制度化。在此阶段，华北各省地方性牙商法规无论是质量上还是数量上都有了质的飞跃。这些法规不仅对牙商组织设置、从业要求进行了规定，也体现了各省加强对牙商依法治理的制度安排。

从华北各省市公布实施的牙商法规整体来看，其发展存在不平衡性。天津市、北平市和河南省的牙商法规公布实施的数量较多，相对而言，河北省、河南省和山西省则较少。从能搜集到的史料来看，天津市牙商法规最多，有21个；北平市第二，有10个；其次是河南省，有7个；河北省和山东省有2个；山西省则最少，仅一个。

从法规颁布实施的日期来看，1929年为最多的年份。这是由于1927年4月18日，南京国民政府成立。1928年2月，国民政府设工商部，孔祥熙为工商部部长。孔祥熙对商事立法颇为重视，随着社会相对稳定，工商部于1928年7月29日即成立了工商法规讨论委员会，专门负责和修订工商法规。在政权更迭、立法环境的影响下，华北各省市为了适应牙商经济活动发展较快的需要，制定了一系列的地方性牙商法规。

从法规性质的分类来看，包括章程、简章、规则和细则；从法规的对象来看，包括牙税、牙帖、行栈、牙业行纪、牙行、牙行经纪等；从法规的具体内容来看，包括牙税整顿、改革税率、牙纪领帖、缴费纳税、牙税征收所稽征、牙税征收所处罚、牙行代征商贩营业税、县长监察协助牙税征收、编审牙课投标、招商承办牙税投标、牙税征收员取保、牙行经纪新旧交替等。

---

① 国民政府主计处统计局：《商业同业公会法》，见《经济法规汇编》（第2集），未刊，第70页。

# 第四节　华北沦陷区伪政权牙商法规的墨守与质变

　　1937年7月7日，卢沟桥事变后，华北大片土地被日军占领。在日军的扶植下，12月24日，在北平成立了以王克敏为首的伪政权"中华民国临时政府"，管辖晋冀鲁豫四省及北平、天津、青岛三市。1940年3月30日以后，这个"临时政府"虽因南京汪伪"中央政府"的出笼而取消，但其原班人马却在日军的支持下，仍以"华北政务委员会"的名义保持着"特殊地位"，而继续对河北省、山东省、山西省及河南省北部等地区独立行使行政管辖权。

　　日伪政府在华北沦陷区的统治主要以掠夺资源、"以战养战"为主要目的，原本和"法制"是不搭边界的，但是日本侵略者并不是简单地把华北看作是掠夺的对象，而欲建立稳固的、长久的统治，故而颁布了一些牙商法规，将牙商纳入到日本的殖民统治下。

　　从已有的史料来看，华北沦陷区伪政权颁布的牙商法规共有20个，如下表所示。

### 华北沦陷区伪政权颁布的牙商法规一览表

| 省市 | 法规名称 | 实施时间 |
|---|---|---|
| 山东省 | 山东省征收牙税暂行章程 | 1938 年 6 月 23 日 |
| | 山东省招募牙纪投标暂行规则 | 1938 年 6 月 23 日 |
| 北平市 | 已废止牙帖各商营业考查取缔办法 | 1945 年 2 月 |
| 天津市 | 天津市财政局牙行领帖章程暨天津市财政局稽征牙行营业税章程 | 1938 年 3 月 |
| | 天津市财政局鱼类牙行营业税征收暂行办法 | 1938 年 3 月 |
| | 天津特别市公署财政局稽征牙行营业税暂行办法 | 1938 年 11 月 29 日 |
| | 天津特别市公署财政局牙行营业税稽征规则 | 1938 年 11 月 29 日 |
| | 天津特别市牙税暂行章程 | 1938 年 11 月 29 日 |
| | 天津市财政局稽征牙行营业税章程 | 1938 年 11 月 29 日 |
| | 天津市财政局牙行领帖章程 | 1939 年 10 月 15 日 |
| | 天津特别市公署财政局承征牙行营业税章程 | 1940 年 6 月 4 日 |
| | 天津特别市公署财政局牙行营业税承征员遴派规则 | 1940 年 6 月 4 日 |
| | 天津特别市公署财政局牙行营业税承征员奖励办法 | 1940 年 10 月 17 日 |
| | 天津特别市征收牙行营业税章程 | 1944 年 10 月 16 日 |
| | 天津特别市牙行经纪人取缔办法 | 1944 年 10 月 16 日 |
| | 修正天津特别市牙行领帖章程 | 1944 年 10 月 16 日 |
| | 天津特别市牙行缴纳牙行营业税奖励办法 | 1944 年 10 月 16 日 |
| | 天津特别市征收牙行营业税实施暂行办法 | 1944 年 10 月 16 日 |
| | 天津特别市牙行联合办事处办事规则 | 1945 年 5 月 8 日 |
| | 天津特别市牙行驻行员管理规则 | 1945 年 5 月 8 日 |

从上表可知，在这些牙商法规中，其中山东省有2个，北平市有1个，天津市有17个。从法规颁布实施的日期来看，集中在两个时间段：1938—1939年和1944—1945年。从法规性质的分类来看，包括章程、暂行章程、规则、暂行办法、取缔办法、奖励办法、办事规则、管理规则、遴派规则等。从法规的对象来看，包括牙税、牙帖、牙行营业税承征员、牙行经纪人、牙行联合办事处、牙行驻行员等。从法规的具体内容来看，包括征收牙税、招募牙纪投标、已废止牙帖各商营业考查取缔、牙行领帖、牙行营业税承征员遴派、牙行营业税承征员奖励、牙行经纪人取缔、牙行联合办事处办事、牙行驻行员管理等。

# 一、牙商法规的墨守

　　华北沦陷区伪政权颁布的一部分牙商法规在南京国民政府牙商法规的基础上，进行了部分细微的修订。修订的法规直接脱胎于南京国民政府的牙商法规，在条文内容上多与南京国民政府的牙商法规相似，虽然在一些特定点上进行了修正，但是无实质性的区别。可以说，华北沦陷区伪政权颁布的一部分牙商法规基本上是对南京国民政府牙商法规的继承。

　　下面以山东省为例，择取南京国民政府颁布实施的《山东省整顿牙税暂行章程》（1929年6月15日）和华北沦陷区伪政权颁布的《山东省征收牙税暂行章程》（1938年6月23日）两个牙商法规，对比分析二者的异同，如下表所示。

### 1938年与1929年山东省《牙税章程》比较表

| 编号 | 1938 年《山东省征收牙税暂行章程》 | 1929 年《山东省整顿牙税暂行章程》 |
| --- | --- | --- |
| 1 | 第二条：本省牙行每届 5 年编审一次。 | 第一条：山东省牙行，向按 5 年编审一次。 |
| 2 | 第三条：牙纪承包行税应先取具股实商保，并由该商得加具欠税认赔甘结，呈请县公所验明，酌定费税，报省公所核定，给证承包。遇有亏税逃跑，或欠款不缴等事发生，即责成该商保照数赔缴。 | 第五条：牙纪承包行税应先取具股实商保，并由该商加具欠课认赔甘结，呈报县政府验明，酌定费课，报厅核定，给帖承包。遇有亏课逃跑，或欠款不缴等事发生，即责成该商保照数赔缴。 |
| 3 | 第四条：招募牙纪，必须查明确系本身，不准捏名顶充，或集股伙办，且在同一地点有 2 人以上之请求时，适用投标法决定。 | 第六条：招募牙纪，必须查明确系本身，不准捏名顶充，或集股伙办。第七条：承包牙税，在同一地点有 2 人以上之请求时，适用投标法决定。 |
| 4 | 第五条：牙纪特许证费分为左列六等。但投标决定者不在此限。一等 300 元，二等 250 元，三等 200 元，四等 150 元，五等 100 元，六等 60 元。 | 第八条：牙帖费分为六等。但投标决定者不在此限。一等 300 元，二等 250 元，三等 200 元，四等 150 元，五等 100 元，六等 60 元。 |
| 5 | 第六条：牙纪每年应纳税额分为左类六等，但投标决定者不在此限。一等 200 元，二等 150 元，三等 100 元，四等 70 元，五等 40 元，六等 20 元。 | 第九条：牙帖每年应纳税额如左。但投标决定者不在此限。一等 200 元，二等 150 元，三等 100 元，四等 70 元，五等 40 元，六等 20 元。第十条：于前条规定六等费课之外，另立上上二等，不限定数目，由县随时酌定。 |

续表

| 编号 | 1938 年《山东省征收牙税暂行章程》 | 1929 年《山东省整顿牙税暂行章程》 |
|---|---|---|
| 6 | 第七条：包办牙行，介绍买卖，必须实系大宗生意或向有人抽收此项佣钱，方准添设，如有零星使用之物，一概不准设纪，以免扰累。 | 第十四条：凡新添行户介绍买卖，必须实系大宗生意，或向有人抽收此项用钱，方准添设，如零星使用之物，一概不准设纪，以免扰累。 |
| 7 | 第八条：牙纪应认明行业。指定抽佣区域。不准随地包揽，开设总行，致涉垄断。 | 第十五条：经纪领帖，应认明行业。指定抽佣区域。不准随地包揽，开设总行。 |
| 8 | 第九条：牙纪介绍买卖，须公平交易，成交后按 2% 抽收行佣。不准额外多取，并不得于未卖之先，先行抽佣。 | 第十六条：经纪行用，俟买卖成交后，按二分抽收。不准额外多取，并不得于未卖之先抽佣。 |
| 9 | 第十条：行佣应诸卖主，如各县情形不同，必须变通之处，得声叙理由。呈请暂照当地惯例办理。 | 第十七条：行佣应诸卖主，如各县情形不得尽同，实须变通之处，得声叙理由。呈请暂照当地惯例办理。但无论抽自何方，所收之数，不得超过法定限度。 |
| 10 | 第十一条：各县牙纪如有违章浮收、越境抽佣情事，一经查实，即予斥革，并按浮收之数，处以三倍至五倍之罚金。<br>第十二条：各县商民，私收行佣，除追缴私收佣金外，并按私收之数，处以三倍至五倍之罚金。 | 第十八条：自此次办定之后，各经纪如有违章舞弊，或因案斥革，及中途病故、告退等事发生，须将案由据实详细叙明，由各县政府呈请更换。另募新纪接充，不得含混。致起争端。 |
| 11 | 第十三条：各县牙纪如有违章舞弊，或因案斥革，及中途病故、告退等事发生，须将案由据实详细叙明，由县呈请更换，另募新纪接充，其长缴证费，概不找还。 | 第十九条：凡因案斥革，及病故、告退各牙纪，长缴帖费，概不找还。 |
| 12 | 第十四条：牙纪罚款以五成留县充赏，五成提解省库。 | |
| 13 | 第十五条：牙纪完缴课款，应按四期呈缴。以三个月为一期，应缴税款，不得逾下期首月，各县须依限催缴、批解。并将经征完欠各数，按月造具月季报，呈送查核。 | 第二十三条：牙纪完缴课款。应按四期呈缴。以三个月为一期，上期课款，不得逾下期首月，各县务须依限催缴。即时批解。不得存留县库，致滋亏挪。并须将经征完欠各数，按月造具月报送厅查核。 |
| 14 | 第十六条：牙行证费于办定时，照数征齐，清解，方准发给特许证。 | 第二十五条：牙帖费与课程不同。应于办定时，照数征齐。先行解厅，方准发帖。 |
| 15 | 第十七条：各县征起牙税，准提 5% 作为征解费，就款留支，按照抵解手续，专案呈请拨正。 | 第二十六条：此次办定阖境牙帖费，准按实征数提出 7%，内以 4% 批解本厅，作为纸张印刷费，下余 3%，留归县政府充作员司、书差，办公费用。<br>第二十七条：各县既有前条留支办公费之规定，所有报解牙帖费，不得另支解费。其牙税一项，仍照旧于征起款内留支 3% 作为征解用款。 |

250

通过对表的逐条对比,可以发现1938年山东省公署财政厅颁布实施的《山东省征收牙税暂行章程》和1929年山东省财政厅颁布实施的《山东省整顿牙税暂行章程》的内容基本相同,但也存在一些不同之处。

第一,两个法规内容完全相同的是编号1、3、6、7、8、9、11、13和14。编号1为牙行编审的期限,两个法规均为5年编审一次。编号3为对牙商身份和投标条件的规定,两个法规亦同。编号6、7、8、9分别为添设牙行的规模、牙行从业区域、抽佣率和佣金负担方,两个法规内容无实质的区别。编号11为牙商出现斥革、病故和告退等特殊情况时,官府对其已缴纳之证费等概不找还,两个法规内容相同。编号13是牙商税款等交纳的方式和期限,以及流程等方面的内容,两个法规相同。编号14为牙商取得证件的必备条件,两个法规亦同。

第二,两个法规内容基本相同的是编号2、4和5。编号2为牙行的商保制度,即商保需要承担的责任,两个法规除了呈报单位一个是县公所,另一个是县政府外,二者完全相同。编号4和编号5为开设牙帖等级及各等级牙行所需缴纳的证费和年税,二者完全相同,但是1929年的法规中,另立了上上二等。

第三,两个法规内容不同的是编号10、12和15。编号10为牙商违法行为种类及处罚规定,1938年的法规中牙商的违法行为包括:违章浮收和越境抽佣两种,而其处罚为斥革并罚浮收之数,处以3倍至5倍之罚金。1938年的法规中还规定了对私牙(各县商民,私收行佣者即为私牙)的处罚,即按私收之数,处以3倍至5倍之罚金。而1929年的法规中只规定了斥革,并无罚金的惩罚种类。编号12为牙商罚款用途的规定。1938年的法规中规定了此款的用途及使用比例,而1929年的法规中并未提及。编号15为牙税留存比例,两个法规内容区别较大。1938年法规规定:各县征起牙税,准提5%作为征解费,就款留支;1929年法规规定:牙帖费准按实征数提出7%,内以4%批解本厅,作为纸张印刷费,下余3%,留归县政府充作员司、书差、办公费用。所有报解牙帖费,不得另支解费。其牙税一项,仍照旧于征起款内留支3%作为征解用款。

总之,南京国民政府颁布实施的《山东省整顿牙税暂行章程》(1929年6月15日)和华北沦陷区伪政权颁布的《山东省征收牙税暂行章程》(1938年6月23日)两个牙商法规内容基本相似,无实质的区别。只不过华北沦陷区伪政权颁布的牙商法规对于牙商违法处罚力度更大、征解牙税费比例更小,另外增加了牙商罚款用途的款项。

　　再以天津为例。天津市伪政权1938—1939年所颁布实施的牙商法规主要有以下几个：1938年3月，天津市财政局颁布实施的《牙行领帖章程暨天津市财政局稽征牙行营业税章程》、《天津市财政局鱼类牙行营业税征收暂行办法》；1938年11月29日，天津特别市公署财政局颁布实施的《天津特别市公署财政局稽征牙行营业税暂行办法》、《天津特别市公署财政局牙行营业税稽征规则》、《天津特别市牙税暂行章程》、《天津市财政局稽征牙行营业税章程》和1939年10月15日《天津市财政局牙行领帖章程》。把以上几个牙商法规条例内容，与1935年10月9日天津市财政局颁布的《天津市财政局牙行领帖章程》、《天津市财政局稽征牙行营业税章程》及1937年7月8日天津市财政局颁布的《天津市财政局鱼类牙行营业税征收暂行办法》等牙商法规内容逐条对比，可见，两个时间段的牙商法规内容相似，虽然在一些特定点上进行了修正，但是无实质性的区别。

　　所以说，华北沦陷区伪政权于1938—1939年所颁布的一部分牙商法规基本上是对南京国民政府牙商法规的墨守和继承。

## 二、牙商法规内容的质变

　　华北沦陷区伪政权颁布的一部分牙商法规，特别是1940年以后颁布的法规，与南京国民政府牙商法规内容有实质性的变化。这种现象在天津市表现得最为明显。

　　天津市沦陷前牙商法规，原系遵照南京国民政府财政部颁布的《整顿牙税办法》，于1935年照冀省成案，由牙税改征牙行营业税，其主旨由牙行所得佣金内征收税款，就原有各种税目酌设牙行，并拟具《天津市财政局牙行领帖章程》和《天津市财政局稽征牙行营业税章程》，并经天津市政会议第260次例会通过，于1935年10月9日公布施行。按照以上牙商法规的规定，历年以来，天津市各项牙行营业税，大多由牙商承办征收。如："1937年3月31日在天津市政府投标监理委员会的组织下，皮毛、棉花、鸡鸭卵、油蜡、牲畜五项牙行营业税以王燕庭、杨敦馥、陈庆、黑桐年和张子香分别以国币320 400元、

400 500元、94 000元、52 200元和4100元标得最高额,得以承办"①。除此以外,牙行营业税亦有由天津市财政局设所自征者。

天津沦陷后,各牙行纷纷歇业。为稳定市场秩序,天津市治安维持会社会局,于1937年9月和11月命天津市商会速督催牙行商号等一律迅速照常营业。为增加税收起见,天津市治安维持会令商会敦促牙商迅速恢复承办征收牙行营业税的旧例。但是日本侵略者占领天津后,由于商业凋敝,更因为牙商多半不愿意替伪政权承办征收税款,以致出现没有牙商愿意承包牙行营业税的局面。天津市治安维持会财政局只得全部收回自办。如天津市治安维持会财政局局长张志澂于1937年8月30日呈文给天津市治安维持会委员长高凌霨称:"本市所有棉花、皮毛、鸡鸭卵三项牙行营业税,向系招商承包,由局发给税单,按月分缴税款。此次天津市变乱后(天津沦陷),该包商等既不照缴税款,又无人负责办理。局长前在会议席上,曾将以上情形,提出报告,当经议决,仍须由包商征收。惟自津市事变后,百业凋敝,竟致无人承包,复与本局顾问石桥商定,在未经包定以前,暂由本局自行征收所有该三项牙税,即令由牙行税稽征所负责办理,随时督饬该所主任认真稽征,以重税收"②。

急图改变这种局面的天津特别市公署财政局制定了一系列牙商法规,以便于推行税务、补救对牙商管理出现的窘况及牙税额的增加。如:1940年6月4日,天津特别市政会议第63次例会议决通过了《天津特别市公署财政局承征牙行营业税章程》和《天津特别市公署财政局牙行营业税承征员遴派规则》,并予以公布施行。从法规条文的内容来看,基本上是1935年牙商法规所未规定的内容。

《天津特别市公署财政局承征牙行营业税章程》和《天津特别市公署财政局牙行营业税承征员遴派规则》,这两个牙商法规制定的目的主要是为了遴选为伪政权服务的牙行营业税承征员。法规要求承征员必备的条件有四项:

---

① 天津特别市财政局:《天津市政府投标监理委员会招商承办皮毛等五项牙行营业税简章》,天津市档案馆藏,档案号:54-1-0946。

② 天津特别市政府:《财政局呈为报棉花等牙行税暂由局自征请备案》,天津市档案馆藏,档案号:1-3-2-280。

"已设有本业行栈并熟悉税务情形者、具有华界妥实铺保二家足以担保认定税额者、保证金充足者、对于拟征之牙行营业税有妥善详密之计划并预认全年税额超过规定审核数目者"①。法规要求承征员实行铺保制度:"凡已被遴派之牙行营业税承征员,须觅具华届殷实铺保,二家担负完全责任,中途歇业者,承征员应立即声明另觅补送","承征员之遴派就铺保殷实、计划妥善中之预认全年税额超过规定数目最多者,委派之"②,"承征员在承征期间内倘有短交税款情事除没收保证金外并责成铺保负完全责任"③。法规赋予承征员的权利包括:"原有之行栈应听承征员之指导,照章领帖,纳税如有隐匿影射情事,查(察)觉照章处罚。"④法规要求承征员担负的义务包括:"应将认定之全年税额按照旺淡月酌量支配缴款,额数造具比较表承奉核准后按月照缴不得更动"⑤,"应将承征范围内货物调查明确,并按品类名称、产销数量以及当时价格,汇列详表呈请备查","应将认为之全年税额,按照旺淡月酌量支配列表呈请、核准后,按月照缴不得延误"。⑥

　　为了激励承收员更好地为天津特别市公署敛取牙行营业税服务,1940年10月17日,天津特别市公署财政局公布实施了《天津特别市公署财政局牙行营业税承征员奖励办法》,根据该条例的内容,承征员溢征牙税者根据溢征的比例给予丰厚的奖赏。如第二条之规定:"牙行营业税承征员,经征一年期满,其

---

①　天津特别市财政局:《天津特别市公署财政局牙行营业税承征员遴派规则》,天津市档案馆藏,档案号:31-1-1-195和55-1-1435。

②　天津特别市财政局:《天津特别市公署财政局牙行营业税承征员遴派规则》,天津市档案馆藏,档案号:31-1-1-195和55-1-1435。

③　天津特别市财政局第二区公所:《天津特别市公署财政局承征牙行营业税章程》,载《伪天津市公署电表、筵席、牙行、理发、妓女等管理规则》,天津市档案馆藏,档案号:31-1-1-195。

④　天津特别市财政局:《天津特别市公署财政局承征牙行营业税章程》,天津市档案馆藏,档案号:55-1-1435。

⑤　天津特别市财政局:《天津特别市公署财政局牙行营业税承征员遴派规则》,天津市档案馆藏,档案号:31-1-1-195和55-1-1435。

⑥　天津特别市财政局第二区公所:《天津特别市公署财政局承征牙行营业税章程》,载《伪天津市公署电表、筵席、牙行、理发、妓女等管理规则》,天津市档案馆藏,档案号:31-1-1-195。

全年所收数目超过认定税额规定者，准悉数留充经费"、"对于承各项牙行营业税承征员，经征一年期满，其全年所收数目超过认定税额在左列规定以下者，准悉数留充经费，合于下列标准者，除扣留实支经费数目外，就标准以上数目，以五成奖给承征员，下余五成解缴市库。一、认定全年税额在十万元以上所收数目超过三成以上者；二、认定全年税额在五万元以上所收数目超过四成以上者；三、认定全年税额不及五万元以上所收数目超过五成以上者"。①对于承征员经征牙税异常出力者，其经征一年期满，其全年所收数目如能超过第二条之规定者，天津特别市公署财政局的奖赏更为丰厚。如第四条规定："各项牙行营业税承征员经征一年期满，如溢征数目超过定额一倍以上者，除照前条规定办理外，其余额以三成奖励给该承征员，七成解缴市库"②。

《天津特别市公署财政局牙行营业税承征员奖励办法》共用了4年，其实际效果收效甚微，而且日渐失效。如1944年3月16日，天津特别市政府财政局局长在给天津特别市市长张仁蠡的一份呈文中，也不得不承认"统制牙行不足"③。另外一组数据也能证明天津特别市公署财政局激励牙行营业税承收员的措施并未有大的效用：牙行营业税款，1942年12月份为436 000余元，1943年12月则为109 000余元，1943年1月份收入为371 000余元，1944年1月则为95 000余元。④相差悬殊，已可概见。

为此，天津特别市财政局市政会议第106次例会议决通过了《天津特别市牙行缴纳牙行营业税奖励办法》，并于1944年10月16日公布实施，以期通过更明确的奖励办法激励牙行缴纳牙商营业税。此法规奖励措施更加具体，奖金也按溢征比例有了很大的提高。如第三条规定："奖励办法照下列标准提支奖

---

① 天津特别市财政局：《天津特别市公署财政局牙行营业税承征员奖励办法》，天津市档案馆藏，档案号：55-1-1435。

② 天津特别市财政局：《天津特别市公署财政局牙行营业税承征员奖励办法》，天津市档案馆藏，档案号：55-1-1435。

③ 天津特别市财政局：《为拟将牙行营业税入市征收办法改为就行征收以符税制》，天津市档案馆藏，档案号：1-3-5-7431。

④ 天津特别市财政局：《为拟将牙行营业税入市征收办法改为就行征收以符税制》，天津市档案馆藏，档案号：1-3-5-7431。

金：一、溢征一成以上者将就溢征部分提支奖金4%；二、溢征二成以上者将就溢征部分提支奖金8%；三、溢征三成以上者将就溢征部分提支奖金12%；四、溢征四成以上者将就溢征部分提支奖金16%；五、溢征五成以上者将就溢征部分提支奖金20%。"①新颁布的《天津特别市牙行缴纳牙行营业税奖励办法》还缩短了核发奖励的周期：奖金的核发由过去的一年改为了半年一次。天津特别市公署财政局发布以上激励牙行营业税承收员的法规，其本质是为了更好地"统制"牙行，补救牙行营业税收，以便最终达到"以战养战"的目的和获取支撑战争所需的各类物资和税款。

天津特别市财政局市政会议第106次例会议决通过的牙商法规还有：《修正天津特别市牙行领帖章程》、《天津特别市征收牙行营业税章程》和《天津特别市征收牙行营业税实施暂行办法》，这些法规也统一于1944年10月16日公布实施。这些牙商法规最重要的一点变化就是：所有牙行营业税由原来的"入市征收"办法均改为实行"就行征收"的办法。法规的颁布缘于时局的变迁。

沦陷前，天津市租界林立，牙商将行栈设于租界内比比皆是，而天津市财政局无法对租界内的牙行进行征税，对于推行税务、征收税款，诸感困难，故对货物采用"入市征收"办法。即：每于货物到津时，由所、卡查验计值，征收牙行营业税款，发给凭单。"入市征收"后的货物，任其在市内买卖，不再征收牙行营业税。沦陷后，伪政权将整个天津市划分为9区，另设3个特别区。1941年12月，天津英租界被日军占领；日军于1942年3月，将天津英租界"交还"给伪政权；1943年3月28日，伪天津市公署将接管的天津特别行政区（英租界）更名为兴亚第二区；3月30日，伪天津市公署接管日本专管租界，改称兴亚第一区；3月31日，日伪政权将"天津特别市公署"特一至三区改为普通区，并改名为第十、十一、十二区；1943年6月5日，天津法国专管区交还中国，伪天津市公署将该区改成兴亚第三区，并设区公所；1943年9月10日，伪天津市公署协同日军，强行接管意大利专管租界，改称特管区。随着天津市租界逐一"交还"伪政权，"入市征收"之理由，已根本不存在，再加上牙行营业税收"已不容不急图

————

① 日伪天津市警察局：《天津特别市征收牙行营业税章程》，天津市档案馆藏，档案号：218-3-6-8001。

补救"，为此，天津特别市即将"入市征收"及估计办法一律取消，实施"就行征收"。①"就行征收"，是指按照原有征税之各牙商，先行分别调整，饬其遵照新章，预计全年营业额申请开设牙行，经天津市财政局核准给予牙帖，开始经营，代客买卖，抽收佣金，缴纳牙行营业税。

　　需要注意的一点是，1944年天津市伪政权颁布的牙商法规，并未在其于1940年颁布的《天津特别市公署财政局承征牙行营业税章程》和《天津特别市公署财政局牙行营业税承征员遴派规则》的基础上修订而成，反而是根据1935年天津市财政局颁布的《天津市财政局稽征牙行营业税章程》基础上加以修正，并择其适用各条重行厘定《天津特别市征收牙行营业税章程》；并在1935年天津市财政局颁布的《天津市财政局牙行领帖章程》基础上加以修改成《修正天津特别市牙行领帖章程》。这也说明了天津市伪政权1940年所颁布的牙商法规的临时性和自身的不认可性。如：1944年3月16日，天津特别市市长张仁蠡称："兹将原有之各项牙行营业税征收章则，悉心详加考核，体察以往情形，揆诸现在状况，择其适用各条重行厘定《牙行营业税征收章程》，并将原有《牙行领帖章程》(1935年)加以修正，按照原有征税之各行，先行分别调整"②。

　　根据1944年牙商法规条例，凡在天津市经营代客买卖、说合成交者，依照新章，申请领取牙帖，按规定交纳牙行营业税，方为合法牙行。但当时在天津市面上尚有大量的游行牙商，专管某项或数项、代买卖双方传褫行情，说合成交，获得辛劳费(佣金)。这些并未开设牙行、领取牙帖的游行牙商的数量无具体数字支撑，档案记载也仅仅给出"据此项业务人，总计本市不下数千人"③的模糊语句。但可以肯定的是，游行牙商引起了天津市伪政权的高度重视，伪天津市政府认为数目较大的游行牙商"逐日市面活动，关于货物之盈缺、行情之

　　① 天津特别市财政局：《为拟将牙行营业税入市征收办法改为就行征收以符税制》，天津市档案馆藏，档案号：1-3-5-7431。

　　② 天津特别市财政局：《财政局呈为拟订稽征各项牙税及牙行营业税处罚章程及处罚私屠和售各种兽畜施行细则请鉴核》，天津市档案馆藏，档案号：1-3-5-7431。

　　③ 天津特别市财政局：《为拟将牙行营业税入市征收办法改为就行征收以符税制》，天津市档案馆藏，档案号：1-3-5-7431。

涨落、胥于若辈口头宣传，影射操纵，关系市面，至为重要，应严加取缔"①。取缔的主旨是其无牙帖者，一律不准代客买卖、成交货物。并规定游行牙商者，由各牙行仅先录用为牙伙，由天津市财政局发给牙伙执照，遵章经营业务。其既无牙帖亦无牙伙执照者，不准代客买卖，违者查获，照章惩罚。

为彻底取缔游行牙商，1944年10月16日，《天津特别市牙行经纪人取缔办法》规定：凡为买主、卖主介绍说合，使之成交货物而抽取佣金者成为游行牙商者，"依本办法取缔之"。凡在天津之牙商，"非依牙行领帖章程请领牙帖开设牙行，不准营业"。担任牙行牙伙者，"应由该牙行呈请财政局发给牙伙执照，如脱离该牙行应即交销"。牙商代客买卖货物，"应用牙行名义，货物无论多寡均应登记牙行账簿"。牙商介绍、说合，成交之货物，"买方、卖方应凭行栈牙帖及牙伙执照并应配给牙行佣金收据，以备抽查"。牙商如违反本办法，"除追交其应纳税款外，将处以应纳税款五倍至十倍之罚金或并予注销执照，勒令停业"。牙行如有伙同隐匿情事者"酌科罚金"。②

至于1944年10月，天津特别市所颁布的这一系列牙商法规的施行效果如何，并未得到验证。1945年日本无条件投降，国民政府派官员接收了天津，建立了由国民党控制的天津市政府。随之，日伪统治者所颁布的牙商法规自然而然地被废止。

从上可知，华北沦陷区伪政权颁布的一部分牙商法规直接脱胎于南京国民政府的牙商法规，是对南京国民政府牙商法规的继承；而华北沦陷区伪政权颁布的一部分牙商法规，特别是1940年以后颁布的法规，与南京国民政府的牙商法规内容有实质性的变化。但是，无论是继承还是变迁，华北沦陷区伪政权颁布的牙商法规并不是立足于繁荣市场、畅通商品流通的目的，而是为达到获取支撑战争所需的各类物资和税款，而最终取得"以战养战"的目的而颁布实施的。

---

① 天津特别市财政局：《财政局呈为拟订稽征各项牙税及牙行营业税处罚章程及处罚私屠和售各种兽畜施行细则请鉴核》，天津市档案馆藏，档案号：1-3-5-7431。

② 日伪天津市警察局：《天津特别市牙行经纪人取缔办法》，天津市档案馆藏，档案号：218-3-6-8001。

# 第五节　华北地区中共根据地对
# 牙商的取消与监管

ERSHI SHIJI ZHI ZHONGGUO

　　中共革命根据地的建立和发展,经历了土地革命、抗日战争和解放战争三个历史时期。1927年,大革命失败后,中国共产党在各地举行了武装起义,并在此基础上,创建了农村革命根据地。由于历史原因,中共在土地革命时期建立的农村革命根据地集中在中国南部山区,并未在华北地区建立大的革命根据地。所以,本节的研究内容将其排除在外。1937年7月,抗日战争全面爆发后,八路军首先开赴华北地区,创建了抗日民主根据地。1938年春,新四军在华中地区创建了抗日民主根据地。经过艰苦斗争,到1945年春,全国已建立了19块抗日民主根据地。其中,华北地区主要有晋察冀、晋冀豫、晋冀鲁豫、山东、晋绥等抗日民主根据地。

　　华北地区中共革命根据地颁布的牙商法规有10多个。颁布法规的单位分别为:晋察冀边区、冀东行署、太行行署和徐州市。从法规颁布实施的日期来看,大多集中在1946年以后,即解放战争时期。从法规性质的分类来看,包括办法、规则、暂行办法等。从法规的对象来看,包括牙行、牲畜、斗秤牙税承征人、交易费、斗秤牙佣、交易人员、行栈和牙行交易税等。从法规的具体内容来看,包括牙行的取缔、牙税承征人的管理、牙行登记管理、牙行佣金、牙行交易人员、牙行行栈的管理等。另外,华北地区中共根据地在一些经济会议、集市管理和市场管理政策中也包含了一些牙商政策。主要包括:1940年8月,晋察冀边区颁布的《边区首次经济会议的决定》中的《关于牙纪问题的决定》；1944年2月14日，晋察冀边区颁布的《晋察冀边区集市管理委员会组织简章草案》中的《牙纪管理》；1944年2月14日，晋察冀边区行政委员会颁布的《晋察冀边区集市管理办法草案》；1948年3月20日，热河省政府颁布的《为停收牲畜交易费、粮食买卖手续费、物价过秤手续表及规定牙佣与牙纪管理办法的命令》；1949年4月19日，冀中十一专署工商科颁布的《市场管理工作总结》中的《交易员工作事项》等。

华北地区中共革命根据地颁布的牙商法规经历了从取消到监管的过程。

# 一、取消牙商制度

1942年以前，华北地区抗日根据地颁布的牙商法规的指导思想是认为牙商属于剥削阶级，是封建社会的产物，牙行制度弊端丛生，应予取消。如1941年6月15日，冀南、太行、太岳联合办事处发给各行署、专署办、县府贸易税务总局的通令（联实字第281号）中称："查现行牙行制度为中间剥削，且私用现洋，抬高物价，弊端极多……以最后取消中间介绍办法为目的，仰即遵照。"[1]再如：1940年8月，《晋察冀边区首次经济会议决定》中认为"牙纪是封建社会的产物，进行超经济剥削，基本上要取消的"[2]。在这种指导思想的引导下，1941年6月15日，晋冀豫边区公布施行了《晋冀豫边区取缔牙行办法》。该法规是在土地革命时期，农村革命根据地颁布的《取消牙人条例》基础上修订而成的。

《晋冀豫边区取缔牙行办法》是当时华北地区抗日根据地管理牙商的纲领性文件，共分为13条，内容包括以下两个方面：一是取消牙行，设置交易员。条例要求将边区的牙行、牙商（各种牙行、斗行及非坐庄行店之经纪人）"一律取消"，其市场职能完全由交易员代替。二是交易员的登记、管理、待遇、违纪处

---

① 冀南、太行、太岳联办：《关于取消牙行办法施行的通令》，河北省档案馆藏，档案号：608–1–3–6。

② 魏宏运：《抗日战争时期晋察冀边区财政经济史资料选编》，南开大学出版社1984年版，第415页。

理、会计制度及度量衡的使用等。交易员"按交易额向卖者取手续费1%"、"交易员由商联会介绍、保证，经贸易局鉴定后，由区公所或镇公所呈请县政府任用之"；交易员之生活费，"均由交易手续费支付之，但每人每月不得超过50元"，交易员应用度量衡之购置、修理及其他必须费用，由"交易手续费内开支"。[①]

# 二、监管牙商制度

取消牙商制度在根据地商业贸易中根本行不通。几千年来，中国传统社会的社会关系一直是由血缘与地缘两种主要的关系组成。在交易中，商民们更信赖本地的、经常担任中介职能、信息灵通、对商品性能等较为熟悉的牙商。由商联会介绍、政府委任的交易员大多单纯从救济观点出发，来自各地，其中一部分是荣军，还有一部分是贫农，这些人虽然没有牙商"吃黑钱"的劣习，但既不被商民所熟知，又不具备交易中介人的各项技能，因而在交易中发挥作用很小。冀晋一专署工商局在一份报告中称："旧牙纪：人熟、地熟、技术熟、捣乱方法熟（吃黑钱，卖的买的依靠这种人的多，各吃一方，买卖者宁愿给他几个黑钱也愿意），其中有的因捣鬼而被洗刷。新牙纪（交易员），人生、地生（眼界众，来自各地，内有荣军）、技术生、（比较）捣鬼方法生、（吃黑钱少），在买的卖的眼中不吃香（比较没路道），新牙纪中过去有从单纯救济观点出发介绍人的，其中个别的很少技术。"[②]

取消牙商制度不久，1942年8月，在晋察冀边区贸易管理局北岳区第三次支局长联席会议报告讨论中称：晋察冀边区新民主主义经济发展中，"牙纪不但不能取消，而应承认其有存在的社会基础和客观条件，要想完全取消牙纪'剥削'，强调直接交易，在今天的经济条件上是不可能的，因之在内部自由的贸易政策之下，需要适当地倡导牙纪，保护牙纪，务使牙纪能与我们内部商业

---

① 《晋冀豫边区取缔牙行办法》，山西省档案馆藏，档案号：Z1-D1-0996：0996。

② 冀晋一专署工商局：《浑源市关于牙纪问题的整理——参考材料之六》，河北省档案馆藏，档案号：111-1-4-1。

261

混乱中的秩序：华北牙商法规政策的流变

对外贸易合作起来，要订定牙纪资格标准，经考核审定合格者予以合法保障，给以适当利益，并加强牙纪之组织教育，亦可订出牙纪须知，经纪纪律，发扬其光明的一面，克服其黑暗的做法"①。

故虽然晋察冀边区仍认为牙商是"剥削阶级"，但同时说明中共晋察冀边区已认识到新民主主义经济形态下牙商存在的必然性。在指导思想转变后，根据地商业贸易中由"取消牙行"向"保留牙商，加强管理"政策转变。由于抗日根据地处于华北乡村，中共指导方针上的转变，首先体现在集市贸易中对牙商经营活动的规范与监管。

1944年2月24日，晋察冀边区行政委员会颁布了《晋察冀边区集市管理委员会组织简章草案》，其中第四条规定了集市委员会的第一项任务就是"管理牙纪"（规定牙纪人数和佣钱）。而在1944年2月24日，晋察冀边区行政委员会颁布的《晋察冀边区集市管理办法草案》（以下简称《草案》）主要内容就是对牙商的监管。该条例的颁布，标志着牙商监管制度的建立。

《草案》的颁布，是为了执行边区贸易政策，保障内部正当贸易自由，巩固与繁荣市场，团结包括牙商在内的商人而制定的。《草案》规定了集市委员会对于各行牙商的登记程序是：集委会提出名单，交由区公所审查合乎标准者，准许登记，并于市场公布。《草案》规定了牙商的任用标准有三条：(1)略有牙纪技术；(2)该行商贩拥护；(3)品行端正，能遵守政府法令。《草案》指出了各行牙商必须遵守的四条纪律：(1)接受贸易管理卡之领导；(2)不得有违犯政策法令之行为；(3)不得与奸商通同作弊或额外敲诈；(4)未曾经手之交易，不得索取手续费。《草案》指出，为了便于检查和统计贸易信息，牙商要建立会计制度，"除记载手续费之收支与分配外，并须记载每集经手之各宗交易(种类、数量、价格、总值)"②。《草案》规定了牙商的手续费的收取以每集收入能维持一人二日之生活，不得过多或过少为标准；手续费之负担，须依据各个市场各

---

① 朱知清：《四、五、六月份工作检讨总结》，见《抗日战争时期晋察冀边区财政经济史资料选编》，南开大学出版社1984年版，第565页。

② 晋察冀边区行政委员会：《集市管理办法草案》，见《抗日战争时期晋察冀边区财政经济史资料选编》，南开大学出版社1984年版，第515页。

种货物来源去路之具体情形规定，由买方或卖方支付；各行业牙商所得之手续费，平均分配或各成各取，由牙商自议决定。

为了便于对集市各种牙商的"统一管理、教育与改造"，1947年2月28日，冀东行署税务局颁布了《冀东区牙行管理登记规则》。该条例主要针对根据地内进行牲畜斗秤等交易之牙商人员所制定。规定了牙商登记的程序、牙商需要遵守的纪律、违反纪律之牙商的处理以及未经录用之牙商从事牙商职业者的处理等内容。该条例规定，凡是进行牲畜斗秤等交易之牙商，"均须事先向该管税务机关报请登记"，录用后始得进行居中说合并"受当地税务机关领导与管理"；被录用之牙商"进行交易应恪遵政府法令，交易成交后，须按买价报税，不得瞒价或偷漏，讲生意一律要以边币为标准，无论对于何人，均须公平估价，不得有敲诈勒索及欺骗群众等恶劣行为"。[①]牙商如故意违反上面之规定，得酌情取缔其职业或送交政府处理。

1948年秋至1949年春举行的以夺取中心城市为主的战略决战，标志着中共的工作中心由乡村移到了城市。同时，济南战役及辽沈、淮海、平津三大战役，使中共解放区由分散连成了一片。随着人民解放军战略进攻的节节胜利，大批解放和接管城市成为全党的中心任务。为了建立城市市场秩序，1949年1月29日，太行行署制定了《各业交易人员及行栈管理暂行办法》。该办法首次将牙商法规的管理对象由牙商扩大到了牙行行栈。法规明示了交易员（牙商）必备的条件，严格规定了交易员必须遵守的四项守则，指出了行栈必须遵守的四项守则，明确了手续费的抽取比例及负担方，并制定了政府管理与群众监督的制度。该条例的制定，对于管理解放区的牙商市场，整顿贸易牙行行栈，取缔非法交易，便利商品交易起了重要的作用。

中共根据地除了华北地区颁布的牙商法规以外，中国共产党还在其他革命根据地颁布了三个纲领性的牙商法规。即：《取缔牙人条例》(1932年1月26日闽西第一次工农兵代表大会宣言及决议案)、《盐阜区牙行登记和管理办法》(1944年)、《哈尔滨管理经纪人暂行办法》(1947年7月25日)。这三个法规与同时段的华北地区中共根据地的立法的指导思想和政策依据是统一的，内容虽具

---

① 冀东行署税务局：《冀东区牙行管理登记规则》，河北省档案馆藏，档案号：48-1-157-28。

有因地制宜的相对独立性，但区别不大。

华北地区中共根据地的牙商法规与南京临时政府、北京政府、南京国民政府和华北沦陷区伪政权的牙商法规相比较，独特之处有以下几个方面。

第一，改称交易员，从政治上提高牙商的地位。

根据地提出对牙商改称交易员，并从法规中得以体现。如1946年11月1日，冀东行署颁布的《冀中区土布交易费征收暂行办法》；1949年1月29日，太行行署制定了《各业交易人员及行栈管理暂行办法》；1949年4月19日，冀中十一专署工商科颁布的《市场管理工作总结》中的《交易员工作事项》等。牙商政治地位的提高，大大增强了牙商为战争服务、为人民服务的思想。如档案记载："改称交易员，取消牙纪名称，进行检定发袖章后，（牙商）政治上思想上也提高了。如自提出改称交易员以后，认为取消了'车船店脚牙，无罪也该杀'的俗语，如有的说咱们牙纪也有人领导咱们了，如深县王家井集的牙纪在号召支援前线献金时，将一集所得佣钱全部献出。"[1]再如另一份档案记载：牙商对于交易员的称号感到很光荣："今年（1947年）重新审查换发交易证……领去一定要佩带，经纪也认为交易员与过去经纪不同，地位提高了，带上很光荣。"[2]因此"交易员献金支援前线，深县王家井集粮市一集为响应号召支援前线，全部经纪将该集每人应分得之3100元全部献出。另外，有向高村的一个交易员献出应分之部分外，还将从家中带来的钱献出1200元，这集共献13万余元"[3]。

第二，加强对牙商的资格审查和品质的考量。

牙商的品质及资格对于商业贸易至关重要，为此，华北地区中共根据地加强了这方面的工作。如：太行行署要求交易人员、行栈应具备"熟悉本行业务技术、公正讲信用、执行政府法令登记管理"、"将各市镇交易员编成小组，由各市镇税务局所领导，每月对交易员进行一次检查，并按期报告成交数目与有无丧失信用及违犯法令政策等行为"等；[4]平原县在颁发交易员证书前，要

---

① 冀中行署行政科：《冀中区一年来市场管理工作总结》，河北省档案馆藏，档案号：5-1-227-2。

② 冀中十一专署：《半年来工商行政工作准备总结材料》，河北省档案馆藏，档案号：22-1-39-6。

③ 冀中十一专署：《半年来工商行政工作准备总结材料》，河北省档案馆藏，档案号：22-1-39-6。

④ 太行行署：《太行行政公署通令：工政字第5号》，河北省档案馆藏，档案号：92-1-68-15。

考察牙商的品质好坏，并定期"招考各行正式交易员"①；助芳镇要求交易员"忠实可靠，有错不隐瞒；不贪污腐化假公济私；遵行法令不吃私贿；成交公开，不私人拉拢；说话要和气，不滥买假卖；不说黑话，不盲目成交；不说破坏话，不偷闲散懒；严格自己，不违反纪律，每天散市后开会报告工作，检讨工作，讨论明天工作"②。

第三，规范交易员工作职责。

规范交易员的职责可以使交易员任务明确、工作有序，在集市起到应有作用。1946年9月3日，太行行署专门颁布了《交易员工作事项》，规定交易员之职责包括："媒介与促进买卖双方进行交易，价格自愿索还；代卖方过斗过秤；代收粮食手续费和牲口买卖税；对群众进行宣传解释，调解纠纷；划分清界之交易场所，维持市场秩序；防止买空卖空，捣乱物价；检查掺水上色的粮食及牲畜，粮食的去向；费税按期缴县政府财政科；研究集市交易情形，物价变化，并向县政府财政科报告。"③

虽然华北地区中共根据地规定了交易员的品行、工作职责、违纪处理、待遇和管理机关等内容，对交易员的工作起了规范作用。但应看到，交易员与牙商性质上不同。交易员是边区政府财政科领导下的工作人员，是工商管理人员而不是经营者，即"是官而不是商"。出现此种现象的原因在于边区经济是新民主主义经济，就经济形态而言，它仿效了苏联的计划经济、产品经济，而计划经济、产品经济是排斥作为中间商人的牙商的。

第四，为战争服务。

商业税收，对于保证根据地军队和机关的给养，对日伪进行经济斗争，促进根据地工商业的发展有着至关重要的作用。根据地对牙商利用的一个最重要的方面就是由其承征牙税。如冀东行署要求集市牙商承担牲畜、斗秤牙税

---

① 何幼奇：《平原集市交易所工作发展概况》，见《冀鲁豫边区工商工作史料选编》，1995年版，第284页。

② 冀中十专署工商局：《市场管理总结1、2、3、4月份》，河北省档案馆藏，档案号：19-1-21-40。

③ 太行行署：《交易员工作事项》，河北省档案馆藏，档案号：92-1-77-27。

的承征人须预交承包全额10%作为保证金；"承征人于每月终，须将税票存根送交税局备案；承征人如有偷漏税款者送当地政府或税务机关处理。"①

战争中物资缺乏，必然带来物价的飞涨。华北地区中共根据地颁布法规，利用牙商稳定物价。如1944年2月24日，晋察冀边区行政委员会规定："适当的指导牙纪平抑物价，防止涨落无定"、"严禁不法商人投机买空卖空操纵物价"。②冀中第九专署工商科在1948年12月25日召开的各经济队联席会议中，也指出牙商的政策中要包含的一项很重要的任务就是"工商队教育集委会牙纪为稳定物价而服务"③。

第五，降低佣金。

华北地区中共根据地牙税法规要求交易员执行牙行业务，按1%的比例向卖者抽取佣金（手续费）。而北京政府、国民党南京政府、华北沦陷区伪政权的佣金抽取率均以3%为限。在有限的佣金中，牙商还会拿出一部分用于集委会的生活费等开支。如档案记载："在经纪总的佣款数内，抽5%作为集委会干部的饭费（深泽、束鹿、宁晋、武强）；在那行的就算那行经纪，其待遇在经纪牙佣中抽十分之一，将各该数集中起来统一分配（无极）。集委会干部到各市去掌握，代成交的即与经纪同样分酬（深县榆科），不代成交的即由经纪佣款抽出，不超每个干部每天5斤米的待遇（深县）。"④再如另一份档案记载："有的从经纪牙佣内抽5%作为集委会饭费，这样比较合理，有时从各行里抽经纪股，这样人多的摊沾光，人少的就吃亏了，不科学。有的从交易费抽饭钱，但在牙佣内抽来的不够用时，交易费里抽一些补助。"⑤

266

① 冀东行署：《冀东区第二税务支局牲畜、斗秤牙税承征人管理规则草案》，河北省档案馆藏，档案号：48-1-166-3。

② 晋察冀边区行政委员会：《集市管理办法草案》，见《抗日战争时期晋察冀边区财政经济史资料选编》，南开大学出版社1984年版，第515页。

③ 冀中第九专署工商科：《关于几个问题的报告》，河北省档案馆藏，档案号：16-1-32-1。

④ 冀中十一专署：《半年来工商行政工作准备总结材料》，河北省档案馆藏，档案号：22-1-39-6。

⑤ 冀中十一专署：《半年来工商行政工作准备总结材料》，河北省档案馆藏，档案号：22-1-39-6。

# 第六节　民国时期牙商法规的特征

ERSHI SHIJI ZHI ZHONGGUO

牙商法规,是一个国家经济法的构成部分,它在一定程度上反映一个国家牙商工作、牙商事业发展与成熟的程度,反映一个国家牙商工作、牙商事业领域的民主和法制水平,也反映一个国家立法的整体水平。民国时期,牙商立法与前代相比发生了很多历史性的变化。牙商管理内容已被正式纳入行政立法的范畴,牙商法规开始以独立的行政法规面貌出现,这给民国时期的牙商事业带来了新的气象和生机。

## 一、民国牙商法规之特征

通过对民国牙商法规的分析,我们应该肯定其在短暂的时间内所取得的立法成就。因为正是在民国时期,中国法律实现了近代化,尤其是牙商法规制度。除了前文分阶段分述牙商法规的特点及意义外,民国牙商法规还具有法规重数量亦重质量、重自由亦重秩序、重规范亦重处罚、进步性与局限性并存的特点。

### 1.重数量亦重质量

中华民国的成立,是中国近代历史的重要转折期,这一时期政治、经济、社会、文化等方面都发生了重大变革。伴随着国体、政体的变迁,牙商法规在数

量和质量上都有了较大的突破。

辛亥革命推翻了清代封建王朝，成立了以孙中山为临时大总统的中华民国临时政府。临时政府成立后，力图改革封建恶习的法律法令，用西方法制来巩固民国临时政府。因此，尽管其存在的时间很短，却颁布了一系列有关振兴实业、发展资本主义、实行社会改革的重要法律，同时也揭开了中国近代牙商立法史上新的一页。

北京政府为加强对牙商管理，先后拟订了一系列法规，其中1915年9月颁布的《整顿牙税大纲》，是近代牙商法规之初创。在此立法环境的影响下，华北各省市为了适应牙商经济活动发展较快的需要，制定并颁布了地方性牙商法规10余个。在这些牙商法规的规定中，牙商的从业活动受到保护，并从牙帖等级制、牙商投标制等方面加强立法活动。

南京国民政府所颁布的牙商法规成倍地增长，中央政府共颁布牙商法规2个，华北各省市共颁布地方性牙商法规40多个。这些法规中，不仅初创了单项牙商法规，还增加了行业牙商法规，法规内容也更加全面具体，并增加了对违纪牙商的处罚种类，加重了对违纪牙商的处罚力度。这些都标志着牙商法规制度的基本成熟。

日伪政府在华北沦陷区的统治主要以掠夺资源、"以战养战"为目的，原本和"法制"是不搭边界的，但是日本侵略者并不是简单地把华北看作是掠夺的对象，而欲建立稳固的、长久的殖民统治，故而颁布了一些牙商法规。华北沦陷区伪政权颁布的一部分牙商法规直接脱胎于南京国民政府的牙商法规，是对南京国民政府牙商法规的继承；而华北沦陷区伪政权颁布的一部分牙商法规，特别是1940年以后颁布的法规，与南京国民政府的牙商法规在内容上有实质性的变化。但是，无论是继承还是变迁，华北沦陷区伪政权颁布的牙商法规并不是立足于繁荣市场、畅通商品流通的目的，而是为达到获取支撑战争所需的各类物资和税款，并最终取得"以战养战"的效果而颁布实施的。

新民主主义革命开始后，在中国共产党领导的革命根据地内，逐步建立了人民法制。革命根据地在不同时期颁布了为数众多的牙商法规。这些法规，经历了从"取消牙行制度"到"管理牙商制度"的曲折发展。中共根据地内的法规主要是以服务革命战争需要为中心任务。由于华北地区根据地的分散性，各个根据地立法的指导思想和政策依据虽是统一的，但立法的内容却具有因地制宜的相对独立性。又由于华北地区根据地早期大多数开辟在农村，因此规范集市贸易中的牙商立法具有突出的地位。随着人民解放军战略进攻的节节胜利，大批地解放和接管城市成为全党的中心任务。为了建立城市市场秩序，中共加强了对城市中的牙商及行栈的法规建设。

**2.重自由亦重秩序**

民国时期牙商法规重自由的特点包含着三个层次的含义。第一层含义，最典型的就是牙商可以自由地登记注册，领取牙帖。这对抗的是清代的"牙帖定额化"的封建桎梏。民国时期各个时间段的牙商法规一般都在条文中注明符合条件的牙商均可开设牙行。这样的例子不胜枚举，如天津市规定的牙行领帖范围是："凡中华民国人民，或本市商业团体，及经营行店、货栈、设庄批发、介绍跑合等业务者，如情愿遵守一切章则，准其取具华界，相当商保，声（申）请登记开设牙行。"①河北省规定："凡以从中说合、构成交易、代客买卖或为买卖双方掌用度量衡器而从中收取佣金为营业者均包括在内。"②即皆可申请牙帖，开设牙行。这种自由领取牙帖的制度的优点就是：各地可以根据市场的发展、各行业的需求和牙商的表现等，自由添设或取消牙商的数目和种类。第二层的含义，就是农商可以自由地选择任意一家牙行或牙商为其服务。如《北平市牙行营业章程》规定："牙行代客买卖，应听客商自由投行，不准强拉客货。"③这种自由最大的优点，就是促进了牙商的自由竞争，推进了市场经济的发展。第三层的含义，就是商贩可以自由选择货物的销售，通过牙商或是自买自卖。如"凡说合买卖，从中抽佣者，均为牙商，应遵章缴纳捐税，请领帖张，其余自卖自买之各种，通常营业并未抽佣者，不属牙商范围"④。这种自由的优点

① 天津特别市财政局：《天津市财政局牙行领帖章程》，天津市档案馆藏，档案号：401206800－J0054－1－001745。

② 民国河北省政府社会处：《修正河北省各县市牙行业管理规则》，河北省档案馆藏，档案号：622－1－67。

③ 北平市政府：《北平市牙行营业章程》，北京市档案馆藏，档案号：J001－005－00125。

④ 《河南省财政厅牙帖营业税投标承办规则》，见《河南省地方财政调查报告》，未刊，第14页。

就是废除了牙商的行业垄断，促进商品流通的多元化发展。

民国时期的牙商法规还体现了维护秩序的特点。秩序与法律之间有着密切的关系，社会的秩序依赖法律，社会的有序状态就是社会处于一定制度和规范调整的状态。没有法律，社会就有可能变得杂乱无章，社会需要法律来维护秩序。虽然法律的目的不仅是为了秩序，同时还为了公平、平等、效率、正义、自由等因素，但是其中秩序是法律最基础的、最根本的要求。这正如美国著名的哲学家Bodenhemier所说："如果一个国家的司法中甚至连最低限度的有序性规则也没有，那么最好还是避免使用'法律'这一术语。"①因此，在一定意义上讲，立法必须要从维护秩序出发，推及牙商法规领域，就是要通过一系列具体规则和制度建立、健全市场机制，化解、减少和防范交易风险，保障交易安全，维护交易秩序等。

牙商法规通过采用添设必要制度、经营范围和区域限定制度、严格责任制度和铺保制度等维护牙行业的秩序，确保牙商行为的法律效力和法律后果的可预见性。第一，采用添设必要制度。如山东省规定："新添行户必须实系大宗生意或向有人抽收此项用钱，方准添设，如零星使用之物一概不准设纪，以免扰累"②。河北省规定："以各县原有之牙行为限，如有大宗行货非呈准财政厅，不得添设。各县原有铺摛、絮套、柴草、麸子、荆条、农盖菜子、耍货、嫁妆以及埠头起卸、小脚等行或物属细微，或事近苛扰应一律免征"③。天津市规定："以原有牙行为限，如有大宗货物，有设行收税之必要时，经财政局查明呈请市长提交市政会议通过后方得添设。凡货物为平民生活所必需，销数细微，或事近苛扰者，应一律不准设行收税"④。第二，经营范围、区域限定制度。如：直隶省规定："包收范围以一县境内某种货物之一种为限，如秤、如斗、如牲畜、如煤

---

① [美]博登海默著，邓正来、姬敬武译：《法理学：法哲学及其方法》，华夏出版社1987年版，第302—303页。

② 山东省政府财政厅：《山东财政厅整顿牙税暂行章程》，见《山东财政法规汇编》，未刊，第127页。

③ 民国河北省政府民政厅：《河北省牙税暂行章程》，河北省档案馆藏，档案号：615-2-1882。

④ 《法规：天津特别市牙税暂行章程》，载天津特别市财政局：《天津特别市财政局民国十七年度财政年刊》，天津大公报馆，1929年版，第15~16页。

炭、如棉花、如皮毛、如鸡卵、如鲜果、如干果,凡属大宗交易及向有多数牙纪者,得设一某种总牙行,由商人一人承包。县内如有繁盛集镇,如丰滦之唐山镇、获鹿之石家庄、万全之张家口等,得于招商包办总牙行时,划清收用范围,以免两行发生纠葛。"①山东省规定:"经纪领帖,应认明行业。指定抽佣区域。不准随地包揽,开设总行。"②北京市规定:"设立牙行限于本业商人,并应先指定营业种类及设立地点。"③第三,严格责任制度。如太行行署规定牙商的职责如下:"1.媒介与促进买卖双方进行交易,价格自愿索还。2.代卖方过斗过秤。3.代收粮食手续费和牲口买卖税。4.对群众进行宣传解释,调解纠纷。5.划分清界之交易场所,维持市场秩序。6.防止买空卖空,捣乱物价。7.检查掺水上色的粮食及牲畜,粮食的去向。8.费税按期缴县政府财政科。9.研究集市交易情形,物价变化,并向县政府财政科报告。"④第四,铺保制度。民国时期(除中共根据地以外)的牙商法规都要求必须有保证才能开设牙行。铺保可以分为铺保、人保和钱保三种。中央政府颁布的牙商法规要求"设立牙行时必须备具保证"⑤。河北省、山东省和山西省要求开设牙行必须有殷实铺保2家。河南省的牙商铺保制度包括铺保和人保两种。天津市和北平市牙商铺保制度有铺保和钱保两种方式。

### 3.重处罚亦重激励

只有健全了奖惩制度,落实了奖惩措施,法规才能不折不扣地执行,政府管理者也才能不会出现疲于奔命的状态。民国时期的牙商法规既包含处罚制度,也包含激励制度。

关于处罚制度,牙商法规中对于牙行违法情况均有明确的解释,并对违法

---

① 《本埠新闻:直隶牙税已改订新章》,《益世报》,1925年4月30日,第10版。

② 山东省财政厅:《山东省整顿牙税章程》,见《山东现行财政法规统诠》,济南五三美术印刷社1930年版,第158页。

③ 北平市政府:《北平市牙行营业章程》,北京市档案馆藏,档案号:J001-005-00125。

④ 太行行署:《交易员工作事项》,河北省档案馆藏,档案号:92-1-77-27。

⑤ 国民政府行政院财政部:《财政部关于整理牙税办法七项咨文》,北京市档案馆藏,档案号:J001-005-00110。

牙商的处罚有具体的规定。牙商违法认定包括：无帖、一帖两用、旧帖冒充、朋充顶替、私自让与、额外浮收勒索、操纵物价、偏袒一方、擅用未经检定合法之度量衡、定价或捏报价格或数量、无固定地址或区域者、经营范围以外之业务者、超收牙佣者、强迫投店或游行抽佣者、把持垄断、强制评价、滥用职权、擅自罚办等。处罚种类包括：吊销牙行执照、罚款、没收保证金全部或一部分、移送法院、判处有期徒刑的罚种。加重了处罚力度，如规定："私收牙税者，除追出税款外，按其所得数目，处以20倍以下、10倍以上之罚金"，牙商有投机、垄断或其他操纵行为者，"处五年以下有期徒刑，并科所得利益一倍至三倍之罚金"等。①

华北各省市的牙商法规中注重对于牙行的激励制度。河北省鼓励牙伙的雇用，规定："牙行办理收税事宜得用牙伙。前项牙伙花名应由牙行造册送县转呈财政厅按名发给执照"②。山西省鼓励牙伙的雇用，"凡领帖之牙纪遇特种集会，单人势难，应付时得自行雇用牙纪"③。山东省奖励增加牙税额者，"局、县此次办理牙税，如能比较上届原额增加若干，应准按照额外增收奖励条例详情财政部给奖，以示鼓励"④。

### 4.进步性与局限性并存

民国时期的牙商法规依然是带有封建性的资产阶级牙商法规，既呈现它的历史进步性一面，也体现出一定的历史局限性。民国时期的牙商法规以其自身独有的特点在诠释着牙商事业的发展。

民国时期的牙商法规确立了牙商的法律地位，保障了牙商从业活动的合法权益，规范了牙商的经纪行为，促进了牙商业的健康发展。在民国时期，牙商法规在数量和质量上都有了较大的突破。牙商可以自由地登记注册，领取

---

① 国民政府主计处统计局：《商业同业公会法》，见《经济法规汇编》（第2集），未刊，第70页。

② 民国河北省政府民政厅：《河北省牙税暂行章程》，河北省档案馆藏，档案号：615-2-1882。

③ 《山西省改订牙税纪领帖缴费纳税章程》，见《山西省地方财政调查报告》，未刊，第106页。

④ 山东省政府财政厅：《山东财政厅整顿牙税暂行章程》，见《山东财政法规汇编》，未刊，第128页。

牙帖。农商可以自由地选择任意一家牙行或牙商为其服务。商贩可以自由选择货物的销售是通过牙商还是自买自卖。牙商法规还规定了牙商从业范围、种类、从业条件及开业程序、佣金及纳税、添设必要制度、经营范围和区域限定制度、责任制度、铺保制度、处罚制度和激励制度等。历史证明,民国中央政府及华北地区各省市的牙商法规具有较大的历史进步性。

由于受时代和认识的限制,民国时期的牙商法规呈现出了一些历史局限性。

第一,缺乏牙商资格条件的考查。牙商是一种特殊的职业,具有特殊的要求,需要符合一定的资格条件,经过国家正规部门培训合格,获取牙商资格证书,再颁给牙帖,这样才会避免"流氓"、"地痞"等不符合条件的人员进入到牙商行业中来。

第二,缺乏单个行业的牙商法规。每个行业性质、要求不同,所需要的从业人员的素质和要求有很大差别,另外,各个行业经营规模的场所、设施、注册资金、规范的牙行章程等各有不同。总体来看,民国时期的牙商法规除了天津和北京有个别的、少量的单个行业牙商法规外,其余皆是空白。

第三,民国时期的牙商法规均采用了铺保制度。一方面,铺保制度对于规范牙商的从业和保障税款的交纳至关重要;但是另一方面,有很多商人因为找不到铺保而被挡在牙商门外。这导致出现大量的"地下牙商"或"黑市牙商"(私牙),由于缺乏对私牙的处理手段,使合法牙商按规定从事中介的行为受到影响和冲击,从而引发偷税漏税、行贿受贿、坑蒙拐骗、欺诈等行为。

第四,缺乏对牙商信用的记录、群众监督与公示机制等。民国时期的牙商法规并未建立牙商及牙行从业人员的档案,并未予以公示,并未建立牙商及牙行从业人员的信用记录,也并无专门的部门和人员负责对牙商信用的监管,更无畅通的群众监督举报牙商不法行径的渠道。这只能造成牙商不良恶习乱象丛生的局面。

第五,民国时期中央政府的牙商法规内容不能统领华北各省市等牙商的具体状况。各省市由于缺乏统一规划和协调,在许多方面出现了互相矛盾的地方。如关于抽佣的范围和方式的不同。山东省和山西省规定买卖后抽佣,

"行用应俟买卖成交以后，方准抽收，未卖之先不得先抽行用"①，"代客买卖货物、居间说合成交后才允许抽佣"②。天津市则采取买卖前，货物入市即抽佣，如："每于货物到津时，由所、卡，查验，计值，征收牙行营业税款，发给凭单。"③再如关于投行与否的不同。河南省和天津市关于货物贸易必须经过牙行与否有截然相反的规定。河南省要求"自卖自买之各种（货物）……不属牙商范围"，不用进入牙行抽佣纳税。④天津市则要求"凡某种货物如照章应行征收牙行营业税者，该货物在市买卖须遵守牙行领帖章程第七条之规定，经牙行说合，方得成交，违者以偷漏论"⑤。又如开设总牙行的区别。山东省规定不允许牙商开设总牙行，"经纪领帖，应认明行业，指定抽佣区域。不准随地包揽，开设总行。"⑥河北省规定大宗交易必须设一总牙行，"由商人一人承包；僻小县份，牙纪零星者得将两种以上之牙税合并承包"⑦。天津市规定可设总牙行也可不设总牙行，如："本市买卖各种货物，以每种货物开设一种牙行为原则，如该项货物交易向系分散各家不便集中者，得设散行或由总牙行择定适宜地点开设分行，但均需呈准方准营业。"⑧另外，华北各省市地方法规处罚的罚金数额和种类各不相同，铺保制度的要求差异性也很大等。

---

① 山东省政府财政厅：《山东财政厅整顿牙税暂行章程》，见《山东财政法规汇编》，未刊，第127页。

② 山西省史志研究院：《山西通志》（第二十九卷），中华书局1997年版，第102页。

③ 天津特别市财政局：《为拟将牙行营业税入市征收办法改为就行征收以符税制》，天津市档案馆藏，档案号：1-3-5-7431。

④ 《河南省财政厅牙帖营业税投标承办规则》，见《河南省地方财政调查报告》，未刊，第14页。

⑤ 天津特别市政府：《稽征牙行营业税暂行办法》，天津市档案馆藏，档案号：1-3-2-1122。

⑥ 山东省财政厅：《山东省整顿牙税章程》，见《山东现行财政法规统诠》，济南五三美术印刷社1930年版，第158页。

⑦ 《本埠新闻：直隶牙税已改订新章》，《益世报》，连续刊发于1925年4月29日、1925年4月30日，第10版。

⑧ 天津特别市财政局：《天津市财政局牙行领帖章程》，天津市档案馆藏，档案号：401206800-J0054-1-001745。

# 二、与明清牙商法规的异同

据已发现的资料,最早的牙商法规出现在明清法律中《户律》所编的《市廛》章中。明律将《私充牙行埠头》律文列入全国性法典。从唐至元代间,政府均未将牙行规范列入全国性法典。而明代不仅正式将牙行列入全国性法典,并作为专章条例,明律属于首创,清律则沿用之。明律中《私充牙行埠头》律文指出了充应牙行的标准必须是"抵业人户"。牙行的职责是在官府发给的"官纸"中登记客商或船户的籍贯、住址、姓名、路引字号、货物的数量等信息,然后每个月上交官府。律文还对私牙者规定了处罚办法:将所得牙佣充公,并杖责六十。对于牙行、埠头隐瞒客商信息者,杖责五十,并取消牙行资格。

清律沿袭了明律《私充牙行埠头》的规定,但是在《市司评物价律文》和《把持行市律文》中增加了对牙行的规范和管理。《市司评物价律文》要求牙行评估物价要做到"公平评价",既不能以贵为贱,也不能以贱为贵。凡是没有公平评价的牙行,按照增减的物价,给予笞二十、杖一百、徒刑3年的处罚。对于在评价中偏袒某方面得到好处的牙行,以窃盗处理,并给予不同的处罚。《把持行市律文》指出了把持行市,取得好处或买卖中利用差价获取利润的牙行等给予杖八十的处罚;对于故意惑乱价格而取得利益的牙行等,笞四十。牙行等在交易中获取非法利益时按窃盗处罚,并给予杖八十、笞四十的惩罚。

明律或清律中对于牙商中的充应范围、牙行的职责、私牙者的处罚、对牙行的评估物价、违纪牙行的处罚等,对于民国时期的牙商法规起了深远的影响。

民国时期在明律和清律牙商立法的基础上,进一步发展完善,在内容上较明律和清律更为成熟和完备。北京政府于1915年9月颁布的《整顿牙税大纲》,是近代牙商法规之初创,标志着牙商制度从桎梏向自由发展。为了统一规范牙行业的从业活动,1934年6月,南京国民政府颁布了《整顿牙税办法七项》,从限定牙行行所、确定牙行责任、限制牙佣、牙行营业税统一规范、游行牙纪废除、纠正违章滥收恶习、设立牙行时备具保证等七个方面做出了规定。南京国民政府还初创了单项牙商法规《非常时期管理牙业行纪办法》,并于1942年1月23日颁布实施。该法规标志着近代牙商制度的基本形成。其内容包括了牙商从业范围和种类、牙商从业条件及开业程序、牙商佣金及纳税、牙商违纪处罚等方面的规定。伴随着中央政府牙商法规的完善,华北各省地方性牙商法规虽然存在着不平衡性,但整体而言已经渐趋制度化。地方性牙商法规包含了牙行范围、开设牙行具体要求、佣率、牙商违法及处罚、铺保具结及罚金用途等方面的规定。更重要的是,在地方性牙商法规中增加了行业牙商法规。华北沦陷区伪政权颁布的一部分牙商法规直接脱胎于南京国民政府的牙商法规,是对南京国民政府牙商法规的继承;而华北沦陷区伪政权颁布的一部分牙商法规,特别是1940年以后颁布的法规,与南京国民政府的牙商法规内容有实质性的变化。中共根据地在不同时期颁布了为数众多的牙商法规。这些法规,经历了从"取消牙行制度"到"管理牙商制度"的曲折发展。各个根据地立法的指导思想和政策依据是统一的,但立法的内容却具有因地制宜的相对独立性。

总之,民国时期的牙商法规,就其整体而言,其内容既有对前代牙商法规的继承,但更多的是对牙商法规的创新、完善和发展。正是在继承和创新中,民国牙商法规不断向前发展。

## 三、南京国民政府与北京政府华北牙商法规之比较

北京政府的牙商法规,是民国以来政府及各省牙商法规的创建和成长期。南京国民政府的牙商法规是民国以来政府及各省牙商法规的成熟期。两者相比,南京国民政府呈现出以下几个特点。

### 1.法规数量成倍增长

北京政府时期,中央政府共颁布牙商相关法规1个,华北各省市共颁布地方性牙商法规10余个。中央政府于1915年9月颁布实施了《整顿牙税大纲》。据可以搜集到的史料,华北各省市颁布牙商法规中直隶省有两个:1915年2月,颁布实施了《整顿牙税章程》;1925年5月,颁布实施了《直隶牙税改订新章》。山东省有两个:1915年12月,颁布实施了《整顿牙税暂行章程》;1915年12月,颁布实施了《牙纪投标法》。河南省有三个:1914年3月,颁布实施了《河南省重订更换牙行执照施行细则》;1916年1月1日,颁布实施了《河南牙税章程》;1916年1月1日,颁布实施了《河南牙税章程施行细则》。山西省有一个:1921年,颁布实

施了《修正领换牙帖及纳税章程》。北京市有两个：1915年4月26日，颁布实施了《整顿京师内外城牙税章程》；1915年4月26日，颁布实施了《京师内外城牙税施行细则》等。

南京国民政府共颁布牙商法规2个，华北各省市共颁布地方性牙商法规40多个。南京国民政府颁布的牙商法规包括：1934年6月，颁布实施了《整顿牙税办法七项》；1942年1月23日，颁布实施了《非常时期管理牙业行纪办法》。华北各省市颁布的牙商法规中天津市21个，北平市10个，河南省7个，河北省和山东省2个，山西省1个。

### 2.增加了行业牙商法规

天津市地方性牙商法规中，除了颁布所有牙商共同应遵守的法规以外，还制定了某行业的牙商法规，这主要集中在棉花、皮毛、粮食、鸡鸭卵和鱼类等。如：1929年7月25日，颁布实施了《天津特别市整顿棉花牙帖税简章》、《修正天津特别市棉花牙税简章》、《天津特别市棉花行栈承办牙税规则》、《天津特别市棉花牙税征收规则》、《天津特别市皮毛牙税章程》、《天津特别市皮毛牙税稽征规则》、《天津特别市皮毛牙税处罚规则》、《天津特别市皮毛牙税承办规则》、《天津特别市鸡鸭卵牙税征收所暂行章程》、《天津特别市鸡鸭卵牙税征收所办事细则》、《天津特别市鸡鸭卵牙税征收所所务会议规则》、《天津特别市鸡鸭卵牙税征收所稽征规则》和《天津特别市鸡鸭卵牙税征收所处罚章程》等；1935年10月9日，颁布实施了《修正天津市财政局稽核粮食牙行营业税办事处组织章程》；1936年6月，颁布实施了《天津市财政局稽核粮食牙行营业税临时办事处组织章程》；1937年7月8日，颁布实施了《天津市财政局鱼类牙行营业税征收暂行办法》等。

### 3.初创了单项牙商法规

1942年1月23日，南京国民政府财政、经济部两部共同颁布实施的《非常时期管理牙业行纪办法》，是有史以来政府首次颁布的单项牙商法规。该法规对牙商的从业范围、种类、从业条件及开业程序、佣金及纳税、违纪处罚等方面一一列明。该法规具有操作性，突出体现了民国政府立法技术更加成熟。

### 4.法规内容更加全面具体

南京国民政府的牙商法规的具体内容几乎涵盖了牙商从业活动的各个方

面。如:第一,北京政府的牙商法规中对牙商违法认定仅包括巧立名目、借端浮收、买空卖空、操纵市面、漏交牙佣等方面,而南京国民政府的牙商违法认定则包括无帖、一帖两用、旧帖冒充、朋充顶替、私自让与、额外浮收勒索、操纵物价、偏袒一方、擅用未经检定合法之度量衡、定价或捏报价格或数量、无固定地址或区域者、经营范围以外之业务者、超收牙佣者、强迫投店或游行抽佣者、把持垄断、强制评价、滥用职权、擅自罚办等。第二,北京政府的牙商法规中的保结中仅有铺保一种,而南京国民政府的牙商法规则包括铺保、人保和钱保三种。第三,南京国民政府的牙商法规中增加了"罚金用途"一项的规定。

### 5.增加了处罚种类,加重了处罚力度

北京政府的牙商法规对于违反规定的牙商处罚仅有缴销牙帖一种方式;而南京政府的牙商法规中增加了处罚种类,包括:吊销牙行执照、罚款、没收保证金全部或一部分、移送法院、判处有期徒刑的罚种,加重了处罚力度。如规定:"私收牙税者,除追出税款外,按其所得数目,处以20倍以下,10倍以上之罚金"[1],牙商有投机、垄断或其他操纵行为者,"处五年以下有期徒刑,并科所得利益一倍至三倍之罚金"[2]等。

## 四、华北牙商法规对中华人民共和国经纪人法规的影响

新中国成立初期,为稳定市场、稳定物价,政府对经纪人采取严格限制的政策,规定其不得从事投机倒把、买空卖空,并只能在指定的场所内从业。在农村,允许个人在集市贸易市场上为牲畜、家禽、干鲜果品等交易进行居间活动。随着三大改造的进行和计划经济体制的逐步确立,经纪人被认为是资本主义社会所特有的经济现象而被取缔,因此经纪人法规限于停滞状态。

1992年以后,邓小平南方谈话和党的十四大提出建立社会主义市场经济体制以后,我国经纪人进入了崭新的历史时期。为了进一步推动全国经纪人

---

[1]　民国河北省政府民政厅:《河北省牙税暂行章程》,河北省档案馆藏,档案号:615-2-1882。

[2]　国民政府主计处统计局:《商业同业公会法》,见《经济法规汇编》(第2集),未刊,第70页。

管理工作的开展,1995年11月13日,国家工商行政管理总局颁布了第一部规范经纪人活动的全国性行政法规——《经纪人管理办法》。2004年8月28日,国家工商行政管理总局对《经纪人管理办法》进行了修改,使之成为我国目前对经纪人进行规范管理最具权威性的国家行政管理法规。该法规对民国时期牙商法规中的糟粕予以剔除,对其积极合理的部分进行批判性地继承。民国时期华北牙商法规对其影响,可以从以下几个方面进行探讨。

**1.经纪人的合法权益受法律保护的规定受民国牙商法规的影响**

民国时期,北京政府的《商人通例》首次将牙商列入商人行列,并令牙商登记注册,受到法律的保护。这与《经纪人管理办法》第三条的规定:"经纪人合法权益受国家法律法规保护,任何单位和个人不得侵犯"①,内容相似。

**2.经纪人经营范围的明确规定受民国牙商法规的影响**

《经纪人管理办法》第十一条中规定:"经纪人的经营范围应当明确经纪方式和经纪项目"②。民国时期华北各省市的牙商法规中也有类似的规定,如山东省牙商法规规定:"招募牙纪,必须查明确系本身。经纪领帖,应认明行业。指定抽佣区域。不准随地包揽,开设总行。"③北京市牙商法规规定:"设立牙行限于本业商人,并应先指定营业种类及设立地点"④。

**3.经纪人在经纪活动中,不当行为的规定受民国牙商法规定的影响**

《经纪人管理办法》第十八条规定,经纪人不得有下列行为:"未经登记注册擅自开展经纪活动;超越经核准的经营范围从事经纪活动;……采取欺诈、胁迫、贿赂、恶意串通等手段损害当事人利益;通过诋毁其他经纪人或者支付介绍费等不正当手段承揽业务;对经纪的商品或者服务作引人误解的虚假宣

① 国务院法制办公室编:《中华人民共和国新法规汇编·2004年》(第11辑),中国法制出版社2004年版,第137页。

② 国务院法制办公室编:《中华人民共和国新法规汇编·2004年》(第11辑),中国法制出版社2004年版,第138页。

③ 山东省财政厅:《山东省整顿牙税章程》,见《山东现行财政法规统诠》,济南五三美术印刷社1930年版,第158页。

④ 北平市政府:《北平市牙行营业章程》,北京市档案馆藏,档案号:J001-005-00125。

传"①。与此内容相似的民国时期的牙商法规有很多。如山西省规定牙商的不当行为包括:"一、无帖之牙私自营业抽佣者;二、执持逾期借帖抗不缴还者;三、一帖两开或朋充伙领者;四、抽收牙佣不据定章,额外浮收者。"②北平市规定的牙商的不当行为包括:"无固定地址或区域者;经营范围以外之业务者;超收牙佣者;强迫投店或游行抽佣者;违背度量衡器者;把持垄断或强制评价,有失公平者;牙行执照私相转让或顶替使用者;伪造账簿,希图逃税者;囤积倒把,妨害物资流动者;抗拒检查或不遵章管理者。"③天津市规定牙商的不当行为包括:"一、申请书所载事项不实者;二、操纵物价,扰乱社会安宁秩序者;三、操纵市价,使交易不能成交者;四、偏袒一方,擅用未经检定合法之度量衡、订(定)价或捏报价格、数量者;五、行纪不得委托他人代理或将营业执照转借他人为牙纪之业务。"④

### 4.经纪人的处罚规定受民国牙商法规的影响

《经纪人管理办法》第二十二条规定:经纪人违反法规的"由工商行政管理机关视其情节轻重,分别给予警告,处以违法所得额三倍以下的罚款,但最高不超过三万元,没有违法所得的,处以一万元以下的罚款"⑤。如民国时期,天津市牙商法规规定:"牙行应遵守一切章程办理,如有浮收、违法情事,一经查(察)觉或被告发证实后,按照浮收之数,处以10倍以下,5倍以上之罚金。其情节较重者,并得取消牙行资格。原有牙税之行货,如有未领帖照之牙纪,私收牙税者,除追出税款外,按其所得数目,处以20倍以下,10倍以上之罚金。"⑥

280

① 国务院法制办公室编:《中华人民共和国新法规汇编·2004年》(第11辑),中国法制出版社2004年11月,第139页。

② 《山西省改订牙税纪领帖缴费纳税章程》,见《山西省地方财政调查报告》,未刊,第107页。

③ 北平市政府:《北平市管理牙业行纪营业规则》,北京市档案馆藏,档案号:J001-002-00732。

④ 天津市社会局:《管理牙业行纪规则》,天津市档案馆藏,档案号:252-2-1-355。

⑤ 国务院法制办公室编:《中华人民共和国新法规汇编·2004年》(第11辑),中国法制出版社2004年版,第140页。

⑥ 天津特别市财政局:《天津特别市牙税暂行章程》,天津大公报馆,1929年版,第15~16页。

**5.经纪人接受政府机关的检查,并提供检查所需要的资料等受民国牙商法规的影响**

《经纪人管理办法》第十九条规定,工商行政管理机关对其管辖的经纪人进行监督检查时,"经纪人应当接受检查,提供检查所需要的文件、账册、报表及其他有关资料"[①]。民国时期华北各省市牙商法规也有类似的规定。如天津市的牙商法规规定:"各牙行介绍货物于成交后,须向买方取具收获证卖方取具收款证抽收佣金,并填给收据分别置备日记月结等营业账簿以凭考核"[②]。北京市的牙商法规规定:"牙行应设置账簿记载下列各事项:一、代客买入货物数;二、代客卖出货物数;三、佣金收入数;四、钱货收付逐日流水细数;五、月结总数;六、年结总数。遇有必要时财政局得派员检查其账簿。"[③]

# 小 结

中华民国建立后,伴随着国家各项建设事业的发展,牙商法规建设也逐步健全起来。国家对牙商事业的建设除了通过行政手段来干预之外,还采取法律手段来规范,体现为这一时期的牙商立法活动频繁,各种类型的中央政府牙商法规和地方性牙商法规陆续出台。

南京临时政府虽然仅存在3个月,但它制定工商法规的舆论为牙商法规的制定创造了较好的政策环境。北京政府为社会经济发展计,更为其财政税收增加计,颁布了相关法规,给"地下"牙人以公开身份合法注册、经营的机会,并保护了牙商的正当商业活动。《整顿牙税大纲》,是近代牙商法规之初创,其颁布实施,标志着牙商政策的转型,改变了中国传统意义上的牙商的发展轨迹。但也应看到民国初年酝酿田地、房产国家垄断的一些端倪。南京国民政府

---

① 国务院法制办公室编:《中华人民共和国新法规汇编·2004年》(第11辑),中国法制出版社2004年版,第140页。

② 天津特别市财政局:《天津市财政局牙行领帖章程》,天津市档案馆藏,档案号:401206800-J00541-001745。

③ 《修正北平市牙行营业章程》,《北平市市政公报》,1936年版,第342期,第5~6页。

建立后,公布实施了《整顿牙税办法七项》。抗日战争时期及抗战胜利后,南京国民政府的立法活动继续发展,在此阶段,还颁布实施了《非常时期管理牙业行纪办法》,这标志着牙商法规制度的基本成熟。抗日战争时期,日伪政权颁布了一些牙商法规,将牙商纳入到日本的殖民统治下。1938—1939年,日伪所颁布的一部分牙商法规基本上是对南京国民政府牙商法规的继承。1940年以后日伪颁布的法规,与南京国民政府牙商法规内容有实质性的变化。

华北地区中共革命根据地颁布的牙商法规经历了从取消到监管的过程。其颁布的牙商法规所具有的独特之处在于：改称交易员,从政治上提高牙商的地位;加强对牙商的资格审查和品质的考量;规范交易员工作职责;为战争服务;降低佣金。

事实证明:在中国牙商事业发展史上,民国时期的牙商法规,起到了承前启后、继往开来的作用,体现出了牙商法制建设由传统到近代的渐进发展历程。民国时期的牙商法规既有积极进步的一面,也体现出一定的历史局限性,其对新中国的经纪人法规建设产生了深远的影响,我们今天的经纪人法规中的若干规定可以在民国时期的牙商法规的传统中找到根源。

# 第六章 CHAPTER SIX

## 华北牙商的税负

　　凡市场买卖交易的货物，只要经牙商为媒介的，统一要征收牙税。如粮食、土布、棉花、麻席、牲畜、干鲜货、树木、油，甚至柴、菜、口袋等，无一不在应征之列。牙商从中说合，取得佣金，官府按照其收佣纳税，即所谓牙税。民国期间政局不定，征收机关更动无常，案卷多不完全。提到牙税，真是千头万绪，纷乱至极。在此纷乱中，要想寻出一个系统清清楚楚地说明牙税的情况，颇是一件不容易的事情。要求得到税收的情形，知道一个确切的数目，更是难上加难。正如汪敬虞先生所言：牙税"实收多少不得而知"①。本章材料虽经多方搜集，希望能得出牙税的实收数目，但仍有残缺不全之处，殊为憾事！

_____

① 汪敬虞：《中国近代经济史（1895—1927）》（中），人民出版社2007年版，第1411页。

# 第一节　牙商税负制度的沿革

ERSHI SHIJI ZHI ZHONGGUO

民国以前，华北牙税主要实行的是牙帖税制度。各省牙商的税负都有定额，牙商必须在政府注册，领取牙帖后，并按年缴纳牙帖税。民国时期，华北牙商的税负制度大概有四种形式：牙税盈余制度、牙税等则制度、牙税包商征收制度和牙行营业税制度。

## 一、牙税盈余制度

清末民初，华北牙税实行的是牙税盈余制度。该制度系庚子事件后，政府为增加财政收入，用来偿付"庚子赔款"和办理善后事宜实行的牙税制度。

牙税盈余制度是政府令牙商在交纳牙帖税的基础上，各省在筹划庚子摊款的基础上另外缴纳牙税盈余的方法。

该制度令所有的牙商申报每年所得牙佣年额，并以此为根据，在原有牙帖税之外，令牙商再缴牙税盈余若干。为了统一标准，各省的牙税盈余划分等级，征收相应的税款。直隶省牙税盈余分为六等：100两、50两、30两、20两、10两、5两，能提100两以上的牙商，则酌量办理。

实行牙税盈余制度后，原来的牙帖税反而不重要了，而牙税盈余反而成了牙商税负的主要部分。牙税盈余制度中的标准很粗，但是政府的税款却有了大幅增加,仅直隶省牙税盈余年收银竟然高达30余万两之多。[1]如:1903年,直隶省定州的牙帖税只是7.45两,但是在实行牙税盈余制度以后,牙商的税负除了牙帖税7.45两以外,还包括牙税盈余1000多两。据统计:1912年,定州牙行盈余为1037两,牙帖税为7.45两,合计为1044.45两;1914年,定州牙行盈余为1215.22两,牙帖税为7.45两,合计为1222.67两。

牙税盈余制度是以牙佣为征课目的,该制度的实质是为了增加财政收入。该制度的实施虽然使牙商的税率有了比较客观的根据,但是使牙商的税负增加数倍。

## 二、牙税等则制度

1915年,北京政府颁布了《整顿牙税大纲》八条,该法规要求各省市牙商按照等则换领新帖,缴纳各项帖捐年税。从此,牙税等则制度开始在华北各省市正式实行。在此制度下,牙商担负的牙税分为费和税两种。费指的是登录税,牙商在领牙帖的时候交纳帖照费(官方颁给牙帖有一定年限,到期须换领新帖);税指的是常年税,每年由牙商分期或按季度交纳。此外还有牙捐,各省征收标准不一。

1915年,直隶省将牙商领取的牙帖分为六等,划分牙帖的标准为:"原认盈余满100两或作年计牙佣收入在350元以上者应领一等帖;原认盈余满80两或作年计牙佣收入在300元以上者应领二等帖;原认盈余满60两或作年计牙佣收入在250元以上者应领三等帖;原认盈余满40两或作年计牙用收入在200元以上者应领四等帖;原认盈余满20两或作年计牙佣收入在150元以上者应领五等帖;原认盈余20两以下或作年计牙佣收入在150元以下者应领六等帖;前项标准二者取其一"[2]。此外,1916年3月,直隶财政厅又颁布了一个《续订直隶增补牙税章程》,其中特别规定"牙佣收入或原任盈余额依等级分介两级之间,但

---

[1] 方显廷:《中国经济研究》(上),北京,商务印书馆1937年版,第1070页。

[2] 获鹿县民国档案汇集:《直隶财政厅饬发整顿牙税章程并告示牙税卷》,河北省档案馆藏,档案号:656-1-420。

超过本级很多而比值高一级犹不及的，即按本级领帖，但额外增加原税额的十分之三"①。

1915年，直隶省牙商的登录税为："牙纪领换新帖每张须缴纳帖费大洋一元二角。一半为县署办公、一半缴直隶财政厅作为印刷及委员催办各项之需"②。直隶省的牙帖捐分为六等："一等：300元；二等：250元；三等：200元；四等：160元；五等：120元；六等：80元。"③牙帖捐于换领新帖时一次缴纳之。该省牙税每年应纳税额如下："一等：160元；二等：120元；三等：100元；四等：70元；五等：40元；六等：20元。"④该项牙税每年分两期完纳，第一期定为6月1日至6月末日；第二期定为12月1日至12月末日，如有滞纳，应按月递加原额十分之一，两月后再不缴纳者传同原保押追并追销牙帖。1925年5月，直隶财政厅为增加收入，招商包收，以期增加收入。包收范围以一县境内某种货物之一种为限，"如秤、如斗、如牲畜、如煤炭、如棉花、如皮毛、如鸡卵、如鲜果、如干果，凡属大宗交易及向有多数牙纪者，得设一某种总牙行，由商人一人承包"⑤。

河南省的牙税分为三项：帖费、帖捐和年税洋，由县府征收。河南省牙商的帖费，向官方请领帖张，每张帖费1元；捐费于领帖时一次交纳。1918年，河南光州牙行的税金包括"商税：银13两；牙行活税：一年分四季缴纳，每次银3两；换帖（费）：银每回3两；新认牙帖（费）：银23两1钱"⑥。1928年，前河南省牙帖捐和年税洋均分三等缴纳。牙帖捐："上等帖，帖捐洋36元；中等帖，帖捐洋24元；下

① 获鹿县民国档案汇集：《直隶财政厅饬发整顿牙税章程并告示牙税卷》，河北省档案馆藏，档案号：656-1-420。

② 获鹿县民国档案汇集：《直隶财政厅饬发整顿牙税章程并告示牙税卷》，河北省档案馆藏，档案号：656-1-420。

③ 获鹿县民国档案汇集：《直隶财政厅饬发整顿牙税章程并告示牙税卷》，河北省档案馆藏，档案号：656-1-420。

④ 获鹿县民国档案汇集：《直隶财政厅饬发整顿牙税章程并告示牙税卷》，河北省档案馆藏，档案号：656-1-420。

⑤ 《本埠新闻：直隶牙税已改订新章》，《益世报》，连续刊发于1925年4月29日、1925年4月30日。

⑥ [日]东亚同文会：《中国省别全志·第18卷·直隶省》，1918年版，第784页。

等帖,帖捐洋20元。帖张有效期定为5年,帖捐于领帖时一次缴纳。"①年税洋:
"上等帖,年税洋24元;中等帖,年税洋20元;下等帖,年税洋16元。帖捐于领帖
时一次缴纳,年税洋按年份两期缴纳(上期1月至3月,下期7月至9月)。"②1933
年3月,河南省将牙行税金进行调整:"上等帖捐30元,中等帖捐26元,下等帖
捐20元"③;"牙帖税上等24元,中等20元,下等16元,按年份月交纳"④。1936年7
月1日,河南省财政厅修订《河南牙税章程》,改牙帖等级为13级,按牙商全年
介绍买卖额多寡,分别领帖纳税;无账可查的小行,估计征纳。1946年8月,行政
院公布营业税法中将牙税税率统一按营业额的3%征收。

　　山西省的牙税约分为三种:手数(续)费、帖费和年税。各则牙帖每张缴手
数料1元,"此项手数料以一半留县,作为征解公费,一半解厅作为印刷牙帖工
料"⑤等费用。1912年,山西省牙商领取牙帖的帖费为:"上则75元;中则60元;
下则35元。无帖牙行请领新帖的帖费:上则200元;中则150元;下则100元"⑥。牙
商注册费征收标准为:"上则50元;中则20元;下则10元"⑦。牙商需交纳的年税
亦分上、中、下三则。"上则年缴8元。中则年缴5元。下则年缴3元"⑧。1921年,
山西省颁布的《修正领换牙帖及纳税章程》规定:"前清旧帖换新帖者,上则80
元(银元,下同),中则60元,下则40元;领过民国前财政司牙帖换领新帖者,上
则40元,中则30元,下则20元;无牙帖请领新帖者,上则120元,中则80元,下则
60元。"⑨牙商应纳牙税,每年分6、10月两期完纳,其应纳税数"上则每张每年

---

① 《牙税之沿革及税率》:《河南省地方财政调查报告》,未刊,第1页。

② 《牙税之沿革及税率》:《河南省地方财政调查报告》,未刊,第1页。

③ 河南省税务局、河南省地方史志编纂委员会:《河南省税务志(1840—1990)》,中州古籍出版
社1995年版,第118页。

④ 河南省税务局、河南省地方史志编纂委员会:《河南省税务志(1840—1990)》,中州古籍出版
社1995年版,第118页。

⑤ 《牙税之税率》,《山西省地方财政调查报告》,未刊,第99页。

⑥ 贾士毅:《中国经济学社丛书:民国财政史》(上册),商务印书馆1917年版,第107页。

⑦ 贾士毅:《中国经济学社丛书:民国财政史》(上册),商务印书馆1917年版,第107页。

⑧ 贾士毅:《中国经济学社丛书:民国财政史》(上册),商务印书馆1917年版,第107页。

⑨ 资料来源:山西省史志研究院:《山西通志》(第29卷),中华书局1997年版,第102页。

30元，中则20元，下则10元"①。1929年7月以后数年，牙商领帖缴费纳税又分为"上上则、上则、中则、下则四等，各等税费率标准按牙商每年营业收入牙佣多少计算。凡收入在1000元以上者，领上上则牙帖，每年交帖费200元；以次领上则帖，交费40元；再次领中则帖，交费20元；最低领下则帖，交费10元"②。牙税的年税为"上上则牙税按投标决定，上则牙税每年80元，中则牙税每年60元，下则牙税每年30元"③。

山东省牙税大概包括牙帖费、牙税（牙课）和各县牙税附捐三种。1915年12月，山东省财政厅颁布的《整顿牙税暂行章程》中规定，牙帖费分为下列六等："一等：300元；二等：250元；三等：200元；四等：150元；五等：100元；六等：60元。"④山东牙税每年应纳税额为："一等：200元；二等：150元；三等：100元；四等：70元；五等：40元；六等：20元。"⑤除以上六等费课之外，另立上上、下下两等，均不限定数目，由局、县会同随时酌定，但帖费至少须在20元以上，课税须在10元以上。另外，山东各县牙税附捐不得超过正税30%，其原有地方公益捐超过此数者，应一律提并正税报解。

1915年4月26日，京兆财政厅颁布的《整顿京师内外城牙税章程》⑥中规定牙商需交纳登录税和常年税两种税捐。

登录税分为整、散、长期、短期。该省对牙商评定的标准为：专行或公司者为整商，反之为散商。长期牙帖20年一换，短期牙帖5年一换。详细规定如下：第一，长期、整商牙帖之登录税分为甲、乙、丙三种等则，每种又分为一、二、三等。各种等级需要交纳的登录税为，甲种一等：2000元；二等：1700元；三等：1500元。乙种一等：1200元；二等：1000元；三等：800元。丙种一等：600元：二等：500元；三等：400元。第二，短期、整商牙帖之登录税分为甲、乙、丙三种等则，

---

① 资料来源：山西省史志研究院：《山西通志》（第29卷），中华书局1997年版，第102页。

② 《牙税之税率》，《山西省地方财政调查报告》，未刊，第99页。

③ 资料来源：山西省史志研究院：《山西通志》（第29卷），中华书局1997年版，第102页。

④ 山东省政府财政厅：《山东财政厅整顿牙税暂行章程》，见《山东财政法规汇编》，未刊，第125~126页。

⑤ 山东省政府财政厅：《山东财政厅整顿牙税暂行章程》，见《山东财政法规汇编》，未刊，第127页。

⑥ 北京财政志编纂委员会：《北京财政志》，未刊1998年版，第123页。

每种又分为一、二、三等。甲种一等：600元；二等：510元；三等：450元。乙种一等：360元；二等：300元；三等：240元。丙种一等：180元；二等：150元；三等：120元。第三，长期、散商牙帖之登录税分为甲、乙、丙三种等则，每种又分为一、二、三等。甲种一等：200元；二等：170元；三等：150元。乙种一等：120元；二等：100元；三等：80元。丙种一等：60元；二等：50元；三等：40元。

常年税征收方式如下：第一，长期、短期整商牙帖之常年税。整商，长期的常年税则分为甲、乙、丙三种，每种又分为一、二、三等。甲种一等：每年缴纳2000元；二等：每年缴纳1700元；三等：每年缴纳1500元。乙种一等：每年缴纳1200元；二等：每年缴纳1000元；三等：每年缴纳800元。丙种一等：每年缴纳600元；二等：每年缴纳500元；三等：每年缴纳400元。第二，长期、短期散商牙帖之常年税，分为甲、乙、丙三种，每种又分为一、二、三等。甲种一等：每年缴纳200元；二等：每年缴纳170元；三等：每年缴纳150元。凡请领散帖者，其帖数应由京兆财政厅酌定，以免避重就轻之弊。乙种一等：每帖每年缴纳120元；二等：每帖每年缴纳100元；三等：每帖每年缴纳80元。丙种一等：每帖每年缴纳60元；二等：每帖每年缴纳50元；三等：每帖每年缴纳40元。每年应纳常年税分为两期完缴：阳历4月为第一次缴税之期，阳历10月为第二次缴税之期。

牙税等则制度的实质，是通过规定严密的税则，增加税额。以前的牙税盈余制度是为临时弥补财政之计，而牙税等则制度征课的目的，显然是专为增加税收。

## 三、牙税包商征收制度

采用公开投标的方式募集牙商承包某一品种在某一县或某一区牙税的方式即为牙税包商征收制度。政府通过这种方式，获得最大限度的税收。华北大部分县的多数牙行，在20世纪二三十年代采用了牙税包商征收制度。下面抽取两份值得转引的档案为样板来分析牙税包商征收制度。

"督办令饬整顿税课……所有多数牙行，遵照新章，按照后开种类及规定额数，定期分别投标，承包期限定为1年，限满另行投标，所有牙用均按三分抽收……如有愿包后项牙行者，或投全县或投分区……觅有真正殷实铺保，来县注册，以便届期投标，毋得自误，特此布告。

全县斗行标以大洋4000元为准，以半数为最低额。城区400元，于底区600元，石门区400元，方村区600元，振头区400元，永北区800元，同冶区600元，李村区200元。定于 月 日即阴历 月 日投标。

全县花店净花、子花均属花行范围，标以大洋5800元为准，以半为最低额。城区1600元，于底区600元，休门区1000元，方村区800元，振头区800元，永北区200元，南同冶区600元，李村区200元。定于 月 日即阴历 月 日投标。

……1925年6月9日知事孙、委员朱"①

"收据（获字第叁号）

"兹收到，承包牲口税商人：杨中立，缴纳押标金2287元8角，保状及请愿书共三纸，一俟到期，持此收据换领标签，得标后抵作保证金，不得标者，如数发还。如不投标，将其押标金全数没收。经手人1929年5月17日。批示：已发还。

收据（获字第拾号）

兹收到，承包籽花税商人：杨金海，缴纳押标金970元3角，保状及请愿书共三纸，一俟到期，持此收据换领标签，得标后抵作保证金，不得标者，如数发还。如不投标，将其押标金全数没收。经手人1929年5月17日。"②

透过这两个不完整的黏合在一起的承包牙税档案和获鹿县其他相关档案，可以清晰地看到包商征收的具体程序包括：张贴布告招募包税人、规定具体日期在县公署公开投标、以标额最高者为当年度的包商人。牙税承包者在递交了请愿书和有生意兴隆的商铺作保证并交纳一定标额的押标金的保障下，才具有投标资格。投标结束后，押标金或充作包商的保证金或退还未得标者。如果不按期投标或得标者弃权的时候，押标金就没收。得标者，首先要交申请额的四分之一，剩下的部分分三期来交纳，每三个月为一期。承包牙税的期限为一年。也就是说，包商要"先把每年的财政需要先交给政府。然后再去

---

① 获鹿县民国档案汇集：《财政厅令整顿牙税并发新章》，河北省档案馆藏，档案号：656-2-662。

② 获鹿县民国档案汇集：《各项牙税标金收据及存根卷》，河北省档案馆藏，档案号：656-3-215。

征收,增加税额"①。

这种征收方法对于官方来说具有"既无亏款之利害,复无征收经费之开支"②的优点,那么,作为交换条件,包商就获得了把持整个农村市场交易的特许。就这样,在农村"牙行的垄断性的营业得到大家的公认"③。在这种模式下,政府把征收的市场贸易税的职能全权交给包商代理,而包商在征税实际操作中,往往采取层层分包的形式来达到垄断征税的目的。在河北省栾城县里包税征收中"有一个总包税人,他(总包税人)下面有很多的包税人,然后在他(包税人)下面有很多的牙行(牙纪)"④。而在河北省顺义县则形成"总包税的——分包税的——牙伙"⑤这三个等级。在牙行内部,机构也逐渐分为两部分,"一部分是承包人。他们有时候和政治权力联系在一起,有时候是中介,有更多的是兼顾了这两种的合二为一的"⑥;另一部分则是人数众多的牙伙。

从财政收入论,牙税包商制度比牙税等则制度更加有利于政府。如:在实行牙税等则制度的时期,河北省定县从1915—1924年的牙税收入包括牙帖捐在内,最高的时候不超过3000元。⑦在实行牙税包商制度的时期,河北省定县从1925—1934年的牙税收入包括牙帖捐在内,"最低的年度还在3700元以上,最高的时候高达20 000元以上"⑧。

但是,牙税包商制度更加重了牙商的负担。该制度的实质是政府为了求取最高限度牙税的一种方法。该制度的一个特点就是取消了牙税等则制度中牙

① [日]小沼正:『華北集市上的牙行——特別是關于其税收功能』,『和清博士還歷紀念:東洋史論叢』,第224頁,东京,1951年。

② 河北省训练团秘书室印:《牙行管理规则释义》,河北省档案馆藏,档案号:D693-62-163。

③ [日]小沼正:『華北集市上的牙行——特別是關于其税收功能』,『和清博士還歷紀念:東洋史論叢』,第224頁,东京,1951年。

④ [日]中国農村調査刊行會:『中国農村慣行調査』(第3卷),岩波書店1981年版,第372頁。

⑤ [日]中国農村調査刊行會:『中国農村慣性調査』(第2卷),岩波書店1981年版,第398頁。

⑥ [日]小沼正:『華北集市上的牙行——特別是關于其税收功能』,『和清博士還歷紀念:東洋史論叢』,第224頁,东京,1951年。

⑦ 冯华德:《河北省定县的牙税》,《政治经济学报》,1936年第2期,第309页。

⑧ 冯华德:《河北省定县的牙税》,《政治经济学报》,1936年第2期,第309页。

商每5年一缴的牙帖捐和帖费。代之而起的是牙商每年一缴的牙帖费和牙伙执照费,这无形中增加了牙商的负担。该制度规定各县每一种牙行只由一人承包,在每一年度开始的时候进行招标,得标的牙商,必须呈报财政厅备案请领牙帖,方准执业。牙帖费就是政府为颁发牙帖而收取的费用。每一牙行之下,还雇用牙伙若干,将一部分牙税包额转包给牙伙。牙伙也需要向政府交纳费用领取牙伙执照。一般而言,牙帖每张年缴费10元,牙伙执照每张年缴费1元。

## 四、牙行营业税制度

1934年,国民政府全国财政会议议决颁发了《整理牙税办法》,确定对牙商征收牙税采取牙行营业税制度。

牙行营业税制度,比起以前的牙税制度,是一个不小的进步。这使牙行营业税制度恢复了以前牙商为租税主体,牙商的佣金为租税客体的精神。从前政府对牙商的征税制度,在1925年以前,税率是确定的,但佣率漫无限制;1925年以后到1929年6月,佣率是确定了,但税率可以说等于无。这次牙行营业税制度的改革,规定牙商一律按货价3%或1%抽佣,按千分之二十或千分之七的营业额征税。牙行营业税制度中的佣率、税率是比较明确和固定了。实行牙税包商征收制度以后,牙税的征收都是由牙商投标包办,这是一种不合理的征收牙税制度。牙行营业税制度则规定,牙商的税款按照牙商经手成交货价比例征收,不再由牙商包办了。

牙行营业税制度加重了牙商的税负,但是牙商将税负的负担部分转嫁到了最终消费者身上。第一,牙商为买卖双方中介代理交易而抽收的佣金,原是酬劳费,本来不含丝毫强迫征收的性质,但行之既久,形成了商业习惯法,牙佣成为买卖双方必有的负担。不过,各种牙税制度始终维持一个原则——买卖行为由牙商介绍、评价、计量时才能抽佣,反过来说,买卖行为不经牙商介绍的,就不必付给牙佣。这一原则为牙税存在的根本条件,不容忽视。但是自从实行牙行营业税制度以来,牙商征收税的负担增加很多。部分牙商还会想方设法将税款负担转嫁到最终消费者身上,只不过不是牙税包商制度中由买卖双方负担罢了。第二,在集市上,同一批货物有被抽收两次以上的牙佣之可能,如果卖方在付过牙佣之后而货物未能全部售出,等到下个集期再来销售的时候,又会抽收佣金。在这种情形下,无形中牙商的收入增多,牙商这样便可将牙行营业税转嫁给消费者承担。第三,政府为了保证从牙商处得到牙行营业税,便规定牙行必须设立行栈,代客买卖货物,不让买卖双方直接交易。在抽收了牙佣后,牙商便代卖方存货,替卖方招揽买主脱售,因此牙商便可利用已经收取了卖方货物的便利条件,抬高市价出售,而再按照收货时和卖方谈好的价格偿还卖方的货款。这样,牙商除了抽收佣金外,得到额外的利润用于应付牙行营业税。第四,也是最关键的一点,牙商既然直接地感受到政府对牙商增加税收的威胁,也想出了很多逃免税负的方法。最简单的方法便是:牙商纳税在法律上规定按照交易额的比例缴纳牙税,牙商便同一些生意上经常来往的买卖双方谈妥,在介绍买卖成交后不登记在政府发给的单据上。

# 第二节　牙商税负的特征

ERSHI SHIJI ZHI ZHONGGUO

民国时期,牙商税负主要包括省税和县地方捐税(以下简称县税)两部分。牙税的征收范围很广,凡市场买卖交易的货物,只要经过牙商为中介的,统统要征收牙税。牙税征收一般是以牙商为课税主体,以牙商抽取的佣金为课税的客体。但是,在牙税包商征收制度期间,牙税的性质发生了根本性的改变:以买卖双方的交易者为主体,以买卖行为作为课税的客体。一般而言,买卖双方负担牙佣的分配,法定的分配方法是买方负担三分之二,卖方负担三分之一。但是牙商法规同时规定如果有商业习惯的话,按照商业习惯进行分配。华北各地有专门的牙商税负征收机关,负责牙商税负的征收。政府向牙商征收税负的方法大概可以分为三种:政府自征牙税法、牙商同业公会代征牙税法、招商招标承包法。下面从牙商税负的所属范畴、种类、性质、税率及征收五个方面说明牙税的特征。

## 一、牙商税负所属范畴

民国期间,赋税种类可以分为国税、省税和县地方捐三种。国税,即中央政府收入的税款;省税,即各省政府收入的税款;县地方捐,即各县地方收入的

捐税。1930年,中国赋税种类如下表所示:

### 1930年中国赋税种类图[①]

| 赋税种类 | 国税 | 盐税、烟酒税、烟酒牌照税、卷烟统税、统税、印花税 |
|---|---|---|
| | 省税 | 田赋及差徭等项、契税及附征等项、牙税、牲畜花税、屠宰税、盐税及食户捐 |
| | 县地方捐 | 田赋附加地方经费、契税捐、花生木植捐、牙捐、牲畜花附捐、屠宰附捐 |

从上表所列可知,1930年间,牙税属于省税的一种,而牙捐属于县地方捐之一。所列的各项赋税,按照它们的性质,又可分为直接税、间接税和行为税三种。简单地说,直接税指的是以财产及营业为赋税的基础,税捐的担负者即直接归纳税者本人。间接税指的是以货物及消费为赋税的基础,含有转嫁的性质,税捐的负担并不归纳税者本人,最后由消费的人负担。行为税指的是以行为为捐税的基础,论其负担,一部分属于直接税,一部分属于间接税。下面按此亦列一表如下:

### 1930年中国赋税性质种类图[②]

| 赋税种类 | 直接税 | 田赋及附征各项、烟酒牌照税、牙税及牙捐 |
|---|---|---|
| | 间接税 | 花生木植捐、卷烟统税、牲畜花税及附捐、统税、屠宰税及附捐、烟酒税、盐税及食户捐 |
| | 行为税 | 印花税、契税及附征各项 |

上表中可知,按照赋税的性质,一般而言,牙税和牙捐是属于直接税的一种,近似一种营业税,纳税者为牙商。但是华北地区牙税的性质也有特例。如1929—1934年间,河北省及天津市的牙税纳税者"为物品交易之买卖主双方"[③],属于间接税。

---

① 李景汉:《定县社会概况调查》,上海人民出版社2005年版,第435页。

② 李景汉:《定县社会概况调查》,上海人民出版社2005年版,第435页。

③ 河北省财政厅:《河北省地方财政调查报告》(摘抄本),未刊。

# 二、牙商税负的种类

民国时期,牙商税负的征收范围很广,凡市场买卖交易的货物,只要经过牙商为中介的,统统要征收牙税。

1925年,直隶定县牙商税负种类包括:杂粮牙税、棉花牙税、土布牙税、席麻牙税、牲畜牙税、树木牙税、柴牙税、菜牙税、水果牙税、口袋牙税、线袋子牙税。

1928年,张垣(今河北省张家口市)牙商税负种类有:牲畜牙税、皮毛牙税、米粟牙税、煤炭牙税、木料牙税、山货牙税、水果牙税、麻牙税、棉花牙税、油牙税、碱牙税、蘑菇牙税、药材牙税、料石牙税、干鲜食品牙税、苇箔牙税、铜铁器牙税、梭布牙税等18类。①

1928—1937年,河北省牙商的税负包括:牲畜行牙税、猪鬃行牙税、斗行牙税、秤行牙税、皮毛行牙税、药材行牙税、土布行牙税、草帽辫行牙税、牛羊行牙税、炼行牙税、车船行牙税、山货行牙税、铁器行牙税、木材行牙税(棺木也纳税)、柳条行牙税、棉行牙税、棉籽行牙税、猪小肠行牙税、磁行牙税、菜行牙税、菜子行牙税、鱼行牙税、油行牙税、杂货行牙税、作衣行牙税、人金行牙税(即粪便行牙税)等。②

1930年,天津市征收的牙商税负种类共10种:棉花牙税、皮毛牙税、鸡鸭卵牙税、猪肉行牙税、牛肉行牙税、粮食牙税、席行牙税、鲜货牙税、牲畜税兼牲畜牙税。③

1931年,河北省获鹿县牙商经营的牙行共有26种,与之相应,牙商税负种类也有26种。牲畜猪羊牙税、布牙税、净花牙税、籽花牙税、油饼花子牙税、木牙税、芝麻杂粮牙税、车店牙税、羊毛牙税、干粉牙税、棉线牙税、干鲜果牙税、

---

① 张家口市税务局、张家口市税务学会:《张家口市税务志》,未刊1989年版,第44页。

② 胡其昌:《1929年至1937年河北省的苛捐杂税》,见《文史资料存稿选编》(第21辑),中国文史出版社2002年版,第163页。

③ 天津市财政局:《牲畜税兼牲畜牙税》,《财政汇刊》,未刊1935年版,第14页。

果木牙税、城乡铁牙税、干果瓜子牙税、棉线牙税、灰牙税、牛羊皮牙税、羊毛牙税、车店牙税、估衣牙税、干粉牙税、瓮牙税、丝牙税、口袋牙税、麻牙税。

1932年,邯郸县牙商税负的种类包括:牲畜、斗行、棉布、花行、线行、木行、煤炭行、干鲜果行、车、船、脚行等10余种。

1936年,察哈尔省牙税的种类包括18种:牲畜牙税、皮毛牙税、米粟牙税、煤炭牙税、木料牙税、山货牙税、水果牙税、棉花牙税、麻牙税、油牙税、碱牙税、蘑菇牙税、药材牙税、料石牙税、苇席牙税、铜铁器牙税、梭布牙税、干鲜食品类牙税。[1]

## 三、牙商税负的性质

牙商税负征收本来是伴随着牙商、牙行而来的。官府批准牙商或牙行营业,同时也规定了必须向政府交纳一定数额的税银,即所谓"牙税"。因此从理论上来讲,牙税本质上应该以牙商为课税的主体,以牙商所获得的佣金为课税的客体。但是,在实践中,并不是完全如此。

按照牙商税负课税的主体和客体来说,民国时期,华北各省市的牙商税负性质,大概可以分为三个阶段。

第一,牙税盈余制度、牙税等则制度期间,牙税征收是以牙商为课税主体,以牙商抽取的佣金为课税的客体。在牙税盈余制度期间,政府令牙商在交纳牙帖税的基础上,按照等则缴纳牙税盈余。在牙税等则制度期间,政府令牙商按照等则缴纳相应的牙帖捐和年税洋。无论是牙税盈余制度,还是牙税等则制度,虽然名称不同,税额也不相同,但是在这两个时期,政府收取牙税的对象都是牙商。

第二,牙税包商征收制度期间,牙税的性质发生了根本性的改变。在此阶段,牙税征收是以买卖双方的交易者为主体,以买卖行为作为课税的客体。牙税包商征收制度期间,牙商是政府征税的代理方,牙商向买卖双方按交易值

---

[1]　察哈尔省税捐监理委员会:《整理牙税方案》,察哈尔省税捐监理委员会,1936年版,第88页。

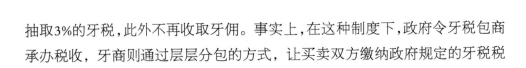
抽取3%的牙税，此外不再收取牙佣。事实上，在这种制度下，政府令牙税包商承办税收，牙商则通过层层分包的方式，让买卖双方缴纳政府规定的牙税税额。

第三，牙行营业税制度期间，牙税征收的主体、客体恢复到了牙税盈余制度和牙税等则制度期间的状况。即牙税征收是以牙商为课税主体，以牙商抽取的佣金为课税的客体。

## 四、牙商税负的税率

牙商税负的税率只有在牙税包商征收制度期间存在。一般而言，牙佣由买卖双方共同负担，法定的分配方法是买方负担三分之二，卖方负担三分之一。但是，牙商法规同时规定如果有商业习惯的话，按照商业习惯进行分配。牙税此时包含在牙佣之内，牙商每年从其所收的牙佣内取出一部分缴纳给政府，这一部分牙佣是真正意义上的牙税。但是在牙税包商征收制度期间，牙商法规否定了牙佣的存在，规定牙商向买卖双方按照交易值抽收一定比例的牙税，此外不得再收牙佣。从这时候起，才有真正的牙税税率。比如1929年，河北省颁布的《河北省牙税暂行章程》第四条便明确规定："牙税按物价百分之三征收，由买卖主双方负担，买主三分之二，卖主三分之一；零星交易其应纳税款不及一角者免征"[1]。1934年，国民政府财政部规定，牙税税率不得超过3%。[2]

牙商税负的税率具体的标准，各省不同，即使同省，不同县也有畸轻畸重之别。

1933年9月，北平市修正牙税暂行章程，规定了牙税税率为：芝麻每石0.1元，油类每百斤0.3元，高丽纸5%，猪每口0.12元，羊每只0.1元，石灰车运每吨0.16角，驼载为甲种每驼一驮0.04元，驴载为乙种每驴一驮0.02元，鱼类按包或件计算，最高0.6元、最低0.1元，粮麦每吨0.24元。

---

① 民国河北省政府民政厅：《河北省牙税暂行章程》，河北省档案馆藏，档案号：615-2-1882。

② 国民政府行政院财政部：《整理牙税办法》，见北京市档案馆：《民国时期北平市工商税收》，中国档案出版社1998年版，第900页。

1934年，天津市牙税税率，牛、羊每只之税率，由5分至5角不等，猪0.1元至0.12元，木炭每百斤纳0.067元，柳木炭每160斤纳0.15元，油蜡每百斤0.08—0.15元，席每片0.01元。"粮食每石纳1厘4毫（原课津钱20文，以1750文折合洋1元），外有辛力津钱60文；鸡鸭卵按值纳3%；皮毛纳千分之五；鲜货3%；棉花千分之五"①。

兹将各项牙税税率列表于下：

### 天津市各项牙税税率表（1934年） （单位：元）

| 牙税类别 | 物品 | 课税标准 | 税率 |
| --- | --- | --- | --- |
| 牛羊 | 大牛 | 每只 | 0.50 |
| | 小牛 | 每只 | 0.25 |
| | 子牛 | 每只 | 0.20 |
| | 羊 | 每只 | 0.06 |
| 猪肉 | 活猪 | 每口 | 0.12 |
| | 屠猪 | 每口 | 0.11 |
| 席行 | 席 | 每片 | 0.01 |
| 木炭 | 木炭 | 每万斤 | 6.70 |
| | 柳木炭 | 每百六十斤 | 0.15 |
| 粮食 | 粗细杂粮 | 每石 | 津钱20文② |
| 鲜货 | 鲜货 | 依值 | 3% |
| 油蜡 | 各类油 | 每百斤 | 0.10 |
| | 蜡油 | 每百斤 | 1.15 |
| | 造胰油类 | 每百斤 | 0.08 |
| 鸡鸭卵③ | | 按值 | 3% |
| 棉花 | | 按值 | 0.5% |
| 皮毛 | | 按值 | 0.5% |

（材料来源：天津市政府统计委员会：《天津市税捐概况》，未刊1935年版，第54页。）

---

① 天津市政府统计委员会：《天津市税捐概况》，未刊1935年版，第54页。

② 注：折成1分1厘4毫，外尚有辛力津钱60文。

③ 津商和记及永兴两行，则另有规定。

从上表可以看出，1934年天津市政府明确规定了牛羊、猪肉、木炭、油蜡、鸡鸭卵、皮毛、席、粮食、鲜货、棉花等牙行征收牙税的税率。所有种类的税率并未超过财政部"向买卖两方抽税，不得逾交易额3%"的限制。在这些种类中征收牙税的税率较高的是鲜货和鸡鸭卵（鸡蛋、鸭蛋），牙税税率较低的是席、羊、造胰油类等。

定县政府1929—1934规定了牲畜、油饼、水果、口袋线带、猪毛鬃、棉籽、棉花、布行、斗行、花生、席麻、树木、牛、马、羊、皮、油、骨等牙行征收牙税的税率。在该县所有牙行的税率中最高为3%，最低为1%。并未逾越财政部"向买卖两方抽税，不得逾交易额3%"的限制。这些种类中征收牙税的税率较高的"是牲畜、油饼、水果、口袋线带、猪毛鬃、棉籽、树木、牛、马、羊、皮、油、骨为3%"[①]；牙税的税率较低的是棉花行、布行、斗行、席麻等。牙税的税率负担方是买卖双方，而负担比例较高的是买方。

1941年，山东省昌黎县牲畜牙税、斗行牙税、花生牙税、棉花牙税、鸡蛋牙税的税率均为3%，由买卖双方各自负担一定的比例，买主为2%，卖方为1%。如：日本"满铁"的调查，昌黎县"牲畜牙税：按交易价格征税三分，由买主纳三分之二，卖主纳三分之一。斗行牙税：按交易价格征税一分，由买主纳三分之二，卖主纳三分之一。花生牙税：按物价征收三分，由买主纳三分之二，卖主纳三分之一。棉花牙税：按物价征收一分，由买主纳三分之二，卖主纳三分之一。鸡蛋牙税：按物价征收三分，由买主纳三分之二，卖主纳三分之一"[②]。

## 五、牙商税负的征收

牙商税负是各级政府财政来源的重要组成部分，所以华北各地有专门的牙商税负征收机关，负责牙商税负的征收。

---

① 冯华德：《河北省定县的牙税》，《政治经济学报》，1936年第2期，第309页。

② [日]中国農村調查刊行會：『中国農村慣行调查』（第5卷），岩波书店1981年版，第367~369頁。

各地牙税的征收机关一般为各县的税务联合征收局或牙税稽征所，其职责是办理牙税稽征、管理、查验及汇解各项牙税等事宜。

1929年8月，北平市政府财政局为整顿税收，防止偷漏牙税起见，于各城门附近地点设立稽查驻在所14处：安定门（北郊区署定安门外大街191号）、朝阳门（内一区朝阳门内大街78号）、德胜门（北郊区署德胜门外大街4号）、东便门（外三区蟠桃宫10号）、东直门（内三区东城根2号）、阜成门（西郊区署阜成门外大街280号）、广安门（南郊区署广安门外关厢8号）、永定门（南郊区署永定门外福音堂胡同22号）、右安门（南郊区署右安门外大街40号）、正阳门（外一区东河沿37号）、左安门（南郊区署左安门门洞21号）、西便门、西直门和广渠门。[1]

1933年7月1日，天津市财政局在市内冲要地点设立牙税稽征所6个及稽征分所15个，屠宰税兼牙税稽征所4个，牲畜税兼牲畜牙税稽征员办公处1个。即：第一牙税稽征所：总站分所、小树林分所、唐家口分所、大直沽分所；第二牙税稽征所：北营门分所、北河分所；第三牙税稽征所：金华园分所；第四牙税稽征所：堤头分所；第五牙税稽征所：万德庄分所、八里台分所；第六牙税稽征所：梁家嘴分所、大园分所。第一屠宰税兼牙税稽征所、第三屠宰税兼牙税稽征所、第五屠宰税兼牙税稽征所、第六屠宰税兼牙税稽征所。牲畜税兼牲畜牙税稽征员办公处。牙税稽征所每所各设所长一名，由财政局局长委任。牙税稽征所所长的职责是："综理总分所经征及查验一切事宜，并监督指挥所属职员。牙税稽征所设会计专员一名，由财政局局长委任"。稽征所会计的职责为："办理税款之收支、保管及一切会计事项。牙税稽征分所设稽征员一名，由财政局局长委任"。稽征员的职责为："办理分所之征收即查验事宜并监督指挥所属职员"。[2]另外，牙税稽征所及分所就事务之繁简酌设办事员、稽查、巡查员若干，由所长派充呈报财政局报案。

1938年2月，天津特别市财政局牙税稽征所成立。该所系日伪天津特别市

① 国民党北平市政府财政局：《关于各城门设立牙税稽征所的呈及市府的指令》，北京市档案馆藏，档案号：J001－005－00024。

② 天津市财政局：《财政汇刊》，未刊1935年版，第18～19页。

财政局所属机构，其职责是管理全市各项牙行营业税及牙税征收事项。该所内部组织机构设有3个股：第一股，主要职掌文书、人事及不属于其他股的事务；第二股，主要职掌税务及现金出纳、预算事项；第三股，稽查股，主要职掌查验巡缉事项。此外，还先后设有东车站、总车站、红桥、小刘庄、龙王庙、西营门、海河沿等处分所，分别管理各地方的牙行营业税和牙税等征收事项。

牙税稽征所的职责除了以上各项事务外，还负责调查牙商营业情况。如：1934年8月10日，天津市财政局为整理牙税，令所有牙税稽征所及稽征分所对该市所有行栈及类似牙行营业者切实调查。其中"营业物品、佣金、全年营业额、全年佣金额为调查的重点"①。

除了牙税稽征所以外，财政部门有的还专门设立了"各种牙税之监查（察）机关"，负责整顿税收、稽查偷漏、监视收解款项等一切事务。如：1932年4月30日，北平市财政局成立了牙税监收室。牙税监收室隶属于北平市财政局第二科，设监收员10至12人，由财政局局长委任，承第二科科长暨税务股主任之命，办理监视牙税一切事务。牙税监收室令有巡警20名，受第二科科长税务股主任之指派，分赴各门稽查货物、检验税票、巡查偷漏等事。牙税监收员的职责共有八项："一、关于监视代征、包征各税，有无隐匿、偷漏、浮收税收之调查事项；二、关于监视各商之税款征收报解事项；三、关于监视各商之账簿、单据，核算事项；四、关于监查（察）税票收据之填发缴复事项；五、关于市面交易状况调查报告事项；六、关于货品需要及产销滞旺情形调查事项；七、关于应缴货品有无其他同样之商号，假借、影射、无帖收佣调查报告事项；八、关于本局临时交查事项。"②

民国时期，牙税稽征所的设备一般较为简陋，只要能维持办公即可。20世纪30年代天津市财政局牙行税稽征所小刘庄稽征分所的设备如下："旧五屉棹（2张）；旧方棹（1张）；茶几（1张）；椅子（4把）；方凳子（2个）；旧铺板铺凳（5份）；水缸（1口）；珠算盘（1个）；墨盒（1只）；痰筒（3只）；布面椅子（2把）；市秤

---

① 天津市财政局：《财政汇刊》，未刊1935年版，第22页。

② 北平市政府：《北平市财政局牙税监收室暂行规则》，北京市档案馆藏，档案号：J001－002－00088。

（1杆）；长戳（1个）；验讫胶皮圆木戳（1个）；登记小木戳（1个）；销字木戳（1个）；巡船验讫木戳（1个）；竹板长把戳（1个）；分所全街木牌（1面）；粘布告牌（1面）；大营门验讫戳（1个）；铁火炉（4个）；烟筒（4付）；旗杆（1只）"①。

民国时期，政府向牙商征收牙税的方法大概可以分为三种：政府自征牙税法、牙商同业公会代征牙税法、招商招标承包法。

政府自征牙税法，指的是由牙税稽征部门直接向各牙商征收税款。牙商同业公会代征牙税法，指的是由同业公会承办牙税税款，然后由同业公会向各牙商分摊征收牙税。招商招标承包法，指的是由政府规定比额招商包办，对于税款之盈亏，概由包商负责。

1934年，北平市财政局向牙商征税的方法有两种：政府自征牙税法和牙商同业公会代征牙税法。牙税稽征处自征牙税的种类包括：猪口、羊只、粮麦、石灰、鱼类、鸡蛋等项。②牙商同业公会代征牙税的种类包括：芝麻、油类、棉花、纸类等项。③从1916年至1936年，北平干鲜果牙行，每年由"干果行公会代缴牙税2200元"④，然后再由各牙行分摊。1942年起，北平市菜业同业公会成立，并负责每年缴纳牙税24 000元。税款由菜业牙商共同担负。⑤

20世纪二三十年代，华北各省通过招商招标承包法征收牙税。如：1925年，直隶获鹿县29种牙行都采取了招商招标承包法征收牙税，各牙商承包额分别为：煤行5000元、香末行2000元、牛羊杂皮行1000元、糁子行1200元、麻行720元、线行1200元、皮胶行360元、瓮店行360元、干鲜果木瓜子行4000元、铁行1400元、车店行640元、骡脚行1280元、棉线行1200元、估衣行720元、石灰行1000元、

① 天津特别市财政局：《天津市财政局牙行税稽征所小刘庄稽征分所谨将所有家具开列清册》，天津市档案馆藏，档案号55-2-3143。

② 北平市财政局：《北平市领帖各牙行一览表》，载《财政部关于整理牙税办法七项咨文》，北京市档案馆藏，档案号：J001-005-00110。

③ 北平市财政局：《北平市领帖各牙行一览表》，载《财政部关于整理牙税办法七项咨文》，北京市档案馆藏，档案号：J001-005-00110。

④ 张铁铮：《北平农产品贩卖方式和市场组织的研究》，见千家驹：《中国农村经济论文集》，上海书店出版社1990年版，第278页。

⑤ 孙健：《北京经济史资料》（近代北京商业部分），北京燕山出版社1990年版，第70页。

羊毛行400元、木炭行360元、套花行500元、石炭行400元、油店行1000元、蓝靛行1720元、猪羊行2440元、芝麻行2160元、鸡蛋行2000元、口袋行360元、干草行400元、干粉行360元、萝萄菜行360元、新添砖瓦行1200元。获鹿县承包各行牙税商人姓名清单为:木行王占鹏、斗行赵立基、花行赵意同、白布行高聚丰、骡脚行张守诚、鸡蛋行牛进生、蓝靛行聂育才、石灰行吕沛然、干草行姚清秀、萝萄菜行任庆丰、铁行潘育才、套花行黄庆生、香末行张厚山、糁子行李香珍、皮胶行张润华、煤行曹致中、干粉行李泰和、翁店行高日升、车行冀振淮、田产行李风保、干菜行常福科、口袋行王寿光、棉线行马玉珍、砖瓦行崔时庆、牛羊杂皮行高吉祥、油店行王占鹏、鸭行王占鹏、猪羊行张昆山、牲畜行高秀森、羊毛行康树梅、丝行牛万福、芝麻行李银祥、籽花行牛振兴。①

　　牙商同业公会代征牙税法和招商招标承包法都是政府统治力量薄弱之时,利用同业公会或者牙商竞争得到足额的牙税,且款数固定,既无亏欠税款之顾虑,也无征收经费之开支。对于理财之道,有很多优点,但积习成弊,不仅管理者与公会或包商勾结,且买卖双方常常受到公会或包商的压迫苛索,所以一旦条件成熟,政府便收回牙商同业公会或包商征收牙税的资格,采取牙税稽征部门自征牙税法。如:"1931年,天津市政府通过了财政局的提议:收回皮毛牙税自办,并拟定简章、比额、预算,及修正章程规则案。"②在这之前,天津市皮毛牙税,采取的是招商招标承包法,原由牙商刘陶菴以15万元之包额承包③,天津市政府收回自办后,"预计一年之收入在20万元之上,第二年尚不止此数"④。1931年至1934年,天津市席行牙税系席业公会。自1934年起,天津市财政局开始实行牙税自征。⑤

① 《城镇各行牙税定期标票包办》,河北省档案馆藏,民国档案汇集档案号:656-2-676。
② 本市新闻:《皮毛牙税收回自办》,《益世报》,1931年5月23日,第6版。
③ 本市新闻:《皮毛牙税昨实行接收》,《益世报》,1931年6月2日,第6版。
④ 本市新闻:《皮毛牙税》,《益世报》,1931年5月27日,第6版。
⑤ 天津市财政局:《席行牙税之整顿》,《财政汇刊》,未刊1935年5月,第21页。

# 第三节　牙商税负的税额统计

ERSHI SHIJI ZHI ZHONGGUO

本节的税额数据是刻板的,但是比较数据的变化可以生动地昭示历史。故本节以数据的比较来揭示华北地区牙税在全国牙税征收中的地位,以及华北地区各府、县的牙税征额及其变化。为了有一个较为直观的大致认识,兹将民国时期牙税数目简单列后。

## 一、牙商税负预算、实收统计

抗日战争前,华北各省市的牙税和牙帖捐的收入逐年增加,华北各省市的牙税收入在全国排名靠前。如下表所示:

各省牙税预算实收数目表　　　　　　　　（单位:元）

| 年别<br>省别 | 1913<br>预算数 | 1914<br>预算数 | 1916<br>预算数 | 1917<br>实收数 | 1918<br>实收数 | 1919<br>预算数 | 1919<br>实收数 | 1925<br>预算数 |
|---|---|---|---|---|---|---|---|---|
| 京兆 | | 31 019 | 45 000 | 106 265 | 167 695 | 110 000 | 158 879 | 146 000 |
| 直隶 | 159 867 | 154 799 | 355 674 | 347 178 | 270 592 | 209 329 | 276 704 | 209 329 |
| 山东 | 102 219 | 165 744 | 165 744 | 250 520 | 225 080 | 205 744 | 213 986 | 297 933 |
| 河南 | 111 513 | 111 513 | 111 513 | 342 994 | 464 415 | 400 000 | | 300 000 |
| 山西 | 20 272 | 15 210 | 15 210 | 11 926 | 29 792 | 65 200 | 43 675 | 65 200 |
| 奉天 | 10 286 | 54 828 | 54 627 | 107 803 | 175 767 | 139 834 | 145 950 | 189 445 |

二十世纪之中国——乡村与城市社会的历史变迁

306

续表

| 年别<br>省别 | 1913<br>预算数 | 1914<br>预算数 | 1916<br>预算数 | 1917<br>实收数 | 1918<br>实收数 | 1919<br>预算数 | 1919<br>实收数 | 1925<br>预算数 |
|---|---|---|---|---|---|---|---|---|
| 吉林 | | 78 | 241 800 | 106 513 | 70 992 | 241 800 | 65 474 | 36 177 |
| 黑龙江 | | | 170 000 | 15 905 | 17 329 | 68 000 | 23 344 | 3681 |
| 江苏 | 182 136 | 191 257 | 191 257 | 428 259 | 415 577 | 471 257 | 137 745 | 450 000 |
| 安徽 | 2042 | 13 422 | 48 000 | 127 383 | 91 284 | 154 000 | 71 796 | 260 000 |
| 江西 | | 49 896 | 49 896 | 89 644 | 84 583 | 12 736 | 18 280 | 12 736 |
| 福建 | 5424 | 20 000 | 20 000 | 53 491 | 40 190 | 51 914 | | 51 116 |
| 浙江 | 7398 | 46 036 | 80 000 | 213 728 | 58 473 | 90 000 | 162 330 | 90 000 |
| 湖北 | 4735 | 36 074 | 38 694 | 232 253 | 224 677 | 120 261 | 280 479 | 120 261 |
| 湖南 | | 40 000 | 55 904 | 65 986 | 27 105 | 102 990 | 118 373 | 102 990 |
| 陕西 | 4140 | 8555 | 20 000 | 38 520 | 30 950 | 30 000 | 19 639 | 30 000 |
| 甘肃 | 6691 | | 9921 | 8320 | 4901 | 11206 | 7199 | 6622 |
| 新疆 | 242 | 144 | 3000 | 6497 | 5917 | 6033 | 5128 | 5987 |
| 四川 | 3236 | 6658 | 3203 | | | 53203 | | 53 203 |
| 云南 | 387 | 387 | 705 | 933 | | 450 | | 450 |
| 贵州 | 415 | 419 | 3087 | 8539 | 8825 | 2221 | | 2221 |
| 归绥 | | | | 917 | 1563 | 1212 | | 1212 |
| 热河 | | | 2250 | 361 | | 2250 | | |
| 察哈尔 | | | | 2728 | 2138 | 2800 | 2382 | 2800 |
| 合计 | 621 003 | 946 039 | 1 685 485 | 2 566 663 | 2 417 845 | 2 552 440 | 1 751 363 | 2 437 363 |

（资料来源:贾士毅:《中国经济学社丛书:民国财政史》(上册),商务印书馆1917年版,第116~118页;贾士毅:《民国续财政史》(7),商务印书馆1934年版,第103~105页。）

为了更一目了然地弄清华北各省牙税预算和实收数目在全国的排名情况,根据上表的数据和内容可以整理成下表。

### 北洋政府时期华北各省牙税预算、实收在全国排名表

| 预算或实收 ＼ 省别 | 直隶 | 河南 | 山西 | 山东 | 京兆 |
|---|---|---|---|---|---|
| 1913 年牙税预算数 | 2 | 3 | 5 | 4 | |
| 1914 年牙税预算数 | 3 | 4 | 12 | 2 | 10 |
| 1916 年牙税预算数 | 1 | 6 | 16 | 5 | 12 |
| 1917 年牙税实收数 | 2 | 3 | 16 | 4 | 10 |
| 1918 年牙税实收数 | 3 | 1 | 14 | 4 | 7 |
| 1919 年牙税预算数 | 4 | 2 | 13 | 5 | 9 |
| 1919 年牙税实收数 | 2 | | 11 | 3 | 5 |
| 1925 年牙税预算数 | 5 | 2 | 11 | 3 | 7 |

从上表可知,华北各省的牙税和牙帖捐的收入逐年增加,并且华北各地的牙税收入在全国排名靠前。1913年,各省牙税预算数中,直隶、河南、山东、山西在全国排名分别为:第二、三、四、五。1914年,各省牙税预算数中,山东、直隶、河南、京兆和山西在全国排名分别为:第二、三、四、十、十二。1916年,各省牙税预算数中,直隶、山东、河南、京兆和山西的排名分别是:第一、五、六、十二、十六。1917年,各省牙税实收数中,直隶、河南、山东、京兆和山西的排名分别是:第二、三、四、十和十六。1918年,各省牙税实收数中,河南、直隶、山东、京兆和山西的排名分别为:第一、三、四、七、十四。1919年,各省牙税预算数中,河南、直隶、山东、京兆和山西的排名依次为第二、四、五、九和十三。1919年,各省牙税实收数中,统计省份不全,但从已有的数字来分析,直隶、山东、京兆和山西的排名分别为:第二、三、五和十一。1925年,各省牙税实收数中,河南、山东、直隶、京兆和山西的排名分别为第二、三、五、七和十一。

抗日战争前河南省牙税的数额逐年增加。如下表所示:

<h3 style="text-align:center">河南省牙税征额统计表　（单位:万元）</h3>

| 年度 | 金额 | 年度 | 金额 | 年度 | 金额 |
|---|---|---|---|---|---|
| 1913 | 11.15 | 1925 | 30.00 | 1932 | 69.74 |
| 1914 | 11.15 | 1927 | 20.00 | 1933 | 80.30 |
| 1916 | 11.15 | 1928 | 35.43 | 1934 | 82.12 |
| 1917 | 34.30 | 1929 | 18.25 | 1935 | 85.52 |
| 1918 | 46.44 | 1930 | 23.50 | 1936 | 89.31 |
| 1919 | 40.00 | 1931 | 45.09 | | |

说明:1913、1914、1917、1919、1925年均系预算数。

(资料来源:河南省税务局、河南省地方史志编纂委员会:《河南省税务志(1840—1990)》,中州古籍出版社1995年版,第119页。)

从上表可以看出,从1913—1936年间,河南省牙税数额总体逐年增加。1913年,河南省的牙税金额为11.15万元,1936年则高达89.31万元。如果排除通货膨胀的因素,河南省牙税收入总体而言增加显著,达到8倍之强。

不仅仅河南省牙税数额逐年增加明显,河北省牙税收入从1920—1932年也增加明显。据统计,1920年,"直隶省的牙税总收入为14万元;1921年,直隶省的牙税总收入为17.4万元;1922年,直隶省的牙税总收入为17.7万元;1923年直隶省的牙税总收入为17.6万元;1928年,河北省的牙税总收入为93.5万元;1930年,河北省的牙税总收入为263.7万元;1931年,河北省的牙税总收入为304.6万元;1932年,河北省的牙税总收入为389.5万元"[①]。因此可知,1932年,河北省的牙税总收入为1920年的( 389.5 ÷ 14 ≈ )27.8倍。

山西省1916—1936年,牙商税负的情况如下表所示:

① 河北省地方志编纂委员会:《河北省志》(第42卷),河北人民出版社1992年版,第59页。

山西牙税收入统计表

| 年份 | 税额 | 年份 | 税额（晋钞） |
|------|------|------|------|
| 1916 | 28 640 银元 | 1920 | 46 745 银元 |
| 1917 | 29 455 银元 | 1921 | 43 054 银元 |
| 1918 | 40 051 银元 | 1934 | 738 547（晋钞）[①] |
| 1919 | 58 192 银元 | 1936 | 793 300（晋钞） |

（材料来源：山西省史志研究院：《山西通志·第29卷·财政志》，中华书局 1997年版，第103页。）

从上表可知，从1916—1936年间，除了1920和1921年外，山西省的牙税收入基本上和河南、河北省类似，也是逐年增加。

由于战争期间牙税的统计数据较少，抗日战争和解放战争时期，牙税的收入情况难以详细说明。但是可以肯定地说，抗日战争后，华北牙商的发展受到严重挫折，牙税的收入也相应地减少。如：1937年国民政府河南省[②]牙税实收数目为97.73万元，而到1938年、1939年，河南省伪政权牙税实收数目则分别减少为56.90万元和68.06万元。[③]

## 二、牙商税负的省、县税收比例

牙商的税负除了牙帖费外，主要包括省款的税收和县款的牙行公益捐两部分。上一部分所说的牙税预算、实收数目主要包括了省款部分和县款两部分。下面以1915—1924年河北省定县牙税收入为例，说明牙商税负的省款总数、县款总数的比例。

----

① 晋钞：是指阎锡山统治山西期间，一种极为特殊的货币形式。一般情况下，1.03元可兑换1元银元，但是也不完全以此为标准，如1930年中原大战后，晋钞贬值，25块晋钞才能抵1元银元。

② 抗日战争前，河南省内共辖111县，先后有98县沦入日军铁蹄之下。1937年11月至1938年2月，豫北25县沦陷。1938年夏，豫东17县沦陷。1944年夏，豫中、豫西45县沦陷。1945年春，河南11县沦陷。至此，河南沦陷区共计98县，仅剩固始、商城等13县在国民政府控制之下。

③ 曹仲植：《河南省地方财政》，文威印刷所1941年版，第22页。

定县牙税省款与县款比例表　　（单位：元；省款部分=1）

| 年度 | 省款总数 | 县款总数① | 县款与省款比例 |
| --- | --- | --- | --- |
| 1915 年 | 2657.96 | 6222.20 | 2.34 |
| 1916 年 | 2168.70 | 12 527.98 | 5.78 |
| 1917 年 | 2168.70 | 12 091.54 | 5.58 |
| 1918 年 | 2151.15 | 9693.39 | 4.52 |
| 1919 年 | 2189.58 | 7457.55 | 3.41 |
| 1920 年 | 2042.08 | 3123.91 | 4.47 |
| 1921 年 | 2131.70 | 10 241.15 | 4.80 |
| 1922 年 | 2161.70 | 12 375.10 | 5.72 |
| 1923 年 | 2162.70 | 15 171.75 | 7.02 |
| 1924 年 | 2806.67 | 14 600.34 | 5.20 |

（材料来源：根据冯华德：《河北省定县的牙税》，《政治经济学报》，1936年第2期，第305页整理而成。）

从上表中可知，从1915—1924年所有年份中，直隶省定县牙商税负的县款总数要远远超过省款总数。其中两者悬殊最大的年份是1923年，县款是省款的7倍有余，其余年份，县款与省款的比例在6倍以下。

从1925年开始，直隶省将省款部分和县款部分合二为一，实行了牙税招商投标制，这便无所谓牙税省款与县款的区别，也就不存在省款与县款比例的问题了。除了直隶省以外，华北的其余各省也在20世纪20年代末，和直隶省一样，将牙税的省款部分和县款部分综合起来，实行了牙税招商投标制，只不过实行的时间有早晚差别而已。

## 三、牙商税负在总税收中所占比例

民国时期，华北各省市牙商的税负在总税收中占据着重要的地位。

---

① 县款牙行公益捐总数来自麻行、席行，牛、马、羊、皮、油、骨行，棉花行，柴、菜、水果行，牲畜行，树木行，布行，油糟行的总和。

1935年，天津市政府统计委员会记载了1928—1932年度，该市牙税的收入情况、各项税收的收入情况以及牙税在总税收中所占的比例情况。具体数字如下图所示：

### 天津市各项税捐收数及比例表　　　（单位：元）

| 年度 | 牙税实收数 | 总税收实收数 | 牙税占总税收的比例 |
|---|---|---|---|
| 1928 年 | 196 621.07 | 3 452 973.90 | 5.69% |
| 1929 年 | 401 370.24 | 3 641 199.31 | 11.02% |
| 1930 年 | 448 018.88 | 3 584 680.41 | 12.50% |
| 1931 年 | 596 351.71 | 4 161 467.33 | 14.33% |
| 1932 年 | 552 848.18 | 4 159 713.20 | 13.29% |

（资料来源：天津市政府统计委员会：《天津市税捐概况》，未刊1935年版，天津市图书馆藏，第5—6页。）

从上表可以看出，1932年天津市牙税实收数是1928年的2.8倍，伴随着牙税征收数额的增加，牙税在天津各项税收总收入中所占比例也上升很多。"如假定以1928年度为100，则1929年度为204.13%，1930年度当为227.85%，1931年度当为303.30%，1932年度当为281.17%"[1]。

1938年，河北省栾城县牙行营业税收入为"8280元，该县省税[2]征收约为总额71 780元"[3]。根据计算，该县牙行营业税约占省税的11.5%。1940年，栾城县牙税的县款收入"是9000元（籽花牙税附加：7500元；穰籽牙税附加：800元；牲畜牙税附加：500元；木货牙税附加：200元），该县县款税捐总数为177 150元"[4]。经过计算，栾城县牙税县款约占河北省栾城县地方款税捐的5.1%。

---

[1] 天津市政府统计委员会：《天津市税捐概况》，未刊1935年，天津市图书馆藏，第59页。

[2] 栾城县省税项目包括：牙行营业税、牲畜税、屠宰税、田赋、烟酒牌照税、普通营业税、当税、买契税、中省学费、契纸价、契税注册费、田房费中用、典契税等。

[3] [日]中国農村調査刊行會：『中国農村慣行調査』（第2卷），岩波書店1981年版，第327页。

[4] [日]中国農村調査刊行會：『中国農村慣行調査』（第3卷），岩波書店1981年版，第380~381页。

1940年,河北省顺义县牙杂税附加税捐占该县县款总收入的五分之一强。如:据日本"满铁"调查,该年顺义县"牙杂税附加收入为41 344元,该县税收总收入[①]为204 778元"[②]。经过计算,牙杂税所占该县税收总收入的比例为20.2%。

1940年,"河北省临榆县的牙税总收入[③]共计60 137元,而该县省税[④]共收入365 126元"[⑤]。根据计算,牙税总收入占该县省税款的16.5%。

山东省昌黎县牙税收入在总税收中所占的比例比河北省更高,甚至超过三分之一。1940年,昌黎县牙税总收入[⑥]为"111 552元;省税总税收[⑦]合计为340 681元"[⑧]。根据计算,牙税约占省税总收入的37%。1941年,昌黎县牙税总收入[⑨]为"142 498元;省税总税收合计为418 180元"[⑩]。根据计算,牙税约占省税总收入的34.1%。

---

① 顺义县县款项目包括:基金生息、契税附加、牙杂税附加、田赋附加、缮状费、征解费、状纸附加、司法罚款、烟赌罚款、违警罚款、学田租、学费、房租、猪羊小肠捐、石灰捐、商捐、库款补助、杂收入、民摊警款、自行车捐、民摊警察津贴、商摊警察津贴、司法经费、司法补助费、司法职员津贴。

② [日]中国農村調査刊行會:『中国農村慣行調査』(第3卷),岩波書店1981年版,第379頁。

③ 牙税总收入包括:牲畜牙税(17 585.33元)、花生牙税(16 623元)、斗牙税(11 952.8元)、杂货牙税(4512元)、梨果牙税(2560元)、麻油靛棉花牙税(1050元)、煤灰牙税(2954.1元)、皮毛牙税(2900元)。

④ 省税税目包括:田赋、旗租、买契税、中学费、典契税、省学费、买契田房中用、营业税、屠宰税、牲畜税、烟酒牌照税、牙税、当税、买典契注册费、烟毒罚金。

⑤ [日]中国農村調査刊行會:『中国農村慣行調査』(第6卷),岩波書店1981年版,第24頁。

⑥ 牙税总收入包括:牲畜牙税:67 537元;斗行牙税:17 600元;花生牙税:8300元;棉花牙税:11 100元;鸡蛋牙税:7015元。

⑦ 省税总税收包括:牲畜税、牙税、屠宰税、烟酒牌照税、当税、营业税、田赋、契税、契税学费。

⑧ [日]中国農村調査刊行會:『中国農村慣行調査』(第5卷),岩波書店1981年版,第370頁。

⑨ 牙税总收入包括:牲畜牙税:96 333元;斗行牙税:25 520元;花生牙税:12 035元;棉花牙税:1595元;鸡蛋牙税:7015元。

⑩ [日]中国農村調査刊行會:『中国農村慣行調査』(第5卷),岩波書店1981年版,第370頁。

# 第四节　牙商税负的汇解及使用

ERSHI SHIJI ZHI ZHONGGUO

　　本节主要讨论民国时期,华北牙商税负的收存、汇集、留拨、使用及减免等相关内容。

## 一、牙商税负的收存管理

　　牙商按月或按季度将应付税负交与各县税务联合征收局或牙税稽征所,然后再由它们转交到各县政府。税款未解往省政府期间由县政府保管收存。下面是一份关于栾城县政府的牙税月报册的档案,从中可以看出县政府对牙商税负的收存管理。

　　"《栾城民国二十一年度①牙税月报册》②

　　经征县长潘

　　自八月一日起至月底止

　　旧管:额征二十一年度木货牙税洋1472元;木行牙税洋1201元;山果蔬菜

---

　　①　民国21年度:指的是从1932年8月—1933年7月。

　　②　受限于篇幅,本书只摘抄了1932年8月份的相关内容。

牙税洋710元;籽花牙税洋3092元5角;以上共额征洋8191元5角;

额征:二十一年度,糁籽牙税无;牲畜牙税无;杂货牙税无;查以上三税二十一年度招商投标结果业往呈报,钧所候示在案,尚未收到指示,合并声明。征存未解二十一年四、五两月份斗行牙税洋166元;四、五、六等月份土布牙税洋339元,以上共存洋505元。

新收:八月份征起二十一年六月份斗行牙税洋83元;二、三、四、五、六等月份糁籽牙税洋2345元;四、五、六等月份木货牙税洋282元;三、四、五、六等月份牲畜牙税洋1532元;三、四、五、六等月份山果蔬菜牙税洋212元;四、五、六等月份杂货牙税洋138元;四、五、六等月份净籽花牙税洋771元,以上共收洋5363元。

开除:八月十八日解过二十一年度四、五、六等月份斗行牙税洋249元;四、五、六等月份土布牙税洋339元;二、三、四、五、六等月份糁籽牙税洋2345元;四、五、六等月份木货牙税洋282元;三、四、五、六等月份牲畜牙税洋1532元;三、四、五、六等月份山果蔬菜牙税洋212元;四、五、六等月份杂货牙税洋138元;四、五、六等月份净籽花牙税洋771元,以上共洋5868元。

实在:除解无存。未完二十一年度木货牙税洋1472元;山果蔬菜牙税洋710元;土布牙税洋1716元;籽花牙税洋3092元5角,以上共未完二十一年度洋8191元5角。

……

栾城县二十一年度牙税说明书:

木货牙税包商李全祥全年包额洋1648元,内分解库洋1472元,留据地方款洋168元;土布牙税包商杨生秀全年包额洋1716元,完全解库;山果蔬菜牙税包商高连世其全年包额洋710元,完全解库;斗行牙税包商高傅景全年包额洋1201元,完全解库;籽花牙税包商天增花店9256元,内分解库洋3092元5角,留据地方款洋6163元5角

1933年9月7日

县长潘"①

---

① 《财政厅二十一年度7月份牙税月报册》,河北省档案馆藏,栾城县民国档案汇集,档案号:660-1-114。

从上面的档案可知,栾城县政府负责收存管理牙商的税负。1932年,栾城县政府对木货牙税、土布牙税、山果蔬菜牙税、斗行牙税和籽花牙税的税洋分"旧管"、"额征"、"新收"、"开除"、"实在"五项进行收存管理。"旧管",指的是栾城县政府负责征收牙税的种类、各牙税的税洋和牙税的总额;"额征",指的是县政府在某月所征起而未解送省政府的牙税种类、各牙税的税洋和牙税的总额;"新收",指的是县政府在某月所征起牙税的种类、各牙税的税洋和牙税的总额;"开除",指的是县政府在某月解送省政府的牙税种类、各牙税的税洋和牙税的总额;"实在",指的是当时县政府未完成的负责征收牙税的种类、各牙税的税洋和牙税的总额。

# 二、牙商税负的汇解

牙商税负的汇解,一般是由各县政府、牙行或牙商同业公会,按月或按季度汇解到所属的省政府财政部门。

山东省实行的是按季度汇解制度。如:1915年山东省规定:"牙纪完缴税银,应按四期呈缴,以3个月为一期,上期税银不得逾下期之首月,各县务须依限催缴,即时批解,不得存留属库,致滋亏挪。"[1]1935年,山东省又强调,牙行营业税"按四期缴县政府转解"[2]。

河南省实行的是按月汇解制度。如:1933年河南省规定:该省牙税"各月摊款系按照该所承办比额分12个月,平均报解接收之。各月摊款应当依期清解,例如(甲月摊款必须于乙月5日以前起解到库)"[3]。

县政府、牙行或牙商同业公会三方将税负汇解到所属的省政府财政部门的具体过程略有不同,本书将分而述之。

下面的两份档案可以说明获鹿县政府向直隶财政厅汇解牙商税务的具体

① 山东省政府财政厅:《山东财政厅整顿牙税暂行章程》,见《山东财政法规汇编》未刊,第128页。

② 王向荣:《山东财政公报》(第6卷第7期),山东省政府财政厅,未刊1935年版,第19页。

③ 《解款须知》,见《河南省地方财政调查报告》,第19页。

过程。

档案一:

"直隶财政厅训令4396号:令获鹿县知事:按查该县各项新牙行举行投标,所有包商先缴之款计已如数照交,现在库储奇绌,自应提前报解,以济急需。合函令仰该知事立即遵照,迅将各该牙行所缴包款分别核明数目,限3日内如数封固备,具解单。                    财政厅长  郝鹏

1925年10月17日

获字第81号  获鹿县公署:今将1924年经征各包商押款全额7738元3角8分5厘,派员管押赴天津分金库,直隶财政厅,核明签印,掣交解款人携回备案。

获鹿县知事  孙蓉图
1925年10月。"①

档案二:

"直隶财政厅饬第3138号:

为饬发事据,该县单报经征本年第一期牙税并帖捐帖费银元1373元,解赴天津分金库兑收,请核明印发回照、留案等情。据查此项银元已拨金库照数点收。除将报单截存外,所有回照令行印发,仰即查收备案,一面遵照前批将未换帖各牙勒限严催赶紧照章换竣。汇填妥表,克日详送来厅,以凭核夺,毋任递延是为主要。此饬!计饬发回照一张。

汪士元
1915年9月13日

李馥田蓝印

获鹿县解款回照:

获鹿县公署今将民国四年分经征:牙帖捐洋600元、本年第一期牙税洋740元、一半帖费洋33元,以上共洋1373元派员管解赴天津分金库兑收清楚,理合备具回照附请。

316

---

①  获鹿县第二科:《财政厅令速将各项牙行所交包款解库》,河北省档案馆藏,民国获鹿档案汇集,档案号:656-2-738。

直隶财政厅签印制交解款人携同备案。

知事：曾傅谟。代解石家庄交通分银行。

1915年9月。"①

从档案一可知，1925年10月，获鹿县政府在收到牙税包商的税款后，直隶财政厅令获鹿县政府将税款报解到财政厅。获鹿县知事孙蓉图接到直隶财政厅郝鹏的命令后，将税款如数派员管押赴天津分金库。直隶财政厅在收到税款后，核明税款无误后，填写"回照"，交解款人携回获鹿县政府备案留存。从档案二可知，获鹿县牙商税负的逐级上交的过程为：获鹿县牙商的税负——获鹿县政府——直隶财政厅。在第一个程序后，即牙商将税负上交到县政府后，县政府便通过石家庄交通分银行，将税负汇解到直隶财政厅的天津分金库。直隶财政厅收到汇解的税负后，便向获鹿县政府发出"解款回照"。"解款回照"内容包括收到汇解款项中牙帖捐费、牙税费、帖费的各自钱款和所有税款的总数。获鹿县政府收到"解款回照"，核实无误后，留存备案。

下面的档案是天津特别市皮毛总牙行向天津特别市财政局汇解牙商税务的具体过程。汇解过程可以通过两份档案来说明。

档案一：

"皮毛总牙行经理杨达夫呈天津市财政局

事由：呈缴1935年11月4日至12月3日牙行营业税，请核收由。附件：解款报单1纸。批示：核收。

案查本行于11月4日呈奉，钧局核准组织成立，遵照估定比额，自11月4日至12月3日，应解32 452元，兹已陆续解缴钧局，只请印发回照，并检发11月份保单，实为公便。谨呈天津市财政局局长刘。计呈缴洋32 452元，附解款联单一份。

天津市皮毛总牙行经理：杨达夫、副经理：王廼文

1935年12月13日

解款报单

皮字第壹号（此联单由金库转送财政局存查）

---

① 直隶财政厅：《直隶财政厅饬发整顿牙税章程并告示牙税卷》，河北省档案馆藏，民国获鹿档案汇集，档案号：656-1-420。

天津市皮毛总牙行，1935年11月4日至12月3日，旬经征皮毛牙行营业税，金额洋32 452元整。以上共解32 452元，业经详报在案，除详报在案，派员管解赴天津分金库交纳外，理合单报天津市财政局查核。

天津市皮毛总牙行经理：杨达夫、副经理：王廼文

　　　　　　　　　　1935年12月13日。"①

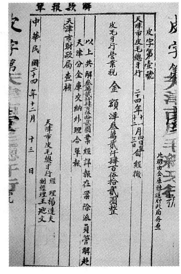

解款报单

档案二：

"皮毛总牙行经理王燕庭呈天津市财政局

事由：呈解1936年4月4日至5月3日，皮毛牙行营业税，并抵解皇会免税通知单，请鉴核饬收由。批示：完。备考：核收并令。附呈支票贰张（计洋8493元2角3分）

案查燕庭于4月4日，奉准接办皮毛总牙行，曾经呈报在案。遵照估定比额，自4月4日至5月3日，应解8494元，除皇会免税通知单6张，计税洋7角7分，曾经呈请抵解外，实应解洋8493元2角3分，兹已如数筹齐，理合开具支票，添列解款联单，备文呈解钧局核收，印发回照。并请将本月份保单，注销发还，实为公便！谨呈天津市财政局局长昌。附呈支票贰张，计洋8493元2角3分。5月9日入库5000元；5月19日入库3493元2角3分。

　　　　　　　　　　1936年5月18日

临时收据

皮毛牙行营业税，国币3493元2角3分整。财政局台照。

　　1936年5月18日河北省银行天津分行具。"②

从上面的档案一可知，1935年，天津市皮毛

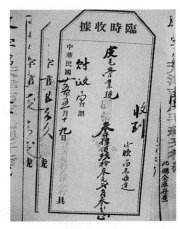

临时收据

---

① 天津特别市财政局：《皮毛总牙行呈交牙行营业税》，天津市档案馆藏，档案号：54-1-2410。

② 天津特别市财政局：《皮毛总牙行呈交牙行营业税》，天津市档案馆藏，档案号：54-1-2410。

总牙行每月将牙行营业税汇解到天津市财政局。在解款时天津市皮毛总牙行要填写"解款报单"，详细列明汇解的税款的月份、税款总数、汇解的地址等内容。天津市财政局收到解款，核实无误后，便批示皮毛总牙行已经核收税款。从档案二可知，1936年，天津市皮毛总牙行通过支票向天津市财政局汇解税款。天津市财政局在河北省银行天津分行的户头收到皮毛总牙行的税款后，

发给皮毛总牙行"临时收据"以备留存。

下面的档案是天津特别市山干鲜货牙行同业公会向天津特别市财政局汇解牙商税务的具体过程。

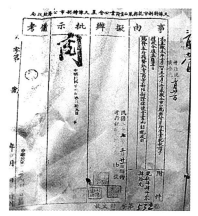

干鲜果品业同业公会呈文

"天津特别市干鲜果品业同业公会呈天津特别市公署财政局。

事由：为呈缴本年(1938年)2月16日至3月15日，承征本市干鲜货牙行营业税款，请予核收，令复，并恳早日赐发各行栈暨贩卖商等新帖、新证，俾便营业而利税收由。1938年3月19日。

批示：阅。

案查：职会由1937年12月16日起，奉令继续承办本市干鲜两业牙行营业税，业将税款按月清解，各在案。遵查1938年2月16日至3月15日，又届匝月，计山干鲜货，共是受税款3771元2角4分，伏按认定税额为4040元，实不敷洋268元7角6分，遵由职会所属同业，照额补足，计实缴税款洋4040元，理合备文呈解，伏乞钧局核收，令复又查职会所属各行栈暨贩卖商等，曾于1938年1月18日，遵章请领新帖新证一案，并恳钧局俯念商艰，早日赐发，俾便商业而利税收，实为德便，谨呈天津特别市财政局局长王

附缴山干鲜货牙行营业税款4040元整。

天津市干鲜果品业同业公会主席孙东园谨呈

天津大陆银行送款回单簿

天津大陆银行送款回单簿

（盖章有效，不缴作废）

THE CONTINENTAL BANK TIENTSIN

1938年3月19日星期

No.00099

摘要（Particulars）：

干鲜货同业公会缴2月16日至3月15日，山干鲜货牙行营业税。金额：4040元。

天津特别市财政局稿

指令：令干鲜果品业同业公会

呈一件，为缴本年2月16日至3月15日，承征本市山干鲜货牙行营业税款，并恳发给新帖新证由。

呈悉，据缴本年2月16日至3月15日，承征本市山干鲜货牙行营业税款4040元，业已如数收讫。至所请发给各行栈暨贩卖商新帖新证一节，应候另案办理，仰即知照，此令！"[1]

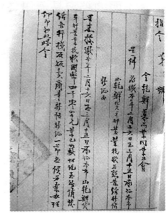

天津特别市财政局指令

从上面的档案可知，1938年，天津特别市干鲜果品业同业公会承办了干鲜两业的牙行营业税。同业公会按月向天津特别市公署财政局清解税款。同业公会填写呈文详细列明汇解的税款的月份、税款总数等内容。同业公会汇解的方式是通过天津大陆银行完成的。天津大陆银行收到牙行营业税款后发给同业公会单据，以备案留存。财政局收到同业公会的税款，核实无误，如数收讫后，向同业公会发出指令，说明收到汇解的税款的月份和税款总数等情况。

# 三、牙商税负的留拨

牙商税负除了汇解到各省财政部门外，还要留拨一部分作为地方经费。

---

[1] 天津市干鲜果品业公会：《干鲜果品业公会呈为承办两项牙行营业税亏累不堪请于满期后免缴税款六个月并请收回自办》，天津市档案馆藏，档案号：401206800-J0055-1-001352。

华北各地牙商税负留拨的税款的比例有一定的差别。河北省栾城县牙税中的省税的30%留拨该县,作为地方经费。如:据日本"满铁"的调查,"1941年,栾城县牲畜牙税额为1355元,按三成留拨该县,留拨额为406元;糁籽牙税额为2070元,按三成留拨该县,留拨额为621元;木货牙税额为520元,按三成留拨该县,留拨额为156元;山果蔬菜牙税额为380元,按三成留拨该县,留拨额为114元;土布牙税额为100元,按三成留拨该县,留拨额为30元;籽花牙税额为4315元,按三成留拨该县,留拨额为1294元。"①

山东省昌黎县牙商税负留拨的税款是固定的。如:据日本"满铁"的调查,"1941年,斗行牙税留拨:由征起斗牙税款内每年留拨960元充县款;花生牙税留拨:由征起花生牙税款内每年留拨250元充县款;鸡蛋牙税留拨:由征起鸡蛋牙税款内每年留拨2104.5元充县款。"②

河北省临榆县牙税中省税的10.2%留拨该县,作为地方经费。如:据日本"满铁"的调查,"1940年,临榆县牙税共计8种,牙税共计60 137元,其中包括牲畜牙税(17 585.33元)、花生牙税(16 623元)、斗牙税(11 952.8元)、杂货牙税(4512元)、梨果牙税(2560元)、麻油靛棉花牙税(1050元)、煤灰牙税(2954.1元)、皮毛牙税(2900元)。该县牙税留拨的总额为6159.27元。"③根据计算,我们得知,留拨的税款占牙税比例的10.2%。

## 四、牙商税负的使用

牙商税负除了汇解到省财政部门外,税款主要用于地方行政建设、教育经费、军费、公益性事业或其他事项。

用于地方行政建设。档案记载,获鹿县各集的牲畜牙商萧茂等按季度向县政府缴纳一定的政费,专门用于地方行政建设。"各集牲畜牙纪每年交政费等

---

① [日]中国農村調査刊行會:『中国農村慣行調査』(第3卷),岩波書店1981年版,第466頁。

② [日]中国農村調査刊行會:『中国農村慣行調査』(第5卷),岩波書店1981年版,第367頁。

③ [日]中国農村調査刊行會:『中国農村慣行調査』(第5卷),岩波書店1981年版,第368~369頁。

项钱200千文,每季交钱50千文"①。"石家庄鸡蛋牙纪,每年认交地方公款洋360元,由参事会经收拨用。"②"1929年11月5日,获鹿县牙税中600元,用于拨付石门地方法院(1929年)10月份经费。1929年12月4日,获鹿县牙税中600元,用于拨付石门地方法院(1929年)11月份经费。"③"1930年2月13日,获鹿县牙税中600元,用于筹拨石门市(国民党)党部(1930年)2月份经费。1930年3月4日,获鹿县牙税中600元,用于筹拨石门市(国民党)党部(1930年)3月份经费。3月18日,获鹿县牙税中721.2元的一部分,用于获鹿县(1929年)12月份政法费。1930年4月9日,获鹿县牙税中600元,用于筹拨石门市(国民党)党部(1930年)3月份经费。1930年6月18日,获鹿县牙税中600元,用于拨付石门地方法院(1930年)5月份经费。"④

用于教育经费。据清苑县(今保定市)调查,该县每年的普通教育款,主要来源于牲畜牙行、四乡斗行、干果行牙捐等29种税捐。据档案记载,获鹿县"在城斗行牙纪,每年认交斗捐钱200千文,向归城关国民学校经费按季支领。四乡斗行牙纪,每年认交斗捐钱820千文,向归全县高小学校经费,按季由参事会经收支领。各行牙纪,每名每年认交正定县学校经费足百制钱500文,按年咨解正定县拨"⑤。如:20世纪三四十年代定县牙行公益捐中用于教育经费有:"两级小学常年经费、警察协会小学观摩会及运联会经费、乙种实业学校经费、女子高等学校经费等"⑥。1940年,顺义县牙杂税用于教育经费的有教育

---

① 《牲畜牙纪交政费等项钱文簿》,河北省档案馆藏,民国获鹿档案汇集,档案号:656-2-1037。

② 直隶财政厅:《财政厅令整顿牙税并发新章》,河北省档案馆藏,民国获鹿档案汇集,档案号:656-2-662。

③ 《获鹿县1929年度各行牙税岁入登记簿》,河北省档案馆藏,民国获鹿档案汇集,档案号:656-3-200。

④ 《获鹿县1929年度各行牙税岁入登记簿》,河北省档案馆藏,民国获鹿档案汇集,档案号:656-3-200。

⑤ 直隶财政厅:《财政厅令整顿牙税并发新章》,河北省档案馆藏,民国获鹿档案汇集,档案号:656-2-662。

⑥ 冯华德:《河北省定县的牙税》,《政治经济学报》,1936年第2期,第304页。

费、学校建筑费等。①

用于军费。如："1929年9月7日,获鹿县牙税中1130.838元,用于(国民党)第39师薪饷。1929年10月29日,获鹿县牙税中692.653元,用于(国民党)第39师7月份薪饷津贴。1929年12月20日,获鹿县牙税中1000元,用于(1929年)10月份剿匪军费。1930年1月26日,获鹿县牙税中1276.983用于(1929年)11月份剿匪军费。1930年4月9日,获鹿县牙税中973.8用于(1930年)3月份剿匪军费。"②

用于公益性事业。如:20世纪三四十年代定县牙行公益捐中用于公益性事业的有:"农事试验场经费、自知事务所经费、宣讲所阅报所等"③。

其他事项。首先,用于纸张印刷费、税务办公费、牙商税务的调查费用、报解费用等。如山西省规定:"凡牙纪领帖,除缴帖费外,每张缴手数料1元,此项手数料以一半留县,作为征解公费,一半解厅作为印刷牙帖工料等资。"④其次,用于税务人员的薪旅费。如:"1929年12月14日,获鹿县牙税中120.76元,用于抵解交包商保证金旅费。"⑤再次,用于祭祀费、煤炭费等。如:"1930年3月18日,获鹿县牙税中721.2元的一部分,用于获鹿县煤炭费。"⑥"1925年,获鹿县城镇猪羊行牙纪,每年认交祭祀制钱100千文,按春秋两祭期交纳拨用。"⑦最后,用于孤贫口粮等。如:20世纪三四十年代定县牙行公益捐的用途中的一项便是孤贫口粮。⑧1940年,顺义县牙杂税用途中包括孤贫口粮、夫役工资、恤

---

① [日]中国農村調查刊行會:『中国農村慣行調查』(第2卷),岩波書店1981年版,第325頁。

② 《获鹿县1929年度各行牙税岁入登记簿》,河北省档案馆藏,民国获鹿档案汇集,档案号:656－3－200。

③ 冯华德:《河北省定县的牙税》,《政治经济学报》,1936年第2期,第304页。

④ 《牙税之税率》,《山西省地方财政调查报告》,第99页,未刊。

⑤ 《获鹿县1929年度各行牙税岁入登记簿》,河北省档案馆藏,民国获鹿档案汇集,档案号:656－3－200。

⑥ 《获鹿县1929年度各行牙税岁入登记簿》,河北省档案馆藏,民国获鹿档案汇集,档案号:656－3－200。

⑦ 直隶财政厅:《财政厅令整顿牙税并发新章》,河北省档案馆藏,民国获鹿档案汇集,档案号:656－2－662。

⑧ 冯华德:《河北省定县的牙税》,《政治经济学报》,1936年第2期,第304页。

金、杂支等。①

# 五、牙商税负的减免

牙商在遇到税额过重、战争摧残、自然灾害等情况，其应缴纳的税课可以呈请政府批准核销减免。

第一，税额过重的减免。为了得到更多的财政收入，政府希望从牙商处得到较高的税款，因此，政府给予牙商的税负存在税额过重的状况。如果牙商无法完成足额的税负，政府只得减免税额。《益世报》载，1934年7月，静海县将"油肉、秤行、船行牙税，鲜货、鱼行、大木席行、牲畜牙行牙税等各减二成，并呈请财政厅核准。"②档案记载，1926年2月，获鹿县煤行牙税包额为8089元。在众牙商反对的情况下，政府经过核定，认为税额确实过高，遂"减去三分之一，以5393元为牙税包额"③。

第二，战争摧残下的减免。民国时期，华北地区战争不断。战争使牙商的经营活动大受影响，牙商的税款无法完成，在这种情况下，政府有时候会减免牙商的税款。如：档案记载，北伐战争对获鹿县牙商的经营活动影响颇大。获鹿县牲畜牙纪何士德呈请获鹿县政府减免税款，何士德在呈文中称："自1926年9月，（北伐战争）军事行动以来，两方戒严，断绝交通，以致全县集市大受影响，所有交过1927年之税款，俱身揭借垫办，四乡之集，仍然道路梗阻，只有在城一集，亦无人买卖，似此情形，实属无法办理，事关税收，未便缄默，为此仰恳鉴核谨呈县长熊。"④获鹿县政府接到何士德的呈文后，批准牲畜牙税按原税款的三成缴纳："批示：呈悉，本年分牙税在交通未恢复以前，状准暂按三成交

---

① ［日］中国農村調查刊行會：『中国農村慣行調查』（第2卷），岩波書店1981年版，第325頁。

② 各地新闻：《静海各项牙税减低标额》，《益世报》，1934年7月10日，第4版。

③ 《获鹿县1929年度各行牙税岁入登记簿》，河北省档案馆藏，民国获鹿档案汇集，档案号：656-3-200。

④ 《何士德呈牲畜牙税大受影响等情卷》，河北省档案馆藏，民国获鹿档案汇集，档案号：656-2-1200。

纳,仰即遵照办理。此批。"但是,三成的税款,何士德仍无法完成,于是政府令其"一律再减额一成",即按税款的二成缴纳。

第三,自然灾害下的减免。民国时期,华北地区的水、旱、虫、雹、冷、震、疫等自然灾害不断,牙商的经营活动大受影响,在这种情况下,政府有时会减免牙商的税款。如:1942年,天津遭受特大水灾,致使天津"各县交通梗塞,货物来源不畅又兼华北雨量失时,田禾歉收,需要随之减少,各牙商收入既不能足额开支,又无法再减,以致亏累过巨,无法支持"①。天津特别市财政局核减了各牙商的税额。其中牲畜牙行营业税下半年全额23 550元,酌减五成以示体恤。

# 小　结

民国以前,华北牙税主要实行的是牙帖税制度。各省牙商的税负都有定额,牙商必须在政府注册,领取牙帖,并按年缴纳牙帖税。民国时期,华北牙商的税负制度大概有四种形式:牙税盈余制度、牙税等则制度、牙税包商征收制度和牙行营业税制度。牙税属于省税的一种,而牙捐属于县地方捐之一。民国时期,牙商税负的征收范围很广,凡市场买卖交易的货物,只要经过牙商为中介的,统统要征收牙税。

牙商税负征收本来是伴随着牙商、牙行而来的。官府批准牙商或牙行营业,同时也规定了必须向政府交纳一定数额的税银,即所谓"牙税"。因此从理论上来讲,牙税本质上应该以牙商为课税的主体,以牙商所获得的佣金为课税的客体。但是,在实践中,并不是完全如此。

牙商税负的税率只有在牙税包商征收制度期间存在。一般而言,牙佣由买卖双方负担,法定的分配方法是买方负担三分之二,卖方负担三分之一。但是牙商法规同时规定如果有商业习惯的话,按照商业习惯进行分配。

牙商税负是地方财政来源的重要组成部分,所以华北各地有专门的牙商税负征收机关,负责牙商税负的征收。各地牙税的征收机关一般为各县的税

---

① 天津特别市财政局:《油蜡牲畜牙行营业税》,天津市档案馆藏,档案号:5-1-1333。

务联合征收局或牙税稽征所,其职责是办理牙税稽征、管理、查验及汇解各项牙税等事宜。民国时期,政府向牙商征收牙税的方法大概可以分为三种:政府自征牙税法、牙商同业公会代征牙税法、招商招标承包法。

抗日战争前,华北各省市的牙税和牙帖捐的收入逐年增加,由于战争期间牙税的统计数据较少,抗日战争和解放战争时期,牙税的收入情况难以详细说明。但是可以肯定地说,抗日战争后,华北牙商的发展受到严重的挫折,牙税的收入也相应地减少。牙商的税负中,占据较大比例的是省款的税收和县款的牙行公益捐两部分。民国时期,华北各省市牙商的税负在总税收中占据着重要的地位。

牙商按月或按季度将应付税负交与各县税务联合征收局或牙税稽征所,然后再由它们转交到各县政府。税款未解往省政府期间由县政府保管收存。牙商税负的汇解,一般是由各县政府、牙行或牙商同业公会,按月或按季度汇解到所属的省政府财政部门。牙商税负除了汇解到各省财政部门外,还要留拨一部分作为地方经费。华北各地牙商税负留拨的税款和比例有一定的差别。牙商税负主要用于地方行政建设、教育经费、军费、公益性事业或其他事项。牙商在遇到税额过重、战争摧残、自然灾害等情况,其应缴纳的税课可以呈请政府批准核销减免。

# 第七章 CHAPTER SEVEN

## 华北牙商营业执照的传承与继替

　　牙商的营业执照称为牙帖，牙商只有领取牙帖后才能开展中介代理活动。民国时期按照政府规定和商业管理，牙帖的传承与继替呈现出多种方式。牙商必须经政府登记注册，办理某些正式的手续，才能从政府领取管理机关核发的牙帖。领取牙帖后的牙商，其合法经营活动受到国家法律的保护。领取牙帖后，牙商如果在牙帖有效期内因故歇业，必须到官府办理注销牙帖的手续。

# 第一节　牙帖的传承与继替制度

ERSHI SHIJI ZHI ZHONGGUO

民国年间,牙帖的传承与继替包括:牙帖继承制、牙帖连任制、帮帖替代制、商民申请制、官府招募制和牙帖租用制等。

牙帖继承制指的是牙商在牙帖有效期内病故或因事故不愿继续营业等情况下,官方优先准许帖主的后人拥有。

1915年4月26日,京兆财政厅颁布的《整顿京师内外城牙税章程》第九条明确规定:"凡牙户领帖营业于有效期间内死亡,其承继人愿继续营业者,准依规定换领新帖。"①1933年4月,河南省修正颁布的《河南省承办牙帖营业税征收所施行细则》第八条也明文规定:"牙商中途死亡,征收所得,准其法定继承人承继,但必须追缴旧帖,请换新帖,帖张有效期仍以前帖未满之日为限。"②关于牙帖继承的范围,京兆财政厅规定:"牙帖有效期间营业人死亡时,得由其兄弟、子孙继承之,其房族人等,不得接充,以杜争端而防冒滥。"③

---

① 《整顿京师内外城牙税章程》,见江苏省商业厅、中国第二历史档案馆:《中华民国商业档案资料汇编(1912—1928)》(下),中国商业出版社1991年版,第709页。

② 《河南省财政厅牙帖营业税投标承办规则》,《河南省地方财政调查报告》,未刊,第13页。

③ 《京师内外城牙税施行细则》,见江苏省商业厅、中国第二历史档案馆:《中华民国商业档案资料汇编(1912—1928)》(下),中国商业出版社1991年版,第710页。

牙帖连任制指的是牙帖有效期满,由原来的帖主换领新帖。这是民国期间比较常见的一种牙帖制度。

1933年4月,河南省修正颁布的《河南省承办牙帖营业税征收所施行细则》第二十七条规定:如牙商一年任满,"如果月清月款,毫无亏欠,并舆情融协,得照原额连任,免予投标"[①]。1915年1月,直隶省颁布的《直隶整顿牙税章程》第一条规定:"凡旧有牙纪从前所领司帖、厅帖、县谕或仅有县给腰牌均应一律取具殷实商铺二家或同业三家,保结换领新帖照则纳税帖捐。"[②]

帮帖替代制指的是牙商病故或告退后,由原牙商的帮帖(也称作牙伙)继续持有牙帖。

这种情况在法规中并没规定,但在实际的商业运作中是常常存在的。如1921年,获鹿县牲畜牙纪刘玉李病故,而牙帖期限未满,刘玉李的帮帖王佩林便呈文给获鹿县署称:"我是寺家庄人,年62岁,刘玉李是我的伙伴,牙帖是他领的,他于1921年8月间就死了,所以这帖归我,成交牲口,现在我还愿意(充当)牙纪是实! "[③]

商民申请制指的是商民如愿意充任牙商,便可向所在地的官署递交申请书,呈请官署核查。

在1935年天津市商人黑桐年申请开办油蜡总牙行的申请书的一份档案可知,黑桐年呈请设立油蜡总牙行的申请书主要包括以下几方面的内容。

第一,天津市油蜡的来源地、购买方式、数量、销售者和销售方式等内容。天津市油蜡由60多家油蜡商从外省运至天津,每年数量约在80多桶。油蜡到津后由天津跑合人(牙纪的别称)中间代理销售给广帮客户或本市零售油蜡门市。第二,牙税征收沿革。清末,油蜡商人向官方或包商牙纪每百斤缴纳0.1元(银元)牙税;民国初年,商人每百斤交纳牙税制钱80文(合铜子4小枚);1926

---

① 《河南省财政厅牙帖营业税投标承办规则》,《河南省地方财政调查报告》,未刊,第16页。

② 民国获鹿县档案汇集:《直隶财政厅饬发整顿牙税章程并告示牙税卷》,河北省档案馆藏,档案号:656-1-420。

③ 民国获鹿县档案汇集:《寺家庄王宗耀请牲畜牙帖卷》,河北省档案馆藏,档案号:656-2-457。

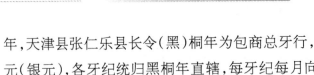
年，天津县张仁乐县长令(黑)桐年为包商总牙行，牙税恢复至每百斤缴纳0.1元(银元)，各牙纪统归黑桐年直辖，每牙纪每月向黑缴纳帮帖1.3元(银元)；1931年后，油蜡牙税由招商包办改为官府直接征收，每个牙纪每月向官府交纳2元(银元)手续费，领取"跑合证明书"。期间由于牙纪中有不良分子操纵物价，导致油行商人罢市2个月。商家损失甚巨，而牙税也无着落。第三，申请设立油蜡总牙行的理由。1934年，财政部召开了第二次全国财政会议，对于地方捐税进行整理，故黑桐年欲恢复设立总牙行，以便领导众牙纪纳入正轨，并共同议价，订立行规，不准私自变更市价，以避免牙行的弊端。第四，设立总牙行的作用有四点：解除商人痛苦、为商人担保、繁荣市面、牙税有保障。第五，当时天津市各油行(香油、花生油、菜油、麻子油、棉花籽油、卫生油、牛油和羊汤油)的市场价格。①

如果牙商是投标决定的，便可向官署领取投标纸，报名即可参加投标。如1915年12月，山东省颁布的《牙纪投标法》第一条规定："投标人不论何区域，商民如有愿承充集纪，应赴所在征收官署，报明住址、姓名、年岁、职业，领取投标格纸，以便届期投标，所有报名及领取投标格纸均无分文花费。"②

官府招募制指的是牙商如有病故、告退等事，即由所在官署协同财政部门另募新纪接充。

1915年1月，直隶省颁布的《直隶整顿牙税章程》第十一条明确规定："牙纪换帖后，如因事故不愿营业者，准缴销其原帖，由县另募补充。"③1915年12月，山东省财政厅颁布的《整顿牙税暂行章程》第二十二条规定："牙纪如有病故、告退等事，即由局、县会同查明，另募新纪接充。"④

---

① 天津特别市财政局：《黑桐年等呈请开办油蜡牙行》，天津市档案馆藏，档案号：54-1-0859。

② 山东省政府财政厅：《牙纪投标法》，见《山东财政法规汇编》，未刊，第129页。

③ 民国获鹿县档案汇集：《直隶财政厅饬发整顿牙税章程并告示牙税卷》，河北省档案馆藏，档案号：656-1-420。

④ 山东省政府财政厅：《山东财政厅整顿牙税暂行章程》，见《山东财政法规汇编》，未刊，第128页。

牙帖租用制指的是牙商在牙帖有效期间,因经营不善或其他原因,将牙帖租借给其他商民,并呈请官方和商会备案。

档案记载,民国初年,刘杰领有代客买卖粮食的牙帖一张。因战事频发,市面金融停滞,其先后将牙帖租给成茂永、华丰、华丰美记和福生斗店,1918年3月,刘杰又将牙帖租给天津华丰裕斗店,租金5500元(银元)。[①]1926年,天津怡和馨斗店将其牙帖及店底租用给怡和馨同记,每年租金1.8万元,5年为期。[②]1915年,万顺斗店租用李士钧、徐翰臣名下牙帖一份、店底一份。牙帖租用除了在官府、商会备案并登报宣布外,还需订立合同,合同一般而言最少为三份,租业两主各执一份,其余一份呈请商会备案。

租用牙帖的合同需包括的内容主要有以下几项:第一,必须是原集、原行、原址从业。第二,在商会备案。第三,声明原牙帖一切债务由原帖主自理。第四,登报声明。第五,立有字据,并有中证人。第六,以后每年应纳税捐及各项花费并日后同行再添无论何项花费,归承租牙帖者负责,与帖主无关。第七,帖归承租者收存。第八,承租者必须有铺保另外立有"保单"。

---

① 天津市档案馆、天津社会科学院历史研究所、天津市工商业联合会:《天津商会档案汇编(1912—1928)》(第2分册),天津人民出版社1992年版,第1802页。

② 天津市档案馆、天津社会科学院历史研究所、天津市工商业联合会:《天津商会档案汇编(1912—1928)》(第2分册),天津人民出版社1992年版,第1803页。

# 第二节　牙帖的注册

ERSHI SHIJI ZHI ZHONGGUO

　　牙商必须经政府登记注册，办理某些正式的手续，才能从政府领取管理机关核发的牙帖。无论个人还是组织，都必须拥有法律地位才能从事牙商业的经营活动。关于牙商的承充条件，华北各地略有差异。

　　北京市对牙商的承充条件包括年龄、身份、从业经验、财产状况等方面的条件，具体而言，承充牙商的资格有五条："年在20岁以上者；确系本人，无顶替假冒之弊者；熟悉商业情形者；家道殷实，品行端正，素有信用者；未受破产之宣告及褫夺公权者。"①

　　河南省对牙商的资格有财产、国籍、品行、信用等方面的要求，具体而言，承充牙商资格包括："殷实商户；家道殷实，信用素著之绅民；商户、绅民均依中华民国国籍为限；"并规定"曾受褫夺公权处分，尚未复权者；品行不端，声名恶劣者；亏欠公款，尚未缴清者；侵蚀公款者"、"凡机关及团体并服务军政界职员"不得承充牙商。②山东省对于招募牙纪的资格是"殷实可靠之人"③。

---

　　①　北平市财政局：《北平牙税暂行章程》，载《财政局呈牙税章程规则、牙税投标章程及市府的指令》，北京市档案馆藏，档案号：J001-005-00019。

　　②　《河南省财政厅牙帖营业税投标承办规则》，见《河南省地方财政调查报告》，未刊，第13页。

　　③　山东省政府财政厅：《山东财政厅整顿牙税暂行章程》，见《山东财政法规汇编》，未刊，第125页。

天津对牙商的承充条件,要求必须是"中华民国人民,或本市商业团体,及经营行店货栈、设庄批发、介绍跑合等业务者"①。天津对牙商应具备的条件为:"有行为能力者;对所营货物富有经验者;信用卓著者;未受刑事处分或宣告破产者;未受本规则之处罚者"②。

从华北各地对牙商承充条件的限制来分析,官署比较注重牙商的"殷实"与否。但是"殷实"系一模糊词语。财产多少为"殷实"?"殷实"的标准是什么?官署并未给出说明。所以,这一点的操作性存在着很大的空间。山东省对于机关、团体并服务军政界职员承充牙商实行禁令,对于防止舞弊行为发生有益。河南省严格规定了受到褫夺公权处分,尚未复权者或品行不端、盛名恶劣者禁止承充牙商。北京市对牙商的信用和品行进行限制,对净化牙商群体有益。而河南省要求亏欠公款、尚未缴清者,侵蚀公款者不准承充牙商,对于官署征收税捐有益。

牙商开设牙行前,须先向主管官厅登记,请求发给牙帖(营业执照)。待牙帖领到后,始能正式开业。官府对牙商组织和牙商个人申请开业登记的制度,大体可分为受理、审查、核准、发照和公告等步骤。

(1)受理。牙商请领牙帖,以各地税务征收机关为审查受理机关。牙商请领新帖,应先取具铺保,铺保的要求和数量不定。京兆规定由同行三家作为铺保,"如无同行三家,得由殷实商号三家作保"③。填写申请书,申请书一般为三联,以一联呈各地财政厅或财政局审查登录,以一联呈请商会备查登录,一联呈税务征收机关。

1937年3月,天津市杨敦馥申请棉花总牙行的申请书的内容包括:申请人姓名(杨敦馥)、年龄(46)、籍贯(山西阳曲)、住址(法租界19号路20号)、申请

① 天津特别市财政局:《天津市财政局牙行领帖章程》,载《本市各项牙税改征牙行营业税》,天津市档案馆藏,档案号:401206800-J0054-1-001745。

② 天津市社会局:《天津市社会局管理牙业行纪规则》,天津市档案馆藏,档案号:252-2-1-355。

③《京师内外城牙税施行细则》,见《中华民国商业档案资料汇编》,中国商业出版社1991年版,第710页。

牙行种类（棉花总牙行）、栈房及所在地、资本额（10万元）、具保商号（公记药行、瑞发成、西瑞发、卫生豆食公司、公记号）、牙行的组织（外部选择重要地点开设分行；内部分总务、营业、会计三部分）、已交押金数目（4万元）。除了申请书，还需提交铺保的"具保书"、各分行的地址、押金收据等材料。天津要求牙行的申请书应由经理具名申请，并载明下列事项："名称；代客买卖货物种类；资本总额；每年营业额；本店所在地；营业人姓名、年龄、籍贯、住址"①；而牙纪申请书内应包含下列事项："姓名；代客买卖货

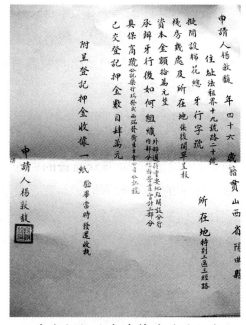

天津市杨敦馥申请棉花总牙行书

物种类；每年营业额；住址；保证商号名称、地址、经理人姓名及担保金额"②。

（2）审查。由财政厅对申请人提交的文件、证明和填写的申请登记表的有效性、合法性、真实性进行审核查验，并核实申请人的实际条件和登记项目。这一步骤是登记审批程序的中心环节，它既是财政部门履行职责，执行法律、法规和政策的过程，又是对牙商申请者进行法律、法规、政策的指导，明确其权利和义务的过程。但有时候，官府受牙商贿赂，审查过程便流于形式。如1922年河北省安国县裁行牙商曹李顺，领有六等河北省财政厅颁发的牙帖一张，其所取具的两家铺保分别是"广和荣"和"德泉永"两商号。实际上，商号"广和荣"，"久已歇业"，而"德泉永""并无此项字号"③，纯属捏造。但官府并未认真审查，曹李顺则很顺利地通过了官府的各项审核查验。

（3）核准。财政厅审查、核实后，做出予以核准登记或不予核准登记的决

334

---

① 天津市社会局：《天津市社会局管理牙业行纪规则》，天津市档案馆藏，档案号：252-2-1-355。

② 天津市社会局：《天津市社会局管理牙业行纪规则》，天津市档案馆藏，档案号：252-2-1-355。

③ 顺直新闻：《安国县牙纪亏款潜逃》，《益世报》，1922年6月12日，第10版。

定,并及时通知申请人。

（4）发照。发照是指财政厅向牙商颁发牙帖。牙帖的颁发,意味着登记主管机关基本完成了登记审批程序。同时也标志着牙商取得了合法经营主体资格或合法经营地位,开始享有从事牙行业经营的权利,其合法权益受到法律保护。

（5）公告。财政厅通过登报纸、张贴布告等形式公布于众,以达到传播信息、沟通关系、接受群众监督的目的。至此,登记主管机关的审批程序即告完成。下面的布告是牙商王辅周请领了粮食行牙帖后,税务机关张贴在陈林庄大桥一带的布告。布告全文:

"河北省天津区税务征收局布告　　第　号

为布告事,案查二十五年（1936年）度天津县区粮食牙伙营业税一项,前据商人王辅周遵章应募开设同聚粮食行栈,地点设置丁字沽处,呈请承包等情,当经承奉河北省财政厅令准接办在案。现值该商开始营业,所有县境各粮食商人务须前投该行成交,毋得规避,致干查究,该商亦应按章征收,不得浮收勒索,故违公令,切切,此布！局长:冯国宝。中华民国二十五年九月,实贴陈林庄大桥一带。"①

保存在河北省档案馆的一份民国档案完整地记录了1916年4月,直隶省获鹿县的梁同心申请认充斗行牙商需要办理的各种手续以及需要完纳的牙税和学校经费等情况。

"禀状

具禀:梁同心,住西关。为恳祈详情给帖纳课办公。事缘身向在粮行生理,窃因在城集斗行牙纪高歧云等皆以屡年生意萧索,办公赔累,告退在案,现在无人接办,今身情愿遵照新章,请领六等帖一张,在行成交纳课办公,每年除认交行政经费外完纳牙税洋20元,不致违误,亏短,并投具认保结状备案,为此恳祈知事先生恩准详情给帖,以便纳课办公施行,上禀准保请给帖。1916年4月1日

① 天津市财政局:《棉花总牙行杨敦馥等申请保证书》,天津市档案馆藏,档案号:01206800-J0054-1-000945。

保状

具保结同义成、义集成俱住西关，今于与保结事，依奉保德梁同心充膺在城集斗行牙纪，请领六等牙帖一张，每年应交牙税洋20元，按6月12月两期交纳，并纳每年外交公益捐大洋1元，加正定学堂经费制钱500文，如有滞纳情事，惟商号等是问，所具保结是实。准保。1916年4月1日

认状

具认状梁同心住西关，今于与认状事依奉认得在城集斗行牙纪1名，每年约收牙用八九十元之谱，照章请领六等帖一张，每年交牙税20元，按6月12日两期完纳，并每年外交公益洋1元，又加交正定学校经费制钱500文，不敢违误，所具认状是实！

准认！1916年4月1日

交状

具交状梁同心住西关，今于与交状事依奉交得，身请领在城集斗牙帖1张，帖捐大洋80元，并交到本年第一期税洋5元，又交本年公益捐洋1元，正定学校经费制钱500文，所具交状是实！

准交！1916年4月1日

获鹿县公署　　　详第　　号：

为详情交给新帖事，1916年4月1日，据西关民人梁同心，禀称：缘伊向在粮行生理，窃因在城集斗行牙纪高歧云，因生意萧索，办公赔累，告退。现在遗缺无人接办，今伊谨遵示谕，情愿遵照新章，顶补该旧牙遗缺，请领六等牙帖1张，在行成交，纳税办公，每年应纳牙税及公益捐款，不致违误、亏短，并投具认、保结状，恳祈恩准详情给帖，以便纳税办公等情，据此查旧牙高岐云，每年认纳盈余10两，上年奉饬，更换牙帖，该旧牙因无力另换，将帖呈缴，详情注销，当即出示招募在案，兹据该新牙情愿，新领六等帖一张，每年纳税洋20元，按照该新牙所收牙用，及旧牙任纳盈余比较，实与现办章程均属相符，自应准如所请，除将交到本年第一期三个月牙税5元，帖捐洋80元、帖费洋1元2角，列入月报册内，分别解缴外，所有投到认保、结状粘连成套，拟合具文详情。宪台查核，饬发该牙纪新帖，以便转给收执纳税，谨详！直隶财政厅厅长汪，会办整理杂税事宜汪、计详送认保结状1套。1916年4月7日知事曾：准！

获鹿县知事曾傅谟,详情发给新帖并送认保各状由直隶财政厅批:行。

李馥田蓝印1916年4月29日。

获鹿县公署第　号:

为详送事,本年4月29日蒙:

宪台批据、知事详情,饬发在城集斗行牙纪梁同心新帖,并送认保结状,由蒙批详悉,云云,以凭核办此批等,因蒙此遵将发到新帖、照章查填,盖印发给新牙收执半课,除将交存税款、帖捐、帖费另文报解外,所有截存帖根拟合补填报告表,一并具文详送。宪台查核谨请直隶财政厅长汪,计详送牙帖存根1张,新添牙帖报告表1张。1916年4月30日　　知事曾:准"①

获鹿县新添牙帖报告表稿(1916年4月30日)

|  | 一等 | 二等 | 三等 | 四等 | 五等 | 六等 | 合计 |
|---|---|---|---|---|---|---|---|
| 籍贯、姓名 | 无 | 无 | 无 | 无 | 无 | 获鹿县梁同心 | 1名 |
| 营业种类 |  |  |  |  |  | 斗行 |  |
| 帖张号数 |  |  |  |  |  | 第三号 |  |
| 年收牙用约数 |  |  |  |  |  | 90元 | 90元 |
| 缴纳帖捐数 |  |  |  |  |  | 80元 | 80元 |
| 缴纳帖费数 |  |  |  |  |  | 1.2元 | 1.2元 |
| 年纳税额 |  |  |  |  |  | 20元 | 20元 |

(资料来源:民国获鹿县档案汇集:《西关梁同心禀称情愿接办在城集斗行牙纪请转洋给帖办课卷》,河北省档案馆藏,档案号:656-1-629。)

从这份档案中可以清楚地看到,梁同心申请充任获鹿县城集斗行牙商,必须向获鹿县公署呈交禀状、保状、认状、交状四份文件,然后得到县知事、直隶财政厅批准、备案等一整套繁琐手续。其步骤分为:第一,呈交禀状。禀状内容包括:申请充当牙商者的姓名、住址、职业和请领牙帖性质、种类、营业区域、等级、交纳费用、时间等相关内容。第二,呈交保状。华北各省为妥保牙商将来

<hr>

① 民国获鹿县档案汇集:《西关梁同心禀称情愿接办在城集斗行牙纪请转洋给帖办课卷》,河北省档案馆藏,档案号:656-1-629。

课税无误,实行铺保制度。即牙商必须取具殷实商铺两家或同业3家保结后才能发给牙帖(其中北京的散牙请帖,应取具同行3家保证书,照式填写3联,以一联径送本分厅审查登录,以一联送请商会备查登录,如无同行3家,得由殷实商号3家作保①)。若有拖欠税款,牙商无力缴纳,保人负责完纳。如,山东省规定:"各牙纪如有亏课、逃跑等情事,其所欠课银着落原保之人照数补缴。"②保状内容包括:商铺或同业名称、住址、保结牙商姓名、保结牙帖等级、保结牙商应纳经费及交纳经费方式及日期,最重要的是必须写明:若牙商对于应纳各项经费有滞纳情事,铺保负完全责任等。第三,呈交认状。认状内容包括:牙商姓名、住址、种类,牙商从业的区域、牙佣,请领牙帖的等级,应纳各项费用,及交纳经费的方式及日期等。第四,呈交交状。交状内容包括:牙商姓名、住址、种类、已经交纳的各项费用等。第五,所属知事具文请省财政厅饬发牙帖。在获鹿县知事以公署名义呈送直隶省财政厅的公函内容包括:牙商禀状、保状、认状和交状的所有相关内容,并将禀状、保状、认状和交状粘连成套一并呈送省财政厅,请财政厅长查核、备存,并请直隶财政厅厅长及直隶财政厅整理杂税事宜的主要负责者批准发给新帖。第六,直隶财政厅厅长批示准予发给牙帖。第七,所属县知事发给牙商的新帖,照章查填,盖印发给新牙收执半课。第八,所属县公署除将交存税款、帖捐、帖费、另文报解外,将所有截存帖根、拟合补填报告表一并具文详送直隶省财政厅。第九,填报"获鹿县新添牙帖报告表稿"备存获鹿县公署。新添牙帖报告表稿包括以下内容:牙商籍贯、姓名、请领牙帖等级、牙商营业种类、牙帖号数、年收牙佣约数、缴纳帖捐数、缴纳帖费数及年纳税额、新添牙商人数合计和缴纳费用合计等。

　　牙商申请牙帖必须取具铺保数家。从法律角度来看,铺保制度是一种人身担保和物质担保相结合的契约,它通过第三方的商业信誉和商业资本,保证所承保的牙商履行义务,否则商号按照约定履行债务或者承担相应的责任。

---

　　① 《京师内外城牙税施行细则》,见江苏省商业厅、中国第二历史档案馆:《中华民国商业档案资料汇编》,中国商业出版社1991年版,第710页。

　　② 山东省政府财政厅:《山东财政厅整顿牙税暂行章程》,见《山东财政法规汇编》,未刊,第128页。

如无特殊关系，担保人最不易找。倘担保人中途疲歇或撤保，应速另找，否则有停业之虞。铺保必须是有正式营业执照的工商业户，而摊商、行商或小贩没有做铺保的资格。铺保主要担保经济责任。

南京国民政府与华北各省市所有的牙商法规都要求必须有铺保填具保单才能开设牙行。铺保制度又可以分为铺保、人保和钱保三种。

河北省、山东省和山西省要求开设牙行必须有殷实铺保两家，但是"殷实"的标准并未给出，至于铺保"殷实"与否，铺保商号是否合格，各地官署有裁判权，这给官署提供了向牙商索贿的便利条件。

河南省的牙商铺保制度包括铺保和人保两种。第一，铺保的"殷实"标准则较具体。铺保分为三类：甲、开设满3年，具有500元以上之资本者；乙、开设满一年，具有1000元以上之资本者；丙、营业额年在5000元以上者。牙商在承办比额1万元以下者，取具一家铺保；而牙商承办比额在1万元以上者，应取具两家铺保。铺保商号是否合格，由财政厅派员查实各地官署，认可，方为有效，并按月复查一次，以昭慎重。第二，人保。牙商如在河南省城未能觅具合格铺保，准其取具人保，但于接办一个月内，仍应觅取殷实商保，呈由县政府查明核定，呈转并按月复查具报。

天津市和北平市牙商铺保制度有铺保和钱保两种方式。天津市牙商法规对于铺保要求两家，铺保还须具备三个条件：曾在本局登记，领有登记证，尚未失效者；资本总额在申请许可之牙商以上者；已加入本市同业公会者。北平市牙商法规对于年纳税额在1000元以下者铺保要求取具殷实铺保3家。天津市牙商法规对于人保要求是承包金的5%。北平市要求交保证金从200元至3000元不等，由财政局按其营业种类核定之。

对于铺保所承担的责任，民国的法律、法规或民事习惯表述不一，有的大相径庭，情况复杂。按照铺保所承担的责任内容，大致可以分为监督责任和偿付责任。

监督责任是铺保的基本职责。监督责任，主要指商号保证被担保的牙商不擅自从事违反相关法律法规、习惯法或者契约的行为。一旦发生牙商未能履行应尽的义务情况，铺保必须负责督促，甚至尽力帮助其完成未尽之责。对此，《修正北平市社会局发给营业执照规则》有所体现："呈报人所取具铺保，应付呈报营业者不得私揆外股，及私自租倒外人，并代外人顶名声（申）请之完全责任。"①考察民国时期的商业史、经济史，商业监督是社会局的重要职能之一。但由于行政权力的强制性，商业知识有限和市场信息不灵，出现了监督行为执行困难等问题，导致政府与牙商间出现不必要的纷争，增加了解决纠纷的成本，使原本有限的司法资源更加紧张。为了缓解这一困境，社会局采用铺保的方式让商号代为履行监督责任，保证被担保对象遵守国家相关的法律、法规等。总体而言，因为铺保熟悉牙商的商业环境，本身又与被保的牙商有着千丝万缕的联系，可以更好地实行监督。当然，商业铺保也有自己的利益追求，比如，牙商会提供好处给铺保以获得铺保的支持。

偿付责任是铺保责任中最重要的一种，也是最典型的一种。指商号担保的牙商不履行债务或义务时，按照约定追究担保方责任并代为偿还债务。从实践经验上看，偿付责任在不同的情况下有不同的表现，有的要求只要被担保方逃避债务或义务，商号就须代为偿付；而有的则要求在被担保方毫无下落的情况下才由商号代还；还有一种较为特殊的情况，就是只要被担保方未按时履行债务，可能是逃避，可能是死亡，也可能是无力清偿等，总之，不管是何种原因，商号都要代为偿还。

下面的这份档案照片体现了铺保的偿付责任。

铺保保状的原文为："具保：公记号商号系货栈种营业，开设北大关，今因杨敦馥开设棉花总牙行申请登记发帖一案，商号请愿为之保证，如有逾限拖欠税款或处罚抗不照交时，愿负照数代缴之责，谨具证书为凭，谨呈天津市政府投标监理委员会。附记每年交营业额数，每月交等铺捐。商号：公记号。经理：陈永清，籍贯天津，住址本柜。"②这份铺保是1937年公记号为杨敦馥开设棉花总牙行做铺保向天津市财政局呈交的保状。这份保状的核心是：若杨敦馥不能按时向官府交纳税款或罚款等，公记号负责代缴。

---

① 北平市政府参事室：《北平市市政法规汇编》（第2辑），北平市政府参事室，1937编印，第52页。

② 天津市财政局：《棉花总牙行杨敦馥等申请保证书》，天津市档案馆藏，档案号：01206800-J0054-1-000945。

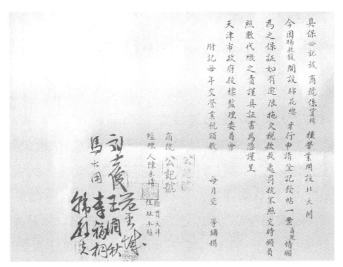

棉花总牙行杨敦馥等申请保证书①

　　替牙商做铺保,风险很大。铺保常常因牙商的牵连破产,甚至涉讼被押,查封财产。1937年10月27日,天津市鱼类牙行包商宋训铭因拖欠税款,无力偿还。伪天津市治安维持会财政局除催宋速交外,责成宋的铺保同章车行经理王桂章、义和盛楠木庄经理人李天眷负责代交。因铺保并未缴纳宋的欠款,"财政局将同章车行及义和盛楠木庄两家商号暂时查封,期限为铺保将拖欠税款代为缴清之日。同时,财政局将王桂章拘押在财政局;李天眷因回房山县原籍躲避,财政局便将义和盛楠木庄的司账王荣学拘押在财政局"②。

　　一旦为牙商充当铺保,再想退保往往也是不可能实现的。档案记载,1923年,天津御河鲜货行牙商康成林接办牙行,由义顺成租赁铺和启盛号两商号作保,每年交纳公款17 000元。康成林承办期间,因天灾人祸,兵燹荒歉,牙帖期限未满,已赔累不堪,且亏欠公款6300元,而无力交付,被拘押。在此情况下,天津县公署向两家铺保办理赔付公款。两家铺保恐有讼累,四处借贷,"仅

　　① 天津市财政局:《棉花总牙行杨敦馥等申请保证书》,天津市档案馆藏,档案号:01206800–J0054–1–000945。

　　② 天津特别市财政局:《鱼类牙行税第三册包商宋训铭欠缴税款案》,天津市档案馆藏,档案号:401206800–J0055–1–001286。

措办3000元"①。启盛号、义顺成租赁铺无计可施,特向天津总商会请议,请商会转函天津县公署,准以余欠半数缴纳完结此案,使与牙商康成林脱离铺保关系。天津总商会职在保商,接到两铺保请议书后,总商会会长卞荫昌即专函天津县行政公署,言两铺保"合词陈请体恤",敝会"复查无异",请"贵公署念系商艰,准如所请"。②天津县公署接到启盛号、义顺成租赁铺两铺保的请议书和商会的公函后,并未应允铺保和商会的呈请,不准退保。天津县知事齐耀林为此特下批示,内容如下:"康成林充当经纪,应交税款既经该商承保,自应负完全责任。康成林亏欠公款如许之多,该商事前既不催缴,事后又不代交,徒以一纸空言声明退保,实属存心刁狡,巧图卸责,殊堪痛恨。况案关公款,岂能听其进退自由?鲜货行经纪一日无人接充,即该商一日不能退保。仰即将该行所欠之款即日呈交,毋再违延等因在案。准函前因,相应函复贵会查照为荷。此致天津总商会会长。"③

因铺保的责任重大,很多牙商因寻找不到合乎官署要求的铺保而被挡在从业门槛之外。如1926年2月,获鹿县商人敦化龙欲充包任该县煤行牙商,因所提供的"铺保均欠殷实"④,获鹿县知事不准敦化龙充任煤行牙商。铺保一旦为牙商承保,必须书写"认赔甘结"呈请官署以作凭证。因此,对商业铺保的形式及责任的分析可知,除非商业铺保与被担保方之间存在着或亲密、或信任、亦或利益方面的关系,否则,难以想象,会有既不为自己的利益考虑,又与被担保方之间没有密切关系而甘愿替其承担风险的商号。然而,民国时期,牙商的铺保制度并不是现代法律意义上的担保制度,它是市民基层社会的一种非正式的制度性资源,因此,铺保与被担保对象的关系是多层变动的,一般而言,"商业铺保或是出于家族内的亲属互助,或是出于业缘互助,或是出于经济利

① 天津市档案馆、天津社会科学院历史研究所、天津市工商业联合会:《天津商会档案汇编(1912—1928)》(第4分册),天津人民出版社1992年版,第3759页。

② 天津市档案馆、天津社会科学院历史研究所、天津市工商业联合会:《天津商会档案汇编(1912—1928)》(第4分册),天津人民出版社1992年版,第3760页。

③ 天津市档案馆、天津社会科学院历史研究所、天津市工商业联合会:《天津商会档案汇编(1912—1928)》(第4分册),天津人民出版社1992年版,第3760页。

④ 获鹿县民国档案汇集:《城镇煤行牙税定期投票》,河北省档案馆藏,档案号:656-2-875。

益等其他方面的原因,才充当起了被担保对象的第二责任人的角色。"①

取得牙商资格的标志是财政厅发给的牙帖。下面是华北各地所发牙帖和牙伙执照的式样。

# 一、京兆财政厅发给的牙帖

下面这份档案是1916年6月10日由京兆厅发给安次县张琴轩的短期牙帖式样。

"京兆财政分厅牙帖样张

厅字第37号安次县

京兆财政分厅为发给牙帖事。案查各属牙商评价纳课向章,发给帖据以资信守。惟旧制荡然,亟应重加整顿,以维商业。兹经本厅厘订(定)新章,详奉财政部核准在案。既据该商情愿遵缴登录税银,认充猪行牙纪,等情前来,合行发给牙帖。仰该商务须遵章公平评价,如有高抬揹勒、把持行市、私充私顶、损商亏课情事,查出立予严惩。至应输税银,即便遵照定章,每年按四月、十月两期完纳毋违。此帖。

计开

姓名:张琴轩;年龄:36岁;籍贯:安次县;住址:本城;行号:复盛号;

地点:本城;行业:猪行;整散:散商;种类:××;等则:××;帖期:短期;铺保:东顺馆、协义魁;该行额定壹帖,照散商例,该行认缴常年税银元60元。

右给猪行牙商张琴轩

准此! 1916年6月10日给"②

从上面的档案可以看出,牙帖式样内容包括:发帖单位是:京兆财政厅;发帖原因是:各属牙商评价纳课,以资信守和维持商业;发帖条件:牙商情愿遵缴登录税银;牙商种类:认充猪行牙纪;牙商的职务是:遵章公平评价。牙商违

---

背以下政策，查出严惩：高抬挡勒、把持行市、私充私顶、损商亏课；牙商交纳税银时间和方式为：四月、十月两期完纳等。牙帖式样内容还包括：牙商姓名、年龄、籍贯、住址、行号、从业范围、牙帖性质、种类、等则、帖期、铺保、常年税银和发帖时间等。

## 二、天津牙帖及牙伙执照

1928年10月，天津特别市政府成立之际，财政局在津设"牛羊肉行、猪肉行、席行、木炭行、粮食行、鲜货行、油蜡行、鸡鸭卵、棉花、皮毛"①10项总牙行，由这10个牙行的牙商承包所属行业的总牙税，然后再由牙行雇用牙伙。天津市财政局颁发给牙商的牙帖和牙伙执照式样如下。

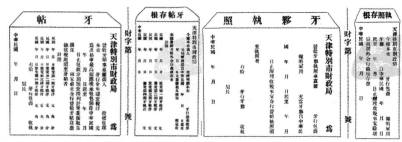

（天津特别市牙帖及牙帖存根）（天津特别市牙伙执照及执照存根）

牙帖内容为："天津特别市财政局为发给牙帖事，兹据商人投标包办本市××牙行，全年认交税洋××元，为及格中最高额，应准承包。包期自中华民国××年××月××日起至××年××月××日止，包款分期预交，开列于后，并据取具铺保×××、×××两家前来，合行发给牙帖，以凭抽收税用，须至牙帖者。计开：民国××年××月××日应交第一期牙税洋××元××角××分；民国××年××月××日应交第二期牙税洋××元××角××分；民国××年××月××日应交第三期牙税洋××元××角××分；民国××年××月××日应交第四期牙税洋××元××角××分。

---

① 天津市政府统计委员会：《天津市税捐概况》，未刊1935年版，第52页。

右给××牙行包商×××收执。　局长民国××年××月××日。"①

牙伙执照内容为："天津特别市财政局为发给牙伙执照事，兹据×××牙行包商×××报明雇用××充当牙伙，自中华民国××年××月××日起至××年××月××日止，办理收税事宜，合行发给执照，须至执照者。

右给××牙行牙伙×××收执。　局长民国××年××月××日。"②

天津特别市财政局颁发的牙帖和牙伙执照，另外各有存根一联。

## 三、获鹿牙帖和牙伙执照

河北省获鹿县1931年11月牙商张江远经过招包投标，承包全县干鲜果牙行，其共雇用赵洛九、张著元和赵福德三个牙伙。牙帖和牙伙执照均由河北省财政厅转饬获鹿县颁发。如下图所示。

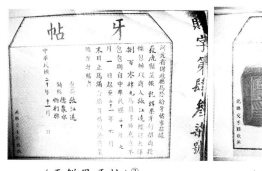

（干鲜果牙帖）③

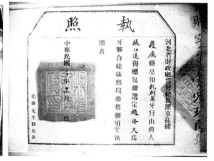

（干鲜果牙伙执照）④

---

① 《法规：天津特别市牙税暂行章程》，载天津特别市财政局：《天津特别市财政局民国十七年度财政年刊》，天津大公报馆，1929年版，第17页。

② 《法规：天津特别市牙税暂行章程》，载天津特别市财政局：《天津特别市财政局民国十七年度财政年刊》，天津大公报馆，1929年版，第18页。

③ 获鹿县民国档案汇集：《获鹿县各牙行包标之牙帖、执照、包税证》，河北省档案馆藏，档案号：656-3-589。

④ 获鹿县民国档案汇集：《获鹿县各牙行包标之牙帖、执照、包税证》，河北省档案馆藏，档案号：656-3-589。

图中的牙帖编号为财字第438号,牙帖内容为:"河北省财政厅为发给牙帖事。兹据获鹿县呈报干鲜果牙行招商投标包办,以商人张江远标认大洋804元为最多数,应准承包,包期自民国二十年七月一日起至二十一年六月末日止为满,合给牙帖,以凭营业,须至牙帖者。包商:张江远。铺保:德聚永、恒利兴。1931年11月 日。此联交牙行收执。"①

牙伙执照编号财字为1096号,牙伙执照内容为:"河北省财政厅为发给执照事。兹据获鹿县呈报干鲜果牙行由商人张江远得标包办,选定赵洛久为牙伙,合给执照,以凭帮办,须至执照者。1931年11月 日。此联交牙伙收执。"②

## 四、定县牙帖和牙伙执照

河北省定县1930年牙帖和牙伙执照样式如下:

(定县牙帖)　　　　　　　　　　　(定县牙伙执照)

1930年,河北省定县牙帖内容为:河北省财政厅为发给牙帖事。兹据××县呈报××牙行招商投标包办。以商人××标认大洋××为最多数,应准承

---

① 获鹿县民国档案汇集:《获鹿县各牙行包标之牙帖、执照、包税证》,河北省档案馆藏,档案号:656-3-589。

② 获鹿县民国档案汇集:《获鹿县各牙行包标之牙帖、执照、包税证》,河北省档案馆藏,档案号:656-3-589。

包。包期自中华民国××年××月××日起至××年××月××日止为满，合给牙帖，以凭营业，须至牙帖者。包商：×××，铺保：×××、×××。中华民国××年××月××日。此联交牙行收执。

1930年，河北省定县牙伙执照内容为：河北省财政厅为发给执照事。兹据××县呈报××牙行由商人××得标包办。选定××为牙伙，合给执照，以凭帮办，须至执照者。中华民国××年××月××日。此联交牙伙收执。

## 五、牙商自制牙伙执照

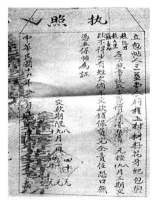 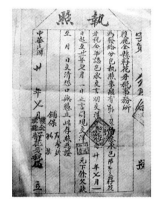 

（栾城县北区籽花牙伙执照）（获鹿县籽花牙伙执照）（栾城县牲畜牙纪证券）

左图是1930年8月，栾城县北区籽花牙行总包商自制执照，发给程下一村的3个牙伙赵俊才、赵大黑、苏嘉林充作牙纪的凭证。执照原文为："立包帖人三益堂，今将程下一村籽花牙纪包与赵俊才、赵大黑、苏嘉林名下，照章收取，言明包价大洋110元，按八、九、十月三期交款，不得少有短欠，倘不交款，铺保负完全责任，恐口无凭，立保帖为证。交款期限8月1日40元、9月1日30元、10月1日40元。1930年8月。栾城县北区籽花牙行包税所。"[1]

中图是1931年7月，获鹿县籽花牙行总包商自制的牙伙执照，发给韩召充任南郊区分包商的凭证。执照原文如下："获鹿县籽花牙税事务所：为发给分

———————————

[1] 栾城县民国档案汇集：《冀会沣呈中和栈等不纳牙税卷》，河北省档案馆藏，档案号：656-3-782。

包执照事。兹有韩召情愿承包南郊区籽花牙税，全年认包呈交，言明交洋××元，自1931年7月1日起至1932年7月1日止，言明现交洋××元，下余欠款至××月××日交清，恐口无凭，立此存照为证。铺保：×××、×××。1931年7月1日立。获鹿全县籽花牙税局立。"①

右图是1934年，栾城县牲畜牙纪包商发给所雇用牙纪的证券凭证。其中牙纪证券的全文为："栾城县牲畜牙纪包商处发给牙纪暂行证券，一凡愿在栾地充牲畜经纪者，须持有此券为证。一如无此证，不得在市面私成交易。一此券仅限本人持带，不准借给他人冒用。一此券只限用一年，随本包商期限为终始。右给牙纪人×××存执。1934年××月××日。"②

档案记载，清代的牙帖由"官府发给帖牌，世代相传"③。民国时期，彻底废除了牙帖世袭制，规定对牙帖年限的编审和时效。如果牙帖有效期已到，牙商应重新注册登记。每个时期政府政策的不同，也由于各牙行种类的差异性，华北各政府颁发的牙帖的有效期不同，甚至差别很大。

1915年12月，山东省财政厅公布的《整顿牙税暂行章程》中规定，牙帖每"按5年编审一次"④。1929年6月15日，山东省公布的《整顿牙税暂行章程》中规定，牙帖仍"以5年为承办有效期间"⑤。1929年7月1日，山西省公布的《改订牙税纪领帖缴费纳税章程》中规定，牙帖仍"各则牙帖有效期间均以一年为限，期满一律缴销旧帖，另领新帖"⑥。1933年4月，河南省财政厅修正的《牙帖营业

① 获鹿县民国档案汇集：《获鹿县各牙行包标之牙帖、执照、包税证》，河北省档案馆藏，档案号：656-3-589。

② 栾城县民国档案汇集：《冀会沣呈中和栈等不纳牙税卷》，河北省档案馆藏，档案号：656-3-782。

③ 天津市档案馆、天津社会科学院历史研究所、天津市工商业联合会：《天津商会档案汇编（1912—1928）》（第2分册），天津人民出版社1992年版，第1799页。

④ 山东省政府财政厅：《山东财政厅整顿牙税暂行章程》，见《山东财政法规汇编》，未刊，第125页。

⑤ 山东省财政厅：《山东省整顿牙税暂行章程》，见《山东现行财政法规统诠》，济南五三美术印刷社1930年版，第156页。

⑥ 《山西省改订牙税纪领帖缴费纳税章程》，见《山西省地方财政调查报告》，未刊，第103页。

税投标承办规则》中规定,牙帖"任期以1年为限"①。

　　1915年1月,直隶省公布的《整顿牙税章程》中规定,"牙帖有效期间以5年为限"②。1925年5月,直隶省公布的《直隶牙税改订新章》中规定,该省牙税招商包收,牙帖"承包期限暂以一年为限,期满另行投标"③。1929年4月2日,民国河北省政府民政厅公布的《河北省牙税暂行章程》中规定,牙帖有效期"以一年为期"④。1948年5月30日,河北省公布的《修正河北省各县市牙行业管理规则》中规定,牙帖"有效期为一年"⑤。

　　1935年10月9日,天津市财政局公布的《牙行领帖章程》中规定,牙帖"帖期以一年为限"⑥。1947年7月9日,天津市社会局公布的《管理牙业行纪规则》中规定,牙帖营业执照"有效期为3年"⑦。

　　1915年4月26日,京兆财政厅《整顿京师内外城牙税章程》规定:"牙帖有效期间,分为长期、短期两种"、"长期牙帖,二十年一换;短期牙帖,五年一换"。⑧1929年8月27日,北平特别市政府颁布了《北平特别市牙税暂行章程》,规定牙帖有效期间为"长期牙帖10年一换;短期牙帖5年一换"⑨。1934年11月30日,北平市政府公布的《北平市牙行营业章程》规定:"牙帖分长期、短期两种,长期5

　　① 《河南省财政厅牙帖营业税投标承办规则》,见《河南省地方财政调查报告》,未刊,第12页。

　　② 民国获鹿县档案汇集:《直隶财政厅饬发整顿牙税章程并告示牙税卷》,河北省档案馆藏,档案号:656-1-420。

　　③ 《本埠新闻:直隶牙税已改订新章》,《益世报》,连续刊发于1925年4月29日、1925年4月30日,第10版。

　　④ 民国河北省政府民政厅:《河北省牙税暂行章程》,河北省档案馆藏,档案号:615-2-1882。

　　⑤ 民国河北省政府社会处:《修正河北省各县市牙行业管理规则》,河北省档案馆藏,档案号:622-1-67。

　　⑥ 天津特别市财政局:《天津市财政局牙行领帖章程》,天津市档案馆藏,档案号:401206800-J00541-001745。

　　⑦ 天津市社会局:《天津市社会局管理牙业行纪规则》,天津市档案馆藏,档案号:252-2-1-355。

　　⑧ 北京财政志编纂委员会:《北京财政志》,未刊1998年版,第863页。

　　⑨ 北平特别市政府:《财政局呈牙税章程规则、牙税投标章程及市府的指令》,北京市档案藏,档案号:J001-005-00019。

年，短期2年。"①1935年11月30日，北平市政府颁布的《修正北平市牙行营业章程》规定："牙帖分长期、短期两种，长期5年，短期1年。"②1948年3月18日，北平市政府颁布的《北平市牙业行纪管理规则》规定："牙行执照分临时及正式两种：在初次申请，经核准并发给临时牙行执照，凭临时牙行执照向社会局办理商业登记；开业后经三个月试办期间，如考核办理成绩良好，得呈请财政局换领正式牙行执照，凭正式牙行执照向社会局领取正式商业登记，其办理成绩不良或有其他违反法令情事者，由财政局会同社会局吊销其所领临时照证，停止其营业。"③

把北京市以上5个时间段的牙帖有效期用表格形式展示出来，更加直观。

民国时期北京市牙帖有效期一览表

| 时间 | 1915 年 | 1929 年 | 1934 年 | 1935 年 | 1948 年 |
|---|---|---|---|---|---|
| 牙帖有效期 | 长期 20 年短期 5 年 | 长期 10 年短期 5 年 | 长期 5 年短期 2 年 | 长期 5 年短期 1 年 | 临时 3 个月再换发正式执照 |

从上表可以看出，随着时间的推移，无论是长期牙帖，还是短期牙帖，有效期都大大地缩减，到1948年，甚至出现了先颁发临时牙行执照，试办期内，如果牙行考核成绩良好，才准换领正式牙行执照；反之，则吊销临时牙行执照。牙帖有效期的缩短和临时执照的使用，应该说，这些变化凸显了国家缩短对牙商资格的审核周期、加强定期考核牙商的资格、保护客商利益的宗旨。但牙商每次申领牙帖，无论是长期或短期，均要交纳一定的牙帖登录税、证件审核费、抄写文件公文费、牙帖执照费等，无形中增加了牙商的负担，给官府创造了税捐来源。

① 北平市政府：《北平市牙行营业章程》，北京市档案藏，档案号：J001-005-00125。

② 《修正北平市牙行营业章程》，《北平市市政公报》，1935年第329期，第6页。

③ 北平市政府：《北平市管理牙业行纪营业规则》，北京市档案馆藏，档案号：J001-002-00732。

# 第三节　牙帖的注销

ERSHI SHIJI ZHI ZHONGGUO

　　牙帖的注销一般分为两种情况：一种为在牙帖有效期内，牙商因无力经营，宣布歇业，并呈请注销牙帖；另一种为在牙帖有效期内，官府取消某牙商资格，并注销其牙帖。

　　牙商呈请注销牙帖，指的是由于经营不善、同业竞争、物价上涨、自然灾害、环境的变迁等多方面的因素，牙商出现赔累不堪，难以维持生意，故只能注销牙帖。

　　下面获鹿县几份档案的记载，反映了影响牙商呈请注销牙帖的情况。

　　获鹿县西关牙纪潘育材承领四等牙帖，在获鹿县南关开设上得店经营铁货生意，代客买卖铁货并抽佣金若干，开始尚能维持正常营业。但随着石家庄铁路业的发展，所有外运铁货商均由正太路阳泉站直运石家庄转车，运往各地，而买货客商亦在石家庄办买，以致获鹿县城铁货生意萧条，商业难以支撑。潘育材遂于1925年1月21日"将原牙帖呈获鹿县知事"[①]，请官府缴销所属牙帖。

　　获鹿县西关牙纪张书意承领木行牙帖1张，在获鹿县城集代客买卖木货，

---

①　民国获鹿县档案汇集：《城镇各牙纪请领牙帖并交旧帖》，河北省档案馆藏，档案号：656-2-492。

成交抽佣。1924年，"木货价值甚昂，生意无多，所抽牙用（佣）不敷办公"①，遂请获鹿县知事将其牙帖缴销。

1915年，"获鹿县城高歧云请领牙帖在城集充任斗行牙纪"②，因经营不善，生意萧条，以致办公赔累，便在1916年请求县知事缴销牙帖。

获鹿县在城集麻行牙纪任荫轩称于1915年换膺六等牙帖1张，在获鹿县城集开设麻店，成交纳税。"1918年雨水过分，麻收甚薄，买卖萧索，所抽牙用（佣）不敷纳税。"③遂将牙帖呈县长并请转呈厅长查核注销。

官府追缴牙帖，指的是如果牙商违背了相关规定，存在亏欠捐税、违章抽佣、强行抽佣、抽佣不公、营业性质与牙行章程冲突等事项，一经查出，官府即追缴其牙帖，取消其牙商资格。如下面几个例子所示。

1922年安国县城集，裁行牙纪曹李顺领有六等牙帖，"因亏欠捐税，逃逸无踪"④，该县知事王庭箴遂注销曹李顺牙帖，并派员追缴牙帖。

1929年，河北省故城县车行牙商，经营范围本以代客介绍车辆为主，并抽取佣金。但牙商对于"来往脚车，横加勒索，扰累实甚"⑤，于是经河北省行政会议议决取消该牙商资格，并追缴其牙帖。故城县政府布告周知，如再有过车索费情事，准即抓获交县。

北平市鸭蛋牙行，由程恩宽于1933年10月领有短期、散商牙帖，承办常年，认缴洋340元，业经呈准在案。1934年，经北平市财政局派员详细调查该行营业情形，发现该牙行内并无货物。询据万玉兴铺掌郭汇川等面称，本行原系永兴德、复源号、万玉兴、永茂号、天义成等5家松花庄公谊组织牙行，由永兴德铺

---

① 民国获鹿县档案汇集：《城镇各牙纪请领牙帖并交旧帖》，河北省档案馆藏，档案号：656-2-492。

② 民国获鹿县档案汇集：《西关梁同心禀称情愿接办在城集斗行牙纪请转洋给帖办课卷》，河北省档案馆藏，档案号：656-1-629。

③ 民国获鹿县档案汇集：《在城集麻行牙纪任荫轩禀请缴销牙帖》，河北省档案馆藏，档案号：656-1-963。

④ 顺直新闻：《安国县牙纪亏款潜逃》，《益世报》，1922年6月12日，第10版。

⑤ 本省新闻：《故城曙光：取消车行、罚办牙纪》，《益世报》，第7版，第83卷，1929年11月23日，第943页。

掌程恩宽出名领帖,由各业轮流值年管理账目,对于各家来货均系自行采办,以所来鸭蛋自作松花,直接发卖商贩,故牙行内并无货物及代客买卖情事。前因生意不佳,永兴德、复源号两家已经停业,现另有昌隆号、福发德、森春阳、天义兴等4家做此生意。系按各该家来货之数值百抽三贴佣。亦不运来牙行交易,至每年交管牙税,除所收隆昌等4家贴佣外,其不足之数再由组织牙行各家分摊税款。北平市财政局经考察认为,该松花庄等实为包税性质,"并非设行抽佣,代客买卖"①,核与牙行营业章程不合,经北平市财政局核实,于1935年1月17日注销其牙帖。

相对于获得牙商资格的各种手续而言,取消牙商资格的手续就简单得多。下面的4份档案连在一起,可以说明牙帖注销需要办理的手续。

档案一:

"禀状

具禀麻行牙纪任荫轩住城内

为请求缴回麻帖,恳祈体恤事缘,身自1915年换膺六等麻帖,原为成交永庆成麻店、恒义麻店起见,今春,永庆成麻店业经半路,请领六等麻帖不用,身领牙帖,今冬,恒义麻店又经歇业,身思获邑只剩2家麻店,永庆、义和同有牙帖,下余卖麻散户,素年并未抽过麻用(佣),今如抽佣,事亦难能办理,身本寒士之学,牙纪能为实非所长,若再浮延以后帖费,岁月以后,帖费办不到,诚恐累及公家,但事出无奈,为此恳祈,收回牙帖,体恤身力薄弱,不胜,施行上禀。知事先生公鉴,计粘牙帖1张。

1918年1月9日  任荫轩。"②

档案二:

"呈为缴销牙帖事,1918年1月9日,据在城集麻行牙纪任荫轩称:缘伊于1915年遵示,换膺六等牙帖1张,开设麻店,成交纳税,本年雨水过分,麻收甚薄,买卖萧索,所抽牙用(佣)不敷纳税……厅长查核注销谨呈直隶财政厅长

---

①  北平市政府秘书处:《北平市市政公报》,1935年2月4日,第286期,第56页。

②  民国获鹿县档案汇集:《在城集麻行牙纪任荫轩禀请缴销牙帖》,河北省档案馆藏,档案号:656-1-963。

汪。(行)

1918年1月29日

知事曾：行"①

档案三：

"限状

具限状人：

姓名：李长春，籍贯：获鹿县，住所：方村，职业：乡长。

今于兴限状事为传谕方村花店行武福昌换领新帖一案，情因武福昌是山西人，从前在方村开设花店，充应县照，已经倒闭多年，今蒙庭讯，务于3日内查明武福昌下落，据实具复，所具限状是实！情愿遵限办理须至限状者。获鹿县审检所共鉴。

（批示：）准限！ 具限人：李长春

1915年6月6日

经手发行处：获鹿县司法科"②

档案四：

"限状

具保状人：

姓名：杨二妮，籍贯：获鹿县，住所：在城杨庄，年龄：27岁，职业：煤店。

被保人：

姓名：罗洛配，籍贯：栾城县。

具保之间关系：友谊。

具保之原因：罗洛配缴花店行县照，永不挂秤成交案。

具保之责任：杨二妮保罗洛配缴销花店行县照，永不挂秤成交，嗣后如查有私抽牙用(佣)，惟是问，所具保状是实！获鹿县审检所共鉴。

准保！具保状人：杨二妮

---

① 民国获鹿县档案汇集：《在城集麻行牙纪任荫轩禀请缴销牙帖》，河北省档案馆藏，档案号：656-1-963。

② 民国获鹿县档案汇集：《城镇各集牙行更换新帖》，河北省档案馆藏，档案号：656-1-439。

　　　　　　　　1915年6月6日

　　　　　　　经手发行处:获鹿县司法科"①

　　从以上4份档案可以看出,缴销牙帖,取消牙商资格需要以下手续:第一,牙商本人呈交禀状。从档案一可以看出,禀状内容包括:牙商姓名、籍贯、请领牙帖时间、充任牙帖等级、牙商营业种类、请求缴销牙帖的原因、禀状时间并附粘贴牙帖。第二,乡长呈请缴销牙帖,取消牙商资格。从档案三的限状可以看出,如果山西人在直隶省获鹿县方村充任棉花牙商,在花店行倒闭多年,无法查明牙商武福昌下落的情况下,方村乡长李长春呈请获鹿县司法科取消该牙商资格。第三,呈交限状。从档案三可以看出,牙商不仅申领牙帖需要铺保(2—3名),而且缴销牙帖也须铺保(1名)。铺保递交的具保状内容有:铺保姓名、籍贯、年龄、职业,牙商姓名、籍贯,铺保与牙商之间的关系,铺保具保的原因和责任等,并呈请该县公署审检。第四,所属县知事具文呈请该省财政厅查核注销牙帖。从档案二可以看出,县知事呈文内容包括:呈文原因、牙商申请缴销牙帖的时间、牙商姓名、籍贯、请领牙帖时间、充任牙帖等级、牙商营业种类、请求缴销牙帖的原因和县知事的批字。第五,省财政厅长签字批准注销牙帖,取消牙商资格。从档案二可以看出,注销牙帖,取消牙商资格需省财政厅长批字生效。

# 小　结

　　牙商的营业执照称为牙帖,牙商只有领取牙帖才能开展中介代理活动。民国时期按照政府规定和商业管理,牙帖的传承与继替呈现出多种方式:牙帖继承制、牙帖连任制、帮帖替代制、商民申请制、官府招募制和牙帖租用制等。

　　牙商必须经政府登记注册,办理某些正式的手续,才能从政府领取管理机关核发的牙帖。无论个人还是组织,都必须拥有法律地位才能从事牙商业的经营活动。关于牙商的承充条件,华北各地的条件略有差异。牙商开设牙行前,须先向主管官厅登记,请求发给牙帖(营业执照)。待牙帖领到后,始能正

---

　　①　民国获鹿县档案汇集:《城镇各集牙行更换新帖》,河北省档案馆藏,档案号:656-1-439。

式开业。官府对牙商组织和牙商个人申请开业登记的制度，大体可分为受理、审查、核准、发照和公告等步骤。民国时期，牙商申请牙帖必须取具铺保数家。铺保必须是有正式营业执照的工商业户，而摊商、行商或小贩没有做铺保的资格。铺保主要担保经济责任。清代的牙帖由"官府发给帖牌，世代相传"①。民国时期，彻底废除了牙帖世袭制，规定对牙帖年限的编审和时效。如果牙帖有效期已到，牙商应重新注册登记。由于每个时期政府政策的不同，也由于各牙行种类的差异性，华北各政府颁发的牙帖的有效期不同，甚至差别很大。

领取牙帖后的牙商，其合法经营活动受到国家法律、法规和政府的保护。领取牙帖后，牙商如果在牙帖有效期内因故歇业，必须到官府办理注销牙帖的手续。牙帖的注销一般分为两种情况：一种为在牙帖有效期内，牙商因无力经营，宣布歇业，并呈请注销牙帖；另一种为在牙帖有效期内，官府取消某牙商资格，并注销其牙帖。

---

① 天津市档案馆、天津社会科学院历史研究所、天津市工商业联合会：《天津商会档案汇编（1912—1928）》（第2分册），天津人民出版社1992年版，第1799页。

# 第八章 CHAPTER EIGHT

## 华北牙商与区域经济

　　民国时期，华北牙商具有明显的区域性特征。他们作为一种独立的商业群体，不仅自身得到了发展，而且推动了整个华北各地商品经济的发展，也促进了华北一些专业市场的兴盛。华北牙商的发展，尽管受到了多方面的阻碍，但是一部分牙商仍获得了丰厚的利润。利润的积累，势必导致资本的扩张和转移。在积累了可观资本后，部分华北牙商将资本向流通领域、生产领域和金融信贷领域扩张和转移。

# 第一节　牙商的区域性特性

ERSHI SHIJI ZHI ZHONGGUO

　　中国各地区经济发展具有明显的区域性特征。中国地域辽阔,不同区域内的地理特征、自然资源、发生的历史事件自古以来就不相同,甚至包括中国历史上屡见不鲜的严重天灾人祸——旱灾、水灾、叛乱所发生的范围多是区域性的, 这势必导致各个区域之间在空间与时间上存在差异。美国著名汉学家柯文指出:由于"中国的区域性与地方性变异幅度很大,要想对整体有一个轮廓更加分明, 特点更加突出的了解——而不满足于平淡无奇地反映各个组成部分间的最小公分母——就必须标出这些变异的内容和程度"①。因而柯文提倡"把中国从空间上分解为较小的、易于掌握的单位,在这个意义上,这种取向并不是以中国为中心,而是以区域、省份或是地方为中心"②展开研究。本书正是着眼于区域性研究,将研究的主体选定为民国华北地区的牙商, 为透视华北地区经济发展历程提供一个特定的视角。

　　总体而论,华北地区牙商的区域性特征表现在:民国时期,华北地区的牙

---

　　①　[美]柯文著,林同奇译:《在中国发现历史——中国中心观在美国的兴起》(增订本),中华书局2005年版,第178页。

　　②　[美]柯文著,林同奇译:《在中国发现历史——中国中心观在美国的兴起》(增订本),中华书局2005年版,第178页。

商作为一种独立的商业群体,不仅自身得到了发展,而且对华北地区社会经济的发展产生了重要的影响。他们在各级市场扩展延伸,从天津为主的口岸市场向中间市场以及产地市场不断拓展,触及了华北广大的地域空间,成为华北区域内以及区域间贸易的重要桥梁,并在第一次世界大战后进入快速发展阶段,直至20世纪30年代中期以前,华北牙商基本上以代客买卖为主要职能,自营或者批发业务只占其中极少的一部分。此后,华北牙商才逐渐拓展自营和批发业务,但是牙商代客买卖的行业职能始终保留并占重要地位。伴随着牙商营业范围的拓展,牙行逐步深入到土特产品以及洋杂百货等各主要商品的流通领域中,并在这些领域居于主导地位,直接影响商品的流通速度与规模。

具体而言,首先,民国华北牙商的发展与传统牙纪的发展并不一致。民国华北牙商的经营活动逐渐纳入世界资本主义市场体系中,牙商的发展与世界市场商品需求及其兴衰起伏紧密相连。民国以降,华北铁路网的兴建和远洋海运的发展,改变了以前华北地区仅限于国内南北间粮食、木材、土特产等商品的流通,把以天津为中心的华北地区的商品市场与世界市场联系起来。如"1914年天津进出口船舶数量比1900年增加了1.6倍,吨位增加了3.62倍。到1927年英国进出口船舶吨位比1914年增加了10倍,德、日等国增加了1倍左右"[1]。同时,华北各级市场间商品的流动以及口岸与腹地之间的整合,使牙商的中介业务成为一种迫切需要。牙商首先在与资本主义市场联系最为密切的天津、北京、青岛、烟台等中心城市形成发展,并逐渐扩展至各中间市场及乡镇初级市场,商品经营范围也从原有的土特产品向洋杂百货扩展,并随着中外经济联系的加强而发展壮大。民国华北地区的牙商不仅沟通了以天津为中心的区域内三级市场体系中的商品交流,而且联通了华北地区与国外市场之间的贸易往来,使华北地区经济向世界市场体系呈现结构性的开放格局,牙商则是这种开放格局中的桥梁与媒介。

其次,民国华北地区的牙商呈现出与传统牙纪截然不同的社会特征。民国牙商的社会来源更趋于复杂,既有弃政经商的官僚,也有靠盘剥百姓积累财富的地主和豪绅;既有资金雄厚的资本家,也有无任何资本的贫农和无业游民;

---

[1]　罗澍伟:《近代天津城市史》,中国社会科学出版社1993年版,第377页。

既有从旧式商业中走出来的商贾、学徒，也有新式教育下成长起来的知识分子；既有亦官亦商的代表，也有半农半商的典范。虽然他们还无法彻底摆脱封建主义的束缚，但是他们在创办新式企业的亲身实践中，灵活运用了一些资本主义的经营方式。在资本组织形式上，一些远见卓识的牙商开始放弃传统牙商惯用的独资制、集资制，转而实行资本所有权与企业管理权分离的股份制。在管理方式上，牙商大胆改革旧的管理体制，积极引进西方科学管理制度，注重用人之道。在经营理念上，他们注意掌握信息、紧跟市场，注重诚信，公平交易，在竞争中，不断改善服务态度、完善服务项目，由单一经营向多种经营扩展，由等待货源向深入产区、拓展货源发展，经营方式以内向型为主转变为内向型和外向型兼顾。与此同时，牙商也注意把持在商会中的主要职位，增加牙商在商界的影响力，提高牙商的商业地位，使牙行业成为占华北地区商业巨擘地位的重要行业。

再次，民国时期，华北地区的牙商依靠商品流通的需求，积累起丰厚利润，许多牙商成为富甲一方的巨商。利润的积累，势必导致资本的扩张和转移。部分华北牙商在积累了可观资本后，冲破中介代理的经营范围，将资本向流通领域、生产领域和金融信贷领域扩张和转移。

斯波义信认为："中国社会的规模容量巨大，也许与其说时间的差异性大，还不如说空间的差异性更大。"[①]本书对民国华北地区牙商的考察研究表明了这一点，也揭示了中国社会经济发展的多样性与区域差异性，彰显了区域性研究的意义所在。当然，学界对民国时期牙商研究尚欠深入，华北地区与其他区域的牙商宏观比较需要在今后更进一步的研究中加以完善。

---

① [日]斯波义信著，方健、何忠礼译：《宋代江南经济史研究》，江苏人民出版社2001年版，前言，第2页。

# 第二节　牙商与华北商品经济的发展

ERSHI SHIJI ZHI ZHONGGUO

　　民国时期，华北牙商是近代商品生产与流通规模扩大以及市场结构变迁的受益者，也是各地商品经济发展与市场繁荣发展的推动者。牙商在促进商品流通的同时，推动了整个华北各地商品经济的发展。

## 一、牙商与天津的港口贸易

　　以天津为主的进出口贸易繁荣促进了牙商的崛起和发展，但反过来牙商的发展也加快了华北地区进出口商品的流通。近代天津作为华北地区的进出口贸易中心，商品流通总量十分巨大，牙商作为商业的桥梁，一方面将华北腹地各类农产品原料源源不断地送入天津，另一方面又将天津大批制成品销售到华北腹地，推动了天津港口贸易的发展。

　　1860年，天津开埠后，进出口贸易逐渐增多，天津的客栈和小店也日见繁多，大部分集中在沿河两岸，如西关外、河北大街、北大关、北营门外、大红桥等地。当时客栈、小店只管存货住宿，不代客买卖，货物成交都由牙纪，俗称"跑合的"代为介绍，成交后按成交金额千分之五付给牙纪佣金。客栈、小店仅收存货费和住宿费。在此阶段的牙纪，并未有近代意义上的行栈，也无固定的

二十世纪之中国——乡村与城市社会的历史变迁

362

营业场所，往返穿梭于客栈或小店中，是名副其实的"跑合的"。

牙商在天津开设近代意义上的行栈是经营粮食业的"斗店"。"斗"是量粮食的方形木制器具，容量为一斗。旧时粮食以升、斗计量，因而把代客买卖、储存粮食并提供食宿服务的粮食市场称为"斗店"。

20世纪初期，随着农副土特产品的增多，尤其是从运河和大清河运来的粮食很多，都卸在沿河的客栈和店房，并在此成交买卖，这里就演变成为粮食交易的集市，这就是以后的西集和北集，资金雄厚的客栈或客房也演变成了牙商开设的斗店。清末民初，天津形成"五大斗店"——怡和、万春、同顺永、华丰裕和同孚新。

各斗店除代客买卖粮食，收取佣金和存栈费外，还供膳宿，收取宿膳费。斗店在代客售货后，买主可延期20天付款，所以，买主都愿通过斗店成交。这样客户粮食到津卸船后不几日就能全部售出，还能卖大价售粮，客户虽然迟几天才能取到款，但因能卖大价，也划得来。而买主也因能迟期付款，并且，钱不凑手，斗店还可代垫货款(买主付息)，这样也合适。所以，各斗店赚钱很多。山东人在津埠开设的通顺栈、仁和栈、天成栈等最初也只是客栈，以后也领取牙帖，增添了代客托运和转运，并代客买卖等业务。[①]

在粮业的推动下，牙商也纷纷涉足于棉花业、皮毛业和山货业、鲜货业等各行业。到1918年，牙商开设的较大牙行种类有四五十家。主要有：代理粮食业(成记粮行、华丰裕斗店等)、代理棉花业(大通栈、中兴棉业行栈等)、代理皮毛业(大义栈、汇源栈等)、代理山货业和代理鲜货业(锦记栈、锦茂栈等)。

到1928年，商会统计，斗店已由民初的5家发展为大小19家。主要包括万春新斗店、万和斗店、公义斗店、仁和斗店、东来斗店、同丰泰斗店、同顺永斗店、华长甡斗店、华丰斗店、华丰裕斗店、怡和馨同记斗店、恒利斗店和复兴斗店[②]，其他各类行业牙商开设的行栈也有数十个。到抗日战争前，天津牙商开

①　李杰三：《天津早期的货栈业——六十年兴衰史(1896—1956)》，见中国民主建国会天津市委员会、天津市工商业联合会文史资料委员会：《天津工商史料丛刊》(第4辑)，1986年版，第71页。

②　天津市档案馆、天津社会科学院历史研究所、天津市工商业联合会：《天津商会档案汇编(1912—1928)》(第2分册)，天津人民出版社1992年版，第1800~1803页。

设较大的牙行已增至近90户,从业人员达3200多人。①其中牛羊肉、猪肉、席、木炭、粮食、鲜货、油蜡、鸡鸭卵、棉花、皮毛等行业中的牙商都开设有规模较大的牙行。

为了详细了解各牙行业对商品流通和工商业发展的作用,下面介绍几种行业货栈的流通状况。

天津皮毛牙商开设的行栈,主要代客买卖各种皮张、羊绒、羊毛、猪鬃、马尾等。皮张、羊绒和羊毛的客户主要是来自锦州、赤峰、朝阳、通辽、承德、张家口、集宁、呼和浩特、甘肃、宁夏、西宁、河北省辛集、邢台等地的皮毛商人。猪鬃的客户主要是来自河北省丰南县胥各庄和兴济镇的猪鬃商。天津皮毛牙商业务是代客买卖兼自营。天津美丰厚皮毛行栈在东北、内蒙、青海和河北等省皮毛产区都有"外张"收购皮毛。

随着牙行业的发展,粮食牙商开设的牙行逐渐分为斗店和粮栈两种。粮栈主要代客买卖的是铁路和海运运来的大米、面粉,其客户来源于东北各地的粮商,广帮、上海和无锡的面粉商。启泰栈、大同栈和载贮栈等分别在怡和码头、招商局码头、太谷码头、金城银行(旧法租界靠海河沿)设有仓库,买方主要是天津市的各粮商和米面铺等。斗店的客户大部分是靠近内河沿岸的各地商号,西河主要是文安、雄县、安州、保定、坝县、容城、安国、深泽、衡水等地的客商,北河主要是三河、通县、武清和安次等地的客商,南运河主要是兴济、泊镇、油坊、沧县、东光、郑家口、连镇、临清等地的客商。买方则是米面铺较多。

棉花栈一般是专业栈,但也有部分运输货栈、皮毛栈、粮商栈兼营棉花的。档案记载,截至1936年11月,牙商开设棉花栈达45家。②棉花栈的客户主要是来自河北省的保定、石家庄、邯郸、邢台、唐山、衡水、廊坊、沧县等,山东省的德州、惠民、临清、禹城、利津等县,山西省的榆次、太谷、洪洞、临汾、侯马、运城

---

①　刘续亨:《天津货栈业发展沿革概述》,见政协天津市委员会文史资料研究委员会:《天津文史资料选辑》(第20辑),天津人民出版社1982年版,第174页。

②　天津特别市财政局:《杨敦馥王燕亭陈庆承包棉花皮毛鸡鸭卵牙行营业税》,天津市档案馆藏,档案号:54-1-0948。

等县。①每年运津棉花近150万包，以河北省为最多，占了总数的三分之二。买主为天津市各棉纺织厂，上海帮和日、德等外商洋行。

牙商开设之山货栈，以代客买卖为主，也有兼自营者。"1935年11月，牙商开设山干货行栈达44家"②之多。客户大部分是滦县、昌黎、遵化、蓟县、通辽、邢台、邯郸、涞水、易县和山西等地。③销售对象为天津市内批发零售家和出口商，数量约各占一半。

档案记载，"1937年天津特别市鲜货行栈商领有牙帖的共有15家"。鲜货栈的客户分为北鲜商和南鲜商，北鲜商大部分是河北省各地鲜货商和山东、辽宁的一些客户，南鲜商指四川、湖南、江西、广东等地的客户。各种鲜货绝大部分销在天津，出口的有销往香港的泊镇鸭梨、销往日本的遵化栗子。

以上牙商开设的各种类型的货栈，虽然经营业务不同，但都促进了天津商品经济的发展。各行栈之中，商客云集，牙商操纵着国外工业品的大量进口和国内各种土特产品的出口。各牙行业对天津的工商业发展、商品流通和成为华北最大的经济贸易中心贡献卓著。天津开业最早、规模最大的粮食业牙行是怡和斗店。该店位于南运河南岸，其旧址后为怡和街中学。由怡和斗店派生出了怡和店西街，因在怡和斗店西面而得名。与鱼市大街、双忠庙大街相邻近，东南端为南头窑小学。南头窑街道办事处辖区东北部有怡和街办事处，亦由怡和斗店派生，该店至1953年停业。红桥区东南部有斗店胡同，建于1912年，因毗邻同顺永斗店而得名。梨栈本指位于锦州道和兴安路交会处牙商开设的鲜货栈锦记货栈（今天津市曲艺团旁的果品公司批发部）。1898年，马家口划入日租界，这一带的交通、商贸日渐繁荣，锦记栈在此专门收购、经销天津人爱

① 李杰三：《天津早期的货栈业——六十年兴衰史（1896—1956）》，见中国民主建国会天津市委员会、天津市工商业联合会文史资料委员会：《天津工商史料丛刊》（第4辑），未刊1986年版，第77页。

② 天津特别市财政局：《杨敦馥王燕亭陈庆承包棉花皮毛鸡鸭卵牙行营业税》，天津市档案馆藏，档案号：54-1-0948。

③ 李杰三：《天津早期的货栈业——六十年兴衰史（1896—1956）》，见中国民主建国会天津市委员会、天津市工商业联合会文史资料委员会：《天津工商史料丛刊》（第4辑），未刊1986年版，第79页。

吃的鸭梨,因此梨栈就产生并很快叫响。1900年法租界扩大,把劝业场一带划入,梨栈所指地域范围得到扩大,就把马家口到今劝业场(即今和平路与滨江道、长春道、锦州道交会处一带)的地面统称为梨栈了。随着人口激增和商业发展,因牙商开设鲜货栈而来的梨栈一跃而为繁荣的商业区。

综上可见,牙商促进了天津港口贸易的发展。

## 二、牙商与石家庄的货栈经济

石家庄在京汉铁路和正太铁路未建成前,实属一小村庄,并未有商民之足迹。1903年京汉铁路通车,始有商民来往。1907年正太铁路通车后,石家庄成为京汉铁路与正太铁路之枢纽,商业日益繁荣。天津运往山西之商品,至此转正太铁路;由山西运往天津之商品,至此转京汉路。山西省南半部及石家庄附近各县的商品均以此为集散市场。故石家庄的商业地位颇为重要。20世纪20年代中期,石家庄牙商开设的货栈共33家,有代客买卖的,亦有代客买卖兼营自购自销者,还有牙商虽领有牙帖,但从事自买自卖者。这33家货栈中2家备有岔道。牙商开设的煤炭货栈最多,义合公、新泰裕、义顺通等3家货栈是煤炭栈还兼代客买卖布匹,万丰栈、义合永、义胜合、吉泰、天顺等5家货栈是煤炭栈并代客买花。仁记、和平、隆茂、兴华等4家棉花牙商开设之棉花栈,每年农历八一十二月交易最兴盛时,天津中外棉商临时派人来买或指定货色、价格,委托各棉花栈代为收买。牙商开设的还有粮店如致和、德聚、永义、合成等50余家,多系山西晋商开设。①

作为集散市场或中间市场的石家庄牙商开设的各货栈,在石家庄商业上之地位颇为重要。每年流入流出的进口洋货以煤油、纸烟、布匹、棉纱和杂货为大宗贸易商品,皆由天津及直隶各县运来,转往山西各地销售,其中煤油价值480万元左右,纸烟价值60万元之多。

由牙商开设各栈出口的商品以煤炭、粮食、棉花、铁货等为大宗商品,煤炭中的烟煤产于直隶井陉,硬煤产于山西平定县;粮食产于山西寿阳、榆次一

---

① 佚名:《石家庄之经济状况》,《中外经济周刊》(第181期),商务印书馆1926年版,第24页。

带；棉花产于直隶获鹿、正定、元氏、栾城、赵县、柏乡、宁晋等县和山西曲沃、洪洞、翼城等地（由平遥、太谷等县商人购买），由榆次运至石家庄；铁货产于山西平定县，由阳泉运至石家庄，其中铁锅占90%，大部分转销天津。根据京汉铁路的调查，1924年，由石家庄各栈运出之烟煤约为100万吨，硬煤为97 000吨，粮食2万吨，棉花2万吨，铁货1800吨以上。①

石家庄解放前夕，据中共冀晋区四地委城工部统计，1947年8月，石门（石家庄）共有牙商开设的行栈19家："未成公（车站南边货坊内）、大华公司（南道岔）、义记（道岔街，经理李克服）、保晋公司（道岔街）、义盛和（道岔街）、复聚（道岔街）、建昌（道岔街）、□（原档案看不清）有学（道岔街7号）、永兴栈（中山路中间路南）、鸿记（中山路中间路南）、公记梨栈（桥东）、公兴鲜果栈（永安街东头路南胡同内）、鸿昌（杨树胡同内）、万丰货栈（道口街路西）、宏茂（同义街内）、大昌（永安街东头路南）、阜聚长（同智胡同内）、鸿诚（得助街路南）、义聚通（民生街西头路北）"②。

从上可知，作为市场主体的中介桥梁——牙商，推动了货栈经济的发展，推动了辐射太原、天津、北京等地的商品流通，是石家庄商品经济发展的重要力量。

366

# 三、牙商与郑州的交通枢纽贸易

19世纪末，郑州还是一座仅在西大街、大什字一带有几家小店铺的小县城。20世纪初，随着京汉、陇海两大铁路干线相继建成通车，郑州的商业贸易才渐趋繁荣。牙商便开始在振兴街、兴隆街、顺河街和西关大街一带，设立棉花、粮油、药材、杂货等行店或行栈。各行店或行栈的成立，推动了郑州的交通枢纽贸易。

棉花牙商对郑州的交通枢纽贸易的发展贡献突出。郑州棉市未形成前，中

---

① 根据佚名：《石家庄之经济状况》，《中外经济周刊》（第181期），商务印书馆1926年版，第22页计算得出。

② 中共冀晋区四地委城工部：《蒋管石门调查》，河北省档案馆藏，档案号：117-1-42-10。

原地区各买卖方,均在汉口交易。民国初年,牙商棉花行栈的设立,促进了交易的兴盛。1919—1920年间,郑州棉花市场逐渐形成。到1931年间,牙商在郑州开设的棉花栈已高达30余家,年成交量30多万包,成交金额达数千万元。[①]来自陕西省渭南、径阳,河北省邯郸等地的棉花都是先集中到郑州各棉花栈,然后再分别运到天津、青岛等地。

随着棉花栈的发展,郑州整个市场设施也日趋完善。首先,棉花栈的发展,推动了棉花打包厂的建立和发展。1925年,郑州建立起了设备良好的豫中打包厂,其业务是专将散棉轧成铁机包,便于运输。其次,棉花栈的发展,还推动了金融业的发展。大宗棉花交易带动了银行、银号等金融业的生意。第三,促进了棉商的发展。沿海各大城市如上海、天津、青岛、济南等地的大纺织厂,均派人来郑州坐地收购或委托各棉花栈代买。上海的申新纱厂,日本的三井、日信、吉田等各大洋行,也都委托棉花栈代买。很快,棉花业在郑州市场形成了一支异军突起的商业大军。第四,促进了豫丰纱厂的成立与发展。在棉花业的发展带动下,1920年5月,由穆藕初创办的豫丰纱厂成为当时郑州最重要的工业企业。

除了棉花栈以外,牙商开设的经营大宗中药材的药行、药栈,多集中于南大街、东大街一带。从1928年,第一家药材货栈普利公开业,到20世纪30年代初,较有名气的药行药栈已发展到28家,外地药商约有200余家经常在郑州坐庄购销药材,年平均进货约300万公斤,销货量约225万公斤。[②]从1931年起,开始在郑州的塔湾和东大街一带举办一年一度的郑州药材骡马大会,每逢会期,全国药商云集郑州,成交十分活跃。经营大宗粮油贸易的粮行、油行主要分布在顺河街、南关一带。

民国初年,牙商便在郑州设立粮食行店,到20世纪30年代初发展到12家,30年代中后期发展到30余家。20年代以后兴起的还有集中在西大街一带的杂货行,集中顺河街一带的皮毛行,较大的商行有德盛魁、泰兴恒、豫通祥、德顺通、马聚盛、义合成、裕昌、和昌等,其余另有大小数户。鸡蛋行集中在火车

---

① 郑州市地方史志编纂委员会:《郑州市志》(第5分册),中州古籍出版社1998年版,第4页。

② 郑州市地方史志编纂委员会:《郑州市志》(第5分册),中州古籍出版社1998年版,第4页。

站附近的比较多,各地商贩的鸡蛋被益化、中和、盛丰、和记、马聚成、西记等各行收购,进而各行再将其运往各地。另外,还有集中在福寿街一带的盐行和分布在火车站、南菜市一带的山干果品行等。这些大大小小各行各业行栈约300余家。①在行栈发展的推动下,到20年代末30年代初,以火车站为中心的商业区日渐繁荣。

总之,牙商开设的各行栈在郑州的兴起,使大批量的交易有了可能,随着商品交易的活跃,商业的发达,郑州也很快成为重要的交通枢纽。

## 四、牙商与辛集的皮货经济

辛集位于河北省冀中平原南部,是明清以来乃至现在全国著名的皮毛集散中心。事实上,辛集并不出产皮毛,辛集的皮货经济的兴盛与皮毛牙商的经营密切相关。辛集市中心至今还有条东西大街,名曰"皮店街",这条皮店街是辛集皮毛牙商开设的皮店繁荣昌盛的一个历史见证。

皮店指为皮毛客商提供代客买卖、洽谈贸易、寄存货物、提供食宿的皮毛牙行。抗日战争前,辛集皮店街上有皮店40多家,有皮毛牙纪六七百人,其中较大的皮店有:同茂皮店、聚源皮店、华太皮店、同州皮店、万生皮店、德全皮店、天裕皮店、恒通皮店、泰记皮店、永昌皮店、大通皮店、荣昌皮店、同德成皮店、贾记皮店、开吉皮店、开泰皮店、太昌皮店、志诚皮店、同昌皮店、万和皮店、义生祥皮店;较大的毛店有:福增毛店、同泰毛店、中兴毛店、协兴毛店。②辛集皮毛店以公平诚信、熟悉行情、办事快捷、沟通供需为宗旨,在商界中口碑很好,故来辛集镇从事皮毛贩运的客商(行商)遍及全国各皮毛产区,且数量巨大,种类繁多,应有尽有。

据统计,抗日战争前,中国北方各省市几乎都为辛集镇提供皮毛原料。如河北省的顺德、大名和辛集镇邻近的各州县,山西省的大同、绛州、交城、寿

① 郑州市地方史志编纂委员会:《郑州市志》(第5分册),中州古籍出版社1998年版,第4页。
② 王登普:《辛集皮毛志》,中国书籍出版社1996年版,第51页。

阳、太谷、太原、榆次等，山东省的德州、范县、济南、济宁、临清、阳谷，河南省的扁家口、郸城集、开封、洛阳、许昌、郑州等，陕西省的榆林、田安、咸阳等，安徽省的蚌埠、亳州、南宿，绥远省的包头，甘肃省的兰州、天水，内蒙古的呼和浩特，宁夏省的银川，新疆省的乌鲁木齐、伊犁，察哈尔省的张家口、多伦等都有大批皮毛商人向辛集镇贩运皮毛原料。由于货源广，辛集镇每年收购的皮毛原料数量都很大。据不完全统计，1933年，辛集镇收集的皮毛原料品种和数量为："牛皮133 000张、牛犊皮75 000张、细毛羊皮350 000张、山羊皮100 000张、粗毛羊皮300 000张、骡马驴皮合计265 000张、水牛皮15 000张、滩羊皮3000张、紫羔羊皮3000张、山羊板皮155 000张、绵羊羔子皮50 000张，另有狗皮、狐皮、兔皮、猫皮等杂皮未详细统计。毛类有马鬃87 500公斤、猪鬃猪毛26 500公斤，羊毛112 500公斤"[1]。辛集的皮毛、皮革制品等不仅在国内畅销，而且还远销日、德、俄、英、法、比利时、葡萄牙、挪威、丹麦等国家和地区。

俗话说得好："一业能带百业兴"。民国时期，辛集皮毛驰名天下，商贾云集，车水马龙，流动人口每天都在万人以上。因此，带动了饮食、百货、金融、交通、文化教育等事业的发展。首先是饮食服务业的大发展。那时，经济实惠的小饭馆有近百家，还有3家特别出名的大饭庄，当时去辛集的国内外商人都夸辛集镇的饭菜好，厨师手艺高超。其次是百货杂货业的发展，紧挨皮店街形成了一条繁华的商业街，百货杂货商店有300多家。这些商店有一个共同的特点，就是70%以上的经营者是山西人，他们垄断了辛集的百货杂货行业。三是金融业的大发展。辛集为皮毛业服务的银号有十来家。中国银行、河北银行相继在辛集镇开设分号。四是交通业的发展。在近代运输业不发达的民国时期，辛集皮毛的运输主要是西北的骆驼队、马帮和当地的牛马车队。镇上的大车店有上百家之多。五是促进了文化教育事业的发展。由于皮毛业的发展，人们的物质生活得到改善。与之相适应，文化教育事业上有很大发展。如：当时辛集的两个戏园子，共能容纳1400多观众；另外，办有6所初级小学(其中女子小学一所)、一所高级小学。[2]在当时来讲，是一般县城所不能与之相比的。

---

① 王登普：《辛集皮毛志》，中国书籍出版社1996年版，第11页。

② 王登普：《辛集皮毛志》，中国书籍出版社1996年版，第11页。

　　辛集以皮毛店为龙头的皮毛业，除了对辛集各工商业有巨大的带动作用外，对于促进束鹿县(今辛集市)整个经济的发展也起了巨大作用。显著之处有两点：一是束鹿县农村的地主们纷纷进城办商业、开工厂，向资本主义转化比较早；二是束鹿县农村在河北省最早开始种棉花、弹棉絮、纺土线、织土布，自用之余，进入市场出售或交换。有些皮毛资本家同时经营花店、花站，不仅在辛集镇收购棉花，而且在晋县、藁城、深泽等地设点收购，然后通过滹沱河的船队运往天津，转口日本，设在天津的源记、全聚、大同等棉栈的东家全是辛集的皮毛资本家。

## 五、牙商与张库大道的跨国贸易

　　河北省张家口所处地理位置，向以西北交通之枢纽，商务之中心，扼库伦(即蒙古乌兰巴托)之咽喉，驰恰克图之孔道举世闻名。张家口既是蒙汉跨国交易之场所，也是中国北部对外贸易之"陆路码头"。清末以来，张库大道经营蒙汉贸易日盛，民初继续增加许多旅蒙商业，据商部1926年全年的统计，输出(指内外蒙)总值19 579 334元，输入(指由外蒙输入张垣)总值29 294 415元。[①]

　　张库大道作为一条对外贸易之路，在历史上有着举足轻重的地位。通过张库大道，茶叶、绫罗绸缎、内地的葱姜盐蒜，输送到乌兰巴托和恰克图；而输入内地的，不仅有皮毛，更有数不清的牛马骆驼等活牲畜。牙商的经营活动，促进了张库大道的跨国贸易的经济运行和市场发育。

　　据1929年统计，专门经营蒙汉贸易的旅蒙商牙行(被称为"恰克图货栈")，计有300多家。[②]当时，在张家口大境门外的西沟，以牙商为主的各牙行专门开辟了皮市、马市。张家口各行业牙商的经营活动还将内地之红茶、砖茶、生烟、丝绸、洋布、糖、皮靴、马鞍等与内外蒙旗之牲畜、皮毛、蘑菇、药材等实现贸易

---

　　① 　马清傲：《张家口皮毛业的由来及其兴衰》，载政协张家口市委员会文史资料委员会：《张家口文史资料》(第13辑)，1988年版，第7页。

　　② 　马清傲：《张家口皮毛业的由来及其兴衰》，载政协张家口市委员会文史资料委员会：《张家口文史资料》(第13辑)，1988年版，第7页。

交换,而其中牲畜、皮毛为大宗。因此,牲畜、皮毛牙行也非常多。其中皮毛业包括：张家口皮毛公会的代理店20家和皮毛行栈80家，其皮毛运输多以牛马车、骆驼为主,运向平津则以大车为主。1924年后,张家口皮毛工业在全国和亚洲、欧洲影响更大。每年到了旺季,全国各地的商人纷纷来此采购皮张,各皮毛牙行专门代理各客商收购皮张,促进了大宗皮毛贸易的发展。其中大境门外西沟的裕兴公、通兴栈、裕通元等皮毛栈,很多在蒙古做买卖的商人都派伙计长年住在这里,组织南方的货源往蒙古各地运,接收草原来的皮毛往各地销售。可见,牙商对张库大道的跨国贸易作出了很大贡献。

# 第三节　牙商与华北专业市场的兴盛

ERSHI SHIJI ZHI ZHONGGUO

　　牙商在商品流通领域的作用,不仅推动了华北各地商品经济的发展,同时也促进了华北一些专业市场的兴盛。

## 一、牙商与许昌烟草市场的兴盛

　　今日许昌西关的东、西烟行街,在新中国成立前没有东西之分,统称烟行街。在街中段仅有一条往南通向西关大街的小胡同。新中国成立后,才把这条街分为两段。因之,群众又把东段称之为东烟行街,西段称之为西烟行街,但在许昌市街道建制上, 仍统称烟行街。烟行街是由于许昌牙商开设的烟行的发展而逐渐形成的一条烟区,烟行街的兴盛带动了许昌整个工商业的发展。

　　烟行,是一种代烟商收购烟叶以赚得佣金收入的行业。1925年前,烟行街所在地还是一片荒地,既无一家烟行,也没什么街道。由于许昌盛产烟叶,许昌城也就成了全国著名的烟叶集散城市。

　　1925年,襄城县烟商丁杰甫首先在此购买土地半亩,建盖仓库、柜房共8间,筑起围墙院落,开设了许昌城第一家专门从事烟叶经营的烟行——华兴公烟行。1928年,又有山东人彭春建在华兴公的对面购地一亩多,建筑房舍20多间，开设了合盛公烟行。期间，又有南关宝大转运公司在这里开设了宝大烟行，于是这里便形成了街道的雏形。后来又有几家烟行依次向西建立，才逐渐形成了真正的街道，人称北后街。抗日战争前，在这条街道上发展起来的烟行已经有56家，从此，群众又把原来的北后街渐渐地改称为烟行街。

抗日战争前，许昌烟行日趋繁盛。牙商开设较大的烟行有56家，其中徐少卿开设的余兴和烟行、高孟久开设的九记烟行、张瑞甫开设的裕襄烟行等雇员高达五六十人，而拥有磅秤的烟行多达9家，这都代表了烟行的专业市场的规模较大。

抗战胜利之后，许昌烟市更加繁荣。1947年，烟行又发展到20多家，烟行街东至铁路沿线，西至运粮河畔（今烟厂东围墙处），一街两行全都是烟行，成了名副其实的烟行街。每到烟叶收购季节，满街卖烟人流车水马龙，熙熙攘攘，十分热闹。在烟叶收购旺盛时期，整个烟行街每天约收烟叶30万至40万斤左右。[1]这条街成了许昌烟城烟行业大发展的象征，也成了烟城历史的缩影。因此，烟行街这个街名，直到今天还在沿用着。

总之，牙商与许昌烟草市场的兴盛密不可分。

## 二、牙商与胥各庄猪鬃贸易的繁盛

晚清民国以来，直隶省丰润县（现在唐山市丰南区）胥各庄村随着运煤河通航和唐胥铁路通车而日趋繁荣。1891年，胥各庄第一个货栈中和栈成立。以后牙商纷纷在此开设货栈。民国初年，这里的行栈业有3家，均是独资开设，人员达数十人。其中，赵月波开设的华兴同栈有人员50人，董静中开设的中和栈人员有45人，李子舟开设的复生庆栈有人员20人。[2]这3家牙商均以代理粮油、猪鬃为主。到抗日战争前夕，胥各庄货栈已达到50多家。日伪时期，许多货栈

①　李耕五：《烟行街的来历》，载政协许昌市魏都区委员会学习文史委员会：《魏都文史资料》（第3辑），1990年版，第93页。

②　朱继经：《兴旺发达的胥各庄货栈业》，载政协河北省唐山市委员会教科文工作委员会：《唐山文史资料》（第6辑），未刊，第42~43页。

倒闭、转行，减为30家。日本投降后曾一度得到恢复，但又因内战而中途歇业，到1947年，仅剩16家。[①]

胥各庄牙商开设的各牙行以猪鬃贸易为主，为猪鬃贸易的繁盛作出了贡献。随着猪鬃贸易的兴旺发达，胥各庄经济日趋繁荣。据统计，1946年，胥各庄拥有店铺338家，包括猪鬃加工、粮油、棉花、食品、造纸、建材、机械、五金、陶瓷、燃料、化肥、医药等行业，特别是商业、服务、金融尤为突出。

## 三、牙商与安国药市的拓展

河北省安国县旧称祁州，因药业繁荣而闻名全国以及东南亚地区，享有"药州"、"药都"之称，在中国药业历史上具有重要地位。

安国药材庙会是从药王庙的修建开始的，由香火会逐渐发展成为全国重要的药材集散中心。药材庙会的兴旺发展，与药材"经手"有直接关系。1929年，天津《益世报》载："安国僻处内地，交通不便，而药材市场，以神道设教桎梏，尚能维持，信用之佳，在国内药材界堪称第一，真是一诺千金。而维持此信用者，厥惟经手人，亦即药材交易之介绍人。"[②]

经手，是介绍药材成交的牙商，在安国也常常被尊称为"药虫子"[③]（内行的意思）。他们对药材的产地、真伪、加工、炮制、作用及用途都有广泛的了解，是祁州药材庙会的经营骨干。1927年，在安客堂（即药材庙会的会首组织）登记经手有1800多人，为当地人。[④]在安客堂登记的经手，都有连环铺保。把自己的家产事业、房屋土地用文契抵押在安客堂，而后领取牙帖牌证，替药商居间介绍

---

① 朱继经：《兴旺发达的胥各庄货栈业》，载政协河北省唐山市委员会教科文工作委员会：《唐山文史资料》（第6辑），未刊，第37页。

② 本省新闻：《安国牙纪捐局，经手人反对》，《益世报》，1929年10月18日，第7版。

③ 赵德修：《"药业"经手》，载政协安国县文史资料委员会：《安国县文史资料》（第1辑），未刊1988年版，第79页。

④ 赵德修：《"药业"经手》，载政协安国县文史资料委员会：《安国县文史资料》（第1辑），未刊1988年版，第79页。

买卖。凡通过经手成交的买卖都记在经手的账上,由经手承担货款,到本届庙期结束后结算拨清,各守信用。当买卖发生特殊变故,到期不能拨款时,要由经手垫付,经手业不抵债时由安客堂筹垫。

富有经验的经手,对货色、质量、产地具有极高的鉴别力,他们虽然没有学习系统的理论,也没有显微镜的鉴别手段,但有眼看、鼻闻、手摸、口尝的经验。由于客商分帮口,当时号称"十三帮五大会",久而久之,经手各有其主顾,对成交负责到底。有的客商不亲自到祁州药会,只要给交往的经手来一信,所需货物保证办得妥当。

经手人守信誉,秤分大小,货分粗细,包装都有明确规定,不吃秤,不吃价,如有作弊行为,安客堂严肃处理,以示惩戒。安国本是偏僻小县,水陆交通皆不便利,能成为全国及东南亚地区有名的"药都",与安国经手的特点密切相关。正如档案所言:安国县"地点不临火车,不通河道,且不产药材,四方之所以荟萃者,以经手人员交易方法、款项拨兑,便于外商故也"[①]。

总之,安国药材牙商对安国药市的兴起和发展作出了突出贡献。

## 四、牙商与张北马桥牲畜交易市场的繁荣

张北位于张家口北部,坝上的最南端,是张家口通往坝上和内蒙古的交通要塞,而且水草肥饶,产牛马猪羊,营业此者,向赴张家口交易。自1929年起,张北县城成立马桥,每年牲畜交易之款,均为数十万元。马桥在张北县城北门外,占地约20亩。当时,"66名牙纪"[②]桥上拴有桩子。自此,张北马桥得到逐步的发展。张北马桥的客商远至上海、河南、东北三省,近至北京、天津、张家口,大到旅蒙商,小至牲畜贩子和当地农民。每天成百上千的人云集于马桥。

张北马桥的牙纪分马牙子、牛牙子、驴牙子等。张北的牙纪大部分是马牙

① 天津市档案馆、天津社会科学院历史研究所、天津市工商业联合会:《天津商会档案汇编(1912—1928)》(第4分册),天津人民出版社1992年版,第3842页。

② 牛金元:《张北马桥》,载政协张家口市委员会文史资料委员会:《张家口文史资料》(第13辑),未刊1988年版,第208页。

子,同时也兼做其他牲畜的交易。较早的牙纪有:秦元、徐恒、老孙三、刘庆林、范德雨、王永官、张耀东等。每名牙纪允许带两名会外牙纪,这样,就共有百余名牙纪。这些牙纪中,有的从小就"团弄"过牲畜,有的当过马贩子,有的经常上桥观看学得两手,干起这一行,久而久之,他们不仅能识别牲畜的口齿、毛色、产地,而且能说出每头牲畜的性情、力气、出肉多少。如张志斌,从小就"团弄"牲畜,多年的经验积累,使他摸摸牲畜的蹄腿就知道有多大的劲,捏捏脊梁就知道能出多少肉,扳扳牙齿就知道多大岁口,揣揣肚子就知道有驹没驹。他不仅眼力好,而且评议公道合理,被人们誉为"牲畜博士"。①

张北的马店是随着马桥的出现而逐步建立的,因牙纪在桥上拴绳子,必须由有字号的马店作保,才能取得买卖双方的信任。到1929年,已有马店20余家。较大的有刘宏来的永胜马店,费永胜的恒利店,罗玉的玉生店,刘庆金的义兴恒,刘庆林的人和马店,张凤阁的聚兴隆,白治国的义昌德,还有张士英的新顺城羊店和张士本的骆驼店。抗日战争以前,张北马桥每天上市的马约300—500匹,驴骡300匹,牛500头,羊2000余只。每年平均上市量:马属动物1万—2万匹,牛1万头,羊4万—5万只左右。②

自民国以来,商业逐渐发达,马店尤为发展。因张北马桥在北门外,而东、西、南大街就不如北大街繁华。每年秋夏之际,成百上千的人云集于马桥,周围布满了摆摊设点的,吃喝玩耍的应有尽有,人们交易而退,各得其所。南来北往的商客需吃喝住行,给这里带来旅客、饮食、交通、金融业的发展。民国年间,张北城有商业、旅店业百余家,到1934年,就发展到400余家。张北城的经济和建设得以迅速发展,是与马桥的建立分不开的。随着时光的变迁,马桥几经易址、几经更名,但能够让老百姓耳熟能详的还是"马桥"这个名称。如今的新马桥,已经成为华北地区最大的牲畜交易市场。

---

① 牛金元:《张北马桥》,载政协张家口市委员会文史资料委员会:《张家口文史资料》(第13辑),未刊1988年版,第209页。

② 马天贵:《张家口回族骆驼运输业与牲畜贸易事业》,载政协张家口市委员会文史资料委员会:《张家口文史资料》(第21辑,上册),未刊1992年版,第140页。

# 第四节 华北牙商的时代局限性

ERSHI SHIJI ZHI ZHONGGUO

民国时期，华北牙商的发展演变受到了多方面的阻碍。社会环境的恶劣和市场环境的变化给牙商的发展带来了巨大的压力；重农抑商传统观念的歧视，在一定程度上制约了华北牙商的发展；牙商群体本身的局限性严重阻碍了牙商群体的进一步发展；贸易统制政策阻碍了牙商的健康发展；市场分工的细化，部分行业的牙商被新兴行业所取代；社会进步使买卖、产销直接对接增多，冲击了牙行业的发展。

## 一、社会环境的恶劣

牙商发展离不开整个国家的社会环境，民国时期的中国可谓多灾多难，华北牙商也因此处境十分艰难。首先，是帝国主义的压迫。由于外国资本雄厚，在捐税方面享有特权，并受到帝国主义国家的保护，使其处于竞争优势。其次，是封建主义的束缚。由于民国各时期政府征收苛重的捐税，实行经济统制政策和通货膨胀政策，更使牙商获利困难。再次，是官僚资本主义的排挤。由于官僚资本在国民经济的许多部门占据垄断地位，华北牙商很难与之抗衡。因此，华北牙商在北洋政府时期和国民政府前期虽然有较快的发展，但是在其发展过程中，始终未能改变受帝国主义、封建主义和官僚资本主义的压迫和摧残的命运。

在第一次世界大战期间，日本趁西方列强在战场厮杀之际，加紧对中国的经济侵略和掠夺，企图把中国变成日本独占的殖民地。1922年，美、英、法、意、日、荷、比、葡、中九国在华盛顿会议上签订了《九国关于中国事件应适用各原则及政策之条约》（简称《九国公约》）。该条约的核心是肯定美国提出的在中国实行"门户开放，机会均等"的原则，这样，便又使中国回复到几个帝国主义国家共同宰割的深渊。1929年开始，资本主义世界爆发了空前的经济危机，帝国主义国家对中国的经济侵略更进一步加剧，特别是日本帝国主义在这一时期公然发动了对华侵略战争，使中国的民族经济遭到了严重的破坏。在这样的背景下，华北牙商的发展即使在极盛时期，也受到了帝国主义的压迫和摧残。

1937年7月，日本发动了全面侵华战争。为了掠夺沦陷区更多的物资，侵华日军实行了严格的贸易统制，先后设置了"物资统制审议委员会"、"物资调查委员会"，1941年，日伪在"以华治华"的幌子下发布了《调整物资统制一般原则》和《调整物资统制草案纲要》，规定"统制之主体属于国民政府，在事变继续中，随时与日方有关当局紧密联络，协力进行"。在这种严密的管制下，华北牙商的经营活动受到种种限制，难以正常发展。

下面以山东省张店棉花市场中棉花行受日本花行的压迫为例说明帝国主义对华北牙商的压迫。民国初期，山东省张店（今山东淄博张店区）并无经营棉花的市场。19世纪末20世纪初，山东省齐东县、邹平县、章邱县等县所产棉花和土布，多运销周村。第一次世界大战后，张店棉花业崛起，取周村棉花经营地位而代之。张店本地的棉花牙行也逐渐兴盛。但是日军看中张店是胶济铁路的枢纽，交通便利，是山东省重要的棉花集散地，便在张店开设日本花行。1921年，日本在此开设的花行有3家：和顺泰、日信、瑞丰。到1923年，日商在此开设的花行便有8家。日本花行凭借着雄厚的资本、先进的技术及捐税特权，使其处于竞争优势，对于本地棉花牙商的压迫和威胁甚大。关于这一点，从张店牙商与日本开设的花行交易情况的数据对比中可清晰地反映出来。

## 1923年山东张店棉花交易情况　　　（单位：担）

| 张店棉花牙行 | | 日本花行 | |
|---|---|---|---|
| 名称 | 交易数量 | 名称 | 交易数量 |
| 福盛和 | 2000 | 瑞　丰 | 62 000 |
| 复昌和 | 500 | 日　信 | 28 000 |
| 复成信 | 8390 | 和顺泰 | 12 000 |
| 公盛昌 | 1000 | 德　泰 | 12 000 |
| 公　义 | 5200 | 丰　田 | 9000 |
| 庆丰和 | 8260 | 三信成 | 7000 |
| 仁义兴 | 1000 | 公顺祥 | 6500 |
| 瑞　祥 | 1500 | 永　丰 | 4000 |
| 泰　益 | 1000 | | |
| 天　成 | 220 | | |
| 同丰益 | 1500 | | |
| 同泰成 | 252 | | |
| 同兴义 | 600 | | |
| 义丰合 | 500 | | |
| 益　丰 | 180 | | |
| 裕　昌 | 2400 | | |
| 中　棉 | 780 | | |
| 合计 | 35 282 | 合计 | 140 500 |

（根据李兆森、耿莲峰：《张店棉花市场的兴衰》，《淄博经济史料》，中国文史出版社1990年版，第220页整理而成。）

　　从图表可知，1923年，张店经营棉花业的共有25家，年交易数量为175 782担，其中日商永丰、丰田、德泰、三信成、公顺祥、和顺泰、日信、瑞丰8家，年交易则占14.05万担，占张店棉花交易量的79.93％。华商瑞祥、中棉、复昌和、益丰、同泰成、仁义兴、裕昌栈、义丰合、同兴义、福盛和、公盛昌、同丰益、泰益、公义、庆丰和、天成、复成信等17家，交易数量只有35 282担，占20.07％。日商瑞丰一家年交易量即达6.2万担，而华商最大的复成信年交易量则只是8390担，相差甚远。益丰年交易量只有180担，天成220担，同泰成252担，义丰合500担，复昌和500担，同兴义600担，中棉780担。这充分说明，张店棉花市场大部分操纵在日本棉商手里。本地的牙商只能在日本商人的压迫下勉强生存。

1937年12月,张店沦陷后,日本侵略军宣布:棉花为军用物资,不准华商经营,牙商仓库所存之棉花,"日本人以低于市价30%的价格强行收购"[①],牙商损失惨重。从此,牙商开设的花行只能全部倒闭,张店的棉花市场也逐渐冷清。

除了张店棉花牙商以外,再如前文所述,山东省平度县沙梁村(现属南村镇)的綦官晟,一位声名显赫、典型的民族资本家式的牙商,随着日本帝国主义的入侵,瞬息破产倒闭。又如,山西省晋城的爱国牙商尚广霖因不甘心做汉奸,所开设的货栈在家乡沦陷后倒闭,不久便在穷困潦倒中怀着忧国忧民的遗憾,离开人世……这些案例都说明在帝国主义的压迫下,华北牙商难以正常发展。

封建主义对华北牙商危害最大的是牙税、牙佣等捐税负担。1913年3月,北洋政府公布的《整顿牙税大纲》,总的精神是提高税率,增加税收收入。1915年,财政部公布了新的《整顿牙税大纲》,内容之一便是令牙商必须另换新帖,照章缴税;各省牙纪年税率应比照直隶省切实增加;帖捐率以直隶省为中数,不及者增加,超过者照旧;换领新帖时应按帖费缴纳2%的手续费。1934年6月,南京国民政府颁布了《整理牙税办法七项》,其中主要的一项便是整顿牙行营业税,规定牙商开设牙行时应先照章缴费,并按照买卖额或佣金额缴纳常年牙行营业税。

1916年11月,中华全国商会联合会的一份呈文称:"牙税稽征局及牙税专行、牙货公司之类,皆属前清所无,其所定税则,亦较前清极为加重。违法病商,至于此极。"[②]档案记载,1944年6月,天津特别市财政局令干鲜果牙行缴纳了牙行营业税后再缴纳1943年度的普通营业税,这种重征营业税的做法影响了干鲜果牙行的利益。为此,干鲜果品业同业公会便代表105家干鲜果牙行向

---

① 李兆森、耿莲峰:《张店棉花市场的兴衰》,《淄博经济史料》,中国文史出版社1990年版,第220页。

② 江苏省商业厅、中国第二历史档案馆:《中华民国商业档案资料汇编》,中国商业出版社1991年版,第750页。

天津特别市政府财政局呈请声称免征普通营业税："商等在本市经营山干鲜货牙行,纯系代客买卖,业经请领牙帖,并遵章缴纳牙行营业税各在案。不意昨奉通知,饬令缴纳1943年度普通营业税,商以此项通知与稽征牙行营业税章程第11条所载(已缴纳牙行营业税之牙行得免征普通营业税)之规定不符,实难接受……且牙行营业税税率高于普通营业税数倍,该商等既已根据纳税标准缴纳牙行营业税,所请免征普通营业税一节,尚无不合,兹据前情,理合备文呈请鉴核,俯赐查案,对于已纳山干鲜货牙行营业税之牙行,饬属免征普通营业税,以符定章,而维商业,实为公便。"①民国年间华北牙商除交纳繁重的牙税以外,还要负担地方的牙杂税等附加税。

华北牙商在受到封建地主阶级压迫的同时,还受到官僚资产阶级的压迫。如前文提到的山西太谷县粮食牙商高必明在太谷县粮行独霸一方, 名声远播,引起了官僚资产阶级的注意。"四大家族"之一的孔祥熙和山西土皇帝阎锡山十分眼红, 先后插足粮行和高必明竞争。牙商当然无法与官僚资产阶级抗衡,故高必明便从太谷商界泯灭了。

## 二、重农抑商传统观念的歧视

中国的重农抑商思想起源较早,这种思想产生于战国时期,在商鞅变法中明确将重农抑商政策提出, 并将其作为大力推行农战政策的基本内容并付诸实施。从此以后,中国历代统治者为了把广大人民束缚在土地上,达到为统治者所驱使的目的,都将重农抑商作为治国的不二法门。

统治者在实行重农抑商过程中,其一,反复强调农业为本业,商业为末业的"本末意识";其二,尽可能抹黑商人的形象,贬低商人的社会地位;其三,从日常生活等诸多方面对商人进行限制,并对商人的服饰、建房、乘车实行歧视性规定;其四,从多方面限制商人和商业活动,如限制商人的政治权利,不许其后代做官;其五,利用税收制度惩罚商人。

---

① 天津特别市财政局:《关于商号已纳牙行税请免营业税》,天津市档案馆藏,档案号:55-2-2060。

随着欧美重商主义的传入，清末，重商主义便不断冲击着中国的重农抑商的传统观念，对中国工商业的发展产生了很大的影响。民国以来，政府颁布了一系列保护工商业的措施，鼓励农村地主投资工商业，并对产业资本进入工商业采取了一些保护措施。作为商人群体一部分的牙商也受到了民国政府的保护。

但是，牙商作为一种古老的居间性商人群体，仍然受到传统的重农抑商观念的影响。如民国时期，牙商依然被看作是重利轻义、以玩弄手腕获利的奸诈商人，甚至认为牙商的存在阻碍了商业的发展。牙商从业者仍然遭受着行业歧视，"牙行经纪人多属地痞流氓，运销合作发展到某一程度，两者利益互相冲突之时，必会有一个极激烈的挣扎"①。不少学者认为，牙行已经阻碍了农村发展，"牙行原为主张农产品流通的机关；但是现在，却已变成为阻碍农村发展，剥削农民血汗的利器。"②"商业之中，以牙行之交易，品格最下"。更有学者呼吁："游行牙纪亟应废除，以铲除寄生阶级，而减免商民之负担"③。"不仅州县地方官随意增加，而且地方上的流氓无赖也私充牙行，从中牟利，牙行之滥已失其撮合交易之初衷"④。

总之，民国时期，虽然政府采取了保护牙商的种种政策，牙商也得到了一定的发展，但是，传统的根深蒂固的重农抑商政策和观念仍是牙商身上的沉重桎梏。

## 三、牙商群体本身的局限性

民国时期华北牙商虽然对区域经济社会的发展起到积极作用，但是牙商群体本身的局限性严重阻碍了牙商群体的进一步发展。

---

① 溥荪：《中国的牙行制度》，《农行月刊》，1936年第3卷第8期。

② 溥荪：《中国的牙行制度》，《农行月刊》，1936年第3卷第8期。

③ 朱偰：《营业税实行以后之牙税及典当税问题》，《社会科学丛书》，1936年第2期，第139页。

④ 龚关：《牙行与集市——明清至民国时期华北集市的市场制度分析》，《天津商学院学报》，2001年第1期，第21页。

第一，牙商从业的盘剥手段是阻碍牙商发展的最大障碍。民国时期华北牙商在从事经营活动中存在着吃盘、吃秤、量具捣鬼、杀级压价、高利贷盘剥、掺假捣鬼、哄抬物价等盘剥手段，从客户身上榨取很多额外的收入。牙商的种种盘剥手段和经营陋规恶习，为市场所诟病，亦为商家所不满，自然招来各种指责和排拒，同时也使牙商的信誉丧失，导致牙商群体的竞争力下降。所以，当市场进一步发展，贩运商的贸易能力可以达到脱开中间商之时，便疏远、绕过、脱离旧有的交易模式，以直接交易代替间接交易。

第二，华北牙商的发展受到牙行组织形式的制约。民国时期，牙行的经营形式虽然有先进的股份制经营类型，但依然存在着很多利用家族或乡谊关系筹集资金开设的独资和集资牙行，这些牙行多采用家族经营制。如民国时期，河北丰润县胥各庄采用家庭经营制的牙行包括：成记栈、东成栈、恒丰栈、华兴同、汇记栈、荣华顺、同丰栈、东聚永栈、万盛栈、万顺兴、万兴栈、兴茂栈、永顺兴和中和栈等。[①]在牙行初创阶段，家族经营制便于凝聚力量，克服困难。但是等到牙行规模扩大了以后，不可避免地受到了种种限制。这种限制主要表现在家族经营制的牙行往往由经理个人做出决策，而个人决策往往导致决策失误或意见分歧，给牙行的发展带来不利因素。

第三，华北牙商的发展受到其行业职能的制约。民国时期，华北牙商的行业职能包括中介代理、信息和服务职能、栈房职能、金融职能、公证和收付货款职能、对市场进行管理的职能、批发职能等等。在这些职能中，金融职能、对市场进行管理的职能和批发职能等对牙商的发展不利。

牙商的金融职能之一便是向客户提供放款。虽然说放款业务能增加牙商的利息收入，但是遇到特殊情况、客户亏损巨大或信用不好的客户，则会导致牙商所放钱款无法收回。如：1945年8月，日本投降后，天津物价暴跌。客户囤积在牙商处的货物因物价暴跌而货不抵债，客商向牙商所借款项根本无法偿还，因此牙商破产者大有人在。

牙商对市场进行管理的职能中的一项重要内容便是代理官方征税。虽然

---

① 朱继经：《兴旺发达的胥各庄货栈业》，载政协河北省唐山市委员会教科文工作委员会：《唐山文史资料》（第6辑），第42~44页。

说这项职能便于牙商把持市场交易，但由于民国时期牙税征收存在诸多弊端，导致牙商与客户间的纠纷不断。如：1935年12月1日，河北省捐税监理委员会针对牙税征收纠纷案层见叠出，特制订3项办法，河北省通令各县局遵照在案。但是由于牙商与客户的立场不同，双方的纠纷仍难以避免。

牙商的批发职能对于牙商的正常发展也很不利。民国时期，牙商开设的牙行，其主要的业务虽为代客买卖，但随着资金的积累、交通的便利和时代的发展，以批发为主的自营买卖，成为牙商经营的另一重要方式。牙商的批发职能使一些牙商逐渐演变成了批发商，这是社会的一种进步，但对于牙行业自身的发展不利。

第四，牙商的经营活动受到季节和经营方式等因素约束。首先，华北牙商的经营活动受到季节的限制。牙行业以经营农副产品为主，而农副产品季节性明显，一般秋、冬季节旺盛，而春、夏季节生意萧条。这使牙行业的经营时间受到约束，正如薛不器所言：牙行业之营业"每年仅半年左右之时间"，而牙行业"一年间之开支，须由此半年间之营业而来"。[①]其次，华北牙商的经营除了经营现货交易以外，也经营期货交易。期货交易很容易导致牙商的利益受损。其中行市涨落和货物品质不符为主因。例如，牙商在经营期货交易时，现货市价较低，那么期货交易开盘的价格故而略低。如果不幸到交割时期，行市较交易成交时发生较大的上涨，卖方受损甚大，但又不得不交割货物。在这种情况下，卖方往往以次货搪塞，而买方当然不能承认，要求按照期货批货单上货物的质量收货，如果卖方实在拿不出符合要求的货物，买方就会要求牙商承担赔付责任，牙商的利益自然受到损害。

第五，牙商的兼业是制约牙商发展的重要因素。民国时期，部分牙商对牙行业并未从思想上加以重视。很多牙商尤其是乡镇牙商大多把牙行业作为一个兼职对待，这对于牙商的发展壮大不利。如察南涿鹿县（今河北省涿鹿）在民国时期的"斗牙行，实质上，是个兼业"[②]，"所有斗牙纪都有兼业，专业斗牙

---

① 薛不器：《天津货栈业》，时代印刷所1941年版，第31页。

② ［日］山口俊田：『察南涿鹿縣に於ける鬥牙行事情』，滿鉄調査月報，張家口経済調査所，昭和十九年（1944）一、二月号。

纪是极少数的,占有最大地位的兼业就是农业"①。"县城内的斗牙纪把专营斗
牙业作为专业的也是少数。其他的斗牙纪约95%是农业"②。涿鹿县辛兴堡村3
名斗牙商兼职从事农业的情况如下图所示。

1944年涿鹿县辛兴堡村斗牙商从事农业兼业情况一览表

| 斗牙商名 | 斗局名 | 伙友数 | 官斗数 | 经营亩数(亩) |
|---|---|---|---|---|
| 李 成 | 万顺斗局 | 1 | 1 | 5 |
| 张宝泰 | 兴盛斗局 | 3 | 1 | 110 |
| 李 珍 | 宝珍斗局 | 3 | 1 | 27 |

（材料来源：[日]山口俊田：『察南涿鹿縣に於ける鬥牙行事情』,经济调查
月报,张家口经济调查所,昭和十九年(1944)一、二月号。）

从上图可知,涿鹿县辛兴堡村李成、张宝泰、李珍3名斗牙商分别开设万顺
斗局、兴盛斗局和宝珍斗局,他们各自拥有官斗1个,并雇佣牙伙若干。除了从
事牙行业以外,3名牙商也从事农业。其中李成经营5亩土地,李珍经营27亩土
地,张宝泰经营土地则高达110亩。

## 四、贸易统制政策对牙商的强力排斥

### 1.国民政府"贸易统制"政策对华北牙商的排斥

20世纪30年代中国的"统制经济"③思想"不仅在学术界广为流传,实际上

---

① [日]山口俊田：『察南涿鹿縣に於ける鬥牙行事情』,満鉄调查月报,张家口经济调查所,昭和
十九年(1944)一、二月号。

② [日]山口俊田：『察南涿鹿縣に於ける鬥牙行事情』,満鉄调查月报,张家口经济调查所,昭和
十九年(1944)一、二月号。

③ "统制经济"的概念,在现代经济学的各种辞典中已经找不到了。在20世纪30年代,具有这种
经济政策或体制特点的经济建设模式,苏联称之为"计划经济",而在中国、日本则命名为"统制经
济"。相对于市场经济而言,计划经济与统制经济有很多相似之处。如二者都强调政府对国家经济的
干预,反对资本主义生产中的竞争和垄断等。故当时马寅初就断言："统制经济,亦称计划经济。"

也得到政府的认可,成为国策,并被予以倡导和实行"①,这为抗日战争时期国民政府战时经济体制下全面实行贸易统制②奠定了基础,也对华北牙商的发展造成了严重的影响。

抗日战争全面爆发前,山西的贸易统制政策对牙商的发展影响较为严重。

1932年,阎锡山重新执掌山西的军政大权。对于贸易统制,阎锡山有自己的看法和理解。他一方面惊叹于苏联在经济建设方面所取得的成就,从而效仿苏联,提出"山西省政十年建设计划";另一方面对当时德国和意大利的法西斯统治下的集权主义十分推崇。这样,在当时十分流行的"统制经济"的名义下,阎锡山利用政治权力,在山西省实行了"贸易统制"政策。

1934年9月制定了《晋绥实施经济统制方案》,其中对贸易统制作出五项决定,其主要内容是:"斟酌供给需要关系,对于输出入货物加以奖励或限制;规定全省主要物产价格,以免奸商乘机抬高物价,阻碍省货之推销;在重要城市和各村镇组成以国营商店和国货消费合作社为主的商业网络;奢侈品或全省特种产品,实行政府专卖;省外设立贸易机关,并规定奖励输出办法。为控制对外贸易,阎锡山先后设立一系列外贸机构,如西北贸易商行、太原斌记商行、实物准备库等,并且与全国的抵制日货运动相呼应,大力推行土货运动"③。

通过以上措施,阎锡山在山西省建立实物准备库,设立分支库和合作商号,垄断主要农副产品、一般生活用品的购售,形成了对全省商业的垄断。

在这种商业垄断下,对商品实行统购统销,其本质便是对牙商从业活动的强力排斥,所以,对牙商的发展造成了严重的影响。

抗战全面爆发后,国民政府为了维持债信,争取外援,对贸易实施管制,其中最重要的措施就是由国家出资设立国营贸易公司,对所有重要出口农产品

① 郑会欣:《战前"统制经济"学说的讨论及其实践》,《南京大学学报》2006年第1期,第86页。

② 贸易统制,就是对自由市场经济的取缔,对自由经营和贩运的严厉限制,及对重要商品物资流通的控制。

③ 陶宏伟:《民国时期统制经济思想与实践(1927—1945)》,经济管理出版社2008年版,第76页。

实施统购统销,由国营公司垄断经营。实施贸易统制政策,一方面,在战争状态下,有利于国民政府争取物资、保护资源;但另一方面,贸易统制政策的本身便是对处于流通领域的牙商经营活动的强力排斥。

### 2.华北地区中共根据地战时经济政策对牙商的排斥

由于受苏联计划经济政策的影响,在华北地区中共根据地内,中国共产党为了保障军民生活必需品的供给, 支持根据地生产事业的发展, 实行了带有"战时共产主义"色彩的经济政策。中共根据地主要通过发展合作事业和公营商店等组织形式排斥牙商的经营活动,对农副产品实行统购统销。

1938年,中共在太行、太岳区成立了贸易统制局。后来,随着根据地的扩大和政权的巩固, 颁行了一系列对重要生活物资的贸易统制政策, 对粮食、棉花、药材、羊毛、食盐等消费物资实行统制。①

1940年8月,晋察冀边区首次经济会议中决定通过发展合作社的方法排斥牙商的活动。"牙纪是封建社会的产物,进行超经济剥削,基本上要取消的,但这是方向,要取消牙纪还须要一个过程,在目前过渡期,办法应该是,以商人代替商人,以牙纪代替牙纪。第一,发展合作社。合作社起了应有的作用,或者说一般的乡村经济活动大部通过合作社, 那么牙纪自然会消灭的, 这是基本的工作。第二,目前合作社可以派人担任牙纪的任务,合作社不发展的地方,暂由政权派人办理,这一牙纪的任务,是解除中间剥削,便利人民买卖,县区合作社贸易局要有标准的计秤尺,执行牙纪的任务,原则上不收费。第三,各地可以根据具体情形,自行规定办法。关于干部,可以进行牙纪登记,选拔一

---

① 华北地区各革命根据地在不同时期实行贸易统制的品种不同。1941年11月,《晋冀鲁豫边区特种出口货统制暂行办法》规定,统制的品种为:草帽、草帽辫、瓜子、核桃仁、花椒、黄花菜、栗子、麻、麻籽、木材、柿饼、席子、杏仁、羊毛、羊皮、羊绒、药材、枣仁。1941年12月,晋察冀边区委员会令各级政府对布匹、粮食、棉花、皮毛、铁、铁器、油、榨油原料实行统制。违者除将所运物资全部投收外,分别给予下列治罪:1.奸商图利大量运销者处以汉奸论罪。2.小商贩情节不重者酌处百元以下罚金。3. 一般人民犯罪情节轻微的免予治罪。1942年5月,《中共山东分局财委会关于法币问题的指示》规定,对粮食、耕牛、棉花、毛皮等重要产品实行贸易统制。1944年3月,《山东胶东区货物出入口与汇兑管理暂行办法草案》规定,统制的品种为:粉干、丝绸、食花椒、油豆、生饼、生米、生油等。

些好一点的牙纪,或者训练一批新干部,使其掌握技术,在政府领导人民监督之下,执行牙纪的任务。"①

关于中共根据地利用公营商店和合作社的力量压抑牙商的经营活动,1943年7月,邓小平在《太行区的经济建设》一文中指出:"对敌贸易不能采取政府'统制'一切的办法,而是'管理'的办法。对内尤不能'垄断',而应采取贸易自由的办法。对于商人的投机行为,则利用公营商店及合作社的力量,加以压抑。"②

到解放战争后期,中共已认识到新民主主义经济形态下牙商存在的必然性和统制经济政策存在着对包括牙商在内的工商业者的错误排斥。如:1948年6月,薄一波在《华北工商会议的结论》中指出,"工商干部必须彻底扫清统制思想,给工商业者以充分自由"③,过去根据地"有的交易所取消私人行栈或给行栈规定统一的手续费……严重地影响着工商业的发展"④。所以,从此以后中共根据地准许牙商"私人设立行栈"⑤。

### 3.日伪"贸易统制"政策对牙商的强力排斥

在抗日战争期间,日本为获取支撑战争所需的各类物资,在华北沦陷区秩序稍有恢复后,便开始对农村市场贸易实行统制。其基本特征是:取消自由市场经济,保证军需供给,限制城乡贸易,防止剩余物资流入抗日根据地。日本在华北农村市场贸易统制的手段和方式在不同的地区、不同的时间也不断变化和调整,但总体上是逐步趋于系统化和制度化。在日伪贸易统制下,华北农村市场的牙商不再发挥交易的中枢作用。首先,随着交易场的建立和日伪直接征税的开始,牙商的代理官方征税功能丧失。其次,日伪对交易产品的价格统制,使牙商也失去了价格的决定权。再次,虽然牙商的斡旋交易和计量的功

① 魏宏运:《抗日战争时期晋察冀边区财政经济史资料选编》,南开大学出版社1984年版,第415页。
② 邓小平:《太行区的经济建设》,见《邓小平文选》(第1卷),人民出版社1994年版,第77页。
③ 许思奇:《中日消费者保护制度比较研究》,辽宁大学出版社1992年版,第44页。
④ 许思奇:《中日消费者保护制度比较研究》,辽宁大学出版社1992年版,第44页。
⑤ 许思奇:《中日消费者保护制度比较研究》,辽宁大学出版社1992年版,第45页。

能得到了保留,但是牙商是在日伪严格的监督下机械地发挥着这个职能。

由于战争对原有社会经济的破坏,在华北沦陷区乡村市场中,生产和流通都出现了严重衰退和停滞,在统治区秩序稍有恢复后,日本当局便开始对其贸易实行统制,采取的主要贸易措施有以下三点。

第一,建立统制机关农村合作社等。伪新民会的农村合作社是日伪在华北乡村市场推行贸易统制的最主要机关,也是伪华北合作事业总会在农村最基层的单位。农村合作社成立后,与日伪行政机关、新民会、军警宪特协同一体,对城乡商贸实行"计划性"行政控制,强制干预商品流通和交易。

第二,固定贸易场所,设置交易场。抗日战争时期,市集制度在大多数的华北乡村还占有重要的地位。市集提供了一个初级的、让贸易活动积聚起来的场所。为了便于统制和管理,日伪政权于1941年对华北乡村市场体系进行了整顿,集市场所减少,其动机可能想使集市与区公所数目相符。① 在日伪谎称"以期农产物交易之公正且为圆滑农产物之处理及品种之改良并谋增产等为目的"下,交易场所被固定在某一地区,称为"交易场",各种单项市场多被取消。如栾城县规定:商民买卖货物,务须就近到交易场或交易分场交易,而对于没有设立交易场之各村集市一律取消。②

交易场内交易的物资几乎包括了所有华北农产品:"小麦、玉米、大米、高粱、谷子、黄豆、黑豆、小豆、绿豆、芝麻、棉花、面粉、大麦等,土布、猪毛等农副产品,猪、羊、牛、马、驴、骡等牲畜也都在交易场内买卖"③。如寺北柴村的调查:"今年开始的交易场所都卖什么东西?什么都卖。比如粮食、棉花、牲畜等等。"④农产品进出交易场都有严的手续。如栾城县东关交易场:"根据物品的不同,有的窗口,从南边开始,依次是:棉花交易部门、粮食交易部门、土布交易部门、牲口交易部门,都立着牌子。当天进交易场的卖方主要出示入场登

---

① [日]中国農村調査刊行會:『中国農村慣行調査』(第6卷),岩波書店1981年版,第14頁。

② [日]中国農村調査刊行會:『中国農村慣行調査』(第3卷),岩波書店1981年版,第498頁。

③ 《关于交易场开设办法及业务暂行规定(例)》,新中训令第675号,《新民会报》第31号,1939年7月1日,第6~7页。

④ [日]中国農村調査刊行會:『中国農村慣行調査』(第3卷),岩波書店1981年版,第12頁。

记票，在上面记载来卖的东西和大约这个量是多少，交易完成之后呢要把卖的东西和剩余的量要记录进来，然后把这个（记录表）交给出口处的守门人，才可以走，管得很严。这个买方呢，他要在这个报告单上记载着买主、卖主、物品、数量、价格等，也要向这个窗口提交。然后是每一块钱要交5厘的手续费，另外呢，在交易票里面，要记载着同样的事项，然后在出口的地方按上手印，他按上手印才能出来。"[①]

截至1941年3月底，河北省已开设交易场94处。到同年10月，山东省有10个县设立了交易场。[②]日伪开设交易场的目的，名为"以期农产物交易之公正且为圆滑农产物之处理及品种之改良并谋增产等为目的"[③]，本质上是固定农产品销售地点，获取农业资源，防止农产品流入抗日根据地。

察哈尔省涿鹿县（现属河北省）大米交易场是在1942年11月1日设立，由涿鹿县伪农事合作社事业共同贩卖系统经营的。涿鹿县公署禁止农家庭院购买，对于违反者，停止发给大米的搬出许可证，而且运出大米的禁止交货等强硬政策。所以，购买者也逐渐地在交易场购买。按照规定，不经过大米交易场运出县外是不可以的。运出县外的大米要经过县公署许可，在交易场规定的大米交易票上要盖上"运出县外"的红色图章。在包装缝口处盖上红色的"涿鹿县农产物交易场"的图章。

第三。严格统制农产品的收购。太平洋战争爆发后，粮食问题更严重地危及日本军事作战和后方统治，于是日伪便不顾一切地直接向农民摊派，强征粮棉等军需民用物资。所谓农产品贸易业务，完全被行政收购所取代。摊派的数量，则完全由日伪根据需要和主观想象决定，根本不考虑实际生产和自然灾害的影响。冀南、豫北农村连续几年遭受蝗虫等自然灾害，收获颇少，但日伪认为以前这里是丰收之地，便规定了巨额的上缴量，连日本记者都觉得"严

---

①　[日]中国農村調査刊行會：『中国農村慣行調査』（第3卷），岩波書店1981年版，第360頁。

②　王士花：《"开发"与掠夺：抗日战争时期日本在华北华中沦陷区的经济统制》，中国社会科学出版社1998年版，第156页。

③　《关于交易场开设办法及业务暂行规定》（例），新中训令第675号，《新民会报》第31号，1939年7月1日，第9~10页。

重脱离实际"①。这使农民上缴粮棉后,生活相当困苦。

日伪统制农产品的收购,在很多情况下实际上是强行压价征购,收买价大大低于市场价。如1938年秋,日本规定西河美种棉在产地收购价为每包不得超过38元,而当时天津西河美种棉市场价格在65元左右。从价格差上,就可以看出棉农的经济效益减少近一半。在山西,棉花最初完全由日军统制收购,日军规定1938年棉花收购价只为山西汾阳市场价的55.66%。1939年收购价只为汾阳市场价的50%。②

征购的物资都被运往伪满、日本及其战争前线,以作军需或准军需之用。"日伪得到了大量粮食,农民以公定价格卖出,不足成本,致本身无粮食可以食用。日伪的这种强征其实是强迫农民作出牺牲,对日贡献。"③

随着日本对华北农村市场的贸易统制,华北牙商的功能发生了萎缩。首先,牙商代理征税功能消失。抗日战争以前,由于市场和官方机构的不完善,官府一直未在农村市场设立专门的税务机关。在这种情况下,官方利用牙商在农村市场进行代理,发挥征税功能。从这种意义上讲,牙商是官方在农村市场的代理征税者之一,但是并没有在国家政权机构中获得合法地位和收入。日伪统治时期,日本为了更好地掠夺乡村市场的税收来源,日伪在华北沦陷区的各县建立了不属县政府管辖、而直属省财政厅的税务局,该局在各区设立派出机构,管理该区市场并征收捐税。④

河北省从1942年开始,所属的21个县都设立了专门的税务征收局,负责征收牙税、牲畜税、屠宰税和其他省税以外的县附加税。这些征收局,在县内的各个地区都设分局,隶属于省统一设立的昌黎县第四分所的泥井镇的税务征

---

① 《华北合作事业视察团座谈会记录》,《华北合作》,第10卷第1期,第21页。

② 杜秀娟:《抗日战争时期日伪对华北棉花资源的统制与掠夺》,河北师范大学硕士学位论文,2006年,第21~22页。

③ 王士花:《"开发"与掠夺:抗日战争时期日本在华北华中沦陷区的经济统制》,中国社会科学出版社1998年版,第170页。

④ [日]中国農村調査刊行會:『中国農村慣行調査』(第3卷)(第488頁)、第5卷(第569頁)、第6卷(第14頁),岩波書店1981年版。

收分所,包括主任在内一共有10名人员。"直接征收泥井集市所辖范围内所有的省税部分和地方附加税。这个税务分所的人员按月领取俸禄"①。承征员大多是由原来承包乡村市场牙税的包商组成,牙纪(牙商)事实上已经不是代理官方征税职能的牙商了。这个时期,牙商只是"在市集上来记载税票的一个税务所的书记员"②。

虽然税务征收所形式上是成立了,但是如果没有牙商的合作,那么征税几乎也是很难的,经费也就很难拿到。因此,作为征税机构的税务所的建立,并未使牙商和牙税的包商退出农村市场的征税舞台。实际上,作为负责征收的承征员还是由原来的包商转换过来的。牙商"虽然名义上是分所的成员,实际上和过去的包商没有任何差异"③。

其次,牙商价格决定权功能丧失。抗日战争以前,在华北乡村市场牲畜市的交易中,牙商具有价格决定的绝对权;在粮谷市的交易中,牙商具有维护价格的功能,并在一定尺度内有价格的决定权。抗日战争中,日伪为了最大限度地掠夺经济资源,对产品的价格采取完全统制的方法,规定了市场交易中几乎所有产品的价格。如1941年前后河北省栾城县东关交易场采用公定价格公布板的方式,对上市物品明码标价,垄断价格。由于日伪对市场上交易物品的品质、等级、价格等都做了详细的规定,使牙商失去了价格的决定权。

再次,中介交易及计量功能的转变。日伪统治前,华北农村的牙商是自由地在集市或庙会等贸易场所进行交易的斡旋和计量。但是,日伪统治后,牙商则必须是在日伪合作社职员及商务职员监督下进行斡旋交易和计量。④牙商的中介及计量功能虽然保留下来,但是这个功能的实施方法也发生了巨大的转变。牙商被固定在交易场,按照日伪的命令,往往被编排成小组,按照中国农历的日期轮流,机械地进行中介和计量。

---

① [日]中国農村調查刊行會：『中国農村慣行調查』(第5卷),岩波書店1981年版,第334、380頁。

② [日]中国農村調查刊行會：『中国農村慣行調查』(第5卷),岩波書店1981年版,第337頁。

③ [日]小沼正：『華北集市上的牙行——特别是關于其税收功能』,『和清博士還曆紀念：東洋史論叢』,東京,1951年版,第236頁。

④ [日]中国農村調查刊行會：『中国農村慣行調查』(第2卷),岩波書店1981年版,第403頁。

顺义县仁和镇交易场共有16个斗牙商(或称为斗牙伙、斗伙)。为了达到互相监督的目的,他们在斡旋交易及计量时要求必须是2个人。除此以外,他们还要受到斗市纠察员的监督。[1]日伪为了便于对斗牙商的管理,他们负责斡旋交易及计量的值班日期都是固定的。这个值班日表在中国农历年的开始就制定出来,然后严格执行。如斗牙商值班表中的第一组董兰田、东德升,他们两个人的值班日期分别是正月十七日、正月二十五、二月三日、二月十一日、二月十九日、三月七日、三月十五日、三月二十三日、四月二日、四月十日、四月十八日、四月二十六日、五月四日、五月十二日、五月二十日、五月二十八日、六月六日、六月十四日、六月二十三日、闰月一日、闰月九日、闰月十七日、闰月二十五日、七月三日、七月十一日、七月十九日、七月二十八日、八月六日、八月十四日、八月二十二日、九月一日、九月九日。

在日伪的统治下,仁和镇的16个斗牙商被分成上面的8个小组,按照规定的日期、固定的搭配,轮流斡旋交易和计量,他们的工作有专门的斗市纠察员进行指导和监督。

总之,贸易统制,对华北牙商的发展产生了严重的后果和影响。第一,市场经济的正常运转遭到了严重的破坏。农产品集散流通被割裂,农村市场的大部分市场功能丧失。第二,由于取消自由市场经济,曾繁荣一时的农产品市场和日用消费品市场出现严重萎缩。第三,限价政策往往使商品低于成本,商品无法按实际价值在市场流通。第四,贸易统制导致黑市盛行,物资奇缺,物价飞涨,市场一片萧条。

## 五、新兴行业的取代

民国时期,华北牙商的发展演进建立在市场经济由传统向近代转型的历史背景下,它的变化轨迹受到当时市场变迁条件的制约,并赖于这一条件而存在。从市场尚未充分发展的意义上讲,牙商正是借这样的条件才得以保持

---

① [日]中国農村調査刊行會:『中国農村慣行調査』(第2卷),岩波書店1981年版,第395頁。

其相应的业务。但是,随着近代商品市场构成和流通过程的变化,在市场现代化的进程中,商业职能的分工越来越细,牙商所具有的某些职能逐渐被新兴行业所取代,最明显的便是堆栈业对部分牙行业的取代。

所谓堆栈业,即"设备建筑物及场所以保管他人托存货物之营业也"①。堆栈的兴起,使牙商原先的代贮、放贷职能遇到竞争,在仓储能力弱小,无法适应流通规模扩大的情况下,牙商传统的行业职能便会在竞争之下被堆栈业所取代。

代客存货和资金放贷是堆栈业两项最主要的功能,也成为堆栈业得以取代牙商的两个重要条件。这主要是因为此两项功能恰恰与牙商的"栈房功能"和"信贷功能"形成激烈竞争。堆栈业拥有专业化的客货存贮设施,这是堆栈存在并为商家接受的根由,也是牙商当初之所以能在市场立足发展的职能之一,只是牙商在这方面的能力明显弱于专业化的堆栈业。另外,堆栈业能为客商贩运提供更为专业和更多资金上的服务,使客商不必只靠牙商,有了更大的选择余地。

20世纪40年代,在天津,由于堆栈业的发展,除干果牙商备有仓库场院外,资本薄弱的牙商,不再置备代客商贮存货物的仓库和客房;有的牙行虽有仓库和宿舍,但设备颇为简陋,容纳货物有限。通常情况下,无仓库设施的牙行只能将客货转存于堆栈仓库。例如棉业牙行自行设置仓库代客商贮存粮食者只有两三成,由各地客商运津的杂粮大多转存于堆栈仓库。当时堆栈业大多为银行及大商行经营,其日常业务虽为存放保管客商货物,但主要业务为"栈单放款"。客商借款可以在货物运津而尚未出货之时,持仓库栈单向堆栈押款。在这种情况下,牙商的仓储业务势必被堆栈业所取代。②

---

① 丁振一:《堆栈业经营概论》,商务印书馆1934年版,第2页。

② 《天津棉花市况》,《工商半月刊》第1卷第12期,1929年6月15日;薛不器:《天津货栈业》,1940年版,第10~11页。

# 六、社会进步使买卖、产销直接对接增多

民国时期,在一些经销进口洋货或国内新式工业机制产品的流通领域中,例如五金、西药等商业流通领域中,从其一开始就出现了批零分工,并不存在牙商这一居间环节。华北地区的牙商一般多产生在有较长历史传统的流通领域,或产生在随市镇人口增加而需求急速发展起来的农产品和手工产品等生活资料流通领域。

随着社会进步,牙商面临分工变化和竞争加剧两个方面的压力,结果在若干行业领域,随着买卖、产销直接对接增多,牙商逐步退出了中介代理业,商品交易不再需要牙商的参与,于是,牙商从一些商品流通领域中退出。

20世纪30年代,在山东省进口货和日用品贸易领域中,由于受专业贸易公司竞争和厂家自销的影响,产、供、销关系发生变化,一些过去多半靠牙商提供货源的厂家和商家,逐步摆脱对牙商的依赖,自主进货营销。

河北省无极县郭庄村的土布集市在民国期间很繁荣。起初集市上有许多土布牙行店为西北口(张家口以远地区)代买无极县和附近的藁城县、新乐县和定州县等地的土布。但是随着社会的进步,到20世纪20年代以后,山西、察哈尔、绥远等省的财东,也有河北省藁城、正定、深泽、冀州等县的富民,还有无极县内的古庄、马村、东侯坊、北牛诸村的坐商在郭庄经营的布店"德茂隆、聚和、新泰、复元、德和、同益、广升、公聚祥、同义永、全盛、广盛泰、德聚成"[①]等收售土布,不再代买土布。再如:民国年间,高阳的土布线庄在天津、上海、青岛等地都设有外庄,专门在那里购买棉纱,发往高阳总号。总号将其中的一部分投放到高阳线市出售。凡参加线市交易的商人,每年纳会费2元。线市分早、晚两市,每天上市的商人有一二百人,他们三三两两洽谈生意,讨价还价。这种交易没有牙纪,"但双方都讲信用,成交时全凭口头一句话。成交数量较大时,则买卖双方各写一张纸条,条上注明买(或卖)多少,买什么牌号的纱,多

---

① 刘宗诚:《扬名西北的郭庄布店》,见《河北文史集萃》(经济卷),河北人民出版社1992年版,第51页。

少包，什么价钱，是现货还是期货等，互相交换，回到柜上各自下账。就这样完成了棉纱的交易"[1]。

随着本地商家与外地客商，买家与卖家愈来愈多地实现直接交易，批发与零售间的交易也变得愈来愈直接，使牙商业逐渐式微。据《益世报》记载，1934年的北平，由于受时代潮流的影响，牙商趋于时代淘汰，缘于社会文化进步，人们智识日高，趋向自由营业，故"今之牙商制度已破，一切规矩无形取消"[2]。

---

① 高河：《"七·七"事变前的高阳织布业》，见《河北文史集萃》（经济卷），河北人民出版社1992年版，第36页。

② 文彬：《违法病民的牙税帮助日货畅销》，《益世报》，1934年7月4日，第8版。

# 第五节 华北牙商的扩张与演进

ERSHI SHIJI ZHI ZHONGGUO

民国时期,华北牙商凭借各种不同的本领,积累起丰厚利润,许多牙商成为富甲一方的巨商。利润的积累,势必导致资本的扩张和转移。部分华北牙商在积累了可观资本后,冲破了中介代理的经营范围,将资本向流通领域、生产领域和金融信贷领域扩张和转移。

## 一、牙商资本在流通领域的扩张

华北牙商资本在流通领域的扩张体现在以下几个方面。

第一,由中间商转变为批发商、实体商或牙商兼实体商。早期牙商保持着代客买卖的中间商性质。但随着牙商业务的发展,牙商很快就突破了这种经营范围,直接经手办货,自营大宗买卖,开始转化为批发商、实体商或牙商兼实体商。至于牙商转化为批发商、实体商或牙商兼实体商的案例,可以参考第四章的内容。

关于牙商向批发商、实体商或牙商兼实体商转变的这种现象,有地理学家从销售链的理论角度出发来研究市场上中间商人的演变。Bromley(布洛里)认为:"连接生产者和消费者的交易次序及商品流动的次序称为'销售链'。大多数销售链包括一个或多个中间商"①。实践说明，在贸易发展的初期，中间商人在商品流通和销售链中发挥着重要作用，但随着交通的发展，信息沟通能力的增强和贸易的需求，中间商人将逐渐被批发商、实体商或牙商兼实体商所代替。这正如另一位地理学家佛曼和里格霍普（Forman and Riegelhaupt）所指出："在贸易发展初期，销售链被逐步拉长，小规模的中间商大量增加；然而，需求增长和交通运输条件的改善又将导致销售链缩短，农村小规模的中间商减少，最后将被具有高资本投入和高贸易额的大规模的城市批发商所取代。"②

第二，由中间商转变为中间商兼转运商或转运商。民国时期牙商有向商户提供代客转运的职能。如档案记载："查牙行一项，系专为代商转运货物，介绍买卖而设。凡货物由出产地运至销场，一切囤积、销售皆得委托牙行代办。"③随着业务的拓展，为了便利客户货物的运送，一些华北牙商转变为中间商兼转运商或转运商。关于华北牙商转为牙商兼转运商的案例，前面已有论述，此处不再赘言。至于牙商转为转运商的案例也很多，如据日本宪兵小川部队调查，天津的一些牙商开设的行栈，如锦泰栈、锦记栈、美丰厚等在1945年变成了转运公司。④

第三，为一些大型商场、百货公司及商行提供创业资本。1934年，由河南省孟县李家创办的郑州三义长绸布店是郑州经营纺织品行业中创建较早的名店之一，其资金来源于牙商的原始积累，由李廷贤的义永长绸布店及四弟李廷选、五弟李廷忠的棉布摊合资创办。⑤始建于1939年的元隆顾绣绸缎商行是北京著名的丝绸店，由"山西省阳泉市郊南庄村的王氏四兄弟（王幼宸、王子衡、

---

① 转引自石忆邵：《商人迁徙与城市化发展》，同济大学出版社2003年版，第6页。

② Forman S, Rlegelhaupt J F.*Market place and market system:towards a Theory of Peasante Econonnc in-tegration*, *Comparative Studies in Society and History*.1970, P202.

③ 江苏省商业厅、中国第二历史档案馆：《中华民国商业档案资料汇编》，中国商业出版社1991年版，第704页。

④ 天津市档案馆：《天津商会档案汇编（1937—1945）》，天津人民出版社1997年版，第1090页。

⑤ 孔令仁、李德征：《中国老字号·6·商业卷》（下），高等教育出版社1998年版，第6页。

王来祥、王来祺）创建并经营"①。王幼宸曾先后在友义顾绣皮货店和鸿兴德顾
绣皮货店工作，并和四兄弟经营GOLD STAR店。靠着代买代卖的资本积累，
把GOLD STAR店扩建为元隆顾绣绸缎商行，到北平解放前夕，商行资金已达
2万余元。1905年创建的锦记栈②是"河北省献县人全洁身"③靠着锦泰栈（代客
买卖兼批发鸭梨）的牙业资本积累在马家口新建的鲜货果品市场。

第四，华北牙商积极参与创建交易所。牙商资本在流通领域的扩张还体现
在他们促进了商品交易所的创建。例如1920年山东省成立的第一家商品交易
所——青岛物品取引所，就是由55家牙商参与发起组织成立的，"当时青岛几
乎所有有名的行栈都参加了交易所的交易"④。再如1931年成立的青岛物品证
券交易所，是牙商宋雨亭（开设有通聚福行栈）联合多家牙商发起组织成立
的。

## 二、牙商资本向生产领域扩张

牙商在积累了可观资本后，向生产领域的扩张体现在以下两个方面。

第一，开办工厂，成为企业资本家。民国时期，华北牙商在具备了充足的资
本后，对投资工厂、开办企业表现出了极高的热情，出现了相当数量由牙商兴
办的工矿企业。其中前文提到的穆伯仁和苗氏家族等都是牙商变为企业资本
家的杰出代表。牙商资本向生产领域的扩张无论对商人资本抑或对近代市场
经济，都有着深刻的意义和影响。对于商人资本而言，汰旧出新，造就了一个
新的商人群体，这个群体的中坚是开埠城市的商人资本和行栈商人资本。与
传统商人不同，他们不再逡巡于旧领域，而是热衷于在新兴贸易中兴业生财，
积累资本。牙商资本向生产领域的扩张标志着在近代工业资本产生之前，商

---

① 孔令仁、李德征：《中国老字号·6·商业卷》（下），高等教育出版社1998年版，第18页。

② 天津市和平路从滨江道口到锦州道口这一段，早年称梨栈大街，梨栈大街就因附近海河岸
边水果鲜货的锦记栈而得名。

③ 孔令仁、李德征：《中国老字号·5·商业卷》（上），高等教育出版社1998年版，第381页。

④ 庄维民：《近代山东行栈资本的发展及其影响》，《近代史研究》，2000年第5期，第63页。

业资本便已开始了向近代形态的转变,逐步成长为具有近代资本主义特征的商人资本家或商业资本家。换句话说,牙商通过商业贸易积累起可观的资本后,经营范围逐步向工业领域拓展,兴办工业企业,从而为近代工业提供了所需的资金和经营人才。因此从一定意义上说,正是商人资本的结构变迁为近代工业化进程提供了必要条件。

从经济学的角度而言,牙商将积累的资本投资于工业企业,实质上是将商业资本转化为工业资本的过程。商业资本向工业资本转化,商业资本与工业生产相结合,是商品经济发展到一定程度的产物。这个转变过程,加大了商业资本对工业资本的渗透,大大增加了扩张的空间,延长了自己的产业链,因此,商业资本转向工业资本的过程减少了冲突,实现了双赢。商业资本转化为工业资本,提高了商业资本对资本风险的识别和控制能力。因为商业资本向产业资本的渗透,就是通过商业活动实现资本收益,实质还是为了获得商品销售的价格优势,降低采购成本,增加渠道利润。商业资本转化为工业资本可以发挥资本优势,减少盲目性。商业资本在向工业资本领域延伸时,必然要涉及生产的方方面面。两种资本合作结成协作关系,利益目标一致,以利润为纽带,使这种资本联合实现优势互补,可以规避自己投资生产的风险。

商业资本向工业资本转化中兴起的资本主义工商业采用大机器生产与较为细致的社会分工,加上近代规模的营销方式,以及人们生活节奏的加快,竞争成为必然。这种前所未有的变化也使民众心理发生了变化,一部分人开始放弃传统的生活经营方式而向近代化生产方式看齐,一部分人开始走出家门,走进城市,进入工厂。改变了社会的基本结构和基础构成,直接引发社会的变革和进步。商业资本转化为工业资本为近代工商业的发展奠定了基础。商业资本转化为工业资本发生和发展所形成的产业资本,是商业经济顺应社会变化的产物,成为经济中最具有时代特色的标志,代表经济的时代发展方向,反映了经济的新发展,也为近代工商业的发展奠定了基础。

从上可知,民国时期,牙商的活动已超越纯商业的范围,向着新兴工业领域扩展。法国"年鉴派"第二代宗师布罗代尔曾说:"大而化之,资本主义就是通常为着利己的目的把资本投入到生产过程中的方式。"[1]若将此话加以引申,可以说,牙商由商业积累资本,再投入近代工业的活动,实际上也是近代商人"资本主义化"的过程。

第二,购买土地变为农业地主资本家。民国时期,华北牙商还靠积累的资本购买土地,变成农业地主资本家。如河南省临颍县开设代客买卖土布生意的余庆长布行经理刘东升在赚取了充足的资本后,便买了42亩地耕种。再如:赵县棉花行店的牙商东晏头陈家、西河宋家、西门翟家、西卜庄任家等都置有百亩良田,他们以商促农。[2]

华北牙商将积累的资本购买土地,实质上是将商业资本转向农业资本的过程。其意义在于:商业资本转向农业资本,积极促进与引导了生产发展,促使自给自足式的小而全或大而全的生产向商品化、协作化的方向转化;商业资本转向农业资本,发挥了商业功能,保障了社会供给,促使消费方式的深刻变革;商业资本转向农业资本,繁荣了城乡经济,促进了区域经济中心格局的形成;商业资本转向农业资本,不仅引导与推动了社会生产方式、经济结构的调整与优化,同时保障了社会生产与社会需求的良性循环,有助于社会经济效率的提高,使市场供求格局不断出现新的变化,更有利于展示其对农业生产发展的反作用,推进近代中国社会的整体变迁。

# 三、牙商资本向金融信贷的扩张

民国时期,华北牙商除了代客买卖的代理职能以外,还有向客户提供垫款、存款、放款等业务的金融职能。这种职能体现在客户将商品存入牙行,在未成交以前如需现款,可由牙商垫付,按日计算利息。对于信用较好的客户,牙商也准许他们使用超出存货数目的价款,等于放款生意。牙商金融职能的本身便反映了牙商资本向金融信贷的扩张。

---

① [法]费尔南·布罗代尔:《资本主义论丛》,中央编译出版社1997年版,第86页。

② 王庆珠:《解放前的赵县棉花市场交易》,《赵县文史资料》,未刊1987年版,第158页,国家图书馆藏。

至于牙商资本向金融信贷扩张的案例也是不胜枚举。民国时期，河南省尉氏县蔡庄镇开设的全升和粮行等除了代客买卖粮食外，开设了存、贷款业务。而河北涿鹿钱粮行在代客买卖粮食的同时，为了贷款便利，自己发行纸币并办理汇兑储贷业务。天津达孚货栈还向客户发放高利贷。另外，刘子山，一个曾经多年蝉联青岛首富的掖县籍（今莱州）商人，从商早期，他以代客买卖草帽辫为业，在有了充足资本后，其由一贫寒农民转变成了一位大银行家。他在1918年发起创办了青岛东莱银行，随即在济南、天津、大连等地设立了分行，在上海设立了汇兑所。

牙商资本向金融信贷的扩张，实质上代表了牙商的商业资本向金融资本的转化。从经济学上来讲，商业资本向金融资本的转化意义在于：首先，商业资本转化为金融资本，意味着商家和金融资本家不再是简单的利益关系，而是一种战略合作关系，商家和金融资本家处在利益风险的同一战线，使商业资本和金融资本能够相互配合，实现资本共享。商家和金融资本家紧密结合在一起，形成风险—收益联盟集团，按照商定的策略和游戏规则，共同开发市场，共同承担责任，共同管理和规范销售行为，共同分享利润的一种战略合约。其次，商业资本转化为金融资本，意味着商家和金融资本家可以合资经营，形成共同出资、共同管理、共担风险、共享利益的经济结合体，依靠双方的专业优势，降低成本，从而实现整体利益的最大化。再次，商业资本转化为金融资本，意味着金融资本强化它们对企业的影响力，企业拥有企业股权，并由银行派出人员参与企业经营决策，银行业与企业之间形成信贷关系，使双方之间产生关系性融资。由于银行制度建立了企业与银行之间的"内部"资本市场，能够解决借贷双方的信息不对称问题，提高了资金借贷效率，减少了信贷资金的风险。

金融资本是指由银行资本和产业资本相互渗透、融为一体而形成的最高形态的垄断资本。马克思在自由资本主义时期根据资本积累理论预见到商品经济发展到一定程度，商业资本与金融资本结合是经济集中发展的结果，最终将形成金融垄断资本主义。列宁认为：生产的集中，从集中生长起来的垄断，银行与企业日益融合或者说长合在一起，这"就是金融资本产生的历史和这一概念的内容"①。列宁是在新的历史条件下,运用马克思的竞争必然导致垄断的理论进一步分析了商业资本与金融资本随着垄断的形成,会进一步结合。金融垄断可以控制商品的生产、流通,开始出现新的模式。鲁道夫·希法亭认为:现代资本主义的最典型特征就是集中过程,"这一过程一方面表现为,由于卡特尔和托拉斯的出现使得'自由竞争被扬弃',另一方面则造成银行资本和产业资本之间日益紧密的联系。正如我在后面将要阐述的那样,这种联系使得资本采取了其最高级也最抽象的表现形式——金融资本"②。也就是说,牙商由商业积累资本,向金融资本转化和扩张的过程,实际上就是中国近代商人现代"资本主义化"的体现。

总之,资本的运动不是仅限于一次循环的运动,而是不断重复地循环运动。这种连续的周而复始的资本循环,就是资本周转。马克思说:"资本的循环,不是当作孤立的行为,而是当做周期性的过程时,叫做资本的周转。"③而牙商在商品流通领域的扩张、向生产领域的扩张和向金融信贷领域的扩张既体现了资本的周转和增殖,又体现了中国近代商业的进步。

---

① 《列宁全集》第27卷,人民出版社2011年版,第362页。

② [奥地利]鲁道夫·希法亭著,李琼译,《金融资本》(前言),华夏出版社2010年版,第1页。

③ 《马克思恩格斯全集》第24卷,人民出版社1972年版,第174页。

# 小 结

民国时期，华北牙商具有明显的区域性特征。他们既是近代商品生产与流通规模扩大以及市场结构变迁的受益者，也是各地商品经济发展与市场繁荣发展的推动者。牙商在促进商品流通的同时，推动了整个华北各地商品经济的发展，也促进了华北一些专业市场的发展。

华北牙商的发展，受到了多方面的阻碍。首先，牙商是在帝国主义、封建主义和官僚资本主义压迫和统治下发展起来的，尽管牙商曾经努力抗争，但是始终不能完全摆脱他们的压迫；其次，重农抑商传统观念的歧视，在一定程度上制约了华北牙商的发展；第三，牙商群体本身的局限性严重阻碍了牙商群体的进一步发展；第四，贸易统制政策阻碍了牙商的健康发展；第五，市场分工的细化，部分行业的牙商被新兴行业所取代；第六，社会进步使买卖、产销直接对接增多，冲击了牙行业的发展。

华北牙商依靠商品流通的需求，积累起丰厚利润，许多牙商成为富甲一方的巨商。利润的积累，势必导致资本的扩张和转移。部分华北牙商，在积累了可观的资本后，冲破了中介代理的经营范围，将资本向流通领域、生产领域和金融信贷领域扩张和转移。这种扩张和转移既体现了资本的周转和增殖，又体现了中国近代商业的进步。

# 第九章 CHAPTER NINE

## 华北牙商的纠纷与社会变迁

纠纷，是指特定的主体基于利益冲突而产生的一种双边或多边的对抗行为。它也被称为冲突、争议或争执，其包括"紧张、敌意、竞争和在目标和价值上的分歧"①等表现形式。民国以来，中国社会处于一种新旧交替的转型期，牙商的社会地位发生了很大的变化，在牙商高额利润的诱使下，一时间社会各阶层跃跃欲试，牙商的社会成分日趋复杂化，良莠不齐的从业队伍使牙商纠纷呈现了多元化的特点。与此同时，随着商品经济的迅速发展，因牙商经营而引起的各种新问题、新情况更是层出不穷，不断出现。在这种社会背景下，牙商纠纷而引起的群体性事件更是频频暴发，构成对社会和商业秩序的威胁，并对区域社会带来了一定的社会

---

① [美]伊恩·罗伯逊(Robertson.I.)著，黄育馥译：《社会学》(上)，商务印书馆1990年版，第25页。

变迁。本章以获鹿县民国档案和天津市档案为主，考察民国时期华北牙商纠纷的情况，着重探讨牙商纠纷的类型、特点及社会变迁等内容。为区分民国年间与民国前牙商纠纷的异同，首先必须明了民国前华北牙商纠纷的类型与特点。

# 第一节　民国前华北牙商的纠纷

ERSHI SHIJI ZHI ZHONGGUO

　　明清以前,关于华北牙商纠纷的资料很少。从已有的研究成果来看,主要集中在度量衡纠纷和牙佣纠纷两个方面。[①]明清官牙制确立之后,各行各业中大凡是需要上市交易的货物皆需依赖牙商从中贸易,牙商便一跃成为市场贸易中一个重要的角色,牙商纠纷也开始具有与以往不同的特点。由于年代久远,关于明清时期牙商纠纷的大量第一手资料已不易得到,但从大量的古文典籍和部分档案中依然可以发现,明清时期的牙商纠纷大量出现,成为一大社会问题。根据纠纷的类型,大概可以分为牙、商纠纷,牙、牙纠纷,度量衡纠纷和差役纠纷四类。

　　明清时期,因利益主体不同,牙商与商户、手工业者之间时常发生冲突,即牙、商纠纷。根据牙商与各色商人、手工业者间纠纷发生的原因,牙、商间的纠纷又可以分为私充牙商纠纷、货款纠纷、牙商把持行市纠纷、牙商跨界纠纷和

---

　　①　详见陈明光、毛蕾:《唐宋以来的牙人与田宅典当买卖》,《中国史研究》,2000年第4期;李达三:《宋代的牙人变异》,《中国经济史研究》,1991年第4期;李伟国:《宋代经济生活中的市侩》,《历史研究》,1992年第2期; 黄东海:《明清商牙纠纷类型及所见国家商业社会控制》,《华东政法大学学报》,2010年第6期;邱澎生:《由市廛律例演变看明清政府对市场的法律规范》,《史学:传承与变迁学术研讨会论文集》,1998年。

牙佣纠纷等。

私充牙商纠纷,指的是明清实行官给牙帖制度后,由于官牙具有的部分公法职能(官府通过对官牙的控制,实现税课的征收和对市场秩序的管理)和信息优势,私充牙商现象频频出现而引发的纠纷。道光年间,河南洛阳县头畜行,共有十五镇牙商,并设牙商总行头1名,承办春秋祭祀等差。金玉振本系粮行牙商,曾冒充头畜行牙商总行头多次。1830年,金玉振"复顶伊子金恒明之名,捏保钻充"①。赵临堂等因金玉振向来办事不公,与同行公议,向知县禀请总行头由十五镇牙商按年轮充。经县议详批准在案。后来金玉振因不遂其私充牙商,便到官府呈诉诬告赵临堂等抗欠差费。

货款纠纷,指的是牙商与商户的货款纠纷。牙商的主要职能之一就是代商户买卖货物。理论上,牙商将商户托付的货物售出后,应该立即将货款交付商户。但是一些不法牙商,不仅将货款延期归还,甚至将货款吞为己用,从而引发纠纷。冯敬涯、冯禧之父子系鲜货牙商,二人接受多名商户委托销售荔果。父子二人转委托店主李湛然发卖。但是冯氏父子再从李处"领取荔果银后,并未支付给投托商户"②,反而将银两私吞。商户出票追索未果,遂引起诉讼。官府判决令冯氏父子二人按票退还商户银两,并对冯氏父子杖示惩罚。另外,还有丝客吕鹏投托牙商韩振海发卖丝货,"韩振海又将丝货散与铺户郭养锦等发卖,因韩振海等人拖欠丝款,引起纠纷"③。官府判决令韩振海负责照数归还吕鹏货款,并对韩振海等各杖赎发。

除了牙商私吞商户货款纠纷外,还存在店家捏告牙商或赊取牙商货物,不如数支付牙商货款的纠纷。如:方礼为代客买卖的牙商,各散铺店家向方礼赊取货物,货款完欠不一。方礼多次讨要无果,遂将各散店家悉数诉讼于官府。官府判决"各散铺店家俱照数清还方牙,店家倪心源混推,应杖以惩"④。又如:

① 杨一凡、徐立志、高旭晨、俞鹿年:《历代判例判牍》(第10册)(道光十年六月二十六日,公请轮充头畜行总行头事),中国社会科学出版社2005年版,第32~33页。

② [明]颜俊彦:《盟水斋存牍》,一刻,卷3,《谳略》,北京大学图书馆藏。

③ [明]颜俊彦:《盟水斋存牍》,一刻,卷3,《谳略》,北京大学图书馆藏。

④ [明]颜俊彦:《盟水斋存牍》,一刻,卷1,《署府谳略》,北京大学图书馆藏。

明代有散铺店家王胜卿欠磁商户熊庆银两33两,王胜卿希图赖账,反捏牙商收匿。官府判令牙商清白,"王胜卿照数限期追完给熊庆"①。

牙商把持行市纠纷,指的是牙商把持行市、操纵物价引发的纠纷。商品交换本来应该在买卖双方自愿、价格合理的基础上去进行,但是,有些牙商往往上下其手,操纵物价,从中获取暴利,从而引发了纠纷。万历时,河南襄城的情况:"(牙商)一经领帖,便敢把持行市,高下在手,甚至糠秕败絮,亦皆插中。无物不立行,无件不打用(佣)。驵侩结党,莫敢谁何"②。光绪年间,天津县炭行牙商王宝恩领取牙帖,认差办公均经其手,因王宝恩把持行市,巧计勒索,宝源号、承炭局等19家炭商禀控王宝恩于天津县官署,希望官署取消王宝恩资格。③各炭商为了达到目的,成立了炭行公所,公举行董,并自愿每年公摊王宝恩每年交天津县官署应用的木炭及过往各差役所需的20万斤木炭。

牙商跨界纠纷,指的是牙商超越经营范围而引发的纠纷。明清时期,出于不同地方、行业维护市场秩序的不同需要,所颁发之牙帖,对牙商居间贸易、抽取牙佣的营业区域均有严格的规定。牙帖内也严格载明牙商经营的地域范围,但是部分牙商经常超范围经营业务。天津县鲜货牙商杨金波,领取鲜货牙帖,其营业区域为在天津县集居间鲜货,抽取佣金。1904年11月,杨金波跨界越境向源兴号鲜货商贩运红果商索要牙佣,并扣截红果商船。因商贩所运乃系秋节应用之物,被杨金波截留数日始放行,该商亏损300余元。经天津县官府审判,饬令杨金波"如数赔偿,以保血本而维商务"④。1905年9月14日,杨金波故技重施,越境20公里以外,将张姓的贩运梨船拦截,索要牙佣。天津县正堂唐则瑀为避免类似纠纷再起,告诫牙商杨金波必须在其牙帖经营范围内抽收佣

---

① [明]颜俊彦:《盟水斋存牍》,一刻,卷1,《署番禺县谳略》,北京大学图书馆藏。

② 万历《襄城县志》卷2,建置,集镇。

③ 天津市档案馆:《天津商会档案汇编(1903—1911)》(下册),天津人民出版社1989年版,第1560页。

④ 天津市档案馆:《天津商会档案汇编(1903—1911)》(下册),天津人民出版社1989年版,第1500页。

金，如再有跨界抽收情事发生，"一经告发，定即拘案从严究办"①。另外，在市场运营中，官府出于税课征收和市场监管的双重需要，也会根据实际情况将某地牙帖移设他处经营，这也往往是导致牙商纠纷的缘由所在。

牙佣纠纷，指的是因收取佣金的比例不同而引发的纠纷。牙行所收的牙佣，本来是按货值的一定比例从中抽取，但是有些牙行，特别是那些地理偏僻、交通不便、商品经济不甚发达的地方，牙行往往肆意勒取牙佣。如山西盂县，嘉靖时，"贩卖生猪一口，力索牙银五分，糙米一石，几抽佣米一斗"②。在这里，糙米所抽牙佣，几乎达十分之一；卖猪所收牙佣，所占比例估计相去不会太远。

明清时期，牙商间的竞争相当激烈，因此，牙商与牙商间（牙、牙）的纷争不断。虽然牙商依例按照各自区域或码头卖货，不得相互揽越，政府亦明令禁止牙商之间的竞争，以避免发生纷争。但是档案资料显示，牙商间仍是互不相让，时有拦抢客源之事发生，严重者甚至发生命案。

1724年10月，河南发生了一起牙商因竞争而引起的命案。南阳府唐县湖阳店集斗行牙商魏经，因为买卖粮食的商户被另一个斗行牙商张文秀"霸占住"，做不成生意，便与他理论，不成想，张文秀反而用木头在他头上打了个窟窿，流了一脸血。晚上回家后，魏经愈想愈恼，气愤难耐，便翻墙进入张文秀家中，将熟睡中的张文秀乱刀砍死。③

牙商的度量衡职能是其维护社会秩序的一部分，官府对此亦十分重视，行业公所也郑重维持。牙商在斗斛上所做的手脚，历朝历代都有之，因此牙商纠纷中的度量衡纠纷也不乏见。明清规定，一切交易应该使用官府校定过的标准斗斛秤尺，而牙商为谋取厚利，竟私自制造斗斛秤尺，以欺侮乡愚。如万历天启时，山东巨野、汶上二县，"豪猾托名给帖，受权量而私易置之。朴野之民，

---

① 天津市档案馆：《天津商会档案汇编（1903—1911）》（下册），天津人民出版社1989年版，第1504页。

② 嘉靖《盂县志》卷2，关市。

③ 台北"中央研究院"历史语言研究所藏：《明清史料》，071234，转引自台湾《故宫学术季刊》，第21卷第2期，第116页，感谢陈三井先生馈赠。

将物而贸者,阴夺其十一,犹假公私以横索焉"①。

在民国前,牙商除了居间贸易外,还有一项重要任务,就是承担大小文武衙署差役义务,而且这项差役负担颇重。牙商为了应承差徭役,便多向有关商户摊派劳务或收取佣钱,数额不等。如巴县烧酒行是"每两取用银三分"②,以作纳课应差之费。水果行户也是"每两价值取用三分"③,作为纳课应差所需。也有的牙商是与铺户共同分担差务。于是牙商便利用应承差役之名,还经常向处于弱势地位的商贩上下其手,索物货,引起纷争。1883年,侍御史鲁琪光称,京师向有牙商借差派累情事,随奉上谕永行禁止。最后,山西在京师开设纸张、颜料、干果、烟行各号商人,在临汾乡祠集会,商定"今以往,倘牙行再生事端凡涉同行公事,一行出首,用自组织的力量来对抗牙行朘削"④。

民国前牙商纠纷主要有四个特点。

(1)牙、商纠纷是纠纷中的主流。明清时期,官牙制确立之后,牙商纠纷明显呈现出较以往不同的特征。即牙商与商户间的牙、商纠纷逐渐上升为纠纷中的主流。这主要体现在五个方面。第一,由于清代牙帖定额化制度的实行,私充牙商纠纷更是频繁发生。第二,一些不法牙商,不仅将货款延期归还,甚至将货款吞为己用,从而引发牙、商的货款纠纷。还有店家捏告牙商或赊取牙商货物,不如数支付牙商货款而引起纠纷。第三,有些牙商往往上下其手,把持行市,操纵物价,从中获取暴利,引发牙、商纠纷。第四,部分牙商经常超范围经营业务。在市场运营中,官府出于税课征收和市场监管的双重需要,也会根据实际情况将某地牙帖移设他处经营,这也往往导致牙、商纠纷。第五,有些牙商,特别是那些地理偏僻、交通不便、商品经济不甚发达的地方,牙行往往肆意勒取牙佣,导致牙、商纠纷不断发生。

---

①　天启《巨野县志》卷2,建置志。

②　四川省档案馆、四川大学历史系:《清代乾嘉道巴县档案选编》,四川大学出版社1989年版,第385页。

③　四川省档案馆、四川大学历史系:《清代乾嘉道巴县档案选编》,四川大学出版社1989年版,第385页。

④　李华:《明清以来北京工商会馆碑刻选编》(光绪九年,京师正阳门外打磨厂临汾乡祠公会碑记),文物出版社1980年版,第88页。

（2）牙、牙经营纠纷和差役纠纷凸显。明清时期，牙商间的竞争相当激烈，因此，牙商与牙商间的纷争不断。虽然牙商依例按照各自区域或码头卖货，不得相互揽越，明清政府亦明令禁止牙商之间的竞争，以避免发生纷争。但是档案资料和文献史料显示，牙商间仍是互不相让，时有拦抢客源之事发生，严重者甚至发生命案。在清时期，牙商除了居间贸易外，还有一项重要任务，就是承担大小文武衙署差役义务。包括绸缎、衣着、猪鸡、烧酒、木炭、食粮、水果、棉花、驿马粮草等公私所需，均由牙商承担。牙商平时固然必须应差，而有军务时更不可免。由于牙商承担差役的负担颇重，牙商为了应承差役，便多向有关商户摊派劳务或收取佣钱，数额不等。牙商还利用应承差役之名，经常向处于弱势地位的商贩上下其手，需索物货，混开名色，混行私敛，引起纠纷。同时在完成差役中，衙门胥吏或半买半抢，或强取豪夺，导致冲突的发生。

（3）度量衡纠纷虽然存在，但其重要性已降为其次。牙商在斗斛上所做的手脚，历朝历代都有之，因此牙商纠纷中的度量衡纠纷也不乏见。但是明清官府对此特别重视，如规定，一切交易应该使用官府校定过的标准斗斛秤尺等，并对私自制作斗斛的牙商处以重罚。所以明清时期，度量衡纠纷虽然依然存在，但是其重要性已降为其次。

（4）牙商纠纷成为一大社会问题，命案不断。明清以来，商业交往日趋频繁，商业关系日益复杂，商业社会控制的难度大大增加。牙商与社会主体人员间的纠纷不断，成为一大社会问题，且命案不断。对此的解释是：明清时期，由于官牙制的正式实行，牙商被完全引入市场秩序的维护、商业税课征管的财政体系当中，商牙关系的内容发生了转变，牙商的职能也发生了重大的变化，但是官府政策并未对此做出相应的调整。虽然明清官府十分注重牙商在商业社会中的作用，一再重申牙人承充条件和营业要求，却无法避免制度本身的缺陷。正是由于官府忽略了具体的市场制度建设，导致了牙商纠纷问题迭出，甚至激发了社会边缘人群的模仿，反过来又极大地促进了商业纠纷的产生。甚至导致明清时期"商牙纠纷开始成为商业纠纷中的重要组成部分，官府不得不出面用司法和行政的方式解决纠纷"①。

---

① 黄东海：《明清商牙纠纷与商业社会控制》，《河南省政法管理干部学院学报》，2008年第2期，第176页。

# 第二节 民国时期华北牙商纠纷的类型

ERSHI SHIJI ZHI ZHONGGUO

　　民国时期,无论是潜入农村的牙商,还是在城市中从事中介活动的牙商,经营活动日趋繁盛。随之而来的是牙商纠纷的增加,因牙商经营而引起的各种新问题、新情况更是层出不穷,不断出现。在论述牙商纠纷的类型的同时,本节也注重关怀牙商纠纷个案的生成与解决过程。纠纷的生成与解决是一个动态的社会过程,"就是把这些个人的行动与他们的动机、周围环境中的各种状况等因素结合起来加以考虑, 并在此基础上弄清制度在实际上的运行过程"①。通过对纠纷过程的展示,可以观察各种纠纷当事人、旁观者以及第三方在纠纷过程中的行动和策略, 了解各种纠纷的解决方式及运作机理。纠纷的个案分析,便于在具体的实践中对纠纷解决进行细致的、解剖麻雀式的分析,可以帮助我们"在边缘处发现意义,在无关中寻求关联,在细微点建构宏大",以便达到 "从原点到场域、从细微到宽广、从个案到法理、从单线索到多角度"。②

---

　　①　[日]棚濑孝雄著,王亚新译:《纠纷的解决与审判制度》,中国政法大学出版社1994年版,第35页。

　　②　徐昕:《论私力救济》,中国政法大学出版社2005年版,第40页。

# 一、牙、牙纠纷

华北牙商与牙商间的纠纷存在多种形态。其中主要有官牙与私牙纠纷、新旧牙商纠纷、牙商垄断纷争、牙商区域纷争、牙商与牙伙纠纷、牙伙间纠纷、牙伙与其帮帖间的纠纷等等。下面对其分别讨论。

## 1.官牙与私牙纠纷

民国时期,凡领取官府颁发的牙帖者称为"官牙",未领取牙帖,却实际从事居间生意者,通常称为"私牙"。从档案来看,官牙与私牙间的纠纷占有一定的比例。官府对于此类纠纷的处理常常因证据难抓而无果而终,如果有证据,则用警告私牙不准以后再继续私自抽佣, 或令私牙充当牙商的帮办等方法解决纠纷。

石家庄于荣福、振头村方廷俊二人系获鹿县领有牙帖的斗户,1914年8月,二人以范谈村刘洛安、许洛布为人证,在获鹿县署禀控同县范谈村李洛本(曾任范谈村乡长)私自在尖岭、怀底、岗头等村介绍麦子成交100余石,并抽取佣金。知事传李洛本审讯,李洛本辩言:"身向许际朝讨要会钱,被持伊父子斗量自己麦子,刘洛安见侍侧,旁观。硬称,身系无帖私抽牙用(佣)。随即贿买本村许洛布作为干证,勾串石家庄斗牙等控词妄控在案,身素系庄农,实与斗牙人等情不相连,焉有成交之事? 乃伊等竟以无帖充牙捏控,夫亦有何凭据? 果有斗具以为证,身情愿加倍认罪"。获鹿县知事批示该案,载:"此后如查出李洛本等私自用斗,即将私斗抓获。追究,可也。此批!"由于民间交易随时随地可能发生,牙商无法提供足够的证据,所以此案只能以私牙在官署签写"结状"为果。李洛本的结状称"等盗卖麦子多有不实,作为无事。以后如查出身有此情节,再为罚判。身等情愿遵断。所具甘结是实"。①

上面的案例因证据难获而无果而终, 下面的案例最后以私牙充当帮帖而解决纠纷。1915年4月2日,获鹿县李村斗户张殿良控北故城村人霍连喜并无牙

① 获鹿县民国档案汇集:《石家庄斗户于荣福等控范谈村禀李洛本等无帖成交私抽牙用卷》,河北省档案馆藏,档案号:656-1-271。

帖,私自在李村集成交一事,经县署审讯,霍连喜承认其私自介绍成交行为,但霍连喜找到李村集另一家沈中义、沈六开设的斗户,请其出面作证,以后愿意充当沈家牙户的帮办而免除诉讼。张殿良无奈只好作罢,并签署同意书。

集市上的私牙不仅私抽牙佣,有时候还明目张胆地霸持集市,垄断交易,不令牙商赴集市抽收。获鹿县寺家庄斗户张福德1915年8月在县署呈控魏昌印等称:"身等按谕另换新帖,在村集市充当斗户,每年交纳各项大钱73千200文,今有南降北村魏昌印、魏洛正、梁洛布、梁牛、梁秉暑,在伊村私立集市,凡有买卖粮食,霸持市面,胆敢无故成交,私抽牙用(佣),不令身等赴市成交,亦不帮帖款项,况伊村相离身村1里许,如被伊等霸持集市,私抽牙用(佣),将来身村遇集买卖粮食,日复一日,身等难以纳款项,为此恳祈!"获鹿县知事接到诉状后,派仰吏持票传讯魏昌印等。魏昌印等自知理亏,便另请中人刘洛琴、薛运升从中说合,和张福德达成协议:"张福德禀控南降北村魏昌印等在伊村私立集市,无帖私抽斗用(佣)一案,今蒙票传理宜候讯不当,擅请宽典今经,身等兴两造均系相好,不忍坐视,从中调停,以后不准魏昌印等在伊等村私立集市,不准无帖成交,私抽斗用(佣),两方云,知事先生公鉴。"①

### 2.新旧牙商纠纷

民国以前,牙商大多是世袭制,不存在新旧牙商的纠纷。民国时期牙商承充与注销自由,有些牙商注销牙帖后,继续从业,这不可避免地引起新旧牙商的纠纷。

1925年7月,直隶省实行牙行包税制度。李香珍投得获鹿全县糁子行牙行,随即将旧牙传谕,所有旧日牙帖一并取消,而糁子行旧牙群起反抗,不准李香珍成交抽佣。李香珍无奈,呈控官署:"民本系穷民,所缴两月之款,悉由典当而来,缴款以后,旧牙反抗,致令无辜已受巨大之损失。"李香珍将众旧牙商告到官署,县长亦不"传讯追究"。②李遂恳祈县长撤销包案,免缴牙税,县长亦以"税关国币,请免不准"为理由,不准其缴销牙帖,而李香珍虽"无辜已受巨大

---

① 获鹿县民国档案汇集:《寺家庄斗户张福德禀魏昌印等在村私立集市无帖私抽斗用》,河北省档案馆藏,档案号:656-1-444。

② 获鹿县民国档案汇集:《糁子牙税包商李香珍卷》,河北省档案馆藏,档案号:656-2-692。

之损失"也毫无办法。李香珍的分包商牙纪李玉泉也有遭遇旧牙商纠纷的经历。1926年1月,李玉泉来县署呈讼,言:"民与李香珍名下,分办南铜冶全区糁子行牙纪。凡正南一路有集市之处,均归民分办成交,抽佣。业经实行2月余,毫无异议。不意前日旧牙纪董洛贵者系南铜冶村人,仗恃旧牙纪所执旧厅帖,硬到市面成交抽佣,竟私卖花子1000余斤,麻糁30 000余斤。民无法只得来案禀明。叩祈县长公鉴。"①县长接案后,着乡地董永昌、董三妮协警共同调查。乡地调查后,回复:"遵票确查据李玉泉口称董洛贵私售棉花1000余斤,糁子30 000余斤,据董洛贵口称,出售棉花1000余斤,糁子3000余斤。"为此已经证实旧牙董洛贵确实有私售棉花、糁子等事,至于原、被禀间的数量区别并无关紧要,因牙商法规中并未明确规定对旧牙商私售货物的惩罚,更未涉及有数量区别。最后,县长只能以"令旧牙缴帖、认错"而结案。②

新旧牙商纠纷也在北京的档案记载中有所体现。1930年,北平市惠民菜业专行的稽征员高汉升到北平市公安局外五区区署控告天桥菜市经理、旧牙商刘岳山继续在天桥菜市私收牙用(佣)。北平市公安局随即将刘岳山拘留。经庭讯,高汉升供称:"在惠民菜业专行充当稽征员,今早我与稽征员景祐卿查见旧纪刘岳山等在天桥菜市仍收牙用(佣),并搅扰营业。是以喊控,请向追究,等语"③,景祐卿供同。刘岳山供称:"前在天桥菜市经理旧纪,业经取消,旧纪不敢私收牙用(佣),今早买卖青菜,被高汉升等控我私收牙用(佣),并无其事,等语"④。北平市公安局于1930年4月7日当堂判令:"查刘岳山等所设菜摊,既经官厅批准,高汉升等所控私收牙用(佣),又无凭据,拟饬刘岳山不得影射,私收牙用(佣),至妨碍专行营业一节。有无影响,并饬原先自赴该处及厅

① 获鹿县民国档案汇集:《牙纪李玉泉禀董洛贵私抽牙用等情卷》,河北省档案馆藏,档案号:656-2-862。

② 获鹿县民国档案汇集:《牙纪李玉泉禀董洛贵私抽牙用等情卷》,河北省档案馆藏,档案号:656-2-862。

③ 北平市公安局:《北平市公安局外五区区署关于菜业稽征员高汉升告刘岳山私收牙用一案的呈》,北京市档案馆藏,档案号:J181-021-09868。

④ 北平市公安局:《北平市公安局外五区区署关于菜业稽征员高汉升告刘岳山私收牙用一案的呈》,北京市档案馆藏,档案号:J181-021-09868。

销诉。"①

北平市公安局令旧牙商刘岳山签署了甘结保证:"具甘结人刘岳山,李洪斌同在案下结得。窃我等在天桥菜场摆摊卖菜,不料这高汉升,景祐卿控我私收牙用(佣),经区送案,蒙讯,我等绝不敢私收牙用(佣),如日若查有私收牙用(佣)情事,一经告发,甘认重办,所具甘结是实。"②除递交"甘结"外,刘岳山之子刘克义寻找铺保,共同担保刘岳山出狱。③

案中新旧牙商因旧牙依然营业发生纷争,因缺少旧牙商私抽牙佣的证据,经北平市公安局审判后,令旧牙商刘岳山签署"甘结"不私收牙佣,在其子刘克义和铺保潘德亭的担保下,将案结案,释放刘岳山。

### 3.牙商垄断纷争

牙商之间为了争夺商户,常常利用手段垄断市场,使同业牙商受累,而产生纷争。1917年,朱茂春请领获鹿县城估衣行六等牙帖1张,康清邦亦请领牙帖1张。二人均在集市成交,抽佣纳款。1917年2月,二人在获鹿县官署互控对方。朱茂春言:"康清邦故意垄断集市、不遵定章,竟敢私放牙纪二三十名,群相争闹,以致不能自便成交,于商客大有妨碍,恳请县尊大人代为设法,平其不平,或按上下集轮流值日或限定人数在市成交,更或另有善法,伏乞格外施恩,张贴示谕,以免互相争夺,俾双方各守牙章,保市以保商。"④康清邦则称:"身请领在城集估衣行六等牙帖,朱茂春亦领估衣行六等牙帖,奈朱茂春素行奸猾,与往来商户并不秉公交代买卖,因派人确查,身如有垄断集市等情,甘认咎查。"县长在审核案件,并庭讯双方后,为防止二人再起纷争,判令两位牙商轮流去集市抽佣:"每逢初一、十一、二十一由朱茂春充牙抽佣,初六、十六、二十

① 北平市公安局:《北平市公安局外五区区署关于菜业稽征员高汉升告刘岳山私收牙用一案的呈》,北京市档案馆藏,档案号:J181-021-09868。

② 北平市公安局:《北平市公安局外五区区署关于菜业稽征员高汉升告刘岳山私收牙用一案的呈》,北京市档案馆藏,档案号:J181-021-09868。

③ 北平市公安局:《北平市公安局外五区区署关于菜业稽征员高汉升告刘岳山私收牙用一案的呈》,北京市档案馆藏,档案号:J181-021-09868。

④ 获鹿县民国档案汇集:《在城集估衣行牙纪朱茂春控康清邦私放牙纪狡乱集市》,河北省档案馆藏,档案号:656-1-771。

六日由康清邦充牙抽佣,轮流各按集办理,毋得混争"。①

### 4.牙商区域纷争

牙商营业都有严格的营业区域。如果有牙商侵越地界,便会引起和同业牙商的纷争。下面的案例便是有关牙商营业区域的纷争。

1914年7月14日,直隶省天津县万春斗店、文泰永斗店的两位牙商鲁国恩和刘禹三向天津县行政公署呈讼。从讼文中可以得到的信息有以下几个方面:第一,天津县粮食斗店有严格的区域划分。其表现为斗店领取的牙帖有水、旱之别。领取"水"牙帖的斗店只能经营从水路码头来的粮食生意,领取"旱"牙帖的斗店只能经营从陆路而来的粮食生意。第二,天津县各斗店"水"牙帖又有东集、西集之分,而帖址亦各守各界。沿海河而有东集各帖,沿御河而有西集各帖。第三,清代,赵永兴曾领取大石桥集场的"旱"帖,于承领司帖时,填写"河北"字样,意在搀越"水"帖,经前藩司咨道转饬删改。1899年,赵永兴希图越入"水"帖境内营业,经同茂斗店等禀前天津县长后,出告示严禁其越境。1904年,赵永兴因争界与万春斗店构讼,经前天津县长唐审核,赵永兴系围墙以内大石桥旱帖,判令不准其私出围墙搀越。第四,1914年,王之良在天津县署禀准承充赵永兴大石桥额缺"旱"帖牙商,自名曰"河北集斗行经纪",与西集和东集的区域想搀越,而其斗店在北营门外复成板厂开设,恰好在万春斗店起卸码头地点,和"水"帖有区域搀越之处。第五,王之良斗店名称及开设斗店地点,扰害了水、旱斗行的集场,故鲁国恩和刘禹三请求天津县行政公署查核历届成案,参以定章,准诸舆论,据情函请县长收回成命,以维秩序而安商业。②

天津县行政公署接到牙商鲁国恩、刘禹三的呈诉后,令天津商会调停。天津商会接到天津县行政公署的饬令后,经过再三调停,议定了万春斗店和文泰永斗店开设地点及牙帖的经营范围,并于1915年3月19号函复天津县署销

---

① 获鹿县民国档案汇集:《在城集估衣行牙纪朱茂春控康清邦私放牙纪狡乱集市》,河北省档案馆藏,档案号:656-1-771。

② 天津市档案馆、天津社会科学院历史研究所、天津市工商业联合会:《天津商会档案汇编(1912—1928)》(第2分册),天津人民出版社1992年版,第1776~1778页。

商会为避免三方以后再因此而起纷争,令三方缔结了"甘结书"。其中王之良的甘结书载:"苟承贵会和解,身遵认旱帖,仍在大石桥原集原行开店,自守范围,情愿完案。所具甘结是实。"②

下面的案例则是天津县区牲畜牛羊牙行包商越境到天津特别市区境收取牙税而引起的纷争。1939年9月25日,天津特别市区邵家园子分段牙商稽查员刘钧在天津特别市财政局控告天津县牲畜牛羊牙行包商庞锡三,在天津特别市辖境以内越境征收牙税。天津特别市财政局判令天津县包商退还天津特别市包商"所收税款7元8分"③,并严令庞锡三等不得在市境征收任何牙税。因此纠纷涉及天津县署管理范围,天津特别市财政局送天津县公署公函陈述此案经过,并希天津县署警告各牙商不要越境到天津特别市征收牙税。

### 5.牙商与牙伙的纠纷

牙伙,也叫帮帖,是牙商所雇用的牙纪。从1925年起,直隶省各县逐渐实行牙税投标制度。全县某一种类的牙行由一人承包牙税,即牙行总包商。牙行总包商分区域或分集市雇用若干个牙行分包商,即牙伙,或牙行的帮帖。牙伙再雇用人员去集市上居间抽佣,称为牙伙的帮帖。牙商、牙伙、牙伙的帮帖三者间的纠纷不断。

牙商与牙伙间的纠纷主要表现为牙伙并未按约定如期向牙商交纳帮帖费用。

1928年1月,干草行牙纪张润德在获鹿县署禀控其牙伙谷成不摊交税款。张润德诉状言:"身包1927年全年全县干草牙纪,在县属各村庄干草行内,成交抽佣,纳款办公,惟地大村多,实难兼顾。是以添邀牙伙10人,连身11人,利害按11人公担,不料牙伙谷成令伊子谷和尚代伊服劳,成交抽佣,本年旧历七月

---

① 天津市档案馆、天津社会科学院历史研究所、天津市工商业联合会:《天津商会档案汇编(1912—1928)》(第2分册),天津人民出版社1992年版,第1778页。

② 天津市档案馆、天津社会科学院历史研究所、天津市工商业联合会:《天津商会档案汇编(1912—1928)》(第2分册),天津人民出版社1992年版,第1778页。

③ 天津特别市财政局:《天津县牙行包商越境收税》,天津市档案馆藏,档案号:55-1-1431。

间,谷和尚病故。现在蒙票催交牙款,身我令谷成按股摊交,奈伊抗不摊交,以致其他股伙,观望效尤。身万出无奈,为此恳祈恩准做主,将谷成传案讯追,施行上禀县长公鉴。"①获鹿县熊知事接到案件后,差遣曹世恒协同该管乡地,查明谷成与张润德是否合伙,有无共同抽过牙税情事。差遣队的曹世恒经调查向熊知事禀:"县长公鉴,窃奉恩票以案,据干草牙纪张润德禀谷成抗不摊交税款一案,饬即协同该管乡地查明谷成与张润德是否合伙,有无共同抽过牙税。情事:据实。禀覆以凭核夺等。因奉此遵即前往协查,奈张润德于谷成均向队称:伊等之事,未蒙饬查之先,业已自行了结。未便再查,并祈代为据情禀覆,恳祈免究销案。"②既然纠纷双方已经自行了结,于是县长便销案。

不帮帖牙税而导致的纠纷还出现在羊毛牙商与牙伙之间。1928年,康雪宾为获鹿县投标所设的南铜冶、休门、李村等外四区羊毛牙行总包商。其所雇羊毛牙行分包商分别为南铜冶德义毡坊、玉成毡坊,休门区积成永毡坊、恒益毡坊、元和毡坊、石家庄积益毡坊、胡申铺永庆毡坊等。1月,康雪宾来获鹿县署呈控牙行分包商,其称:"民惟收过休门积成永牙税大洋10元,今蒙票催交款,民别无法办理,只得来案禀明,惟祈:恩准并传各毡坊到案讯追,勒令照数交款,免民受累,实为德便,为此叩祈县长公鉴。"③县长批示:"致(至)于押追所禀德义毡房等欠款,是否属实,仰候传讯,核办,此批。"④

### 6.牙伙间的纠纷

牙伙与牙伙间有时为了帮帖区域发生纠纷。1932年,获鹿县芝麻杂粮牙伙(分包商)间发生了石门市(石家庄)牙伙和获鹿二区于底村牙伙争夺赵陵铺村帮帖的纠纷。

① 获鹿县民国档案汇集:《牙纪张润德禀谷成不摊牙款》,河北省档案馆藏,档案号:656-2-1182。

② 获鹿县民国档案汇集:《牙纪张润德禀谷成不摊牙款》,河北省档案馆藏,档案号:656-2-1182。

③ 获鹿县民国档案汇集:《康雪宾禀德义毡房等不贴牙税》,河北省档案馆藏,档案号:656-2-1183。

④ 获鹿县民国档案汇集:《康雪宾禀德义毡房等不贴牙税》,河北省档案馆藏,档案号:656-2-1183。

1932年10月19日，芝麻杂粮石门市分包商赵广勤到获鹿县署禀控赵陵铺村斗纪杜洛来、杜洛珍、杜保子不帮帖牙税。其禀状称："系自本年度已由在城总包商梁同心承包全县芝麻杂粮牙税，至于石门税额若干，向按旧习支配，惟赵陵铺村应认若干，再由石门分配，况近年来，该村集市繁盛，加以税额屡增，故分配该村以半份牙数洋120元交纳，经该村谢洛先、黄永贞、李洛本等来石说合，拟给洋60元，双方未允，据谢洛先等一味婉说，如不足吾等愿为代垫，无论如何亦要了事，等语。不料杜洛来等从中横阻，不出税钱，显然作梗，未知伊等有何所恃，坚抗税课，似征收无着矣，情是出不得已，故来案呈请我县长大人公鉴。"①获鹿县县长陈接案后，于10月22日庭讯，赵陵铺村斗纪杜洛来、杜洛珍、杜保子称将牙税帮帖给了获鹿二区于底村分包商李光耀。

这样，案件的矛盾焦点就转向了赵广勤和李光耀两个牙伙之间。10月26日，获鹿县陈县长庭讯案件。其庭讯笔录如下：

"问：赵广勤，你包什么税？

答：我分包石门杂粮牙纪。

问：为什么禀他们？

答：每年赵陵铺村帮帖我石门40元，今年标额增加，我和他们要60元，还没说好，不料于底村李光耀告了赵陵铺说不给他钱。

问：赵陵铺应归二区于底管辖，这税款你不能征收，你先将去年收的40元交案，候传李光耀质讯。

答：是。

问：杜洛来，刘洛珍，你们为什么不出税钱？

答：我们去年给了赵广勤40元，今年李光耀告了我们，说不给他税款，庭论叫我们向石门赵广勤要回那40元退给李光耀，我村无指定给谁税款，我们也出，只求免传吧。"②

县长谕赵广勤交税洋40元后，1932年10月27日，赵广勤再次递交讼状。赵称：

---

① 获鹿县民国档案汇集：《赵广勤禀杜洛来等不交税》，河北省档案馆藏，档案号：656-3-693。

② 获鹿县民国档案汇集：《赵广勤禀杜洛来等不交税》，河北省档案馆藏，档案号：656-3-693。

"敝商诉赵陵铺牙纪杜洛来等违抗本年度牙税已逾数月不交一案。今蒙堂谕，反令敝商缴钧府洋40元，已作了事，等因。且先是包商等自1929年以（来），承包本县全境芝麻杂粮牙税在案，至1930年，由王纯臣承包不计，至1931年仍归敝商等，本粮行旧商梁同心承包得标后，召集全县14处牙伙，到在城粮业公会议决，公开支配税款，令各牙伙照数交纳，石门应认牙帖3张，至于各临近村庄素有集市，未能担负全份牙帖者，再由牙伙支配，量其状况帮帖，倘归他人承包，不论凡归梁同心承包则有原议可问，可查。今蒙堂谕，断令着缴到钧府洋40元，偿诸何人，付之何项，如按赵陵铺而言，帮帖石门是前经大会公决，实非私索，若论于底村李光耀，既系1931年度牙伙，赵陵铺交付石门牙税前后40元，伊为牙伙又为牙纪，在去年间既属已有权利，何不干涉，岂肯放弃乎？显而易见一方面白手取钱，一方面亦为省费不办而自明矣。故据实罗列为我县长一详陈之，倘有丝毫虚伪，情甘自负，咎惩不讳，谨呈县长公鉴。"[1]

获鹿县县长陈接到赵的讼状后，10月30日、11月2日传李光耀、石门粮业公会董鹤轩、获鹿县芝麻杂粮总包商梁同心的代表裴洛月进行了两次庭审。[2]经过庭讯，陈县长已明了赵陵铺村应帮帖的区域为石门而非于底。于是陈县长当堂判令：赵陵铺应归石门，系向来习惯，李光耀不得混争。此案以赵广勤胜诉结案。

### 7.牙伙与其帮帖间的纠纷

牙伙与牙伙的帮帖经常为帮帖费用产生纷争。1930年12月，田玉德到获鹿县署呈控，载："事缘身从王敬羲名下分包本村斗行牙税，在于本村斗行成交抽佣。兹有村人周寿、周德成各摆设粮摊，言明每人每年帮帖身牙税大洋20元，共40元，分三季，六、八、十等月15日交清。周寿交洋5元，周德成交洋9元5角，身除14元5角外，伊二人共欠身牙税25元5毛，经身屡讨，坚抗不给，以致均相观望效尤。现今王敬羲催身交款，身只得来案禀明，惟祈恩准并传究，俾令伊二人将欠洋25元5毛交清，以便身交款之用，为此县长公鉴。"[3]获鹿县长接

---

①　获鹿县民国档案汇集：《赵广勤禀杜洛来等不交税》，河北省档案馆藏，档案号：656-3-693。

②　获鹿县民国档案汇集：《赵广勤禀杜洛来等不交税》，河北省档案馆藏，档案号：656-3-693。

③　获鹿县民国档案汇集：《田玉德禀周寿等不交牙税卷》，河北省档案馆藏，档案号：656-3-385。

到案后,并不庭讯,令牙伙找总包商负责处理。其批示言:"王敬羲包税有王敬羲负责,辗转承包,群请本府讨账,属不胜其烦,所请不理。"①

# 二、牙、商经营纠纷

牙商代商人买卖货物或牙商在集市上为手工业者或小商人居间成交农副产品,由于利益主体不同,必然导致牙商与商户、手工业者的纠纷,为了叙述便利,下文统称为牙、商纠纷。

## 1.牙商承充纠纷

随着商业的发展和社会变迁,民国以前有牙商居间介绍成交的行业,在民国时期已不再需要牙商的中介活动,买卖双方直接交易,这就失去了牙商存在的意义,这也是导致商人反抗牙商承充的原因所在。

下面的案例是关于姜商反对毕文衡承充姜行牙商的纷争。档案显示,毕文衡在前清充当姜行牙商,每年向直隶天津县交税课银20元。民国成立不久,1913年,毕文衡呈请继续充任姜行牙商。毕向天津县署交纳税课后,官府发给其牙帖,并发布布告,言:"案准毕文衡仍充姜行牙纪,按照向章抽收行用(佣)等因"。②天津姜行春合号、德发号、德丰号、德顺成、东昌源、东福盛、杜利源、富顺号、公记号、集胜和、起盛号、起泰号、荣生祥、三合成、盛兴号、双顺、泰昌祥、天津祥发涌记、天津阎记号、同盛兴鲜姜店、祥发谕、义成号、义顺合、永记姜店、有义顺、裕顺合、振义成等28家联合向天津县署禀控毕在前清时期便藉仗官帖,任意剥削众商,故唯恐其使用专横之惯技,扰害众商,且姜商现系直接买卖,毋庸再由牙商评价取佣,故请天津县署收回布告成命。至于毕文衡所纳牙捐税课等费用,众姜商愿意公摊,并公举该行股实正直之家,查照毕文衡所交钱款,担负纳税义务。除了众姜商向天津县署联名指控毕文衡外,天津县

① 获鹿县民国档案汇集:《田玉德禀周寿等不交牙税卷》,河北省档案馆藏,档案号:656-3-385。

② 天津市档案馆、天津社会科学院历史研究所、天津市工商业联合会:《天津商会档案汇编(1912—1928)》(第4分册),天津人民出版社1992年版,第3755页。

商会也向县署多次函请取消毕的牙商资格。天津县署判令取消牙商毕文衡的资格，并在1913年10月7日直隶天津县行政公署发布的第138号布告中称:"仰阖津姜商人等一体知悉:自(布)告之后,尔等贩卖鲜姜应准直接买卖,毋庸再由经纪评价取用,以恤商艰。所有该行每年应交解司牙税银5两、盈余银20两,应由各该商裕顺合等担任,每年按春秋二季呈缴……"①

**2.牙商把持市面纠纷**

民国时期,有些牙商仗着领取牙帖,往往上下其手,把持行市,垄断市面,从中获取暴利,从而引发牙、商纠纷。

鸡鸭蛋,系直隶南皮县一带土产,四乡农民以养鸡鸭为生计者十之八九,民国时期为出口大宗商品,泊镇地处南皮交河孔道,泊镇鸡鸭蛋业繁盛。1919年10月间,直隶南皮县"地痞董祥亭,勾串县署书差,饰词捏呈南皮县署转呈直隶财政厅领取泊镇一等鸡鸭卵牙帖一张"②,在泊镇设立牙局。董为垄断起见,借口评价,把持市面,统捐之外又有牙佣,各商贩纷纷他往,各鸡鸭卵商的货物滞销,市面周转不灵,各鸡鸭卵商均已歇业,故泊镇鸡鸭卵商和董起纷争。1919年11月28日,泊镇鸡鸭卵商110家商户并推举王寿昌、解文卿、戴锡昌,联名向直隶省长、直隶财政厅、直隶省议会、天津商会呈文禀控董祥亭。直隶财政厅呈奉省长后,省长指令言查泊镇鸡鸭卵专行"未便取消"③,为此直隶财政厅"咨顺直省议会并分令交河、南皮两县遵照"④。1920年6月10日,南皮县泊镇鸡鸭卵商号瑞记、元和永等145家再次公推绅商代表李敬修、刘玉田等联名盖具水印,具帖向天津商会陈请转呈直隶财政厅,撤销鸡卵牙商,由各商户直

① 天津市档案馆、天津社会科学院历史研究所、天津市工商业联合会:《天津商会档案汇编(1912—1928)》(第4分册),天津人民出版社1992年版,第3756页。

② 天津市档案馆、天津社会科学院历史研究所、天津市工商业联合会:《天津商会档案汇编(1912—1928)》(第4分册),天津人民出版社1992年版,第3836页。

③ 天津市档案馆、天津社会科学院历史研究所、天津市工商业联合会:《天津商会档案汇编(1912—1928)》(第4分册),天津人民出版社1992年版,第3840页。

④ 天津市档案馆、天津社会科学院历史研究所、天津市工商业联合会:《天津商会档案汇编(1912—1928)》(第4分册),天津人民出版社1992年版,第3840页。

接纳税。直隶财政厅长汪士元接到商会转函后,向天津商会回复公函,并饬商会转发泊镇鸡鸭卵各商户。公函称:"牙税根据于牙帖,如将牙帖撤销而令各商包缴牙税,名实殊不相符。再牙帖有效期间以5年为限,甫经发帖,无端收回,官厅之信用安在?所请碍难照准。至牙纪董祥亭如实有扰累商民行为,应持确实凭证在县控诉,以凭依法究办。"[1]

### 3.抽取牙佣纠纷

牙商如果在向来抽取牙佣范围以外,任意苛索牙佣,难免引起牙商与商人间的纠纷。1926年3月,获鹿县邢殿邦到官府状告木行牙商王占鹏苛索牙佣。邢称:"乡间树株交易,向无木行牙纪抽用(佣)之事,近来木行牙纪(王占鹏)不守旧章,各处骚扰,遇有树株交易,即向索要牙佣,甚至交易之时,该牙纪不得而知,迟至数月,前往索要用(佣)钱,不遵规定,牙税新章,于向来抽取牙佣范围以外,任意苛索,恳祈鉴核等情"[2]。1926年3月12日,获鹿县知事张批示:"为此仰警协同乡地,按照禀内各节,据实查明。"[3]

商户在经营生意的同时,有时也代替牙商向买方抽取牙佣,而抽取牙佣后,并不向牙商转交,这必然导致牙商与商户的纠纷。1926年1月,获鹿县潘育才在获鹿县署递交诉状,言:"窃商遵照新章标投获鹿全县铁货牙税……石(家)庄铁商多系由(获鹿县)城迁去,按获鹿城抽收牙用(佣),旧章均系2分抽,诸买客本有成交抽佣之必要,惟向日惯例或由铁商代收或有按年包缴,此项办法,由来已久,该(石家)庄铁商至今照旧抽收,俱归中饱。商到石(家)庄向铁商催要代收之牙佣,藉资完纳税课,讵意该庄铁商人假不归仍前,容心抵抗,不认交出。……为此恳祈县长鉴核施行。"[4]

---

① 天津市档案馆、天津社会科学院历史研究所、天津市工商业联合会:《天津商会档案汇编(1912—1928)》(第4分册),天津人民出版社1992年版,第3840页。

② 获鹿县民国档案汇集:《邢殿邦呈木行牙纪任意苛索等情谕饬照章抽佣》,河北省档案馆藏,档案号:656-2-874。

③ 获鹿县民国档案汇集:《邢殿邦呈木行牙纪任意苛索等情谕饬照章抽佣》,河北省档案馆藏,档案号:656-2-874。

④ 获鹿县民国档案汇集:《铁商牙税包商潘育才禀石家庄铁商私吞牙税》,河北省档案馆藏,档案号:656-2-872。

商号因牙佣一旦和牙商发生纷争,商号所在集市的村长或村民出于乡谊,往往站在商号立场上支持商号。1925年11月,获鹿县方村糁籽行包商李香珍的牙伙张国宾到获鹿县南二区警所报警称:"糁籽行包商李香珍雇民抽收用钱,今向同德裕收用(佣),不但不给,同德裕掌柜王洛公反率该村村长王振岗,村人张洛齐、张来成、王黑旦、赵路子将民殴打一顿,并将衣服撕破,祈传究等情。"①南二区巡官当派巡警督同乡地与张国宾、王洛公两家再三调处,而该两家均不退让,势难理结,因此,呈送获鹿县署,请县知事处理。李香珍和张国宾向知事提供获鹿全县及石门区糁籽行牙税事务所提供的同德裕向广和兴购买糁籽的凭据,判令王洛公给付牙佣。

### 4.佣率纠纷

民国以前,牙商抽收牙佣的佣率,官府并无统一的定率。民国以来,华北各地方政府及中央政府对于牙商抽取佣金的比例都做了详细的规定。山西省规定:"按货价2%抽收"②。河北省规定:"牙税按物价3%征收,由买卖主双方负担,买主三分之二,卖主三分之一;零星交易其应纳税款不及一角者免征。牙行征收牙税,除正税附加税外,不得再收牙用(佣)。"③牙行业佣金准依习惯向买卖双方或一方收取,"但其总数最高不得超过买卖物品价格3%"④。河南省规定:"其抽收佣金,仍照定章,以3%为限,此项行佣或收诸卖方或收诸买方,按当地向日习惯办理。"⑤山东省规定:"经纪行用(佣),俟买卖成交后,按二分抽收。不准额外多取,并不得于未卖之先抽佣。"⑥北京规定:"牙行

---

① 获鹿县民国档案汇集:《警所呈送张国宾等因抽收糁籽牙用纠葛卷》,河北省档案馆藏,档案号:656-2-744。

② 《山西省改订牙税纪领帖缴费纳税章程》,见《山西省地方财政调查报告》,未刊,第106页。

③ 民国河北省政府民政厅:《河北省牙税暂行章程》,河北省档案馆藏,档案号:615-2-1882。

④ 民国河北省政府社会处:《修正河北省各县市牙行业管理规则》,河北省档案馆藏,档案号:622-1-67。

⑤ 河南省财政厅:《河南省财政厅牙帖营业税投标承办规则》,见《河南省地方财政调查报告》,未刊,第14页。

⑥ 山东省财政厅:《山东省整顿牙税章程》,见《山东现行财政法规统诠》),济南五三美术印刷社1930年版,第158页。

抽佣总数不得逾价额3%,由买卖两方各半担任。"①天津规定:"在物价3%限度内抽收牙佣。应以由买卖主双方负担。买主2%,卖主1%为原则,依向来习惯,前项税率不及3%,及负担方法有不同时,得暂从其习惯。"②由于各省市牙商佣率抽收标准不一,有的地方在交易时,对农商抽佣存在过高情况。各省对于牙行应纳课税标准也不同,存在畸轻畸重之弊。为此,1934年6月,南京国民政府规定:"全国各地牙商抽佣率最高不得超过3%;而税率如依照佣金额为标准者,税率不得超过20%;依照买卖额为标准者,税率最高不得超过3%"③。

从以上华北各地方政府及中央政府的规定可知,牙商抽收牙佣的佣率最高为3%。部分牙商为了获得更高的利润,超过规定的佣率向商户抽收,这必然导致纠纷的产生。

1934年,北平市炭行牙税由炭业公会代征包办。12月27日上午10时余,据炭业公会的牙伙刘文奎、王宝田到北平市警察局外一区区署报称:"炭商王静如抗不交佣,恳请协助。"④外一区署当即庭讯牙伙和炭商。牙伙刘文奎供称:"我在炭业公会当会员,本日同王宝田一同征收各炭商牙佣,今在广安门见王静如连日(运)来黑炭10驮,估计每驮征收牙佣2角5分,王静如故意违抗不给,请求协助,等语。"⑤牙伙王宝田供同。炭商王静如供称:"本日运来黑炭10驮,自己将货售出,炭行牙纪刘文奎、王宝田,追随欲每驮征收牙佣2角5分,我因每次每驮是牙佣钱1角,今要2角5分,并曾有他们会内周姓不叫我给他,我运

---

① 北平市政府:《北平市牙行营业章程》,北京市档案馆藏,档案号:J001-005-00125。

② 《法规:天津特别市牙税暂行章程》,载天津特别市财政局:《天津特别市财政局民国十七年度财政年刊》,天津大公报馆1929年版,第15页。

③ 国民政府行政院财政部:《财政部关于整理牙税办法七项咨文》,北京市档案馆藏,档案号:J001-005-00110。

④ 北平市警察局:《北平市警察局外一区区署关于刘文奎控王静如违反牙税一案的呈》,北京市档案馆藏,档案号:J181-021-2709。

⑤ 北平市警察局:《北平市警察局外一区区署关于刘文奎控王静如违反牙税一案的呈》,北京市档案馆藏,档案号:J181-021-2709。

来之炭利小，又是我自己卖的，我不给牙佣钱，等语。"[1]

外一区署署长李钟麟随即将三人送至北平市公安局。北平市公安局庭讯三人。刘文奎等供称："按照炭业公会收佣惯例，应以卖价6%抽佣，本日王静如由城外运炭10驮，并卖41元余，伊只认每驮纳佣1角，显系有意抗捐。"[2]传讯王静如供称："按照惯例，每驮向以1角抽佣，兹忽每驮要抽成2角5分，委实有意讹诈"[3]等语。公安局随即呈文财政局，称：据查北平市牙行营业章程第八条载：牙行抽佣总数，不得逾价额3%，由买卖双方各半担任。但刘文奎坚称北方素有惯例，须依照惯例，按6分抽佣，等语。如何抽佣之处，希望财政局回复，以便核办。

此佣率之争，以炭商获胜告终。1935年1月9日，北平市财政局致函公安局，告知："业经呈奉市政府令准将该行（炭业）牙帖取消，正拟布告周知"[4]。

### 5.牙税纠纷

牙税，本属居中抽佣性质，按其征收原则，必须货物到达集场之后，由牙商评价过秤、交易既妥一度之后，方能照章抽收牙税。但是，由于民国时期，华北各省市采取牙税投标制，牙税的性质由居间抽佣便演变成了有买卖行为便要交纳牙税。如：从1925年开始，直隶省（河北省）财政厅规定："凡属大宗交易及向有多数牙纪者，得设一某种总牙行，由商人投标承包牙税"[5]；山东省1915年12月颁布了《牙纪投标法》[6]；从1915—1916年开始，北京针对牙商争充的情况，也采取以"投标法"决定牙商的资格[1]；1933年4月，河南省财政厅修正了《牙帖

① 北平市警察局：《北平市警察局外一区区署关于刘文奎控王静如违反牙税一案的呈》，北京市档案馆藏，档案号：J181-021-2709。

② 北平市警察局：《北平市警察局外一区区署关于刘文奎控王静如违反牙税一案的呈》，北京市档案馆藏，档案号：J181-021-2709。

③ 北平市警察局：《北平市警察局外一区区署关于刘文奎控王静如违反牙税一案的呈》，北京市档案馆藏，档案号：J181-021-2709。

④ 北平市警察局：《北平市警察局外一区区署关于刘文奎控王静如违反牙税一案的呈》，北京市档案馆藏，档案号：J181-021-2709。

⑤ 《本埠新闻：直隶牙税已改订新章》，《益世报》，1925年4月29日，第10版。

⑥ 山东省政府财政厅：《牙纪投标法》，见《山东财政法规汇编》，未刊，第129页。

营业税投标承办规则》，规定了商人投标承办牙帖营业税的具体要求。这样，因为牙税的征收而导致牙、商间产生了很多纠纷。下面的纠纷案例便是商农采取游行的方式要求取消牙商和取消棉花牙税。

民国时期，河北省晋县素为产棉区域，每年所产之棉，实为贸易上主要之商品，自由交易，由来已久。1929年，晋县棉花牙行总包商以16 000元之巨金投标承办牙税，牙商向棉花商农重征牙税，致使晋县各棉花店相继歇业，或迁往别处，以避苛税。于是晋县农民售棉花无地，周转不灵。故全县民众于9月7日，"各村代表率领数千民众，一致主张，反抗攘牙。下午一时，露天讨论办法后，乃游行宣传，高唱口号，秩序井然，复请愿晋县政府取消棉花牙税"[2]，取消牙商资格等。

下面的牙、商因牙税而导致的纠纷发生在干鲜果行业中。1927年12月10日，获鹿县公署接到了一件干鲜果牙税总包商牛万福之代表人赵万善禀控5家商号不纳牙税的案件。赵万善禀称："身等于本年5月间，包办干鲜果税牙纪在案，凡石门市面之干鲜果局，一律均应按秤抽捐，不得觊觎私行买卖。今查有德发鱼店、德本号、玉成号、杨洛在、双合成以上5家私买私卖，公然偷漏，约3万余斤之多，该税纳洋200余元，身与一再催讨，而伊等抗力益坚，并出不逊之言，依然分文不给。谨将详条开列，一并呈请县长鉴核施行实为公便！（如图1所示）德本号卖山里红一千五六百斤，卖江（姜）3000余斤、黑瓜子1000余斤；德发鱼店卖白瓜子2000余斤，卖黑瓜子2000余斤；杨洛在卖栗子6000余斤，卖白瓜子2000余斤；双合成卖大花生5000余斤。"[3]县长结案后，经过审讯，判令各商号迅速将牙税交付牙商。县长批示原文为（如图2所示）："……据此查偷漏捐税，法所不容，姑念该号等，具系初犯，姑免罚办，以示宽大，着将应缴税款，口

---

① 《投标须知》，见江苏省商业厅、中国第二历史档案馆：《中华民国商业档案资料汇编》，中国商业出版社1991年版，第7129—7130页。

② 《晋县反抗棉牙，包商加税苦民，农商群起力争》，《益世报》，1929年9月18日，第7版。

③ 获鹿县民国档案汇集：《据禀干鲜果牙纪牛万福控玉成号、德木等号，私买私卖，抗税不给》，河北省档案馆藏，档案号：656-2-1084。

（原档案不清楚）日交征收干鲜行牙纪处,本署不咎既往,切切此谕,等因。"①

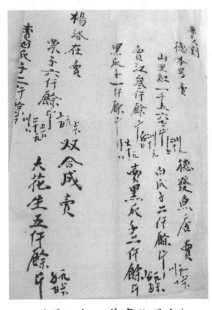 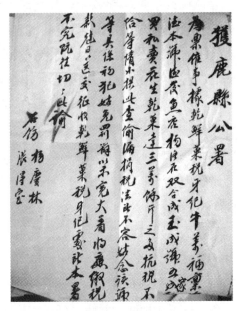

（图1:赵万善禀状原文）　　　　　（图2:获鹿县公署批文）

德本号等商号见县署支持牙商,便向商会发去援助函一封,希望得到商会的支持,免除牙税之苦。函载:"查该牙纪之谕帖,本年4月间开始领出,经商等各家阅看,乃系成交抽佣,并非保大货捐,及干鲜果统税局可比,该牙纪所征收者,系买卖成交之手数料,商等买卖各货,不经伊成交者,不能缴用。今竟按商等货账,呈控要款,似此无理需索,商等实不堪其虐,为此恳请贵会,俯念商艰,据情向新任获鹿县代诉衷苦,恳请销案,实为德便。"②

石家庄商务会长张廷元接到各商号函后,向获鹿县长至函,言:牛万福、赵万善系干果行牙纪,并非捐税委员,理应为商号等先介绍成交,再行抽佣,方为合理,且牙商所应收者,亦不过成交之牙纪手续费,与捐税不同,乃竟按账

---

① 获鹿县民国档案汇集:《据禀干鲜果牙纪牛万福控玉成号、德木等号,私买私卖,抗税不给》,河北省档案馆藏,档案号:656-2-1084。

② 获鹿县民国档案汇集:《据禀干鲜果牙纪牛万福控玉成号、德木等号,私买私卖,抗税不给》,河北省档案馆藏,档案号:656-2-1084。

收取牙税,实属显违定章,为此无理勒索,有意扰害商民,若不严加惩处,将何以儆刁顽而安良善。"况该牙商所领谕帖,亦系成交抽佣,本无捐税之可言,际此兵燹之余,商业凋敝倒闭者,日有所闻,若再加以法外重税,将何以堪"①!

因牙税包额年年增加,官府为了让牙行总包商按时足额缴纳税额,默许牙商对有买卖行为的交易便收取牙税,所以,尽管商号和商会提出,商号的交易并未经牙商介绍成交,系商号自行买卖,不在牙商抽取手续费范围内,但是获鹿县公署亦于1927年12月19日判令各商号交纳牙税。②

### 6.过境税纠纷

过境税系客人贩运货物,将原货物托付商号,请商号代为转运他处而向商号所在区域交纳税费,称为过境税。牙商遇到有些货物在某地转运或经过,这批货物在某地到底有没有买卖行为,该不该抽收牙税,则又成为牙、商经营纠纷中新的焦点。下面纠纷的主体中商号认为牙商征收的是过境税,牙税总包商则坚持其抽收的是牙税,在此类的案件中,作为纠纷最后的审判者官府,往往从保障牙税出发,判令商号补交牙税。

1930年12月,获鹿县油行牙税包商赵熙炎以德升油店的账簿为凭,在县署控告德升油店买卖花油,反以货物系属过境性质,抗交牙税。其禀控称,其投标承包该年度全境油行牙税,并自12月1日起实行。赵即赴获鹿县城乡各处照章征收牙税,乃有南关德升油店于12月3日买藁城花油3619斤,当即向德升油店征收牙税。德升油店掌柜竟然抗交牙税,并言由外买来大宗货及卖与他处之大宗货系属过境,均不纳税。"过境性质系客人贩运货物,将原货物托付栈房,转运他处,而德升油店确系买卖行为,并非过境性质,实有担负牙税之义务。"③

为了强调此案对于征收牙税的重要性,数日后,赵熙炎再次向获鹿县长递

---

① 获鹿县民国档案汇集:《据禀干鲜果牙纪牛万福控玉成号、德木等号,私买私卖,抗税不给》,河北省档案馆藏,档案号:656-2-1084。

② 获鹿县民国档案汇集:《据禀干鲜果牙纪牛万福控玉成号、德木等号,私买私卖,抗税不给》,河北省档案馆藏,档案号:656-2-1084。

③ 获鹿县民国档案汇集:《赵熙炎呈德升油店拒抗牙税卷》,河北省档案馆藏,档案号:656-3-389。

第
九
章

431

华
北
牙
商
的
纠
纷
与
社
会
变
迁

交禀控:"惟商自承包全境油牙税,迄今未经征收,乃该号竟自出头,搅乱税务,以致征收前途大有窒碍,但该号明系由栾城、正定、行唐等县贩来之油转卖与他处,硬抗不纳,实系故意取巧,坚决抗拒,祈仁天若不严加罚办,以后全境油行均各效尤,诚恐更属,难以征收,思维至再,别无善策,只得再来案,恳请县长鉴核,俯赐准传案,照章纳税,以杜奸商而维税收,实为公便,谨呈县长公鉴。"①

获鹿县长收到赵熙炎的两封禀状后,令赵详细禀明油店贩油的数目、价值和应纳牙税数目。其批示载:"禀悉,德升油店贩油数目虽经前禀述明,究竟值价若干,收税几何,未据声明,仰另详细报告,以凭核办,此批!"②赵见批示后,当即书写禀状,指出:"德升油店所买之油3619斤,按当时市价,每百斤大洋14元计算,共该价洋506元6角6分,按照章程,买户2分,应纳税洋10元1角3分3厘,卖户1分,应纳税洋5元6分6厘6,该号既坚决抗拒收税,应纳税款,该号即应完全负担。"③赵还指出,因德升油店抗交税款后,以致全境油商群起效尤,税款分文未收。

德升油店以其所购买花油系从藁城县买入,而在藁城县已纳牙税为由,在获鹿县并无买卖行为,纯属过境,所以,不应该再向赵熙炎交纳牙税为理由进行申辩。④

到底如何判断德升油店所购花生油3619斤,是转运性质还是买卖性质?获鹿县长自有妙招。县长对此的判断便是这批货物到底有没有换封皮箱篓?如果真如德升油店所称,此货物纯属过路,应该不换包装。于是县长批示:"禀悉,查购买转运为过路,应以不换封皮箱篓者为过路,该商运油是否为此,仍

---

① 获鹿县民国档案汇集:《赵熙炎呈德升油店拒抗牙税卷》,河北省档案馆藏,档案号:656-3-389。

② 获鹿县民国档案汇集:《赵熙炎呈德升油店拒抗牙税卷》,河北省档案馆藏,档案号:656-3-389。

③ 获鹿县民国档案汇集:《赵熙炎呈德升油店拒抗牙税卷》,河北省档案馆藏,档案号:656-3-389。

④ 获鹿县民国档案汇集:《赵熙炎呈德升油店拒抗牙税卷》,河北省档案馆藏,档案号:656-3-389。

候查明核夺,此批。"①12月25日,经县府查验,德升油店的货物已经换封皮箱篓。德升油店对此的解释是:所谓购买转运为过境,应以不换封皮箱篓者为限,指通商埠头转运大宗货物,存堂出口,能以不换封皮箱篓者为限,至于下县有捐税之地方开放过境,当然不能以通商埠头转运大宗货物存堂出口,不换封皮箱篓者之限制。在事实上,油系滑流物品,如水性一样,箱篓稍有微隙,即生浸漏之患,油由甲县运至乙县,总得改箱,由乙县再运往丙县,丙县总得换篓,否则漏滴堪虞,损失甚巨,获鹿地方居太行之山口,西至晋省,山路崎岖,东至冀域,陆境平坦,油自东来,装载大车篓皮及巨,每篓能容200余斤,油往西发,改为骡脚,篓皮甚小,每篓容油100余斤,非经改换篓皮之手续,不能往西转运,请县长函询商会,平日是否有此改篓之手续,以作证明。

石家庄油行公会和获鹿县商会联合向获鹿县政府致函支持德升油店,提出两个关键观点。第一,德升油店所购油确系过境。称:本县产油无多,故大宗货物皆贩自外县,买卖双方出过牙税,落至本境改装包封转运晋省。商等所设之分号,就地销售,在本境无买卖行为,照章即不完纳牙税,今油牙税包商赵熙炎承包伊始,不明牙税定章,竟留难商等油行同业德升油店,经藁城县贩卖花生油3619斤,在原买地点实有买卖行为,纳过牙税,落至该号改篓预备转运晋省阳泉站分设之德升油店销售,如成事实,该号发票上必注明此油发往阳泉德升油店查收之据,似此以本号之油转运他县分号未换字号,自运自货,更无买卖行为,确系过境。第二,以前有类似案例,河北省财政厅指令令不纳牙税。公会和商会指出:油品转运外县,不换箱篓之言,此项手续,前获鹿煤炭灰油铁五项牙税稽征局存在时,局长王永泰亦以此项油品过境可否不换箱篓,业经本公会否认,遂此项手续请示上峰,蒙河北省财政厅指令:"呈悉,查征收牙税,应以在该局所在地有买卖行为者为限,应纳税款,照章由买卖主双方负担,该局创设伊始,务当遵照定章妥慎办理,仰即遵照此令。"②

虽然有石家庄油行公会和获鹿县商会的证明,但是获鹿县署仍判令德升油店交纳牙税19元。①为了避免其他油商再和包商发生类似纠纷,在赵的呈请下,获鹿县长布告众商照章纳税,并函石门公安局协助维持包商征收牙税,以利税收的顺利征收。

过境税纠纷,在报纸中也有体现。据《益世报》记载,1919年3月上旬,饶阳县万升隆烧锅赴安平县,运酒出售。安平县牙纪张鑫泉、赵洛瑞以每车征收京钱15吊,收取牙税。饶阳县万升隆烧锅因在公卖局领有护照,准在内地自由买卖。故不允,牙纪将酒车并伙计王瀛洲扣留,送安平县收押。万升隆到津,在烟酒公卖局呈控。②天津市财政局捐务牙税办事处,设立临时分卡,征收过路车捐,布告各车户遵缴。③天津县猪肉牙行包商王尚荪,在杨柳青地方,设关卡,对于经过其地之猪只,如不纳税,即予扣留,不准放行,计扣留猪只2000余只,强索过路牙税。对于牙商收取过境税的纠纷,《益世报》的观点和官府的观点正好相反,《益世报》认为,"牙税,乃在买卖当场介绍成交买卖之牙佣性质,并非过路统税厘金,当无沿河设卡之根据"④。

### 7.营业种类纷争

1932年11月,获鹿县瓮店行总包商高日增和商户因粗磁类产品是否应纳牙税产生了诉讼。

从高日增的禀状中可知,高以往年惯例,碗罐等项粗磁物品均在征收牙税范围为理由,恳请县长出示晓谕,令"各瓮店将所经营的瓮罐盆碗一体交纳牙税"⑤。而与此相对照的是各瓮店和获鹿县商会则称:粗磁类物品向无征收牙税惯例,高日增纯属蒙蔽县长。双方争持,各不相上下。

获鹿县陈县长在双方互不相让、争执声中判令商户赢得官司。其批示载:

① 获鹿县民国档案汇集:《赵熙炎呈德升油店拒抗牙税卷》,河北省档案馆藏,档案号:656-3-389。

② 本埠新闻:《呈控牙纪之需索》,《益世报》,1919年4月16日,第7版。

③ 本市新闻:《牙税处征收过路车捐》,《益世报》,1932年12月12日,第6版。

④ 本市新闻:《猪肉牙商违章设卡,强索过路牙税》,《益世报》,1931年5月4日,第6版。

⑤ 获鹿县民国档案汇集:《瓮店行高日增禀请出示晓谕各瓮店纳牙税》,河北省档案馆藏,档案号:656-3-702。

"查该商所包税名只曰瓮店,无论向例若何,征收实无粗磁二字名目发现,今曰瓮店,兹牙税殊属毫无粗磁之处,仰仍循名,择实,止取瓮牙,免收粗磁,可也。此批!"①

但是此案并未结束。高日增见县长不予支持,便一纸诉状将众商告至河北省财政厅。称旧日瓮行牙商因年本届未能投标得到包商资格,便勾结各瓮店,运动商会抵制牙税,而获鹿县长不知底蕴,被瓮商所蒙蔽。河北省财政厅鲁厅长接案后,令获鹿县长根据惯例,重新判令此案。鲁批示载:

"河北省财政厅训令(字第4733号)

令获鹿县县长:

案情该县瓮行牙税包商高日增呈为奸商抗纳牙税,仰恳饬县转谕,遵办,以维国课,而免效尤等情。据此查该县瓮行牙税历办有年,究竟瓮店所卖一切粗磁,向来是各归瓮行征收牙税,自有惯例可循,应由县确切查明,根据惯例,分别饬遵,合亟抄,呈令仰该县长,即便遵照办理,具报,此令。

1932年11月6日。"②

获鹿县长接到厅令后,重新判令,为税收起见,瓮店所营物品包括粗磁在内一概交纳牙税。

### 8.定金纠纷

牙行属于代客买卖行业,牙商在替客户代购时,往往预先让客户交纳部分定金,而因此导致的牙商吞并客户定金的事件时有发生,从而导致定金纠纷。如:1948年10月25日,《青岛时报》记载一则牙商孙少卿行诓骗客户宋范五5000元货款的新闻。内容如下:青岛市济南路德兴泰,系一杂货商店,经理宋范五,经商有当,数年来营业颇佳。日前,有一牙商孙少卿者(36岁,蓬莱人,住观城路33号,顺和里内),彼与宋某均系熟人,日前经至该商号,声言,有糖百包,问宋某是否想要,该宋某正拟存货,当即谈妥糖价,定糖若干。孙言此项交易,须

---

① 获鹿县民国档案汇集:《瓮店行高日增禀请出示晓谕各瓮店纳牙税》,河北省档案馆藏,档案号:656-3-702。

② 获鹿县民国档案汇集:《瓮店行高日增禀请出示晓谕各瓮店纳牙税》,河北省档案馆藏,档案号:656-3-702。

预交定金5000元，即时换起货单，宋某心实不疑有他，立将5000元付与孙某，并合伙友某同往取起货单，不意行至小港二路人多之处，该孙某心怀不良，竟乘间逃脱，追之不及，遍寻不得，既而于焦急中，返柜久候，亦复音信渺然，至此，方知受其骗。"当急至孙家询问，孙妻答以未曾回家，宋某于心痛之际，即将孙妻，扭赴警所，依法讯处"①。

# 三、群体性纠纷

群体性纠纷，是指纠纷主体一方或双方为多人以上的特殊性社会纠纷；或者说，一方或双方在人数众多的情况下，相互之间坚持对某个法律价值物的公然对抗。民国时期，在追逐利益面前，政府、牙商、商户、农民、商会、同业公会等各种利益主体之间的矛盾日益凸显。在这种社会背景下，与牙商相关的群体性纠纷频频爆发，从一定程度上，可以说是当时比较常见的社会现象。

### 1.安国药行的群体性纠纷

河北省安国县旧称祁州，有"药州"、"药都"之称，药材贸易十分繁荣。民国的三四十年间，在安国庙会相关的药行业中，官牙商、私牙商、药行商帮、官府、商会、顺直省议会间形成的大规模的群体性冲突就有三次之多。

第一次冲突发生在1913年间。冲突源于1913年3月12日，直隶省官牙商刘龙誉等在保定创设"药材行捐经理处"。其职责是包收试办保定、安国、天津等处药行牙税，包额为每年40万两银，充作直隶饷需。官府和牙商的这一行为立刻掀起了轩然大波，遭到了药材商帮、天津商会、直隶省议会的一致反对。

安国县接到直隶民政长第五号通告，宣告药材行捐经理处成立后，该县药商和药行经纪（私牙）等立即采取了罢市活动。

3月22日，药材行十四帮商人，即：潮帮万世盛等、川帮衡记等、东洋帮万丰泰等、福州帮福长兴等、广帮常丰盛等、怀帮怀仁堂等、建帮苏万利等、姜帮永立等、津帮欲甡堂等、口帮（口帮指口外一带的药商，包括甘肃、宁夏、呼和浩

---

① 青岛时报社：《经纪孙少卿行诓骗，宋范五白交5000元》，《青岛时报》，1948年10月25日。

特等地的药商)①万隆茂等、宁波帮广记等、祁州帮瑞昌等、西帮义成德等、伊犁帮文丰泰等，向直隶行政公署兼署民政长冯联名呈文，请立刻取消药材行捐经理处。药材行十四帮商人反对设立药材行捐经理处的理由主要有三点。第一，"查药材一项，中国二十二行省如上海、汉口、香港、佛山、周村、营口等处皆未设有官牙，以此事为人民生命所关，固不容此辈垄断罔利也？"②第二，牙商刘龙誉创设药材行捐经理处时称：天津、保定、安国、张家口等处药材交易额，"每年约有2500万，向有经纪抽佣四分"③，未知从何说起。安国经纪之抽取佣金，名义上虽为四分，实则每一买卖成交，除去扣秤垫价款，所得亦未有二分以上者。而经纪则凡系安国成丁之男子，但使有十人连环互保，又经商会认可报名，皆可充当，其赖此以生活者则不下二三千人，约计每年交易额亦不过300万两银，何来2500万两银之数目？第三，安国药行本系乡下庙会性质，且交通不便，若再抽收牙捐，必至群商裹足不来，相率而改赴他处。"近来潮建广与参茸等赴会几渐近绝迹"④，"药商改赴山东周村或奉天营口者，已达十之五六"⑤等等，便是明证。

　　1913年3月23日，天津商会会长叶兰舫等也向直隶行政公署兼署民政长冯联名呈文请取消药材行捐经理处。商会呈文部分内容如下："查刘龙誉等禀设药材行捐经理处，事属牙行买卖按二分抽佣，实于商业诸多窒碍。值此商业浩劫余生，何堪复遭剥削。且天津各处皆为招商码头，税捐迭加，各商已觉担负过重，若再添此牙用(佣)，视为畏途，裹足不前，药行商业败坏，牵动全局，商

① 天津市档案馆、天津社会科学院历史研究所、天津市工商业联合会：《天津商会档案汇编(1912—1928)》(第4分册)，天津人民出版社1992年版，第3794页。

② 天津市档案馆、天津社会科学院历史研究所、天津市工商业联合会：《天津商会档案汇编(1912—1928)》(第4分册)，天津人民出版社1992年版，第3794页。

③ 天津市档案馆、天津社会科学院历史研究所、天津市工商业联合会：《天津商会档案汇编(1912—1928)》(第4分册)，天津人民出版社1992年版，第3794页。

④ 天津市档案馆、天津社会科学院历史研究所、天津市工商业联合会：《天津商会档案汇编(1912—1928)》(第4分册)，天津人民出版社1992年版，第3795页。

⑤ 天津市档案馆、天津社会科学院历史研究所、天津市工商业联合会：《天津商会档案汇编(1912—1928)》(第4分册)，天津人民出版社1992年版，第3795页。

二十世纪之中国——乡村与城市社会的历史变迁

务何堪设想……总理天津商务总会：叶、协理天津商务总会：卞"[1]。天津商会还与保定商会、张家口商会和安国商会达成一致，共同支持药商，反对牙商和官府所创设的药材行捐经理处。

对于安国药行的罢市、十四商帮、天津商会、保定商会、张家口商会、安国商会的呈文，官府并未理睬。牙商刘龙誉等除了在保定设立药材行捐经理处总经理，在安国、天津、张家口等处分设经理外，并请官府派有军队保护牙商，弹压反对者。

1913年5月9日，天津城关内外裕生堂、合生堂、松鹤堂、京都仁义堂、法租界京万全堂等共百余家药商联名向天津商会申述药材行捐经理处成立后，药材市场萧条情形。众药商在呈文中言：商等发行各号买卖药物，全赖安国县来源。而天津门市各商号凡有一切零星药品，均向商等发行。现在因安国罢市，买卖不通，商号等所存药物无几。商等皆靠药材买卖所得蝇头小利养家糊口，现在生意无多，不仅生活困难，且患病服药者亦受到莫大牵连。5月11日，天津商会会长叶兰舫等在向直隶行政公署兼署民政长冯转呈众药商的申述署的同时，再一次呈请取消药材行捐经理处。

顺直省议会成立于1913年3月，是由民选产生的直隶省地方民意代表机关。代表人民对本省官吏进行质问和弹劾，是议会民意代表职能、监督职能的体现。据1913年6月3日的《天津商报》载：直隶省议会为设立药材行捐经理处一案，也站在药商的立场上，"苦苦辩驳，两次否决"[2]。在一片反对声中，直隶都督赵秉钧不但未能撤销药材行捐经理处，而且向省议会回文声叙"财政部《厘定税则草案》已将牙捐划入国家税之范围"[3]。

1913年5月27日，国事维持会直隶支部申明愿意调停药材行捐罢市风潮。其向天津商会递函的主要内容为：商会负有保商天职，据理力争，为商请命，

① 天津市档案馆、天津社会科学院历史研究所、天津市工商业联合会：《天津商会档案汇编（1912—1928）》（第4分册），天津人民出版社1992年版，第3796页。

② 天津市档案馆、天津社会科学院历史研究所、天津市工商业联合会：《天津商会档案汇编（1912—1928）》（第4分册），天津人民出版社1992年版，第3801页。

③ 天津市档案馆、天津社会科学院历史研究所、天津市工商业联合会：《天津商会档案汇编（1912—1928）》（第4分册），天津人民出版社1992年版，第3801页。

曷生钦佩。唯是直隶省财政困难,行政官罗掘俱穷,别具苦衷。但能为地方增加公款,于商民无所损失,我们当曲予成全。安国为此案已经酿成罢市风潮,商务前途,影响殊甚。而省议会两次否决,药材行捐经理处骑虎不下,立法与行政冲突,更非直隶之幸。故函请贵会订期面谈,以希和平结局。但是国事维持会直隶支部的调停并未有任何成果。

在调停无果,直隶民政长对药材行捐经理处祖护如故的状态下,事件进一步激化。10月11日,天津商会会长叶兰舫等分别向大总统国务院、工商部呈文请即日撤销药材行捐经理处。其呈文中称:"分呈大总统国务院、工商部:窃查刘龙誉、冯培骏假公济私,强设直隶药材行捐一案,发现迄今半载有余,文书往还,积累盈尺,百计调停,了无头绪。而上之民政长祖护如故,下之该捐局滋扰如故……况案经省议会三次否决于前,众议院质问于后,乾延至今,未闻有解决之方,保持之策,而该捐局纵兵滋扰,截获拘人,层见叠出,馨竹难载。各药商外惮于威,内穷于力,生理将尽,无术经营……"①天津商会的呈文毫未夸张,自安国县药市罢市半年多以来,天津各药商来源断绝,存货一空,营业萧条。

在官府对药商各界要求撤销药材行捐经理处诉求的漠视中,安国药市罢市的风潮也逐渐扩大。商会在向大总统国务院、工商部分别呈文的第二天,天津药业罢市。10月12日,十四帮药材商代表华仪斋、李汉亭、李序东、孙亦章、张春泉、张锦堂等在声明停市的说帖中称:现在安国罢市,来源断绝,津市货物被伊等阻挠不能交易,势难支持,各药店现已一律闭门停市。药业罢市的同一天,天津五十九行商人通电大总统、国务院、众议院、工商部取消药材行捐经理处。通电载:

"大总统、国务院、众议院、工商部钧鉴:为市面危急,牵动全局,联电陈请挽救事……现该(药材行捐经理处)局仍行存在,又勾合无业游民认充药材牙纪,终日带领卫兵抓人截货,强迫认捐,甚至百般凌虐,十四帮不敢发货交易,天津、祁县(安国)已经停市,各商业均有连带关系,以致天津市面人心恐慌,

---

① 天津市档案馆、天津社会科学院历史研究所、天津市工商业联合会:《天津商会档案汇编(1912—1928)》(第4分册),天津人民出版社1992年版,第3803页。

商业不安……若不计予维持,各商业均有不能存在之势,市面关系甚重。为此公同电请立饬取消,并乞五日内赐电,以保市面,而安人心。"①

　　天津药市罢市的当天晚上,纠纷便有了突破性的进展。这起冲突的最终解决得益于官府应对策略的转变。官府此刻彻底改变了敷衍、拖延和应付的态度,由农商总长高凌蔚亲自处理此纠纷。10月12日晚,高凌蔚给天津商会会长叶兰舫写函一封称:"撤换冯、刘事,刻已办,指令行知该员等遵照"②。随之,直隶省公署颁布了撤销药材行捐经理处的指令。

　　至此,持续7个月之久的药商各界要求撤销药材行捐经理处的纠纷以官府和官牙商让步而告终。

　　第二次冲突发生在1921—1928年。冲突的源起和1913年的药市冲突如出一辙,官府在安国创设了药行牙纪局,引起了药商和私牙的一致反对。

　　1921年6月,直隶曹锐省长查安国药市,每年交易在2000万元以上,皆由私牙商经手,牙商收入颇丰。③故曹锐欲在安国增辟商税,令任丘县薛菊田包办牙税,在安国成立"药行牙纪局"④,按货价抽收2%的牙行税(即出境税)。薛重

---

　　① 天津市档案馆、天津社会科学院历史研究所、天津市工商业联合会:《天津商会档案汇编(1912—1928)》(第4分册),天津人民出版社1992年版,第3804页。

　　② 天津市档案馆、天津社会科学院历史研究所、天津市工商业联合会:《天津商会档案汇编(1912—1928)》(第4分册),天津人民出版社1992年版,第3805页。

　　③ 刘华圃、许子素:《祁州庙会———驰名全国的药材集散地》,见中国人民政治协商会议河北省委员会文史资料研究委员会:《河北文史资料选辑》(第11辑),河北人民出版社1983年版,第191页。

　　④ 顺直新闻:《安国药商因牙捐罢业》,《益世报》,1921年6月30日,第11版。

新雇用牙商,将安国"原来的(私)牙一律取消。"①因十六帮药商②向来惯例,各有自己信任的(私)牙商,不满官府的抽收牙税行为和取消私牙的命令,遂以各药商罢业和私牙罢市的形式表达抗议的决心。

官府对药市的罢市活动,采取了强力弹压的态度。首先,官府吸取了1913年药市冲突的教训,为防止商会联合药商与官府作对,解散了安国商会,拘押了安国药市罢市的首谋。其次,针对药行罢市后,安国县一些药商想把药材转往营口、天津、定县、深泽等处经营的行为,官府严令禁止所有药材不准出安国县,并派警在各道口查验。禹州药商将存于定县火车站永吉牙行货栈内的药材售于天津,药行牙纪局闻知,去牙行行栈查拿,药商闻风逃避。药行牙纪局还前往"石家庄行栈查拿药商"③。

在官府的强力政策下,1921年7月7日,安国众药材商帮的代表和私牙商的代表一起到天津,在直隶省署控告安国县药行牙纪局的劣行。药商等称:"安

---

① 顺直新闻:《安国牙纪局扰及邻县》,《益世报》,1921年7月6日,第11版。

② 十六帮药商为:1.京通卫帮(北京、通州、天津一带药商的总称,帮首为北京同仁堂经理刘甫亭、天津隆顺榕经理范建唐等);2.山东帮(山东一带药商,以济南为集散地,帮首为德成公药庄经理张汉臣);3.山西帮(包括山西省和陕西省的一部分药商,以太谷和西安为集散地,帮首为广生院庄经理杜益斋,广庆合经理贾际五等);4.陕西帮(包括陕西、甘肃、宁夏一带药商,以汉中为集散地,帮首为永隆全药庄经理李炳双);5.古北口帮(又名口外帮,包括古北口、热河一带药商,以营口为集散地,帮首为同春堂经理王鹤云);6.西北口帮(河北省北部、呼和浩特、张家口、包头一带药商,以包头为集散地,帮首为春和裕经理杨春和等);7.关东帮(包括全东北及朝鲜一带药商,以营口为集散地,帮首为世一堂经理郭宝桢等);8.宁波帮(包括浙江、宁波等地药商,以上海为集散地,帮首为昌记经理桂金章、亨吉泰经理朱吉仁等);9.彰武帮(河南彰德、武安一带药商,以彰德为集散地,帮首为大有恒经理郝子亭等);10.怀帮(怀庆、沁阳一带药商,以怀庆、郑州为集散地,帮首为协盛全药庄经理程敦武);11.川帮(四川省药商,以成都为集散地,帮首为五洲药庄经理李子游);12.江西帮(江西、云南、贵州等地药商,以昆明为集散地,帮首为聂振茂药庄经理杨竹亭);13.亳州帮(安徽、亳州等地药商,帮首为东庆恒经理刘晓山);14.广帮(广东、广西、南洋一带药商,以广州、汉口为集散地。广帮以运销进口药材为主,虽名带"广"字,但经营者多为山西人,帮首为广全聚药材庄);15.禹州帮(河南禹州一带药商,以禹州为集散地,帮首为新福兴药庄经理王钦堂);16.黄芪帮(安国本地药商,以专做黄芪加工而得名,帮首为泰兴经理张洛恩等)。

③ 顺直新闻:《安国牙纪局扰及邻县》,《益世报》,1921年7月6日,第11版。

国县牙纪局禁止货商出境以来,庙会停止,药商罢市。因天气炎热,药材多霉腐,十三帮药商欲将货物运转出安国,领筹销售。牙纪局竟派警察阻拦,如要出境,须纳2%抽取牙佣。"①直隶省署此时金融困敝,省库奇绌,亟待增辟商税来源,借以筹济军饷所需,故对于众药材商帮和私牙商的控告置之不理。

药行牙纪局因有官府的支持,便再将"安国药材牙纪一律取消,重新挑选中间人,改为鉴证人,仍按4%抽收牙佣"②。安国县知事在牙税报解方面与药行牙纪局达成一致:牙税数目不变的情况下,"药行牙纪局将所收税款交安国县转解,以免与预算案,发生抵触"③。

顺直省议会站在支持药商、私牙商的立场上,多次请省长撤销清理牙纪局,以维持安国庙会。

1922年9月27日,顺直省议会全体通过了撤销清理牙纪局,以苏商困,而维庙会案,并咨请直隶省长照办的提议。省议会的提议提出清理牙纪局的理由为:第一,安国县药会,原由商会认定有身家财产、通懂药学者,对于买卖负有货款完全责任者充当牙商。交易中,若药商无充足现款,牙商亦代为垫付,俟庙会结束,再行清算挤兑,故药商不论生熟,买办货物,不受丝毫欺诈。清理牙纪局成立后,旧牙商一律取消,而选用多半为游手好闲、钱财上也不能担负货款责任之辈鉴证人充当牙商,药商们恐受危险,庙会生意大受影响。第二,清理牙纪局在拟设之初,捏报药行货物成交值每年1150万元。现在该局已成立3个庙会,药材货物是否能有千数百万之巨,不辨自明。第三,每年牙商所抽牙佣有限,除清理牙纪局消费外,无补省库。第四,安国县牙帖照费及牙商缴纳筹办学校款向由商会办理。清理牙纪局称每年商会收牙商款2万余元,除解省库及安国县学款万余元外,均归商会私囊。应核对商会收款簿,查明真伪,再行办理。不要听信清理牙纪局一面之词。第五,清理牙纪局派巡兵40名,又雇用当地无赖数十名,分卡街口,昼夜持枪稽查药商是否纳捐,领有验单。对于已经照章纳捐的药商,故意弄得单货不符,进行罚款。罚金一半充公,一半私

---

① 顺直新闻:《安国药商呈控牙纪局》,《益世报》,1921年7月7日,第11版。

② 顺直新闻:《安国牙纪局认提国税》,《益世报》,1921年7月28日,第11版。

③ 顺直新闻:《安国牙纪局认提国税》,《益世报》,1921年7月28日,第11版。

分。第六,牙佣本应在买卖成交后提取,但是清理牙纪局货物每一转运,或并未售卖,或发向他处售卖者,均抽收税捐,俨如厘金。

1922年11月18日,顺直省议会再请省长撤销安国清理牙纪局。①1923年8月,顺直省议会根据安国县商民列举牙纪局的种种弊端,经大会议决撤销清理牙纪局,"并咨请省公署执行,省长王孝伯即密委亲信范某,前往详细调查该局纵令警察差役,骚扰商民"②等事情。

1924年1月,顺直省议会议员许泽溥、齐世铭、陈兆芙、许文泉、蔡成燏、李宾诚等14人在省议会提议,查办牙纪局长薛菊田案。提议书主要内容是列举薛菊田营私舞弊的"十条行为"。主要包括:(1)侵吞学款。安国县牙款,历年补助学款。自牙纪局成立后,在拨补学款中浮报吞蚀300余元。(2)冒价吞款。查牙纪局给鉴证人所发之号章,原由保定购制,每块2角,而卖给鉴证人每块1元。600名鉴证人实用120元,却收600元。(3)吞设公费。牙纪局除冒滥开销办公经费及队兵服装费,历年积存余款,尚有12 000余元。(4)假公济私。牙纪局冒名东洲药房为招牌,收买黄芪、川芎得扣洋18 000余元。授意各药商,于报用之时,以多报少。(5)私挪局款。查薛菊田因经营药行,去年共挪用局款2800余元。(6)捏报罚款。该局自成立至今,征收罚款,不下三四千元之谱,册报数目,仅300余元。(7)滥支公费。查牙纪局各员终年不到局上班,却月支洋数元。(8)薛菊田堂弟、胞侄、族弟、表弟等均在牙纪局挂着虚名。(9)滥用威权。曹前省长指令该局,各商因药商交易发生的争议,自应该县知事或商会处理,不应该牙纪局干涉。(10)纵员勒索。查薛菊田终年住家在天津,到安国牙纪局之日有限,且为鸦片所累,局内事务任局员肆意妄为,如验货受贿、私放鉴证人、包娼聚赌等。③

药行牙纪局还遭到了安国县议会、参事会、教育局、劝业所、农林会、商会、建路卫生局、士绅等团体的一致反对。药行牙纪局虽在安国县创设,但并不属于安国县府管辖范围,其直接隶属于保定警察厅。1923年3月,更是由直隶省财

---

①　本埠新闻:《省议会再请撤销安国牙纪局》,《益世报》,1922年11月19日,第10版。

②　顺直新闻:《安国牙纪局将行撤销》,《益世报》,1923年8月5日,第10版。

③　本埠新闻:《请查办安国牙纪局长》,《益世报》,1924年1月9日、1月10日、1月11日,第10版。

政厅收回,由财政厅厅长接收管辖。药行牙纪局在安国的设办,并未给安国县带来财政上的收入,反而导致全体药商的强烈抗拒,罢市一年(1921年—1922年)之久,严重地打击了安国药市,也对安国商业的发展带来了重挫。因此,安国县官府也对药行牙纪局持否定态度。1925年4月3日,安国县知事向直隶省长转呈了安国县议会议长田宝泉,参事会参事周如莲,教育局局长陈德馨,劝业所所长王国昌,农林会会长宋沛然,商会会长卜继彬,建路卫生局局长党荣锡,士绅宋兆升、许泽溥等联名呈文。①内容主要是关于药行牙纪局摧残庙会,扰累商民,请撤销等相关内容。杨省长当即批示财政厅核议复夺:清理牙纪局,当设置之初,原为整顿收入起见,当时地方绅商,虽不无异议,旋亦相安无事,办理数年,尚著成效,今忽呈请取消,而于省库如何补助? 即竟未筹及,商情固宜体恤,库藏亦须兼顾,已批交财政厅核议复夺。②

1925年5月,督办公署咨复顺直省议会,阐释药行牙纪局不能取消的原因是值财政其拙,未便遽议撤销。督办公署承诺责成财政厅随时对药行牙纪局严查,以杜弊端。其原咨部分内容如下:"安国县牙纪局办理未合,公议撤销,除咨请省长外,咨请查照办理,等因。准此,查安国清理牙纪局办理有年,从前经办人员虽有未洽舆情之处,本督办莅任后,即经饬行财政厅遴派妥员,认真整顿,剔除中饱,严禁苛扰,正在厉行整顿,务令无妨商业,有裨度支,现值本省财政奇拙,军政各费每年收入六七万元,亦可稍资挹注,自应仍旧办理,未便遽议裁撤,除再责成财政厅随时严密查察,以杜弊端,并咨明省长,相应咨复贵会查照,此咨直隶省议会"③。

这起冲突一直持续到1928年冬。④在药材商帮、安国县牙商、直隶省各法团、各机关等多方代表向当局吁请撤销的持续努力下,直隶省政治分会议决照准撤销了药行牙纪局。

第三次冲突发生在1929年10月—11月间。冲突的关键依然是官府设置牙

---

① 本埠新闻:《安国请撤牙纪局消息》,《益世报》,1925年4月3日、4月27日,第10版。

② 本埠新闻:《安国请撤牙纪局消息》,《益世报》,1925年4月3日、4月27日,第10版。

③ 本埠新闻:《安国牙纪局未能取消》,《益世报》,1925年5月27日,第10版。

④ 本省新闻:《安国牙纪捐局,经手人反对》,《益世报》,1929年10月18日,第7版。

税征收机关。这次，河北省政府在安国县创设的征收牙税的机关称作药材牙捐征收局，但是其性质与前面官府所设药材行捐经理处和药行牙纪局完全相同。

1929年10月12日，河北省省政府派李培垣来安国县设立药材牙捐征收局，税率由2%增至3%，安国全县民众颇为愤慨，立即上演了多起游行示威，抗击官府征收牙税的活动。①

10月13日，经手(私牙商)百余名，结队赴安国县党部请愿，手执大旗，高呼口号，到场千余人，誓不承认药材牙捐征收局。②

10月14日，又有各商家之请愿，参加者约数千人，均分别请愿县党部、县政府，"沿街高呼口号，散布传单，张贴标语。誓死反对，不达目的不止"③。

1929年11月6日上午10时，安国县商民借大药市开会，到场约万余人，手持小旗，并有赵允齐、张剑秋、陈福东等登台演说，继以永兴，计第一队药业经手总会，第二队药商总会，第三队上载搬运夫公会，以及成包会、切药公会等，路线由中山大街，北行永安路、新桥路、县政府大街、东街、和平街，复返大药市散会。沿途高呼"誓死不承认药牙局"④等口号。

安国县商民的此次罢市游行并未取得成功，官府不予理睬，众商民反抗无效，卒致忍痛交纳官府的各种费用。

### 2.天津市干鲜货行的群体性纠纷

1933年10月—1934年8月，由天津干鲜货行的干鲜果品业同业公会和天津牙商争夺牙税包办资格而引发的群体性冲突，具有涉及人员广、规模大、冲突激烈等特点。

天津市鲜货牙税，原由天津市干鲜果品业同业公会包征。1933年9月间，干鲜果品业同业公会包期将满，经天津市财政局局长张志澂拟定三种办法征收鲜货牙税：(1)仍由干鲜果品业同业公会包办；(2)由干鲜果品业同业公会包

---

① 本省新闻：《安国商民请愿两次，全县誓死反对》，《益世报》，1929年10月19日，第7版。

② 本省新闻：《安国牙纪捐局，经手人反对》，《益世报》，1929年10月18日，第7版。

③ 本省新闻：《安国商民请愿两次，全县誓死反对》，《益世报》，1929年10月19日，第7版。

④ 本省新闻：《安国药牙苛捐，商民反抗》，《益世报》，1929年11月10日，第7版。

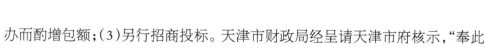

办而酌增包额；（3）另行招商投标。天津市财政局经呈请天津市府核示，"奉此饬令招商投标"①。财政局的"由干鲜果品业同业公会包征牙税，改为令牙商投标包办牙税"这一政策的转变，导致了此次纠纷的产生。

首先起来反对的是天津市鲜货商。1933年10月，天津市海河一带的鲜货商号，反对财政局鲜货牙税招商投标的态度颇为坚决，大有不达目的誓不终止之势，"并于10月17日召集各商会议决定声明脱离天津市干鲜品同业公会，另设临时办事处"②。19日，鲜货商向天津市党、政各局大举请愿，但并未得到圆满的答复。21日，鲜货商代表刘静山等，为反对鲜货牙税招商投标，再赴天津市党、政各局请愿。海河一带鲜货商民，全部已脱离干鲜果品业同业公会，另组"鲜货商运动取消牙税请愿团"，并在"集成公"成立请愿团，该团10月20日并通告全市鲜货商民踊跃参加。文云："我亲爱的鲜货商同业商人们，如不甘过度牙税的摧残，可急速团结起来，努力奋斗，现在天津市政府财政当局，对于我们忍痛分担的鲜货牙税，违反1931年度协定的条件，又要招商投标了，不幸被包商任意高价得标，一经包商检验留难，鲜货腐烂，这不是摧残我们的生命吗？"③鲜货商民的口号为：不达目的，誓不罢休。

鲜货商请愿活动的实质是希望当局仍令干鲜果品业同业公会包办牙税。那么，为什么财政局不满足鲜货商的意愿而令牙商投标包办牙税呢？这要从鲜货牙税的沿革谈起。

鲜货牙税肇始于前清，当时由天津县征收，分窖窠及御河两行，各设牙纪，缴费、领帖、支应官差，横征苛索，牙纪抽收牙佣的比例向无定率。1900年，各鲜货商因不堪其扰，乃请商会转请县署豁免支应官差，规定按买卖双方各抽牙佣3%。民国成立后，"1915年，该牙税改为牙商包办，窖窠行年纳税额70元，公学费津钱1600吊文，复加交公学费1300元；御河行除年纳税额70元外，年交公学两款10 100元。1919年更换新帖，准减缴公学两款3100元，改为年纳公费两

---

① 本市新闻：《市财政局长对鲜货牙税表示扣留货品今日拍卖，日界设市有法抵制》，《益世报》，1934年2月21日，第5版。

② 本市新闻：《鲜货牙税，风潮将扩大》，《益世报》，1933年10月18日，第5版。

③ 本市新闻：《反对鲜货牙税，商民激昂愤慨，联合组织请愿团，欢迎同业登记，不达目的誓不终止》，《益世报》，1933年10月21日，第6版。

款17 000元。1925年,奉直隶财政厅令合并两行为天津县鲜货行,招商投标包办,因鲜货商人互起纠纷,有一部分商人设立鲜货研究所,凡入所者交易不纳牙税,而由研究所每年向县署缴纳学款800元。至1927年鲜货行包额增至20 500元,1928年增为21 050元。1928年10月,划归天津特别市,由财政局接管。因划出县辖4乡包额800元,实收20 250元。1929年9月26日,包期届满,仍招商包办,包额22 000元。1931年9月底,复招商投标,承办包额遂增至37 000元(御河、窑洼22 000元,海河15 000元),由得标人赵郁祺承办。"①因干鲜果品业同业公会力争,经商会调解,赵郁祺退包,让归干鲜果品业同业公会以原额承包,一年期满,复续办一年。为了更直观地了解天津鲜货牙税的沿革,我们用一简单的图表概况。

### 1915—1933年天津市鲜货牙税状况表

| 时间 | 税额 | 征税方式 |
|---|---|---|
| 1915 年 | 11 540 元又津钱 1600 吊文 | 官府征收 |
| 1919 年 | 17 000 元 | 官府征收 |
| 1925 年 | | 鲜货研究所代征 |
| 1927 年 | 20 500 元 | 牙商包办 |
| 1928 年 9 月 27 日—1929 年 9 月 26 日 | 天津市 20 250 元,天津县辖 4 乡 800 元,共 21 050 元 | |
| 1929 年 9 月 27 日—1930 年 9 月 26 日 | 22 000 元 | 牙商包办 |
| 1931 年 9 月 27 日—1932 年 9 月 26 日 | 37 000 元 | 干鲜果品业同业公会代征 |
| 1932 年 9 月 27 日—1933 年 9 月 26 日 | 37 000 元 | 干鲜果品业同业公会代征 |

(资料来源:天津市财政局:《鲜货牙税》,《财政汇刊》,未刊1935年版,中国社科院经济所藏,第12~13页。)

从图表中可以看出,由干鲜果品业同业公会代征牙税包额为37 000元,而天津市财政局招商包办牙税的最低标额便是60 000元,相差近一倍,而干鲜果

---

① 天津市财政局:《鲜货牙税》,《财政汇刊》,未刊1935年版,第12~13页。

品业同业公会拒不增加包额。天津市政府为整理市税起见，便令财政局招商投标，以增收入。

天津市区鲜货牙税，于1934年2月5日午后3时，在财政局局长室，举行公开投标，局长张志澂等亲自办理一切，天津市政府派会计主任陈同书监视，结果，"陈锡三投150 800元，投标为最多数"①，成为新的牙税包商。从陈的包额来看，远远超过投标的最低标额60 000元，是干鲜果品业同业公会包额的4倍有余。

12日，陈锡三开始征税。干鲜果品业同业公会得到了这个消息后，立即召开紧急会议，当场选出刘静山、陈楚湘、韩邦杰三人负责进行抗争，并先凑集了30 000元，作为抗争办公费和基金。刘静山等为了挑起纠纷，用基金买妥"橘子610桶，橙子10桶，花钱雇人冒充鲜货商人，用人力车拉运，故意从陈的鲜货牙税局门前经过"②。果然不出鲜货商所料，陈扣货不放，令商人纳税，双方发生争执。第二次，刘等购妥甘蔗400捆，又采用同样的方法令陈扣留货物。第三次，故技重施，又购甘蔗300捆，同样的被牙商扣下。天津市干鲜果品业同业公会等根据几次牙商扣货情况，分别"呈控天津市财政局、天津市政府、河北省政府、天津商会和南京国民政府行政院、立法院、监察院，及中央党部"③，不惜煽风点火，扩大事态。

干鲜货牙商陈将16日、18日两日所扣留鲜货商的大批甘蔗、橘子（约值洋15 000余元）等货物交到天津市财政局。财政局随即"通知被扣商号，限3日内纳税领货，从宽免罚，19日，已由魁盛祥将被扣之甘蔗百捆，遵章纳税，全数领回"④。其余货品，因鲜货商不来财政局领取，在20日限期届满后，归公拍卖。因

①　本市新闻：《鲜货牙税，开标结果》，《益世报》，1934年2月6日，第5版。

②　刘静山：《旧中国天津鲜货牙税征收史事回忆》，见全国政协文史资料委员会：《文史资料存稿选编·21·经济》（上），中国文史出版社2002年版，第160页。

③　刘静山：《旧中国天津鲜货牙税征收史事回忆》，见全国政协文史资料委员会：《文史资料存稿选编·21·经济》（上），中国文史出版社2002年版，第160页。

④　本市新闻：《鲜货牙税昨仍在对峙中，市府函公安局查缉刘静山，商会呈当局发还扣货》，《益世报》，1934年2月20日，第5版。

鲜货容易腐烂，在2月20日限期届满而鲜货商未来财政局领取货物的情形下，财政局对货物予以拍卖。"共拍卖洋3753.55元，除税款及罚金扣收，尚余3000元以上，饬令原主领回"①。鲜货商为表抗争的决心，未领存款。干鲜果品业同业公会为进一步抵制起见，概将估衣街之鲜货晓市，迁往日租界乐天地游艺场旧址，3月2日晨已实行开幕，拒不向陈交纳牙税，双方矛盾进一步升级。

干鲜果品业同业公会为造成舆论压力，在天津市各报中称，"有大批鲜货，由海河舶运抵津，因未照章纳税，现被征收处扣留，将押货人3名捕获，鲜货商激愤非常"②。

关于此次鲜货行风潮，各方立场和态度不同。干鲜果品业同业公会取得了天津商会的支持。1934年2月18—19日，天津市干鲜果品业同业公会以"鲜果同业会为南鲜货49车被牙伙扣留势将霉烂，请各官署急施挽救呈并市府严予批驳"为标题，向天津商会递交呈文。文中载：鲜货牙税"为逊清末季裨政，久为世所诟病，假此鱼肉乡里，地痞强索佣金，如不给付，不准售卖，因此常有事端，故公家为之主政，月给陋规，成为功令，名曰经纪牙行，近更名之曰牙伙，公家发给帖照，一经成说，较厘金为甚，何以裁厘并关之后，对此并不铲除，乃竟美其名曰包商，商等鉴于积弊难返，勉为担负，每年愿摊3万数千元公款，以避牙伙征收苛税，今新包商增至150 800元标额得标，对于海河区例无牙纪亦行强令缴纳牙佣"③。"包商以150 800元购公家威信以为代价，官商勾通视同营业，以鱼肉商民之牙纪，官方崇而尚之"，"伏以贵会职在保商，哀恳贵会俯念商艰，用敢迫切，陈情请即转函上海市商会，俯念事属一体，利害双关，就近转呈中央救济以安众商而维商业"。④天津商会接到干鲜果品业同业公会的呈文

---

① 本市新闻：《鲜货牙税风波未息：商人不领存款，南商呼吁中央》，《益世报》，1934年2月26日，第5版。

② 本市新闻：《鲜货牙税，征收发生风潮》，《益世报》，1934年2月18日，第5版。

③ 天津市档案馆等：《天津商会档案汇编（1928—1937）》（下册），天津人民出版社1996年版，第2101页。

④ 天津市档案馆等：《天津商会档案汇编（1928—1937）》（下册），天津人民出版社1996年版，第2101页。

后,答请援助。"当以征收牙税,原以市场买卖成交为原则,本市鲜货向以窑洼暨老店两处,为固定市场,至海河本为过路之地,无买卖行为,从无征税惯例,此次包商突于通过区域,迫令纳税,扣货拘人,实属等于厘金,不特有违政令,抑亦触犯刑章,再查鲜货一项,乃易腐之物,各该商等被扣货物,延不放行,设有霉烂,损失尤为重大,19日,特分呈省、市政府,省会公安局、市党部、财政局,请迅予制止扣货,兹将已扣货物,即日发还,以全商业,而杜纠纷。"①

日本领事馆支持干鲜果品业同业公会。因日商京津洋行,向系经营鲜货,曩时海河牙税由干鲜果品业同业公会代办时,日商等均按章摊纳牙税,此次风潮发生后,日本领事馆加入漩涡,声明反对市政府和牙商的包办鲜货牙税行为。"2月19日下午3时,驻津日领事田中,赴财政局交涉一切,由局长张志澂接见,旋经日领叙明来意后,张氏答称:海河牙税,乃援案征收,中外商人,并无轩轾,如贵国商人,不愿承认,请向我国外交部交涉办理,财局碍难擅做主张。"②

天津市财政局、市政府支持牙商的征税行为。财政局称:"海河牙税,原系已有,并非分创名目,增加商人负担,查鲜货牙税,前由干鲜果品公会包办时,海河牙税,即已由该公会施行征收,该公会主席刘芳圃,亦曾具呈本局请求包办,此均有卷可查,乃此项牙税,一经改由他商包办,而该公会则指骂违法,殊属自相矛盾。本局为维护税政起见,对拒绝纳税货件,决予扣留,拍卖充公,俾便就范,不因少数人之鼓动反对,变更原案云。"③市政府则认为,此项风潮"系由前包商刘静山,从中鼓动,胁迫群商而起,紊乱地方秩序,妨害公家收入,昨已函请省会公安局,饬属查缉刘静山归案,以儆效尤"④。对于干鲜果品业同业公会和天津商会等的呈文,市长王韬向商会发布了天津市政府第663号指令。

---

① 本市新闻:《鲜货牙税昨仍在对峙中,市府函公安局查缉刘静山,商会呈当局发还扣货》,《益世报》,1934年2月20日,第5版。

② 本市新闻:《鲜货牙税,征收发生风潮》,《益世报》,1934年2月18日,第5版。

③ 本市新闻:《鲜货牙税昨仍在对峙中,市府函公安局查缉刘静山,商会呈当局发还扣货》,《益世报》,1934年2月20日,第5版。

④ 本市新闻:《鲜货牙税昨仍在对峙中,市府函公安局查缉刘静山,商会呈当局发还扣货》,《益世报》,1934年2月20日,第5版。

在指令中,市长王韬称,"干鲜果品同业公会所陈各节,均属强词狡饰,无理取闹",市长王韬还令天津市财政局将所拘滋事人等"移送法院依法究办,并将扣留货物拍卖得价,从宽分别扣税发还"。①

因为天津鲜货商的一部分货物是运往上海销售的,故上海鲜货与天津鲜货有附带关系,所以,上海水果同业公会及上海商会也站出来支持天津干鲜果品业同业公会的抗争行为。1934年2月25日,上海市商会王晓籁、王延松、贝淞孙、张文韶、俞佐庭等向天津市商会发送了商字第802号公函,表示,上海市商会支持津商反对包商强征鲜货牙税。②

从1934年3月起,天津干鲜货行风潮进入调停阶段。3日,上海市水果业同业公会主席黄金荣及沪上闻人杜月笙等致电天津市府,从中斡旋,但天津市府以鲜货商等"纯系无理取闹,当将经过各情,覆电知照"③。同日,黄金荣及杜月笙派由徐云卿、蔡润身、徐润生三人组成的代表团来津调停,由局长张志澂亲自接待。④

1934年3月4日,"天津市府又接到了河北省旅沪同乡会孙洪伊等电,代津鲜货商呼吁"⑤。天津市府电复孙氏,请勿听信鲜货商等在沪上片面宣传。⑥河北旅沪同乡会孙洪伊、赵南公等又于3月6日,两次电达市府,重申前请内容,与前电大同小异。⑦

---

① 天津市档案馆等:《天津商会档案汇编(1928—1937)》(下册),天津人民出版社1996年版,第2101—2102页。

② 天津市档案馆等:《天津商会档案汇编(1928—1937)》(下册),天津人民出版社1996年版,第2102页。

③ 本市新闻:《鲜货牙税,愈益纠纷:鲜货商在日租界设市,杜月笙派代表来调处》,《益世报》,1934年3月3日,第5版。

④ 本市新闻:《调解鲜货牙税纷争,蔡文翰等三日昨赴财政局》,《益世报》,1934年3月4日,第5版。

⑤ 本市新闻:《调停之鲜货牙税风潮》,《益世报》,1934年3月5日,第5版。

⑥ 本市新闻:《调停之鲜货牙税风潮》,《益世报》,1934年3月5日,第5版。

⑦ 本市新闻:《鲜货牙税问题,解决愈呈困难,于主席议决不变更办法,福盛号声明未入公会》,《益世报》,1934年3月10日,第5版。

1934年3月6日,关于天津市日商缴纳鲜货牙税一事,财政局长张志澂与日领事田中几度交涉,决定办法如下:日商来货,须备具一种联单,填明品类件数,交由征收处,验明单货相符,即予放行;征收处,根据所收联单,照估价表扣应纳税银数目,通知日商,将款交由中日双方指定收款之正金银行,此款非经中日双方签字,不得提取;日商以先,是否交纳牙税,以3个月为调查期间,如查明日商原纳牙税,即照原纳税率,于上列所交税款中,如数提取,有余仍行发还,该办法自天津市政府与日本总领事馆双方盖印后施行。①

1934年3月5日,沪方代表再度赴财政局接洽。提示沪方牙税与津市牙税不同之处。"财政局以津市牙税由来已久,为津市收入大宗,在此民力凋敝,新税难行之际,自不能不整顿旧有收入,以资需用。各代表辞出后,即至市府谒见王市长"②。

3月6日,蔡润身等向市长呈递公函,表达了上海水果业同业公会代表来津调查后认为《天津市牙税暂行章程》(以下简称《章程》)违背税则之处有五点:第一,《章程》第二条规定:"本市牙税暂以原有牙行为限,如有大宗货物,有设行收税之必要时,经财政局查明呈请市长提交市政会议通过后方得添设。"③今新包商陈锡三招雇"牙吏200余人,沿途设所,四出查验,不问肩挑零星,虽不投行,亦须估值征收,并于经过区域拦截征收,不遂其欲扣货拘人"④,违反本条规定。第二,《章程》第二条规定,明定征收范围以原有牙行为限。今财政局竟令新包商采用入市即征办法,逾越章程所定范围。第三,《章程》第四条规定:"牙税税率以物价3%为最高限度,应以由买卖主双方负担。买主2%,卖主

---

① 本市新闻:《日鲜货商牙税问题,议定四项办法,日商来货填报联单,应缴税款存正金行》,《益世报》,1934年3月6日,第5版。

② 本市新闻:《日鲜货商牙税问题,议定四项办法,日商来货填报联单,应缴税款存正金行》,《益世报》,1934年3月6日,第5版。

③ 《法规:天津特别市牙税暂行章程》,载天津特别市财政局:《天津特别市财政局民国十七年度财政年刊》,天津大公报馆1929年版,第15页。

④ 天津市档案馆等:《天津商会档案汇编(1928—1937)》(下册),天津人民出版社1996年版,第2104页。

1%为原则。"①新包商"所给税单以3%计算,全向买方征收,且税单方式与厘金时代完全相同,此不符税率又违裁厘通令"②。第四,《章程》第五条规定:"牙税由牙行承包代征,适由招商投标包办税捐章程"③,即明定承包人之资格。"陈锡三是否为鲜货牙行,亦应予以调查,今当局不予审查,遽令包办,不符章程所规定"④。第五,天津市干鲜果品业同业公会会员,其营业行为及范围亦有两种,一自买自卖及贩运外埠行销,一牙行业用自己名义代客买卖。前者为贩卖商,后者为牙行(法律名为行纪),即以牙税而论,前者无纳税义务,后者照例应予负担不可避免。该公会承包时期,令全体会员缴纳牙税不加分析,实属大误。牙税新包商"通令贩卖商缴纳牙税,殊非法律所许"⑤。

上海代表蔡润身等还向市长提出了7条更正《章程》的方法:"(1)包商征收牙税应以牙税章程第二条所规定之范围,不得逾越。(2)撤回入市即征,形成过路税成命。(3)制止沿途拦截征税,变更税率方式。(4)该会会员货栈业为代客买卖之营业者,出扣佣金外,应照章缴纳牙税,以符定章。(5)该会会员,以贩卖为业者,虽无缴纳牙税之义务,为地方税收起见,应令认缴营业税,不得违抗。(6)该会会员,货栈业、贩卖业,其营业所在地不问华界及各租界,均由该公会负责劝认,以尽国民天职。(7)因本案而起之差缉韩邦祥、刘静山二人一案,应请当局撤销查缉通令,以安商业。"⑥

---

① 《法规:天津特别市牙税暂行章程》,载天津特别市财政局:《天津特别市财政局民国十七年度财政年刊》,天津大公报馆1929年版,第15页。

② 天津市档案馆等:《天津商会档案汇编(1928—1937)》(下册),天津人民出版社1996年版,第2104页。

③ 《法规:天津特别市牙税暂行章程》,载天津特别市财政局:《天津特别市财政局民国十七年度财政年刊》,天津大公报馆1929年版,第16页。

④ 天津市档案馆等:《天津商会档案汇编(1928—1937)》(下册),天津人民出版社1996年版,第2104页。

⑤ 天津市档案馆等:《天津商会档案汇编(1928—1937)》(下册),天津人民出版社1996年版,第2104页。

⑥ 本市新闻:《鲜货牙税纠纷:沪代表拟具七项调解办法市商会转呈包商应在章程范围内征税》,《益世报》,1934年3月8日,第5版。

针对上海代表蔡等的公函，1934年4月13日，天津市财政局局长张志澂逐项解释：第一，《章程》第二条所定，指征收牙税的对象应以先前曾经设行征税者为限。鲜货牙税原为市接收时之旧有税收，新包商按照通案，设所征收，合于规定，并不违反。第二，《章程》第二条所定范围，系指原有征税货物而言，并非限制入市预征之谓。"本市东南两面均为租界，商人图避捐税，往往借租界为护符，抗纳各项税捐，货物一入租界，官方税收即无从征起，因是各项牙税均采入市预征办法。"①第三，《章程》第四条所定税款由买卖两方分别负担，本系一种概括标准，如事实遇有困难时，自可随时变通。至税单方式，本系沿用旧有，此纯为形式问题，现已改订另刊。第四，《章程》第五条所定包税既适用投标章程，则承包资格显然不以牙行为限，况本市各项牙税，只有招商承包及派员自征两途，昔之牙行，名实早已变迁无存，即系牙行亦恐无此承包资本。陈锡三之资格，系合于呈准投标规则第三条所定，其是否牙行与包税毫无关系。即公会前此亦未非牙行资格承包也。第五，"干鲜果公会承包时期，不问会内会外各商号，一律照征牙税，本系按照通案办理，并无不合，鲜货商既认为不合法，何以事关两年明知而不一言。况本市各项牙税，均悉采取平均普及主义，所谓贩卖货栈业者，在事实上固不易严格区别。"②

454

局长张志澂对上海代表所提七条更正办法，予以答复：第一条，按照前拟解释，包商征收既未违章，此项可毋庸议。第二条，入市预征系本市牙税通行办法，所请撤回，未便照准。第三条，入市纳税之后，即可持单通行，如无抗税偷漏情事，当然不至沿途拦截。至于严禁苛扰，不许重征，则本局早有告诫之文。第四第五两项，本市各项牙税，向来不分自买自卖，或代客买卖，以免影射蒙混之弊。第六项，"四五两项既不能成立，此项当然不成问题。第七项，全案了结，似可从宽照准"③。

---

①　天津市档案馆等：《天津商会档案汇编（1928—1937）》（下册），天津人民出版社1996年版，第2108页。

②　天津市档案馆等：《天津商会档案汇编91928—1937）》（下册），天津人民出版社1996年版，第2109页。

③　天津市档案馆等：《天津商会档案汇编（1928—1937）》（下册），天津人民出版社1996年版，第2109页。

从张志澂对上海代表的答复中可以看出，这次调停以彻底失败而告终。

1934年4月13日，天津市干鲜果品业同业公会主席刘芳圃请天津商会转呈市府撤销通缉韩邦祥、刘静山。天津市府并未接受刘芳圃的请求，加强了对二人的通缉。二人去哪里了呢？韩的消息不得而知，而据刘静山的回忆文章，可以了解刘在其后的行踪和此次纠纷的后来发展状况。

在官府的通缉中，刘静山仓促乘"太谷"轮逃往上海。刘到上海，受到上海鲜货业的热烈欢迎，并由徐润身介绍，与黄金荣、杜月笙晤谈。黄金荣更在其私邸设筵，为刘洗尘。刘更在黄、杜面前搬弄是非，说王韬（天津市长）如何自高自大，连黄先生、杜先生都没看在眼里，真不胜遗憾之至。"当由杜月笙出头，联合了温州、福州、广州、厦门、汕头、上海、天津的商会负责人，组成请愿团，向南京国民政府请愿。刘静山和以后赶到上海的刘芳圃，算是天津商会的代表"[①]。

5月4日，请愿代表分别去国民政府、行政院、立法院、监察院、中央党部等处请愿。天津市干鲜果品业同业公会请愿特派员刘芳圃为鲜货牙税纠纷未获解决前往中央各部院请愿，请愿文的主要内容包括：

第一，请愿的原因。因本市鲜货牙税，自市财政局不顾成案，另行招商以重价承包，新包商违反通案，横征暴敛，以致激起风潮。"职会会员只得偕同瓯、粤、闽、沪同业商户，前往中央党部、立法院、行政院、监察院、财政部、实业部递呈请愿"[②]。

第二，新包商横征暴敛情形。陈锡三自2月2日开始征收后，遍设局卡有16处之多，招雇牙吏200余人，"沿途查验不成件之货，物价满一元者即须征税，其财局所给之税单内载文字有仰沿途局卡查验货票相符，盖戳放行，毋得留难，如有夹带浮多及货票相离，即行扣留罚办等语。窃思货物为流动之品，转展（辗）销售，增减势所难免，如果稍有增损即属货票不符，即不罚办也须重

①　刘静山：《旧中国天津鲜货牙税征收史事回忆》，见全国政协文史资料委员会：《文史资料存稿选编·21·经济》（上），中国文史出版社2002年版，第161页。

②　天津市档案馆等：《天津商会档案汇编（1928—1937）》（下册），天津人民出版社1996年版，第2116页。

征。查此项征收手续，即是厘金时代之办法，似此苛扰，商人如入税网，稍有不遂，即遭扣货，甚至拍卖抵税，当局不但不予制止，反而助纣为虐"①。

第三，纠纷中各方所持理由。津当局认为，"纠纷因公会承包不遂而起反对；牙税为旧有之税，何以公会承包时，默不反对，更换包商即持异议；海河区征税，公会承包时期已有先例，并非创举；公会有把持垄断行为，鼓动风潮，妨碍税收"②。鲜货商认为，"贩卖商为自买自卖性质，并不抽佣，例无交纳牙税义务；公会会员性质有二，贩卖商与货栈业，既以公会名义承包，公会令会员承认摊款，是对公会尽义务，并非对公家承认牙税"③。

1934年5月，南京正在召开第二次全国财经会议。中央党部、立法院、行政院、监察院、财政部、实业部等各机关接见请愿团收受呈文后，"并面谕将本案提交财政会议，依法核办等语"④。

此次纠纷，以天津鲜货商和鲜货同业公会胜利而告终。天津市财政局与鲜货业同业公会协商，以54 000元的包额，仍由天津市干鲜果品业同业公会协征代缴。

据天津市财政局刊印的《财政汇刊》中称："1934年8月，适逢中央明令撤销，鲜货牙税包案改为货栈商营业税及贩卖商营业税，由公会协征汇缴。"⑤

据《益世报》载："1934年8月20日，津市鲜货牙税开征后，商民反对颇烈，旋经各方调解，得以顺利征收，年入约10万余元，最近财政部准全国鲜货业呈请，特饬津市府即日停止征收。市府已奉到关于停征鲜货牙税之命令，若减去一部，影响市库收入颇巨，究竟如何抵补，实待缜密之研讨。财局方面宣称，关

① 天津市档案馆等：《天津商会档案汇编（1928—1937）》（下册），天津人民出版社1996年版，第2119页。

② 天津市档案馆等：《天津商会档案汇编（1928—1937）》（下册），天津人民出版社1996年版，第2119页。

③ 天津市档案馆等：《天津商会档案汇编（1928—1937）》（下册），天津人民出版社1996年版，第2120页。

④ 天津市档案馆等：《天津商会档案汇编（1928—1937）》（下册），天津人民出版社1996年版，第2122页。

⑤ 天津市财政局：《鲜货牙税》，《财政汇刊》，未刊1935年版，第13页。

于鲜货牙税,将来取消包商,由干鲜公会,协同官方征收,并将分别行栈及贩卖两业,行栈业仍照征牙税,贩卖业则实行改征营业税。详细办法,正在核议妥拟中。"①

据刘静山的回忆,请愿代表分别去国民政府、行政院等处请愿后,刘静山又将杜月笙给行政院秘书长褚民谊和立法院秘书长梁寒操的信,分别投递出去。刘静山又拿着杜月笙给立法院胡委员的一封信往访晤谈。胡看完信对刘说:"目前华北情形特殊,中央不好直接命令。依胡的看法,最好还是找蒋先生,或是张汉卿(张学良)比较有力。蒋是军事委员会委员长,可以直接命令于学忠,于不敢不依;张是于的老上司,私人感情很好,如果张能出头了,于无话可说。"②胡还向刘静山建议说:"你可以仍回上海找杜老板研究。"③刘遂辞胡而去,趁当晚夜车返回上海。刘见到杜月笙后,杜月笙又给当时湖北省主席张群写了一封信。因此时蒋已去庐山,张学良正在汉口,任武汉行营主任。刘持杜函到了武汉,面见张群后,张叫刘在汉稍候,并要刘将住址留下。刘等了两天后,忽接天津电报说:"天津鲜货财税事已经解决,请刘回津。刘静山只好半信半疑地回到了天津,果然事情已经解决。"④原来张学良将军已经给于学忠去了电报,原文是:"河北省于主席孝侯兄鉴:天津鲜货牙税事,可按照商人请求,办理可也。弟汉卿。"⑤寥寥几句话,历时近一年的纠纷便解决了。

### 3.设立渔业牙课局纠纷

1926年10月—1927年4月,由天津县商人呈请设立"直隶军事善后渔业牙

①　本市新闻:《鲜货牙税奉令停征后,财政局犹不肯经办,市财政现感困难,骤取消影响甚巨》,《益世报》,1934年8月20日,第5版。

②　刘静山:《旧中国天津鲜货牙税征收史事回忆》,见全国政协文史资料委员会:《文史资料存稿选编·21·经济》(上),中国文史出版社2002年版,第161页。

③　刘静山:《旧中国天津鲜货牙税征收史事回忆》,见《文史资料存稿选编·21·经济》(上),中国文史出版社2002年版,第161页。

④　刘静山:《旧中国天津鲜货牙税征收史事回忆》,见《文史资料存稿选编·21·经济》(上),中国文史出版社2002年版,第161页。

⑤　刘静山:《旧中国天津鲜货牙税征收史事回忆》,见《文史资料存稿选编·21·经济》(上),中国文史出版社2002年版,第161页。

课局"(下文简称"渔业牙课局")一事,引发了天津众鱼栈、鱼客、鱼商、商会等 26 000余人的群体性抗争,该风潮最后以取消设立渔业牙课局而告终。

　　天津县地处海滨,渔业发达。官府对于渔业向来只征收渔税一项。鱼牙行买卖交易,悉由鱼店、鱼栈等私抽牙佣,官府并未从中得到税款。1926年10月,直隶保安总司令向直隶省长转交了商人王一寒、张春泰呈请设立渔业牙课局的呈请书。王一寒、张春泰的呈请书主要内容为:直隶境内地临海滨,鱼盐特产。故天津一埠,鱼店林立,惟均系代客买卖、称斤定价、私抽牙佣,与牙行性质无异。查酱油、骡马等行,无不先请领牙帖,缴纳牙税,然后方敢营业。鱼店同属抽佣性质,何以不奉帖谕,不缴税课,公然抽佣,此商等所以化私为公,设立渔业牙课局之请也。"况当军事孔集之秋,此项牙佣,每年收入约得40 000余元,商等抽取牙税从鱼店私抽佣金中获取,但仍留2%的佣金归鱼店所得,如此办法,与商民无加负担,与公家裨益良多,且可藉以保护鱼店营业。官、商均受其益,不过现在军事尚未平定,直隶全境未能统一,兹就渔业区域,先从天津县入手,由商等承包,在天津设立渔业牙课局"[1]。9日,《益世报》登载了总司令对王一寒等请设渔业牙课局的批示:"该商等拟就天津设立渔业牙课局,抽收鱼店牙佣,年缴官款,抽收鱼店牙佣,每年预交官款36 000元,尚有成效,再事增加。虽为化私为公,移济军需起见,究竟与现行渔税有无窒碍,仰候令行财政厅详切查议,具复,核夺等情。"[2]

　　该批示令天津众鱼栈"群情惊惧,惶恐曷亟"[3]。10月28日,天津县"20多家鱼栈"[4]等联名盖戳具禀天津商会转呈直隶省长、财政厅,说明渔业牙课局并无增设之必要。鱼栈等禀文主要内容包括:第一,天津县渔业分为鱼栈、鱼客、

---

　　① 本埠新闻:《呈请设立渔业牙课局》,《益世报》,1926年10月9日,第11版。

　　② 本埠新闻:《呈请设立渔业牙课局》,《益世报》,1926年10月9日,第11版。

　　③ 天津市档案馆、天津社会科学院历史研究所、天津市工商业联合会:《天津商会档案汇编(1912—1928)》(第4分册),天津人民出版社1992年版,第3787页。

　　④ 包括:复兴鱼栈、富记鱼栈、高记、公合号、合记平安鱼栈、会泰和、焦记复兴鱼栈、九成鱼栈、连发鱼栈、起顺鱼栈、谦益成鱼栈、双顺鱼栈、苏记、天发鱼店、天津贾记、天元鱼栈、同德鱼栈、同和鱼栈、协成鱼栈、兴顺鱼栈、永盛号、中兴号。

鱼贩、鱼铺四项,以鱼栈为中心。渔税由清代鱼牙行蜕化而来,实际上便是变名之牙课。现在设立渔业牙课局征收牙课,实属重征。第二,天津鱼栈现在的营业性质,与昔日鱼店不同。昔日鱼店按照6%抽佣,"自前清末年,已均停业,中经官销,税佣并收,办理未善,纷争迭起,一再变迁,官厅谕准收税与营业完全分离。"[1]故现在仍按6%抽收,官厅取3%为渔税,鱼栈得3%为酬金。第三,鱼栈所得3%的酬金,不仅包含抽收鱼客的佣金,还包含垫借鱼客的资本之利息。现在鱼栈营业既需要借给鱼客贩本,还需要预先替鱼客垫付渔税。而鱼客贩卖鱼类向不携带分文,卖毕才与鱼栈归还垫款。故鱼客全部交易所需营业资金完全来自鱼栈一方,所以鱼栈所得3%的酬金中,实际包含了资本之利息在内。故酬金当之应得,被呈请设立渔业牙课局的王一泰等指为"私收牙佣",实属无稽之谈。第四,四方鱼客,皆沿海贫户和沿洼灾民,谋生乏术,欲耕无地,不得已向鱼栈贷款转而放之渔民。渔民所获零星集凑在一起,就地缴纳6%的税后,运入鱼栈待售。殆成交再纳税费6%,共为12%之负担。现在再设渔业牙课局,"如此何堪再捐重征"[2]。第五,天津以外,销售场所尚多,诚恐税重转而他处,则鱼栈营业停歇,鱼贩失业,贫苦渔农生计断绝,地方治安便成问题。

众鱼栈的联名盖戳具禀并未得到官厅的重视。1927年4月1日,矛盾进一步激化。激化的根源在于渔业牙课局从4月1日起开始正式征收税款。3月30日,渔业牙课局局长汤福增遍贴布告,称:

"为布告事:

于3月24日,案奉直隶财政厅训令第548号内开:案照天津县地处海滨,渔业发达,向只征收渔税一道,并无领帖鱼牙行。买卖交易,悉由鱼店抽用(佣),实属流弊滋多,亟应设立专局,征收牙课,以资整顿,而裕岁收等因。奉此,兹拟定于4月1日实行征收,业经呈报在案。自布告之后,凡渔户、渔商贩运鱼、虾、蟹、蛤等货至津,一律投入鱼店销售。课率定为三分,由鱼店完纳。倘有私

---

① 天津市档案馆、天津社会科学院历史研究所、天津市工商业联合会:《天津商会档案汇编(1912—1928)》(第4分册),天津人民出版社1992年版,第3788页。

② 天津市档案馆、天津社会科学院历史研究所、天津市工商业联合会:《天津商会档案汇编(1912—1928)》(第4分册),天津人民出版社1992年版,第3788页。

自立秤,及零星小卖者,一经查(察)觉,定行照章惩罚,决不宽贷。仰各业鱼人等,一体遵照毋违,切切,此布。等因。"①

渔业牙课局开始征收税款后,天津鱼商、鱼铺、鱼店、鱼贩、鱼栈等26 000余人立刻罢市。4月7日,天津渔业代表德盛号、荣顺、盛发鱼菜庄、盛利号、天津钱记鱼庄、同昌号、万合鱼铺、永和成、永利成等联名盖戳具禀天津商会、天津县署及直隶省长、直隶财政厅长等。在具禀中,渔业代表详列了渔业牙课局设立的4条弊端:(1)妨害税收。天津县渔税向以鱼店代纳,故鱼店除了对鱼商、鱼贩买卖双方提供便利外,对于官厅抽税也极其简便而无漏税。现在设立渔业牙课局后,渔业商民即开始罢市,渔税从何而来?(2)变相加税。直隶渔税之中,买卖双方均按3%抽取,为外国外省所无。如果是鱼鲜由外地运至天津,还要再征收3%的"销场税",共计为9%,税负之重,实属创闻。现渔业牙课局再抽3%,则共为12%矣。不独渔民无力负担,且亦非政体之所宜。(3)妨害商民和侨民。鱼商开设鱼铺,均系小本营生。现在设立渔业牙课局后,渔业罢市,市面无鱼,则本埠商民、租界侨民,无鱼可食。(4)妨害地方治安。天津渔业罢市。则渔民等生计断绝,困苦异常下,难免铤而走险,则与地方治安大有妨害。

渔业罢市后,直隶省长公署批示取消设立渔业牙课局,众鱼栈、鱼商等获胜。直隶省长公署的批示录下:

"具禀鱼商代表刘桂森等,禀请准取消渔业牙课局由。禀悉。查渔业牙课局,前据财政厅呈请设立,业已指令该厅缓办,仰即知照,此批。"②

## 四、其他类型的纠纷

民国时期,与牙商相关的纠纷除了以上三种外,还存在其他方面的纠纷。

### 1.牙商、牙伙与同业公会纠纷

民国时期,华北各地牙税实行投标承办。牙行总包商除了商人投标承办

① 本埠新闻:《渔业牙课实行征收》,《益世报》,1927年4月1日,第10版。
② 本埠新闻:《牙课局已准予缓办》,《益世报》,1927年4月15日,第11版。

外，也允许某行业的同业公会承包总牙行。因为某个地区牙行总包商只有一个，牙商和同业公会因争夺承办牙行总牙税的资格而起冲突。

　　1930年，北平市炭业牙商与炭业公会因承办牙行总包税的资格发生冲突。冲突的起因和经过为：北平市炭业牙商因亏空国税1300余元，炭业公会遂禀请南京国民政府财政部、农商部，包办牙税。经财政部、农商部批准，炭业公会遂于1930年5月正式抽取牙税。炭业公会的牙税税率较牙商抽取的税率要低。牙商按照6%抽取牙税，炭业公会则按照4%的税率抽取。因税率的区别，各商户趋向炭业公会代买代卖货物。牙商胡德祥、梁有白、珍张二、尤纪增等人便将炭业公会会员王雨田殴打。炭业公会便在北平市法院与炭牙商涉讼，并禀请市政府批示。12月30日，北平市政府批准，取消牙商的牙帖，令炭业公会包办牙税纳课。①

　　在牙商与同业公会共同竞争承办总牙税中，一旦牙商获胜，得到牙行总包商资格，同业公会往往也会给牙商的经营活动制造障碍。据《益世报》载，到1918年时，顺德皮毛生意还极其萧条。但随着商业的繁盛，顺德皮毛渐趋畅盛，因而引起一些包税者的注意。1927年5月，有牙商拟包皮毛牙税，"激起皮毛行之反对，争执许久，终归皮毛行同业公会公包。包额4万元"②。1928年5月，又届期投标期，顺德南关康某等牙商，以45 000元获得皮毛牙行总包商的资格。③皮毛行同业公会因意见分歧，未得包成。皮毛行同业公会乃召集各皮毛店，反对康某征收牙税。

　　某行业的同业公会成为牙行总包商后，雇用各分包商，这些分包商便可看做是同业公会的牙伙。档案记载，同业公会的牙伙和牙伙帮帖之间因为牙税的帮帖而容易产生纠纷。

　　1933年11月18日，获鹿县石门（今石家庄）粮业公会代表董兆松向获鹿县

　　①　北平市公安局：《北平市公安局外四区区署关于送炭行牙税稽征所会员郭忠控胡德祥妨害国课等一案的呈》，北京市档案馆藏，档案号：J181－021－08782。

　　②　本省新闻：《顺德皮行牙局纠纷》，《益世报》，1928年12月20日，第6版。

　　③　本省新闻：《顺德皮行牙局纠纷》，《益世报》，1928年12月20日，第6版。

政府禀控其牙伙杜洛来不帮牙帖。①获鹿县荣县长接案后，11月20日，传董兆松和杜洛来开庭审讯。庭迅中，董兆松言，杜洛来是赵陵铺村的粮食牙伙之一，也是粮食牙伙的代表，但是拒不交纳牙税。杜洛来言，他是去年的粮食牙伙，给梁同心交了60元的牙税。但是今年不干了。荣县长问杜洛来："你不当牙伙了，和谁说过？"杜洛来称，"和村长副卢春长等人说过"。关于杜洛来该年不继续作牙伙一事，董兆松并不认同。董称，"我们派人去调查，他还当牙伙呢。"②

自从实行包税制度后，官府对牙伙的资格疏于管理。很多情况下，牙伙并不需要向官府领取执照，只需要得到总牙商或分牙商的认可便可承充；也有的牙商发给牙伙自制的执照；也有的牙伙得到牙商的口头承诺便可承充。所以，在此案中，官府一时难以判定到底杜洛来是不是该年的牙伙。不过，可以通过传讯杜洛来住所赵陵铺的乡长或乡副给出答案。于是，11月29日，县长添传了赵陵铺的乡长陆润身和乡副谢长庆第二次庭审。庭审中，陆润身和谢长庆称，杜洛来不干了，现在的牙伙是刘洛珍，他将牙帖帮帖费交给了于底村的分牙商。那么，接下来案子的焦点变成了赵陵铺村的帮帖到底应该给于底还是应该给石门呢？由于案件涉及新的人员，所以只能择日再审，县长令警添传刘洛珍来县署对质。

12月9日，获鹿县荣县长第三次开庭审讯。根据审讯笔录可知，赵陵铺村的牙伙刘洛珍已将应摊之款交付第二区（于底）粮业公会收讫。③而根据粮业公会的公议，是赵陵铺村应帮帖石门，并不帮帖第二区。这样，县长只得再添传第二区的牙伙于义成。12月18日，获鹿县长第四次开庭审讯。

在第四次审讯中，第二区（于底）粮业公会于义成称，赵陵铺归二区，并收

① 获鹿县民国档案汇集：《石门粮业公会代表董兆松禀杜洛来不帮牙帖》，河北省档案馆藏，档案号：656-3-867。

② 获鹿县民国档案汇集：《石门粮业公会代表董兆松禀杜洛来不帮牙帖》，河北省档案馆藏，档案号：656-3-867。

③ 获鹿县民国档案汇集：《石门粮业公会代表董兆松禀杜洛来不帮牙帖》，河北省档案馆藏，档案号：656-3-867。

过马洛栋洋14元①,惟赵陵铺究竟应否帮帖何处,获鹿县荣县长无凭揣判,只得饬警再添传该粮业公会总包商梁同心来案,以凭讯判。

12月28日,再增添传梁同心后,荣县长对此案进行了第五次堂审。在这次庭审中,二区(于底)牙纪头程建议称,于底村与赵陵铺两村长商议,令马洛栋全年给洋28元②,归二区等情,县长只得再添传于底村村长再审。由于案件已经明了,赵陵铺应帮帖石门,故县长当堂判令程建议将所收马洛栋牙税洋14元,如数交案。

1934年1月9日,获鹿县荣县长对董兆松禀杜洛来不帮牙帖一案,进行第六次庭讯。在这次审讯中,案情逐渐清晰。为什么赵陵铺村的牙伙马洛栋明明知道应该帮帖石门,而向于底帮帖呢? 原来,石门规定赵陵铺牙伙每年帮帖48元,而第二区只令其帮帖28元。这也难怪赵陵铺村的牙伙愿意帮帖二区了。但是关于帮帖区域,粮业公会早经议定,不容挑选。既然赵陵铺村牙伙愿意帮帖二区,县长便当堂判令在原定帮帖额48元不变(分两期交款)的情况下,允许二区代石门代收赵陵铺村牙伙的帮帖费用。③

为避免再生纠葛,1934年1月14日,荣县长签署了获鹿县政府训令第2001号,令第二区区公所十五日内交齐帮帖牙税。④这场纠纷经过六次庭讯,总算告一段落。

### 2.牙商与官府的纠纷

民国时期,牙商与官府公然对抗的纠纷并不乏见。纠纷发生的原因多是由于官府在处理与牙商相关事宜的时候,牙商认为官府并未按照章程办理所致。

---

① 获鹿县民国档案汇集:《石门粮业公会代表董兆松禀杜洛来不帮牙帖》,河北省档案馆藏,档案号:656-3-867。

② 获鹿县民国档案汇集:《石门粮业公会代表董兆松禀杜洛来不帮牙帖》,河北省档案馆藏,档案号:656-3-867。

③ 获鹿县民国档案汇集:《石门粮业公会代表董兆松禀杜洛来不帮牙帖》,河北省档案馆藏,档案号:656-3-867。

④ 获鹿县民国档案汇集:《石门粮业公会代表董兆松禀杜洛来不帮牙帖》,河北省档案馆藏,档案号:656-3-867。

1923年12月,直隶省完县知事汪某与全县牙商发生了冲突。冲突的起因源于牙商更换牙帖。

清代牙纪开设牙行,一般情况下,牙帖例系"六十年一换,十年一查"①。民国建立后,官府缩短了牙帖的有效期。1915年9月,财政部颁布的《整顿牙税大纲》第四条规定:"牙帖营业年限至多不得过10年"②。根据财政部的规定,华北各地也相应地调整了牙帖有效期。其中直隶省、河南省、山东省和山西省有效期均是5年,惟北京分为两种:长期牙帖为20年,而短期则为5年。

1923年12月底,完县各牙商的牙帖有效期将届满。知事汪某颁布布告言:按照牙帖有效期5年的规定,各牙商照章换帖。该县牙商认为,章程规定名为"换帖",自应先尽旧牙商接充,如果旧牙商不愿意接充,方能另外招用他人,而且直隶各地向来按照如此习惯换领新帖。完县县署并未令旧牙商换领新帖,反而是暗中招人顶充。这样矛盾便激化了。各旧牙商闻讯,"纷纷到县质问,该县知事汪某,一概置之不理"③。各旧牙商恐失去牙帖,便自认提高牙帖等级,增加税捐,希望知事能允许旧牙继续接充。但知事并未理会,批示已经指定商人承办。完县各牙商以县长如此手段,实属黑暗重重,便于12月26日,推举代表到直隶省署揭发县长的行为。

旧牙商领取牙帖的优先权在滦县得到体现,但是这引起了新进牙商与官府的纷争。1923年10月,滦县知事在办理任各庄包办牲畜牙税的时候,采取了招商投标的方式。张学新与张文进所投标额相同,知县以张学新从民国成立伊始,便承充牲畜牙商,熟悉牙行事务;张文进为新进牲畜牙商,缺少经验为理由判令张学新领取牙帖。张文进以县长在此次招商投标中偏颇不公为理由,"多次在省控诉,要求省长调卷查阅"④。王省长以为:"各项税务,向以标额

---

① 天津市档案馆、天津社会科学院历史研究所、天津市工商业联合会:《天津商会档案汇编(1912—1928)》(第4分册),天津人民出版社1992年版,第3830页。

② 江苏省商业厅、中国第二历史档案馆:《中华民国商业档案资料汇编》,中国商业出版社1991年版,第704页。

③ 顺直新闻:《完县牙行换帖之风潮》,《益世报》,1923年12月27日,第10版。

④ 本埠新闻:《滦县牙税纠葛已解决》,《益世报》,1923年10月2日,第10版。

之数为承包之断定。此次该民(张文进)认交任各庄牲畜等捐包款,与张学新等所认,虽无出入,惟据县判理由:此项捐税,当元年1912年创办时,曾由张学新经手收办,熟悉一切,故以张学新等包办,该民等为新进,焉得夺其优先权等情,业经令准照办在案。"①县长判令公平合理,至于张文进所谓偏颇及所请各节,毋须再议。这样,省长核驳了张文进的控诉。

### 3.牙商、牙伙与村民的纠纷

民国时期,牙商除了向官府交纳牙税外,还负担学校教育经费等费用。下面牙商与村民的纠纷发生的原因便与牙佣率和牙伙交纳学校经费有关。

1929年8月11日,获鹿县牲畜猪羊牙伙总包商武振起和其牙伙李永昌到县府呈控寺家庄村王铁旦等不令其征收牙税。呈控书载:武振起与李永昌认投包收全年和全县牲畜、猪羊等项牙税。"兹于农历七月初一,寺家庄集期,商武振起赴他村征收税款,派伙友李永昌赴该村牲畜市征收牙税。王铁旦、王福林等鸣锣撞钟,仗恃人多,不令征收牙税。"②

获鹿县李县长令警将王福林等传讯至官署,于8月18日庭讯双方。从王思恭和王英才的供词中可知:前牲畜牙行总包商抽佣率在3%以内,并从中抽出0.5%津贴给寺家庄村的牙纪,0.5%作为捐助寺家庄的学款,故得到寺家庄村民的支持。寺家庄临近之郊马村包商拿出1.5%的佣金捐助学款,休门村包商拿出1.3%—1.5%的佣金补助学款,而新包商武振起和其牙伙不仅抽佣率在3%以上,还不捐助学校经费,故村民反对之。③

获鹿县李县长审讯后,将此案交获鹿县财务局处理。获鹿县政府称:"为令饬事,案据牲畜猪羊牙税武振起,伙友李永昌禀称:为鸣锣撞钟,聚众起横,云。当经传案,讯得该村村长、副王福林等,虽无捆绑情形,应有把持牙佣之重大嫌疑,本应究办,惟年王铁旦等系因村中公务,尚有可原,除饬警带回伊等,

---

① 本埠新闻:《滦县牙税纠葛已解决》,《益世报》,1923年10月2日,第10版。

② 获鹿县民国档案汇集:《武振起等禀王铁旦等不令征收牙税卷》,河北省档案馆藏,档案号:656-3-144。

③ 获鹿县民国档案汇集:《武振起等禀王铁旦等不令征收牙税卷》,河北省档案馆藏,档案号:656-3-144。

遵赴该局听候调处外,合行令仰该局查照前情,妥为理处,和平解决,具复销案,实为至要。此令。"①

8月25日,在财务局的调停下,此案以双方和解而告终。从财务局向获鹿县府汇报此案解决的呈文中,可以得知该案的处理过程。财务局称:"查寺家庄牲口市为获邑最大之集市,与元氏、栾城两界毗连,维持不善,必至萧条,职局奉令之下,即招(召)集两造人等,晓以大义,和平处理,现在业经职据调停妥当,于6分税佣内,正税仍得2分,各牙纪仍得3分5厘,其5厘向归寺家庄学校,承办除交官税外,余款作为学校经费,今牙税既由武振起承包,此5厘收入即归武振起承办,惟学校经费系属公益,自可维持,讵能破坏? 经职局与双方磋商,酌定由5厘项下,年拨洋160元归学校作为专款,不得他用,由武振起按秋冬春夏四季末交纳,两造应允和好如初,为此备文呈覆,恭请钧座,准予备案,并请将寺家庄村长指令归村,藉维集市,实为公便。"②

### 4.牙商与洋行的纠纷

从天津市的史料中可以找到牙商与洋行间纠纷的记载。从纠纷的起因来看,大多源于牙商向洋行征收牙税或牙佣。

1925年4月间,有英商和记洋行,借口领有三联单,希图免纳牙税,与牙商发生冲突,"经天津牙课局局长王鸣冈、财政厅厅长郝鹏,转请交涉天津县署,提起交涉,后遂照章缴纳"③。1926年4月,武斋植、松山田等洋行抗不交牙税,与牙商发生冲突,经天津县财政局长张光廉迭呈前直隶省长,严令交涉员向

---

① 获鹿县民国档案汇集:《武振起等禀王铁旦等不令征收牙税卷》,河北省档案馆藏,档案号:656-3-144。

② 获鹿县民国档案汇集:《武振起等禀王铁旦等不令征收牙税卷》,河北省档案馆藏,档案号:656-3-144。

③ 天津特别市财政局:《公牍:商办税捐类:财政局呈令核议鸡鸭卵牙课包商抗不纳税请维持文》,载天津特别市财政局:《天津特别市财政局民国十七年度财政年刊》,天津大公报馆版,第85页。

洋行勒追欠款并交涉年余后,洋行允自1927年5月起,一律照缴牙税。①1928年11月,天津特别市鸡鸭卵牙课包商王君喆等向天津特别市财政局呈控日商洋行不纳牙税,天津特别市财政局交涉署转致日本总领事,"饬知各洋行商号仍遵旧章,照交牙用(佣)"②。

1929年4月,天津比租界英商和记洋行的律师黄宗法,向天津特别市市长呈控鸡鸭卵牙商浮收牙佣扰商。经天津市长、天津市财政局派人调解,使牙商与洋行最终和解。③

据档案记载,1937年11月30日,天津治安维持会财政局接到日商森洋行的呈控天津鱼类牙行包商重征税款的控诉书。据日商森洋行称:以往牙商从未向其索取牙税,日军来津稳定后,重新令各牙行恢复营业。"从10月29日开始,本市鱼类牙行包商先后向森洋行的分号征收牙税。其中包括向西顺记10月29日征收税洋5元、11月7日征收税洋5元、11月14日征收税洋15元、11月18日征收税洋1.8元;骏记3元,其余苏记、富庆和等号仍然抗不缴纳,尚未解决。"④财政局接到洋行的控诉书后,派鱼行征收股员方世斌前去牙商和洋行调查。据方世斌回局后称:牙行总包商称,"以往日商洋行确实不纳牙税"⑤;洋行经理日本人森利八声称,"其洋行和分号所售之咸鱼已缴纳天津海关正、副等税,再纳牙税实属重征税收"⑥。森利八声还呈交海关税单多件表示证明,方世斌当

---

① 天津特别市财政局:《公牍:商办税捐类:财政局呈令核议鸡鸭卵牙课包商抗不纳税请维持文》,载天津特别市财政局:《天津特别市财政局民国十七年度财政年刊》,天津大公报馆版,第85页。

② 天津特别市财政局:《公牍:商办税捐类:财政局呈令核议鸡鸭卵牙课包商抗不纳税请维持文》,载天津特别市财政局:《天津特别市财政局民国十七年度财政年刊》,天津大公报馆版,第86页。

③ 天津特别市财政局:《公牍:商办税捐类:财政局呈为英商和记洋行与鸡鸭卵包商双方和解复请鉴核文》,载天津特别市财政局:《天津特别市财政局民国十七年度财政年刊》,天津大公报馆版,第101页。

④ 天津特别市财政局:《鱼类牙行税》(第2册),天津市档案馆藏,档案号:401206800–J0055–1–001285。

⑤ 天津特别市财政局:《鱼类牙行税》(第2册),天津市档案馆藏,档案号:401206800–J0055–1–001285。

⑥ 天津特别市财政局:《鱼类牙行税》(第2册),天津市档案馆藏,档案号:401206800–J0055–1–001285。

即挑选近期三张协回财政局，以资参考究竟应否纳税。财政局张局长根据方世斌所呈报的内容及海关税单等，批示：洋行"有海关单，无须再缴牙税"。牙商接到财政局长的批示后，只得退还已收洋行的牙税款。

### 5.牙商与商会的纠纷

牙商与商会的纠纷主要体现在创设牙行中。

1925年8月，直隶文安县劣绅串通地痞等人向直隶财政厅呈请创设胜芳镇灰、煤、皮、铁各种牙行。商人的呈请创设牙行之举引起了文安县商会和天津商会的一致反对。[①]

1925年8月2日，文安县商会王瑞莆、萧贵良向天津商会呈送公函，并请转呈直隶财政厅。文安县商会公函称，胜芳镇连年水灾奇重，商民十号九空，相继倒闭，诉讼纠缠，如再创设牙行，有碍民生。呈请财政厅厅长收回成命，以恤商民。[②]

8月7日，天津商会卞荫昌等向直隶财政厅转交了文安县的公函，并呈文，希望财政厅收回在胜芳镇创设牙行的命令。8月20日，直隶财政厅郝鹏令天津商会调查"文安县胜芳镇灰煤、皮铁商两公会究竟如何组织？系何性质？有无对于商民抽提款项之事"[③]？至于文安县和天津商会的呈文，财政厅并未给出直接答复，言："本厅自有解决办法"[④]。

天津商会调查后，于1925年9月10日向财政厅呈文称："胜芳镇灰煤、皮铁公会，原系按照部颁同业公会条例依法组织。曾经呈由文安县公署核准立案，当其组织之初，适有本镇假公牟利之徒，藉兴办商业学校为名，拟办两行牙用（佣），当时，该两会等以灰煤、皮铁两业，生意本甚细微，且彼此买卖均系直接

① 天津商会：《文安县商会为劣绅创设灰、煤、皮、铁牙行，请予杜绝》，天津市档案馆藏，档案号：128-3-6-5813。

② 天津商会：《文安县商会为劣绅创设灰、煤、皮、铁牙行，请予杜绝》，天津市档案馆藏，档案号：128-3-6-5813。

③ 天津商会：《文安县商会为劣绅创设灰、煤、皮、铁牙行，请予杜绝》，天津市档案馆藏，档案号：128-3-6-5813。

④ 天津商会：《文安县商会为劣绅创设灰、煤、皮、铁牙行，请予杜绝》，天津市档案馆藏，档案号：128-3-6-5813。

交易,无居中评价、过秤之人,倘若安设牙纪,势必苛扰业生。故情愿自捐兴学,成立乙种商业学校一处,该校经费完全由两行担任,而拟办灰煤、皮铁牙用(佣)者,遂无所藉口,至该两行担任商校学款办法,必须有系统经理机关,方免散漫,而期长久,故议定皮铁商,以该同业营业大小,按年分五级,担任学款。灰煤商因该同业间,参差不等,开闭无常,按年分级担任,颇感困难,因议定于自运煤灰,每万斤担任银洋4角,皆由该两行公会代收、代缴。"①

民国时期,各牙行除了向官府交纳一定的牙税、牙捐外,还负责交纳学校经费等。从上面商会的呈文中可知,胜芳镇虽然并无牙行,但是学校经费并未受到影响,由灰煤、皮铁公会捐助兴学。

1925年9月26日,天津商会再次向直隶财政厅呈函,请直隶财政厅杜绝牙行的创设。天津商会随函附呈了胜芳镇皮铁众商号呈请杜绝牙行创设的联合签名,其中包括:德顺发、恒利德、利顺德、瑞林德、文德升、德昌永、立发德、清德昌、祥顺义、天德号、瑞记号、德顺永、和发义、新昌永;灰煤商:大福兴、顺记煤厂、树清煤厂、广祯成、福兴厚、玉兴永、义诚裕、宝利德、福和公、振义德、复兴号、裕庆恒等多家商号。

此次创设牙行纠纷以文安商会和天津商会获得最后胜利告终。直隶财政厅天津总商会的复函称:"查文安县胜芳镇瓜菜灰煤及皮铁苇草等公会,抽捐兴学,前经本厅令据文安县知事及整理税课专员,会同查明,以该镇各公会抽捐学款,或由前商号按等缴纳会费,或照营业物品缴纳会费,或取于苇田租赁,或按亩派摊,并非牙行性质,各会收支两项,尚属相符。对于商会请免设牙行等情,当经核准俱免设行。"②直隶财政厅随即照案核驳了张汝公等请设牙行的禀请。

在创设牙行的过程中,商会和牙商的纠纷还在于:商会如果发现牙商有勾结地方政府垄断或把持牙税行为,便会向当局呈请取消牙行包税人资格。

---

① 天津商会:《文安县商会为劣绅创设灰、煤、皮、铁牙行,请予杜绝》,天津市档案馆藏,档案号:128-3-6-5813。

② 天津商会:《文安县商会为劣绅创设灰、煤、皮、铁牙行,请予杜绝》,天津市档案馆藏,档案号:128-3-6-5813。

据档案记载,1916年3月6日, 邯郸县商会函请天津商会转直隶军务巡按使,将该县牙行包税人一律取消。邯郸县商会公函载:2月22日,邯郸县公署告示各牙行换帖。23日,各牙行禀请换帖,竟有人将全县牙税包揽净尽,意在浮收,巧取勒索。为此恳请将"捏名包税人一律取消,由商会评议,归商等各行认充,照章纳税"[①]。

直隶军务巡按使对邯郸县商会呈请"取消牙行包税人资格"一案,于3月23日颁布了第5202号批文。文中载:"该县商会拟各归本行换帖,认缴税捐,免其包办,候饬财政厅妥议详办。"[②]

直隶军务巡按使批文后的第四天,27日, 邯郸县杨寿珊串谋劣绅张继志、杨振澜、谢有伦、聂云亭并勾结棍徒王明堂等11人暗中贿赂邯郸县长,包揽该县牙税,试图把持。县长随即将11人的"牌示批准"。[③]4月11日,邯郸商会会长刘法文再次函请天津商会转直隶军务巡按使取消牙行包税人资格,并令邯郸县知事依法惩处。

该案以商会胜利而告终。4月18日,督理直隶军务巡按使发布了第2604号饬文,令邯郸县知事取消包办。批文称:"邯郸县各项牙纪禀请换帖,系遵定章办理,如果该县并不换给新帖,竟将全县牙税招人包办,另行妥为整顿,饬令旧牙按名换帖办课。"[④]

在商会与牙商创设牙行的纠纷中,并不是商会总占优势。下面的案例中,商会则以失败而告终。

1925年8月,直隶怀安县粮食牙行总包商,以标额10 500元取得了全县粮食牙税的包商资格。该县商会反对牙行的创设, 向直隶财政厅呈请准予商会承

① 天津市档案馆、天津社会科学院历史研究所、天津市工商业联合会:《天津商会档案汇编(1912—1928)》(第4分册),天津人民出版社1992年版,第3833页。

② 天津市档案馆、天津社会科学院历史研究所、天津市工商业联合会:《天津商会档案汇编(1912—1928)》(第4分册),天津人民出版社1992年版,第3833页。

③ 天津市档案馆、天津社会科学院历史研究所、天津市工商业联合会:《天津商会档案汇编(1912—1928)》(第4分册),天津人民出版社1992年版,第3834页。

④ 天津市档案馆、天津社会科学院历史研究所、天津市工商业联合会:《天津商会档案汇编(1912—1928)》(第4分册),天津人民出版社1992年版,第3835页。

办牙税,代替牙商,结果遭到了直隶财政厅的驳饬。我们可以通过商会与财政厅间往来公函的档案了解事情发展的过程。

1925年8月24日,怀安县治城商会会长贾永茂、柴镇商会会长王化均联名函请天津商会,转请直隶财政厅,取消牙纪,令商会承办牙税。其公函主要内容包括以下几点:(1)怀安县无交易行为。该县地邻塞北,土地贫瘠,人民疾苦。各村虽以农田立业,然该县各村粮食所得只够各村自用,并无大宗粮食出境。故该县城镇两处虽有牙纪之虚名,而无牙纪之实用,各村庄沿用旧习,多春借秋还,概无交易行为。(2)怀安县商品交易以物易物,不需牙纪。怀安县城镇各商家的生意,以该县各村农家为唯一之主顾。每年春季去各村分送货物,并采取记账方法,秋后再向各村主顾双方酌定物价,装粮食若干,相互抵消,虽有买卖行为,但系以物易物,并无牙纪作用。(3)商会呈请承办包税,代替牙纪。财政厅对于怀安县粮食牙税业经固定标额,意在必行,明令之下,商会不敢抗违,唯有变通办法,拟请财政厅按照牙纪的10 500元的标额,准予商会承办,代替牙纪。商会领帖后,分摊牙佣,既与库款无亏,且与商民无扰。为此恳请财政厅俯准照办。

作为怀安县治城商会的响应,天津商会卞荫昌等于1925年8月25日向直隶财政厅致函,希望财政厅准予怀安县治城商会、柴镇商会等提出的牙税变通办法,由商会承办牙税。天津商会函载:“查该县地处偏僻,产量无多,每年收获仅堪自给。且该地风气未开,粮食交易尚沿古时以物易物之旧习,今若骤增牙纪,势必苛扰丛生。”①该县治城商会并柴镇商会等以库款攸关,拟按酬定标额,每年由商会代缴,归各商号分摊,不另添设牙纪。

针对各商会的呈文,1925年9月22日,直隶财政厅长郝鹏批示载:“查牙税新章第十四条内载:无论何项公益机关概不得包办牙行等语。商会即公益机关,包办牙行为定章所不许……”财政厅长郝鹏还令怀安县知事遵照批示办理,并转商会查照该批示。

---

① 天津市档案馆、天津社会科学院历史研究所、天津市工商业联合会:《天津商会档案汇编(1912—1928)》(第4分册),天津人民出版社1992年版,第3845页。

**6.牙帖出借之争**

牙帖的有效期多则数年,少则数月,年限不等。在牙帖有效期内,牙商因各种原因不能营业,私自将牙帖借出,便可能导致牙帖出借纷争。

1924年5月1日,获鹿县南同冶村谷宝连在县署呈文称:其父谷文禄于1915年4月间,请领木货行牙帖一张,不久病故,于是谷宝连便将牙帖借给解双红。"因牙帖期限早已经逾期,官方令注销牙帖,故谷宝连向解双红追要,解双红不给"①。获鹿县署因谷文禄的牙帖期限早已届满,故先判令处以其罚金50元,并令2日内将牙帖呈案。至于谷宝连是否将牙帖出借给解双红,县署另案传讯。5月6日,获鹿县署对解双红当堂庭讯其是否借用谷文禄的牙帖,解双红供言,其实没有借过谷文禄牙帖情事。关于这次牙帖是否出借,谷宝连和解双红分别找证人证明其所言属实,官方一时难以判断孰是孰非。故官署的判令是:原谷文禄所领牙帖无效,而由谷宝连继续充任帖主, 但需由原领牙帖的等级由六等提升为五等。

---

① 获鹿县民国档案汇集:《南同冶王解公禀请木货行牙帖卷》,河北省档案馆藏,档案号:656–2–458。

# 第三节　民国时期华北牙商纠纷的特点

ERSHI SHIJI ZHI ZHONGGUO

　　研究华北牙商纠纷的特点，有利于我们更好地剖析民国时期牙商的生活状态和他们所面临的种种困境，也有利于我们分析与前代牙商纠纷的异同。从纵向上来看，牙商纠纷出现了增长的趋势，而且无论是纠纷数量还是纠纷类型，都具有一定的规模；从横向上来看，民国时期，牙商纠纷的形态呈现出和以往不同的形态：牙、商纠纷，牙、牙纠纷，官、牙纠纷，官府、牙商、商会、商户、同业公会等纠纷普遍存在，甚至发生多起群体性事件，并且呈现诉讼内容多、范围广、情况复杂等特点。下面进行具体分析。

　　首先，华北牙商纠纷的类型繁多，数量更是多得惊人。牙商与牙商之间不仅存在着官牙与私牙、新旧牙商、牙商与牙伙、牙伙之间、牙伙与帮帖的纠纷，还存在垄断纷争和区域纷争；牙商与商人之间不仅存在着牙商承充纠纷、牙商把持市面纠纷、抽取佣金纠纷、佣率纠纷，还存在着牙税纠纷、过境税纠纷、营业种类纷争；牙商、牙伙不仅与同业公会、与官府、与村民、与洋行、与商会等不同的利益主体间存在着纠纷，而且与牙商相关的群体性纠纷在药行、干鲜果行、渔业中更是频频爆发。正如档案记载："报章连篇揭载，官署案积如山"①。

其次,度量衡和差徭役纠纷消失。度量衡纠纷曾经是明清前牙商纠纷的主要类型之一。牙商为了谋取厚利,私自制造斗斛秤尺,以欺侮乡愚。明清时代,官府加强了对私自制造度量衡的惩罚,度量衡纠纷便逐渐呈现出式微状态。民国时期,华北牙商纠纷中,并未发现有私造度量衡器而导致的纠纷类型。差徭役纠纷也曾是民国以前牙商纠纷的一种类型。尤其是在清代,牙商有一项重要任务,就是承担大小文武衙署差徭役义务。至于牙商应承差役的范围,公私所需,均由牙商承担,除了绸缎、衣着、猪鸡以外,还包括文武衙门所需的烧酒、木炭、食粮、水果、棉花、驿马粮草等。牙商平时固然必须应差,而有军务时更不可免,因此牙商因应承差徭役而导致的纷争不断。民国成立伊始,牙商呈请"将各处差徭陋规全行裁免"②,以纾民困,得到了官府的同意。牙商既然不用应承差徭役,所以差徭役纠纷便无形消失。

再次,民国时期,牙、商经营纠纷和牙、牙经营纠纷占纠纷中的主流。关于这一点,可以从下面5个方面进行说明:

(1)牙、商纠纷中新增添了佣率纠纷、牙税纠纷、过境税纠纷等新的类型。民国以前,牙商抽收牙佣的佣率,官府并无统一的定率,当然也就不存在佣率纠纷。民国以来,中央政府和华北各地方政府对于牙商抽取佣金的比例都做了详细规定。部分牙商为了获得更高的利润,超过官府规定的佣率向商户抽收,这必然导致纠纷的发生。

(2)牙税投标制导致牙、商纠纷增多。民国以前,牙税向由官府自征,征收的对象是牙商抽取的佣金,征收的过程是必须货物到达集场之后,由牙商评价过秤、交易既妥之后,方能照章抽收牙税,商户不涉及到牙税的征收范围,故并无牙税纠纷。但是,由于民国时期,华北各省市在有段时间,采取牙税投标制,牙税的性质由居间抽佣变成了有买卖行为便要纳牙税。这样,因为牙税

① 天津市档案馆、天津社会科学院历史研究所、天津市工商业联合会:《天津商会档案汇编(1912—1928)》(第4分册),天津人民出版社1992年版,第3761页。

② 天津市档案馆、天津社会科学院历史研究所、天津市工商业联合会:《天津商会档案汇编(1912—1928)》(第4分册),天津人民出版社1992年版,第3755页。

的征收而导致牙、商间产生了很多纠纷。

（3）过境税成为牙、商纠纷中的新焦点。客人贩运货物，将原货物托付商号，请商号代为转运他处而向商号所在区域交纳的税费称为过境税。民国时期，华北各地实行牙税投标制后，牙商遇到有些货物在某地转运或经过，这批货物在某地到底有没有买卖行为，该不该抽收牙税，则成为牙、商经营纠纷中的新焦点。

（4）牙、牙纠纷类型增多。民国前，牙、牙间常因争夺地盘和客源发生纠纷，但并未成为纠纷的主流。民国时期，牙商间随着牙、牙竞争的加剧，牙、牙间的经营纠纷也成为纠纷中的主流。并且在民国以前牙、牙纠纷类型的基础上，新增加了新旧牙商纠纷、牙商与牙伙纠纷、牙伙间的纠纷、牙伙与其帮帖间的纠纷等纠纷类型。

（5）新、旧牙商间和牙商、牙伙与帮帖间的纠纷增多。民国以前牙商大多是世袭制，不存在新旧牙商的纠纷。民国时期，牙商承充与注销自由，有些牙商注销牙帖后，继续从业，这不可避免地引起新旧牙商的纠纷。从1925年起，直隶省各县逐渐实行牙税投标制度。全县某一种类的牙行由一人承包牙税，即牙行总包商。牙行总包商分区域或分集市雇用若干个牙行分包商，即牙伙，或牙行的帮帖。牙伙再雇用人员去集市上居间抽佣，称为牙伙的帮帖。在牙商、牙伙、牙伙的帮帖三者之间纠纷不断。牙商与牙伙间的纠纷主要表现为牙伙并未按约定如期向牙商交纳帮帖费用。牙伙与牙伙间有时为了帮帖区域发生纠纷。牙伙与牙伙的帮帖经常为帮帖费用产生纷争。

最后也是最关键的是，与牙商相关的群体性纠纷频频爆发。民国以前，牙商大多是单个的、零散的，经商活动各自为战，并未发生与牙商相关的群体性纠纷。民国时期，伴随着商品经济的迅速发展，牙商队伍日益壮大，在追逐利益面前，牙商与官府、商户等各种利益主体之间的矛盾日益凸显。在这种社会背景下，与牙商相关的群体性纠纷频频爆发，从一定程度上，可以说是当时比较常见的社会现象。

与牙商相关的群体性纠纷呈现出独特的特点：人数众多，动辄就是上千人，甚至上万人，其中一次渔业纠纷中涉及人员达26 000人；纠纷涉及的主体在三者以上，不仅有牙商的参与，还包括地方官府、商会、商帮、同业公会、议会、参事会、教育局、劝业所、农林会、商会、建路卫生局、士绅、新闻媒体，甚至还包括日本领事馆、北京政府的国务院、众议院、工商部等部门，以及国民政府、行政院、立法院、监察院、中央党部等部门的参与；冲突激烈，在纠纷过程中，存在诉讼、罢市、游行、请愿、议会弹劾等多种方式的冲突；群体性纠纷最后多以官府让步而告终。

# 第四节　牙商纠纷与社会变迁

ERSHI SHIJI ZHI ZHONGGUO

　　虽然民国时期华北牙商纠纷的增多构成了对社会和商业秩序的威胁,但其根源却是商品经济的发展和社会变迁的结果。牙商纠纷及纠纷的解决对于促进社会结构更新、整合群体成员关系、更新社会观念、重塑社会心态等方面发挥着积极作用。在考察华北牙商纠纷的同时,不应忽视纠纷为经济社会所带来的种种变迁。自从20世纪50年代冲突理论诞生以来,对"一致与冲突"、"稳定与变迁"的不同理解,是社会学研究不变的主题之一,也体现了结构功能理论和冲突理论的分野。社会学中的冲突理论强调纠纷是社会结构中不可分割的成分,社会变迁的动力来自于纠纷,反过来社会变迁又可以消除因纠纷带来的负面影响。至于纠纷在社会变迁中的作用,斯莫尔、罗斯和帕克①均

---

　　① 美国社会学的奠基人斯莫尔(Albion WoSmall)认为社会进程是受个人利益驱动的一个连续过程,这种个人利益具有两方面特点:一方面在一定程度与他人利益相冲突,另一方面又与他人利益保持一致。罗斯将人们对公开冲突的态度上升到了组织存废的高度,他强调"公开的对立保护着社会";反之,如果人们对于冲突采取抑制或者对立的姿态,那么这些措施都有可能导致组织的分裂。芝加哥学派的领军人物帕克则提出只有存在冲突的地方才有行为意识和自我意识,只有在这样的地方才有理性行为的条件。在他看来,冲突不但是人们获得自我意识的源泉,而且促使任何有组织的社会成为可能。

认为冲突在社会变迁、社会组织的成长壮大和人们理性行为产生方面扮演着积极角色。下面我们以华北牙商纠纷作为窗口透视当时社会的变迁。

# 一、兴讼风气的盛行

在传统的国家—社会关系中,社会中普遍存在厌讼的心理。这主要是因为"法"只是缺乏实际效果的一纸空文而已,诉讼作为一种具有强制性的外力,特别是国家司法对于介入民事纠纷表现得非常消极,而且诉讼还经常遭到恶意利用,所以纠纷基本上是由民间自行进行处理的。正如朱苏力所言:民众对法律经常是采取规避行为,这是因为他们认为民间法比国家法更有利于纠纷的解决。如果进一步明确的话,可以说这种"理性"来自于民间秩序对于外力的一种抵触。在这个意义上,法律规避是传统社会中民间社会对于国家力量的拒绝。故清代常有"良民畏讼,莠民不畏讼"①的说法。

民国时期商品经济的发展极大地改变了人们的社会关系,其中最重要的就是各经济主体通过诉讼维护自身权利的意识也明显增强。在华北牙商的从业活动中,经济纠纷和矛盾冲突非常普遍,经济主体维护自身利益的方式大多是通过诉讼的方式(群体性牙商纠纷除外)呈现的,所以说兴讼乃其主要表现形式之一,而兴讼意识的日益提高,是社会文明程度进步的重要表现。

兴讼风气的盛行需要一定的法律制度作为保障。民国时期,华北牙商法规立法数量上是空前的,在立法内容上也是适应实际需要的。民国时期虽然没有现代意义上的牙商法,但随着商品经济的发展和民事主体权利的拓展,财产私有理念的深入,政府在调整社会经济关系、维护各经济主体利益方面的牙商法规内容相当丰富。近代以来,中国社会经历了"激变"、"改造"、"转型"等重大变迁,民国时期传统封闭的"熟人社会"也正在向"半熟人社会"转变。与此同时,社会发生的大量纠纷,仅仅依靠民间宗教信仰、道德等权威来调整已经难以奏效。随着近代司法制度被国家不断推行,社会成员也时常于纠纷发生时互相打起官司,法律最终成为解决纠纷的一种权威。华北牙商纠纷与

---

① 邱煌:《判语录存——序》,道光年间刻本。

诉讼频发恰恰证明了这一点。

兴讼风气的盛行与社会成员维权意识的增强密切相关。在民国时期这样一个变革的时代，商品经济的发展改变了人们的社会关系，引起了人们传统价值观念的改变，其中最重要的就是社会成员维护自身权利的意识也明显增强。华北牙商纠纷与诉讼的行为主体既有牙商、牙伙、农民、商户等个体，也有商会、商帮、同业公会等社会组织。这充分反映出社会成员面对因牙商经营而导致的纠纷及自身的利益诉求，主动拿起法律的武器，通过诉讼的方式维护自身合法的权益。

## 二、新闻舆论功能加强

新闻媒体是新闻信息传播的物质载体，在社会生活中扮演着重要的角色，是人们获得舆论影响的主要源头。民国前华北牙商纠纷大多载于古文典籍和部分档案中，在报刊和杂志中鲜见。民国时期，民主思想得到启蒙，言论自由载于约法，因此新闻媒体空前兴盛，媒体的数量和种类增加，地域分布拓广，牙商纠纷得到了新闻舆论界的高度关注。如前文提到安国药行的群体性纠纷，仅《益世报》一家报纸登载此次纠纷的相关内容便高达20多次。

《益世报》登载"安国药行的群体性纠纷"统计表

| 刊登时间 | 刊登栏目 | 标题 | 版次 |
|---|---|---|---|
| 1921 年 6 月 30 日 | 顺直新闻 | 安国药商因牙捐罢业 | 第 11 版 |
| 1921 年 7 月 6 日 | 顺直新闻 | 安国牙纪局扰及邻县 | 第 11 版 |
| 1921 年 7 月 7 日 | 顺直新闻 | 安国药商呈控牙纪局 | 第 11 版 |
| 1921 年 7 月 28 日 | 顺直新闻 | 安国牙纪局认提国税 | 第 11 版 |
| 1922 年 1 月 14 日 | 顺直新闻 | 安国县清理牙纪局之内幕 | 第 10 版 |
| 1922 年 9 月 2 日 | 顺直新闻 | 安国牙纪局将撤销 | 第 10 版 |
| 1922 年 9 月 19 日 | 顺直新闻 | 安国县牙局将撤销 | 第 10 版 |
| 1922 年 9 月 30 日 | 本埠新闻 | 提议撤销安国牙纪局之议案 | 第 10 版 |
| 1922 年 10 月 1 日 | 本埠新闻 | 提议撤销安国牙纪局之议案(续) | 第 10 版 |
| 1922 年 10 月 2 日 | 本埠新闻 | 提议撤销安国牙纪局之议案(续) | 第 10 版 |
| 1922 年 11 月 19 日 | 本埠新闻 | 省议会再请撤销安国牙纪局 | 第 10 版 |

| 刊登时间 | 刊登栏目 | 标题 | 版次 |
|---|---|---|---|
| 1923年3月5日 | 本埠新闻 | 安国牙纪归财厅管辖 | 第10版 |
| 1923年8月5日 | 顺直新闻 | 安国牙纪局将行撤销 | 第10版 |
| 1923年10月24日 | 顺直新闻 | 牙纪局蛮横反遭奇辱 | 第10版 |
| 1924年1月9日 | 本埠新闻 | 请查办安国牙纪局长 | 第10版 |
| 1924年1月10日 | 本埠新闻 | 请查办安国牙纪局长(续) | 第10版 |
| 1924年1月11日 | 本埠新闻 | 请查办安国牙纪局长(续) | 第10版 |
| 1924年5月29日 | 本埠新闻 | 安国请撤牙纪局消息 | 第10版 |
| 1925年4月3日 | 本埠新闻 | 咨询牙纪局收款用途 | 第10版 |
| 1925年4月27日 | 本埠新闻 | 安国请撤牙纪局消息 | 第10版 |
| 1925年5月4日 | 本埠新闻 | 安国呈请撤消牙纪局 | 第10版 |
| 1925年5月27日 | 本埠新闻 | 安国牙纪局未能取消 | 第10版 |
| 1929年10月18日 | 本埠新闻 | 安国牙纪捐局,经手人反对 | 第10版 |

《益世报》对牙商与安国牙纪局间的纠纷进行了大量客观事实的真实报道，积极地而不是消极地客观反映了牙商与安国牙纪局冲突的详细过程，并通过理性的分析来影响舆论、表达舆论。如1922年9月2日、1922年9月19日和1925年5月4日，《益世报》分别登载了《安国牙纪局将撤销》、《安国县牙局将撤销》和《安国呈请撤销牙纪局》等新闻，主要报道了安国牙商和商民屡次呈诉省署，省会议员协同地方士绅在津大肆运动,请予裁撤清理牙纪局等新闻,表达了社会各界呼吁政府撤销安国牙纪局的心声。

《益世报》的新闻报道站在与官方所设安国牙纪局对立的态度,以客观公正的态度和方式去观察、评介甚至引导社会舆论和思想观念的发展、变化,推动了民国新闻界真正担负起监督政府、批评官员的职能。如《益世报》发表了支持安国牙商的内容，并揭露了官府所设药行牙纪局的营私舞弊、假公济私等不法行径。"名抽牙佣,实则舞弊(任意挪用收入,浮报物价、大肆购置保险柜等贵重物品、利用填报联单大头小尾)、故意刁难牙商(令牙商在清理牙纪局守候累日,不能按期纳牙佣,贻误牙商)和祸害社会的劣迹(与妓女群宿、殴打市民、几酿命案)"①。所以,《益世报》明确指出政府在安国县创设清理牙纪

---

① 顺直新闻:《安国县清理牙纪局之内幕》,《益世报》,1922年1月14日,第10版。

局以来,实在是"病商扰民"①。

民国时期新闻人员的行业作用及其所造成的舆论影响力的增强。如在以《益世报》为主的新闻舆论的支持和影响下,安国药行的群体性纠纷以政府妥协取得了最后胜利,这充分体现了新闻舆论功能的加强。可以说,新闻舆论作为信息传播系统的重要组成部分,与群体的社会生活有着相互依赖、相互影响的互动关系。前者渗透到了社会生活的全过程,并影响到政府主体的决策和政治行为;后者则直接地制约了新闻媒体舆论的活动空间,决定了新闻媒体舆论功能实现的程度和范围。

## 三、商人群体意识日趋明朗化

群体意识是"群体中个人意识相互作用和相对集中的表现,是为了适应一定群体的实践需要,维持群体的一定社会关系和利益服务的"。因为任何"个体都是在社会中过群体生活的,同一群体的人们由于社会经历和社会地位有一定的共同性,因而产生一定的共同意识,即群体意识"。②

民国以来,牙商群体、商帮联合起来与官府、商会、同业公会、农民间公然对抗的纠纷并不乏见,而这在民国前几乎是不可能发生的事情,这说明民国时期牙商群体意识已达到一个新的高度,也反映了在商业纠纷中,包括牙商在内的商人群体由各自为战逐渐发展为步调一致的强势群体。如:在前文所书的安国药行的群体性纠纷中,牙商群体、药材行十四商帮联名向政府多次呈文,组织多次游行、罢市;在设立渔业牙课局纠纷中,天津众鱼牙商、鱼客、鱼商、商会等26 000余人集体罢市。

还应该说明的是,民国时期的商人群体意识具有明显的近代特征。从前面论述的牙商纠纷可以看出,商人已突破以往血缘或地域关系的狭隘行帮利益,将各地和各业的商人作为一个有着共同命运、共同利益的社会集团,并呼吁所有的商人联合起来,为着自身的共同利益,化散为聚。这实际上就是一种

---

① 本埠新闻:《咨询牙纪局收款用途》,《益世报》,1925年4月3日,第10版。

② 肖芳、罗成翼、王继辉:《个体哲学》,吉林科学技术出版社2005年版,第50页。

具有近代特征的群体意识的增强，是促使近代中国商人打破血缘和乡缘的狭隘联系纽带，跨越行帮，从分散走向联合，初步形成为一支独立社会力量的重要因素。

# 四、牙商纠纷解决方式日趋多样化

纠纷解决，指的是"在纠纷发生后，特定的解决主体依据一定的规则和手段，消除冲突状态，对损害进行救济、恢复秩序的活动过程"[1]。社会的多样性决定了社会矛盾和牙商纠纷的多样性，牙商纠纷的多样性必然要求解决纠纷的方式也具有多样性。

从民国时期各级政府颁布的大量的牙商法规可以看出，牙商问题开始受到社会的高度重视。从民国时期的报纸、期刊和相关档案中，亦可以看出牙商纠纷问题已经开始引起了官府的高度注意。虽然牙商法规中对牙商的经营活动、从业行为等做出了相关的规定，制定了详细的惩罚措施，但有限的司法资源难以承受巨大的诉讼压力，而以诉讼、群体罢市、上访等方式来解决牙商纠纷，成本太高而效率太低。在此情况下，与牙商相关的纠纷解决途径与方式呈现出多样化的特点。概而言之，主要包括民间调解、诉讼、官府退让等多种方式。

与官方的正式调解不同，民间调解具有非正式的社会组织性和社会规范性，即民间调解往往由民间组织或个人主持，以民间通行的各种社会规范为依据。与牙商相关的纠纷的民间调解，主要包括商会调解和同业公会调解两种方式。

民国时期，商会作为商办的新式社团，在调解与牙商相关的纠纷中起了很大的作用。天津县恒利斗店、聚通生、同顺永、万春店、文泰永、怡和公司等自民国成立伊始，便向官府领取了牙帖，凡行商来津售粮向投各店评价出售。1912年10月，上述各斗店发现刘祥在天津老车站，私自将火车来粮过秤量卖，便恳祈天津商会评议。商会经过评议，令刘祥嗣后不准再行过秤卖粮行为。10

---

[1]　范愉、李浩：《纠纷解决——理论、制度与技能》，清华大学出版社2010年版，第14页。

月10日，刘祥在商会书写了甘结书："具甘结刘祥命子文翰，今与（恒利斗店等）甘结事：依奉结得。窃东西北集各斗店请议商等有过秤卖粮一案，今奉贵会评议商等属实，嗣后永不再卖。如查有再卖过秤情敝，情甘重罚。所具甘结是实。"①

1914年7月，天津县万春斗店和同顺永斗店因营业区域及行店开设的地点发生纠纷。经过天津商会卞荫昌等商会会员的再三调停，1915年3月19日，商会议定了双方开设地点及牙帖的经营范围。档案载：由商会会员一再调停，议定了万春店与同顺永地界仍照旧章，炮台以西为万春店地界，炮台以东为同顺永地界。商会为避免双方以后再因此而起纷争，还令其各自缔结了"甘结书"。其中万春斗店的甘结书载："具甘结万春斗店张维贤、鲁荫庭，今与（同顺永）甘结事：结得窃商店与同顺永因地界纠葛一案，今荷承贵会和解，仍照旧章，炮台以西为商店地界，炮台以东为同顺永地界，各守各界，俾安生业。至商店存货厂永不安设道叉，以守旧章……所具甘结是实。"②

民国时期，各行业的同业公会在牙商纠纷中往往也担任评议人，出面调解。下面一则案例是天津县的粮店公会调解斗店内部纠纷的实例。

天津县各斗店业规中规定：各斗店领帖设店，代客买卖，不准自行批粮及影价中饱。1927年5月，天津县各斗店发现北集同顺永斗店借口同业竞争，任意自行批粮，各斗店便将同顺永斗店违背行规的行为汇报天津粮店公会知晓。5月3日，天津县粮店公会为此召开会议，"据同顺永代表报称，前为招揽生意起见，预批客货，致招买客疑为价目不符，发生误会等情。"③粮店公会及各斗店领袖，"当经即席讨论，咸谓此事理应受罚，同顺永等均各认可"④。除了处罚同

① 天津市档案馆、天津社会科学院历史研究所、天津市工商业联合会：《天津商会档案汇编（1912—1928）》（第2分册），天津人民出版社1992年版，第1774页。

② 天津市档案馆、天津社会科学院历史研究所、天津市工商业联合会：《天津商会档案汇编（1912—1928）》（第2分册），天津人民出版社1992年版，第1778页。

③ 天津市档案馆、天津社会科学院历史研究所、天津市工商业联合会：《天津商会档案汇编（1912—1928）》（第2分册），天津人民出版社1992年版，第1778页。

④ 天津市档案馆、天津社会科学院历史研究所、天津市工商业联合会：《天津商会档案汇编（1912—1928）》（第2分册），天津人民出版社1992年版，第1778页。

顺永斗店外，粮店公会还商议决定，以后各斗店如发生此类事情，亦应援例办理，以重信用，而免涉嫌。随后，粮店公会将此案经过并附罚款捎条一纸呈请商会查照备案，以维商规。

与牙商相关的纠纷解决中，商民们采取的最常见的方式便是向官府禀控。官府接到诉讼案件后，大多会采取调解、庭判两种方式予以处理。

官府调解，是指对与牙商相关的商事纠纷在官府组织主持下，诉讼双方当事人平等协商，达成协议，经官府认可，以终结诉讼活动的一种结案方式。官府的调解充分表现了公权力和私权力的有机结合。一方面，官府作为中立的第三人介入调解过程，使调解达成的协议具有一定的强制力；另一方面，调解协议的产生又是双方当事人同意的结果，使调解协议有利于当事人的接受。同官府庭判比较而言，调解具有其独特的司法救济价值。

从我们上面提到的纠纷中，以官府调解而终结诉讼活动的案例很多。如：1914年8月，《石家庄斗户于荣福等控范谈村禀李洛本等无帖成交私抽牙用》案件；1915年4月2日，《李村斗户张殿良控霍连喜等冒充牙行混乱成交》案件；1926年1月1日，《籽花牙纪周文廷禀李谷端等无帖成交》案件；1930年，《北平市公安局外五区区署关于菜业稽征员高汉升告刘岳山私收牙用》的案件等。

还有一些纠纷案件是当事人诉讼后，双方自行找中人调解成功后到官府撤诉的案例。如：1915年8月，《寺家庄斗户张福德禀魏昌印等在村私立集市无帖私抽斗用》一案，张福德和魏昌印便另请中人刘洛琴、薛运升从中说合，双方达成一致协议，然后请知事撤诉。1928年1月，《牙纪张润德禀谷成不摊牙款》一案，在官府未庭讯前便自行了结，到县署销案终结诉讼。1931年9月，《刘遇文呈赵乾徵收牙税卷》一案，以赵乾徵处找中人张江远、赵洛修说合，将帮帖税款如数交给刘遇文，双方和解，到官府销案而息讼。

庭判是官府依照相关法律的规定，进行诉讼活动，行使审判权，审结案件的一种方式。概而言之，官府对于牙商纠纷事实清楚、证据确凿的案件或者经过官府调解失败的案件会选择宣判的方式结案。在我们上面提到的纠纷中，以官府庭判而终结诉讼活动的案例也很多。

1925年11月，警所呈送张国宾等因抽收糁籽牙佣纠葛，官府经过庭讯，判令王洛公给付牙佣；1926年1月，《牙纪李玉泉禀董洛贵私抽牙用等情》案件，县长判令旧牙商缴帖、认错而结案；1925年3月，《干鲜果行牙纪王从修禀赵四九无帖成交私抽牙用》案件，获鹿县长判令"赵四九罚洋30元，不准再犯"[1]；1917年，《西关麻行牙纪高庆冒等控永庆麻店等无帖成交》一案，为此县署批示令永庆麻店交出应纳牙佣而结案；1930年1月，《北平市公安局外四区区署关于送炭行牙税稽征所会员郭忠控胡德祥妨害国课等》一案，外四区区署署长当堂判令胡德祥不得再干预炭税事件而完案；1917年2月，《在城集估衣行牙纪朱茂春控康清邦私放牙纪狡乱集市》一案，县长庭讯双方后，判令两位牙商轮流去集市抽取牙佣；1925年12月，《京师警察厅外右三区分区表送何履臣在街拦阻贺连甫勒索木炭牙用》一案，以北平市警察厅庭判判令贺连甫交纳牙佣而完案，等等。

在与牙商相关的群体性纠纷中，社会各界普遍采取了罢市、请愿、游行等多种方式，令官府妥协。在群体性纠纷的处理中，官府一开始显然低估了牙商、商人等抗争的决心，仍然企图以拖延敷衍的老办法来应对，结果只能是火上浇油，使牙商、商人的抗争活动更加激化。在牙商、商人罢市、请愿之后，官府的态度逐渐软化，最终答应牙商、商人的要求。但如果官府在一开始就能与各界人士认真协商，而不是敷衍了事，事情并不会发展到罢市、请愿这样的局面。

通过对群体性纠纷的考察，不难发现，纠纷的发生并不是不可避免的，如果官府从一开始就给予足够的重视和恰当的应对，群体性纠纷可能并不一定发生。几场纠纷与结局所揭示的另一个值得重视的问题是，在纠纷事件发生后，官府的态度和应对措施往往会左右事件的发展方向。消极的态度和一味躲避与敷衍应付不仅无助于事件的缓和，反而会导致纠纷的激化，不利于问题的解决。当官府改变态度与策略时，纠纷在较短的时间内得到较为圆满的解决。由此可以看出，群体性纠纷的发生、发展与解决，官府的态度和应对策略在其中起到了至为重要的作用。

从上我们还应看到的是，牙商法规在纠纷解决中所起的作用在当时仍然

---

[1] 获鹿县民国档案汇集：《干鲜果行牙纪王从修禀赵四九无帖成交私抽牙用》，河北省档案馆藏，档案号：656-2-638。

有限。在这种情况下,法律并不是牙商解决纠纷的唯一有效的途径,过分强调"法律至上主义"并不见得必然有利于纠纷和争端的解决。可以肯定地说,华北牙商纠纷的解决,既不是单纯依靠民间习俗惯例,也不是单纯依靠国家法律,而往往是官府、商会、同业公会、牙商、商户以及社会各界人士等多个权威同时在场、共同协商的结果。

# 小　结

明清以前,关于华北牙商纠纷的资料很少。从已有的研究成果来看,主要集中在度量衡纠纷和牙佣纠纷两个方面。明清时期的牙商纠纷大概可以分为牙、商纠纷,牙、牙纠纷,度量衡纠纷和差役纠纷四类。

民国时期,无论是潜入农村的牙商,还是在城市从事中介活动的牙商,经营活动日趋繁盛。随之而来的牙商纠纷的类型和数量增加,因牙商经营而引起的各种新问题、新情况更是层出不穷,不断出现。

档案和文献史料显示,民国时期华北牙商纠纷的特点是:从纵向上来看,出现了增长的趋势,而且无论是纠纷数量还是纠纷类型,都具有一定的规模;从横向上来看,民国时期,牙商纠纷的形态呈现出和以往不同的形态:牙、商经营纠纷,牙、牙经营纠纷,官、牙纠纷,官府、牙商、商会、商户、同业公会等纠纷等普遍存在,甚至发生多起群体性事件,构成对社会和商业秩序的严重威胁。

在考察华北牙商纠纷的同时,不应忽视纠纷为经济社会所带来的种种变迁,即兴讼风气的盛行、新闻舆论功能的增强、商人群体意识日趋明朗化和牙商纠纷解决方式日趋多样化。

# 结　语　PERORATION

ERSHI SHIJI ZHI ZHONGGUO

　　昔日辉煌不复存在,盛极一时的华北牙商,在新中国成立后不久被取缔,这标志着一个时代的终结。①民国时期牙商的经营活动及其对经济与社会的影响,是一个难度大而且尚待开发的研究领域。本书旨在以实证的方法,从新的视角考察牙商与市场、区域经济间的关系,尝试对牙商和牙商资本在民国时期的演变趋势提出新的认知,并对牙商研究中的若干问题进行辨析,以澄清由来已久的疑问和还原牙商群体的真实面貌。

---

　　①　新中国成立初期,牙商在华北各地市场上仍广泛存在,但在商业行业改组与重组中,牙行(特别是城镇牙行)与奢侈性消费行业、私营大批发商一道,成为首当其冲的被取缔对象。1952年4月5日,中央贸易部发出通知,严格取缔城市行商及个体牙纪。这样,在国民经济恢复时期,在商业行业结构性重组中,城镇牙行业即已基本被淘汰,衰落下去。在农村集镇上,牙行、牙纪仍继续存在了一个时期,在一些地区的集市贸易中还发挥着比较重要的作用。在1956年下半年恢复农产品自由市场的过程中,一些农村集镇的牙行、牙纪曾有恢复,但很快随着1957年自由市场的关闭,以及1958年人民公社化以后农民贸易的被取消而消失。牙商被取缔的原因是:新中国成立后,我国全面实行计划经济。各种生产资料、生活资料全由国家统一生产,统一销售,买卖双方只要执行国家的命令即可,根本无须牙商在其中起作用,故牙商一度消失。

# 一、牙商的存在是多余还是必要？

在市场流通领域，牙商这样一个中间环节的存在是多余的还是必要的，一直是困扰经济史的一个疑难问题。民国时期，特别是20世纪二三十年代，牙商问题为一些调查研究者所关注，对其历史合理性存在着分歧和偏差。普遍的看法认为牙商在市场贸易中是多余的、不必要的中间环节。[①]如溥苏指出，牙商为"阻碍农村发展，剥削农民血汗的利器"[②]；朱偰认为，"游行牙纪亟应废除，以铲除寄生阶级，而减免商民之负担"[③]。

现在看来，这种看法是偏颇的，牙商的存在在当时的历史条件下不仅是合理的，而且是必要的。从经济学角度分析，牙商的存在是由于分工的需要和市场信息不对称的必然结果。

亚当·斯密在《国富论》一书中首次把分工和市场机制、交易等放在一起探讨。在亚当·斯密看来，由于分工现象的存在，每个人都会充分利用自己的禀赋和知识，在不同的分工链条中选择适合自己的职业。在分工中，一方面劳动生产率得以提高，"劳动生产力上最大的改良，以及运用劳动时所表现的更大的熟练技巧和判断力，似乎都是分工的结果"[④]；另一方面促进一种自发市场经济秩序的形成。分工带来的不是一种相互的隔离，而是一种协作，在一只"无形的手"的导引下，分工能建立起相互的市场经济依赖关系。人们依照互通有无、物物交换和互相交易的根本倾向，把各类人所生产的各种不同产物，

---

① "牙商的存在是多余的"观点，不单单在民国时期很普遍，在新中国成立后建立起来的计划经济体制下，对市场中介组织存在的必要性许多人更是持否定态度，以至于中国市场中介组织的发展一度出现了断层。1978年改革开放后，市场中介组织才在中国逐渐重建。但是即使在当今市场经济环境下，这也是一个存在诸多争议的问题。如：20世纪90年代，曾有政府对棉花、粮食中间商的取缔，导致出现了市场流通不畅的情况。

② 溥苏：《中国的牙行制度》，《农行月刊》，1936年第3卷第8期。

③ 朱偰：《营业税实行以后之牙税及典当税问题》，《科学论丛》，国立中央大学1935年第2卷第2期。

④ [英]亚当·斯密著，郭大力、王亚南译：《国富论》（上），译林出版社2011年版，第1页。

结成一个共同的资源，各类人都可以从这个资源随意购取自己需要的别人生产的物品。①

牙商的存在是贸易分工的产物，是随分工细化而逐层产生的。首先，分工的深化必然导致专业化水平的提高，即专业化组织及个人职能的进一步细化；其次，分工的深化与市场的演进过程，表现为连接生产与消费者两极之间的链条（各种中介于生产与消费之间的专业化组织）的加长，也即专业化组织职能的不断延伸，专业化组织范围的不断扩展；再次，介于生产和消费之间的每个专业化组织自身，随着分工的深化与市场的演进，也有一个不断细化加深的发展，即局部专业化市场或职能的进一步分裂与扩展，新的专业化组织的不断涌现；最后，随着分工在交易对象和交易职能上的不断深化，市场中出现了各种类型职能不同的市场组织，牙商这样的社会中介组织也居于其中。因此，牙商产生于分工，是专门从事某一种或某几种交易功能，为市场主体提供各种服务、保证市场交易顺利有序进行的更为专业化的交易组织。其基本作用是媒介交易，通过自身的中介活动，使交易双方的市场行为联结起来，降低市场环境的不确定性，减少交易费用。牙商发展的规模和结构应当相应于分工的深度，因为既然分工受市场范围的限制，那么，牙商的规模和结构也应受到市场范围的限制。当市场演进到一定阶段的时候，分工形成一定的深度和结构，牙商也相应地稳定于一定的规模和结构。另外，由于分工的深化会反作用于市场，进一步促进市场的扩大，推动市场的演进，那么，作为分工主要内容的牙商，在缩短交易双方在时间、空间上的距离，促进市场扩大、推动市场演进方面也具有重要作用。

除分工的需要，牙商的存在还有其诸多原因。但是，不可否认，市场信息不对称②也是个很重要的因素。信息不对称，是市场经济的一种普遍现象，它指

---

① [英]亚当·斯密著，郭大力、王亚南译：《国富论》（上），译林出版社2011年版，第11~12页。

② 信息不对称（asymmetric information）理论是一种分析信息不对称对市场交易行为和市场运行效率的重要影响及解决办法的新理论，是21世纪最新研究成果之一。2001年诺贝尔经济学奖揭晓后，获奖的3位美国经济学家斯蒂格利茨（Joseph Stiglitz）、阿克洛夫（George A Kerlof）、史宾斯（Michael Spence）和他们创立的信息不对称理论引起了人们的关注和兴趣。

的是"市场上买方与卖方掌握的信息是不对称的，即一方所掌握的信息多，另一方所掌握的信息少"①。由于信息是一种有价值的资源，并且分布通常是分散的，获取信息往往需要付出一定的成本，有时甚至是根本不可能获取到某信息，或者说获取该信息的成本无穷大，所以在现实经济中，信息常常是不对称的。例如，在产品市场上，生产者（卖方）十分熟悉产品的性能，知道其成本，但无法准确地预测出市场上各种产品需求和要素供给的变动情况，消费者（买方）虽然知道市场上产品的需求和要素供给的变动情况，但也无法了解市场上所有待售商品的质量和价格情况。

对于市场来说，信息不对称所导致的可能是一种低效率或无效率的状况。这种效率损失可能会产生两种情况：逆向选择和道德风险。

商品市场交易的一个显著特征是卖方对所卖的商品了如指掌，而买方却很难了解产品的内在质量。在这种情况下，卖方便会将商品"以次充好"地进入市场，甚至会凭借价格优势排挤优质产品而占据市场成为主角，使买方的权益和优质产品生产者的利益受到损失。这种损失的结果便是逆向选择。逆向选择（Adverse Selection）是指"在买卖双方信息不对称的情况下，差的商品总是将好的商品驱逐出市场。当交易双方的其中一方对于交易可能出现的风险状况比另一方知道得更多时，便会产生逆向选择问题。逆向选择的存在，意味着市场的低效率，即市场的失灵"②。道德风险（Moral Hazard）是在交易成交后还会存在另一类信息不对称，交易的一方具有另一方难以监督的行为或难以获得的信息，在这种情况下，交易的一方（通常是拥有信息优势的一方）在签订交易契约后，有可能采取有悖于契约规定的行为，从事交易另一方并不希望发生的高风险活动，以最大化自己的利益，同时损害另一交易方的利益。③

微观经济学认为，对于买卖双方间的信息不对称现象，需要牙商的中介服务创造价值。在一定程度上，牙商是消除"逆向选择"和"道德风险"的有效结果。首先，为了交易的顺利完成，牙商作为第三方的机构或者组织介入，为交

490

---

① 姜国刚：《微观经济学》，北京交通大学出版社2009年版，第254页。

② 姜国刚：《微观经济学》，北京交通大学出版社2009年版，第254页。

③ 姜国刚：《微观经济学》，北京交通大学出版社2009年版，第255页。

易双方提供真实可靠的各种信息,包括产品的质量、价格以及市场的信用等。这样,在买卖双方不能充分解决质量不确定性的市场中,以中介为基础的市场机制可消除"逆向选择"的困扰,使市场的交易效率提高。事实也证明,有牙商这样的中介机构的市场机制远比没有中介制度下的市场机制更有效。其次,牙商对买卖双方所提供的信息、资信担保、贮存和转运、货款清算、监督履约等服务,可以促使参与市场交易者在遇到道德风险状况下,得到来自第三方面(即牙商)的保障(比如对于商誉较差、有欺诈行为的客户,牙商间会通过同业公会采取措施对这些客户实行惩戒),其所做出的决策及行为即使引起损失,也不必完全承担责任,或者可以从牙商处得到某种补偿,这将激励交易的促成,以博取更多的收益。所以说,牙商在市场贸易中不仅是合理的,而且是必要的。

## 二、牙商的从业活动是增加还是降低交易成本?

自从20世纪80年代,我国逐渐引入"新制度经济学"[①]的理论和方法后,交易成本便成为各方学人所乐于使用的一种分析工具。对于牙商的指责,也随之增加了交易成本方面的理论依据,尽管合理的解释与其推论恰恰相反。很多研究成果认为,牙商这一中间环节"增加了流通环节和手续,并由此增加了交易成本,因而使运销成本、交易者经营费用上升,甚至形成行业中的渠道垄断与行会性质的控制,与自由贸易似乎大相径庭"[②]。殊不知牙商存在的本身恰恰是因应了市场交易成本的存在,是为了减少交易成本。

---

① 新制度经济学作为一门相对独立的新自由主义经济学流派,是由2009年诺贝尔经济学奖获得者之一的奥立弗·E.威廉姆森最先命名的。其创始人罗纳德·H.科斯和新经济史学派代表人物诺思、公共选择学派代表人物布坎南等也先后获得了诺贝尔经济学奖,由此可见新制度经济学在世界经济学领域的影响非同小可。我国从20世纪80年代开始,逐渐引入了西方新制度经济学的思想,并在中国掀起了一场"新制度经济学运动",大量新制度经济学专著被译介到国内经济学界,进而影响到了我国改革开放的一些重大决策。

② 庄维民:《中间商与中国近代交易制度的变迁:近代行栈与行栈制度研究》,中华书局2012年版,第10页。

在市场中,直接交易还是委托牙商进行交易,这是近代市场变化条件下一种复杂的选择过程。增加还是降低成本两种相悖的立论同样都建立在交易成本之上,但出发点却完全不同。一是将交易成本视为原因,一是将交易成本视为结果。两种观点合理与否关键在于成本的比较,这种比较既有制度层面的,也有统计与计量分析方面的。

评判增加或降低交易成本的依据在于这种交易方式是否处于由旧趋新的发展阶段,是否有利于国内商人的发展,能否使贸易受益并带来社会效益的增加。对于受近代市场因素影响,处于转型中的传统商业形式的牙商给予何种评判,涉及制度的规范性评价问题。然而牙商的中介活动究竟是增加抑或降低交易成本,这是一个应针对当时市场环境和当时市场的发育状况等具体分析的问题,要视当时市场的发展状况和交易条件而定,同时也要根据经营交易方式来判断。

进一步讲,牙商所具备的功能、担当的角色是否合乎市场分工的需要,关键在于其能否促进市场交易有效率地进行。民国时期,华北牙商的存在根源是因为不同层级市场之间、不同行业之间的分隔,分隔不单是地域空间上的距离,更重要的还有市场交易层面上的隔膜。在不同的市场之间和不同的交易主体之间,需要有牙商这样的中间组织作为纽带的联系人。

民国时期,华北牙商在产地市场、中间市场、终点市场的贸易中处于双向桥梁和纽带地位。华北地区广大的农村属于产地市场,该市场的牙纪,一般在集市上为贩运商、农民、零售店铺、洋庄的代理人等居间撮合、评价执斗或执秤。中间市场,也称集散中心市场,交通便利,是区域性的经济中心,包括石家庄、郑州、太原、济南、榆次等。为了方便商品的仓储、运输及转运,中间市场的牙商一般在贸易繁盛的市镇、火车站、码头等开设大大小小的行店、货栈或行栈,有实力的牙商则在中间市场以外设立"外庄",深入产地市场采购,同时收购各初级市场或同业行栈流通来的商品。终点市场,也称口岸市场。牙商一方面通过将粮食、棉花、皮毛、土布、山干货、鲜货、药材、煤炭、油、烟草等土货产品从中间市场向终点市场汇聚,另一方面提供给中间市场所需要的各种进口洋货,主要是各上海帮和日、德等洋行等提供的大宗进口棉纱、布匹、火柴、煤油等洋货,形成土洋货的双向流通。这样,牙商便将口岸市场与内地不同类型的购销客户连接在一起，形成一个以牙商为核心的商品购销网，而且在大多数商品流通体系的购销客户中，牙商处于双向桥梁地位，其将各级市场中的买卖双方有机地连接起来，形成了比较完整的流通体系，而流通体系的运转和顺畅对于维持一个公平、有秩序、有效率的市场起着不可或缺的作用。

# 三、牙商是传统还是近代商业群体？

按照一般通行的看法，牙商所代表的商人群体、商业组织是"中国传统商业中介"，"是极具中国传统特色的社会经济制度，是中国传统商业制度的核心"。[①]牙商的存在"不单增加了交易成本，且带有落后保守性，因而阻碍着市场流通的发展，亦不能成为市场经济向资本主义转型的动力或积极因素"[②]。这种看法忽略了牙商在近代演变中所带来的变化，以致导致认识判断上的错误。民国时期华北牙商的确与传统商业有着渊源关系，但是在近代中国社会转型过程中，牙商群体与明清时期的牙人、牙纪原来存在的形式与内容、角色与功能以及相互关系上都发生了变化。

从历史发展的连续性来看，市场近代化的进程离不开母体，离不开传统经济赋予的资源。牙商植根于传统社会经济（该群体的源流甚至可以追溯至春秋战国时代），与传统经济有着千丝万缕的联系，在许多构成要素、社会职能上承续了传统牙人、牙纪的特点。市场主体在历史演进过程中衍生出形形色色的过渡形态，就好比从传统牙人到近代牙商的演进和嬗变，有一个很长的不间断的历史发展链条，从最原始的形态到初具现代性的商业组织（公司、商行、企业），都存在于这一发展链条之中。民国时期华北牙商具有"一体两面"性：一面是母体的传统性，一面是演进的近代性；一面是传统的牙人、牙纪，一面是近代的商业群体。二者间没有断然分开的鸿沟，在某些方面具有传承性

---

① 黄东海：《传统中国商业法制的一段秘史——制度变迁视角下的牙人牙行制度》，《中西法律传统》，2009年第0卷，第326页。

② 庄维民：《中间商与中国近代交易制度的变迁：近代行栈与行栈制度研究》，中华书局2012年版，第12页。

和同一性。

传统的牙人、牙纪主要集中在产地市场(初级市场)，大多是单个的、零散的，经商活动各自为战，缺乏系统性和统一性。其形态单一，多无固定资本，亦无固定店址，从业者只需向政府备案领帖，缴纳定额税即可开业，其名称往往用本人姓名，并不另立字号，最初营业基本为居中撮合交易性质，以为买卖双方说合交易为基本特征，后来虽衍生出代理买卖，甚至也曾出现过自营的演进，但这仅仅属于局部个别现象，并非主流。

随着商业制度、经济环境、贸易对象和社会观念的变迁，民国时期，华北牙商的经营活动具有普遍性。从民国成立直到抗日战争前夕，牙商的发展演变一直没有停息，不论是在口岸市场、城市的商品市场、内地市场、专业市场，都普遍存在着牙商这一中间组织。牙商在发展演变中其自身的人员结构、经营方式、社会关系、承担的税负、经营纠纷、商业地位、资本的扩张和转移等都不同程度地具有资本主义性质，逐渐演进为适应近代对外贸易和国内贸易需要，同时也适应国内近代化进程需求的商业群体。

在发展链条上，牙商有着多种多样的形式和业态：就其按从经手的交易中获取佣金，他们是掮客。他们接受客户委托，代客买卖货物，并经常去远地购销货物、搜集行情，他们是代理商。他们以自己的行名经营各种交易，并对客户买卖的货物负责，他们是交易的承包商。最后，除了担负普通的中介代理职责外，在大多数情况下，还自营商业，他们又是独立商人。他们同时从事几种职业，又不特定地属于其中的某一种。

民国时期华北牙商既有代理为主者，也有代理与自营兼备者，更有以自营为主甚至完全过渡为自营批发的商行。尽管自清代起便有牙人、牙纪经营转型的事例，但并未形成规模，变化的诱因更是不同。民国时期华北牙商是在进出口贸易的兴盛和近代工业化的推动下嬗变和转型的，更带有内在性、连续性和普遍性的特点。同时，华北牙商资本是开放的，可以向近代流通领域、生产领域和金融信贷领域扩张和转型。而传统牙人、牙纪则多半自划畛域，局限在既定的行业、区域内。值得一提的是，民国时期的牙商群体掌握着商品市场上主要商品的交易，他们的经营活动通常发生在商品流通的顶端，而具有近代资本主义商业特征的信托代理、合同购销、信贷、期货、票据承兑等，恰恰正是从这一群体的活动中衍生出来的。

民国时期的华北牙商可以说是新旧并存，更迭中包含传承：传统已不是一副纯然的旧面貌，近代性也不是独立显现，而是通过与传统结合的形式得以体现。换句话说，民国华北牙商既不是城乡市场中的传统商业，也不是具有近代属性的公司和商行，而是处于从传统向近代变迁过程中的中间形态。

## 四、牙商文化是无赖文化还是文明的成果？

"牙商文化是低劣的还是健康的"，这是一个无法回避的重要问题。长期以来，学界对牙商文化的总结和评论多以"欺行霸市"、"敲诈勒索"、"欺压商贩乡农"等为主，甚至得出"无罪也该杀"的结论。这种看法是对牙商文化的偏颇认识，混淆了牙商的无赖行为与牙商文化的本质区别，鉴于此，我们有必要突破思维的误区。

误区一：把少数牙商的无赖行为等同于所有牙商的经济行为。

不容置疑，民国时期部分牙商为获得非正常收入存在着很多盘剥手段和经营陋规恶习，如他们在经营活动中有吃盘、吃秤、量具捣鬼、杀级压价、高利贷盘剥、掺假捣鬼、哄抬物价等多种无赖行为，此外，随着牙商同业公会的出现，一些牙商往往利用特权采取垄断交易的形式，组成各种帮系，划分地域范围，采取种种手段割断买卖双方直接见面的机会，以便从中要挟，使买卖双方都要给予其一定的佣金，从而获取较高的收益。部分牙商以上的无赖行为既为市场所诟病，亦为商家所不满，自然招来各种指责和排拒，同时也使牙商的信誉丧失，导致牙商群体的竞争力下降，更使牙商群体的形象被"丑化"，这就难免出现学界给出牙商文化是低劣的总结和评论。

但这仅仅是少数牙商在经济活动中的无赖行为。实际上，大部分牙商的经济活动是以诚信为本的，我们不能以偏概全。

民国时期，在市场经济扩大的情况下，华北牙商除了居中撮合贸易、代客买卖外，还兼有为商户提供垫款或信用贷款，公证贸易，保障货款交付，提供各种信息、栈房，对市场进行管理和批发等经营职能。大部分华北牙商在经营活动中诚信为本、公平交易、掌握信息、紧跟市场、灵活经营、联号经营、地区协作。民国时期华北牙商能在工商界占据重要的地位,并迅速地发展,执商界之牛耳,也充分证明了华北牙商的经济行为是得到社会认可的。

误区二:把牙商的无赖行为包含在牙商的文化之内。

由于认知的错误,人们习惯上把牙商的无赖行为当作牙商文化的一部分予以审视。其实这是完全错误的。

民国时期,少数华北牙商在经营活动中虽然采取了低劣的无赖行为,但是这些无赖行为只是牙商为获取利益而采取的手段,并不属于牙商文化的范畴。为了说明这一点,我们必须明确文化的含义。

目前为止,国内外许多学者从不同的视角出发对"文化"作过种种概括和说明,约有160多种定义。马克思主义认为,文化是人类所创造的物质文明和精神文明的总和。从这个基本原则出发,我们可以将"文化"定义为:"文化是可以传播下来并流传到下一代的人类优秀创造物,它包括物质的、精神的、风俗的、制度的等方面的内容,它是推动社会、历史进步的一种内在动力。"①

既然文化是能够传播和流传下一代的优秀创造物,那么少数牙商的无赖行为肯定是不能包括在牙商文化之内的。牙商的商业文化是从文化的角度对商业行为进行的一种深层发掘,体现了商业活动中牙商的精神风貌、理想追求、行为习惯、伦理道德等,可以说是牙商从事商业活动所积累的文明成果。

496

牙商文化是保证牙商业繁盛和兴旺发达的重要因素,是核心竞争力,并具有不可复制性和持续性。具体而言,华北牙商存在着三种精神文化:诚信公平、义利并举,信息意识、调和折中,竞争协作、创新进取。华北牙商文化,不仅对民国时期的市场经济扩大意义重大,而且对当前的经纪人和中介行业有启示作用,也对当前市场经济的健康发展具有重要意义。

---

① 胡平:《胡平商业文化论集》,中国商业出版社1995年版,第92页。

# 参考文献 REFERENCE DOCUMENTS

ERSHI SHIJI ZHI ZHONGGUO

## 中文（按作者姓氏的拼音字母顺序排列）

### （一）著作

1.[美]博登海默著，邓正来、姬敬武译：《法理学：法哲学及其方法》，华夏出版社1987年版。

2.陈高华、史卫民：《中国经济通史·元代经济卷》(下)，中国社会科学出版社2007年版。

3.陈真、姚洛编：《中国近代工业史资料》(第1辑)，生活·读书·新知三联书店1957年版。

4.邓之诚：《中华两千年史》，中华书局1958年版。

5.丁日初：《上海近代经济史》，上海人民出版社1994年版。

6.丁振一：《堆栈业经营概论》，商务印书馆1934年版。

7.[美]杜赞奇著，王福明译：《文化、权力与国家：1900—1942年的华北农村》，江苏人民出版社2008年版。

8.范愉、李浩:《纠纷解决——理论、制度与技能》,清华大学出版社2010年版。

9.冯和法编:《中国农村》(第1卷),上海黎明书局1935年版。

10.冯和法编:《中国农村经济资料续编》,上海黎明书局1935年版。

11.冯和法编:《中国农村经济资料》,上海黎明书局1935年版。

12.冯梦龙:《醒世恒言》,上海古籍出版社1996年版。

13.冯梦龙:《喻世明言》,上海古籍出版社1996年版。

14.高占祥:《论庙会文化》,文化艺术出版社1992年版。

15.国民政府行政院财政部:《民国时期北平市工商税收》,中国档案出版社1998年版。

16.国务院法制办公室编:《中华人民共和国新法规汇编》(第11辑),中国法制出版社2004年版。

17.[清]华阳:《鸳鸯针》,春风文艺出版社1985年版。

18.[美]黄宗智:《长江三角洲小农家庭与乡村发展》,中华书局2000年版。

19.[美]黄宗智:《华北的小农经济与社会变迁》,中华书局2000年版。

20.[美]吉尔伯特·罗兹曼:《中国的现代化》,江苏人民出版社1988年版。

21.贾士毅:《中国经济学社丛书:民国财政史》,商务印书馆1917年版。

22.《简明中国百科全书》,中国社会科学出版社1989年版。

23.卡尔·马克思:《资本论》,武汉出版社2010年版。

24.孔令仁、李德征:《中国老字号》,高等教育出版社1998年版。

25.李华:《明清以来北京工商会馆碑刻选编》(光绪九年,京师正阳门外打磨厂临汾乡祠公会碑记),文物出版社1980年版。

26.[美]李怀印:《华北村治——晚清和民国时期的国家与乡村》,中华书局2008年版。

27.李景汉:《定县社会概况调查》,上海人民出版社2005年版。

28.李文治编:《中国近代农业史资料》(第1辑),三联书店1957年版。

29.[奥地利]鲁道夫·希法亭著,李琼译:《金融资本》,华夏出版社2010年版。

30.罗介夫:《中国财政问题》,太平洋书店1913年版。

31. 罗群、罗敏：《话说滇商：图文商谚本》，中华工商联合出版社2008年版。

32. [美]罗威廉著，江蓉、鲁西奇译：《汉口：一个中国城市的商业和社会（1796—1889）》，中国人民大学出版社2005年版。

33. 罗澍伟：《近代天津城市史》，中国社会科学出版社1993年版。

34. 《马克思恩格斯选集》（1—4卷），人民出版社1995版。

35. 南京大学历史系明清史研究室编：《明清资本主义萌芽研究论文集》，上海人民出版社1981版。

36. 南京大学清史研究室编：《中国资本主义萌芽问题论文集》，江苏人民出版社1983年版。

37. [美]柯文著，林同奇译：《在中国发现历史——中国中心观在美国的兴起》(增订本)，中华书局2005年版。

38. 千家驹：《中国农村经济论文集》，上海书店出社1990年版。

39. 南京国民政府司法行政部：《民事习惯调查报告》，中国政法大学出版社2000年版。

40. 山东省财政厅：《山东现行财政法规统诠》，济南五三美术印刷社1930年版。

41. [美]施坚雅主编，叶光庭等译：《中华帝国晚期的城市》，中华书局2000年版。

42. 石忆邵：《中国农村集市的理论与实践》，陕西人民出版社1995年版。

43. 石忆邵：《商人迁徙与城市化发展》，同济大学出版社2003年版。

44. 实业部国际贸易局：《中国实业志·全国实业调查报告之五》(山西省)，商务印书馆1937年版。

45. 宋美云：《近代天津商会》，天津社会科学院出版社2002年版。

46. 陶宏伟：《民国时期统制经济思想与实践（1927—1945）》，经济管理出版社2008年版。

47. 天津市财政局：《财政汇刊》，未刊1935年版。

48. 天津特别市财政局：《天津特别市财政局民国十七年度财政年刊》，天津大公报馆1929年版。

49. 汪敬虞：《中国近代经济史（1895—1927）》(中)，人民出版社2007年版。

50.王先明：《中国近代社会文化史论》，人民出版社2000年版。

51.王锐：《市井商情录·中国商业民俗概说》，河北人民出版社1997年版。

52.王文泉、刘天路：《中国近代史》，高等教育出版社2001年版。

53.王孝通：《中国商业史》，商务印书馆1937年版。

54.王士花：《"开发"与掠夺：抗日战争时期日本在华北华中沦陷区的经济统制》，中国社会科学出版社1998年版。

55.王志民：《山东重要历史人物》（第6卷），山东人民出版社2009年版。

56.魏宏运：《抗日战争时期晋察冀边区财政经济史资料选编》，南开大学出版社1984年版。

57.[德]威廉·罗雪尔著，朱绍文译：《历史方法的国民经济学讲义大纲》，商务印书馆1986年版。

58.夏明方：《民国时期自然灾害与乡村社会》，中华书局2000年版。

59.夏征农：《辞海》（第4卷），上海辞书出版社2009年版。

60.肖芳、罗成翼、王继辉：《个体哲学》，吉林科学技术出版社2005年版。

61.谢振民：《中华民国立法史》（下），中国政法大学出版社2000年版。

62.徐浩：《农民经济的历史变迁——中英乡村社会区域发展比较》，社会科学文献出版社2002年版。

63.许檀：《明清时期山东商品经济的发展》，中国社会科学出版社1998年版。

64.薛不器：《天津货栈业》，时代印刷所1941年版。

65.[美]伊恩·罗伯逊著，黄育馥译：《社会学》，商务印书馆1990年版。

66.虞和平：《中国现代化历程》第2卷，江苏人民出版社2007年版。

67.张晋藩：《中国法制通史·第8卷·清》，法律出版社1999年版。

68.张忠民：《前近代中国社会的商人资本与社会再生产》，上海社会科学院出版社1996年版。

69.郑学檬：《中国赋役制度史》，上海人民出版社2000年版。

70.郑昌淦：《明清农村商品经济》，中国人民大学出版社1989年版。

71.朱汉国、王印焕：《华北农村的社会问题（1928—1937）》，北京师范大学出版社2004年版。

72.张海鹏、张海瀛:《中国十大商帮》,黄山书社1993年版。

73.周荣德:《中国社会的阶层与流动:一个社区中士绅身份的研究》,学林出版社2000年版。

74.庄维民:《山东商品经济的变迁》,中华书局2000年版。

75.庄维民:《中间商与中国近代交易制度的变迁:近代行栈与行栈制度研究》,中华书局2012年版。

## (二)档案

未刊档案

1.北京市档案馆藏:北平市社会局、财政局、京师警察厅、北平特别市牙税稽征所、北平市政府、北平市公安局的牙商卷宗。

2.河北省档案馆藏:获鹿县清代档案汇集、获鹿县民国档案汇集、栾城县民国档案汇集、民国河北省政府财政厅、民国河北省政府民政厅的牙商卷宗。

3.青岛市档案馆藏:青岛市政府、青岛市财政局、青岛市警察局等牙商卷宗。

4.天津市档案馆藏:天津地方法院及检察处、天津市政府、天津市财政局、天津席商公会、天津市财政局、天津市斗店公会、天津市商会、天津市海货业公会、天津市药业公会、天津市干鲜果品业同业公会、天津粮食牙行营业税临时办事处、天津县政府、天津县牲畜牛羊牙行、天津地方法院、天津县公署、天津特别市财政局、天津市粮食牙行营业税稽征所、天津特别市公署公用处、天津皮毛牙行营业税处、天津市药业同业公会、邯郸县商会、热河总商会、文安县商会所包含的牙商档案卷宗。

5.济南市档案馆藏:济南商埠商会档案。

6.山西省档案馆藏:革命根据地档案。

档案汇编、史料选编

1.北京市档案馆:《民国时期北平市工商税收》,档案出版社1998年版。

2.财政部、税务总局组织编写:《中国革命根据地工商税收史长编——华中革命根据地部分》,中国财政经济出版社1989年版。

3.国闻周报社:《近代中国史料丛刊》,(台湾)文海出版社1985年版。

4.河北省税务局:《华北革命根据地工商税收史料选编》,河北人民出版社

1987年版。

5.河南省税务局、河南省档案馆：《中原解放区工商税收史料选编》（下），河南人民出版社1989年版。

6.华中抗日根据地和解放区工商税收史编写组：《华中抗日根据地和解放区工商税收史料选编（1946.7—1949.4）》，安徽人民出版社1986年版。

7.江苏省商业厅、中国第二历史档案馆编：《中华民国商业档案资料汇编》，中国商业出版社1991年版。

8.晋察冀边区行政委员会：《抗日战争时期晋察冀边区财政经济史资料选编》，南开大学出版社1984年版。

9.李景汉：《定县社会概况调查》，上海人民出版社2004年版。

10.辽宁省国家税务局：《辽宁税收历史资料选编（1840—1948）》，辽宁人民出版社2000年版。

11.骆承烈等：《曲阜孔府档案史料选编》（第14册），齐鲁书社1982年版。

12.天津档案馆、天津社会科学院历史研究所和天津市工商业联合会：《天津商会档案汇编（1912—1928》（第4册），天津人民出版社1992年版。

13.天津市档案馆：《天津商会档案汇编（1903—1911)》（下），天津人民出版社1989年版。

14.天津市档案馆等：《天津商会档案汇编（1928—1937)》（上），天津人民出版社1996年版。

15.汪敬虞：《中国近代经济史（1895—1927)》（上），人民出版社2000年版。

**（三）期刊论文**

学术期刊

1.冯冠扬：《宣化旧市场上的"牙纪"》，《宣化文史资料》，1991年第6辑。

2.冯华德：《河北省定县的牙税》，《政治经济学报》，1937年第1卷第6期。

3.溥荪：《农行月刊》，1936年第3卷第8期。

4.曲直生：《河北省牙税问题》，《财政研究》，1937年第1卷第6期。

5.士骐：《河北省牙税底概观》，《财政研究》，1936年第1卷第355期。

6.苏芃芃：《1912—1928年的天津栈房业》，《中国科技信息》，2009年第10期。

7. 田惠：《旧社会遵化县的斗秤牙行》，《河北文史集萃》（工商卷），1992年第8期。

8.王先明:《中国近代绅士阶层的社会流动》,《历史研究》,1993年第4期。

9. 许檀、高福美:《清代前期的龙江、西新关与南京商业》,《历史研究》,2009年第2期。

10.庄维民:《近代山东行栈资本的发展及其影响》,《近代史研究》,2000年9月。

学位论文

1.丁娥:《牙人故事——乡村集市回族经纪人的民族学观察》,中央民族大学2005年硕士论文。

2.方立:《清代两湖地区的牙人牙行》,武汉大学2001年硕士论文。

3.林红状:《清代中期重庆的牙行》,南开大学2009年博士论文。

4.林秀静:《清代中期重庆牙行组织的结构与演变》,(台湾)暨南国际大学2005年硕士论文。

5.刘巧莉:《明清时期牙人牙行的积极影响》,吉林大学2006年硕士论文。

6.楼茜:《明清江南地区的牙人与牙行》,华东师范大学2008年硕士论文。

7.张学军:《直隶商会与乡村社会经济(1903—1937)》,河北师范大学2007年博士论文。

8.郑晓文:《试论明清时期的牙行》,郑州大学2002年硕士论文。

（四）民国报刊

《北平市市政公报》、《北平特别市市政公报》、《财政日刊》、《财政研究》、《察哈尔省政府公报》、《察哈尔省政府公报》、《法律周刊》、《福建省政府公报》、《工商半月刊》、《工商必备》、《广西省政府公报》、《国货研究月刊》、《国民政府公报》、《合作讯》、《河北工商月报》、《河北省政府公报》、《河南省政府公报》、《湖南省政府公报》、《冀察调查统计丛刊》、《江苏财政公报》、《江苏建设公报》、《江苏省公报》、《江苏省政府公报》、《江西省政府公报》、《江西政报》、《南京市政府公报》、《农行月刊》、《山西省政公报》、《商业月报》、《上海工商》、《上海市政府公报》、《上海市政公报》、《上海特别市教育局教育周报》、《上海特别市政府公报》、《审计部浙江省审计处公报》、《司法公报》、《绥远政府公报》、《天津市政府公报》、《无锡县政公报》、《新闻周报》、《行政院公报》、《银行周报》、《浙江财政月刊》、《政治成绩统计》、《政治官报》、《政治经济学报》、《中国工商管理研究》、《大公报》、《益世报》、《东方杂志》、《申报》。

**（五）方志、文史资料选辑**

1.北京经济学院财政教研室：《中国近代税制概述（1840—1949）》，首都经济贸易大学出版社1988年版。

2.河北省地方志编纂委员会：《河北省志·财政志》，河北人民出版社1992年版。

3.河北省政协文史资料委员会：《河北文史集萃》（经济卷），河北人民出版社1992年版。

4.河南省商城县粮食局：《商城县粮食志》，未刊1987年版。

5.河南省税务局、河南省地方史志编纂委员会：《河南省税务志（1840—1990）》，中州古籍出版社1995年版。

6.桓台县政协文史资料委员会：《桓台工商经济专辑》，未刊1990年版。

7.济南市税务局：《济南市税务志（1840—1985）》，内刊1988年版。

8.姜国刚：《微观经济学》，北京交通大学出版社2009年版。

9.李障天、阎象吉：《淄博经济史料》，中国文史出版社1990年版。

10.《临沂市税务志》编写组：《临沂市税务志》，山东省临沂地区新闻出版办公室，1994年编印。

11.马金通、王二赞、卢红兰：《石家庄市税务志》，学苑出版社1994年版。

12.山东省枣庄市台儿庄区地方史志编纂委员会：《台儿庄区志》，山东人民出版社1993年版。

13. 实业部国际贸易局：《中国实业志·全国实业调查报告之五》（山西省），商务印书馆1937年版。

14.山东省政协文史资料委员会：《山东工商经济史料集萃》（第3辑），山东人民出版社1989年版。

15.山东省政协文史资料委员会：《山东文史集萃》（工商经济卷），山东人民出版社1993年版。

16.山西省史志研究院：《山西通志·财政志》，中华书局1997年版。

17.四川省财政学会：《税收史话》，中国财政经济出版社1987版。

18.天津市地方志编修委员会:《天津通志·财税志》,天津社会科学院出版社1996年版。

19.王登普:《辛集皮毛志》,中国书籍出版社1996年版。

20.扬州市税务局:《扬州税务志》,南京大学出版社1993年版。

21.张家口市税务局、张家口市税务学会:《张家口市税务志》,1989年编印。

22.郑州市地方史志编纂委员会:《郑州市志》(第5分册),中州古籍出版社1998年版。

23.中国人民政治协商会议北京市委员会文史资料研究委员会:《文史资料选编》(第2辑),北京出版社1979年版。

24.中国人民政治协商会议河南省周口市委员会文史资料研究委员会:《周口文史资料》(第11辑),未刊1997年版。

25.中国人民政治协商会议沁阳市委员会文史资料研究委员会:《沁阳文史资料》(第4辑),内刊1991年版。

26.中国人民政治协商会议曲沃县委员会文史研究馆:《曲沃文史》(第1辑),未刊1985年版。

27.中国人民政治协商会议山东省济南市委员会文史资料研究委员会:《济南文史资料选辑》(第4辑),未刊1984年版。

28.中国人民政治协商会议山西省委员会文史资料研究委员会:《山西文史资料全编》(第4卷,第38辑—第49辑),未刊1999年版。

29.中国人民政治协商会议山西省盂县委员会文史资料研究委员会:《盂县文史资料》(第1辑),1986年版。

30.中国人民政治协商会议天津市委员会文史资料研究委员会:《天津文史资料选辑》(第20辑),天津人民出版社1982年版。

31.中国民主建国会天津市委员会、天津市工商业联合会文史资料委员会:《天津工商史料丛刊》(第4辑),未刊1986年版。

**(六)日文专著及期刊论文(按作者姓氏的罗马字母顺序排列)**

1.[日]本野英一:『一八六〇年代上海に於ける買辦登録制度の挫折と輸出取引機構の改变:ジャ□ディンマセソン商会の活動を中心に』,『史學雜誌』,

1990—07—2099（7）、1205—1245、362—1361。

2.[日]稻葉岩吉：『東亞经济研究』，1921年5—2—3。

3.[日]稻葉岩吉：『关于驵侩牙侩及牙行』，『東亞经济研究』，1921年5—2—3。

4.[日]东亚同文会：《中国省别全志·第18卷·直隶省》，东亚同文会，大正9年（1920年）。

5.[日]东亚同文会：《中国省别全志·第8卷·河南省》，东亚同文会，大正7年（1918年）。

6.[日]宫泽知之：『東洋史研究』，1980年39—1。

7.[日]井上龟五郎著，欧阳翰存译，《农仓经营论》，商务印书馆1935年版。

8.[日]豊原治郎：『近代中国における買瓣商人のもつ経济史的経営史的意義——近代中国産業史の一節』，『追手門経济論集』，1987年12期22(2)。

9.[日]満鉄上海事務所調查室，『牙行原始』，河北省档案馆藏，昭和18年（1943年）12月。

10.[日]内田直：『中国における商業秩序の基礎:牙行制度の再検討』，『一橋論叢』，1949年8月1日，22(2)362-386。

11.[日]仁井田陞：『唐宋法律文書の研究』，大安社1967年版。

12.[日]仁井田陞：『北京工商ギルド資料集』，東京大學東洋文化研究所1997年版。

13.[日]斯波义信著，方健、何忠礼译：《宋代江南经济史研究》，江苏人民出版社2001年版。

14.[日]山本進：『清代江南の牙行』，『東洋學報』74卷，1993年1、2合期。

15.[日]山本進：『清代四川の地域经济—移入代替棉業と形成巴县牙行』，『史学杂志』，1991年100—112。

16.[日]山本進：『明末清初江南の牙行と国家』，『名古屋大學東洋史研究報告』，1997年3月10日21，29—51

17.[日]山本進：『清代の雑税と牙行』，『名古屋大学東洋史研究報告』，2004年3月10日28，1—32。

18.[日]山根幸夫：『明清时代华北市集的牙行』（1951年4月），载『星论集』，纪念事业会1978年版。

19. [日]山口俊田：『察南涿鹿县に於ける斗牙行事情』,满铁调查月报、张家口经济调查所,河北省档案馆藏,昭和19年(1944年)1、2月号。

20. [日]根岸佶『上海のギルド』,日本評論社,1951年4月。

21. [日]勝山稔：『白話小説記事に現れる媒酌人の史学的考察——特は媒酌人の専門化と牙人との関係を中心として』,『中国』(11),224—241、1996—06。

22. [日]斯波义信、孙耀、李凭：《宋代的干运与经纪》,《运城学院学报》,1985年第3期。

23. [日]小林高四郎：《史学》,1929年3期8—1；《唐宋牙人考补正》,《史学》,1929年11期8—3。

24. [日]小林高四郎,傅衣凌译：《唐宋牙人考》,载《经济资料译丛》,1987年第3期。

25. [日] 小沼正：『河北集市上的牙行』、『華北集市上的牙行——特別是關于其税收功能』,『和清博士還歷紀念：東洋史論叢』,1951年版。

26. [日]周藤吉之,『宋代經濟史研究』,東京大學出版會1962年版。

27. [日]周藤吉之,『中國土地制度史研究』,東京大學出版會1962年版。

28. [日]中村正三：『济南に於ける粮栈』,满铁调查部1943年版。

29. [日]中国農村調查刊行會：『中國農村慣行調查』,第1—6卷,岩波書店1981年版。

### (七)英文专著及期刊论文

1. Bromley R J.*Markets in the Developmg Countries: a Review*,*Geography*.1971(2).

2. Forman S Rlegelhaupt J F.*Market place and market system: towards a Theory of Peasante Econonnc integration*,*Comparative Studies in Society and History*.1970.

# 后 记 POST SCRIPT

## ERSHI SHIJI ZHI ZHONGGUO

　　该书是在我的博士毕业论文《民国时期华北牙商研究》基础上修改而成。撰写论文期间得到董丛林教授、王宏斌教授、戴建兵教授、武吉庆教授、徐建平教授及五位外审评阅专家王先明教授、刘兰兮教授、李细珠教授、牛大勇教授、侯杰教授的批评指正，谨致谢忱。更重要的是论文有幸得到张同乐教授精心的指导、高屋建瓴的点拨和字字珠玑的教诲，使我获益匪浅。张教授还拜托日本的田中仁先生和台湾的许育铭先生、陈进金先生、陈三井先生等帮我搜集相关史料，正是张同乐教授和师母全家的引导和关爱，让我在而立之年后，仍然觉得自己是一个有人庇护和依靠的幸运孩童。

　　在搜集资料的过程中，中国社科院经济所、中国国家图书馆、河北省档案馆、天津市档案馆、北京市档案馆、青岛市档案馆、山东省档案馆为我提供了最大的便利条件，正是他们提供给我的宝贵资料，让尘封多年的历史档案和原始资料变得鲜活生动，魅力迷人。

　　贺军妙、王胜、杨海静、张冲、高德罡、李晶、安宝、王彦坤、李巧、袁丙澍、薛伟强、郝乐娜、张振鹏、胡思瑶、刘丽周、田雪、王金宽、王猛、李汉词、马萌萌、牛犇、张晓霞等，在我写作文章的过程中，都及时伸出了援助之手。尤其是王胜好友、杨海静学妹、张振鹏师兄剔除和修正了论文中许多我自己未能发现的错误。

能顺利完成该书,也离不开家人的理解和支持。正是家人无微不至的帮助,才使得该书顺利完成。同时,要感谢王先明教授对此书的指导和帮助。

最后要感谢山西人民出版社对此书的支持。特别是蒙莉莉和贾娟为此书付出了颇多心血,感激之情无以言表!

另外,本书为作者2013年承担的河北省社会科学基金项目,项目编号为:HB13LS007。

张彦台

2013年8月30日

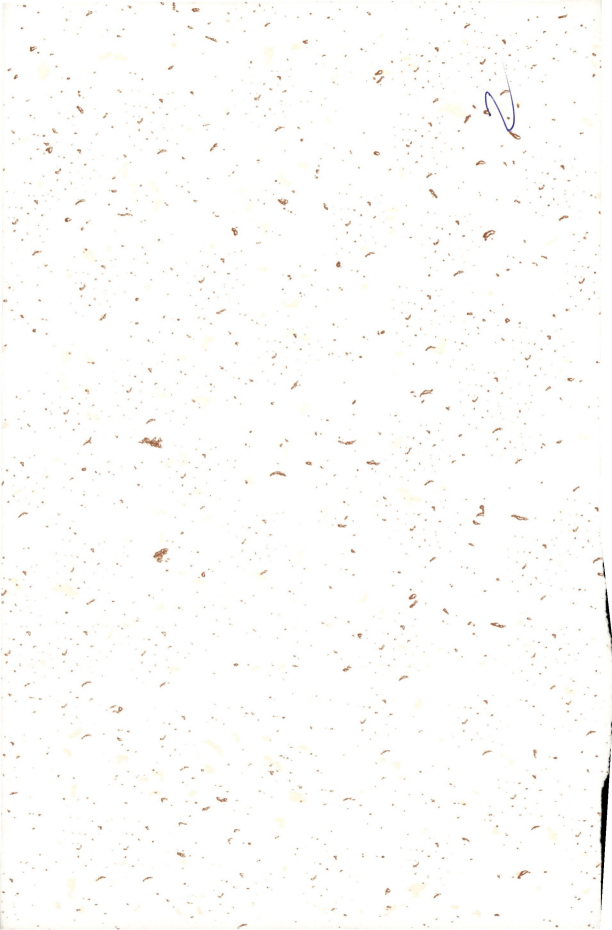